CSSCI来源集刊

北京大学实证法务研究所
北京冠衡刑事辩护研究院 主办

江溯 主编

CRIMINAL LAW REVIEW

Comparative Criminal Law

刑事法评论 ㊾

比较刑法

图书在版编目(CIP)数据

刑事法评论：比较刑法／江溯主编. -- 北京：北京大学出版社，2024.10. -- ISBN 978-7-301-35488-9

Ⅰ．D924.04

中国国家版本馆 CIP 数据核字第 20246K0U12 号

书　　　名	刑事法评论：比较刑法 XINGSHIFA PINGLUN：BIJIAO XINGFA
著作责任者	江　溯　主　编
责 任 编 辑	李欣欣　王建君
标 准 书 号	ISBN 978-7-301-35488-9
出 版 发 行	北京大学出版社
地　　　址	北京市海淀区成府路 205 号　100871
网　　　址	http://www.pup.cn　http://www.yandayuanzhao.com
电 子 邮 箱	编辑部 yandayuanzhao@pup.cn　总编室 zpup@pup.cn
新 浪 微 博	@北京大学出版社　@北大出版社燕大元照法律图书
电　　　话	邮购部 010-62752015　发行部 010-62750672　编辑部 010-62117788
印 刷 者	北京虎彩文化传播有限公司
经 销 者	新华书店
	730 毫米×980 毫米　16 开本　38.5 印张　788 千字 2024 年 10 月第 1 版　2024 年 10 月第 1 次印刷
定　　　价	168.00 元

未经许可，不得以任何方式复制或抄袭本书之部分或全部内容。
版权所有，侵权必究
举报电话：010-62752024　电子邮箱：fd@pup.cn
图书如有印装质量问题，请与出版部联系，电话：010-62756370

《刑事法评论》编辑部成员

刑事实体法

王华伟　　袁国何　　陈尔彦　　徐万龙
王芳凯　　唐志威　　马天成　　刘继烨
王　猛　　李瑞杰　　项佳航　　张梓弦

刑事诉讼法

杨　依　　金飞艳　　王星译　　许译文

刑事政策、犯罪学

吴雨豪

主编絮语

在全球化不断深入的今天,各个国家法律制度之间的交流与借鉴,成为不可忽视的趋势。尤其是在中国这片幅员辽阔、人口众多的土地上,通过比较刑法的视角来深化对刑法体系的理解,不仅有助于本国刑法制度的优化,而且能够反哺全球刑事司法系统。中国当下的刑事治理所面对的,不仅有全体人类共同面对的环境危机,也有信息网络的不断迭代升级所衍生的网络"黑产",还有通过新方法在新领域"借尸还魂"的诈骗、腐败等传统犯罪,这些也是全球刑事司法系统共同面临的冲击。刑法处理这些复杂议题的方式和路径,在比较刑法的镜鉴下可以得到更为清晰的展现。因此,《刑事法评论》第49卷便以"比较刑法"为主题,收录了29篇精彩文章,展示了相关题目下比较刑法研究的前沿成果。

在"比较刑法"单元,王芳凯翻译的德国哥廷根大学教授凯·安博思的《比较刑法的状况及未来》一文,主要围绕比较刑法的"概念及历史""意义及功能""目标、方法及规范性基础"三方面展开深入探讨。文章主张比较刑法的概念不可能是固定的,其要动态地适应比较刑法所追寻的目的或者目标。比较刑法在德国通过诸多比较刑法协会的成立而制度化。在当前全球化和国际化的背景下,比较刑法的意义不仅来自超国家刑法中"最低限度标准"的创设,还源自国际刑法领域以及司法互助实践。比较刑法并不仅仅是单纯的外国法研究,还包括对本国法律进行批判性反思,并进行整体性的观察。因此,虽然不存在单一的比较法方法,但可以界定出一个方法论框架,比较法研究应该在这个框架内运作。无论使用何种方法,比较刑法的研究都不应以纯粹工具性、结果导向的方式进行,而应当以自由法治国中宪法及人权法上的价值决定为导向。

潘泽钧翻译的德国马克斯-普朗克犯罪、安全与法研究所前所长阿尔宾·埃泽尔的《比

较刑法的功能、目标与方法》一文，从定义、功能、类型、方法等方面对比较刑法研究的开展进行了深入分析。在文章中，埃泽尔教授详细阐述了开展比较刑法研究的五大步骤，即根据目标设置形成问题集；选取纳入比较的国家；撰写国家报告；开展比较；进行评价并提出建议，其方案具有高度的可操作性和实践价值。总体而言，文章体现出埃泽尔教授作为马克斯-普朗克犯罪、安全与法研究所前所长在比较法研究上极深的理论造诣和丰富的研究经验，其在比较刑法的类型化、理论价值和具体研究方法等方面的观点具有高度的启发意义，对我国学界比较法研究的开展具有很高的借鉴价值。项佳航翻译的德国马克斯-普朗克外国刑法与国际刑法研究所高级研究员恩马尤·比利斯的《比较刑法研究的方法论——功能性比较研究方法和理想类型的范式进路》一文，探讨了比较法研究中的功能性比较这一研究方法，还以欧盟法院裁决的一个关于追诉时效的案件为例，考察了功能性比较在分析超国家和国际法院所作判决中的应用，并在其中向我们展示了马克斯-普朗克信息系统在比较法研究中的强大功能。此外，还介绍了为分析和比较目的而构建和应用的理想类型这一范式进路，并特别关注了现代的证据程序和辩诉交易程序。

在"环境犯罪"单元，童译瑶翻译的德国慕尼黑大学赫尔穆特·查致格教授的《欧洲的环境刑法和气候刑法——欧盟〈绿色协议〉视野下刑法之可能角色》一文，分析了目前欧洲环境刑法明确性不足、各内国法欠缺协调性的问题，并认为《绿色协议》对气候的刑法保护还不够重视，这与欧盟在气候和环境保护领域所要发挥的作用不相称。文章以《绿色协议》为切入点，审视了《绿色协议》需发挥的作用及其与欧盟现行法律框架间的差距，认为可以通过"类型模式"提高欧盟法律的协调性，然后从环境刑法的角度说明刑事措施能够在环境以及气候保护中发挥更大的作用，为气候刑法进行辩护。以上措施有助于提高欧盟在环境和气候保护方面的力度，更好地保障人类赖以生存的自然环境，对我国环境刑法和气候刑法的发展具有重要参考意义。赵小姣的《恢复性司法治理环境犯罪的新西兰蓝本与中国镜鉴》一文，以新西兰为考察对象，一方面，完善的立法使恢复性司法适用于环境犯罪领域于法有据，能弥补传统刑事司法治理环境犯罪面临的"重惩罚轻修复"之不足；另一方面，通过分析恢复性司法适用于环境犯罪领域所面临的被害人难以识别、与环境修复令功能相重叠等问题，以及"以赔代罚"的质疑，来展现问题的复杂性。唯有客观全面地审视一项制度，才能在引入该制度时慎重权衡。恢复性司法在我国环境犯罪领域的兴起与发展是推进生态文明建设的必然要求，既符合"谁破坏谁修复"的司法原则，也能唤醒犯罪人对其所造成的环境损害的责任感，恢复人与人、人与自然间的和谐关系。为避免恢复性司法在我国引发"以赔代罚"的质疑，赵文提出，在明确恢复性司法与传统刑事司法为相互补充关系的基础上，完善《刑法》以限定恢复性司法的适用范围，设计规范的恢复性司法程序，加强恢复性结果的监督机制。**安汇玉的《论污染环境犯罪刑法适用中的社会参与》**一文，结合我国污染环境犯罪治理现状，提倡积极发挥社会主体在刑事司法和执行环节的参与作用。由于污染环境犯罪行为具有公害性、复杂性、隐蔽性以及组织性特征，社会参与对于弥补过分倚重公权力的传统治理模式之弊具有重要意义。但是，我国既有实践面临多重困境，存在社会参与能力欠缺、动力不足、机制疏漏等问题。因此，在借鉴域外经验的基础上，安文提出，整合公众、个人等主体资源，建构社会参与污染环境犯罪刑法适用的本土制度，以提升我国污染环境犯罪治理实效。此外，安文对于犯罪治理模式的整体优化以及公众参与型刑事政策的发展亦颇有价值。

在"诈骗犯罪"单元，**周奕澄的《刑民交叉视角下诈骗罪认定实质化研究》**一文，以刑事诈骗与民事欺诈的关系问题为切入点，指出其与诈骗罪认定实为一体两面之关系，并且，总结梳理出主观目的实质化、欺骗行为实质化与财产损失实质化三种基本思路。在此基础上，周文提倡以财产损失实质化路径认定诈骗罪，主张结合对价与交易目的对财产损失进行实质化判断。在展现财产损失实质化路径优势的同时，周文亦对可能引发的质疑预先作出回应，主张摒弃对立思维，把握既有思路的内在联系。此外，通过对近年来刑民交叉领域的典型欺诈案例的分析，周文主张的财产损失实质化方案的运用逻辑得以呈现。周文资料翔实、引证规范、结构清晰、论证深入，具有一定说服力。**解彦梓的《诈骗罪欺骗行为中的"事实"——本质、特征与类型》**一文是关于诈骗罪基础理论的教义学研究。解文关注我国学界对诈骗罪欺骗行为研究的不足，聚焦诈骗罪欺骗行为要件中的"事实"这一具体问题，结合比较法的相关理论与判例，对欺骗的内容进行类型化提炼和可罚性分析，并对内心事实、未来事件、价值判断与意见表达、真实事实等学术命题展开详细讨论。解文视角独特，是对诈骗罪理论研究的精细化推进，其缺陷在于对我国司法实务关注不足，期待作者后续进一步推进相关研究。

在"网络犯罪"单元，**宋一璐的《论"一对多"型不法参与行为的可罚性》**一文，关注到网络犯罪等新型犯罪形态中，出现了某个主体以类似的行为方式多次参与到不同实行者的多个违法活动中的"一对多"型不法参与形态，该种形态与"小额高频"的特征相结合，使得此类不法参与行为在强调罪量要件的中国刑法语境下存在处罚困境。宋文发现，既有的理论研究试图通过改造共犯理论或者运用罪数理论的方式解决此类行为的处罚依据问题，但忽视了对此类行为的应然处罚范围的探讨。但是，多次不法参与行为除非有明确的拟制规定或符合包括一罪的特征，否则不应被合并评价为一个行

3

为。在此基础上，宋文主张将"一对多"型不法参与行为的可罚性的研究重点回归到处罚范围的合理界定上来，将可罚的多次不法参与行为限定在具有实质正犯性和特别处罚规范的范围之内。**马光远的《网络视域下财产犯罪解释的"技术异化"与人本回归》**一文，关注网络视域下新型财产犯罪解释方案的开发，以及现有解释方案背后的解释理念。马文首先梳理了现有解释方案的争议点——聚焦于诈骗罪与盗窃罪的教义学争议：①处分意识必要说是否应予维持；②机器能否被骗。在此基础上指出，更深层次的问题是，解释者究竟应关注支付技术的类型及变化，从而为司法提供客观的裁判理据（裁判规范），还是淡化技术的复杂性，重新关注犯罪行为的日常意义（行为规范）。马文认为，由于新型支付技术内容复杂且变动不居，因此，裁判规范的思路具有教义建构过于复杂、标准不一、无法长久维持等弊端，并指出应关注行为人对技术的支配力——如果技术链条是确定化的流程，则不应赋予程序人格性，从而排除诈骗罪的成立。

在"腐败犯罪"单元，**蔡荣的《挪用资金罪"超过三个月未还"情节的程序性定位及解读》**一文，聚焦挪用资金罪成立条件中的"超过三个月未还"要素在司法认定中的难题，主张将"超过三个月未还"定位为程序性要素。蔡文认为，"超过三个月未还"作为程序性要素，不是对"退还意思"的推定或说明，而是对"利用意思"起主观推定和诉讼证明的作用。并且，主张在立法上将本罪出罪事由修改为：挪用资金数额较大应当追究刑事责任，但在公安机关立案前已全部退还的，情节显著轻微的，可以不予追究刑事责任。蔡文将挪用资金行为出罪的时间节点设定在公安机关立案之前，从绝对时间节点调整为相对时间区间，能有效破解因时间条件过于绝对所产生的司法适用难题，兼顾民营企业内部的治理需求，契合刑事诉讼进程中各阶段的出罪根据。**崔涵的《巨额财产来源不明罪实行行为新论：不作为说的再展开》**一文，探讨的是巨额财产来源不明罪实行行为如何定性。对此，学界主要存在"无行为要件说""持有说""不作为说""复合行为说""非法获取说"五种见解。在梳理评析各家学说的基础上，崔文倾向于认同"不作为说"，并给出了不同于传统不作为说的论证：巨额财产来源不明罪侵害的法益是集体法益，具体为"国家制度的正常运转以及一般公众对国家工作人员这种制度角色的信赖"。根据这种法益观和《宪法》《公务员法》的相关规定可以推导出如下结论：国家工作人员对名下的巨额财产有积极的说明义务，以维持集体法益的完满，当国家工作人员能说明而不说明时，成立巨额财产来源不明罪。据此，巨额财产来源不明罪是纯正的不作为犯，其实行行为应是不作为。崔文紧扣《刑法》条文的细致讨论，熟稔运用集体法益、累积犯等理论，有一定创新性。**杨超的《论投资移民的反腐败监管机**

制:问题与对策》一文,在反腐败国际追逃追赃的背景下,关注到不少国家实施的投资移民制度中不乏宽松的监管标准及非严谨性的程序规定,从而使得贪腐人员得以利用投资移民制度转换身份、转移非法资产。杨文以反腐败为切入点,分析他国投资移民制度存在的法律漏洞,结合我国法律制度与监管机制,从预防腐败犯罪角度,就完善我国金融监管制度、完备防逃制度及加强国际刑事司法合作、推动构建全方位的国际反腐败合作体系提出若干建议。这些建议的实施,有助于最大限度地避免投资移民制度被贪腐人员及其他犯罪人员利用。

在"刑罚裁量与刑事执行"单元,刘心仪翻译的**德国埃莉萨·霍芬教授与托马斯·魏根特教授**合著的《**法官和非法律专业人士的量刑**》一文,通过设计8个虚拟案例,就法官和非法律专业人士的量刑差异、行为及行为人相关的因素,以及判决者个人因素对量刑的影响分别进行了深入的实证研究。该研究显示,非法律专业人士建议的刑罚明显重于法官组且刑罚轻重跨度更大。总体而言,判决者的社会人口学特征对量刑影响轻微,检方指控的"锚定值"对于两组的量刑决定皆具有重要意义。由于过于偏离民众的刑事制裁可能会影响刑罚目的的实现,因此有必要对公众的量刑观点进行调查,在其与刑事司法实践之间建立一座沟通桥梁。谭淦、王伟华翻译的**德国奥格斯堡大学教授约翰尼斯·卡斯帕**的《**量刑指南与法官自由裁量——德国量刑法需要修改吗?**》一文,批判性地考察了德国量刑法,对于其在实践中存在的界限模糊、适用差异的问题,指出裁量空间理论、行为比例学说等现有方案的不足,而且英美法中盛行的量刑指南因简化量刑活动也缺乏说服力。作者提倡一种一般预防理论版本的量刑理论,主张刑罚的轻重应当以行为的不法程度为根据,由于行为人在判决前的犯后表现能够说明刑罚一般预防的需要,也应作为量刑的重要依据。在此基础上,作者提出对德国量刑法的修改建议。2018年9月,第72届德国法学家大会在德国莱比锡召开。会议主题是"量刑指南还是法官自由裁量——我们需要一种新的量刑法吗?"。会议特别邀请英国、加拿大、美国等英美法系国家的刑法学者参加。该文正是作者提交给德国法学家大会的论文,此前也已经提交给德国联邦议会。卡斯帕的教授资格论文以"预防刑法"作为研究主题,读者可从该文中一窥作者的洞见。谭淦组织译者陆续译出的该届德国法学家大会的参会论文,相信对我国的量刑改革理论和实践发展有一定的参考借鉴作用。**谢恩、朱霖徽、相敏**翻译的**韩国学者郑栽骏**的《**论韩国司法对性犯罪的从宽量刑——从批判性视角出发**》一文,以韩国性犯罪情况为研究对象,通过实证分析与比较研究,揭示性犯罪的案件发生数量与量刑幅度之间呈负相关关系。近年来,与其他重罪犯罪人数均在下降不同,韩国被捕的性犯罪者的数量大大增加。在量刑上,与其他重罪相比,韩国立法与司法更倾向于从轻处罚性犯罪。中国、德国、美国和澳大利亚均对性犯罪采用更为严格的量刑标准。韩国司法对性犯罪的从宽量刑已经削弱了刑罚的威慑作用,导致性犯罪者数量及再犯可能性的增加。这背后也体现出韩国儒家思想下父权制社会背景的影响。严厉打击性犯罪事关对公民性权利的保护,一直是我国立法与司法工作的重点之一。上述思考对于我国预防性犯罪具有借鉴意义,能够进一步启发学界思考刑罚的作用以及父权文化对性犯罪司法的影响。王鹏飞的《从"要我劳动"到"我要劳动"——服刑人员劳动改造能动性激励机制之再造》一文,以马克思主义哲学中的主观能动性理论为视角,探索如何激发服刑人员劳动改造的主观能动性,化被动劳动为主动劳动。王文认为,监狱劳动在实践中一直存在功利性、机械性和低酬性的现象,这违背了劳动的基本运作规律,导致服刑人员的劳动出现了异化趋势,背离了劳动改造之使服刑人员热爱劳动、树立正确三观的目标追求。王文将我们的视角重新拉回劳动改造这一具有中国特色的制度上,对于科学调整监狱劳动改造观念,灵活探索监狱劳动项目安排具有重要意义。郑二威的《我国犯罪记录消灭制度的体系性构建》一文,提出了系统构建犯罪记录消灭制度的观点。郑文以构建犯罪记录消灭制度之必要性、可行性和路径展开为逻辑结构,系统梳理了我国的犯罪记录制度以及域外相关制度。在此基础上,郑文认为,未来我国要构建犯罪记录消灭制度,需要保持消灭与封存协同共进的总体思路,明确犯罪记录消灭对应的删除权与被遗忘权,以及封存对应的有限被遗忘权的内涵,立足刑事一体化,废除犯罪记录报告制度,扩展未成年人犯罪记录封存的适用空间,合理划定犯罪记录消灭的范围,设置相应的限制条件,进而实现立法构建。这有助于我国犯罪记录消灭制度在立法上的构建。

在"实证研究"单元,江东的《刑事印证的考察与反思——基于〈刑事审判参考〉166 个案例的实证分析》一文,关注司法证明过程中的刑事印证这一理论界与实务界聚讼纷纭的焦点。江文选取了《刑事审判参考》中有关印证的 166 个案例,通过对实证数据的归纳统计和具体案例的研读分析,回应了印证的基本内涵、印证的对象、印证的前提等争议问题,总结出我国刑事司法实践"以言词证据之间相互印证为核心、以实物证据印证言词证据为辅助"这一印证适用形态,并就实践中片面理解印证的现象,提出了若干应对措施。顾洪鑫的《违法性认识体系地位研究——基于 1153 份判决书的理论反思》一文,选取 1153 份刑事裁判文书,对违法性认识体系地位问题进行了实证分析。经由实证数据可以发现,尽管故意说、责任说等学说在刑事裁判中逐渐有力化,但依然无法动摇违法性认识不要说的主流地位,反映出通说理论难以和我国现实法律土壤结合的困境。顾文从我国实定法和司法实践话语体系角度出发,主张应当在刑事实务中提倡以违法性认识可能性为思维起点、以阻却构成要件故意为法律效果的限制故意说。限制故意说的生根发芽有助于最大限度地指引司法人员运用本土法律资源处理违法性认识错误案件。

在"理论争鸣"单元，毛乃纯翻译的日本早稻田大学教授松原芳博的《风险社会与刑事法》一文指出，在当今所谓的风险社会中，充斥着种种不可预测的现代型风险，"体感治安"日益恶化。为了消除不安、控制风险，国民强烈要求参与刑事立法、刑事审判以及犯罪预防等活动，于是就导致了刑事法"政治化"的结果。但是，事实上，日本的犯罪数量一直在减少，并且没有呈现出凶恶化的趋势。在这种背景下，对于日本国民空前高涨的处罚诉求，必须服从法治国家的公平、正义要求，坚持比例原则，客观且慎重地审视刑事法领域的处罚早期化、扩大化、重刑化的倾向。王志坤的《京特·雅各布斯的共同犯罪理论》一文，是对德国学者京特·雅各布斯的共同犯罪理论的介绍与评析。我国多数刑法学者熟悉的是居于德国刑法学通说地位的犯罪支配说，对于其他学说所知不多。京特·雅各布斯立足规范违反说，检讨以法益侵害说为基点的犯罪支配说。以其之见，共同犯罪是一种连接的分工，分离的分工意味着回溯禁止，这是共同犯罪的外部边界；广义参与人之间并无质的不同，只存在量差，具体量差在量刑时予以考虑，当然，损害积极义务总是构成正犯。王文认为，这种坚持一元规范化论证模式、运用社会功能建构的共同犯罪理论契合我国刑法基于作用分类的"主犯—从犯"共同犯罪框架。近些年，何庆仁同样持续借鉴京特·雅各布斯的共同犯罪理论，为区分制鼓与呼。这些学术努力值得认真对待，但是，京特·雅各布斯的共同犯罪理论似乎否定在定罪上区分教唆犯与帮助犯的意义，也难以支持在定罪上区分单独正犯和共同正犯的必要性，所以，其是否契合区分制立法体例不无疑问。质言之，与其说京特·雅各布斯的共同犯罪理论可以较好地解释我国刑法共同犯罪规定，不如说京特·雅各布斯的共同犯罪理论不能较好地解释区分制立法体例，这样，或许才能理解为什么他的这一套理论在德国刑法学界应者不多。王兵兵翻译的日本国学院大学法学部教授关哲夫的《数故意犯说论据的批判性考察》一文，从具体的事实错误问题如何处理这一问题出发，对法定符合说内部的一故意犯说和数故意犯说的争论进行详细的学术梳理，在对数故意犯说所提出的诸如事实的认识与反规范的心理态度、故意的抽象化的界限、故意及故意犯的单复数、故意责任的质与量、想象竞合与责任原则等论据逐一考察的基础上进行有力批判，并且主张在判断事实错误是否成立故意与故意犯之时，行为人所认识到的与一定的犯罪事实相关的危险性，与现实发生的犯罪事实相关的危险性是否具体地符合相当重要。关哲夫指出，决定故意的射程范围的是，行为人对"危险场"的主观认识内容与现实所发生的客观的实现内容是否具体地符合。同时,关哲夫表示,在故意论与错误论中,今后的重要课题之一便是考察"故意的具体化"的根据。我相信,文章对日本学界关于具体的事实错误问题的细致考察,必将有助于深化我国在这一问题上的学术争鸣。**龙健宁的《等置性重构:以不作为的行为性为核心》**一文,在梳理不真正不作为犯学说史的基础上,提出了"作为义务与等置性的关系"这一有价值的理论问题。在厘清等置性的内涵是行为等置并指出现有学说的不足后,龙文以涵括说为基础,进行了富有创新性的理论建构。涵括说的基本观点是作为义务的有无仅仅是等置性的判断条件之一。在此基础上,龙文将不作为的行为性作为重构等置性实质内涵的核心,并提出三项判断标准。主张只有当法益面临具有致人重伤、死亡的危险,且法益具有脆弱性或义务主体阻碍他人替代履行作为义务时,不作为才能够与重罪中的作为等置。在以上理论建构过程中,龙文以罪刑法定原则为线索,用涵括说填补了《刑法》对不作为犯的立法留白,并通过对不作为行为性多维度的刻画,将等置性概念具体化,为不真正不作为犯的司法实践提供了具有可操作性的标准。**石聚航的《经济犯罪中的"重大损失"及其重构》**一文,通过对经济犯罪中的"重大损失"进行类型化分析,认为司法解释关于"重大损失"的规定存在与其他罪量关系的混乱、认定范围的差异和认定方法的不统一等问题。石文指出,在重构经济犯罪的"重大损失"时,应当排除违法所得或非法牟利要素。强调经济犯罪的罪质对于认定"重大损失"的制约功能、区分直接损失与概括损失的认定规则,并适度考虑行为人的履约能力,以合理框定"重大损失"的范围。**张贵湘的《紧急医疗中近亲属推定同意的认定》**一文,关注到在诸多急诊案例中,难以及时取得患者及其家属的同意是医疗常态,但为保护患者的生命安全与重大身体健康,需要立即实施相应的紧急医疗行为。张文以紧急医疗作为切入点,分析紧急医疗行为的正当化根据,明确紧急医疗行为的适用规则,并就紧急医疗行为中近亲属推定同意的认定进行研讨,解决了近亲属推定同意的界限、患者先前拒绝手术意愿的效力、拒绝治疗场合各方主体刑事责任的认定,以及享有同意权的近亲属之间意见分歧的处理等现实难题。这些建议的提出,有利于更大限度地保护患者利益。**陈俊秀的《负有照护职责人员性侵罪的入罪机理与法益厘清》**一文,以《刑法修正案(十一)》新增的负有照护职责人员性侵罪之内在机理与保护法益为研究对象。负有照护职责人员性侵罪的增设,实质上使性同意年龄的划分形成更为精细的"三分法"。陈文阐释了负有照护职责人员性侵罪的不法内涵为照护关系中的性伦理禁忌以及强者对弱者的性剥削,同时,从体系融贯、法定刑配置以及罪名表述等角度论证性自主决定权作为该罪保护法益之妥当性。立法者推定,在照护关系中,行为人所实施的性侵行为利用了特殊职责的身份优势或被害人对"特殊职责"身份之信赖。该推定属于"可推翻的推定",即当发生的性行为并未涉及"特殊职责"关系之信赖或未实际利用其照护职责关系时,则应当予以出罪。**李高伦的《侵害英雄烈士名誉、荣誉罪的保护法益及具体适用》**一文,对《刑法修正案(十一)》设立的侵害英雄烈士名誉、荣誉罪进行了教义学分析。从该罪保护法益的主流观点出发,李文认为,"崇敬感情说"和"死者人格利益和公共利益结合说"存在适格性和功能性方面的问题。通过对保护法益的适格性、立法背景、规范内容的考察,李文提出将该罪法益界定为以国家认同为内容的国家存在基础法益,并由此对该罪的解释和适用展开论述。这一分析为该罪设立的正当性与解释适用提供了思路和方案,有助于合理妥当地划定该罪的规制范围。

在"名家实录"单元,根据车浩主持、**陈兴良主讲的《刑法教科书与刑法发展》**讲座整理成的同名文章,阐述了刑法教科书有别于论文和专著的独特文体,并深入探讨了刑法教科书与刑法立法、刑法司法以及刑法理论之间的互动关系。文章以刑法教科书的演变为线索,串联起自新中国成立以来,刑法知识的增长过程以及刑事治理在各个历史阶段的重点和难点,同时指出刑法教科书是刑法理论的载体,前沿性的刑法知识不断地被吸收进刑法教科书,成为刑法教科书的源头活水。

最后,还要重申,比较刑法不仅是一种理论的探索,更是一种对实践的回应。在"比较刑法"视域下,审视全球法治文明的多样性与共通性,寻求最适合本国国情的刑法之道,增强刑法的适应性与前瞻性,是我国法治进程中的关键挑战。刑法不仅是国家暴力的合法化表达,更是正义价值的集中体现,深入法治社会的每一个角落。刑法的应用及其效果,直接关系社会的稳定与秩序。在"依法治国"的宏伟蓝图中,通过比较研究,汲取域外先进经验,进而实现本国刑法体系的自我审视与革新,成为实现法治现代化进程中的一项迫切而重要的任务。

江　溯

谨识于北京大学法学院陈明楼304室

2024年3月4日

目 录

比较刑法

比较刑法的状况及未来 / 〔德〕凯·安博思 文　王芳凯 译 …………… 1
　　一、基础:比较刑法的概念及历史 …………………………………… 2
　　二、比较刑法的意义及功能 …………………………………………… 6
　　三、比较刑法的目标、方法及规范性基础 …………………………… 11
　　四、研究及教学中的情形 ……………………………………………… 25
　　五、展　望 ……………………………………………………………… 26

比较刑法的功能、目标与方法 / 〔德〕阿尔宾·埃泽尔 文　潘泽钧 译 …… 28
　　一、比较(刑)法研究的方案和功能 …………………………………… 29
　　二、比较刑法研究的目标设置与类型 ………………………………… 30
　　三、比较刑法的方法 …………………………………………………… 37
　　四、结　语 ……………………………………………………………… 44

比较刑法研究的方法论
　　——功能性比较研究方法和理想类型的范式进路 / 〔德〕恩马尤·比利斯 文
　　项佳航 译 ……………………………………………………………… 47
　　一、序论:确立研究的目标和方法 …………………………………… 48
　　二、功能性比较的研究方法 …………………………………………… 50
　　三、理想类型及其在比较刑法研究中的应用 ………………………… 56
　　四、结　语 ……………………………………………………………… 64

环境犯罪

欧洲的环境刑法和气候刑法
——欧盟《绿色协议》视野下刑法之可能角色 / 〔德〕赫尔穆特·查致格 文
童译瑶 译　张志钢 译校 ………………………………………… 66
　一、引　论 …………………………………………………… 67
　二、欧盟环境和气候保护之中心任务:《绿色协议》………… 67
　三、欧盟环境刑法立法之路上的绊脚石 …………………… 68
　四、对欧盟现行刑法协调性法律文件的批评 ……………… 70
　五、"气候刑法"在哪儿呢？ ………………………………… 73
　六、"气候刑法"的反对意见及其欠缺说服力的原因 ……… 73
　七、结　语 …………………………………………………… 75

恢复性司法治理环境犯罪的新西兰蓝本与中国镜鉴 / 赵小姣 … 77
　一、新西兰恢复性司法的立法沿革 ………………………… 79
　二、恢复性司法在新西兰环境犯罪领域的兴起与发展 …… 80
　三、新西兰恢复性司法治理环境犯罪的意义与挑战 ……… 84
　四、对我国恢复性司法治理环境犯罪的借鉴意义 ………… 89
　五、结　语 …………………………………………………… 93

论污染环境犯罪刑法适用中的社会参与 / 安汇玉 ……………… 94
　一、社会参与污染环境犯罪刑法适用的现实动因 ………… 95
　二、社会参与污染环境犯罪刑法适用的理论依据 ………… 97
　三、社会参与污染环境犯罪刑法适用的实践考察 ………… 101
　四、社会参与污染环境犯罪刑法适用的制度建构 ………… 104
　五、结　语 …………………………………………………… 109

诈骗犯罪

刑民交叉视角下诈骗罪认定实质化研究 / 周奕澄 …………… 110
　一、刑民欺诈关系认识之匡正 ……………………………… 112
　二、既有实质化认定路径反思 ……………………………… 114
　三、财产损失实质化路径提倡 ……………………………… 119
　四、财产损失实质化路径展开 ……………………………… 126
　五、结　语 …………………………………………………… 129

诈骗罪欺骗行为中的"事实"
——本质、特征与类型 / 解彦梓 ……………………………… 130
一、"事实"——前置性的讨论 ……………………………………… 132
二、内心事实 ………………………………………………………… 134
三、未来事件 ………………………………………………………… 137
四、价值判断与意见表达 …………………………………………… 141
五、真实事实 ………………………………………………………… 146
六、结　语 …………………………………………………………… 151

网络犯罪

论"一对多"型不法参与行为的可罚性 / 宋一璐 …………… 153
一、引言："一对多"型不法参与行为及其处罚困境 …………… 154
二、理论基础：罪量要件的体系性地位 ………………………… 155
三、研究回顾：既有理论方案的梳理与评判 …………………… 157
四、视角转换：多次普通违法行为普遍合并评价的质疑 ……… 161
五、观点展开："一对多"型不法参与行为可罚性的双层判断体系 … 166
六、结　语 …………………………………………………………… 170

网络视域下财产犯罪解释的"技术异化"与人本回归 / 马光远 …… 171
一、财产犯罪解释的"技术异化"之命题提出 ………………… 173
二、财产犯罪解释的"技术异化"之负面效应 ………………… 177
三、财产犯罪解释的"技术异化"之理念偏差 ………………… 181
四、财产犯罪解释的"技术异化"之人本回归 ………………… 184
五、结　语 …………………………………………………………… 188

腐败犯罪

挪用资金罪"超过三个月未还"情节的程序性定位及解读 / 蔡　荣 …… 190
一、"超过三个月未还"的司法困境 …………………………… 191
二、"超过三个月未还"的体系地位 …………………………… 194
三、"超过三个月未还"作为程序性要素的证明内容 ………… 198
四、"超过三个月未还"作为程序性要素的证明功能 ………… 200
五、"超过三个月未还"的程序化修正 ………………………… 201

巨额财产来源不明罪实行行为新论:不作为说的再展开 / 崔　涵 …………… 204
　　一、引　言 ………………………………………………………… 205
　　二、既有学说之检讨 ………………………………………………… 206
　　三、不作为说的新展开 ……………………………………………… 211
　　四、结　语 ………………………………………………………… 220
论投资移民的反腐败监管机制:问题与对策 / 杨　超 …………………… 222
　　一、对投资资金进行审核的主要机制 ……………………………… 224
　　二、投资移民反腐败监管中的漏洞与障碍 ………………………… 228
　　三、投资移民反腐败监管体系的建立与完善 ……………………… 231
　　四、结　语 ………………………………………………………… 238

刑罚裁量与刑事执行

法官和非法律专业人士的量刑 / 〔德〕埃莉萨·霍芬、〔德〕托马斯·魏根特 文　
　　刘心仪 译 …………………………………………………………… 239
　　一、导　论 ………………………………………………………… 240
　　二、研究方法 ……………………………………………………… 243
　　三、研究结果 ……………………………………………………… 247
　　四、研究结果概述 ………………………………………………… 261
　　五、结　论 ………………………………………………………… 263
量刑指南与法官自由裁量
　　——德国量刑法需要修改吗? / 〔德〕约翰尼斯·卡斯帕 文　谭　淦、
　　王伟华 译 …………………………………………………………… 268
　　一、导论:德国宪法之下的量刑 …………………………………… 269
　　二、量刑理论的作用 ……………………………………………… 272
　　三、经验发现 ……………………………………………………… 274
　　四、量刑指南作为一种方案? ……………………………………… 276
　　五、修改建议 ……………………………………………………… 278
论韩国司法对性犯罪的从宽量刑
　　——从批判性视角出发 / 〔韩〕郑栽骏 文　谢恩、朱霖徽、相敏 译 …… 283
　　一、韩国的性犯罪趋势 …………………………………………… 285
　　二、性犯罪与其他犯罪的刑罚比较 ………………………………… 287
　　三、对韩国与其他国家性犯罪判刑情况的比较研究 ……………… 291
　　四、对韩国性犯罪从宽量刑的批判性分析 ………………………… 297

五、结　论 …… 301

从"要我劳动"到"我要劳动"
　　——服刑人员劳动改造能动性激励机制之再造／王鹏飞 …… 302
　　一、问题的提出：在"劳动生产"与"劳动改造"之间 …… 303
　　二、"要我劳动"背景下服刑人员劳动改造异化之现状窥探 …… 304
　　三、服刑人员劳动改造异化之诱因分析 …… 308
　　四、从"要我劳动"到"我要劳动"：自我能动性激发下劳动改造的本质归位 …… 310
　　五、"我要劳动"目标下服刑人员能动性激励机制的科学构建 …… 311
　　六、结　语 …… 316

我国犯罪记录消灭制度的体系性构建／郑二威 …… 317
　　一、犯罪记录内涵之廓清 …… 319
　　二、构建犯罪记录消灭制度之必要性 …… 321
　　三、构建犯罪记录消灭制度之可行性 …… 329
　　四、构建犯罪记录消灭制度之路径展开 …… 344
　　五、结　语 …… 358

实证研究

刑事印证的考察与反思
　　——基于《刑事审判参考》166个案例的实证分析／江　东 …… 359
　　一、问题的提出 …… 360
　　二、实证研究资料的总体情况 …… 361
　　三、实证研究资料的具体分析 …… 370
　　四、有效运用印证方法的建议 …… 379
　　五、结　语 …… 390

违法性认识体系地位研究
　　——基于1153份判决书的理论反思／顾洪鑫 …… 391
　　一、问题的提出 …… 392
　　二、违法性认识体系地位的理论争鸣 …… 392
　　三、实证数据描述与分析 …… 395
　　四、违法性认识体系地位探明：限制故意说的提倡 …… 403
　　五、结　语 …… 408

理论争鸣

风险社会与刑事法／〔日〕松原芳博 文　毛乃纯 译 …………… 410
　一、犯罪的现状 …………………………………………………… 410
　二、刑事立法过程中的变化 ……………………………………… 413
　三、刑事裁判中的变化 …………………………………………… 414
　四、犯罪论中的变化 ……………………………………………… 414
　五、刑罚论中的变化 ……………………………………………… 417
　六、结　论 ………………………………………………………… 418

京特·雅各布斯的共同犯罪理论／王志坤 …………………………… 420
　一、归责基础 ……………………………………………………… 421
　二、两类分工 ……………………………………………………… 423
　三、不法判断 ……………………………………………………… 425
　四、严格从属 ……………………………………………………… 427
　五、回溯禁止 ……………………………………………………… 429
　六、具体判断 ……………………………………………………… 431
　七、引申思考 ……………………………………………………… 435

数故意犯说论据的批判性考察／〔日〕关哲夫 文　王兵兵 译 …… 440
　一、序　言 ………………………………………………………… 441
　二、藤木英雄的问题意识 ………………………………………… 444
　三、数故意犯说的论据 …………………………………………… 446
　四、结　语 ………………………………………………………… 466

等置性重构：以不作为的行为性为核心／龙健宁 …………………… 469
　一、问题的提出 …………………………………………………… 470
　二、作为义务与等置性的关系 …………………………………… 472
　三、涵括说下等置性的重构：以不作为的行为性为核心 ……… 479
　四、以不作为的行为性为核心的等置性理论适用 ……………… 486
　五、结　语 ………………………………………………………… 490

经济犯罪中的"重大损失"及其重构／石聚航 ……………………… 492
　一、问题的提出 …………………………………………………… 493
　二、"重大损失"的立法类型与要素模式 ……………………… 494
　三、"重大损失"司法认定的困局 ……………………………… 498
　四、"重大损失"的重新厘定 …………………………………… 503

五、结　论 ………………………………………………………………… 511
紧急医疗中近亲属推定同意的认定／张贵湘 ……………………………… 512
　　一、紧急医疗行为的正当化根据：推定同意 …………………………… 513
　　二、紧急医疗行为的适用规则：符合最佳利益原则 …………………… 516
　　三、近亲属推定同意的认定 ……………………………………………… 520
　　四、结　论 ………………………………………………………………… 529
负有照护职责人员性侵罪的入罪机理与法益厘清／陈俊秀 ……………… 530
　　一、负有照护职责人员性侵罪之学理争议 ……………………………… 531
　　二、负有照护职责人员性侵罪的可罚性根据 …………………………… 534
　　三、负有照护职责人员性侵罪保护的法益 ……………………………… 539
　　四、结　语 ………………………………………………………………… 543
侵害英雄烈士名誉、荣誉罪的保护法益及具体适用／李高伦 …………… 544
　　一、问题的提出 …………………………………………………………… 545
　　二、内容述评和功能检讨：本罪保护法益观点分析 …………………… 545
　　三、国家存在基础：本罪保护法益的应然界定 ………………………… 551
　　四、以保护国家存在基础为目的：本罪解释适用的具体展开 ………… 558
　　五、结　语 ………………………………………………………………… 562

名家实录

刑法教科书与刑法发展／陈兴良、车浩 …………………………………… 564
　　一、刑法教科书的独特文体 ……………………………………………… 565
　　二、刑法教科书和刑法立法 ……………………………………………… 574
　　三、刑法教科书和刑法司法 ……………………………………………… 579
　　四、刑法教科书和刑法理论 ……………………………………………… 583

[比较刑法]

比较刑法的状况及未来[*]

[德]凯·安博思[**] 文　王芳凯[***] 译

要　目

一、基础：比较刑法的概念及历史
　（一）概念
　（二）历史
二、比较刑法的意义及功能
　（一）意义
　（二）功能
三、比较刑法的目标、方法及规范性基础
　（一）目标
　（二）方法
　（三）规范性基础
四、研究及教学中的情形
五、展望

摘　要　由于法律的全球化和国际化以及新威胁（恐怖主义、网络犯罪），比较刑法正面临新的挑战。但它能否对公民安全的改善作出值得一提的贡献？为了回答这个问题，首先有必要作一些基础性的说明：关于比较刑法的概念和历史，关于其意义和功能，关于其目标、方法、规范性基础，以及研究和教学中的情形。所有这些都必须在专著中更详细地展开，因此，脚注中包含了诸多进一步的参考资料。比较刑法的前景

---

[*] 本文来源：Kai Ambos, Stand und Zukunft der Strafrechtsvergleichung, Rechtswissenschaft 3 (2017), S. 247。本文的关键词为译者所加。
[**] 德国哥廷根大学教授。
[***] 南开大学法学院讲师。

和未来的实际意义将取决于它如何应对上述挑战。

关键词　比较刑法　概念　意义　目标　方法

一、基础:比较刑法的概念及历史

(一) 概念

如果人们认真对待"比较刑法"(Strafrechtsvergleichung)这一术语,那么从最低限度来看,它至少是关于外国刑法的比较研究[1],在广义上也应该包括刑事诉讼法以及刑事司法——在一种全面的比较刑事司法(comparative criminal justice)[2]意义下。只有这样,才有可能在下文中详细地描述结构比较。就比较而言,它既可以涉及本国的法律体系(将其与外国刑法进行比较),也可以比较被探究的外国刑法。[3] 除此之外,比较刑法的概念不可能是固定的,因为它要动态地适应比较刑法所追寻的目的或者目标[4];从某种程度上来说,它是以一种"动态的目标"为导向的。因此,"在一个既包罗万象且同样具体,同时又普遍有效的概念中"掌握比较刑法似乎是"几乎无望的"。[5] 此外,比较的对象也会有很大的不同[6]:人们仅仅可以比较——在早期法律主义(概念教义主义、规范性)的法比较意义下的——实定法,抑或其所立足的价值。在今日(仍然)盛行的功能主义方法论意义下,人们可以超越规范性,以事实问题为导

---

[1] 关于比较法的这一概念,参见 E. Rabel, Aufgabe und Notwendigkeit der Rechtsvergleichung, in: K. Zweigert/H.-J. Putfarken (Hrsg.), Rechtsvergleichung, 1978, S. 86("比较法意味着,将一个国家的法律规定……与另一个秩序的法律规定或者与过去和当下尽可能多的法律规定对照理解。我们研究的是,此地和彼地会提出哪些问题以及如何回答这些问题,然后研究这些答案之间的关系");另见 Abbo Junker, Rechtsvergleichung als Grundlagenfach, JZ 49 (1994), S. 921 (922)(作为"历程"的比较)。

[2] 基础性的文献,参见 D. Nelken, Comparative Criminal Justice: Making Sense of Difference, 2010;最近的文献,参见 Harrendorf, Justizieller Umgang mit kriminellem Verhalten im internationalen Vergleich: Was kann „Comparative Criminal Justice" leisten?, RW 8 (2017), S. 113, 118 ff. 不过,这个概念经常仅仅被用来(规范性地)掌握整体刑法和刑事诉讼法的比较,参见 E. Grande, Comparative Criminal Justice: A Long Neglected Discipline on the Rise, in: M. Bussani/U. Mattei (Hrsg.), The Cambridge Companion to Comparative Law, 2012, pp. 191–204; P. Roberts, On Method: The Ascent of Comparative Criminal Justice, Oxford Journal of Legal Studies, Vol. 22, 2002, pp. 539–556; D. Nelken ed., Contrasting Criminal Justice: Getting from Here to There, 2000.

[3] Vgl. A. Eser, Funktionen, Methoden und Grenzen der Strafrechtsvergleichung, in: H.-J. Albrecht (Hrsg.), Internationale Perspektiven in Kriminologie und Strafrecht: Festschrift für Günther Kaiser zum 70. Geburtstag, 1998, S. 1499 (1501).

[4] Vgl. A. Eser, Strafrechtsvergleichung: Entwicklung-Ziele-Methoden, in: A. Eser/W. Perron (Hrsg.), Strukturvergleich strafrechtlicher Verantwortlichkeit und Sanktionierung in Europa, 2015, S. 929 (941) m.w.N. (据此,对"显然取决于"这一概念的理解,是取决于"当时用它所要追求的目的")。

[5] Vgl. Eser, Funktionen (Fn. 3), S. 1500.

[6] Vgl. Eser, Funktionen (Fn. 3), S. 1501; Eser, Entwicklung (Fn. 4), S. 1050–1056 m.w.N.

向并探究这些问题的法律答案。在这种情形下,人们可以将自己限缩在具体的社会问题上["问题解决取径"(problem-solving approach)]或者将用来解决该问题的法律机制["功能机制取径"(functional-institutional approach)]纳入分析。最后,人们还可以将某些刑法秩序中的社会文化条件["文化比较"(Kulturvergleich)]作为研究对象。我们后面再回过头来讨论这个问题。[7]

因此,套用莱茵施泰因(Rheinstein)仍然有效的定义,比较法是"一门关于法律(作为一般文化现象)的经验科学,其研究社会生活的合法性"[8];或者根据埃泽尔(Eser)更近期的定义,比较法是"对不同法律的比较,这种比较在科学体系上以特定的目标为导向,并相应地进行方法论上的调整"[9]。相较之下,上文所提到的在英美法领域尤为普遍的比较刑事司法,更普遍且更实践性地探究"不同地方的人和机构"如何处理"犯罪问题"。[10] 据此,重点通常在于具体的刑事执行及其实施者。[11] 事实表明,它优于传统方法,特别是基于上述当前挑战的考量。

(二)历史

比较刑法的重要性在19世纪初就已经被发现。[12] 安塞尔姆·冯·费尔巴哈(Anselm von Feuerbach, 1775—1833)不仅在理论上利用了法律比较方法的经验,以期建

---

[7] 参见本文第三部分之(二)。
[8] M. Rheinstein, Einführung in die Rechtsvergleichung, 1987, S. 21.
[9] Eser, Entwicklung (Fn. 4), S. 962;更简单的文献,参见 J. Pradel, Droit pénal comparé, 4ᵉ éd., 2016, p. 3 ["研究两部(或多部)刑法之间的差异和相似之处"]。
[10] Vgl. Nelken, Comparative (Fn. 2), S. 1.
[11] 参见 Nelken, Comparative (Fn. 2), S. 1 ("……犯罪、社会秩序和惩罚之间的联系,并探讨警察、检察官、法院、监狱和其他参与者和机构在各种社会控制形式的大背景下发挥的作用");另见 Harrendorf, Umgang (Fn. 2), S. 18 ff.。
[12] Vgl. Hans Heinrich Jescheck, Entwicklung, Aufgaben und Methode der Strafrechtsvergleichung, 1955, S. 10 (10-24); Pradel, Droit (Fn. 9), S. 18 ff.; Eser, Funktionen (Fn. 3), S. 1503 f.; Eser, Entwicklung (Fn. 4), S. 943 f., 949. 关于比较法的历史,参见 H. Jung, Zu Theorie und Methoden der Strafrechtsvergleichung, in: R. De Giorgi (Hrsg.), Il diritto e la differenza: scritti in onore di Alessandro Baratta Vol. 1, 2002, S. 361; Grande, Comparative (Fn. 2), S. 193; W. Heun, Die Entdeckung der Rechtsvergleichung, in: W. Heun/F. Schorkopf (Hrsg.), Wendepunkte der Rechtswissenschaft: Aspekte des Rechts in der Moderne, 2014, S. 9 (10 ff.)(他想要将时间点定在"1800年左右",但认为19世纪上半叶是费尔巴哈的"上升期"); J. Basedow, Comparative Law and its Clients, The American Journal of Comparative Law, Vol. 62, 2014, pp. 821-829("不是在19世纪之前",第829页;区分了六个发展阶段); M. Siems, Comparative Law, 2014 (e-book), p. 10 (20世纪初的"传统比较法")。关于更早的比较在其他科学领域(民族学、语言学、宗教等)作为一种"科学方法"的重要性,参见 N. Jansen, Comparative Law and Comparative Knowledge, in: Reimann/Zimmermann (Hrsg.), The Oxford Handbook of Comparative Law, 2006, S. 305 (318 ff.)。

立一个——同时也以历史为导向的[13]——"普遍法学"(Universaljurisprudenz)[14],还在其争取改革刑事诉讼程序的奋斗中利用了比较刑事诉讼法,特别是以法国的发展为导向[15]。紧随其后的是他的学生卡尔·约瑟夫·安东·米特迈尔(Karl Joseph Anton Mittermaier,1787—1867)以及海因里希·阿尔贝特·察哈里埃(Heinrich Albert Zachariä,1806—1875),两人均从比较法中汲取灵感以改革德国的刑事诉讼程序[16]。因此,如果没有法国和英美的范式,经过改革的德国刑事诉讼程序将是令人无法想象的。[17] 20世纪初,"刑法领域比较法的伟大推动者和倡议者"[18]弗兰茨·冯·李斯特(Franz von Liszt)提出了以经验为导向的发展理论,根据这一理论,比较法提供了关于社会生活"发展方向"的信息,允许立法者在这一发展方向上"有目的、有意识地干预"或"有意识地设定目的"[19],并从中提取出"'正确的法'的特征"[20]。在李斯特的重大影响下,16卷本的

---

[13] 比较法和法律史之间由此产生的关联,直到魏玛共和国时期才被消除,对此,参见 Vogenauer, Rechtsgeschichte und Rechtsvergleichung um 1900: Die Geschichte einer anderen „Emanzipation durch Auseinanderdenken", RabelsZ 76 (2012), S. 1122 ff.;另见 H. Kötz, Was erwartet die Rechtsvergleichung von der Rechtsgeschichte?, JZ 47 (1992), S. 20 (21 f.)("本是同根生"); Junker, Rechtsvergleichung (Fn. 1), S. 923("同一个根源"); Heun, Rechtsvergleichung (Fn. 12) S. 15 f., 19. 关于一种明显的法律史方法,仍然参见 A. Watson, Legal Transplants: An Approach to Comparative Law, 1. Aufl., 1974, S. 1 (3)(比较法作为"涉及制度之间关系的法律史",第6页);与之相对的,特别强调差异的文件,参见 U. Kischel, Rechtsvergleichung, 2015, § 1 Rn. 27 ff. ["特别是在法律史研究的背景下,无法通过采访在世的法律实践者来控制对外国法的正确解释,故而——应加以补充的是——下述意义中的结构比较(第120条脚注及以下内容)是可能的"]。

[14] Vgl. P. J. A. von Feuerbach, Blick auf die teutsche Rechtswissenschaft, in: Anselms von Feuerbach kleine Schriften vermischten Inhalts, 1. Abteilung, 1833, S. 152 (163).

[15] Vgl. P. J. A. von Feuerbach, Ueber die Gerichtsverfassung und das gerichtliche Verfahren Frankreichs, in besonderer Beziehung auf die Oeffentlichkeit und Mündlichkeit der Gerichtspflege, 1825. 关于费尔巴哈的文献,参见 Jescheck, Entwicklung (Fn. 12), S. 11 f.; Eser, Funktionen (Fn. 3), S. 1503; Eser, Entwicklung (Fn. 4), S. 943 f.; M. D. Dubber, Comparative Criminal Law, in: Reimann/Zimmermann (Hrsg.), Handbook (Fn. 12), S. 1287 (1292 ff.. "好的起始之处")。关于法国发展的特殊重要性,参见 T. Vormbaum, Einführung in die moderne Strafrechtsgeschichte, 2. Aufl., 2011, S. 88 ff.。

[16] Vgl. C. J. Mittermaier, Die Mündlichkeit, das Anklageprinzip, die Öffentlichkeit und das Geschworengericht in Ihrer Durchführung in den Verschiedenen Gesetzgebungen: Dargestellt und nach den Forderungen des Rechts und der Zweckmäßigkeit mit Rücksicht auf die Erfahrungen der Verschiedenen Länder, 1845; C. J. Mittermaier, Das englische, schottische und nordamerikanische Strafverfahren: im Zusammenhange mit den politischen, sittlichen und socialen Zuständen und in den Einzelnheiten der Rechtsübung, 1851; H. A. Zachariä, Die Gebrechen und die Reform des deutschen Strafverfahrens, dargestellt auf der Basis einer consequenten Entwickelung des inquisitorischen und des accusatorischen Prinzips, 1846; E. Schmidt, Einführung in die Geschichte der deutschen Strafrechtspflege, 1965, S. 288 ff., 292 f., 297.

[17] Vgl. Eser, Funktionen (Fn. 3), S. 1512.

[18] Jescheck, Entwicklung (Fn. 12), S. 10.

[19] F. von Liszt, Tötung und Lebensgefährdung (§§ 211-217, 222 RStGB), in K. Birkmeyer u.a. (Hrsg.), Vergleichende Darstellung des deutschen und ausländischen Strafrechts. Vorarbeiten zur deutschen Strafrechtsreform, Berlin 1905-1909, BT Bd. V, 1905, S. 1 (4 f.).

[20] F. von Liszt, Das „richtige Recht" in der Strafgesetzgebung. II., ZStW 27 (1907), S. 91 (95)("在国家组织的社会生活的经验性发展方向中,我认为是'正确的法'的特征;只有在这个基础上才能建立一个科学的政治体系"); ders., Das „richtige Recht" in der Strafgesetzgebung, ZStW 26 (1906), S. 553 (556). Zu ihm auch Jescheck, Entwicklung (Fn. 12), S. 10 f.; Eser, Entwicklung (Fn. 4), S. 949。

《德国及外国刑法的比较》在 20 世纪初（1905—1909 年）问世[21]，其首要特质是刑法立法比较[22]，这部书被莱昂·拉齐诺维奇（Leon Radzinowicz）称作"比较刑法研究史上的里程碑"[23]。无论如何，这可能确立了比较刑法作为一门独立学科的地位。[24] 甚至在此之前，"外国刑法典德译本系列"（Edition außerdeutscher Strafgesetzbücher in deutscher Übersetzung）就已经开始出版了。[25] 虽然形式有所不同，但这个系列一直持续到今天。[26]

同时，它（即比较刑法）通过诸多比较刑法协会的成立而被制度化[27]，这里只提及其中的两个机构：一个是国际刑事法协会（Internationale Kriminalistische Vereinigung），由李斯特、冯·哈梅尔（van Hamel）及普林斯（Prins）于 1888 年成立[28]，由法国发起的、1924 年成立的 AIDP 是国际刑事法学会的继承者[29]；另一个则是对于普通法系的刑法圈而言的总部设在加拿大的刑法改革协会（Society for the Reform of Criminal Law），尽管该协会的成立时间要晚得多（1989 年）[30]。在学术层面，这些协会得到了专业研究组织的补充，特别是弗赖堡的马克斯-普朗克外国刑法与国际刑法研究所（Max-Planck-Institut für ausländisches und internationals Strafrecht），该研究所在 1965 年成为马克斯-普朗克协会的一部分。[31]

---

[21] Vgl. Birkmeyer u.a. (Fn. 19).

[22] 关于立法的比较法的历史开端，参见 Heun, Rechtsvergleichung (Fn. 12), S. 13 ff.，其认为，除科学—法实践比较法之外，它（即立法的比较法）是现代比较法的根源之一。

[23] L. Radzinowicz, International Collaboration in Criminal Science, The Law Quarterly Review, Vol. 58, 1942, p. 110 (128).

[24] 同见 Eser, Entwicklung (Fn. 4), S. 943（直到 19 世纪末都没有体系的方法或专门的比较法学科）。

[25] Vgl. Jescheck, Entwicklung (Fn. 12), S. 13, 15.（从 1888 年至 1942 年有 54 册，自 1952 年起继续出版）《整体刑法学杂志》的"外国法瞭望"栏目自 1953 年起才被设立成通讯快报[Jescheck, Entwicklung (Fn. 12), S. 15 mit Fn. 19]。

[26] Vgl. https://www.mpicc.de/de/forschung/publikationen/uebersetzungen.html (1.11.2017).

[27] Vgl. Jescheck, Entwicklung (Fn. 12), 16 ff.; Pradel, Droit (Fn. 9), S. 24 ff.; Eser, Funktionen (Fn. 3), S. 1504 f.; Eser, Entwicklung (Fn. 4), S. 949 f.

[28] Vgl. Jescheck, Entwicklung (Fn. 12), S. 12 f., 17; Eser, Funktionen (Fn. 3), S. 1505.

[29] Vgl. Jescheck, Entwicklung (Fn. 12), S. 18 f.; 德国的国别群组，由 Adolf Schönke 在 1951 年成立，s. ebd. S. 24。

[30] Vgl. Eser, Funktionen (Fn. 3), S. 1505. 该协会的官方杂志是《刑法论坛》（Criminal Law Forum），由 Springer 出版社出版，笔者是该杂志的主编。

[31] Vgl. Eser, Entwicklung (Fn. 4), S. 947 f. m.w.N.（兴起于 1938 年由 Adolf Schönk 在弗赖堡大学创立的一个研究所）; vgl. auch Pradel, Droit (Fn. 9), S. 27 f.

二、比较刑法的意义及功能

(一) 意义

即便是那些想要将比较(刑)法升格到"时代使命"的人[32],也几乎没有高估其在当前法律全球化及国际化的背景下的重要性[33]。全球化导致了超国家组织和协会的大规模制度化,这些在全球或地区范围内运作、具有公法或私法性质的组织和协会催生了对比较法的巨大需求[34],来自世界各地的、成千上万的法律人每天都在产生比较法上的专业知识——可以将其称为一种"活的法律比较"(living comparison of laws)[35]。

对于超国家刑法而言,比较刑法的意义来自一级法律基础(Primärrechtsgrundlagen)[36],特别是"各成员共同的宪法传统"的欧洲基本权利[37]。在欧盟刑法框架内提出的"刑

---

[32] So A. von Bogdandy, Deutsche Rechtswissenschaft im europäischen Rechtsraum, JZ 2011, S. 1 (4 re Sp.); ders., Internationalisierung der deutschen Rechtswissenschaft. Betrachtungen zu einem identitätswandelnden Prozess, in: E. Hilgendorf/H. Schulze-Fielitz (Hrsg.), Selbstreflexion der Rechtswissenschaft, 2015, S. 145; ähnlich Eser, Entwicklung (Fn. 4), S. 950 f.(……可能从来没有一个时期,对比较刑法的呼吁会比今日更响亮。)

[33] 关于五个因素所造成的一般性的意义升高,参见 U. Sieber, Strafrechtsvergleichung im Wandel-Aufgaben, Methoden und Theorieansätze der vergleichenden Strafrechtswissenschaft, in: U. Sieber/H.-J. Albrecht (Hrsg.), Strafrecht und Kriminologie unter einem Dach, 2006, S. 78 (80 ff.);埃泽尔特别提到了四种现象,参见 Eser, Entwicklung (Fn. 4), S. 951-953 (从"供方市场"到"需方市场");ders., Zum Stand der Strafrechtsvergleichung: eine literarische Nachlese, in: Ch. Safferling u.a. (Hrsg.), FS Streng, 2017, S. 669 (672 f.); vgl. auch H. Jung, Grundfragen der Strafrechtsvergleichung, JuS 1998, S. 1 ("意义增长"), 7 ("新纪元……"); ders., Strafrechtsvergleichung (Fn. 12), S. 380 ("欧洲化和国际化的刺激作用"); ders., Wertende (Straf-) Rechtsvergleichung. Betrachtungen über einen elastischen Begriff, GA (2005), S. 1 (2 f.) (比较刑法作为国际化的"赢家"); T. Weigend, Criminal Law and Criminal Procedure, in: J. M. Smits, Elgar Encyclopedia of Comparative Law, 2006, S. 214 (215 ff.) ("其重要性的增加"); S. Beck, Strafrecht im interkulturellen Dialog, in: S. Beck/C. Burchard/B. Fateh-Moghadam (Hrsg.), Strafrechtsvergleichung als Problem und Lösung, 2011, S. 65 (66) ("复兴"); F. Meyer, Internationalisierung und Europäisierung des Rechts als methodische Herausforderung der Rechtsvergleichung, in: Beck et al. (Hrsg.), Strafrechtsvergleichung (Fn. 33), S. 87 (87-89) ("巨大的提升")。关于全球化对比较法的影响,一般性的文献参见 Basedow, Comparative Law (Fn. 12), S. 825 f., 837, 857;关于"全球比较法",参见 Siems, Comparative Law (Fn. 12), S. 187 ff. (区分了"霸权和反霸权的全球化"以及"全球化的地方主义"和"地方化的全球主义");通过法律规范的趋同、区域化以及跨国化来瓦解国家边界("淡化国家边界"), ebd., S. 222 ff.

[34] 以需求为导向的比较法取径,参见 Basedow, Comparative Law (Fn. 12), S. 837 ff. (将"客户"与"学术界""法律职业""立法者"和"统一机构"区分开来)。

[35] Vgl. Basedow, Comparative Law (Fn. 12), S. 854-857. ("比较法的大规模制度基础""全球化的制度面向")

[36] 关于此种自上而下的垂直影响,参见 Eser, Entwicklung (Fn. 4), S. 999-1001。

[37] 参见《欧盟条约》(EUV) 第6条第3款。

法规定趋同化"[38]以及在刑事诉讼和刑法领域内建立"最低限度标准"[39]的前提是,人们首先要通过对成员国刑法的比较研究对需要趋同之处有一个总体认识。在创设刑事诉讼的最低限度规定时,也要考虑"法秩序和传统之间的差异"[40],但这些差异必须首先通过比较(刑事诉讼)法来解决。《里斯本条约》规定,如果某项趋同指令影响到成员国刑法秩序的"根本方面",可以启动"紧急刹车程序"(Notbremseverfahrens)。[41] 这就要求欧盟委员会(作为欧盟立法程序的主要发动者)在起草某项指令的草案时必须考虑到这些方面——预测成员国的反对意见。这又以"欧盟委员会通过比较(刑)法研究,熟悉了成员国刑法秩序的根基"作为前提。在运作层面,受托进行跨境调查的欧盟机构(欧洲刑警组织、欧洲反诈骗局、欧洲司法合作组织以及未来的欧盟检察署)[42]一直在关注成员国法律的适用和解释,因为刑事调查——在没有原始的欧洲刑事诉讼法的情形下——通常根据调查实施国的法律(lex loci)来进行,故而在跨境调查中会适用若干法律秩序。从内国层面到超国家、欧洲层面的视角变化在此尤为明显。[43] 在欧洲理事会(Europarat)框架内,欧洲人权法院尤其经常要处理刑法和刑事诉讼法的问题,对这些问题的处理需要深入了解被申诉国家的法律。[44] 欧洲(版本)的双重处罚禁止(europäische Doppelverfolgungsverbot)[45]的前提是,第一次定罪的国家已经作出了程序终结决定[46];如果不了解相关的外国程序法,就不可能进行必要的法律归类[47]。

在国际刑法(Völkerstrafrecht)领域,经典意义上的一般性法律原则——作为从最重要的法秩序中的法律推导出来的原则[48]——自始就是公认的法律来源。[49]这源于国

---

[38] 参见《欧盟运作条约》(AEUV)第67条第3款。同见《欧盟运作条约》第82条第1款第1段、第83条第2款。关于欧盟非合同领域"根据一般法律原则"的损害赔偿,参见《欧盟运作条约》第340条第2款。
[39] 关于刑事诉讼法,参见《欧盟运作条约》第82条第2款第1句(促成法官判决和决定的相互承认以及警察—司法的共同合作);关于刑法,参见《欧盟运作条约》第83条第1款(关于特别严重的跨境犯罪领域下刑事犯罪和刑罚的定义)。
[40] 参见《欧盟运作条约》第82条第2款第2句。
[41] 参见《欧盟运作条约》第82条第3款第1段、第83条第3款。
[42] 关于这些组织,参见 K. Ambos, Internationales Strafrecht, 5. Aufl., 2018, §13。
[43] 关于方法论上的欧洲化,参见 von Bogdandy, Internationalisierung (Fn. 32), S. 144–146。
[44] Vgl. Ambos, Strafrecht (Fn. 42), §10 Rn. 12 ff.
[45] 参见《申根实行公约》(SDÜ)第54条以及《欧盟基本权利宪章》(GRCH)第50条。
[46] 对此及其进一步的要件,参见 Ambos, Strafrecht (Fn. 42), §10 Rn. 163 ff.。
[47] 就此而论,同见 Eser, Entwicklung (Fn. 4), S. 994 f.。
[48] 只有在这种情形下,才能区分法系/法律家族的划分[经典的文献,参见 R. David, Les grands systèmes de droit contemporains, 1. Aufl., 1964, S. 12 f.; R. David/C. Jauffret-Spinosi, Les grands systèmes de droit contemporains, 2002, S. 15 f.; K. Zweigert/H. Kötz, Einführung in die Rechtsvergleichung: auf dem Gebiete des Privatrechts, 1996, S. 62 ff.; Siems, Comparative Law (Fn. 12), S. 73 ff.],特别是英美法系("普通法系")和罗马—德意志法系("大陆法系")具有特定的意义,因为它允许——如在首次查阅中——将调查(转下页)

际法上传统的来源学说(Quellenlehre)[50],并随着《国际刑事法院罗马规约》而被现代国际刑法所接纳[51]。国际刑事法院以及众多其他国际刑事法庭的存在使比较刑法具有巨大的实践意义[52],尽管司法实践通常没有超出单纯的"择优挑选"(cherry picking)[53]。就此而论,更好的做法是采取更体系的方法。[54] 我们会再来讨论这个问题。[55]

(接上页)限制在有代表性的法系中(一方面是英美传统,另一方面则是法德传统)[同见 P. de Cruz, Comparative Law in a Changing World, 3. Aufl., 2007, S. 35 ("……使比较主义者迈出了第一步的初始方式……"); H. Kötz, Abschied von der Rechtskreislehre?, ZEuP (1998), S. 493, 504 ("第一次粗略定位"); Siems, aaO, S. 92 ("教学目的"); Kischel, Rechtsvergleichung (Fn. 13), § 4 Rn. 19, 25 f.]。此外,这种分类法应当被拒绝,因为它将这些法律家族中现有的差异(例如英国和美国联邦刑法之间的差异以及法国法和德国法之间的差异)予以弭平,并过分强调其相似之处。换言之,它整体上倾向于简化并过于强调民法,此外,它还将非西方的法秩序边缘化,无论是前殖民地的法秩序还是穆斯林—佛教世界的法秩序[概括性的批评,参见 Kötz, a.a.O., S. 495 ff.; Siems, Comparative Law (Fn. 12), S. 7, 80 ff.; Kischel, Rechtsvergleichung (Fn. 13), § 4 Rn. 11–17, 20–24; 批判性的见解,同见 H. Heiss, Hierarchische Rechtskreiseinteilung: Von der Rechtskreislehre zur Typologie der Rechtskulturen?, ZVglRWiss 100 (2001), S. 396 (399 ff.),他自己提出了一个等级划分——有关法律本质的基本问题优先于技术细节(412 ff., 416 ff.); J. Husa, Classification of Legal Families Today–Is it Time for Memorial Hymn?, Revue Internationale de Droit Comparé 56 (2004), S. 11 ff.; Weigend, Criminal Law (Fn. 33), S. 219; Eser, Entwicklung (Fn. 4), S. 1069 f.;更早期的文献,参见 G. Frankenberg, Critical Comparisons: Re-thinking Comparative Law, Harvard International Law Journal 26 (1985), S. 411 (442 ff.)]。也有其他的分类尝试,例如在一般层面根据法律传统(来区分),参见 H. P. Glenn, Legal Traditions of the World: Sustainable Diversity in Law, 2014, S. 1 ff., 60 ff. [对此持批判性的看法,参见 Kischel, Rechtsvergleichung (Fn. 13), § 3 Rn. 131 ff.];或者从刑事政策的观点根据国家和社会的模式(来区分),参见 M. Delmas-Marty, Les grands systèmes de politique criminelle, Paris: Presses universitaires de France 1992, S. 81 ff.。关于"比较的单元",同见 Nelken, Comparative (Fn. 2), S. 28 ff.。

[49] 参见 Jescheck, Entwicklung (Fn. 12), S. 31(当然,论述有点慷慨激昂)(通过比较法打击"国际犯罪行为","对"国际刑法"的创立负有特殊责任,即作为"人类的客观良知",被要求在其伟大公理中维护正义……反对战争时期的'无条件仇恨'的影响……");最近的文献,参见 L. Chiesa, Comparative Criminal Law, in: M. D. Dubber/T. Hörnle (Hrsg.), Oxford Handbook of Criminal Law, 2014, S. 1089 (1093 f.); Eser, Entwicklung (Fn. 4), S. 1013。

[50] 参见《国际法院规约》(IGH-Statut)第38条第1款c项("文明国家所承认的一般法律原则")。

[51] 参见《国际刑事法院罗马规约》(IStGH-Statut)第21条第1款第c项("本法院从世界各法系的内国法,包括适当时从通常对该犯罪行使管辖权的国家的内国法中得出的一般法律原则……")。对此,同见 Grande, Comparative (Fn. 2), S. 191; Eser, Entwicklung (Fn. 4), S. 991 (1002)(司法比较刑法框架下辅助性的外国法适用)。

[52] Vgl. auch Weigend, Criminal Law (Fn. 33), S. 217.

[53] 对于法院使用比较法的批评(特别是在美国),参见 Siems, Comparative Law (Fn. 12), S. 147; T. Kadner Graziano, Is it Legitimate and Beneficial for Judges to Compare?, in: M. Andenas/D. Fairgrieve (Hrsg.), Courts and Comparative Law, 2015, S. 25 (30) m.w.N.。

[54] 同见 P. Roberts, Comparative Law for International Criminal Justice, in: E. Örtücü/D. Nelken (Hrsg.), Comparative Law: A Handbook, 2007, S. 339 (340, 350 ff., 363, 365)(他主张"更明确、更系统、更具方法论地求助于比较法方法",并就此方面探讨了六个领域)。

[55] 参见本文第三部分之(二)。

在司法互助法(Rechtshilferecht)中,要不断地与外国法秩序接触,且根据司法互助的种类——引渡/移管、小司法互助或执行协助——以及互助关系——(多边或双边的)条约或非条约,了解被请求国/请求国的法律是必要的,或者至少是有帮助的。即便在一个越来越基于相互承认[56]的体系中,如欧盟体系,内国法也不会完全被二级法律指令[57]所取代,而是经常以拒绝请求[58]或者对执行施加条件[59]的形式加以突破。在典型的、基于条约的司法互助中,双边可罚性原则——类似于在刑法适用法的框架内与行为地规范具有相对应的实体法规范[60]——要求审查请求国的刑法[61]。最后,在非基于条约的司法互助的情形下,无论如何,(是否同意司法互助)掌握在被请求国的手中,因此,应当事先熟悉其司法互助法,尤其是其司法互助实践。

(二) 功能

这些例子表明,一方面,比较刑法往往构成国际刑法的基础。由于国际刑法和欧洲刑法——尽管存在自主解释以及超国家的机构化——在很大程度上是由内国刑法提供的,比较刑法被赋予一种根本性的信息功能——作为上述传统意义下一般性法律原则的生产者。同时,它也提供了对超国家机构及其法律——如同在内国法秩序之外——的横向比较。我们会再来讨论这个问题。

另一方面,对于内国立法者来说,在针对特定生活情景作出规定之前,以比较的方式参考外国法,可能是有益的(立法的比较刑法)。[62] 刑事司法系统的参与者——检察官、辩护律师及法官——也越来越依赖比较法知识来解决个案中的问题(司法的比较刑法)[63]——不再仅仅发生在内国的边境之内。最后但并非最不重要的一点是,比

---

[56] 关于此原则,参见 Ambos, Strafrecht (Fn. 42), § 9 Rn. 26 f.。
[57] 关于相关的欧盟二级法律文件,参见 Ambos, Strafrecht (Fn. 42), § 12 Rn. 14 ff.。
[58] 例如,参见 Rb EuHB, ABl. EU 2002, L 190, S. 1 Art. 3, 4;最后经 Rb 2009/299/JI vom 26.2.2009 (ABl. EU L 81, S. 24)修订。
[59] 例如,参见 Rb EuHB Art. 5。
[60] 参见《德国刑法典》第 7 条第 1 款和第 2 款["(行为)在犯罪地会受到刑罚"]。
[61] 例如,参见 EuAlÜbk, BGBl. 1964 II, S. 1369 Art. 2, Abs. 1。在此背景下,同见 Eser, Entwicklung (Fn. 4), S. 992-4 (依赖外国法的刑罚暴力)。
[62] Vgl. Weigend, Criminal Law (Fn. 33), S. 215; Eser, Entwicklung (Fn. 4), S. 1005 ff.; Chiesa, Comparative (Fn. 49), S. 1091. 另见 1965 年《法律委员会法》(Law Commissions Act)第 3 条第 1 款("每个委员有责任……获得……关于其他国家法律制度的信息……")。从一般性的比较法角度,参见 Kischel, Rechtsvergleichung (Fn. 13), § 1 Rn. 22 ff.;关于立法者作为比较法的"顾客",参见 Basedow, Comparative Law (Fn. 12), S. 842 ff.。
[63] 比较法的这一功能早在 1900 年就被民法学者齐特尔曼(Zitelmann)确立为"法律适用的意义",参见 E. Zitelmann, Aufgaben und Bedeutung der Rechtsvergleichung, Dt JZ V (1900), S. 329, reproduziert in: K. Zweigert/H.-J. Puttfarken (Hrsg.), Rechtsvergleichung, 1978, S. 11 (11 f.)。在德国刑法实务中,这样的例子不胜枚举,例如 BGHSt 1, 297; 2, 152; 2, 257; 5, 30; 5, 337 sowie BGHSt 38, 214(228 ff.;探究是否违反警察告知义务及后果时,考虑外国的刑事诉讼法)。关于司法的比较法,参见 Zweigert/Kötz, (转下页)

较刑法也可以在科学理论上加以推动,因为犯罪——特别是在欧盟自由、安全与正义的领域内[64][65],(推动方式)或者是用更宽广的视角去看待本国法,或者是辅助解决基本法律问题(比较法作为第五种解释方法)[66]。

因此,也要为比较刑法的经典功能正名[67],自19世纪中叶以来,这些功能变得越来越重要。这三个功能(即"立法的比较刑法""司法的比较刑法"以及"科学理论上的比较刑法")是否应由"评价性—竞争性的比较刑法"(evaluativ-kompetitive Strafrechtsvergleichung)来加以补充,从而形成四个功能[68],实际上还尚未确定,因为无论如何,在比较法总览(连同法政策建议)的框架内,对真正的法律比较的评价[69]

(接上页)Rechtsvergleichung (Fn. 48), S. 16 ff.; K. H. Ebert, Rechtsvergleichung: Einführung in die Grundlagen, 1978, S. 176 ff.;特别是关于司法的比较刑法,同见 Eser, Funktionen (Fn. 3), S. 1507-1510; Eser, Entwicklung (Fn. 4), S. 984 ff.。

[64] 参见《欧盟运作条约》第67条第1款。

[65] 关于不同的概念性("科学—理论的""理论的""学术的"),参见 Eser, Entwicklung (Fn. 4), S. 967。

[66] 对国家法律进行比较法上的解释这一要求,可以追溯到 K. Zweigert, Rechtsvergleichung als universale Interpretationsmethode, RabelsZ 15 (1949/50) S. 5 (8 ff.)(提及《瑞士民法典》第1条);关于比较法作为宪法的第五种解释方法,参见 P. Häberle, Grundrechtsgeltung und Grundrechtsinterpretation im Verfassungsstaat, JZ 1989, S. 913 (916 ff.);详见 Kischel, Rechtsvergleichung (Fn. 13), § 2 Rn. 53 ff. (特别强调在解决疑难案件中的重要性, Rn. 72-76);从刑法的角度,参见 Jung, Strafrechtsvergleichung (Fn. 12), S. 380; Eser, Entwicklung (Fn. 4), S. 953 f. mit Fn. 67。

[67] 对于这三个功能,参见 Eser, Funktionen (Fn. 3), S. 1506 ff.; Eser, Entwicklung (Fn. 4), S. 955 f., 966 ff.;早期已经初步形成,但没有如此分化和体系化,参见 Jescheck, Entwicklung (Fn. 12), S. 26 ff.。

[68] 因此,参见 Eser, Entwicklung (Fn. 4), S. 956, 1020 ff. (具有令人印象深刻的区分以及形成诸多的下位群组和下位形式……);对于30项(!)进一步的方法及形式, ebd., S. 956-959。

[69] 关于评价在比较法中的作用,基础性的论述,参见 Eser, Entwicklung (Fn. 4), S. 1026 ff.,他在拉德布鲁赫和李斯特的两个极端立场中采取了折中的立场,据此,评价是可能的,但不是强制性的,即一方面,比较法在没有评价的情形下也可以存在;另一方面,评价根据相关比较的目标是可取的、必要的(1028 f., auch 1084)。关于描述和评价之间的区分(没有一般性地排除后者),参见 M. Mona, Strafrechtsvergleichung und comparative justice: Zum Verhältnis zwischen Rechtsvergleichung, Grundlagenforschung und Rechtsphilosophie, in: Beck et al. (Hrsg.), Strafrechtsvergleichung (Fn. 33), S. 103 (113)。反对将评价当作比较法的一部分(与之相反,其属于"由它所促成的法律批评"),参见 E. Rabel, Aufgabe und Notwendigkeit der Rechtsvergleichung, Rhein. Zeitschrift für Zivilund ProzessR 13 (1924), S. 279 (280) (s. aber 286 ff.,他呼吁法律批评、法律政策和法律完善);关于拉贝尔(Rabel)以及关于康拉德·茨威格特(Konrad Zweigert)(作为拉贝尔在汉堡马克斯—朗朗克研究所的继任人之一)所提出的"比较法的第五阶段",参见 Basedow, Comparative Law (Fn. 12), S. 832 f.。关于"评价的比较"以及"方案的评价"之间的区别(后者并不属于严格意义上的比较法),参见 U. Sieber, Grenzen des Strafrechts. Strafrechtliche, kriminologische und kriminalpolitische Grundlagenfragen im Programm der strafrechtlichen Forschungsgruppe am Freiburger Max-Planck-Institut für ausländisches und internationales Strafrecht, in: H.-J. Albrecht/U. Sieber (Hrsg.), Perspektiven der strafrechtlichen Forschung: Amtswechsel am Freiburger Max-Planck-Institut für Ausländisches und Internationales Strafrecht 2004, 2006, S. 35 (74 f.);关于分类问题的次要作用,参见 ders., Strafrechtsvergleichung (Fn. 33), S. 120;批判性的看法,同见 Eser, Entwicklung (Fn. 4), S. 1027。关于在刑法趋同的框架下"以对所有制度均有效的方式提出基本的价值问题",参见 W. Perron, Sind die nationalen Grenzen des Strafrechts überwindbar?, ZStW 109 (1997), S. 281 (299)。

发挥着重要的作用。[70]

三、比较刑法的目标、方法及规范性基础

(一) 目标

同时,上述比较刑法的功能描述了其可能的——至少是多样的[71]——目标:通过立法的比较刑法为立法者提供建议,在司法的比较刑法框架内为刑事司法提供支持,以及通过科学理论的比较刑法从原则上探究本国刑法的各个方面。在对本国法律进行比较分析时,它的优势以及(受强调的)弱势会变得(更加)明显。[72] 因此,比较法能够——至少是在更加理想的情形下——对本国法律进行批判性反思[73],并对其进行整体性的观察[74];它创造了"抗衡高估自身教义学及其概念世界的力量"[75],并且彰显了"法律的可变之处及永恒之处"[76]。比较法和其他学科一样,只有当我们通过它能够认识到一些在没有它的情形下对我们仍然是封闭的东西时,它才能被认为是

---

[70] 参见 Sieber, Strafrechtsvergleichung (Fn. 33), S. 120("评价决定的理性论证"是比较刑法作为善治工具发挥作用的先决条件);Weigend, Criminal Law (Fn. 33), S. 219 f.("质量评判"的意义);Mona, Strafrechtsvergleichung (Fn. 69), S. 115 ff.(从正义理论的视角进行评价);Siems, Comparative Law (Fn. 12), S. 22 f.(评价和建议是比较分析的一部分);Eser, Entwicklung (Fn. 4), S. 1084-1087 (1084:"……预计会有一个最终的立场,其中通常不可能没有某些评价");Beck, Strafrecht (Fn. 33), S. 78 (规则不仅要被理解,还要被评价),85(评价是"不可避免的");Kischel, Rechtsvergleichung (Fn. 13), §1 Rn. 10 f.

[71] 关于"目标的多元性",参见 Jung, Strafrechtsvergleichung (Fn. 12), S. 378 f.;关于目标的灵活性,参见 Kischel, Rechtsvergleichung (Fn. 13), §2 Rn. 5;关于四个功能或认知目标,参见 G. Dannemann, Comparative Law: Study of Similarities or Differences?, in: Reimann/Zimmermann (Hrsg.), Handbook (Fn. 12), S. 383 (402-406:统一法律、解决特定问题、适用外国法以及理解法律)。

[72] 同见 Junker, Rechtsvergleichung (Fn. 1), S. 928("自身法律的局限性");M. D. Dubber/T. Hörnle, Criminal Law: A Comparative Approach, 2014, S. vi; Chiesa, Comparative (Fn. 49), S. 1091; Eser, Entwicklung (Fn. 4), S. 969; Kischel, Rechtsvergleichung (Fn. 13), §1 Rn. 1。

[73] 基础性的论述,参见 Frankenberg, Comparisons (Fn. 48), S. 411 ff., 443 f.(比较法是一种通过"距离"和"差异"并以自我反思为目标的"学习经验"),当然,他指责传统的、功能的比较法正是缺乏自我批评和自我反思能力(ebd., S. 433 ff.);在这方面,对功能性方法的批评,同见 R. Michaels, The Functional Method of Comparative Law, in: Reimann/Zimmermann (Hrsg.), Handbook (Fn. 12), S. 339 (379 f.)。不同的看法,参见 Kischel, Rechtsvergleichung (Fn. 13), §2 Rn. 20 f.(虽然比较法可以促进理解,但在本国法律的教义学渗透下,意义有限)。

[74] Vgl. Nelken, Comparative (Fn. 2), S. 14("全貌")。

[75] Jescheck, Entwicklung (Fn. 12), S. 44;同见 G. Radbruch, Der Mensch im Recht: ausgewählte Vorträge und Aufsätze über Grundfragen des Rechts, 1957, S. 108 f.("评估其不足与优势")。

[76] Radbruch, Mensch (Fn. 75), S. 108 f.

科学。这不仅仅是单纯的外国法研究[77],也不仅仅是抽离的、从社会现实中抽象出来的对外国法律规范的孤立并列。正如弗兰茨·冯·李斯特所倡导的那样,它是"一种崭新的、独立的东西……其有别于进行比较的个别法律,后者并不必然包含这些东西"[78]。

伴随经济全球化而来的"全球风险社会"中的新型风险[79]——在互联网上或通过互联网犯罪、跨国有组织犯罪和恐怖主义——也给比较刑法带来了新挑战,并产生了新的任务和目标。因此,在一般性层面,比较刑法被要求应当为这些新型风险的刑法控制提供规范和经验上的有效答案。[80] 然而,理性且深思熟虑的答案,正如可以从科学理论的比较刑法中期待的那样,是需要时间的,而短视且受选举结果预测驱动的刑事政策通常没有时间。在更基本的层面,比较刑法能否提供这样的答案,是值得怀疑的,因为它们取决于许多法律外的因素。因此至少需要一个跨学科的、考虑警察—秘密职能部门的追诉实践的视角——在上述比较刑事司法的意义下。

(二)方法

对于所选择的比较法方法而言,这也说明了目标设定的意义。比较法方法不能抽象地发展,而只能着眼于比较法计划的首要目标。[81] 因此,需要一定程度的、为创造性留出足够空间的方法开放性(Methodenoffenheit)[82],因为所选择的方法必须以目标

---

[77] 对于这一点,即作为比较法的一个单纯局部而没有任何科学的要求,参见 Kischel, Rechtsvergleichung (Fn. 13), § 1 Rn. 3 ff. (8), 13。

[78] F. von Liszt, Zur Einführung. Rückblick und Zukunftspläne, in: F. von Liszt (Hrsg.), Die Strafgesetzgebung der Gegenwart in rechtsvergleichender Darstellung. Band Ⅰ: Das Strafrecht der Staaten Europas, 1894, S. XIII (XIX); krit. H. Schultz, Strafrechtsvergleichung als Grundlagenforschung, in: H.-H., Jescheck/G. Kaiser (Hrsg.), Die Vergleichung als Methode der Strafrechtswissenschaft und der Kriminologie, 1980, S. 7 (19 f.)(也接受"不太成熟"的比较法)。在这个意义上,关于"比较(刑法)"和"汇编刑法",参见 Chiesa, Comparative (Fn. 49), S. 1090 f.。

[79] 这个概念可以追溯到乌尔里克·贝克(Ulrich Beck),对此,参见 U. Beck, Risikogesellschaft: auf dem Weg in eine andere Moderne, 1986; 同见 U. Sieber, Grenzen des Strafrechts. Grundlagen und Herausforderungen des neuen strafrechtlichen Forschungsprogramms am Max-Planck-Institut für ausländisches und internationales Strafrecht, ZStW 119 (2007), S. 1 (3 ff.)。

[80] 同见 Sieber, Grenzen (Fn. 79), S. 16, 53 f. (方法论上稳固的、作为理性刑事政策根基的比较刑法)。

[81] 参见 Eser, Entwicklung (Fn. 4), S. 961, 966, 1038 f.; ders., Stand (Fn. 33), S. 682; 赞同的立场,参见 Lagodny, ZIS 2016, S. 679 f.; ders., GA 2017, 165 (167); 强调目的设定,同见 Beck, Strafrecht (Fn. 33), S. 77 f.; 类似的看法,参见 Kischel, Rechtsvergleichung (Fn. 13), § 3 Rn. 2 (适用于"具体问题"); 同见 P. Roberts Interdisciplinarity in Legal Research, in: M. McConville/W. Hong Cui (Hrsg.), Research Methods for Law, 2017, S. 90 (105; "研究问题"决定了"跨学科方法")。

[82] 参见 Eser, Entwicklung (Fn. 4), S. 1038; 同见 Michaels, Functional (Fn. 73), S. 343(没有确定一种方法); Siems, Comparative Law (Fn. 12), S. 7 ("方法的多元性")。

为导向。它有为目标服务的功能,这就是为何必须选择最适合实现目标的方法。[83]虽然目标和方法要区分开来[84],但同时它们又是相互依存的,即没有目标就无法确定方法。虽然不存在单一的比较法方法[85],但有可能界定出一个方法论框架,比较法研究应该在这个框架内运作。

首先,从结果开放性的必要性中可以得出,研究比较法的人不应该一开始就把自己的教义学或刑事政策的立场当作工作假设和参照对象[86](tertium comparationis)[87],尽管它当然可以作为最初的定位点[88],且会因为任何一个研究比较法的人的法律预设而发挥作用[89]。然而,原则上——在前述功能性方法意义下[90]——应将重点置于所要解决的事实问题上,并提出这样的问题:在被调查的法秩序中如何(以功能相当的方式)解决这个问题,或者——用更加制度化的方式——为解决这个事实问题而开发出来的法律机制(超越其概念及其在学科中的定位[91])在相关的法秩序中具有什么功能

---

[83] 参见 Eser, Entwicklung (Fn. 4), S. 1040; 同见 Jung, Strafrechtsvergleichung (Fn. 12), S. 362(方法与目标相一致);Basedow, Comparative Law (Fn. 12), S. 837("目标和背景……决定了研究设计……")。

[84] 在众多的比较刑法的方法和形式中,有时没有考虑到这一点,o. Fn. 68;相同的批评,参见 Eser, Entwicklung (Fn. 4), S. 1038。

[85] 例如,参见 Kischel, Rechtsvergleichung (Fn. 13), § 3 Rn. 2("虚幻的"), 147 f.(在有些情形下是"烹饪食谱")。不同的看法,参见 von Liszt, Tötung (Fn. 19), S. 4(比较法"只有立足于牢固的方法才是可能的……");持赞同的立场,参见 Schultz, Strafrechtsvergleichung (Fn. 78), S. 1(比较法本身是"特定的方法")。

[86] "比较的第三项"。

[87] 参见 Jescheck, Entwicklung (Fn. 12), S. 36 ff., 37 f., 40 ff.:他想要从自身的教义学立场或者刑事政策立场出发(第一阶段),解释外国法(注释,第二阶段),然后将其体系化(第三阶段),最后从法律政策的角度来评价它(第四阶段)。正确的批评,参见 U. Nelles, Rechtsvergleichung per Internet? Einige Aspekte zum Generalthema „Zukunft der Strafrechtsvergleichung" in: J. Arnold/B. Burkhardt/W. Gropp/G. Heine et al. (Hrsg.), Menschengerechtes Strafrecht: Festschrift für Albin Eser zum 70. Geburtstag, S. 1005(1009); Eser, Entwicklung(Fn. 4), S. 1045。

[88] Vgl. Eser, Entwicklung (Fn. 4), S. 1063。

[89] 对于传统比较法的本质导向,批判性的看法,参见 Frankenberg, Comparisons (Fn. 48), S. 422 f., 442。

[90] 冯·耶林(von Jhering)的法工具性学说(目的论),关于其起源,参见 K. Zweigert/K. Siehr, Jhering's Influence on the Development of Comparative Legal Method, AJCL 19 (1971), S. 215 (218 f.);同见 Frankenberg, Comparisons (Fn. 48), S. 433 mit Fn. 78(还提到了庞德);拉贝尔在1925年首次明确提及,参见 Heun, Rechtsvergleichung (Fn. 12), S. 20 以及 Basedow, Comparative Law (Fn. 12), S. 831;进一步的内容,参见 Zweigert/Kötz, Rechtsvergleichung (Fn. 48), S. 33 ff.; Siems, Comparative Law (Fn. 12), S. 25 ff.;在比较刑法领域,耶赛克(H.-H. Jescheck)首次明确提及,参见 H.-H. Jescheck, Rechtsvergleichung als Grundlage der Strafprozessreform, ZStW 86 (1974), S. 761 [772(提及社会问题), 775("功能等同性")]。

[91] Vgl. Kischel, Rechtsvergleichung (Fn. 13), § 1 Rn. 71. 他正确地指出,功能性方法"使限制(在特定的法律领域上)显得毫无意义",这是因为其他法律体系不存在民法、公法和刑法之间的区别(该区别在我们国家是习以为常的)及其进一步的细分,故而,必须一般性地探究,法律体系如何以及用何种法律制度对相关的事实问题作出反应。

("功能性问题")。[92] 因此,比较法中的功能主义[93]描述了——最初没有任何进一步理论主张[94]———一种方法论进程,它不是从(法律上设定的)概念出发的[95],而是——以经验为导向[96]——从所要解决的事实问题[97](作为"有规制需求的社会秩序问题")[98]及为此所使用的法律机制的功能出发,以便通过这种方式与外国法秩序下

---

[92] Vgl. Zweigert/Kötz, Rechtsvergleichung (Fn. 48), S. 33; Junker, Rechtsvergleichung (Fn. 1), S. 922; Eser, Funktionen (Fn. 3), S. 1521; Jung, Strafrechtsvergleichung (Fn. 12), S. 363 f.; Michaels, Functional (Fn. 73), S. 342(识别四个要素); Sieber, Strafrechtsvergleichung (Fn. 33), S. 112–114; Pradel, Droit (Fn. 9), S. 52 f.; Heun, Rechtsvergleichung (Fn. 12), S. 25 f.; Kischel, Rechtsvergleichung (Fn. 13), § 1 Rn. 14–16, § 3 Rn. 3–5, 181;关于法律体系比较在内国法秩序之外的应用,参见 C. Wendehorst, Rechtssystemvergleichung, in: Zimmermann (Hrsg.), Zukunftsperspektiven der Rechtsvergleichung, 2016, S. 1 (30);关于"跨国的法市场"的应用,参见 G.-P. Callies, Zur Rolle der Rechtsvergleichung im Kontext des Wettbewerbs der Rechtsordnungen, in: ebd., S. 167 (182 ff., 188 f.)。

[93] 当然,"功能主义"是一个五彩缤纷的、在多个学科被使用的概念;关于其通常多义的、任意的应用(作为"传统比较法的简称"和"三大误区")以及六种可能的意义,批判性的见解,参见 Michaels, Functional (Fn. 73), S. 341, 342 ff., 381;同样持批判性的立场,参见 Nelken, Comparative (Fn. 2), S. 45("可能涉及一些陷阱");用背景上的比较法概念来取而代之,以便更好地掌握其含义,参见 Kischel, Rechtsvergleichung (Fn. 13), § 3 Rn. 199–201。

[94] 相应的,参见 M. Kubiciel, Funktionen und Dimensionen der Strafrechtsvergleichung, RW 2012, S. 212 (213 f.);批判性的看法,参见 Michaels, Functional (Fn. 73), S. 340("作为理论它几乎不存在……"), 362(强调工具性方法), 363("理论化不足的方法……");一般性的批评看法,参见 Frankenberg, Comparisons (Fn. 48), S. 416 ff.("理论的边缘作用"), 433 ff.("社会学功能主义的庸俗版本");关于以功能主义方法为基础的比较刑法理论,初步性的见解,参见 Sieber, Strafrechtsvergleichung (Fn. 33), S. 126–129。

[95] 因此,持批评的立场,参见 B. Fateh-Moghadam, Operativer Funktionalismus in der Strafrechtsvergleichung, in: Beck et al. (Hrsg.), Strafrechsvergleichung (Fn. 33), S. 41 (43 ff.),他想要用一种操作的功能主义来取代功能主义方法,功能主义方法立足于站不住脚的结构功能主义假设(在稳定的社会关系上会有相同的社会问题),以法律外的考虑为指导,从而否定了法律论证的自主性(44 ff.)。在系统论的基础上,操作的功能主义宣扬法律体系的自创性(Autopoiesis),从而宣扬法律论证的自我指涉性和内部连接性,并想要将重点放在——基于法律体系中存在的操作的连接条件——自我复制的法律制度上,而非——在法律之外被决定的——事实问题上(52 ff.)。诚然,在法系统内部,还必须考虑特殊的、司法—教义学的论证关联[在这方面,持赞同立场的,参见 Kubiciel, Funktionen (Fn. 94), S. 215],但这种方法本身是以高度问题化的、实际上不可信的假设(即法系统的完全自治)作为出发点的;正确的批评,参见 T. Weigend, Diskussionsbemerkungen, in: Beck et al. (Hrsg.), Strafrechtsvergleichung (Fn. 33), S. 131(法秩序"没有自己的生命",而是由"特定的、社会或政治上形成的决定"决定的);在这方面,同样的批评,参见 Kubiciel, Funktionen (Fn. 94), S. 215 f.,他承认,上述法学论证关联最终会受到法律文化的影响,因此,"社会文化规制领域的部分比较"可能是必要的,特别是当(人们)要通过微观比较来整体把握一个法律制度或法律系统的时候。

[96] Vgl. Michaels, Functional (Fn. 73), S. 342("功能主义的比较法是事实性的"); Kischel, Rechtsvergleichung (Fn. 13), § 3 Rn. 181("事实性方法"); Callies, Rolle (Fn. 92), S. 170, 172, 187("行动中的法律",法律行为)。同见 Siems, Comparative Law (Fn. 12), S. 35("它执行的方式");从刑法的角度,参见 E. Hilgendorf, Zur Einführung: Globalisierung und Recht, in: Beck et al. (Hrsg.), Strafrechsvergleichung (Fn. 33), S. 11 (24)。

[97] Vgl. Michaels, Functional (Fn. 73), S. 367–369.

[98] Vgl. Eser, Entwicklung (Fn. 4), S. 1053.

功能等值[99]的法律机制加以比较——这种比较不受概念和教义的拘束。[100] 举例而言：

——人们所探究的问题不是教唆在外国刑法中是否可罚，而是关于（主）行为人的精神作用（即唤起其行为决意）是如何被掌控的；

——人们所探究的问题不是《德国刑法典》第242条意义下的盗窃是否可罚，而是在刑法上如何保护财产，或者更准确地说，如何保护财产不被拿走；

——人们所探究的问题不是刑事程序能否通过有罪答辩（guilty plea）来终结，而是有无可能通过双方当事人的合意来提前结束刑事诉讼。

为了避免过于局限的工具性的方法[101]，必须要在已经多次提及的刑事司法比较的意义上[102]考虑法律制度运作的历史—社会背景（historisch-soziokulturelle Kontext）[103]、包

---

[99] Michaels, Functional (Fn. 73), S. 363, 381 特别强调了，功能等值性不仅是"建构性功能主义认识论"的基础，也是"更有力的功能主义方法"的基础；关于它的详细论述，参见 praesumptio similitudinis ebd., S. 370 f.（371："功能对等性是差异中的相似性"，就此而论，法律制度从所调查的功能来看是相似的，但在其他方面可能是不同的）；对于这一点，再次的批判性见解，参见 Frankenberg, Comparisons (Fn. 48), S. 436 f.; Nelken, Comparative (Fn. 2), S. 46（"误认为现代刑事司法系统都面临相同的'问题'……"）；相对化的看法，参见 Dannemann, Comparative (Fn. 71), S. 338, 394-396, 399, 401, 406, 418 f.（仅就微观比较的实际结果而言，甚至功能主义者自己也被相对化；最终，相似性和差异性是同义词，"适当的平衡"取决于认知的目标）；Kischel, Rechtsvergleichung (Fn. 13), §1 Rn. 77 f., §3 Rn. 15, 194-197。不过，相似性推定充其量只是一种推定，因此它是可以被反驳的，因为"比较工作既要发现惊人的差异，也要发现意想不到的相似性"以及"我们通常需要解释的是两者的陌生组合……"[Nelken, Comparative (Fn. 2), S. 32, 37]；同见 Jansen, Comparative Law (Fn. 12), S. 306, 336（探讨"不同文化或社会现象的相似性和不相似性""构建相似性和不相似性关系的过程"）；Kischel, Rechtsvergleichung (Fn. 13), §3 Rn. 184。关于（不受国家法律拘束的）法律体系比较中的不相似性推断，参见 Wendehorst, Rechtssystemvergleichung (Fn. 92), S. 31。

[100] 对功能主义的批评，参见 Kischel, Rechtsvergleichung (Fn. 13), §3 Rn. 6 ff.（区分了对处理方式的批评、对背景和后现代主义的批评），189 ff.（阐述了功能主义者及其批评者的不同思维风格）；同见 Siems, Comparative Law (Fn. 12), S. 27 f., 37 ff.（发现了三个核心批评点：过度强调相似性、不允许假设相同或者可比较的社会问题，以及——后现代的批评——法律主要服务于特定的功能）。

[101] 批判性的见解，参见 Roberts, On Method (Fn. 2), S. 540 m.w.N.。

[102] 同见 Nelken, Comparative (Fn. 2), S. 45（批判性地认为，功能主义者认为"参与者基本上是不相关的"），48（找出刑事司法参与者的……真实想法"）；对此，同见 T. Hörnle, Plädoyer für eine transnationale Strafrechtswissenschaft, in: K. Tiedemann/U. Sieber/H. Satzger/C. Burchard/D. Brodowoski (Hrsg.), Die Verfassung moderner Strafrechtspflege, 2016, S. 289 (303)；关于类似的比较法理论，参见 Kischel, Rechtsvergleichung (Fn. 13), §3 Rn. 129 f.（提出了"心中的法律"）。然而，功能主义（Fn. 90）之父海因·科茨（Hein Kötz）在1998年承认，功能主义的方法忽视了产生特定结果的程序——就像一个"黑箱"[Kötz, Abschied, (Fn. 48), S. 505]。

[103] 形象的说明材料，参见 H. Jung, Rechtsvergleich oder Kulturvergleich, in: G. Freund/U. Murmann/R. Bloy/W. Perron (Hrsg.), Grundlagen und Dogmatik des gesamten Strafrechtssystems: Festschrift für Wolfgang Frisch zum 70. Geburtstag, 2013, S. 1467 (1475 ff.)；更新的英语版本，参见 Bergen Journal of Criminal Law & Criminal Justice 5 (2017), S. 1。

罗万象的概念[104]以及系统行为人("机构")的角色[105]。就此而言,要通过以下方式在

---

[104] 这使得从功能的问题比较过渡到全面的概念比较,不过,这是功能主义方法所固有的,参见 Kischel, Rechtsvergleichung (Fn. 13), § 3 Rn. 166-169, 190-192。

[105] 相应的"文化转向"尤其在法国和英国的(后现代的)文献中得到讨论,参见 P. Legrand, Le Droit Comparé, 5. Aufl., 2015, S. 123 ["比较……将是文化的或非文化的";对此,参见 H. Jung, Kontinuität und Wandel-Der französische Beitrag zur Theorie, in: U. Sieber/G. Dannecker/U. Kindhäuser/J. Vogel/et al. (Hrsg.), Strafrecht und Wirtschaftsstrafrecht-Dogmatik, Rechtsvergleich, Rechtstatsachen, 2008, S. 1515 (1521 f.)]; V. G. Curran, Cultural Immersion, Difference and Categories in U.S. Comparative Law, AJCL 46 (1998), S. 43(在第 51 页中,呼吁"沉浸在政治、历史、经济和语言背景中",以进行"对另一种法律文化的有效审查"); R. Cotterrell, Comparative Law and Legal Culture, in: Reimann/Zimmermann (Hrsg.), Handbook (Fn. 12), S. 709 ff. (711) ("文化……似乎是根本——一种镜头,法律的所有方面必须通过它进行感知……"); D. Nelken, Defining and Using the Concept of Legal Culture, in: Örücü/Nelken (Hrsg.), Comparative Law (Fn. 54), S. 109 ff. (110: "……对法律文化的关注引导我们检视法律、社会和文化之间的相互关联,因为它们也体现在'行动中的法律'和'活的法律'之中"); Nelken, Comparative (Fn. 2), S. 48 ff.; Siems, Comparative Law (Fn. 12), S. 101 ff., 119 ff. ("文化转向"是对传统比较法的后现代批判的结果,对"法律文化"的考虑是"社会—法律比较法"的一部分);从德国的角度来看,最近的文献,参见 G. Olson, Introduction: Mapping the Pluralist Character of Cultural Approaches to Law, German Law Journal (GLJ) 18 (2017), S. 233 ff. (245)(呼吁在德国进行跨学科和以文化为导向的法律研究)以及 F. Reimer, Law as Culture? Culturalist Perspectives in Legal Theory and Theory of Methods, GLJ 18 (2017), S. 255 ff. (从德国的角度探讨法律与文化之间的关系)。在德语区文献中,虽然威廉·阿诺尔德(Wilhelm Arnold)以及约瑟夫·柯勒(Josef Kohler)在 19 世纪下半叶就已经在探讨法律和文化之间的关系(vgl. Reimer, aaO, S. 256 m.w.N.),几十年后,拉德布鲁赫将法律描述成一种"文化表现",将法学描述成"理解的文化科学"(Rechtsphilosophie. Studienausgabe, 1999, S. 34, 115),并谈到了"法律文化之间的比较"["只有两种法律文化之间的比较才能让我们认识到它们当中任何一种的特性,评价其不足与优点", G. Radbruch, Erneuerung des Rechts, in: A. Kaufmann (Hrsg.), Gesamtausgabe, Bd. 3: Rechtsphilosophie, 1990, S. 80 (81); 追随他的文献,参见 H. Scholler, Rechtsvergleichung als Vergleich von Rechtskulturen-Ein Beitrag zu Gustav Radbruchs Rechtsvergleichung, in: F. Haft (Hrsg.), Strafgerechtigkeit: Festschrift für Arthur Kaufmann zum 70. Geburtstag, 1993, S. 743 (744)。同见 Kischel, Rechtsvergleichung (Fn. 13), § 3 Rn. 182, 185, 220-225, § 4 Rn. 40-44("集合概念"); Reimer, aaO, S. 262("比较法意味着比较文化"),其认为"几乎任何一种法律系统都能被视作一种文化档案——社会政治思想史的储存库", S. 269]。但对刑法的类似讨论是最近才有的,参见 Hilgendorf, Einführung (Fn. 96), S. 22 f. (对文化背景的考虑) Beck, Strafrecht (Fn. 33), S. 65 ff. (67: 与文化相关联的比较法,它"超越了法律文化的比较,将关于文化的各种跨学科研究结果……纳入比较的范围");批判性的见解,参见 Fateh-Moghadam, Funktionalismus (Fn. 95), S. 49 f. (他是基于操作的功能主义的视角, s. o. Fn. 95);被批评为隐性的国家社会主义,参见 Wendehorst, Rechtssystemvergleichung (Fn. 92), S. 32 f.。关于一种——只是概念上的替代(schon o. Fn. 93),其实质是类似的——背景比较法,其包括了法律文化,参见 Kischel, Rechtsvergleichung (Fn. 13), § 3 Rn. 146 ff., 199 ff.(结论, Rn. 201;对错误理论的强调, Rn. 202, § 4 Rn. 45 f.);关于背景关联性和对"理论的背景变动"的类似文献,参见 K. Yamanaka, Wandlung der Strafrechtsdogmatik nach dem 2. Weltkrieg-Zum Kontextwechsel der Theorien in der japanischen Straftatlehre, in: M. Jehle/V. Lipp/K. Yamanaka (Hrsg.), Rezeption und Reform im japanischen und deutschen Recht, 2008, S. 173 (174 f.);结合实务的详细论述,参见 ders., Kontext-und Paradigmenwechsel bei Rechtsrezeption und-fortbildung mit Beispielen der japanischen Strafrechtswissenschaft, in: E. W. Plywaczewski/E. M. Guzik-Makaruk (Hrsg.), Aktuelle Problem des Strafrechts und der Kriminologie, 2017, S. 252 ff.(分析社会系统和规范系统中被接受的法律概念和被接受的法律体系方面以及在论证中的背景变动);关于当前日本刑法的发展,最近的文献参见 G. Duttge/M. Tadaki (Hrsg.), Aktuelle Entwicklungslinien des japanischen Strafrechts im 21. Jh., 2017。关于(法律)文化和多元方法之间的联系,参见 Olson, aaO, S. 233 ff. u. das entspr. special issue des GLJ。

经验上[106]（当然，是从一种宏观的视角）着手进行，并且——与外国法律制度的机械性植入（"法律移植"）相反[107]——实施法律文化上的调整，即一方面，使所采用的法律制度与所发现的背景相适应；另一方面，在其各自的文化社会背景下探究以及理解现有的法律制度。[108] 一种如此扩张的功能性方法允许将每一种法律秩序的文化特殊性[109]纳入考量[110]，而无须谈论一个过于雄心勃勃的[111]文化全面比较；毋宁说，必须

---

[106] 关于经验的比较刑法，参见 R. Sacco, Einführung in die Rechtsvergleichung, 2011, S. 65; Nelles, Rechtsvergleichung (Fn. 87), S. 1013 ff.；关于比较法的经验取向，一般性的论述参见 Basedow, Comparative Law (Fn. 12), S. 837, 856；关于法社会和定量——数字方法，参见 Siems, Comparative Law (Fn. 12), S. 119 ff., 145 ff.（关于这方面的"比较刑法"，S. 140 ff.）；关于比较刑事司法的经验焦点，已经出现在正文的脚注[10]之前。

[107] 关于这一现象，参见 Watson, Legal Transplants (Fn. 13), S. 21 und passim；关于理据、作用方式、表现形式以及传统做法（自罗马法以来），参见 Siems, Comparative Law (Fn. 12), S. 190 ff.（其认识到它们在法律发展中的实际意义，根据背景区分积极/消极作用，以及最近确定了更强的政策导向）；关于与法律继受相关的问题探讨（条件、结果、形式），同见 Kischel, Rechtsvergleichung (Fn. 13), § 2 Rn. 34 ff., § 3 Rn. 127 f.；关于外国刑法的强加，批判性的看法参见 A. Eser, Evaluativ-kompetitive Strafrechtsvergleichung. Zu „wertenden" Funktionen und Methoden der Strafrechtsvergleichung, in: Freund et al. (Hrsg.), FS Frisch (Fn. 103), S. 1441 (1459 f.)。

[108] Vgl. Nelken, Comparative (Fn. 2), S. 18 ff.（在"它们的自身结构和期待中"理解特定的社会控制方法，21），40 ff.（"跨文化的有效解释"），88（"更广泛的文化思维方式"），93（"跨文化合作"）；Kischel, Rechtsvergleichung (Fn. 13), § 1 Rn. 11, 14, 75 [考虑法律——文化、法律外、政治和社会环境（就此而论——社会背景——关于法社会学的意义，ebd., § 1 Rn. 36)]，§ 3 Rn. 170 f.（法的功能条件）. 同见 Dannemann, Comparative (Fn. 71), S. 413 f.（在法律和法律外的规制背景意义上的"法律背景"）；Basedow, Comparative Law (Fn. 12), S. 837（研究方法取决于背景）；Siems, Comparative Law (Fn. 12), S. 194 ff.。

[109] 关于我国背景下刑法的文化条件性，参见 Schultz, Strafrechtsvergleichung (Fn. 78), S. 14（考虑历史的、政治的、文化的和社会的条件）；赞同的立场，参见 Jung, Strafrechtsvergleichung (Fn. 12), S. 366, auch 371 f.。最近的文献，参见 Hilgendorf, Einführung (Fn. 96), S. 23（法作为"文化的一部分"）；Beck, Strafrecht (Fn. 33), S. 81, 83, 86（"交织性"）；Meyer, Internationalisierung (Fn. 33), S. 90; Kubiciel, Funktionen (Fn. 94), S. 214（"文化上的浸透"）. 同见 K. Ambos, Zur Zukunft der deutschen Strafrechtswissenschaft: Offenheit und diskursive Methodik statt selbstbewusster Provinzialität, GA 2016, S. 177 (184-187) m.w.N.。关于形塑法秩序的因素，口头表达的（"形式"，如法律、司法实务）或者隐含的（"隐素"，特别是思考方式），基础性的论述，参见 Sacco, Rechtsvergleichung (Fn. 106), S. 59 f., 61 f., 74；批判性的立场，参见 Kischel, Rechtsvergleichung (Fn. 13), § 3 Rn. 39 ff.。

[110] 相同的看法，参见 Michaels, Functional (Fn. 73), S. 365（"认为法律规则在文化上是嵌入的……"），381。

[111] "文化比较"已经过于雄心勃勃了，因为（法）社会学上形成的文化概念具有开放性和不确定性，即便是支持与文化关联的比较法的人也不得不承认这一点，参见 D. Nelken, Using the Concept of Legal Culture, Australian Journal of Legal Philosophy 29 (2004), S. 1 (1, 7 ff)，他自己提出了一个模糊的定义（"以法律为导向的社会行为和态度的稳定模式", ebd., S. 1)，并承认这个概念"难以定义，容易被滥用"（ebd., S. 8）; ders., Comparative (Fn. 2), S. 48 ff.（"高度争议", S. 50）；Beck, Strafrecht (Fn. 33), S. 71 ff.（"文化模糊性的风险"）. 总结性的文献，参见 Kischel, Rechtsvergleichung (Fn. 13), § 4 Rn. 30 f., 44（区分了外部的法律文化——人民的态度——以及内部的法律文化——法律人的态度）以及 Rn. 33-36［介绍了弗里德曼（Friedman）以及科特瑞尔（Cotterrell）之间的说明性争论］，不过，基舍尔（Kischel）追求的是一种专门的法律方法——有别于法社会学方法（另见 § 4 Rn. 51：不将"非法律的背景方面"留给"其他专业学科"），过分强调了这两种方法之间的区分（ebd., § 4 Rn. 38-44），最后想要将法律文化纳入其背景概念之中（ebd., § 4 Rn. 45 f.; dazu schon o. Fn. 105 in fine）；根本性的批评，参见 T. Gutmann, Recht als Kultur?, 2015, S. 13（文化概念只会造成"混乱"），36 f.「与文化相关联的比较法……注定要失败……法秩序像饺子一样在浑浊的文化汤中游动和慢慢地饱满，这个想法无法解释任何事情"；对批评的反批评，参见 Reimer, Law (Fn. 105), S. 263 ff.。

将所谓文化方面——各自的"控制文化"[112]——额外纳入考量[113],这不仅是为了克制自己因法文化前见而产生的主观性[114],还是为了永久地确保自身法律秩序的相对性和价值拘束性。[115] 这一切使得跨学科合作成为必要[116],尽管它还无法自动地足以(让人)完全掌握所有复杂的文化因素[117];最后,人们要依赖来自外国法秩序的合作伙伴的专业和真诚[118],除非他有机会通过长时间的考察访问去熟悉它[119]。

因此,一种基于个案的、涉及整体刑事司法系统的方法(一如它是以刑法的结构比

---

[112] Nelken, Comparative (Fn. 2), S. 58 m.w.N.

[113] 相同的见解,参见 Eser, Entwicklung (Fn. 4), S. 1054 f.("补充关系"); Hörnle, Plädoyer (Fn. 102), S. 303 f.(理解的方法); 佩龙(Perron)调和了贝克(Fn. 33)以及费特-穆加达姆(Fateh-Moghadam) (Fn. 95)之间的上述立场,参见 W. Perron, Operative-funktionalistische oder kulturbezogene Strafrechtsvergleichung, in: Beck et al. (Hrsg.), Strafrechtsvergleichung (Fn. 33), S. 121 ff.(关于立法的比较法的操作的功能主义方法以及国际刑法统一上与文化关联的方法,但这导致了——在立法的比较法框架下——脚注[107]以及正文中所拒绝的"法律移植"); Beck, Strafrecht (Fn. 33), S. 67 u. passim,顺便也想要将其方法理解为对现有方法的补充、进一步视角的开辟。同样采取折中的见解,参见 Siems, Comparative Law (Fn. 12), S. 285 ff., 313 ff.(他明确要求扩张传统的比较法,以包括非法学的学科,vgl. schon o. Fn. 105,在这方面提及了"隐含的比较法",但在笔者看来,他要求一种交叉融合); Kubiciel, Funktionen (Fn. 94), S. 212 (216)(部分的文化比较); Reimer, Law (Fn. 105), S. 270(法学和文化学之间的"对话")。关于文化—比较法的解释,参见 Kischel, Rechtsvergleichung (Fn. 13), § 2 Rn. 63 f.。

[114] 同见 Beck, Strafrecht (Fn. 33), S. 71(对自身观点的主观性的有意识认识), 77(对自身文化条件性的披露); Kischel, Rechtsvergleichung (Fn. 13), § 3 Rn. 12-4, 186 f.(将中立性理解为免于前见), 227 f.(国家法的观点是错误的来源); Jansen, Comparative Law (Fn. 12), S. 314 f.("完全中立的观点……既不可能也不可取……"); Legrand, Droit (Fn. 105), S. 5 以及进一步的后现代观点的认识论怀疑主义[dazu Kischel, Rechtsvergleichung (Fn. 13), § 3 Rn. 28; auch Siems, Comparative Law (Fn. 12), S. 97]特别强调了比较法从事者的主观性;同见 Frankenberg, Comparisons (Fn. 48), S. 414 ff.(因此要求上述已经提及的"区分")以及 Nelken, Comparative (Fn. 2), S. 18 ff.("种族中心主义"的危险)。由此产生的前见解释了达马斯卡(Damaška)的见解,即"在不同的权威环境下,社会化的律师可以看着同一个对象,并看到不同的东西"(M. R. Damaška, The Faces of Justice and State Authority, 1986, p. 66)。

[115] 令人信服的见解,参见 Beck, Strafrecht (Fn. 33), S. 75(法律是"所有个人的真相和具体社会的价值之间的妥协"以及"这个历史和地理上特殊社会的文化和交流的必然表现和要素……")。

[116] 同见 Beck, Strafrecht (Fn. 33), S. 80; Meyer, Internationalisierung (Fn. 33), S. 92。关于跨学科的必要性,一般性的论述参见 Schultz, Strafrechtsvergleichung (Fn. 78), S. 14; Jung, Strafrechtsvergleichung (Fn. 12), S. 368 f.。关于从方法论(英语)视角出发的跨学科性,参见 Roberts, Interdisciplinarity (Fn. 81), S. 92 ff.;但怀疑的看法,参见 Kischel, Rechtsvergleichung (Fn. 13), § 3 Rn. 162-164(强调原创的法学方法,拒绝借用其他学科的知识)。

[117] 同样承认这一点的,参见 Beck, Strafrecht (Fn. 33), S. 80(考虑所有文化因素是"不可能的",文化"断然无法被把握")。

[118] 关于采访伙伴的选择问题,u. Fn. 128。

[119] 在这方面,内尔肯(Nelken)区分了"实际在那里""研究在那里"以及"生活在那里"("观察的参与者"),他们代表了一个"与另一社会的接触从最少到最多的连续体"及其法秩序,参见 Nelken, Comparative (Fn. 2), S. 93 ff. m.w.N.;关于沉浸在外国法律体系中的必要性,参见 Siems, Comparative Law (Fn. 12), S. 104 ff. (承认一个人永远不可能成为一个"完全的内部人", S. 308);关于探究过去存活的法律的困难性,同见 Kischel, Rechtsvergleichung (Fn. 13), § 3 Rn. 265。

较[120]作为基础)能够使人更准确地找出个别法律体系之间的差异,特别是在法律适用层面。这种结构比较的目的在于,通过"程序状态"的案例分析(从虚拟事件的实体法涵摄[121]到刑事程序法上的处理再到刑事执行[122])以归纳—经验方法探究不同法律秩序[123]中的"规范性规定与实际法律适用之间的特殊关联"[124]。案件事实的变化[125]使人们有可能对相关犯罪的不法内涵("犯罪不法的层级"[126])作出不同的评价,并且不仅是在构成要件的掌握层面,而且是在——完全在上述程序状态的案例分析的意义上——所规定的刑罚、具体的(法官的)量刑以及刑罚执行层面。国别报告人员必须利用国家刑事司法实务人士与学者的帮助,与他们进行半公开的密集访谈[127];就此而论,访谈伙伴的选择[128]以及对(必然是不同的[129])回答的评价具有决定性的意义[130]。关于刑事程序,它是以

---

[120] 关于该概念,早期的文献参见 W. Perron, Überlegungen zum Erkenntnisziel und Untersuchungsgegenstand des Forschungsprojekts „ Allgemeiner strafrechtlicher Strukturvergleich ", in: J. Arnold/B. Burkhardt/W. Gropp/H.-G. Koch (Hrsg.), Grenzüberschreitungen: Beiträge um 60. Geburtstag von Albin Eser, 1995, S. 127 ff.; ders., Grenzen (Fn. 69), S. 291 ff.; 同见 Jung, Grundfragen (Fn. 33), S. 2 f.; dies., Strafrechtsvergleichung (Fn. 12), S. 363 (366 ff.)[但是,他可能受到马克斯-普朗克研究所顾问委员会(他在发展结构比较项目时是该委员会的成员)的启发,vgl. auch ebd., Fn. 19]。关于项目(其可以追溯至1988年)的起源,参见 A. Eser, §1 Zur Genese des Projekts-Ein Werkstattbericht, in: Eser/Perron (Hrsg.), Strukturvergleich (Fn. 4), S. 3 (14 ff.)。

[121] "解决虚构案件的方法",参见 Perron, §2 (Fn. 120), S. 27 (34) (Herv. i. Original)。虚构案件的比较保证了比较对象的同一性;真实案件总是不同的,至少在细微之处是不同的(ebd., S. 35)。

[122] Vgl. Eser, §1 (Fn. 120), S. 3 (21); Perron, in ebd., S. 31; Perron, in ebd., S. 767-770. 与国内专家访谈的标准目录,参见 Perron, in ebd., S. 39 f.。早期的文献,参见 Schultz, Strafrechtsvergleichung (Fn. 78), S. 12 ("刑事司法的实际过程包含了……从警察调查到……执行完毕后释放"); Weigend, Criminal Law (Fn. 33), S. 218 ("……把外国制度视作一个整体……")。

[123] 在埃泽尔和佩龙(的研究中),涵盖了8个国家(德国、英格兰/威尔士、法国、意大利、奥地利、葡萄牙、瑞典和瑞士);关于这一限制的理由,参见 W. Perron, §2 Ziel und Methode der Untersuchung, in: Eser/Perron (Hrsg.), Strukturvergleich (Fn. 4), S. 27 (37)。

[124] Perron, §2 (Fn. 120), S. 27 (29); W. Perron, §11 Einführung, in: Eser/Perron (Hrsg.), Strukturvergleich (Fn. 4), S. 767。

[125] 对家庭暴君案四种变体的审查,参见 Perron, §2 (Fn. 120), S. 27 (32 f.);关于通过评估相关的内国文献而仅仅选择这一案例群组,ebd., S. 38。

[126] Perron, §2 (Fn. 120), S. 27 (32). 这是家庭暴君案前三种变体(有计划/自发地杀害熟睡的丈夫)的重点,而在第四种变体(因受攻击而杀人)中,重点是可能的违法性阻却事由(正当防卫)或免责事由;参见 Perron, §11 (Fn. 124), S. 767 (768),特别是第四种变体中的免罚,ebd., S. 821 f. (822-838)。

[127] Perron, §2 (Fn. 120), S. 27 (34 f., 39 f.)(每次采访60~120分钟,有采访指南;关于问题,参见附录的评估表,S. 1137 ff.)。

[128] 在9个(葡萄牙)和17个(法国)采访伙伴(来自实务和学术界)之间作出了选择,参见 Perron, §2 (Fn. 120), S. 27 (38 f.)。关于专家调查的一般性标准,参见 Nelken, Comparative (Fn. 2), S. 91 ff.(此外还探究了,我们如何能够确定,国内专家真的会将他们所知道的内容告诉我们)。

[129] 在这方面的自我批评,同见 Perron, §2 (Fn. 120), S. 27 (36)(答案"相当杂乱",评价有"重大的漏洞")。(44)(并非总是明确地区分访谈伙伴的见解以及法院决定的预测;并非所有问题均与所有的国家有关,但由于探索性的方法,这是不可避免的);此外,并非所有的访谈伙伴在所有的子领域均有足够的能力,参见 W. Perron, §16 Besonderheiten der Strafvollstreckung, in: Eser/Perron (Hrsg.), Strukturvergleich (Fn. 4), S. 909 (就刑事执行而言,只有有限的权限)。

[130] 关于评估,详细的论述,参见 Perron, §2 (Fn. 120), S. 27 (40-45)(通过电子数据处理对文字稿进行评估);关于评估表格,参见 Anhang S. 1137 ff.。

结果为导向地去探究相关刑事程序的方式是否及在多大程度上影响了判决以及可能的刑罚后果请求;与之相对,程序的流程本身(作为通常的程序或者简化形式的程序)以及被告人所承担的与之相关的负担则被排除在外。[131] 因此,可以获得所探究的刑法规定在相关的法秩序中"实际运作"的认知,同时也可以找出相同与不同之处。[132] 此外,也会了解到"不同法文化的结构和运作模式"[133]。重点并不是个别规定的实定法内容——在单纯的外国法研究意义下,而是这些规定(实定法)与其实际应用之间的"结构关联"。[134] 这种强调经验且着眼于整体刑事司法系统的方法正确地从传统"教义学式"或纯粹规范性的取径的局限性中走出来,因为该取径不仅无法"完全掌握"不同国家规定的"规范性的意义内容",[135] 还不能完全理解和解释相关规定在特定刑事司法系统中的实际运作方式[136]。当然,这种方法的知识广度会取决于,有多少的罪名群组和案件类型被涵盖,以及有多少的国家被探究。[137] 结构比较的另一个优势在于,归纳法要求项目组必须采取审议式的方法,故而,传统比较法项目的不足——在国别报告人员没有交流或者很少交流的情形下平行地编撰国别报告,以及编撰偶尔带有向国别报告者提出(双边)询问的比较法概要[138]——可以被克服。[139] 顺带一提的

---

[131] Vgl. Perron, § 2 (Fn. 120), S. 27 (33 f.)(聚焦在"通过判决有罪和刑罚来终结程序").

[132] Vgl. Perron, § 2 (Fn. 120), S. 27 (29).

[133] Perron, § 11 (Fn. 124), S. 767.

[134] Vgl. Perron, § 2 (Fn. 120), S. 27 (29).

[135] Perron, § 2 (Fn. 120), S. 27 (30).

[136] 关于对"社会道德观念和……社会关系"以及"社会现实"的考量,参见 Schultz, Strafrechtsvergleichung (Fn. 78), S. 10 f.; ebenso Perron, Grenzen (Fn. 69), S. 286 f., 301 ("不言而喻"); Jung, Strafrechtsvergleichung (Fn. 12), S. 364 ("规范的经验效力"), 368 ("实地调查"); Sieber, Strafrechtsvergleichung (Fn. 33), S. 116 f. (通过结构比较纳入"现实层面"); Weigend, Criminal Law (Fn. 33), S. 218 f.; 同见 Hilgendorf, Einführung (Fn. 96), S. 22; Mona, Strafrechtsvergleichung (Fn. 69), S. 110 f. ("纳入"社会现实")。

[137] 在这方面,弗赖堡的结构比较项目——只有一个犯罪类别(杀人罪)以及案例类型(家庭暴君案),且仅调查了8个国家(o. Fn. 121)——仅具有有限的认识价值,但它主要具有实验的特征,因为它"主要为发展和测试一种调查方法服务,通过这种方法,在以后可能的项目中,也可以处理其他的议题和其他的法领域"[Perron, § 2 (Fn. 120), S. 27 (37); dazu näher Ambos, GA 2017, 560]。关于国家选择和标准,一般性的论述,参见 Eser, Stand (Fn. 33), S. 673 ff.。

[138] 这样一种经典的比较法分为三个步骤进行:①对所选的法秩序进行注释工作(选择、预测试),必要时会考量社会经济基础和文化基础,并编写国别报告;②对材料和认识进行体系化和归类,以编写比较法的概要;③起草法政策评估和建议。就康斯坦丁内斯科(L.-J. Constantinesco)和列昂廷-让(Léontin-Jean)的个别比较而言,类似的三阶段模型,参见 L.-J. Constantinesco/Léontin-Jean, Rechtsvergleichung, Bd. 2, Die rechtsvergleichende Methode, 1972, S. 137 ff. (确定、理解和比较) 以及 Dannemann, Comparative (Fn. 71), S. 406-418("选择"比较的对象、问题和法秩序,"描述"比较的对象、背景和结论,"分析"差异、相似性和结论);关于四阶段的结构,参见 Siems, Comparative Law (Fn. 12), S. 13 ff. (诚然,确定研究问题和选择国家这一前问题是第一个独立的步骤,否则就和上述的三阶段相同); de Cruz, Comparative Law (Fn. 48), S. 242 ff.提出了更详细的八个步骤,他本人对比较法探究和具体的工作方式给出了有益的提示(ebd., § 3 Rn. 236 ff., 249 ff.)。

[139] 在这方面,关于研究的具体执行,参见 Perron, § 2 (Fn. 120), S. 27 (34 ff.)。

是,归纳法——在欧洲大陆研究项目的框架下——也表明,演绎式大陆法系与归纳式普通法系之间在法律论证[140]上的对立是一种夸大,这种夸大可能没有正确地反映出普通法系和大陆法系中众多法律体系在法理论初级层面上的差异。[141]

众多国际刑事法庭(internationale Straftribunale)的存在进一步使我们不仅有必要在国家之间横向地进行刑法比较,还要纵向地进行比较,以研究(国际)刑事法庭的判决在多大程度上受到内国法的影响,以及相反的,内国法在多大程度上受到刑事法庭的影响。[142] 就此而言,可以将之称作循环比较法(zirkuläre Rechtsvergleichung)[143]——内国法(向上)对国际刑事法庭判决的影响,反之亦然(向下)。相较于经典的、普遍的——通常情形下是雄心勃勃的——法比较[144],这种方法能够实际地发展出普遍有效的原则和规

---

[140] So Chiesa, Comparative (Fn. 49), S. 1098 f.

[141] 关于普通法系和大陆法系以及差异的不同论述,参见 Siems, Comparative Law (Fn. 12), S. 41 ff. (结论是,这种区分是夸张的描述,人们最好区分为西方法/非西方法, S. 68 ff.)。

[142] 从国际法的视角,一般性的论述,参见 D. Shelton, International Law and Domestic Legal Systems: Incorporation, Ransformation and Persuasion, 2011; E. Kristjansdottir/ A. Nollkaemper/C. Ryngaert (Hrsg.), International Law in Domestic Courts: Rule of Law Reform in Post-conflict States, 2012; Eser, Funktionen (Fn. 3), S. 1508 f.; A. Dolidze, Bridging Comparative and International law: Amicus Curiae Participation as a Vertical Legal Transplant, European Journal of International Law (EJIL) 26 (2015), S. 851 ff.(探究民族国家和国际法之间法律制度的"纵向扩散",即以内国概念的"向上扩散"及其国际化的结果和国际概念的"向下扩散"的形式进行)。从国际刑法的视角,参见 M. Delmas-Marty, The Contribution of Comparative Law to a Pluralist Conception of International Criminal Law, Journal of International Criminal Justice (JICJ), 1 (2003), S. 13 (16 ff.) (一方面是比较法对国际刑法发展的贡献,另一方面则是国际刑法在内国法中的整合)。关于国际刑法在内国层面的影响,专门性的论述,参见 W. W. Burke-White, The Domestic Influence of International Criminal Tribunals: The International Criminal Tribunal for the Former Yugoslavia and the Creation of the State Court of Bosnia & Herzegovina, Columbia Journal of Transnational Law 46 (2008), S. 279; E. Kirs, Limits of the Impact of the International Criminal Tribunal for the Former Yugoslavia on the Domestic Legal System of Bosnia and Herzegovina, Goettingen Journal of International Law 3 (2011), S. 397 ff.; S. Horovitz, How International Courts Shape Domestic Justice: Lessons from Rwanda and Sierra Leone, Israel Law Review (IsLRev) 46 (2013), S. 339; N. Roht-Arriaza, Just a "Bubble"?: Perspectives on the Enforcement of International Criminal Law by National Courts, JICJ 11 (2013), S. 537 ff.; Y. Shany, How Can International Criminal Courts Have a Greater Impact on National Criminal Proceedings? Lessons from the First Two Decades of International Criminal Justice in Operation, IsLRev 46 (2013), S. 431 ff.。

[143] 关于内国法秩序之间循环的传统理解,参见 Sacco, Rechtsvergleichung (Fn. 106), S. 25 f.。

[144] 这一目标原则上将世界上所有法秩序包含在内[在这方面,参见 Feuerbachs Universaljurisprudenz o. Fn. 14 u. Haupttext;关于私法,参见 Rabel, Aufgabe (Fn. 69), S. 283:"在太阳和风下,每个发达民族的法律都会闪烁和颤动一千次。所有这些振动的躯体共同组成了一个还没有被任何一个人掌握的整体。"]由于很多原因几乎是不可能实现的,特别是因为经典的比较法(其有趣地提出了这一主张)自始就以欧洲中心为导向[在这方面,非批判性的论述,参见 Sieber, Strafrechtsvergleichung (Fn. 33), S. 111 f,但他正确地指出了系统化问题, S. 114-116,这在事实上可能只能在法律信息学的帮助下才能解决(问题);关于受计算机支撑的比较法,尽管只是粗略的论述, ebd., S. 124 f.]。批判性的论述,同见 Eser, Entwicklung (Fn. 4), S. 976-978("不太现实",比较刑法"既不可能是全球平等的,也不可能包含全部的议题,但它必须是"空间上和对象上开放的",也就是说,它"反对区隔,并且原则上以最大可能的刑法覆盖为目标");(转下页)

则——在超国家层面[145],超国家的司法实务本身被证明是其来源[146]。因此,一方面,国际刑事法院成为"跨文化刑法对话的实验室"[147];另一方面,着眼于国际刑事法院的目标和宗旨,应发展出从内国法中导出的一般性法律原则[148]。在此,正如上文中所敦促的那样[149],一种尽可能具有代表性的、系统性且方法论上干净的做法是必要的。这样一种循环(比较)法也将新的治理结构(一如它在欧洲的自由、安全和司法框架内已经形成的那样)纳入考量,因为它能够更好地促使超国家层面自主地产生法律[150]。超国家法律体系本身——无论是普遍的还是区域性的——反过来又使得内国法秩序之外的法律体系的横向比较[151](如国际刑事法庭的比较)成为可能[152]。

(三) 规范性基础

无论使用何种方法,比较刑法都不应以纯粹工具性的、结果导向的方式进行[153],而

(接上页)A. von Bogdandy, Zur sozialwissenschaftlichen Runderneuerung der Verfassungsvergleichung. Eine hegelianische Reaktion auf Ran Hirschls Comparative Matters, Der Staat 55 (2016), S. 103 (110) (在上述作品的讨论中,由于其北美的普遍主义,指出了"每一种普遍主义却始终也是一种特殊主义")。当然,在这个背景下,经常被诉苦的资源问题也发挥了作用,参见 Callies, Rolle (Fn. 92), S. 173 f.。

[145] 关于全球化对刑事司法(比较)的影响的有益讨论,参见 Nelken, Comparative (Fn. 2), S. 71 ff.。

[146] 关于比较法和国际法实务之间关系的一般性论述,参见 E. Rabel, Rechtsvergleichung und internationale Rechtsprechung, RabelsZ 1 (1927), S. 1 (5 ff.);关于比较法作为国际法实务的来源,参见 M. Bothe, Die Bedeutung der Rechtsvergleichung in der Praxis internationaler Gerichte, ZaöRV 36 (1976), S. 280;关于通过"杂交"或"交叉受精"来发展多元国际刑法的比较法必要性,参见 Delmas-Marty, Contribution (Fn. 142), S. 13, 16, 18-21;关于国际刑事法庭实务中一般性基本原则的发展,一般性的论述,参见 F. O. Raimondo, General Principles of Law in the Decisions of International Criminal Courts and Tribunals, 2008, S. 84 ff.。

[147] J. Vogel, Transkulturelles Strafrecht, GA 2010, S. 1 (12). 赞同的看法,参见 Eser, Entwicklung (Fn. 4), S. 1003。

[148] 参见 Eser, Entwicklung (Fn. 4), S. 1111(从内国法秩序中获得原则,着眼于国际刑事管辖权的目标)。

[149] O. Fn. 54。

[150] 对此,参见 Meyer, Internationalisierung (Fn. 33), S. 90 ff. (强调了多学科方法的必要性)。

[151] 对此,主要是从民法的角度来看,参见 Wendehorst, Rechtssystemvergleichung (Fn. 92), S. 8 ff.[在此,她将内国法下不受拘束的法体系理解成,那些制度上未固定的(法体系),如宗教法或特定领域中被承认的法律原则]。

[152] 从相当规范的视角,参见 R. O'Keefe, International Criminal Law, 2015, S. 111 ff., 483 ff.; K. Ambos, Treatise on International Criminal Law. Volume Ⅰ: Foundations and General Part, 2013, S. 40 ff. (51-53); ders., Treatise on International Criminal Law. Volume Ⅲ: International Criminal Procedure, 2016, S. 8 ff. (44)。从绝对经验的视角,参见 A. Smeulers/B. Hola/T. van den Berg, Sixty-Five Years of International Criminal Justice: The Facts and Figures, Int.Cr.L.Rev. 13 (2013), S. 7 ff.。

[153] 在这方面,已有的批评,参见 J. Vogel, Diskussionsbemerkungen: Instrumentelle Strafrechtsvergleichung, in: Beck et al. (Hrsg.), Strafrechtsvergleichung (Fn. 33), S. 205 (207 ff.); Vgl. auch P. Hauck, Funktionen und Grenzen des Einflusses der Strafrechtsvergleichung auf die Strafrechtsharmonisierung in der EU, in: ebd., S. 255 (260); Kubiciel, Funktionen (Fn. 94), S. 218 f.; Eser, Evaluativ (Fn. 107), S. 1460; Vgl. auch Michaels, Functional (Fn. 73), S. 351。

应当——在评价性比较法意义下[154],像民主的立法者那样[155]——以自由法治国中宪法及人权法上的价值决定为导向[156]。这点可以从上述所认为的必要的价值(评价)中看出[157],因而它提出了后续问题,即所要求的价值在内容上要如何被填充。功能性方法不作出这种评价,因为它所涉及的不仅是对微观比较中所探究的法律制度的功能性评价。[158] 从人权法和宪法中推导出的价值决定也仅仅是元层面的基本价值决定,其必须跨主体地在具体的比较法研究项目框架内具体化。[159]

以功能、结构和文化为导向的比较(刑)法的自我理解,在学术上是理论的、以根基为导向,笔者在这里并不想否认比较刑法的立法和司法功能。[160] 然而,理论上有更多要求的比较刑法远远超出了这一点,因为相较于立法者或刑事司法系统的有限问题而言,它更感兴趣的对象是整体,即作为体系的刑法、支撑性的法律原则以及刑法制度。在这个意义上,比较刑法是一种(刑)法教义学方法[161],因为它将法素材体系化,并通过对不同方法的比较去促成一种无矛盾且一贯的法律应用。但是,它还是刑法理论上的基础研究,因为它——超出单纯的法律比较和法教义学——所涉及的是对个别现象

---

[154] 基础性的论述,也是关于概念史的论述,参见 Eser, Evaluativ (Fn. 107), S. 1443 ff. (1450 ff.); ders., Entwicklung (Fn. 4), S. 929 (1020 ff.)。早期的文献,参见 Jung, Wertende (Fn. 33), S. 1 ff.。关于欧洲法的意义,参见 Heun, Rechtsvergleichung (Fn. 12), S. 26 f.。关于"比较价值的"比较刑法,参见 Sieber, Strafrechtsvergleichung (Fn. 33), S. 119 ff.。关于法教义学中的"价值"和"评价",参见 N. Jareborg, Legal Dogmatics and the Concept of Science, in: Freund et al. (Hrsg.), FS Frisch (Fn. 103), S. 49 (57)。

[155] 关于民主立法者对基本权利、恣意禁止和人权的约束力,参见 Ambos, Zukunft (Fn. 109), S. 187。

[156] 关于人权法上的价值根基,参见 H. Jung, Sanktionensysteme und Menschenrechte, 1992, S. 43-48;基本上赞同的看法,参见 Sieber, Strafrechtsvergleichung (Fn. 33), S. 121 f. ("以开放社会中的人为导向,从而以一般的自由原则为导向……");同见 Eser, Evaluativ (Fn. 107), S. 1463 f.; Kischel, Rechtsvergleichung (Fn. 13), § 1 Rn. 79 ff. ("以人权法为导向的……比较");早期的文献,参见 K. Ambos, Der Allgemeine Teil des Völkerstrafrechts: Ansätze einer Dogmatisierung, 2002, S. 45。一种以经济利益和效率为导向的方法,一如他将法的经济分析作为基础[参见 Kischel, Rechtsvergleichung (Fn. 13), § 3 Rn. 56 ff., 68 ff.],因此是不相符合的(关于比较法中的经济分析,批判性的文献,ebd., § 3 Rn. 65-67 ff., 95 f.,其指出,这只是非常有局限地、有选择性地使用了正统的经济分析);最近的统计的比较法也主要是以经济为导向的,ebd. § 3 Rn. 106 ff.;关于数字的比较法,同见 Siems, Comparative Law (Fn. 12), S. 145 ff.。

[157] O. Fn. 68 f.

[158] Vgl. Michaels, Functional (Fn. 73), S. 373 ff. (381).

[159] Vgl. Sieber, Strafrechtsvergleichung (Fn. 33), S. 119-123 [在实际评估前正确地界定出前问题:①规制对象(可比的问题情形)的可比性;②评估标准的可比性;③具体规定的比较,S. 119-121];同见 ders. Grenzen (Fn. 78), S. 53 ff.。从"评价性—竞争性的比较刑法"角度来看,批判性且进一步的论述,参见 Eser, Evaluativ (Fn. 107), S. 1447 (1449 f., 1450 ff.),据此,他认为比较法是指其"目标设定……从中立评价到受利益引导的竞争……"(S. 1453, näher 1454 ff.),并区分了功能和方法(S. 1450 ff., 1460 ff.)。

[160] 关于三分法,s. schon o. bei Fn. 62 ff.。

[161] 同见 M. Donini, Strafrechtstheorie und Strafrechtsreform: Beiträge zum Strafrecht und zur Strafrechtspolitik in Italien und Europa, 2006, S. 30;关于比较法和教义学之间的共生关系,类似的论述,参见 Junker, Rechtsvergleichung (Fn. 1), S. 924。

的深入研究(微观视角),或者是制度比较甚或是体系比较(宏观视角)[162],无论是着眼于整个刑法系统,还是包含若干个别现象的个别法律制度及其在不同社会和文化背景下的影响。[163] 因此,正如一开始已经提及的那样[164],自身的法律会被批判性地反思和质疑。[165] 不过,这样一种比较法也不是毫无目的的[166],因为无论在何种情形下,它追求所有基础研究中所固有的认知目的[167],并最终在通往普世刑法学的道路上(尽管是坎坷的)努力实现跨文化的有效性[168]。[169]

---

[162] 关于微观和宏观的比较,参见 Jung, Strafrechtsvergleichung (Fn. 12), S. 362 f.; Kischel, Rechtsvergleichung (Fn. 13), § 1 Rn. 17 f.。概念性并非无可争议;在另一种意义上,参见 Sacco, Rechtsvergleichung (Fn. 106), S. 29 f.(在一个法律家族之内或者法律家族之间的比较);关于"系统学"(系统比较)作为比较法对科学的最初贡献, ebd., S. 125-127;从法律家族的角度,参见 Dannemann, Comparative (Fn. 71), S. 387 f.;从历史的角度,参见 Basedow, Comparative Law (Fn. 12), S. 830 f.;最近的文献,参见 Wendehorst, Rechtssystemvergleichung (Fn. 92), S. 1 ff.。这种区分不可能总是毫不含糊地进行;相反,存在"一个越来越典型化的比较连续体,从非常专业的个别比较……到高度概括的法系划分"[Kischel, Rechtsvergleichung (Fn. 13), § 1 Rn. 18]。

[163] 同见 Sieber, Strafrechtsvergleichung (Fn. 33), S. 94 f., 109 f.(对不同刑法秩序的系统认知);Eser, Entwicklung (Fn. 4), S. 973-975(对最多样化的取向进行了列举)。作为基础学科,从法律史的角度,参见 A. Koch, Strafrechtsgeschichte und Strafrechtsvergleichung, in: Freund et al. (Hrsg.), FS Frisch (Fn. 103), S. 1483 (1485 ff.)。

[164] 参见本文第三部分之(一)。

[165] 同见 Hilgendorf, Einführung (Fn. 96), S. 15; Mona, Strafrechtsvergleichung (Fn. 69), S. 104, 106 ff.(他因此将比较法理解成一门"颠覆性学科")。当人们作为外国律师在外国法秩序中工作时,这一点(当然)更加适用,结合自身经验的论述,参见 O. Lagodny, Fallstricke der Strafrechtsvergleichung am Beispiel der deutschen Rechtsgutslehre, ZIS 2016, S. 679。

[166] 同见 Eser, Entwicklung (Fn. 4), S. 963-965(正确地强调了目标的合法性和方法的正确性)。然而绝大多数的观点与之不同,参见 Jescheck, Rechtsvergleichung (Fn. 90) S. 764; G. Kaiser, Strafrechtsvergleichung und vergleichende Kriminologie, in: G. Kaiser/T. Vogler (Hrsg.), Strafrecht-Strafrechtsvergleichung, Freiburg 1975, S. 79 (82); Schultz, Strafrechtsvergleichung (Fn. 78), S. 8("纯粹的研究")。追随他们的文献,参见 Sieber, Strafrechtsvergleichung (Fn. 33), S. 94;同见 Callies, Rolle (Fn. 92), S. 174。

[167] 同见 Mona, Strafrechtsvergleichung (Fn. 69), S. 109,虽然他引用了舒尔茨(Schultz)的论述(o. Fn. 166),但他承认,无论如何,像正义这样的首要目的是(应当)被追求的。舒尔茨本人探究了(S. 19)比较刑法的"科学目的"。

[168] 在这个背景下,关于法律思想或者制度的跨国普遍性,参见 von Bogdandy, Rechtsraum (Fn. 32), S. 1 (4 re Sp.)。

[169] 实际上, von Liszt, Einführung (Fn. 78), S. XX, XXV 同样曾经表明,作为"未来的法","共同的、取自所有个人权利但又高于它们的刑法学"属于"比较法的最高任务";Sieber, Strafrechtsvergleichung (Fn. 33), S. 129 f. 对"具有跨国普遍性的"刑法学更有雄心,他现在已经使自 2004 年以来一直在建设的"马克斯-普朗克国际比较刑法信息系统"[Sieber Strafrechtsvergleichung (Fn. 33), S. 124, 129] 可以通过马克斯-普朗克研究所网站访问,尽管仅涵盖了 25 个法律体系以及刑法总论问题,并且部分的国别报告还没有完成,参见 https://www.mpicc.de/de/forschung/forschungsarbeit/strafrecht/vi.html (Feb. 1, 2017)。早在 2000 年,乌尔苏拉·内勒斯(Ursula Nelles)就应时任马克斯-普朗克研究所所长埃泽尔的邀请在研究所提出了最初的项目设想,参见 Nelles, Rechtsvergleichung (Fn. 87), S. 1005 f. mit Fn. 1, 1016 f.;对于落实的批判,参见 Eser, Entwicklung (Fn. 4), S. 976 f.;关于"跨国刑法学",参见 Hörnle, Plädoyer (Fn. 102), S. 303 ff.。

四、研究及教学中的情形

上述所提及的国际化,也就是大家最近都在讨论的国际化,无疑会导致比较法研究的重要性激增,一如比较法方面的博士论文及相关的系列出版物的数量所显示的那样。[170] 德国的研究在国际上也有相当的可见性,尽管在此居于首要地位的仍然是英语[171];在这方面,值得注意的是,现代比较法的引领性著作之一是由一位在英国任教的德国法律学者用英语撰写的[172]。不过,国际化并没有以相同的方式对学术教学产生影响,尽管它的重要性早已被承认[173],而且它也被正确地视作一门基础学科[174],这恰恰是因为没有其他的法律学科能像它那样适合对自身的法律进行批判性的反思。早期关于教育应当考虑国际化的要求[175]——除几个灯塔项目之外[176]——最终仅导致欧洲法被确立为必修课。[177] 不过,比较(刑)法一如既往地是一种壁花般的存在,因此,容(Jung)在1998年指出,"对于比较法而言,要在法律学习中发挥其作用,自始就是不容易的事情"[178],这点(在今日)仍然是有效的[179]。司法实务也只是有选择性地、以结果为导向地使用比较刑法。[180]

比较刑法的意义有限,也是因为它在传统上被主导的比较民法所牵引。[181] 在德

---

[170] 仅参见 Duncker & Humblot 和 Nomos 出版的国际和外国刑法系列,这是对马克斯-普朗克(外国刑法与国际刑法)研究所传统系列出版物的补充(同样是由 Duncker & Humblot 出版)。

[171] 对此,参见 Ambos, Zukunft (Fn. 109), S. 187 f.。

[172] Vgl. Siems, Comparative Law (Fn. 12).

[173] 早期的文献,参见 B. C. Aubin/K. Zweigert, Rechtsvergleichung im deutschen Hochschulunterricht, Tübingen 1952, S. 28 f. ("中心的教育因素");Zweigert/Kötz, Rechtsvergleichung (Fn. 48), S. 20 [对于学术教学(作为目标)的意义];Junker, Rechtsvergleichung (Fn. 1), S. 921 ("建立在大学教育中")。赞同的看法,参见 Jung, Strafrechtsvergleichung (Fn. 12), S. 378;同见 Eser, Entwicklung (Fn. 4), S. 948。

[174] Vgl. Junker, Rechtsvergleichung (Fn. 1), S. 921, 927.

[175] Vgl. schon Jung, Grundfragen (Fn. 33), S. 1.

[176] 例如,参见维尔茨堡项目"全球系统和跨文化能力",该项目试图将处理外国法和文化的基本技能固定在法学教育中。对此,参见 Hilgendorf, Einführung (Fn. 96), S. 14, 以及 www.gsik.de (Feb. 1, 2017)。

[177] Vgl. schon Jung, Grundfragen (Fn. 33), S. 7 ("欧洲法的参考"在萨尔州是一门必修课);关于意义,同见 Junker, Rechtsvergleichung (Fn. 1), S. 921. 各州现行的考试规定也可以证实这一点,这些规定均将欧洲法("欧洲法的参考")作为一门必修课(萨尔州还额外设立"国际参考")。

[178] Jung, Grundfragen (Fn. 33), S. 6.

[179] 关于融入一般教学的困难,参见 Kischel, Rechtsvergleichung (Fn. 13), §2 Rn. 18。

[180] Vgl. E. Schramm, Die Verwendung strafrechtsvergleichender Erkenntnisse in der Rspr. des BGH und BVerfG, in: Beck et al. (Hrsg.), Strafrechtsvergleichung (Fn. 33), S. 155 ff.

[181] Vgl. Jung, Grundfragen (Fn. 33), S. 1; H. Heiss, Hierarchische Rechtskreiseinteilung – Von der Rechskreislehre zur Typologie der Rechtskulturen?, ZVglRWiss 100 (2001), S. 396 (401) ("通常……位于私法中");Dubber, Comparative (Fn. 15), S. 1288; Hilgendorf, Einführung (Fn. 96), S. 12 ("民法领域");Mona, Strafrechtsvergleichung (Fn. 69), S. 104 f.; Grande, Comparative (Fn. 2), S. 191; Eser, Stand (Fn. 33), S. 670; diff. Kischel, Rechtsvergleichung (Fn. 13), §1 Rn. 68 ff. ("某些优势",但比较法是普遍的且存在所有法律领域之中)。

语区[182]，有 57 所法学院[183]，共有 141 个比较法教席，其中只有 12 个教席分配给刑法，24 个教席分配给公法（狭义），96 个教席分配给民法[184]；在 11 个具有比较法方向的刑法教席中，有 8 个使用"比较刑法"这一名称[185]，其余 3 个则使用"比较法"这一称谓[186]。就重点领域而言，比较刑法最多出现在一般比较法[187]、国际法[188]，或者刑事科学[189]重点领域的背景之下。

就法学教育而言，德国可能落后于法国和其他一些国家。[190] 无论如何，当人们相信耶鲁大学的约翰·郎拜因（John Langbein）教授对美国法学院和司法实务的一般性实践的著名批评[191]时，美国的情形可能更糟糕，但这一点（对德国来说）是于事无补的宽慰。这一发现或许可以直接转移到其他普通法系中的法律秩序，至少在与非英语国家的法律秩序相比较时，是这样的。[192]

五、展　望

尽管在民粹主义思潮的影响下，可能会再次出现国家主义化（Renationalisierung）的趋势——无论是在欧洲还是在其他地方（"美国第一"），但跨国（有组织）犯罪（其绝不

---

[182] 以下数据由笔者的（前）学生助理 Muriel Nißle 通过互联网研究获得；截止到 2017 年 5 月。

[183] 45 所在德国，5 所在奥地利，6 所在瑞士德语区，1 所在卢森堡。

[184] 德国：126 个比较法教席（85 个民法，21 个公法，11 个刑法，9 个法律史）；奥地利：3 个教席，1 个研究所（2 个民法教席，1 个刑法教席，以及 1 个民事诉讼法、破产法和比较诉讼法研究所）；瑞士：10 个教席（8 个民法，2 个公法）；卢森堡：2 个教席（1 个民法，1 个公法）。

[185] 波恩、法兰克福（奥登）、弗赖堡、吉森、汉堡、汉诺威、科隆、奥斯纳布吕克。

[186] 哥廷根、法兰克福、柏林洪堡。

[187] 以维尔茨堡为例，参见 https://www.jura.uni-wuerzburg.de/fileadmin/02000100/studium/schwerpunktbereich/SPB_mit_Vorlesungen_fuer_HP.pdf (Feb. 1, 2017)。

[188] 以耶拿为例，参见 http://www.rewi.uni-jena.de/rewi2media/Downloads/Studium/Hinweise_SB.pdf (Feb. 1, 2017)。

[189] 以柏林洪堡大学为例，参见 https://www.rewi.hu-berlin.de/de/sp/2015/sp/sp7 (Feb. 1, 2017)；以哥廷根大学为例，参见 http://www.uni-goettingen.de/de/kurzbeschreibung-sb-6---kriminalwissenschaften/450905.html (Feb. 1, 2017)。

[190] Vgl. Eser, Entwicklung (Fn. 4), S. 948 m.w.N. in Fn. 42.

[191] Vgl. J. Langbein, The Influence of Comparative Procedure in the United States, AJCL 43 (1995), S. 545 (549, 554)（"……比较程序的研究……很少有人关注……如果明天早上禁止美国法学院研究比较法，几乎没有人会注意。……他们的操作假设是，没有什么可以教给外国人的……在他们所居住的利润丰厚的傻瓜天堂里，美国法律专业人士几乎没有动力睁开眼睛去看比较范例的令人不安的洞见"）. 乐观的看法，参见 V. V. Palmer, Insularity and Leadership in American Comparative Law: The Past One Hundred Years, Tulane Law Review 75 (2001), S. 1093 (1097)（"事实上，鉴于其孤立性，它在这种情形下似乎做得很好，至少从任何量化的角度来看"）。

[192] 在这个背景下，具有代表性意义的是，唯一一本比较刑法的教科书[o. Fn. 72；批判性的看法，参见 Markus D. Dubber/Tatjana Hörnle, Criminal Law: A Comparative Approach, Oxford: Oxford University Press 2014, XXXVIII, 671 S., ZStW 128 (2016), S. 292]是由两个德国人写的，其中杜贝尔（Dubber）在加拿大任教。

仅限于所谓伊斯兰国家)所带来的挑战需要更多的而非更少的比较刑法。在此,需求方的关注重点在于全面性的刑事司法比较(聚焦于刑事追诉和司法互助)方向,而非基础研究领域。从(特别是警察的)实践来看,需要在刑事司法系统的协调上——特别是刑事追诉机关的合作——做出努力,因为它们在法律技术和操作细节上的差异使得对犯罪嫌疑人的跨国追诉变得更加困难。然而,对于作为一门科学学科的比较刑法来说,问题在于它在多大程度上想要成为单纯的、实现刑事司法追诉利益的辅助者,特别是当人们很难期待传统的比较刑法研究能够提供适合于实践的答案(这些答案既不是每个有足够创造力的刑事司法人员都能找到的,也不是刑事追诉机关之间具体合作的结果)时。无论如何,科学的比较刑法不能忽视整体,即法治国——宪法及人权法所保障的——刑事追诉的根基,即便它已经超越了国界,并指向那些将自己视为自由社会的反对者("敌人")的人。作为基础研究的比较刑法应当发展成一门跨国的刑法学科,其涉及的不是内国法的教义学,而是在以对话为导向的程序中的刑法理论和比较刑事司法。[193]

---

[193] 关于此一"盎格鲁—日耳曼对话"的尝试,参见 http://www.department ambos.unigoettingen.de/index.php/en/anglo-german-dialogue (Feb. 11, 2017)。

比较刑法的功能、目标与方法[*]

〔德〕阿尔宾·埃泽尔[**] 文 潘泽钧[***] 译

要 目

一、比较（刑）法研究的方案和功能
二、比较刑法研究的目标设置与类型
　（一）理论层面的比较刑法
　（二）司法层面的比较刑法
　（三）立法层面的比较刑法
　（四）评价性—竞争性比较刑法
三、比较刑法的方法
　（一）方法对目标设置的依赖性——方法的开放性
　（二）方法论方案
　（三）关于实施比较（刑）法工程的实践指导方针
四、结语

摘　要　比较法研究是对不同的法秩序进行的在科学体系上以特定目标为导向并据此选取特定方法的比较研究。比较刑法研究可分为理论层面的比较刑法、司法层面的比较刑法、立法层面的比较刑法和评价性—竞争性比较刑法。由于比较刑法研究的开展依赖庞杂而多样的目标设置，其方法必然具有开放性，包括法律主义方案、功能主义方案、结构比较等方法。执行一个比较法项目可以采取五大步骤：根据目标设置形成问题集，选取纳入比较的国家，撰写国家报告，开展比较，进行评价并提出建议。

关键词　比较刑法　功能　目标设置　类型　比较方法

---

[*] 本文为阿尔宾·埃泽尔教授在"马普刑法学人论坛"第六期所作的报告，原文标题为：Funktionen, Ziele und Methoden der Strafrechtsvergleichung。译文的要目、摘要和关键词为译者所加。
[**] 德国著名刑法学家，马克斯-普朗克犯罪、安全与法研究所前所长。
[***] 德国慕尼黑大学刑法学博士研究生。

一、比较(刑)法研究的方案和功能

比较法研究正变得越来越受欢迎。一个很好的例子是,在学术领域,越来越多以获得学术学位为目的的毕业论文不再满足于对单一法律体系的分析,而是试图对其与其他国家法律体系的相似性或差异进行比较。在政治领域,我们也一再发现,当涉及法律改革时,人们会超越国界,看看其他国家是否有比本国更好的解决方案。

然而,只要进一步观察就会很快发现,这些比较研究在种类和范围上可能存在非常大的差异。在刑法领域,人们的研究既可能仅涉及对单一法律概念如正当防卫的比较,也可能涉及对正当化事由和责任阻却事由整体体系的比较。在比较刑法研究中,对知识的兴趣有时可能是一种纯粹的理论兴趣;但在以法政策为导向的比较研究中,目标也可能是高度实践性的。鉴于目标设置的不同,我们会面临这样的疑问:我们是否可以用同样的方法来实现这些不同的目标。由于这似乎是不可能的,学界形成了多种让人眼花缭乱的比较刑法概念。仅在德国文献中,我们就可以发现30多种不同的比较刑法的概念和模式。例如,除下文将详细讨论的理论、司法和立法层面的比较刑法三分的模式之外,还有普遍性、功能性、系统性、描述性、文化性、评价性、批判性、辩证性或博物馆式的比较刑法概念。

但仔细观察便不难发现,这些称谓都只强调了比较法的某种具体特征:或强调比较法研究的范围(如普遍的比较法概念),或寻求特定的比较目标(如与文化相关的比较法概念),或判断一个特定的比较方法是否具有权威性(如功能性的或系统性的比较法概念),或仅强调(比较法研究)论战性的特征(如博物馆式的、批判性的或颠覆性的比较法概念)。

在尝试根据某种秩序整理这些方案和功能的多样性之前,我们似乎应该首先确定:若要有意义地谈论比较法,必须满足哪些最低条件。虽然由于比较法研究在目标、对象、范围和方法上的不同,我们很难对比较法作出全面而有说服力的定义,但人们已经可以从这个词的两个组成元素中推断出两点:①在若干事物之间进行比较;②这种比较以法律为对象。就比较刑法而言,它涉及与刑法有关的规则、理论、概念、教条、根基以及在最宽泛的意义上相关的层面。为了满足科学标准的要求,我们必须添加一个方法论要素:③比较不能是任意的,而必须根据被普遍接受的科学标准来进行。

综合这三个核心要素,比较法研究可以(即使不是在下最终的定义)至少被描述为对不同的法或法律层面进行的在科学体系上以特定目标为导向并据此选取特定方法的比较:无论是对一个国家内不同的法律领域或时间上几个发展阶段之间的相互比较,还是对不同国家的法律体系在横向上或纵向上进行的跨国比较,抑或是在上级和下级的法律体系之间进行的超国家比较,都属于比较法研究的范畴。

无论不同的比较法工程之间有多少区别;无论它们是雄心壮志的,是针对具体问题的,还是具有普遍性的;无论它们是基于纯粹的理论兴趣,还是面向实务的研究;无论它们有什么特殊性,对其的三重要求是始终适用的:明确预期目标,为这一目标选择最合适的方法,以及按照科学标准实施。由于比较方法取决于要实现的比较目标,所以我们首先面临的问题是比较法研究可能的目标有哪些(下文第二部分)。只有在对比较法研究目标的多样性和范围有初步了解之后,人们才会问这些目标是否以及在多大程度上可以用一个特定的方法实现,还是需要多样的方法(下文第三部分)。关于如何在实务工作中运用这一分析的结果,我们将在最后的指导方针部分进行总结[下文第三部分之(三)]。

二、比较刑法研究的目标设置与类型

如果人们关注比较法项目和出版物的丰富性和多样性,那么值得注意的是,无论是多个法律体系之间的比较,抑或只是个别制度或法律概念的比较,其所追求的目标都可能是非常多样化的。然而,正如我从多年的比较法研究经验中所认识到的,根据可设想到的各种比较法研究的目标,我们可以将比较刑法研究分为三种基本类型:第一,部分研究主要(如果不是完全)关注某些制度或概念的科学—法教义学比较,即理论层面的比较刑法;第二,部分研究主要涉及对法律适用的比较,即司法层面的比较刑法;第三,主要为法政策服务的比较研究,即立法层面的比较刑法。从比较刑法的经典"三要素"中,还可以得出另一个以价值判断和优先性为导向的类型,即评价性—竞争性比较刑法。

(一) 理论层面的比较刑法

这种类型的比较刑法的特点是,它的目的是确定几种法律体系之间的差异或共同点,而不考虑具体的应用目的。当然,在没有特定目的的情况下,比较法研究获得的结果也可以在实践中应用,因而理论层面的比较刑法也可以为司法和立法承担重要的准备工作。在这条道路上,可以区分出理论研究和对不同法秩序进行比较的四个上升阶段。

1. 借助外国法的横向拓展——反思本国法

即使是通过对外国法律的考察,跨国界地横向拓展,我们也能获得许多知识收益:无论是(像在国外旅行一样)遇到值得刨根问底的新种类的、令人兴奋的或者令人厌恶的法律现象;还是在讨论国内法律问题时通过外国法的相似之处证实自己的法感觉,或恰恰相反,发现自己不得不重新考虑;又或是(像在画廊里一样)被一些法律时代的相似性或国家法律形象的多样性所打动。即使人们的目光只停留在表面,也足以体会到法的多样性和因民族文化而产生的相对性。

也许比单纯了解外国法更具有启发性的是对本国法的反思效果：我们可以通过探讨外国法增进对本国法的自我认识。正如一个人只有在与他人的关系中才能充分认识自己，并以自己的方式认识他人，对外国法的探讨也有助于更好地理解本国法。

2. 比较法的基础研究

这无疑是理论层面的比较刑法研究中最具多样性的主要领域。在这个领域中，我们可以找到不同的变种。

(1) 外国法学科(Auslandsrechtskunde)——描述性的比较刑法

这种类型指的是仅仅对外国法进行描述或并列，而没有进行相互比较的研究。这种外国法学科能否被理解为真正的比较法，还是说它最多只能算作一种"描述性"的比较刑法，是存在争议的，但无论如何，它至少可以作为观察所描述的法秩序的宝库。

(2) 微观比较—宏观比较—基础研究

即使不是单纯的并列，而是真正的比较，也可以在不同程度上进行：仅对个别法律概念进行"微观比较"，或对法秩序的部分或整体系统地进行"宏观比较"；此外，进行比较的国家数量也可以有多少之分。虽然这常常被称为基础研究，但基础研究这个概念应该有更严格的标准，应该留给那些足以与"基础研究"这一术语相称的理论上的深度挖掘，留给那些不满足于逐条逐项的表面描述，而是涉猎更大的领域或尝试对某种重要的个别现象进行刨根问底的研究。

比较法的基础研究可以在不同的广度或深度上进行。特别是，它可以针对：

①理论和/或方法上的反思(正如本文所做的那样)首先要探究什么是比较刑法有意义的研究对象，它的目标应当是什么，以及如何最好地实现所追求的目标。

②关于个别现象，如对正当防卫或谋杀进行双边或小规模的"微观比较"；进行多边或大规模的"宏观比较"，以揭示刑罚豁免事由的相似性或差异性，或揭示刑法规定的生命保护模式。

③储备不同国家法秩序下关于刑事可罚性的一般要素或构成要件的特定领域的知识。

④以结构比较的形式探讨和比较一个刑事法律制度的各种结构性要素，不仅探讨单独的组成部分，而且探讨它们的整体作用关系，从刑罚的威慑到刑罚的科处再到刑罚的执行，对不同的结构性要素展开研究，并将其相互比较。

⑤通过对刑法的整体介绍，在"普遍比较法"的意义上发展刑法的一般理论。

⑥通过揭示一般法律原则来制定"模范刑法典"。

⑦通过"以文化为导向的比较刑法研究"揭示刑法的文化条件，并将刑法本身作为一种民族特有的文化现象来研究。

⑧在"批判性比较法"的意义上，更确切地说在法学教育阶段，加强对本国刑法体系以及其他国家刑法体系的优势和劣势的认识。

⑨在近似"社会科学的功能"的意义上研究与刑法有关的社会问题。
⑩为需要改善的法律问题和社会问题建立一个"解决方案库"。

然而，就谈论"普遍的比较刑法"而言，我们必须警告人们不要抱有过高的期望。如果我们接受"普遍性"的说法，那么这种比较不仅要在主题上涵盖刑法的所有领域，而且还要在地域上具有全球性；就算我们忽略这种雄心壮志在理论上的疑问，由于实践的原因，即使使用最现代化的研究和文献方法，我们似乎也很难实现这一目标。因此，如果要追求普遍的比较刑法，就必须从一开始就在一个有限的意义上对普遍的比较刑法研究加以理解，这从根本上就是自相矛盾的：一方面，它既不可能平等关注所有国家，也不可能涉及全部主题；但另一方面，它既不能仅仅局限于某些法系（如民法法系和普通法系）或地区（如欧洲、邻国或语言圈），也不能只关注刑法的部分领域（如刑事可罚性的一般要素或程序模式）。在这种实用主义的意义上，从空间上和对象上看，"普遍的"比较刑法也许最好被理解为倾向于反对分门别类，以原则上尽可能广泛地理解刑法为目标的比较法。

3. 促进理解和促成共识的比较刑法

这种类型的比较刑法不仅仅是对外国法的单向性理解及其在本国法中的对应；相反，这里还有一个互动因素：不同参与者之间对特定国家不同法律立场进行澄清，直至获得消除争议的理解。

这可能在个人层面上有所帮助，例如在处理外国法时披露不同的角色和前见。这也可能为国际协议铺平道路：例如，在看似不可调和的分歧中发现更深层次的前提，这样就可以从共同的利益核心出发解决问题。

4. 关于实践的比较刑法的准备工作

难以否认的是，后面提到的几种比较刑法类型已经超出了纯理论比较的范畴，因为它们的结论也可以对法律的实际适用有所帮助，或者说这种研究从一开始就以此为目标。这一点对司法和立法层面的比较刑法也同样成立：正如在下文中将一再表明的，在这两个领域，人们将会需要进行知识上的准备工作。

（二）司法层面的比较刑法

这种比较刑法是指在实践的法律适用中需要以某种形式同时考虑外国法的比较刑法类型。我们可以区分两种不同程度的司法层面的比较刑法：通过各种形式直接适用和援引外国刑法；间接适用比较刑法以将其作为法官之法发现和法续造的来源。

1. 在法律适用中直接考虑外国法

外国刑法对本国刑法的这种影响可以通过两种方式实现：移植外国法和本国刑罚机关对外国法的依赖。

(1)"进口"外国法

在外国法进入国内刑法的各种方式中,一个很好的例子是:在欧洲层面的实践中最重要的是,填补空白的外国法适用。这是指一个刑罚规范由外国规范制定者通过另一法律文件(通常称为"填补规范")更详细地描述被禁止的行为的情形。如果这一禁止构成要件是由国家外或超国家机关设定的,那么对行使国内刑事管辖权的法官来说,其后果就是他必须至少部分适用外国法。

由于超国家刑事管辖权的快速发展,外国法可以通过另一种相对较新的输入方式,以"吸收国际犯罪"的形式进入国内法:既可能为追诉国际犯罪,国内法院在刑法规范中直接援引《国际刑事法院罗马规约》中的构成要件,从而将这些构成要件直接吸收进本国法之中;也可能以更间接的方式,通过一条国内刑法规范,将所有根据现行国际(习惯)法具有刑事可罚性的行为方式,或者更确切地说,将违反现行有效的国际法的行为方式解释为犯罪行为。尽管后一种情形只是采取间接的方式,但实际上也为适用外国法打开了大门。

(2)取决于外国法的刑罚权

这种情形的特点是,虽然外国法本身在国内并不适用,但国内刑罚权的行使可能取决于外国法,因此必须了解外国法的规定。

依赖外国法的典型的主要领域是考察刑事可罚性时对犯罪发生地的要求,通常被称为"双重可罚性"(Doppelte Strafbarkeit)。据此,将国内刑法适用于国外犯罪可能以存在一个"相同的犯罪发生地规范"为前提。不同于长期以来人们所认为的那样,承认将本国刑法毫无保留地扩展到超越国界的犯罪的可能性(这可能造成跨国重叠和国际法下的管辖冲突),人们尝试通过这样一种方式考虑犯罪发生地国的主权:行为根据行为地的法律也必须具有刑事可罚性。因此,犯罪地的外国法作为刑事可罚性的保留条件必须被考虑,为此我们需要通过比较法的方式了解外国法。

在程序上与犯罪地和审判地"双重可罚性"的实体法要求相对应的是国际司法协助层面的"双向可罚性"(Beiderseitige Strafbarkeit)原则。根据这一对引渡的实践起到重要作用的原则,被引渡者的行为必须根据请求国和被请求国的法律都具有刑事可罚性。对此同样需要进行比较法研究。

同样的,"禁止双重危险"原则的适用范围如果拓展到对跨国多重刑事追诉的禁止,那么也会导致国家刑罚权对外国法的依赖。然而,这种依赖性并不是像"双重可罚性"或"双向可罚性"那样,体现在行使国家刑罚权的先决条件之中。在"禁止双重危险"原则的适用中,外国法起到了限制国家刑罚权(如果不是阻止国家刑罚权的话)的作用:在国外已经被定罪的行为不得在国内再次被起诉["完结原则"(Erledigungsprinzip)],或在确定刑罚时至少必须考虑国外的裁判结果["计入原则"(Anrechnungsprinzip)]。无论遵循什么原则和程序,都不可能忽视司法层面的比较刑法的作用:如果适用完结原则,则需要查明在国外定罪的行为是否以及在多大程度上与在国内涉嫌的罪行相同;

如果仅仅适用计入原则,则必须将外国有罪判决的种类和范围与国内法进行比较。

2. 借助比较刑法进行的法官之法发现与法续造

即使不引进外国刑法本身或使刑罚权的行使依赖外国法,外国法也可以作为一种比较法律媒介影响本国刑法,正如后者也可以反过来影响外国刑法一样。这可以通过三种方式进行:水平方向,自上而下的垂直方向,自下而上的垂直方向。

(1) **水平方向上跨国的视野拓展**

在这个层面上,比较刑法首先以外国法律思想帮助法律解释的方式对本国法产生影响。例如,法官在解释一个新的法律概念时参考另一国的判例和学说,这在同一语言圈和法系内部是经常发生的。

如果为了解释本国法,追溯外国母法的根源,那么这种比较法研究的特征就体现得更为明显。

如果比较刑法的目的甚至是填补空白和法律续造(就像在扩张解释被告人权利时所做的那样),那么它就超越了单纯的解释目的。

(2) **超国家法对国内刑法的影响力**

这种影响形式尤其在欧洲地区变得越来越重要,特别是通过初级和次级欧盟法:初级法可以为国内法设定刑事构成要件的上限和下限,或者规定违反欧盟法的法律后果;次级法则为国内刑法作出某些预先规定。通过这些方式,欧盟法被纳入国内刑法之中。在此意义上,人们甚至可以说,这是一种上文提到过的"外国法移植"。

然而,即使不存在上述具有约束力的规定,由于需要按照欧盟法对国内法进行解释,国内刑法所受到的超国家的影响力也不应被低估。据此,如果对某一刑法规范有几种不同的解释,而这些解释根据国内法的理解不是不可替代的,则法官必须优先采取最符合欧盟法或至少不与之冲突的解释方案。

(3) **国内法对超国家刑法的影响力**

影响也可以是自下而上的,在这种情况下,需要进行比较法研究的不是国内法官,而是超国家的刑事司法系统。

当国内刑法被用来解释国际法规范时,就会出现一种情况:例如,当对国际公约和其他与国际刑法有关的规范的词语和概念进行解释时,要从国内刑法体系中类似的法律概念的演变和对其的理解中获知其可设想的和惯常的语义,并在对国际法规范的解释中考虑这种语义。

超国家刑法也可以通过退避至一般法律原则的方式受到国内刑法的影响。只要不被视为"外国法适用",国内法也可以作为解释的辅助手段,以一种不应被低估的方式为超国家刑法的发展和续造作出贡献。例如,超国家刑法根据《国际刑事法院罗马规约》第21条第1款第(c)项,从国内法的规定中推导出法律原则;或根据《前南斯拉夫问题国际刑事法庭规约》第24条第1款第2句,诉诸国内法的量刑实践。国内法也可以作为解释的辅助手段,以一种不应被低估的方式为超国家刑法的发展和续造作贡献。当然,当行使超国家刑罚权的法官在新领域进行法发现时,只有在他们既不由于前见坚持自己国家的法律观念,又不傲慢地无视所有国内法的法律经验,而是以比较法的视角对国内法持开放态度,寻求最佳的问题解决方案时,国内刑法对超国家刑法的这种影响方式才能很好地发挥作用。通过这种方式,国际刑事法院甚至可以成为一种跨文化刑法交流的实验室。

对司法层面的比较刑法在超国家刑法教义学的发展中的作用而言,这一点也同样成立。就算这项任务最终可能由理论层面的比较刑法来承担,但比较法的论证和法院裁判的支持,如对共同犯罪形式的比较,可以为基于理论的刑事司法提供重要基石。这样一来,我们就为观察下一种比较刑法类型做好了准备。

(三) 立法层面的比较刑法

这种比较刑法类型包括旨在以任何方式修改法律的比较刑法。从法政策的目标设置中,我们有时甚至能看到比较法最重要的功能。它可以有以下目标:

1. 优化本国的国内刑法并使其现代化

对此,比较刑法可以通过以下方式作贡献:促使人们对本国法进行批判性审查,提请人们注意外国法律体系中可能更好的规定,从而启动改革进程。

人们也没有必要一直等待,直至出现改革的具体需要才进行这种层面的比较刑法研究。相反,在预测未来可能的改革项目时,建立一个"解决方案库"可能是有用的,因为立法者可以从比较法中选择替代解决方案。这些解决方案经过系统排序、实践检验和严格评估——当然,最终决定权仍在立法者手中。

2. 刑法的跨国调试

这种功能涉及跨国规定为以比较法为支撑的立法提供契机的情形。这可能在不同程度上是必要的,因此必须对法律的同化、协调和统一进行区分。

(1) 同化

同化的原因是考虑到共同追诉犯罪这一国际义务的存在,应使各成员国在相关构成要件和法律后果上尽可能接近。例如,保护欧盟的金融利益不受诈骗损害。

(2) 协调

协调的主要内容是当超越单独的追诉领域时,不同国家的刑事司法系统要尽可能兼容,或者追求尽可能统一的优化。要实现这一目标,需要解决的与其说是相似性问题,不如说是功能上的等价值性问题。

(3) 统一

单纯的同化或协调会使相关法秩序保留其国家独立性,而统一则超越了这一点,因为它将完全统一不同的国内法,甚至将它们融入一个上位的法秩序之中。尽管对于某些传统上具有共同特征的地区而言,这可能是一个值得追求的长期目标,但对于欧洲法域来说,统一的时机可能还没有成熟。

3. 普遍刑法与超国家刑法的发展

前面所讨论的立法层面的比较法就已经是跨国的比较法了,因为不同国家的立法受到了跨国界的影响(尽管是自上而下的影响)。而普遍刑法与超国家刑法虽然都以国内法为初步对象,但其主要内容更多地落在超国家法的形成上。

这又可以通过多种方式进行,其中以下方式的重要性日益凸显:

一是确定最高法律原则,如通过承认罪刑法定原则和罪责原则或《世界人权宣言》中规定的公平规则。

二是扩大国际公约和协定的覆盖范围,加强国际公约的缔约工作,如禁止种族灭绝。

三是建立国际刑事管辖权。如果没有比较法方面的准备工作,就不可能设计这种管辖权。

4. 不同的涵盖范围和规则等级

从立法层面的比较法可能的目标清单中我们已经可以看出,这些目标有不同的涵盖范围,而其涵盖范围又取决于我们是在什么样的规则层级上进行法律改革。

(1)涵盖范围

无论范围是大是小,法律具体条文的修改都会受到本国法与外国刑法或国际改革讨论之间所进行的比较研究的影响,如废除同性恋的可罚性。

如果要进行局部的结构改革,如制裁领域;甚至是大规模的体系改革,如移植外国刑法:这种比较研究的影响就会更加明显。

特别是不定期地制订模范刑法典,需要做大量的比较法准备工作。

(2)规则层级

根据法政策的目标类型,即使没有上升到超国家的层次,规则的层级也可能有所区别:从纯粹的国家改革项目,到跨国界的双边和多国统一,再到区域性的直至普遍的协调。

我们无法对一切相关内容展开论述。但可以肯定的是,随着全球化的推进,犯罪越来越不分国界,立法层面的比较刑法的领域也在不断扩大。

(四)评价性—竞争性比较刑法

正如上文目标描述部分已经指出的,比较法并不局限于单纯的描述,在比较法研究中我们也可能需要进行评价,特别是涉及"什么是更好的法""什么是更坏的法"这样的问题时,竞争性目的也可能发挥作用。由于相关问题可能以这样或那样的方式出现在理论层面、司法层面和立法层面三种传统类型的比较刑法中,但对此的研究几乎是一片空白,因此我认为,为此设立一种独立的"评价性—竞争性"比较刑法类型是合适的。因此我将传统的关于比较刑法类型的"三分法"扩展为"四分法"。然而,由于篇幅所限,在本文中我将无法对此展开详细的论述。

三、比较刑法的方法

这是一个非常有争议的领域,因为它主要由比较刑法主流领域中片面的方案所主导。在此,我不想详细描述这种理论上的争议,而是想直接谈谈对比较刑法实践中最佳的方法论而言重要的核心观点。

(一)方法对目标设置的依赖性——方法的开放性

如果人们考虑到比较刑法项目目标和功能的庞杂,就不能指望所有目标都能用同样的方法实现。这一点就足以说明,所有认为可以将比较法限制在单一方法中的理论从一开始就注定失败。相反,我们需要的是方法的开放性。

然而,方法的开放性不应理解为方法的任意性。相反,方法的选择必须由手头的任务决定。因此,在确定最合适的方法之前,我们必须首先确定比较的目标。

(二)方法论方案

在学界不计其数的方法论方案中,在我看来,值得重点介绍的只有根据目标设置得出的最合适的方法。

1. 法律主义(legalistisch)*的方案:概念比较、规范比较和制度比较

根据这种传统上长期占据主流地位的方法,比较法研究基本局限于一个问题:本国法中的某些概念、制度、区分或其他要素是否也可以在其他法秩序中找到,以及在多大程度上可以在相同、相似或不同的意义上理解它们。

即使这种更多以法为规范导向,而不是以社会现实为导向的比较研究现在被证明是不充分的,也不应该否认它的所有内在价值。例如,在司法层面的比较刑法领域,对在国外实施的罪行的"双重可罚性",只须证明存在一个可比较的犯罪地的规范即可,无须在内容上进行更详细的分析;类似的,在理论层面的比较刑法领域,可能只需判断另一法秩序中是否存在与德国刑法类似的正当化事由与责任阻却事由的区分。

在任何情况下,当仅仅比较法律概念或孤立的结构要素时,必须始终牢记,这种比较在多数情况下只能获得对更大的规范联系的片段式认识。这很容易导致错误的结

---

* 法律主义以主张严格遵照法律条文、规定为基本特征。——译者注

论,例如,当外国法中没有一个类似的法律概念时,这种比较就会过早地得出在外国法中不存在对应的规则的结论。但这种所谓规则空白实际上可能只是因为这一领域在外国法中被另一个法律概念所涵盖。

2. 功能主义方案

鉴于单纯的规范比较作用有限,在寻求更好的比较方法时,功能性原则已被广泛接受。尽管有不同的变体,但功能主义方案都有以下共同点:这些方案假定只有法中具有相同功能的事物才可以比较,而且这一功能是针对特定社会问题的相关规则;比较的基点不是某些法律概念或制度,而是法律规定所依据的实际问题。虽然这个"生活现实中的事实问题"在每个社会秩序中都能或多或少地找到,但其法律处理和解决方案在法秩序中的位置和规定的形式却可能完全不同。因此,真实的比较对象不是规范的概念性,而是规范处理作为社会秩序问题之生活事实的功能。

例如,如果要对不同法秩序中的教唆规定进行比较,仅仅考察类似的概念和研究它们的异同点是不够的。我们至少还要澄清这些概念在犯罪论体系中的地位和功能。又如,如果要探究由刑法所囊括的对实施犯罪行为施加影响的方式,并将不同国家的情况进行比较,我们就不应该简单地从教唆的概念出发,而是要首先分析可能的施加影响的方式之范围和变种,以便能够有意义地考察这些施加影响的方式中哪些被要比较的法秩序定为犯罪,这种犯罪化是借助哪些法律概念进行的,进行比较的法秩序是否为此规定了不同的法律后果。

然而,尽管功能性方法可以实现细化,但这种方法基本上不要求确定有关的生活现实中的事实问题在要比较的国家是类似的,也并不要求调查相关规范。功能性方法本身并没有说明具体研究要包括哪些规则,要获得什么结论,要在多大程度上深入不同规则层次之中,以及要记录哪些背景材料。只有通过在功能主义的法比较项目之目标设置中进行结构比较的方式来拓展和深化,我们才能恰当地回答所有这些问题。

3. 结构比较

这种新颖的方法对宏观层面的比较研究特别重要,因此在马克斯-普朗克外国刑法与国际刑法研究所的一个大型项目"欧洲刑事责任和制裁的结构性比较"(Albin Eser/Walter Perron, 2015)中首次得到检验,它在三个方面超越了单纯的功能比较,即在广度、深度和长度方面。

就广度而言,例如,如果要研究和比较一个法秩序对违反禁令和命令进行回应的基本结构,那么仅仅追问个别规则在探究领域内的功能是不够的。我们需要将法秩序作为一个整体来考虑。

就结构比较的深度而言,我们不仅要确定一个法秩序中有关社会秩序问题之规则的类型和等级,而且要考虑它们的现实等级。这包括书面和非书面的规则,如"书本上的法"(以法律、法院判决或学说的形式)以及"行动中的法"(表现为正义的一般观念或法适用者的其他价值观)。

此外,我们也可以采用纵向截面的视角进行考察。例如,如果要比较的结构中某些单独的部分在一个更大的单位中相互联系,并在其中实现了特定的功能,那么就不应该将考察视角局限于单独部分,而应扩展到相互作用和相应的效果。在这种情况下,必须特别注意一个单独部分的弱势是否以及在多大程度上被另一个部分的特殊优势所弥补,或者一个等级的优势是否被另一个等级的不足所削弱。

4. 方法论的指导方针

在此不进一步讨论方法论的细节,但以下内容仍然是至关重要的:比较方法的选择取决于比较项目的目标,根据其理论、司法、立法、评估方向,可能需要进行微观比较或者中观、宏观比较。原则上不排除将比较对象限制在对个别法律规范、法律概念或制度的比较上,但一般来说,只需要确定其存在或不存在就够了。此外,为了确定一项规则或制度的实际功能和社会作用,其可比较性必须建立在必须解决的生活现实中的事实问题上。一般来说,如果不考虑历史、文化、政治或其他意识形态和社会背景,就不可能理解一个比较对象。这可能使结构性比较成为必要,根据项目的目标,这种比较在广度、深度和长度上都会有所不同。

我建议采取五个主要步骤来实际执行一个比较项目。第一步是明确和制定任务,以问题集的形式形成工作假设[见下文第(三)部分之1]。随后,应选择纳入法律比较的国家[见下文第(三)部分之2]。国家报告应根据这些参数进行编写[见下文第(三)部分之3]。这为实际的法律比较和撰写模型图式的概要奠定了基础[见下文第(三)部分之4]。最后,可以(根据目标设置是教义学式的还是法政策的)进行评价并提出相应的建议[见下文第(三)部分之5]。以下准则总结了每种情况下需要考虑的细节。

(三) 关于实施比较(刑)法工程的实践指导方针

0. 贯彻始终的指导原则:使方法和每个工作步骤与比较法项目的目标相协调

整个比较法项目实施过程中要遵循的准则可以概括为(标语式的)三点:

①首先,必须确定要进行比较的目标。

②方法要与这一目标保持一致。在方法论开放的意义上,必须总是选择最好的比较方法,如果有必要,可以将几种方法结合起来。

③正如法律比较作为一个整体在方法上取决于它的目标一样,各个工作步骤也要根据目标设置相应地进行调整,必要时进行改变。

1. 第一个工作步骤:目标设置

通过比较法要实现什么目标,在什么范围内实施,这些都是调查开始时必须回答的问题。对此通常需要注意两点。

其一，要选择和确定原则上的目标方向。为此，必须特别明确：

①就其基本方向而言，比较是否只为或主要为理论、司法或立法目的服务（或可能还与其他方面有某种联系）。

②是单纯的规范或制度比较，还是更深入的结构分析。

③就范围而言，是只对一个具体的法律形象或个别制度进行微观比较（即使这种比较也仅限于其概念和适用性方面的比较），还是寻求对整个犯罪或制裁系统进行宏观比较。

④在重点深度方面，是否只涉及某些规范或制度的规范品质，或者是否以及在何种程度上也涉及历史文化背景、伦理影响和经验影响因素？

其二，要基于工作假设，形成问题集。根据目标的类型和差异化程度，应制定尽可能具体的工作假设，并在相应的结构化问题目录中形成可回答的文本。首先应考虑以下几点：

①为了从被研究的法秩序中得到可对比的回答，这些问题一方面必须足够具体，避免过于含糊或冗长的陈述；另一方面，它们也不能太过专门化，以免在需要记录同类的结果时造成错误的指示。

②就规范和制度的比较而言，本国的法秩序可以作为问题的类型和多样化的模本。然而，为了避免从一开始就缩小比较的范围，甚至带着前见进行预设，我们必须把自己从本国法的前见中解放出来，并尝试以创造性的想象力来预测在其他法秩序中可以找到哪些不同于本国法的方案。

③比较的法秩序越多元、数量越多，就越需要这种对可能的他国法律概念、制度和差异的开放性。

④只要在比较中涉及的不只是类似的刑法规范、法律概念或制度，就应该根据任务设置把文化维度和经验事实记入问题集。

2. 第二个工作步骤：国家的选择

与问题集一样，对纳入比较法研究的国家的选取在很大程度上也取决于事先确定的任务设置。在这一步骤中，我们必须注意以下几点：

（1）基本方向

在这一步就已经需要小心提防片面的准则：

①对国家的选择既不应笼统地局限于地理上、文化史上、法教义学上、法政策上或其他任何方面相近的国家，也不应寻找原则上尽可能不同或相距甚远的法秩序。例如，如果在刑法教义学的比较中需要找出某种犯罪论在哪些法秩序中得到支持，那么从一开始就可以把自己限制在已知相似的法秩序中，最多为了检测（结果的可靠性）将其他类型的法秩序考虑在内。另外，如果一个立法层面的比较法项目的目标是超越已驶入的轨道，发现

新方案,那么,我们更有可能在异质的而不是同类的法秩序中实现目标。

②同样值得注意的是,比较法研究的目标不只是寻找所谓"更好的法"。就算这(寻找"更好的法")是惯例,比较法项目也可以为了避免(本国法)陷入歧途,而标记"坏的刑法"或识别不合适的理论。

(2)考察国家的数量

在这一点上同样不存在必须遵循的普遍准则:

①例如,如果对双向可罚性进行司法层面的比较,那么选择的国家自然限于有关的法秩序,无论它们与本国法的距离是远是近,是传统的还是走在新的道路上。

②如果一个立法协调项目的目标是实现尽可能高的共性,那么选择的国家应具有相似的法秩序。相反,想要寻找到的新规则方案越多,"网"就应该撒得越远。

③如果要在宏观比较中确定尽可能多的犯罪或制裁体系的存在,那么几乎不可能从一开始就把一个国家排除在比较之外。

④即使要将大量国家纳入比较之中,也必须出于现实原因而遵守"明智的限制原则"。据此,对每一个任务而言,推定的成果最大化标准可以作为(选取国家的)准则。

⑤在惯常的集中于特定法系进行的比较法研究中也是如此。正如将比较对象限于"近亲"范围内以获得最大可能的相似性可能是有意义的,为了获得最大可能的多样性,与尽可能多的外国法秩序进行对比也可能是明智的。

⑥因此,"普遍的比较刑法"的假设也必须体现在每个任务的执行之中。如果可行的话,对普遍性的要求意味着比较刑法应倾向于对全球的法秩序保持开放,因此,某些刑法圈子不应从一开始就被排除在外。

(3)预先检验——事后完善

如果一个任务本身并未指向特定的国家,如双边可罚性问题,或者目标设置本身就取决于是否以及在多大程度上可以找到可研究的国家,那么国家的选择或许就不能一蹴而就了。这种困难可以通过两种方式来克服:

一方面,可以进行试点研究,对一些不同的国家进行测试,以了解其是否以及在多大程度上可以为预期的研究问题提供可用的答案,和/或在哪个方向上可以将更多的国家有意义地纳入比较法研究之中。这样的预先检验对任务设置本身也很有助益。

另一方面,即使国家的选择似乎已经最终确定,之后的改进也可能是必要的。例如,在阐述阶段才发现,最初选择的法秩序并没有提供任何可用的东西,而从尚未考虑的国家却可以期待得到有用的比较材料。那么,像在任务设置中那样,国家名单也必须在事后进行更正和补充。

3. 第三个工作步骤:国家报告

虽然项目负责人通常负责任务设置和国家选取,但国家报告的起草由为此目的而任命的国家报告员负责,除非项目由项目负责人自己完成。为了得到可比较的材料,他们必须遵守统一的预先规定。如果这些准则还没有在任务设置中制定,最迟必须在准备阶段开始时提供。

与问题集和对国家的选择一样,国家报告的指导方针(无论它们是在问题集中已经很明显地体现出来,还是要单独编写)都要与任务设置保持一致。在整个过程中,无论是调查相关材料还是介绍材料,都应牢记以下几点:

(1)出发点—视角—前理解

在这方面,容易被忽视的问题是,国家报告的编写是否以及在多大程度上必须从特定立场出发,如果是的话,从哪个角度出发:是以任务制定和问题集形成时作为出发点的法的视角,还是以国家报告员个人的可能以一种对所回答的问题(可能不同于问题本身的基础)的前理解为出发点的视角?即使(或者正是因为)自觉或不自觉地从本国法的通常角度解释所探究的法律概念、制度及其基本要素、区别和特征,并据此(可能会错失目标地)作出回答,也必须确保国家调查结果的可比较性。这可以通过多种方式实现:

①如果问题集撰写者和国家报告员是同一个人,那么统一性和可比性就最容易得到保证,因为即使(如个别项目中常见的那样)起草问题集的人必须报告几个外国法,他也总是会从相同的前理解出发。否则,就会出现明显偏差。

②如果问题集撰写者和国家报告员不相同(通常在大型项目中会出现这种情况),则必须保障统一性和可比性,国家报告员要么接受问题集里的前理解,并从该角度出发撰写报告,要么明确说明他是否以及在何种程度上从另一种前理解出发。

③然而,为了不被误解:意识到自己的前见并使自己的视角能够被他人识别,并不意味着不应该从自己的前理解出发介绍相应的法;相反,这里只是警告人们不要用本国法理论预先决定的观念来理解外国法,避免提出错误的问题从而得到错误的答案,导致调查结果的可比较性受到影响。

(2)相关法律素材的收集和介绍

这一核心步骤的范围和细节也主要取决于任务设置。通常特别需要查明和介绍以下内容:

①与问题设置相关的法规范和法律实践,无论是成文的还是不成文的。

②在必要的情况下,查明和介绍每一个参与建构法律生活的法源。

③有关规范和制度的功能和解释。为了避免因为偏见而被误解,我们应首先从所介绍的国家对本国法的理解出发去确定和介绍这些功能和解释。

④在法律实践中的应用。

(3)吸收其他学科和要素

根据问题的不同,可能还有必要考虑法外现象,特别是:

①犯罪学方面或其他经验性的因素。

②文化—历史、政治或世界观背景。如果一个项目较少涉及对法律的比较,而主要涉及对文化的比较,那么问题和答案应首要指向这些要素。

(4)调查方法论

如果比较法研究仅限于对概念或制度的规范性比较,通常从法律公报、判例集、法学文献或其他书面资料中寻找相关法律材料就足够了。如果人们除此之外还想对法律制度的结构和经验因素进行研究和比较,就必须使用其他调查方法。这尤其适用于基于案例的比较方法和计算机辅助的比较法研究。

(5)修正

与国家的选择一样,在编写国家报告的过程中,我们可能会发现法秩序的特殊之处。我们在问题集中可能还没有考虑到这些特殊性,但它们对整体评估可能很重要。如果涉及的仅仅是有关国家的罕见的特殊性,那么在国家报告中提到这些特点可能就足够了。但是,如果这些现象看起来非常重要,以至于也可能与其他国家有关,那么应该及时让项目负责人了解到这一点,以便在必要时对所有国家报告的问题集进行相应的改进。

4. 第四个工作步骤:比较

虽然国家报告几乎完全起到了收集国外材料的作用,但真正的比较刑法研究在评估和比较各国的调查结果时才开始。

(1)标准目录

我们必须根据比较的目的(如下面提到的选项)首先制定一份进行比较之标准的目录,以确定不同国家之间的相似性或差异性。最好是以国家报告所依据的问题集为基础,必要时用只在国家报告中才出现的变量来补充或修改。

(2)双边比较

如果比较只涉及两个国家,那么这种比较可能是简单的。然而,一旦我们需要的不仅仅是对个别规范或制度的简单识别,对相似性或差异性的识别就可能需要更多的评价工作。

(3)多国概要

在涉及对大量国家的比较时,这种概要通常是必要的。只要涉及的不仅仅是对个别规范或制度的列举和对照,那么一方面,我们没有必要完全复制国家报告中汇编的个别数据;另一方面,流于表面地重复这些数据也是不够的。评价和阐述应以剖析显著的相似性和差异性为方向,从而实现可能的分组和类型化。

(4)建模——调查基本结构和普遍的法律原则

我们越精确地根据类型化编制比较法概要,就越容易发现共同或不同的基本结构,发展出普遍的法律原则或形成规则模式。它们的方向也可能取决于:比较法研究的目的是证明已知的事物,还是得出不同的新方案。

5. 第五个工作步骤：评价—建议

如果建模中没有包括评价，那么根据任务设置，我们可能需要在最后一步进行评价。这并不意味着比较法工程必须以提出建议结束。然而，与认为评价不再属于比较法研究或比较法从业者应尽可能避免进行评价的观点相反，"评价性—竞争性比较刑法"中包含一种合理的功能。

(1) 评价选择

根据项目的任务设置，我们可以考虑不同类型的评估和建议，例如：

①在理论层面的比较法项目中，确定出于特定原因应当赞同或拒绝何种刑罚理论。

②在以法政策为导向的项目中，建议优先考虑一种制裁模式而不是另一种。

③在立法层面的比较法项目中，制定一个立法建议，其中必须对不同的解决方案进行评估。

(2) 评价标准

在前理解已经影响了工作假设的制定以及比较模型的设置之后，在最后的评价和建议部分更不能排除前理解。这就更说明了下述要求的必要性：

①为了确保与评估或建议相关的评价不会显得武断，且易于让第三方理解，必须披露基本的评价标准，特别是以下内容。

②在寻找"更好的法"或更切实可行的解决方案时，"正义"和"合目的性"自然会被"推到幕前"。尽管如此，这些标准的相关参数本身也必须被披露。

③只要涉及与人权相关的规则方案，我们就必须在提建议时给予更多关注。

④在基于刑法教义学的比较项目中，必须特别重视内部一致性和实践相关性等评价范畴。

(3) 比较研究和提出建议的前提条件

虽然这似乎是不言而喻的，但只有在方案是以可比较的问题设置为基础，并且在应用方面没有不能克服的障碍时，比较研究和由此产生的建议才会自始有意义。因此，每次进行比较，对提出的每个建议都需要进行审查和论证。

四、结 语

如果比较刑法项目目标的多样性以及实施这些项目所需遵守的方法之复杂性会阻止人们从事比较刑法的工作，这并不令人惊讶。但这种放弃是草率的。因为这些步骤应被理解为原则性的规则，因而可以根据项目的类型和范围而或多或少地删减。相反，如果人们成功地从百里挑一（这是比较法的典型特征）中找到正确的平衡点，就会获得新的真知灼见，得到丰厚的回报。

正如在法哲学和法律史中如果没有比较就无法适当地开展研究一样,比较法的迷人之处恰恰在于从思想和现象的多样性中找到共同的甚至是普遍的事物,同时不让个别消解于一般之中。超越常规,睁开眼睛看他人,找到共同点,尊重个别的特质,由此产生的对迷信绝对真理的怀疑,特别是对(通常是本国的)法或某些法律信念的正确性的怀疑;由此产生的对理解的宽容及对不可接受的反常现象的警惕,以及在通往一个更少争议和更均衡的法律世界的道路上可望取得的进展——所有这些都值得我们致力于目标明确、方法得当的比较刑法研究。

书 目

这次报告主要涉及下列文献。在这些文献中,您可以找到更多的细节和参考文献:

1. Albin Eser, Strafrechtsvergleichung: Geschichte – Zielsetzungen – Methoden, in: Albin Eser/Walter Perron (Hrsg.), Strukturvergleich strafrechtlicher Verantwortlichkeit und Sanktionierung in Europa. Zugleich ein Beitrag zur Theorie der Strafrechtsvergleichung, Berlin 2015, S. 929–1135, abrufbar über: www.freidok.uni-freiburg.de/data/151201.

2. Albin Eser, Comparative Criminal Law: Development–Aims–Methods, München/Oxford/Baden-Baden 2017.

探讨比较刑法中其他问题的出版物:

1. Albin Eser, Evaluativ-kompetitive Strafrechtsvergleichung. Zu „wertenden" Funktionen und Methoden der Rechtsvergleichung, in: Georg Freund u. a. (Hrsg.), Grundlagen und Dogmatik des gesamten Strafrechtsystems: Festschrift für Wolfgang Frisch zum 70. Geburtstag, Berlin 2013, S. 1441–1446, abrufbar über: www.freidok.uni-freiburg.de/data/9715

2. Albin Eser, Strafrechtsvergleichung durch Kulturvergleich–Zugleich Besprechung von: Franz Streng/Gabriele Kett-Straub (Hrsg.), Strafrechtsvergleichung als Kulturvergleich. Beiträge zur Evaluation deutschen „Strafrechtsexport" als „Strafrechtsimport", Tübingen 2012, in: Zeitschrift für Japanisches Recht/Journal of Japanese Law 19 (2014), S. 287–295, abrufbar über: www.freidok.uni-freiburg.de/data/9725.

3. Albin Eser, Zum Stand der Strafrechtsvergleichung: eine literarische Nachlese, in: Christoph Safferling u. a. (Hrsg.), Festschrift für Franz Streng zum 70. Geburtstag, Heidelberg 2017, S. 669–683, abrufbar über: www.freidok.uni-freiburg.de/data/149759.

4. Albin Eser, The Role of Comparative Law in Transnational Criminal Justice. in: Martin Böse et. al. (eds.), Justice Without Borders: Essays in Honour of Wolfgang Schomburg, Leiden/Boston 2018, S. 137–158, abrufbar über: www.freidok.uni-freiburg.de/data/149552.

5. Albin Eser, Varianten der Strafrechtsvergleichung, in: Marc Engelhart u.a. (Hrsg.), Digitalisierung, Globalisierung und Risikoprävention: Festschrift für Ulrich Sieber zum 70. Geburtstag, Berlin 2021, S. 1095–1110.

比较刑法研究的方法论
——功能性比较研究方法和理想类型的范式进路*

[德]恩马尤·比利斯**文　项佳航***译

> **要　目**
>
> 一、序论：确立研究的目标和方法
> 二、功能性比较的研究方法
> 　（一）总的方法论原则
> 　（二）普遍性的、功能性的和基于计算机的比较：服务于比较刑法
> 　　　 的马克斯-普朗克信息系统
> 　（三）应用：分析欧盟法院"塔里科案"判决中的功能性进路
> 三、理想类型及其在比较刑法研究中的应用
> 　（一）理想类型理论
> 　（二）应用：用于检验法官在抗辩型和审问型证据程序中的作用
> 　　　 的理想类型
> 四、结语

摘　要　比较法研究旨在点明和寻找多种法律体系之间的异同。要在国家层面有意义地执行外国法律体系的要素，以及顺利实现国际和超国家司法的目标，前提是在规范基础方面坚持不同传统的法律秩序之间的相互理解。这项研究的重点是刑事司法领域的基础比较研究的方法论问题。首先，文章简要论述了确立（比较）研究的目标和方法的一般性问题（第一部分）。其次，文章探讨了功能性比较这一研究方法，还

---

*　本文来源：Emmanouil Billis, "On the Methodology Of Comparative Criminal Law Research: Paradigmatic Approaches to the Research Method of Functional Comparison and the Heuristic Device of Ideal Types", Maastricht Journal of European and Comparative Law, Vol. 24, No. 6, 2018, pp. 864–881。
**　马克斯-普朗克外国刑法与国际刑法研究所高级研究员（德国），雅典合格律师（希腊）。
***　北京大学法学院2022级博士研究生。

以欧盟法院最近裁决的一个关于追诉时效的案件为例,考察了功能性比较在分析超国家和国际法院所作判决中的应用(第二部分)。最后,文章以刑事起诉和诉讼程序为例,介绍了为分析和比较目的而构建和应用的理想类型,并特别关注了现代的证据程序和辩诉交易程序(第三部分)。

关键词 比较研究 国内外刑事实体法和刑事程序 研究方法论 功能性比较 理想类型 欧盟法院 时效期间 举证程序 辩诉交易

一、序论:确立研究的目标和方法

刑法领域的大多数研究,即使不涉及对不同司法制度的详细分析,在某种程度上也仍然需要对在多个法律秩序中应用和实施的法律规范、法律制度和法律结构进行比较。[1] 对于探讨欧洲、国际或跨国法律问题的研究尤其如此。在这方面,对于阐明各个刑事司法系统的特殊性,并提供有关首要的方法论原则的背景知识的基础研究而言,其重要性是不证自明的。鉴于此,本文对如何利用刑事实体法和刑事程序法的相关案例,使繁复的法律制度和法律问题的比较变得易于操作和更具说服力的相关方法论问题进行了探讨。

一般而言,任何类型的研究、学位论文或多边和大规模的比较项目的第一步都是妥适地确立研究的目标、问题和方法。精确地定义"恰当的"(correct)研究问题,对于确定任何研究的广度、体量和产出都至关重要。毕竟,"人不知其所向,则无风是顺风"[2]。显然,第一个步骤便是明确将要解决的真实议题,特别是要选择一个切合学者兴趣的议题,并且该议题不管是从社会—法律的角度,还是从弥补任何现有的(理论或实践)知识差距的角度来看都具有重要意义。然而,仅仅拥有论文的选题(或至少是一个临时的选题)和对研究对象的抽象了解,仍然不足以设计出一个符合该研究的结构框架和确定合理的假设。

这就是为什么学者在收集研究素材、查阅文献和挖掘潜在的主要问题的初始阶段,必须明确研究的目标,特别是各自的研究假设(指可以证明真假的关于研究对象的命题,简单地说:可以用"是"或"否"来回答的问题)。总的来说,这些目标可以是规范性的、历史性的、经验性的或社会政治性的,但却不必是"高大上"(high-profile)的。重要的是,它们确实需要被有逻辑地定义并系统性地联系起来。

例如,在一个关于欧盟(EU)法律对国内刑事法律系统之影响的研究中,目标之

---

[1] See G. Swanson, "Frameworks for Comparative Research: Structural Anthropology and the Theory of Action", in I. Vallier (ed.), Comparative Methods in Sociology (University of California Press, 1971), p. 145. 该文作者雄辩地认为,"没有比较的思考称不上思考。在没有比较的情况下,所有的科学思想和所有的科学研究皆是如此"。

[2] Seneca, Epistolae, LXXI., 3.

一可能是审查欧盟法院(CJEU)的职能;更具体地说,欧盟法院关于解释欧盟条约的先行裁决(preliminary rulings)是否立即对国内的刑事法院具有约束力。因此,一个可能的相关研究是:欧盟法院是不是一个在刑事领域的准宪法法院(quasi-constitutional court)? 或者,以一个问句的形式可以表述为:欧盟法院在未决刑事案件方面是否具有准宪法权力?[3] 而在上述研究中,一个相关联的目标可以是,探讨通过欧洲统一立法来协调各国刑法的可能性和优点。

让我们再举一个例子:一个关于当事人和诉讼参与人在普通法诉讼程序和大陆法诉讼程序(civil law systems of procedure)中地位的研究,其目的是新生产出一些关于在西方法律制度中的角色分配和证据程序的构成要件的比较性知识。* 同时,该研究的目的是从国际法和超国家法的角度分析西方的程序和证据的结构性特征。最重要的是,类似这样的比较研究的目的还应包括,就各种程序在是否能够有效得出一个公平且真实的争端解决结果这一问题上,作出宝贵的法律政策层面的总结。为此,可以检验普通法(对抗式/以当事人为中心)与大陆法(审问式/法官主导)的刑事诉讼模式各自的优点。具体而言,可以包括哪种诉讼制度"更好",它们各自的积极和消极方面分别是什么,或者是否能够探寻可能的最优解和足以重新平衡共有缺陷的因素等问题。但这些的前提是使用适当的、普遍认可的评价标准,例如,以真实和公正作为刑事审判的唯一结果的相关标准,仍然享有普遍的正当性。[4]

确定研究方法与具体明确地界定研究目的和假设同样重要。任何研究成果的有效性都取决于为接近研究对象和实现研究目标而选择的方法。研究者必须从一开始就回答一系列方法论问题,然后才能开始展开研究。这些问题可能涉及以下命题:

(i)研究设计,既可以倾向于规范性、理论性的路径,也可以选择更经验性的路径——例如,研究者可能会选择定量的"统计"研究进路或定性的研究进路,又或者可能将其研究划定为对判例和学说的分析;

(ii)纸面上的法和实践中的法之间的差距已是屡见不鲜——为了克服这个障碍,研究者可以选择诸如与实务人员或专家进行访谈等方式,以深入了解相关的实务运作;

(iii)有意义且无争议地选择所研究的国家和法律制度——从一开始,科学家就必须能够证明其所选择的特定法律制度是合理的,以便进行比较或用作参照系(例如,在

---

[3] See E. Billis, "The European Court of Justice: A 'Quasi-Constitutional Court' in Criminal Matters?", 7 New Journal of European Criminal Law (2016), pp. 20-38.

* "civil law"一般虽指民法,但就其词源"ius civile"而言,则包含了"罗马的法""罗马国家的世俗法律体系""罗马公民之法""由法学家单纯解释所构成的未成文法"等广狭不等的含义。此处应指与普通法系相对的大陆法系的相关诉讼制度,而不是指民事诉讼制度。——译者注

[4] 详见 E. Billis, Die Rolle des Richters im adversatorischen und im inquisitorischen Beweisverfahren: Modelltheoretische Ansätze, englisches und deutsches Beweisführungssystem, internationalrechtliche Dimensionen (Duncker & Humblot, 2015), pp. 6-10。

大多数情况下,仅仅因为作者只会讲英语和法语,不足以证明选择此二国有关自卫的规则作为研究对象的合理性);

(iv)研究者还必须回答与研究资源、交流研究成果的形式和平台以及其他技术事项有关的问题。

对于活跃在刑事法研究领域的研究者来说,有许多不同类型的方法可用。既有一般的经验性(定量和定性)手段,也有社会科学的系统理论,还有针对法条的经典的逻辑—规范论证工具。此外,在比较研究的背景下,还存在功能性比较、结构性比较、系统性比较、普遍性比较、基于案例的比较、评估性比较和基于计算机的比较等选择。[5] 下文的重点将是所谓功能性比较,这是一种对比较研究或使用比较性参考文献的研究具有重大意义的方法。

二、功能性比较的研究方法

(一)总的方法论原则

"功能性"既是比较研究中最基本的方法论原则,也是功能性法律比较方法(funktionale Rechtsvergleichung)[6]的关键要素,指的是"不可比较的事物不能有效地进行比较,在法律中,唯一可比较的是那些具备相同功能的事物"[7]。这意味着,采用这种功能性比较方法的研究不应该从国家或国际法律体系中的具体法律问题、规范或概念入手。相反,主要的参照系应该是一个重要的事实问题或社会议题。例如自卫案件中各种类型的责任,对渎职行为(misconduct)进行处罚和调查的相关标准,或者在刑事诉讼范围内对真相的证据搜查这一基本社会问题。[8] 此外,在功能性比较的背景下陈述

---

[5] U. Sieber, "Strafrechtsvergleichung im Wandel", in U. Sieber and H.-J. Albrecht (eds.), Strafrecht und Kriminologie unter einem Dach (Duncker & Humblot, 2006), pp. 111-125. 全面分析法律比较的目的和方法,参见 A. Eser, "Strafrechtsvergleichung: Entwicklung-Ziele-Methoden", in A. Eser and W. Perron (eds.), Strukturvergleich strafrechtlicher Verantwortlichkeit und Sanktionierung in Europa (Duncker & Humblot, 2015), pp. 966-984, 1038-1097。

[6] 论证将法律比较作为一种研究方法,参见 H.-H. Jescheck, Entwicklung, Aufgaben und Methoden der Strafrechtsvergleichung (Mohr Siebeck, 1955), pp. 36-37。另见 M. Engelhart, Sanktionierung von Unternehmen und Compliance (2nd edition, Duncker & Humblot, 2012), pp. 12-13; J. Hage, "Comparative Law as Method and the Method of Comparative Law", in M. Adams and D. Heirbaut (eds.), The Method and Culture of Comparative Law (Bloomsbury, 2014), pp. 44-49。

[7] K. Zweigert and H. Kötz, Einführung in die Rechtsvergleichung auf dem Gebiete des Privatrechts (3rd edition, Mohr Siebeck, 1996), p. 33 [英译本见 K. Zweigert and H. Kötz, Introduction to Comparative Law (3rd edition, Oxford University Press, 1998)]。

[8] Vgl. H.-H. Jescheck, "Rechtsvergleichung als Grundlage der Strafprozeßreform", 86 Zeitschrift für die gesamte Strafrechtswissenschaft (1974), pp. 761, 772-773. 已经确定,对真相的证据搜查是一个社会难题,可以作为刑事诉讼领域比较研究的一个起点。

研究问题时,应先不具体指涉本国法律体系内的概念术语。[9]

因此,举例来说,把对《欧盟运作条约》第 267 条关于欧盟法院先决裁决*的分析,作为欧洲刑法领域研究项目的主要议题,就属于一个不太理想的选择。相反,总体上,该研究应重点探讨欧盟法院在刑事领域新取得的和不断发展的权限。另一个(简化的)例子可能涉及比较国内刑事司法制度的特定方面:同理可得,在大多数情况下,如果完全围绕通过比较介绍《德国刑法典》第 15 条和美国《模范刑法典》第 2 条,来构建一个侧重于德国和北美刑事实体法中刑事责任基本原则的研究项目的大纲,是没有结果的,因为这两部法律都将故意和过失作为刑事责任的要求。这种方法可能忽略这样一个事实,即与美国《模范刑法典》不同,《德国刑法典》未对故意和过失这两个术语作出任何实质性的定义,那是因为这些概念已经被德国的判例法和法律学说所定义。此外,美国《模范刑法典》还定义了"轻率"(recklessness)这一概念,而德国的法律体系并不承认这种类型的罪责。此外,《德国刑法典》是德国刑事实体法的主要来源;作为对比,美国《模范刑法典》一直是用于更新和规范美国各州刑法但无法律约束力的工具。因此,侧重于直接比较这些具体法律规范的方法会损害研究目标的一致性,可能导致忽视研究素材的重大差异或误解法律传统和法律体系之间的相似性,并可能使整个研究项目失去急需的附加价值(added value)。相反,在上述例子中,研究的出发点可能涉及同属于西方法律传统的不同法律秩序中关于罪责的定义、要素,以及最重要的——罪责的限度。

总之,比较者应以获取新知识为目标来设计他们的研究,为此,比较的对象应主要是不同法律制度在深入思考后为应对实际问题而采用的各种解决方案。[10] 这一方式满足了功能性比较如下具有实践意义的目标:

(i)使得采用统一的、价值无涉的概念和术语作为研究指南成为可能;
(ii)尽可能确保在认识论上中立地考虑每个法律体系的特殊性;
(iii)尽量减少系统性的误解和疏忽;
(iv)促进对同一事实问题的各种功能相同的解决方案的识别和评价分析。

---

[9] 介绍性地分析功能性比较作为刑法研究的基本方法,参见 U. Sieber, in U. Sieber and H.-J. Albrecht (eds.), Strafrecht und Kriminologie unter einem Dach, pp. 112-116。

* 先决裁决(preliminary ruling)制度是欧盟法院对欧盟法律进行法律解释的重要手段,是欧盟法院与欧盟成员国国内法院建立联系与合作机制的重要途径。在先决裁决程序中,成员国法院在对特定案件作出判决之前,根据欧盟基础条约的相关规定就特定问题向欧盟法院请求作出解释性判决或有效性判决。——译者注

[10] 可进一步地参考 M. Engelhart, Sanktionierung von Unternehmen und Compliance, pp. 19-20。See also J. Husa, "Research Designs of Comparative Law-Methodology or Heuristics?", in M. Adams and D. Heirbaut (eds.), The Method and Culture of Comparative Law, pp. 60-64; H. Jung, "Grundfragen der Strafrechtsvergleichung", 38 Juristische Schulung (1998), pp. 1, 2-3; H. Jung, "Zu Theorie und Methoden der Strafrechtsvergleichung", in R. De Giorgi (ed.), Il Diritto e La Differenza, Think Multimedia, 2002, pp. 366-369; K. Zweigert and H. Kötz, Einführung in die Rechtsvergleichung auf dem Gebiete des Privatrechts, pp. 33-35.

(二) 普遍性的、功能性的和基于计算机的比较：服务于比较刑法的马克斯－普朗克信息系统

具体就刑法领域而言，功能性比较的研究方法已经被位于弗赖堡（德国）的马克斯－普朗克外国刑法与国际刑法研究所[11]进行的几项研究所阐述和适用，其中最重要的是，自2004年运行以来，该研究所的"旗舰型"比较研究项目：马克斯－普朗克国际比较刑法信息系统（以下简称"马克斯－普朗克信息系统"）。[12] 该研究目前关注各国法律体系中大量的刑事实体法的一般原则和规则，其中许多国家的法律体系在传统上被归入不同的法律族群。这一大规模的比较项目背后的理念是建立一个研究各国刑法的系统，并以一种方法论上合理的方式广泛地提供基础性知识。正如该信息系统的创建者所指出的，"为了能够将世界各地刑法的变化纳入考量，对一般性的法律原则进行发展，并形塑刑事政策，已经越来越需要对包括了众多法律体系内的刑法进行全面、系统的比较"[13]。至于这种涉及众多高度不同的法律体系的"刑法普遍比较"的目标，将在后面的段落中加以阐述。[14]

第一个目标是发展出一个具有普遍性的刑法元结构，其体现为一个统一适用于所有法律体系的研究纲要，这一纲要（outline）兼顾刑法传统和法律概念的多样性。这样一个详细的纲要能为国别报告者（country reporters）*提供一个收集和分析研究素材的坚实基础。此外，它有利于按照功能性比较的方法对研究成果进行直接和系统的研究，特别是在确定各国法律的一般原则、全球各地针对共同法律问题采取的不同方法、起草国际模范法典以及总体上促进国际刑法理论的发展等方面。这使得该项目在结构上具有一个重要特点：考量了各国的独特之处和在刑事司法领域频发的事态，同时克服国别的限制，并尽可能地避免采用个别法律制度中特有的概念和术语。

这就解释了为什么可以说马克斯－普朗克外国刑法与国际刑法研究所的主管研究小组，在其工作过程中，生产出了一个独立的、脱离各国本土刑法学说和特定国家制度限制的新作品。一个突出的例子是对刑事犯罪的概念和抽象定义的分析。具体而言，在马克斯－普朗克信息系统中，相关的讨论并不是按照德国法中的三阶层犯罪体系

---

[11] Max-Planck-Institut für Ausländisches und Internationales Strafrecht, www.mpicc.de.
[12] Max-Planck-Informationssystem für Strafrechtsvergleichung, www.infocrim.org.
[13] U. Sieber, K. Jarvers and E. Silverman, "Foreword", in U. Sieber et al. (eds.), National Criminal Law in a Comparative Legal Context, Vol. 1.2: Introduction to National Systems (Duncker & Humblot, 2013), p. V. See also U. Sieber, "Foreword", in E. Billis (ed.), The Greek Penal Code (Duncker & Humblot, 2017), pp. V-VI.
[14] See U. Sieber, K. Jarvers and E. Silverman, in U. Sieber et al. (eds.), National Criminal Law in a Comparative Legal Context, Vol. 1.2: Introduction to National Systems (Duncker & Humblot, 2013), pp. V-VII.
  * "国别报告"是由研究机构或智库提供的，对各国政策趋势、重大经济、政治、社会变迁的分析及未来预测，同时阐述影响政策、经济、社会稳定性的相关风险的研究报告。——译者注

(犯罪的客观和主观构成要件、违法性、有责性)来组织的。相反,纲要是基于这样一个"共同标准",即几乎"普遍地"区分了刑事犯罪的客观和主观方面。此外,由于在许多法律体系中,学说并不区分正当化和免责(justification and excuse),为了促进纲要的可比性,其从排除刑事责任的可能事由(如自卫、紧急状态、胁迫等)的角度广泛和务实地对具体情况进行了处理。

马克斯-普朗克信息系统项目的第二个目标是,以选定的全国性专家和学者在上述具有普遍性的元结构的基础上撰写国别报告的方式,将他们从参加该项目的法律体系中所获得的数据,在国际上以开放系列(open series)的形式公布。[15] 因此,该研究成果可被视为刑法的汇编。

最后,第三个目标涉及创建一个在线平台,以提供附加的和免费的上文提到的相关刑法基本信息。最终,其建立了一个基于互联网的信息系统,以提供对整个数据集的在线访问。具体而言,能够通过项目运行中开发的元结构和共同纲要,直接比较和分析参与的各法律体系在该项目中所处理的每一个问题。[16]

(三)应用:分析欧盟法院"塔里科案"判决中的功能性进路

迄今为止,在马克斯-普朗克信息系统项目内编写和发表的国家报告有不同的结构层次。其中之一便涉及对刑罚阻却事由的分析,如关于刑事犯罪的追诉时效。以下的分析将更具体地探讨一个有关追诉时效的例子,并特别交代了在一项看似非比较性的研究中,使用马克斯-普朗克信息系统项目的在线平台和数据库中提供的信息,进行功能性比较的经验。

起因是欧盟法院对"塔里科和其他人案"(Taricco and Others)*的判决。[17] 简单来说,在2015年9月8日的判决中,欧盟法院作出了一项先决裁决,该裁决无论从哪个角度看,都超出了对欧盟法律的解释,也超出了确保法律在各成员国法律体系中的统一适用这一职能的范围。摆在欧盟法院面前的问题是,欧盟法律是否要求成员国的法院不适用其国家法律中关于犯罪追诉时效的某些规定,以保证有效惩罚影响欧盟财政利益的税务犯罪。[18]

具体而言,该判决是欧盟法院大法庭(Grand Chamber of the CJEU)就对《欧盟运作条约》第267条进行先决裁决的请求而作出的,该请求由意大利库内奥地方法院(Tribunale di Cuneo)提出,事关意大利当局对塔里科先生和其他六个人提起的刑事诉讼。

---

[15] Internationales Max-Planck-Informationssystem für Strafrechtsvergleichung, https://www.mpicc.de/en/forschung/for schungsarbeit/strafrecht/information_system.html.

[16] Max-Planck-Informationssystem für Strafrechtsvergleichung, www.infocrim.org.

* 简称为"塔里科案"。——译者注

[17] Case C-105/14 Taricco and Others, EU: C: 2015: 555.

[18] 对该案的详细分析,参见 E. Billis, 7 New Journal of European Criminal Law (2016), pp. 20-38。

这些（2017年仍然）悬而未决的国内刑事诉讼涉及2005年至2009年期间犯下的与增值税有关的罪行，其中增值税逃税金额达几百万欧元。意大利法院估计，鉴于这类调查和诉讼的复杂性及持续的时间，意大利刑法规定的起诉特定罪行的时效将于2018年到期，换言之，会在作出最终判决之前到期。据意大利法院称，被告人因此可能事实上不受惩罚（de facto impunity），这种情况在意大利同类型的经济犯罪案件中是常规而非例外。意大利法院通过强调被指控的逃税罪与侵犯欧盟财政利益之间存在联系，在其先决裁决请求中假定国家法律关于短时效期的规定——特别是在因起诉开始而中断的情况下允许相当短的时效延长——可能违反欧盟法律：尤其是欧盟关于不正当竞争的规定（《欧盟运作条约》第101条），禁止以给予某些企业税收优惠待遇的形式提供国家援助的规定（《欧盟运作条约》第107条），以及第2006/112/EC号指令第158条[19]规定的合法的增值税豁免及欧盟成员国必须确保其公共财政健全的指导原则（《欧盟运作条约》第119条）。

在回答国家法院提交的此类先决问题时，欧盟法院有非常具体的权限，即就欧盟条约的解释以及欧盟各机构、机关、办事处或机构行为的有效性和解释作出裁决。然而，在该案中，欧盟法院大法庭通过强调欧盟基本法（primary EU law）在刑事问题上的直接效力和优先级，加强了对欧盟财政利益的保护；同时，欧盟法院（间接地）在一个多年来完全由国内法规和学说构筑的领域中发挥了准宪法法院的作用。其实现方式是，通过提供一个明确的裁决，要求国内法院在一个具体的待决案件中必须直接不适用国内刑法规定——这里指意大利法律体系中关于短期追诉时效的具体规则。这一判决体现出了许多问题，其中一些问题甚至涉及欧盟司法机构和国家刑事法院之间"宪法性"联系的演变。[20] 与欧盟法院关于合法性和法律确定性的判决所产生的危险有关的具体问题也很重要。这是因为欧盟法院在"塔里科案"的判决中，认为追诉时效，特别是短期追诉时效，是有效追诉影响欧盟财政利益的国内犯罪的障碍。在这方面，欧盟法院要求任何国内法院都应立即停止适用任何违反欧盟法律的国内法规定。根据欧盟法院的意见，在这方面不需要事先通过立法废除有争议的规定或经过国内宪法程序。[21]

这就是为什么在以保障合法性和法律确定性的视角来分析欧盟法院的判决时，必须仔细探讨不同欧盟国家的追诉时效制度，从而确定它们究竟被认为是刑事实体法的一部分还是刑事程序法的一部分。这对于在待决案件中是否允许对被告人不利地（in malam partem）追溯性地不适用有关时效的规定，即对刑事审判结果产生直接负面影响的有关被告人地位的规定的问题，是非常重要的。正如"塔里科案"的判决所表明的那

---

[19] Council Directive 2006/112/EC of 28 November 2006 on the common system of value added tax, [2006] OJ L 347/1.
[20] 详细分析，参见 E. Billis, 7 New Journal of European Criminal Law (2016), pp. 20, 29-31。
[21] Case C-105/14 Taricco and Others, para. 49.

样,罪刑法定原则(the principle of legality)和禁止不利于被告人的事后法[the prohibition of retroactive (dis-)application of criminal law provisions in malam partem]主要是指刑事实体法(规定犯罪和刑罚),而不是刑事程序法。[22]

使用马克斯-普朗克信息系统的比较功能对其在线数据库进行搜索时,能很快发现,在一些欧洲法律体系中,至少在西班牙和希腊,时效被认为是归属于刑事实体法的一种制度,或者至少具有一种混合性质。因此,时效的适用落入罪刑法定原则和禁止不利于被告人的事后法的规制范围内。[23] 就意大利法律而言,在该案中尤为重要的一点是,关于不利于被告人的追溯性不适用时效规定在多大程度上可被视为违反罪刑法定原则的问题,对此,意大利法院和学术界尚未给出明确答案——目前,关于这些问题的诉讼正在意大利宪法法院审理。对这一研究的目的而言,急需处理的是这样一个事实,即尽管时效期限和罪刑法定原则是欧盟成员国刑法传统的基本要素,但欧盟法院的法官并没有尽心尽力地对此进行详细的比较分析。

相反,欧盟法院选择了只简单提及欧洲人权法院(ECtHR)的准相关判决,主张该法院有权自主解释《欧洲人权公约》(ECHR)第7条(罪刑法定原则)。[24] 事实上,在欧盟法院的判决所提到的案例中,欧洲人权法院认为追诉时效主要是一种程序法制度,并将其排除在罪刑法定原则和禁止不利于被告人的事后法的保护范围之外。然而,这种做法存在一个缺陷,尤其是一个功能上的缺陷,即在欧盟法院具体引用欧洲人权法院的判决以证明"塔里科案"判决的正当性这一进路中,一方面,欧盟法院认为,在待决刑事诉讼中对短期时效的不适用并不违反《欧盟基本权利宪章》第49条或《欧洲人权公约》第7条所规定的罪刑法定原则。

另一方面,欧洲人权法院的判例法只提到追溯适用事后法定时效的问题,而不是司法判决,一般来说,追溯适用程序性规定不利于未决诉讼中的被告人。欧洲人权法院的裁决在很大程度上是基于这样的理念,即在追溯适用这种(程序性)法律的情况下,法律的确定性以及刑事实体法的可获得性和可预见性不会受到损害。同时,甚至在欧盟法院引用的欧洲人权法院的那个判决中[25],也对法院作出的关于(追溯性)解释有关时效期限的立法设定了严格的限制。

欧洲人权法院为此明确拒绝在法律上毫无根据的和不可预见的司法判决。事实上,如果按照"塔里科案"的要求,那么就有可能产生这种毫无根据和不可预见的判决,即在未经事先立法废除的情况下,在未决刑事案件中以司法方式废除时效期限的规定,从而没有对事后适用时效规定的问题提供具体答案。为了保护欧盟的财政利益

---

[22] Ibid., para. 54-56.
[23] E. Billis, 7 New Journal of European Criminal Law (2016), pp. 20, 31-34.
[24] Case C-105/14 Taricco and Others, para. 57 提及了欧洲人权法院的判决。
[25] See especially ECtHR, OAO Neftyanaya Kompaniya Yukos v. Russia, Judgment of 20 September 2011, Application No. 14902/04, para. 565-574.

而制造法律漏洞带来了法的不确定性,甚至根本不存在任何时效期限的适用可能性,被引用的那个欧洲人权法院的判例法的目的,绝非认为时效期限是一种程序法制度,并应排除在禁止不利于被告人的事后法的保护范围之外。

三、理想类型及其在比较刑法研究中的应用

引用上述例子的目的是帮助读者理解,即使在不涉及直接和全面的法律制度比较的研究中,正确应用功能性比较研究方法的重要性。本文的第三部分涉及"理想类型"这样一个重要认知工具的理论构建,通过这一工具,我们能够以简单和抽象的方式描绘复杂的现实,从而可将其用于促进功能性比较。

(一)理想类型理论

理想类型可以作为一种辅助工具,用于设计诸如刑事诉讼领域的功能性比较的初始框架。理想类型在现代科学研究中的实施,起源于马克斯·韦伯的社会哲学教学。就刑法研究而言,该理论一直在不断演进,特别是通过米尔伊安·达玛什卡(Mirjan Damaška)关于程序和刑事司法模式的作品得到了进一步发扬。有关熟悉的二分法的重要例子,特别是那些涉及程序和司法行政模式的例子,构成了这方面的经典原型(classic prototypes),它们是[26]:"科层型和协调型"(Mirjan Damaška)[27]、"冲突解决型和政策实施型"(Mirjan Damaška)[28]、"家庭型和论争型"(John Griffiths)[29],以及

---

[26] 概览参见 E. Billis, Die Rolle des Richters im adversatorischen und im inquisitorischen Beweisverfahren: Modelltheoretische Ansätze, englisches und deutsches Beweisführungssystem, internationalrechtliche Dimensionen, pp. 86-93.; M. Damaška, "Models of Criminal Procedure", 51 Zbornik Pravnog fakulteta u Zagreb (2001), pp. 477, 494-502. See also J. Herrmann, "Various Models of Criminal Proceedings", 2 South African Journal of Criminal Law and Criminology (1978), pp. 3, 14-19; T. Hörnle, "Unterschiede zwischen Strafverfahrensordnungen und ihre kulturellen Hintergründe", 117 Zeitschrift für die gesamte Strafrechtswissenschaft (2005), pp. 801, 803-806; H. Jung, "Der Strafprozeß: Konzepte, Modelle und Grundannahmen", in J. Czapska et al. (eds.), Zasady procesu karnego wobec wyzwań współczesności. Księga ku czci profesora Stanisława Waltosia (Wydawnictwa Prawnicze PWN, 2000), pp. 28-35; R. Vogler, A World View of Criminal Justice (Routledge, 2005), pp. 5-11.

[27] 关于科层型和协调型,参见 M. Damaška, "Structures of Authority and Comparative Criminal Procedure", 84 Yale Law Journal (1975), pp. 480, 481-482; M. Damaška, The Faces of Justice and State Authority: A Comparative Approach to the Legal Process (Yale University Press, 1986), pp. 16-70.

[28] 关于冲突解决型和政策实施型,参见 M. Damaška, The Faces of Justice and State Authority: A Comparative Approach to the Legal Process (Yale University Press, 1986), pp. 71-180.

[29] 关于家庭型和论争型,参见 J. Griffiths, "Ideology in Criminal Procedure or A Third 'Model' of the Criminal Process", 79 Yale Law Journal (1970), pp. 359, 367-417. See also, M. Damaška, "Evidentiary Barriers to Conviction and Two Models of Criminal Procedure: A Comparative Study", 121 University of Pennsylvania Law Review (1973), pp. 506, 571-573; J. Herrmann, 2 South African Journal of Criminal Law and Criminology (1978), pp. 3, 15-16.

"家长型和独立型(the arm's-length model)"(Karl Llewellyn)[30]、"犯罪控制型和正当程序型"(Herbert Packer)[31],当然还有"抗辩型和审问型"[32]。

根据马克斯·韦伯的说法,理想类型是一种结构:

> 它本身就像一个乌托邦,是通过对某些现实要素的分析强调而达成的。它与经验数据的关系仅仅在于,当(……)抽象结构所指的那种关系在现实中被发现或被怀疑在某种程度上存在时,我们可以通过参考理想类型,使这种关系的特征在实践中变得清晰和可理解。这个程序对于启发式以及说明性的目的来说都是不可缺少的。理想的类型概念将有助于发展我们在研究中的归纳技能:它不是"假设",但它为假设的构建提供指导。它不是对现实的描述,但它旨在为这种描述提供明确的表达方式。(……)一个理想的类型是由对一个或多个观点的片面强调和根据这些片面强调的观点将大量分散的、不连续的、或多或少存在的、偶尔不存在的具体个体现象联合在一个统一的思想图景(Gedankenbild)中。就其概念的纯粹性而言,这种思想图景在现实中的任何地方都无法根据经验找到。它是一个乌托邦。而对于历史研究来说就面临这样一个任务:在每个个案中确定这种理想结构与现实的接近或背离程度(……)。如果应用得当,这些概念在研究和论述中将特别有用。[33]*

为了从这个复杂的定义中获得正确地将理想类型的方法论应用到具体研究中的最大效益,所需的第一步是假设一个面对现实的观察者和调查者的位置,例如一个社会学家。研究者观察现实中的某些要素,并发现关于其重要特征的一致解释,换句话说:不同要素的基本趋势和由手头的问题所定义的它们之间"有意义的相

---

[30] 关于家长型和独立型,参见 K. Llewellyn, Jurisprudence: Realism in Theory and Practice (The University of Chicago Press, 1962), pp. 444-450.

[31] 关于犯罪控制型和正当程序型,参见 H. Packer, "Two Models of the Criminal Process", 113 University of Pennsylvania Law Review (1964), pp. 1-68; and H. Packer, The Limits of the Criminal Sanction (Stanford University Press, 1968), pp. 149-246. See also M. Damaška, 121 University of Pennsylvania Law Review (1973), pp. 506, 574-577; J. Griffiths, 79 Yale Law Journal (1970), pp. 359, 360-371; J. Herrmann, 2 South African Journal of Criminal Law and Criminology (1978), pp. 3, 16-19; H. Jung, in J. Czapska et al. (eds.), Zasady procesu karnego wobec wyzwań współczesności. Księga ku czci profesora Stanisława Waltosia, pp. 29-30.

[32] 对于抗辩型和审问型刑事诉讼的各种历史和术语方面的介绍,参见 E. Billis, Die Rolle des Richters im adversatorischen und im inquisitorischen Beweisverfahren: Modelltheoretische Ansätze, englisches und deutsches Beweisführungssystem, internationalrechtliche Dimensionen, pp. 62-81.

[33] 英译本参见 E. Shils and H. Finch, Max Weber on The Methodology of the Social Sciences (Routledge, 2017), p. 90; 另见 L. Coser, Masters of Sociological Thought (Waveland, 2003), p. 223. 德语原文参见 M. Weber, Gesammelte Aufsätze zur Wissenschaftslehre 3rd edition, Mohr Siebeck, 1968, p. 191,在论及作为理想类型的"城市经济"(Stadtwirtschaft as Idealtypus)这一概念时作了如上论述。

* 中译本参见[德]马克斯·韦伯:《社会科学方法论》,韩水法、莫茜译,商务印书馆2013年版,第45—46页。对此部分内容,本文按英译本翻译。——译者注

互关系"。[34] 对这些基本趋势所蕴含的中心思想的体认,使研究者能够以连贯的方式强调这些具体要素和现象间的相互联系,并根据它们的逻辑兼容性,以统一的分析结构将它们组织起来。最终,其结果应该是一个连贯的整体。这个选择和系统化的过程立基于调查者自身的观点。因此,只有那些在具体(理论)目标和利益上至关重要的方面才可以被纳入分析结构中。[35]

马克斯·韦伯特意使用了城市经济的例子。[36] 我们不妨说,为城市经济的理想类型所选择的要素是交换经济、自由竞争和严格的理性行为的原则。就其本身而言,这种构造就像一个乌托邦。这种抽象的思想图景在概念上是纯粹的,它在现实中完全找不到。总而言之,根据马克斯·韦伯的观点,由于特定现象有无限的多样性,没有任何科学体系和思想图景能够完整地再现具体的现实。[37] 因此,完全由社会学家为建立其纯粹形式而预先选择的要素所组成的城市经济并不真实存在。与经验数据的唯一关联只在于,抽象结构所指的那种市场条件下的关系(relationships)被发现或被怀疑在某种程度上存在于现实中。正如马克斯·韦伯所言,"然后我们可以通过参考一个理想的类型,使这种关系的特征要素更好地被理解"。[38] 因此,理想类型产出了一个标准,可以对照这个标准来观测现象之间的真实的相似性和差异性。理想类型的目的是为描述真实现象提供清晰简单的方式,并提供与具体事实进行比较的手段,从而揭示该事实的意义。就马克斯·韦伯所举的例子而言,最终是为了确定某个城市的经济结构应在多大程度上被归类为城市经济这一科学研究。总之,根据马克斯·韦伯的观点,理想类型是一种技术辅助———一种工具——用以提高清晰程度和促进术语的使用。[39]

在阐述马克斯·韦伯的教学时,米尔伊安·达玛什卡提供了一种关于程序模式的可供选择的进路。这种进路:

> 包括寻找那些能够将程序的安排连接成可识别的模式的想法。这些想法一旦被从对现实生活系统的观察中获得,就被用作组织一系列程序的议题

---

[34] See S. Hekman, Weber, the Ideal Type, and Contemporary Social Theory (University of Notre Dame Press, 1983), p. 25.
[35] 进一步的细节参考韦伯对理想类型的解释,ibid., pp. 18-38.
[36] See E. Shils and H. Finch, Max Weber on The Methodology of the Social Sciences, pp. 89-90.
[37] See also, L. Coser, Masters of Sociological Thought, p. 223.
[38] E. Shils and H. Finch, Max Weber on The Methodology of the Social Sciences, p. 90.
[39] 有关宗教和社会的内容,参见 M. Weber, Die Wirtschaftsethik der Weltreligionen, Konfuzianismus und Taoismus, Schriften 1915-1920, Studienausgabe (Mohr Siebeck, 1991), p. 209, "构建的图式自然只有作为一种理想类型的定位手段的目的,而没有教授其本身的哲学。(……)这种构造使之成为可能,即当一个历史现象在个别特征或整体特征上接近这些事实之一时,通过确定它与理论上构造的类型的远近,来确定它——可以说是——类型学的位置。在这方面,该结构只是一种技术上的辅助手段,以提高清晰度和促进术语的使用"。

的工具。这些议题的总和,现在看来,就像在有活力的想法中所包含的那样,构成了"纯粹"或"理想"形式的程序模型。如此构思的模型,虽然是虚构之物,且在现实中很少遇到,但可以用于各种不同的目的。从这些模型中得出的领悟可以帮助发现程序的形式之间未被察觉的联系。关于程序的规则或制度的辩论可以转化为,关于与该规则或制度有关的纯模型的相对优点的辩论。然而,最明显的是,纯模型有益于实现分类学目的。就像艺术作品可以根据特定的风格被识别一样,现有的程序也可以被分配给某个特定的模型。正如将一件艺术作品归入某一特定风格一样,人们认为该作品只要包含某种风格思想的某些(尽管不是全部)要素就足够了,所以一个特定的程序不需要展现出模型的所有要素就可以被归入它。当然,一个程序也可以被认定为从多个纯模式中提取的要素的组合。[40]

(二)应用:用于检验法官在抗辩型和审问型证据程序中的作用的理想类型

以上所提到的方法论性质的指导方针和相关原则可能确有助益,例如,在设计纯粹的极端模式方面,[41]可作为对(国内和国际)刑事诉讼的传统形式进行系统性、比较性研究,以及往后开发新的冲突解决机制的理论基础。为此,有必要在整体观察的基础上整编各种模型,并揭示各种现实的程序体系——特别是那些传统上对其他法律秩序有相当影响的体系,如德国体系、法国体系、英国体系和北美体系——的结构和规范安排(normative organization)背后的中心思想。根据上述分析,这些理想类型应该包括已知的(容易识别的)程序要素和目标,然而,不需要在所有方面都与实际的法律制度一一对应。相反,它们应该建立一个纯粹的理论框架。该理论框架由独立的标准和涉及潜在程序形式的假设,以及实际法律制度可能采取的极端立场所延展开的谱系组成。

---

[40] M. Damaška, "Models of Criminal Procedure", 51 Zbornik Pravnog fakulteta u Zagreb (2001), pp. 477, 482. 更进一步的分析,参见 E. Billis, Die Rolle des Richters im adversatorischen und im inquisitorischen Beweisverfahren: Modelltheoretische Ansätze, englisches und deutsches Beweisführungssystem, internationalrechtliche Dimensionen, pp. 66-75. 在比较法的语境下的相关论述,另参见 R. Cotterrell, "The Concept of Legal Culture", in D. Nelken (ed.), Comparing Legal Cultures (Routledge, 1997), pp. 24-25;将"理想类型"定义为"在逻辑上构建的概念,其目的不是为了重现经验现实,而是为了做成对它的解释"。See also H. Göppinger and M. Bock, Kriminologie (6th edition, Beck, 2008), margin note 5, pp. 70-75; J. Jackson, "The Effect of Human Rights on Criminal Evidentiary Processes", 68 Modern Law Review (2005), pp. 737, 740-747; M. Langer, "From Legal Transplants to Legal Translations", 45 Harvard International Law Journal (2004), pp. 1, 7-9.

[41] 关于在研究中对该模式的使用例证,可参见 H. Bohigian, "What is a Model?", in S. Nagel (ed.), Modeling the Criminal Justice System (Sage, 1977), pp. 15-20; R. Frigg and S. Hartmann, "Models in Science", in E. Zalta (ed.), The Stanford Encyclopedia of Philosophy, http://plato.stanford.edu/archives/fall2012/entries/models-science/; C. Lave and J. March, An Introduction to Models in the Social Sciences (UPA, 1975), pp. 3-4; H. Stachowiak, Allgemeine Modelltheorie (Springer-Verlag, 1973), pp. 128-133。

1. 构建纯粹的二分法并区分其基本要素和非基本要素

对理想类型的概念和目的的介绍性定义显然没有解决如何在应用功能性比较方法的刑事诉讼研究中贯彻落实这一理论的问题。下面的分析将目光投向了一项比较研究,该研究借助在区分抗辩型和审问型刑事程序这一对理想类型的基础上设计的大纲,研究了普通法系和大陆法系下法官、检方和辩方在证据程序中的作用。这个研究的成果集结为《法官在抗辩型和审问型证据程序中的作用:理论模型,英德证据体系,国际法维度》一书,由马克斯-普朗克外国刑法与国际刑法研究所于2015年出版。[42]

这一研究的抽象理论部分(abstract-theoretical part)的首要目标正是要寻找,关于如何促进简单且分析流畅地描述复杂的(西方)刑事诉讼和证据制度的切实可行的解决方案。鉴于本文第二部分所述的原因,重要的是根据功能性比较的原则,在所有被研究的法律秩序的统一纲要的基础上实现这一目标。因此,评价性比较(寻找其中的趋势、统一、分歧、系统性的缺陷,以及对此有效的解决方案)和法律秩序的归类也很重要[43],因为本项目的最终目标是为刑事诉讼领域的进一步理论或经验研究和法律政策的制定提供认识基础。

为了实现这些目标,预设是存在着对研究命题、参考因素和极端情形的明确且一致(而不是任意扩大)的规划。因此,在研究了西方法律传统的构成方面(constitutive aspects)和关于理想类型理论的基本原则之后[44],逻辑上的下一个步骤便是尝试界定相反的证据结构的纯粹模式中的基本要素。对于这些模式,广为人知的抗辩型和审问型这一对概念被贯彻于整个研究中。[45] 因此,对这种二分法的基本要素的逻辑性、系统性的识别,成为绘制和设计研究的第二及第三比较部分的纲要和内部结构的起点。这些部分涉及具体审查——描述、分析和比较评估——德国和英国的证据程序以及欧洲人权法院和国际刑事法院法律制度中的相关方面。[46]

为此,所涉及的最大挑战是以抽象且全面的方式定义理想类型("抗辩型"和"审问型"),并区分其基本要素和非基本要素。在这方面,唯一的逻辑起点是系统地确定抗

---

[42] See E. Billis, Die Rolle des Richters im adversatorischen und im inquisitorischen Beweisverfahren: Modelltheoretische Ansätze, englisches und deutsches Beweisführungssystem, internationalrechtliche Dimensionen (英译本: The Role of the Judge in Adversarial and Inquisitorial Evidentiary Proceedings: Theoretical Models, Evidentiary Proceedings in England and Germany, International Dimensions).

[43] 关于分类法对比较法研究的整体价值,参见 U. Mattei, "Three Patterns of Law: Taxonomy and Change in the World's Legal Systems", 45 American Journal of Comparative Law (1997), pp. 5–7。

[44] See E. Billis, Die Rolle des Richters im adversatorischen und im inquisitorischen Beweisverfahren: Modelltheoretische Ansätze, englisches und deutsches Beweisführungssystem, internationalrechtliche Dimensionen, pp. 14–75.

[45] 关于术语的问题,参见 ibid., pp. 75–81。

[46] See ibid., pp. 141–450.

辩型和审问型程序的核心内容,因为这些内容在许多关于 20 世纪法律的比较研究中被奉为圭臬,并散见于普通法系和大陆法系的判决和立法中。简单地说,抗辩型和审问型这一二分法背后的中心思想涉及程序中的角色分配问题,特别是当事人(诉讼程序的参与人)和法官在调查和审判中的角色。抗辩型诉讼通常被认为拥有积极对立的两造,尤其是控方和辩方,并由其推动或控制,而主审法官则承担公正裁判这一被动角色。在审问型程序中,国家机关对案件的官方调查占主导地位,主审法官不仅承担规则适用者的角色,还承担积极调查者的角色,从而主导证据程序。[47]

在确立了二分法的核心内容之后,为了确定极端模式的其余要素,以便在下一步对现实中的诉讼制度进行功能性比较,就有必要解决西方刑事诉讼的目标问题。本文的目的不是要对真相、公平等概念进行哲学和/或社会—法律分析。[48] 然而,应该指出的是,一旦排除了简化和仓促的假设,就不难证明,要实现准确的特别是以公平的方式宣告无罪和定罪的这一结果的目的——绝对是一个理想的目的——是所有那些采用有法官和当事人的司法结构来公开解决刑法冲突的现代诉讼的共同目标。[49] 简单地说,这些司法系统在目标上没有区别。相反,有两种以人道和公平的方式寻找同一个"真相"[50]的进路,即抗辩型进路和审问型进路,且二者都有各自的优缺点。[51] 因此,这是一种对程序构造的二分法,而不是对程序目标的二分法。这一结论对于建立整个研究的合理评

---

[47] See ibid., pp. 81-86,附有进一步的参考文献。
[48] 关于此种分析,参见 ibid., pp. 86-110,附有进一步的参考文献。
[49] Ibid., pp. 110-120,附有示例和进一步的参考文献。
[50] 就寻求刑事纠纷的真相而言,最简单形式是,为了对有罪的人定罪,对无罪的人开释,案件事实即真正发生的事情必须尽可能准确地被寻求和证实(validated)。在这种情况下,真理的符合论(the correspondence theory of truth,哲学史上关于强调命题或判断与客观实际相符合的理论)的理论和哲学基础似乎更接近于普通人所认为的真理。关于法律程序背景下的符合论,参见 M. Damaška, Evidence Law Adrift (Yale University Press, 1997), pp. 94-95; H. L. Ho, A Philosophy of Evidence Law: Justice in the Search for Truth (Oxford University Press, 2008), pp. 56-57; T. Hörnle, "Justice as Fairness", 35 Rechtstheorie (2004), pp. 175, 177-179; H. Jung, "Über die Wahrheit und ihre institutionellen Garanten", Juristen Zeitung (2009), pp. 1129, 1130; K. Volk, Wahrheit und materielles Recht im Strafprozess (Universitätsverlag,1980), p. 7。即使对所考虑的事实的认识实际上是基于事先的社会性构建的概括;关于这一点,参见 M. Damaška, "Truth in Adjudication", 49 Hastings Law Journal (1998), pp. 289, 291。
[51] See also N. Jörg, "Pitfalls of the Convergence of Criminal Procedure Systems", in A. Eser and C. Rabenstein (eds.), Strafjustiz im Spannungsfeld von Effizienz und Fairness: Konvergente und divergente Entwicklungen im Strafprozessrecht (Criminal Justice between Crime Control and Due Process: Convergence and Divergence in Criminal Procedure Systems) (Duncker & Humblot, 2004), p. 221; H. Jung, "Die ganze Wahrheit?", in M. Wittinger et al. (eds.), Verfassung-Völkerrecht-Kulturgüterschutz, Festschrift für Wilfried Fiedler zum 70. Geburtstag (Duncker & Humblot, 2011), p. 908; H. Jung, 64 Juristen Zeitung (2009), pp. 1129, 1130; T. Weigend, "Is the Criminal Process about Truth?: A German Perspective", 26 Harvard Journal of Law and Public Policy (2003), pp. 157, 158; T. Weigend, "Rechtsvergleichende Bemerkungen zur Wahrheitssuche im Strafverfahren", in K. Bernsmann and T. Fischer (eds.), Festschrift für Ruth Rissing-van Saan zum 65. Geburtstag am 25. Januar 2011 (De Gruyter, 2011), p. 755. See also S. Gleß, Beweisrechtsgrundsätze einer grenzüberschreitenden Strafverfolgung (Nomos, 2006), pp. 93-94; J. Jackson and S. Doran, Judge Without Jury: Diplock Trials in (转下页)

价标准也很重要,至于评价标准的必要性已在上文第一节中简要论述。

一旦确定了程序目标的相似性,该研究就开始识别那些补充或必然符合抗辩型模式下的当事人对抗的组成部分,以及那些真正符合审问型模式下的官方调查的组成部分。任何"中立的方面",换句话说,不管其结构组织背后的中心思想是什么,都可以自然地存在于所有体系中的要素,或者不适合被选入任何基本结构的要素都将会被排除。[52] 两种寻找真相的进路是基于对西方刑事诉讼不同阶段的观察,以及基于当代法治体系所面临的共同的问题和挑战。以下被认为是区分抗辩型和审问型证据程序的关键因素:第一,负责在提出指控后准备和制作证据材料的行为人的能力;第二,主审法官对庭前调查期间形成的材料和文件的了解,以及在某种程度上对各方证据的公开;第三,法官、检方和辩方在审判期间提出和审查证据的积极或消极作用。这种二分法的非基本要素是:公平审判保障的存在;在提出指控前,警方在调查期间的角色分配;开始起诉的程序结构;刑事程序的公开和言词性质(the public and oral nature);专业法官和陪审员之间的程序区别;辩诉交易机制的存在。[53]

2. 辨别非基本要素:以辩诉交易为例

在探讨为刑事诉讼领域的比较研究目的确定理想类型的个别方面的方法论优点的背景下,后面将主要聚焦辩诉交易和其他协商型冲突解决形式必须作为非基本要素被排除在抗辩型和审问型证据程序这一二分法之外的原因。仅需简要考察当代主要的刑事司法体系,便可以得出一个明确的结论:在现代西方法律体系的大部分区域,典型的以审判为中心的刑事诉讼制度已经达到了其功能和逻辑的极限。同时,辩诉交易制度和其他用于缩短和"简化"刑事程序的程序安排,在隶属于大陆法系和普通法系的法律秩序(legal orders)中皆达到了前所未有的高度。协商机制在刑事程序中的普

(接上页)the Adversary System (Oxford University Press, 1995), pp. 78–79; H.-H. Jescheck, "Der Strafprozeß–Aktuelles und Zeitloses", Juristen Zeitung (1970), pp. 201, 204; H.-H. Jescheck, "Principles of German Criminal Procedure in Comparison with American Law", 56 Virginia Law Review (1970), pp. 239, 240–241; W. LaFave et al., Criminal Procedure (5th edition, Thomson Reuters, 2009), pp. 42–44; M. Paulsen, "Grundzüge des amerikanischen Strafprozesses", 77 Zeitschrift für gesamte Strafrechtswissenschaft (1965), pp. 637, 657; B. Schünemann, "Zur Kritik des amerikanischen Strafprozessmodells", in E. Weßlau and W. Wohlers (eds.), Festschrift für Gerhard Fezer zum 70. Geburtstag am 29. Oktober 2008 (De Gruyter, 2008), pp. 558–559; F. Stamp, Die Wahrheit im Strafverfahren: Eine Untersuchung zur prozessualen Wahrheit unter besonderer Berücksichtigung der Perspektive des erkennenden Gerichts in der Hauptverhandlung (Nomos, 1998), p. 214.

[52] See also M. Damaška, 121 University of Pennsylvania Law Review (1973), pp. 506, 571–573, 506 (563–564); H. Crombag, "Adversarial or Inquisitorial: Do We Have a Choice?", in P. Van Koppen and S. Penrod (eds.), Adversarial versus Inquisitorial Justice: Psychological Perspectives on Criminal Justice Systems (Springer, 2003), pp. 22–23.

[53] See E. Billis, Die Rolle des Richters im adversatorischen und im inquisitorischen Beweisverfahren: Modelltheoretische Ansätze, englisches und deutsches Beweisführungssystem, internationalrechtliche Dimensionen, pp. 120–140.

及,已经成为一种常见的、全系统的现象。[54]

然而,对任何"替代性"程序制度的分析都必须脱离有关全面审问型审判结构和有关公开证据程序中的角色分配的标准术语。不言而喻,还应该对所考察的司法制度的法律、历史和文化背景,以及对大型法律秩序和法律传统的相关宏观考虑因素加以研究。[55] 然而,完全或主要通过使用传统的二分法,如"抗辩型程序和审问型程序",来分析和应用新形式的协商机制,不出意外的话,可能会适得其反。这种认为可以通过最初为全面审问型审判而设计的模型,自洽地解释和适当地正当化规避质证程序的制度的观点,本身就是矛盾的;而那种将现有的分析模式和法律政策视为不变之物或法律教条,而非简单、灵活的目标导向的理论工具的观念,也是非常短视的。

诸如美国"阿尔弗德案"[56](Alford case)中的悖论*,或德国宪法法院关于辩诉交易的存疑判决(questionable judgment)[57],以及著名的英国牛顿听证会[58](Newton hearings)**,都说明了所有司法系统在涉及传统审判和辩诉交易机制并存时遇到的难题,这尤其表现为搅乱了刑事诉讼的目标。一方面,在刑事司法领域的辩诉交易(quid pro quo agreements)中,有时必须接受在寻求实质性真相和有罪原则方面"大打折

---

[54] See also M. Damaška, "Negotiated Justice in International Criminal Courts", 2 Journal of International Criminal Justice (2004), pp. 1018, 1019; T. Weigend, "The Decay of the Inquisitorial Ideal", in J. Jackson et al. (eds.), Crime, Procedure and Evidence in a Comparative and International Context (Hart Publishing, 2008), pp. 40-43, 62-64.

[55] 关于法律传统和法律文化对功能性比较的意义和重要性,例如参见 J. Bell, "English Law and French Law-Not So Different?", 48 Current Legal Problems (1995), pp. 63, 64, 69-70; H. Ehrmann, Comparative Legal Cultures, Prentice Hall, 1976, pp. 6-13; P. Glenn, "A Western Legal Tradition?", 49 Supreme Court Law Review (2010), pp. 601, 619, 609; P. Legrand, "Comparative Legal Studies and Commitment to Theory", 58 Modern Law Review (1995), p.p 262, 263-264; J. H. Merryman and R. Pe'rezPerdomo, The Civil Law Tradition: An Introduction to the Legal Systems of Europe and Latin America (3 rd edition, Stanford University Press, 2007, p. 2; M. Van Hoecke and M. Warrington, "Legal Cultures, Legal Paradigms and Legal Doctrine: Towards a New Model for Comparative Law", 47 International and Comparative Law Quarterly (1998), p. 495, especially 498-516, 532-536。关于历史和法律背景知识在比较研究中的作用,也参见 E. Billis, Die Rolle des Richters im adversatorischen und im inquisitorischen Beweisverfahren: Modelltheoretische Ansätze, englisches und deutsches Beweisführungssystem, internationalrechtliche Dimensionen, pp. 14-27, 57-62, 71-75,附有进一步的参考文献。

[56] See US Supreme Court, North Carolina v. Alford, 400 U.S. 25 (1970).

* 指被告人不承认自己有罪,但由于有足够的证据证明他有罪,且被告人面临若进入审判程序则会被判处死刑的威胁,因此在辩诉交易中作出认罪声明。——译者注

[57] BVerfG, 2 BvR 2628/10 of 19 March 2013 in conjunction with § 257c (1) of the German Code of Criminal Procedure (Strafprozessordnung).

[58] 对此,参见 A. Ashworth and M. Redmayne, The Criminal Process (4th edition, Oxford University Press, 2010), pp. 291-293, 300-301; S. Doran, "The Necessarily Expanding Role of the Criminal Trial Judge", in S. Doran and J. Jackson (eds.), The Judicial Role in Criminal Proceedings (Bloomsbury, 2000), p. 5。

** 定罪后的量刑程序中可以就控辩双方对犯罪事实的不同意见举行"牛顿听证"。——译者注

扣",以及接受间接胁迫将破坏个人自由意志的风险。[59] 另一方面,几乎不难注意到,世界各地的检察和司法当局以程序经济和工作负担繁重为由,对辩诉交易机制和协议制度所表示的现实支持。

同样值得注意的是,来自普通法世界的法学家有时对辩诉交易与抗辩型和审问型程序之间的关系意见不一。例如,一种意见认为,"辩诉交易似乎起源于被理解为当事人之间纠纷的刑事诉讼制度"[60]。作为对比,另一种意见认为,正如欧洲审问型程序的历史传统所表明的那样,"辩诉交易将刑事程序的有效控制权集中在一个官员手中"[61]。

总的来说,存在这些截然不同的概念这一事实为以下假设提供了另一个论据,即与其试图回答辩诉交易机制是否会导致现有程序模式之间的转变,不如通过设计各种新的旨在促进功能性比较的专用理想类型,条分缕析地解决这些当代现象。

四、结　语

比较研究最重要的技法在于,对各种功能的详细观察与对不同制度的组织和运作的务实交流。总而言之,比较法研究是解释法律规则和制度的重要工具,有助于在国家层面吸纳外国制度的有效要素,并促进国际司法目标的顺利实现,即要求不同的法律制度相互理解对方的规范基础和结构选择。特别是,在刑法和刑事诉讼领域的功能性比较是一种认识论上的方法,可以连贯地分析司法行政的传统形式,以及系统地研

---

[59] See A. Ashworth and M. Redmayne, The Criminal Process, pp. 308-320; E. Billis, Die Rolle des Richters im adversatorischen und im inquisitorischen Beweisverfahren: Modelltheoretische Ansätze, englisches und deutsches Beweisführungssystem, internationalrechtliche Dimensionen, pp. 106-110, 134-137(附有进一步的参考文献); H. Dielmann, "'Guilty Plea' und 'Plea Bargaining' im amerikanischen Strafverfahren-Möglichkeiten für den deutschen Strafprozeß?", GA (1981), pp. 558, 566-569; C. Mylonopoulos, "Zur Möglichkeit einer theoretischen Begründung des plea bargaining", in R. Esser et al. (eds.), Festschrift für Hans-Heiner Kühne zum 70. Geburtstag am 21. August 2013 (C. F. Müller, 2013), pp. 259-262; U. Neumann, "Materiale und prozedurale Gerechtigkeit im Strafverfahren", 101 Zeitschrift für gesamte Strafrechtswissenschaft (1989), pp. 52, 71; R. Scott and W. Stuntz, "Plea Bargaining as Contract", 101 Yale Law Journal (1992), p. 1909; A. Tzannetis, "Zur Freiwilligkeit des abgesprochenen Geständnisses", Zeitschrift für Internationale Strafrechtsdogmatik (2016), pp. 281-294.

[60] M. Langer, supra note 40, pp. 1, 20, 22, 35-37. See also G. Trüg, "Erkenntnisse aus der Untersuchung des US-amerikanischen plea bargaining-Systems für den deutschen Absprachendiskurs", 120 Zeitschrift für gesamte Strafrechtswissenschaft (2008), pp. 331, 348-349.

[61] J. Langbein, "Torture and Plea Bargaining", 46 University of Chicago Law Review (1978), pp. 3, 17-18. See also A. Goldstein, "Reflections on Two Models: Inquisitorial Themes in American Criminal Procedure", 26 Stanford Law Review (1974), pp. 1009, 1020. 在刑罚秩序的背景下, S. Thaman, "The Penal Order: Prosecutorial Sentencing as a Model for Criminal Justice Reform?", in E. Luna and M. Wade (eds.), The Prosecutor in Transnational Perspective (Oxford University Press, 2012), p. 173.

究基础知识和背景知识,以便开发新的机制来解决涉及极端违反核心社会伦理价值的社会冲突。在这种情况下,理想类型和理论极值是设计抽象的运作环境、定义适当的假设和维持比较研究为学者和法律政策执行者提供进一步实证研究和政策改革的认知基础之功能的有用工具。在可快速、便捷和在线获取信息的时代,学术研究的方式和方法已经在很多层面发生了变化和发展。然而,为了朝着正确的方向出发,乘上吹往目的地的顺风,在今天,法学家们比以往任何时候都更需要用方法论的罗盘来导航,使他们能够产出全面和富有成见的研究成果,并安全和高效地驶向他们选择的港口。

[环境犯罪]

欧洲的环境刑法和气候刑法
——欧盟《绿色协议》视野下刑法之可能角色[*]

〔德〕赫尔穆特·查致格[**] 文　童译瑶[***] 译　张志钢[****] 译校

要　目

一、引论
二、欧盟环境和气候保护之中心任务:《绿色协议》
三、欧盟环境刑法立法之路上的绊脚石
四、对欧盟现行刑法协调性法律文件的批评
五、"气候刑法"在哪儿呢?
六、"气候刑法"的反对意见及其欠缺说服力的原因
七、结语

摘　要　欧盟通过《绿色协议》规定了长期宏伟目标,其内容强调环境和气候保护的重要性以及欧盟在其中应发挥的作用。相对于《绿色协议》,与环境保护相关的两项指令虽然在一定程度上强化了环境保护,但不足以凸显环境保护的重要性。同时,这些指令因为明确性的欠缺,也阻碍了欧洲法律的协调性,对此应通过"类型模式"以明确相应的犯罪行为。气候保护对于《绿色协议》的核心作用同样未得到重视,我们很有必要建构一部气候刑法。反对气候刑法的理由并不成立:气候变化是可测量的,气候刑法前置化保护以及抽象危险犯的设置是正当的和可接受的,气候刑法新的论证思路应从"全球化"的角度重新审视行政从属性问题。在未来环境和气候保护的问题上,刑

---

[*]　原文翻译已获原作者授权,译文系国家社会科学一般基金项目"生态环境犯罪责任归属研究" (21BFX062)的阶段性成果。
[**]　慕尼黑大学法学院教授。
[***]　北京航空航天大学2023级博士研究生。
[****]　中国社会科学院法学研究所副研究员,法学博士。

法可以而且应当扮演更加关键的角色。

关键词 气候刑法 环境刑法 欧洲刑法 《绿色协议》

一、引 论

我非常高兴能在乌尔里希·齐白(Ulrich Sieber)70岁大寿之际为他献上拙文。自我初涉学术时,他就一直引导和鼓励着我,给我的学术生涯带来很大帮助。我们的交集首先源于学术,尤其是我所研习的欧洲刑法刚好是寿星久负盛名的领域。正因如此,在他还不知道我(在学术圈)的存在时,他已然是我在专业上的榜样。后来,我的教授资格论文《刑法的欧洲化》有幸收录于他所主编的"刑事法"(IUS CRIMINALE)丛书系列中,对我而言,这是莫大的学术荣誉。更幸运的是,此后我获得了一个能够深入了解他并向他学习的机会。我不仅有幸接替他于维尔茨堡大学的教职并开了一学期的课程,且成为他在慕尼黑大学教席的继任者。我们在2012年第69届德国法学家大会刑法分会上进行了一番深入的交流,之后在一系列国内外学术会议中的相遇,也带给我们诸多交流机会。对我来说,他不仅是我专业上的榜样,更是我自己的榜样。除了专业学养深厚,他对眼下重要论题的敏锐性尤其令人佩服。因此,我选择了这个与欧洲具有密切联系的前瞻性主题——刑法在当前以及尤其是未来的环境和气候保护领域的角色。

二、欧盟环境和气候保护之中心任务:《绿色协议》

2019年12月,欧盟委员会通过了一个宏伟的《绿色协议》规划,该规划包括一系列长远全面的一揽子措施,旨在实现诸多具有重要意义与多个面向的目标:欧盟社会应是"公平和繁荣的",在经济上也应是"现代的、资源节约的和富有竞争力的"。除这些较为传统的目标外,《绿色协议》还在(法律)政策上"鼓吹""绿色立场"(grüner Aspekt):《绿色协议》旨在实现可持续的生态发展,以使欧洲在2050年以前成为首个实现"气候中和"的地区。同时,这些宏伟的环境目标是为了保护、维持和改善"自然资本"(Naturkapital)以保障公民健康和福祉免受环境相关风险和冲击的影响。《绿色协议》还指出其实现欧盟"经济和社会的转型"的目标可能会引发"巨变",因而有必要"达成一项团结不同公民力量的新协议"[1]。

在面对这些非常宏伟的目标时,我们应当谨慎行事。欧盟委员会主席乌尔苏拉·冯德莱恩(Ursula von der Leyen)认为《绿色协议》规划得如此长远,以致它的历史意义堪与美国的登月计划相媲美。她为此提议财政提供不少于一万亿欧元的巨大资金支持。[2]

---

[1] EU Kommission, Der Europäische Grüne Deal v. 11.12.2019, COM (2019) 640 final, S. 2.
[2] S. EU Kommission, European Green Deal Investment Plan v. 14.1.2020, COM (2020) 21 final, S. 1

毕竟,按照今天的资金投入标准,20世纪60年代阿波罗计划"才"花了1200亿美金,与《绿色协议》比只是个"廉价品"罢了。[3] 同时,由于驱动气候变化的因素是全球性的,欧盟委员会"不能止步于国界",欧盟应担起"国际协作中的领导角色"。[4]

因此,环境和气候保护已被纳入欧盟议程当中。鉴于地表与地表上的动植物、人类及其文明成就正在遭受严重威胁,这些举措不仅必要也颇受欢迎。而且,这些举措还被视作制衡那些具有影响力的政治家,如美国总统特朗普及其保守派支持者的方式。这些人始终无视科学发现,实在让人不解。

只有从一开始就在设计中囊括所有法律领域的一揽子全方位的保护方案,才具有连贯性。因此,有必要采取(更有力的)刑事措施来保护环境和全球气候。《绿色协议》实施计划中强调,欧盟可以发挥"作为气候和环境保护手段领域的领头羊优势"[5]。接下来我从一个刑法学者的视角,简述欧盟在这一领域的主要刑事措施,并就部分内容作批判性阐释以说明刑事措施能在多大程度上为一部合理的欧盟环境刑法提供可行性依据,以及它在何种范围内能为"气候刑法"带来启迪。

三、欧盟环境刑法立法之路上的绊脚石

在欧洲层面的立法之初,确实有两个来自环境保护领域且与刑法相关的法律文件:2003年1月27日通过的第2003/80/JI号《关于通过刑法保护环境的框架性决议》[6],以及2005年7月12日通过的第2005/667/JI号《关于加强对抗船舶污染的刑法框架性决议》[7]。

欧盟理事会和欧盟委员会尽管达成了一致目标,即成员国有义务对特定违规行为规定刑事制裁的最低门槛,并在最低程度协调的意义上将刑事制裁继续"往下调"。但支持这些内容的法律文件的法律根据是否正当,往往极富争议。遮蔽在表象之下很少被关注的(立法)权限问题,是贯穿其自身的基础问题和法律后果。欧盟理事会认为刑法纯粹属于政府间合作的问题,只有在所谓欧盟第三支柱当中才有可能[8],因此,欧

---

[3] Konietzny,相比之下,阿波罗计划的费用很低,ntv v. 11. 12. 2019,https://www.n-tv.de/politik/Dagegen-war-die-Mondlandung-billig-article21451984.html.
[4] S. EU Kommission (Fn. 1), S. 3.
[5] S. EU Kommission (Fn. 1), S. 2.
[6] ABl. L 29, S. 55;决议已被欧盟法院宣告无效,Urteil der Großen Kammer vom 13. September 2005, Nichtigkeitsklage der Kommission der Europäischen Gemeinschaften gegen Rat der Europäischen Union, RsC-176/03.
[7] ABl. L 255, S. 16;决议已被欧盟法院宣告无效,Urteil der Großen Kammer vom Oktober 2007–Nichtigkeitsklage der Kommission der Europäischen Gemeinschaften gegen Rat der Europäischen Union, Rs. C-440/05.
[8] In concreto auf Basis der EUV Art. 29, 31 lit. e und Art. 34 Absatz 2 lit. b EUV a.F.[1993年的《欧盟条约》(即《马斯特里赫特条约》)增设第三支柱"司法与内政合作",第三支柱不具有超国家性质。1999年通过的《阿姆斯特丹条约》将第三支柱中的一部分合作抽离出来纳入第一支柱,予以"超国家化",原(转下页)

盟理事会的一致意见是实现法律协同化(Rechtsangleichung)的必要条件,欧盟议会只有非常有限的参与权。此外,与指令不同,根据修订前的《欧盟条约》(EUV,全称 Vertrag zur Gründung der Europäischen Union)的明确规定,只有制定"框架性决议"这一个选项,而框架性决议并不能产生任何直接的效果。[9] 欧盟委员会的反驳是,共同体的立法机构依照当时《欧共体条约》(EG-Vertrag,全称 Vertrag zur Gründung der Europäischen Gemeinschaft)第175条之授权,成员国有义务规定刑事制裁。[10] 欧洲法院认同欧盟委员会的意见,宣布两项框架性决议无效。同时,如卢森堡法官明确强调的,"刑法和刑事诉讼法……不属于欧共体的管辖范围",但是这并不妨碍共同体立法机构"在认为这些措施有必要且能够保障环境保护规则充分发挥作用时,采取成员国刑法中的相关措施。因为(成员国)国家主管当局实施有效的、合比例的和有威慑力的刑事制裁,是打击严重破坏环境行为不可或缺的措施"[11]。

我认为,在当时的法律基础上作出上述判决并不正确。[12] 尽管欧盟法院认识到了《里斯本条约》给《欧盟运作条约》(AEUV,全称 Vertrag über die Arbeitsweise der Europäischen Union)第83条所带来的变化,但判决完全忽略了成员国间对变动这些权限存在重大分歧。欧盟法院作出这两个判决,并未提及规定在《欧盟运作条约》第83条中的限制和保障措施。这些措施是对成员国在过于宽泛的法律依据上所作妥协的补偿,如"不可或缺"的要求(见《欧盟运作条约》第83条第2款),以及关系成员国刑事秩序"基本立场"之"程序法上紧急刹车"(verfahrensrechtliche Notbremse)条款(见《欧盟运作条约》第83条第3款)。

第2008/99/EG号指令[13]和第2005/35/EG号指令[14]因这些判决获得通过,但指令的内容与被废除的框架性决议基本相同。但司法上的纠纷并非没有产生后续影响:时任欧盟委员会副主席佛朗哥·弗拉蒂尼(Franco Frattini)指出,委员会在其权限范围

(接上页)第三支柱只剩下"警务和司法刑事合作","框架性决议"是其最重要的行为方式。后来,剩余的内容又被整合到《欧盟运作条约》之中,并实现了超国家化。详细可参见〔德〕赫尔穆特·查致格:《国际刑法与欧洲刑法》,王士帆译,北京大学出版社2017年版,第七章边码5以下,以及第九章边码32。——译者注〕

[9] Art. 34 Abs. 2 lit. b S. 3 EUV a.F.

[10] EuGH, Rechtssache C-176/03, Kommission der Europäischen Gemeinschaften gegen Rat der Euro-päischen Union, Rn. 9.

[11] EuGH, Urteil der Großen Kammer vom 13. September 2005, Nichtigkeitsklage der Kommission der Europäischen Gemeinschaften gegen Rat der Europäischen Union, Rs C-176/03, Rn. 47 f.; ebenso EuGH, Urteil der Großen Kammer vom 23. Oktober 2007-Nichtigkeitsklage der Kommission der Europäischen Gemeinschaften gegen Rat der Europäischen Union, Rs. C-440/05, Rn. 47 f.

[12] S. dazu nur Satzger, in: Streinz (Hrsg.), EUV/AEUV, Art. 83 AEUV, 3. Aufl., 2018, Rn. 27 m.w.N.

[13] Richtlinie 2008/99/EG über den strafrechtlichen Schutz der Umwelt, ABl. 2008, L 328/28 ff.

[14] Richtlinie 2005/35/EG über die Meeresverschmutzung durch Schiffe und die Einführung von Sanktionen für Verstöße, ABl. 2005, L 255/11 ff.

内有节制地谋求制定刑事措施,该措施将视个案情况而定,且需有助于实现《欧共体条约》所追求的目标。[15]

四、对欧盟现行刑法协调性法律文件的批评

这种自我克制在很大程度上影响了早期以刑法协调化为内容的指令。从当前《绿色协议》的内容看,这两项指令的保护水平不足以体现环境保护的重要性。下面可以粗略浏览刑法保护环境第2008/99/EG号指令的基本内容[16]:

第一,从一开始,它就只包括对"严重违反共同体环境保护法行为"的制裁。[17] 刑法的最后手段性(Ultima Ratio)以及与其相关的比例原则(Verhältnismäßigkeitsprinzip)也得到了欧盟法的普遍承认。在任何情况下,这种谦抑性的法政策都是值得肯定的。[18] 不过,这只是一个最低限度协调化的义务,因此成员国可以自由地"采取更严格或保持现有措施以实现刑法对环境的有效保护"[19]。因此,消极影响司法合作的分歧会继续存在,成员国可继续将其他行为入罪或施加更严厉的刑罚,这也是实现最低门槛一致的关键。然而,这却不当地加剧了刑法在欧洲的严厉程度。[20]

指令第3条列举了一系列以故意或重大过失方式实施的罪行。然而,其中所列举的所有罪行也必须具备"违法性"(rechtswidrig)。在此,该指令中的规定涉及一个错综复杂的制度;即欧盟及其成员国的行政法中都包含关于行政从属性(Verwaltungsakzessorietät)的特别规定。根据第2条第a项的法律定义,一方面,行为的违法性可以从欧洲环境保护法规中推导而来,但是这些法规应当同时规定在指令附件A和附件B中,我称此为"有条件的欧盟法律从属性"(bedingte Europarechtsakzessorietät)。另一方面,行为的违法性还必须以(成员国)国内的行政规章和行政决定为依据,同时,这些国内行政规章和行政决定还需有助于实施或适用上述附件A和附件B所列举的欧盟法律文件。用我的话来说就是"合欧盟法的国家法律从属性"(europarechtlich qualifizierte nationalstaatliche Akzessorietät)。尽管并非所有相关的问题都得到了澄清,但《德国刑法典》第330d条第2款的引入,使得对许可的国民待遇问题的讨论(在大多

---

[15] MEMO/07/50 v. 9. 2. 2007.
[16] 以下评论也同样适用于2005年9月7日通过的《关于船舶海洋污染以及对违法行为的制裁问题》(第2005/35/EG号指令)。
[17] So Erwägungsgrund Nr. 10;该指令所涵盖的环境犯罪在很大程度上与2003年通过后又被废止的框架性决议所涵盖的范围是一致的。
[18] S. hier zu auch ECPI, Manifest zur Europäischen Kriminalpolitik, ZIS 2013, 697; s. dazu auch Satzger, ZIS 2013, 691.
[19] Erwägungsgrund Nr. 12.
[20] S. nur Satzger, Internationales und Europäisches Strafrecht, 9. Aufl., 2020, §9 Rn. 47; Schünemann, ZIS 2007, 528 (529 f.).

数情况下)失去意义。[21] 无论如何,欧盟法内部以及成员国内国法中都会存在大量的、庞杂的欧盟法指引性规定。毋庸置疑的是,即使根据欧盟标准[特别是《欧盟基本权利宪章》(GRCH,全称 Charta der Grundrechte der Europäischen Union)第 49 条],这也(可能)导致严重的明确性疑问。[22] 再者,指令的附件也需要进行一次革新。[23] 除此之外还面临的问题是,如果所保护的环境法益十分重要,刑法相对于环境行政法只是具有行政从属性和"保障"功能,是否仍然合理。在处理未来的"气候刑法"时,尽管或多或少有所不同,我们仍会回到这个问题(见下文第六部分)。

第二,关于第 3 条中所规定的具体行为(例如向土壤中排放物质、收集废物、从事特种设备运营工作、储存危险放射性物质等),首先需要注意的是它们本身往往不具有可罚性。因此,该指令将这些行为设置为结果犯,要求行为会产生特定的结果,如死亡、对人体健康的严重危害或者对大气、土壤或水域质量的严重威胁。由于指令中仅规定了"严重性"(schwer)或"重要性"(erheblich)概念而未予定义,内国法为了确保指令的落实而不得不(只能)使用这些模糊概念,但这既不符合成员国现行法律秩序(宪法)中的罪刑法定原则,也违背了《欧盟基本权利宪章》第 49 条。[24] 众多规范性构成要件要素的使用,也因被认为是"有待解释"且可被解释的而被加以容忍。不过,第 3 条还规定了只能处罚"导致"这些后果的行为,这就有问题了。这预示着,该规定会以抽象危险犯的形式落实在(成员国)内国法中。虽然在环境刑法中难以避免处罚前置化和犯罪行为与客观结果相分离的情况。如此,由于仅仅创设了相关的抽象危险就具有了可罚性,那么上文提到的明确性问题就因此而值得商榷了。

第三,根据以上分析,这些早期的及之后的刑法协调性法律文件在涉及总则部分的问题时模糊不清,就不足为奇了。内国法中对这些(欧盟法)现有概念和教义学构造的引用,在很大程度上固化了这种差异。[25] 例如,在本文所评述的指令中,只要求成员国将"教唆以及帮助行为"规定为犯罪。然而,无论是在该指令或是任何其他法律文件中,都找不到欧盟法中对上述犯罪参与形式(Beteiligungsformen)的定义。类似的情形还有对法人的制裁,在环境违法犯罪中,这点极其重要;在这一问题上,不管是行政刑法上还是刑事刑法上的任何制裁措施都要依照指令的一般模式(Allgemeinformel),因此成员国(尤其是德国)并非一定要规定公司刑法。欧盟对这一刑法核心领域的回避是可以理解的,因为这里有来自各成员国的阻力,现行《欧盟运作条约》第 83 条可能会引起成员国启动"紧急刹车"程序(《欧盟运作条约》第 83 条第 3 款)的担忧。然而,不

---

[21] S. duzu nur Kloepfer/Heger, Umweltstrafrecht, 3. Aufl., 2014, Rn. 91 m.w.N.
[22] S. dazu auch Ratsdokument 12801/19 v. 4. 10. 2019, (Finnish) Presidency Report on European environmental criminal law, S. 9.
[23] Vgl. Ratsdokument (Fn. 22), S. 12.
[24] Vgl. Ratsdokument (Fn. 22), S. 11 f.
[25] Ausf. Satzger, ZIS 2016, 771 ff.

管从哪个角度观察,如果成员国被赋予如此重要的定义权,这些妥协只能是表面的(Scheinangleichung)。因为分歧非但未能被消除,反而由法律固化了,由此而留下的分歧,自然就会阻碍高效便捷的司法协作。[26]

第四,如上所述,该指令从一开始就是为了加强刑法对环境的保护。但现有的制裁措施还"不足以"[27]实现其所应达到的"强度"[28]。该指令的本意是适用刑事制裁,这和行政处罚或民事损害赔偿在可非难性上有本质不同。[29] 在当前《绿色协议》的背景下,人们自然会对适用"智能的"(intelligentes)制裁机制特别慎重。但对该指令的通读只会令人绝望,因为指令要求的范围基本没能超出欧盟法院于30余年前的"希腊玉米丑闻案"(Griechischer Maisskandal)判决从成员国一般初级法忠诚义务中所推导出的内容。[30] 相较而言,指令第5条表明,成员国有义务采取"有效的、合比例的和有威慑力的刑事制裁"。在考虑到这些指令的法律依据的正当性存疑的情况下,也可以理解这些早期刑法协调性文件规定的不健全。但是,这种不健全的规则并不适合作为以《绿色协议》为目标的未来环境刑法的制裁标准。即便《欧盟运作条约》第83条存在"规定……处罚"这一最低限度条款,其在制裁方面的指引性规定依然模糊。同时,实践中许多法律都存在设置"法定最高刑之下限"(Mindesthöchststrafen)以显示不同的刑档的情形。在一个德国科学基金(DFG,全称 Deutsche Forschungsgemeinschaft)项目中,我与来自欧洲刑事政策倡议联盟(ECPI,全称 European Criminal Policy Initiative)的同事们通过3年的研究发现,这种法定最高刑之下限的要求(Mindesthöchststrafenvorgabe)基本无助于法律协调化的实现。[31] 对犯罪法定最高刑的关注收益甚少,因为在几乎所有的成员国中,最高刑对评估犯罪严重性的意义(如果有的话)要远远小于最低刑。同时,强制要求成员国对某些行为规定法定最高刑之最小值,也可能干扰和破坏成员国原有的刑事司法体系。因而,我们设计了替代模型以满足以下两个目的:一方面,欧盟应该尽可能通过抽象规范明确需要协调的犯罪行为之严重性(也包括犯罪行为间的关系)。这可以通过欧盟为相应犯罪行为划定一系列(不同严重程度的)类型,并最好是分为一到五类来实现。另一方面,欧盟无权决定适用何种制裁,应由成员国根据其刑事体系中

---

[26] Satzger, ZIS 2016, 771, 774. 以《欧盟运作条约》第83条为依据,制定一部有总则概念的指引性规定,是可行的。S. Satzger, in: Streinz (Hrsg.), EUV/AEUV, Art. 83 AEUV, Rn. 42; s. auch F. Zimmermann, Strafgewaltkonflikte in der EU, 2015, S. 46; ausf. Brons, Binnendissonanzen im AT, 2014, S. 162 ff.
[27] Erwägungsgrund Nr. 3.
[28] Erwägungsgrund Nr. 1.
[29] Erwägungsgrund Nr. 3.
[30] EuGH, Urteil vom 21. 9. 1989–C-68/88 „Griechischer Maisskandal". (关于该判决可参见前注[8],[德]赫尔穆特·查致格书,第九章边码28及以下。——译者注)
[31] Satzger (Hrsg.), Harmonisierung strafrechtlicher Sanktionen in der Europäischen Union, Baden-Baden 2020. (关于欧洲刑事政策推动联盟,详见 http://www.crimpol.eu/;关于 DFG 项目,详见 http://www.crimpol.eu/dfg-funded-research-project-harmonisation-of-criminal-sanctions-in-the-eu-2015-2018/。——译者注)

可采用的制裁措施来"填充"这一类型。这种类型模式(Kategorienmodell)较好地平衡了欧盟在对某些不法行为的严重程度进行分级时的利益,以及成员国对维持其制裁制度的一致性方面的利益。[32] 我认为,在未来的刑法协调工作中,广泛采用这种模式是可行的,环境刑法领域也是如此。如果这样做的话,就已是一个不小的进步。

五、"气候刑法"在哪儿呢?

环境保护领域刑法手段的欠缺只是欧盟处理方式缺陷的一个方面,气候保护应在《绿色协议》背景下发挥核心作用,但至今仍未得到重视。气候恶化已对全人类、所有动植物甚至是人类文明造成严重威胁。无论人们对可能或应当受保护的"法益"的一般表现形式的认识如何[33],我们都必须认真考虑制定一部以气候保护为目标的刑法。我想将这部尚不存在的法律称为"气候刑法"(Klimastrafrecht)。目前来看,不管是在德国还是在别的国家,都未能足够重视该问题。考虑到《绿色协议》的优先地位及其宏大目标,若破坏气候的行为只能通过民事侵权,(尤其在造成严重损害时也)不能引入(作为最后手段的)刑法进行规制,实在不可思议。因此,是时候认真考虑气候破坏行为的应罚性和需罚性问题以建构气候刑法的必要性和合理性了。随之而来的问题是,如何以教义学上连贯且法政策上理性的方式建构上述气候刑法。欧盟既然宣称自己是国际气候保护的先驱,那么就应该在刑法适用的基本问题上发挥示范性作用。同时,欧盟还应当从国内和更为重要的国际刑法这两个平行(但并非完全独立)的(法政策)角度考虑这些问题。

六、"气候刑法"的反对意见及其欠缺说服力的原因

令人遗憾的是,目前还没有关于气候刑法的真正意义上的讨论。而且,讨论大多从一开始就被以下这些缺乏说服力的反对意见所扼杀:

其一,"气候变化并不存在":不幸的是,美国政治最高层强烈支持这种观点[34],如果这是正确的观点,那么这种立场就是所有关于气候刑法思考的"公共坟地"。本文

---

[32] 类型模式及其优点详见 Satzger (Fn. 31), S. 667 ff. (deutsch), S. 707 ff. (englisch), sowie ders., eucrim 2/2019, 115 ff.。

[33] 类似的如环境作为世界性法益的正当性问题,同样以个人法益为基础,Schünemann, GA 1995, 201, 206;关于法益问题的一般形式见 Satzger/Schluckebier/Widmaier (SSW)-StGB/Kudlich, 4. Aufl. 2019, Vor § 13 ff. Rn. 5 m.w.N.。

[34] 美国总统特朗普特别指出:"至于它(气候变化——作者注)是不是人为的,以及你所说的影响是不是存在:反正我没看到。" https://www.stern.de/politik/ausland/donald-trump-bezweifelt-klimawandel-wegen-hohen-masses-an-intelligenz-8468042.html。

无法也不想深入讨论有关科学上的细节问题,因为这是早已被科学推翻的立场。[35]《绿色协议》表明了将人类对全球气候的威胁作为立法的出发点,是欧洲法政策之"共识"。

其二,"无法证明特定具体行为对气候有害":尽管这一问题确实存在,但不能把气候刑法臆想成传统的结果刑法(Erfolgsstrafrecht),即只能通过刑法(传统的结果刑法)规制那些与可测量的气候改变或与气候改变所带来的后果之间具有因果关系和客观归责的行为。行为所导致的气候改变难以通过简单地描绘其改变的时间和数量来进行界定。只是,这不会改变该现象能被科学掌握的事实。[36] 气候破坏行为通常会首先导致气候条件在总体上的可测量变化,这些条件的变化通常由多个(气候破坏)行为叠加,由多人且长期的实施所导致。这确实会使得气候破坏行为很难被识别为犯罪。但这是否意味着自始就排除了气候刑法(的可能性)呢?我认为答案是否定的。尤其是温室气体的排放,它在科学上被视作气候改变的原因,所以排放温室气体至少对气候造成了抽象的危险。气候刑法和现代风险刑法一样[37],以所谓集体上的行为关联性(kollektiven Handlungszusammenhänge gekennzeichnet)取代了纯粹的个人归责。[38] 所以结论就是危险刑法(Gefährdungsstrafrecht)具有正当性,即在气候改变导致气候损害(现实的侵害法益)之前,就处罚这类具有抽象危险的行为。[39] 在设立抽象危险犯的场合,气候恶化并非结果,而是立法者设置危险要件的动机。[40] 由此引起的刑罚前置化,不会使气候刑法显得"异常"或"不合法"。我们已经在其他诸如环境刑法或反恐刑法领域见过这种立法技术了,从法政策角度看,在这些领域中,我们不可能在等到具体危险甚至是损害出现之后才要求行为人负责。在我看来,气候破坏行为的犯罪化是可欲的。更重要的是后续问题,如(气候破坏行为)何时达到应罚和需罚的门槛,以及根据法治国的(对欧盟刑法也具有重要意义的)一般原则(如最后手段性、比例原则、明确性原则),刑法是否适合以及以何种方式作出合理反应。[41] 在《绿色协议》进程中,刑法手段是可想象的,且是对其他手段的合理补充。前提是通过设置最低处罚的门槛以及相应具体明确之构成要件以满足刑法之合宪性要求。

---

[35] 参见政府间气候变化专门委员会(IPCC)的评估报告:https://www.spektrum.de/pdf/sdw-07-10-s072-pdf/905110;或参考利奥波迪娜国家学院的呼吁:https://www.forschung-und-lehre.de/politik/leopoldina-fordert-sofortige-massnahmen-zum-klimaschutz-1978。
[36] 类似学术用语"青春期"或"夏季"。Vgl. https://www.swr.de/wissen/1000-antworten/umwelt-und-natur/wie-definiert-die-wissenschaft-klimawandel-100.html。
[37] 基本内容见 Prittwitz, Strafrecht und Risiko, 1993。
[38] Vgl. Schünemann, GA 1995, 201 (213).
[39] Nach Schünemann, GA 1995, 201 (212),这种从结果犯到危险犯的转变是"由事理逻辑所决定的"。
[40] Wessels/Beulke/Satzger, Strafrecht AT, 49. Aufl., 2019, Rn. 44.
[41] Vgl. dazu insbesondere ECPI, Manifest zur europäischen Kriminalpolitik, ZIS 2009, 697 ff.; dazu Satzger, ZIS 2009, 691 ff.

其三,"相关行为经行政许可而合法":主要反对意见涉及行政行为从属性。我已经在上文对环境刑法的讨论中提及行政从属性在现行法中的重要意义。行为一旦获得授权,通常即处于行政许可范围内,所以并不存在对该行为适用刑事制裁的可能性。许可行为"合法"且未违背法律秩序的统一性因而不应受到惩罚。这种观点似乎是气候刑法的另一个规范上的"公共坟地"。然而,在刑法中武断适用行政决定效力的做法早已备受诟病,如环境刑法中已有大量相关的论证。一个(至少部分)具有独立性的刑法条款应从刑法角度处理违法性。[42] 现行《德国刑法典》第 330d 条 1 款第 5 项尽管只针对有关滥用权力的行为,但该条文在一定程度上突破了行政行为从属的直接效力。[43] 暂且搁置分歧,我认为刑事制裁在全球气候保护上完全可以形成独立的论证思路:因为气候保护的法益在概念上与受内国行政法管辖的规制对象(Regelungsgegenständen)无法等同。这一概念属于固有的"普世法益"(universales Rechtsgut),它从一开始就不能为某个国家所单独持有。它甚至比环境刑法的概念更为清晰,因为环境刑法即便往往跨越国界,也始终无法摆脱地域管辖的制约。气候刑法在某种程度上面临与国际刑法相似的情况,即受保护的法益往往只能通过共同体授权才能实现(如保护特定群体的利益、最低人权标准、世界和平等)。[44] 当某一国家或地区(如欧盟)的行政行为损害或威胁这些与大自然相关的普世法益时,不能轻易将正当效力赋予这种不利于全体国家之行为。在这方面,单一国家不具有管辖权。因此,在国家层面上审查破坏或威胁气候安全的行为的可罚性与应罚性时,不能忽略这种全球性视角。国家(或欧盟)一级的许可只有在考虑到国际法的框架条件时,才具有合法性。至于界限在哪儿,尚待更详细的研究。我们至少可以认为,就气候刑法而言,传统行政从属性的理论已然走到了尽头,现在是时候反思该理论了。

七、结　语

总而言之,无论是在方法上还是在内容上,环境刑法保护的协调化工作方兴未艾。相对而言,这些指令性规定还比较粗疏,尤其是总则和制裁方面的规定仍缺乏足够的说服力,而且在确定性方面也不尽如人意。这意味着欧盟——特别是在《绿色协议》目标上——必须作出重大调整。因此,无论在何种情况下,由"欧洲刑事政策倡议联盟"所提倡的"类别模式"都应适用于制裁协调化。在我看来,人们很有必要进一步着手研

---

[42] S. dazu Schünemann, GA 1995, 201 (209 f.); ders., in: Graul et al. (Hrsg.), MeurerGedächstnisschrift, 2002, S. 37, 61 f.; 批评可见 Rudolphi, NStZ 1984, 249;参见与此相对的通说,如 SSW-StGB/Saliger, Vor §§ 324 ff. Rn. 16; Kloepfer/Heger, Umweltstrafrecht, Rn. 76 ff.。

[43] Näher SSW-StGB/Saliger, Vor §§ 324, Rn. 26 ff.

[44] S. dazu nur Satzger, Internationales und Europäisches Strafrecht, §16 Rn. 7, 32, 57.

究一个关于气候刑法的紧迫性问题,那就是到目前为止还不存在气候刑法的连接点(Anknüpfungspunkt)。迄今为止,所有针对气候刑法的反对意见,都是站不住脚的。特别值得注意的是,在全球气候保护上必须以一种完全不同的全新方式,即从"全球化"的角度处理行政从属性问题。

恢复性司法治理环境犯罪的新西兰蓝本与中国镜鉴[*]

赵小姣[**]

要 目

一、新西兰恢复性司法的立法沿革
二、恢复性司法在新西兰环境犯罪领域的兴起与发展
 (一)新西兰传统刑罚规制环境犯罪失灵
 (二)新西兰环境犯罪转介恢复性司法程序的诉讼实践
三、新西兰恢复性司法治理环境犯罪的意义与挑战
 (一)新西兰恢复性司法治理环境犯罪的改革性意义
 (二)新西兰恢复性司法治理环境犯罪的挑战与回应
四、对我国恢复性司法治理环境犯罪的借鉴意义
 (一)明确恢复性司法与传统刑事司法为补充关系
 (二)匡正恢复性司法与环境恢复性措施之区别
 (三)设计规范的恢复性司法程序促实体正义之实现
 (四)加强监督机制以保障恢复性结果履行到位
五、结语

摘 要 2002年新西兰《量刑法》《假释法》与《被害人权利法》的出台使得恢复性司法在刑事犯罪领域的适用于法有据。基于恢复性司法与环境修复理念相契合的特性,新西兰将其引入环境犯罪领域是弥合惩治犯罪与修复环境之间裂痕的有益探索。在为解决环境犯罪问题开辟新思路的同时,新西兰恢复性司法面临环境犯罪被害人难以识别、与环境修复令的功能相重叠等问题,以及犯罪人将其作为减轻惩罚的"交换工

---

[*] 本文受国家社会科学基金青年项目"生态环境损害民刑责任一体化研究"(20CFX072)与汕头大学科研启动经费项目"生态环境损害赔偿诉讼制度的困境与反思"(STF22008)资助。
[**] 汕头大学法学院讲师,法学博士。

具"的质疑。为此,我国要避免恢复性司法引发"以赔代罚"的质疑,应在明确恢复性司法与传统刑事司法相互补充关系的基础上,完善《刑法》以限定恢复性司法的适用范围,设计规范的恢复性司法程序及加强恢复性结果的监督机制,进而推进新时代生态文明建设和绿色发展。

关键词 传统刑事司法 恢复性司法 环境犯罪 环境修复

在生态文明建设背景下,我国传统刑罚规制环境犯罪面临"罪犯服刑,荒山依旧"之困境。基于践行"生命共同体"理念,最高人民法院《关于充分发挥审判职能作用为推进生态文明建设与绿色发展提供司法服务和保障的意见》提出,遵循恢复性司法[1]要求,积极探索限期履行、劳务代偿、第三方治理等生态环境修复责任承担方式,旨在借助恢复性司法实现对罪犯罚当其罪的同时兼顾生态环境功能的恢复。目前,我国已创设补植复绿、以鱼养鱼、增殖放流、土地复垦等恢复性措施,其对于环境犯罪治理的意义自不待言。然而作为补强刑法保护生态法益的一项重要制度,至少有以下问题需要厘清:环境刑事案件中适用恢复性司法作为量刑情节或刑事责任的承担方式是否于法有据?恢复性司法是否可以介入所有环境犯罪领域?如何保障生态修复执行到位?这些尚待讨论和研究的问题不仅限制恢复性司法的推广适用,而且可能致使法院恢复环境的裁判目的落空。

在环境法治全球化趋势不断加强的情况下,应对环境犯罪问题的部分经验是共通的。新西兰是全球最早拉开环境司法专门化帷幕的国家之一。1996年,新西兰在修订《资源管理法》(Resource Management Act)时正式宣告成立环境法院,为新西兰环境法院制度的建构提供了立法上的支持。环境法院的专业性、有效性有助于促进利益相关方诉诸司法解决环境纠纷,实现保护生命、环境或可持续发展的目标。然而,基于环境犯罪的特殊性和复杂性,如同世界其他国家一样,新西兰也面临如何最佳地实施刑事制裁且修复损害之困境。在此背景下,基于恢复性司法与环境修复理念相契合的特性,新西兰开始探索在环境犯罪领域适用恢复性司法。至今,无论是立法还是司法层面已积累了十几年的经验。因此,我们何不一窥新西兰适用恢复性司法治理环境犯罪的经验与挑战?或许能为我国环境犯罪领域适用恢复性司法的研究与制度构建提供比较法上的参考与借鉴。

---

[1] 恢复性司法(restorative justice),又称为修复性司法或修复性正义,该概念由美国学者巴内特在1977年发表的《赔偿:刑事司法中的一种新范式》一文中首次提出,是对传统刑事司法"遗忘被害人权利"的反思与批判。国际上广泛认可英国犯罪学家马歇尔的定义:"恢复性司法是指在一个特定的案件中,所有相关当事人聚集在一起共同商讨如何处理犯罪的后果及对未来的影响的一个过程。"

一、新西兰恢复性司法的立法沿革

在新西兰,采用恢复性司法原则与实践来应对犯罪问题和关注被害人权益始于1989年通过的《儿童、青少年和家事法》引入的家庭小组会议。1999年新西兰大选期间,严重的暴力型罪犯引发了一系列担忧,公众开始要求更透明和一致性的量刑准则,在此背景下,新西兰政府开始寻求恢复性司法作为传统刑罚的替代量刑方案。为此,新西兰于2002年出台了《量刑法》(Sentencing Act)、《假释法》(Parole Act)和《被害人权利法》(Victim's Rights Act),不仅鼓励在适当情况下使用恢复性司法程序,而且允许该程序介入犯罪人的量刑或假释等阶段。

《量刑法》对于恢复性司法的规定主要包括两个方面:一是量刑目的具有恢复性。具体体现为:促使犯罪人因其犯罪行为对被害人和社区造成的损害担责,提高犯罪人对其所造成的损害的责任感,为被害人提供赔偿来弥补犯罪行为造成的损害。[2] 二是法院将恢复性司法作为刑事犯罪量刑中的一项重要考量因素。法院对犯罪人量刑时应考虑已发生的或法院认为在特定案件中可能出现的任何恢复性司法结果,包括但不限于如下因素:犯罪人与被害人的赔偿合约(无论犯罪人是进行金钱赔偿还是其他服务),犯罪人就如何弥补损害并确保犯罪行为不会再犯而与被害人达成的协议,犯罪人或其家人采取或拟采取的向被害人或其家人道歉、赔偿损害的措施,犯罪人采取或拟采取的其他补救行为。[3] 2014年《量刑法》修正案中增加了对恢复性司法进行审查的规定,要求法院在某些特定的情况下,就恢复性司法的适当性进行审议。[4]

2002年出台的《被害人权利法》取代了1987年的《犯罪被害人法》[5],这意味着更加重视对犯罪被害人权利的保护。《被害人权利法》之所以被视为最为体现恢复性司法的立法,是因为该法规定了转介恢复性司法程序的条件,即如果被害人要求与犯罪人见面并讨论解决犯罪行为的有关问题,法官、警察或缓刑官等在满足必要条件的情况下,应向能安排恢复性司法会议的合适人员提交请求;一旦认为该请求切实可行,被害人可获得参与恢复性司法程序方面的服务信息。[6]

《假释法》将恢复性司法的适用阶段拓展至判处监禁刑之后的假释阶段,明确假释委员会对犯罪人作出假释决定时的指导性原则之一是"维护被害人权利,重视恢复性

---

[2] See Sentencing Act 2002 (NZ), s7.
[3] Ibid, s8 and 10.
[4] Ibid, s24A.
[5] See Victim's Rights Act 2002: How Was The Act Implemented and How Is Compliance with The Act Monitored, https://www.justice.govt.nz/assets/CVA-Issues-paper-on implementation-of-the-Victims-Rights-Act-PDF.pdf (Last visited on May 28, 2024).
[6] See Victim's Rights Act (NZ), s9 and 11.

司法结果"[7]。

以上三部法案的问世契合了新西兰刑事犯罪中适用恢复性司法程序和原则应于法有据的法治要求,属于报应理念向恢复理念的提升,更是人类迈向理性的体现,预示着未来刑事司法的发展趋势。不过,新西兰的相关立法中都未明确恢复性司法的内涵,新西兰特别委员会指出,立法对于"恢复性司法"一词的定义的忽略是有意为之的,因为它是一个不断发展的概念,如果将其内涵限缩于特定的框架,势必因为缺乏整体视野而无益于实践应用。新西兰司法部也指出,恢复性司法既是一种思考犯罪的方式,也是一种应对犯罪的过程。因此,恢复性司法更应关注问题的解决过程而不是赋予其一个明确的定义。鉴于此,应从广义上将恢复性司法理解为一种回应不断发展变化的犯罪的解决方案:①传统刑事司法中只关注国家和犯罪人,被害人和犯罪人之间的关系被搁置一旁,这使得被害人对于案件的解决没有任何置喙之地;而恢复性司法程序增强了被害人参与案件解决的主动权和决定权,被害人权利不再被置若罔闻。②恢复性司法主张解决犯罪问题不能实行"从上而下"的控制性方式,而应倾听那些受到犯罪行为影响的被害人与社区的诉求与声音,并让他们对恢复性结果产生影响。恢复性司法表明民主和权利观念开始深入人心。正如约翰·布雷思韦特所言,"恢复性司法是一种刑事司法系统的改革方式,改变了整个司法系统……民主化的实用主义是其一个重要特征"[8]。③恢复性司法倾向于采取整体性方案解决问题,即允许被害人表达犯罪行为对其造成的损害及影响,特别是在涉及土著居民毛利人的犯罪案件中,允许被害人表达犯罪行为对于土著文化价值的影响,实现信息共享,从而寻求一种全面的解决方案。④恢复性司法表明程序性正义向实体性正义之转变。除追求程序之正义(如正当程序或自然正义法则)之外,犯罪人通过道歉、赔偿或采取其他措施以保护和救济"被遗忘的被害人权利",这是更彰显公平和满足社会需求的结果。

二、恢复性司法在新西兰环境犯罪领域的兴起与发展

(一)新西兰传统刑罚规制环境犯罪失灵

在新西兰,环境犯罪大部分都规定在《资源管理法》中,一般是由地方当局而不是环保署提起环境犯罪控诉,持有"环境法院令"的地方法院审理该类诉讼。新西兰的环境犯罪适用严格责任,并不区分犯罪人的主观意图是故意还是过失,主要通过监禁刑或罚金刑来惩罚犯罪人。此外,法院可以对实施了该法规定的环境犯罪行为的犯罪人

---

[7] Parole Act 2002 (NZ), s7.

[8] John Braithwaite, Principles of restorative justice, in Andrew V. Hirsch et al. eds., Restorative Justice and Criminal Justice: Competing or Reconcilable Paradigms?, Hart Publishing, 2003, pp. 1–2.

作出从事社区服务的判决,亦可由环境法院签发执行令,要求犯罪人采取修复环境损害的行为,或向因修复环境损害而受到损失的人支付补偿等,以替代监禁刑或罚金刑,或者在监禁刑或罚金刑之外签发上述执行令。[9] 根据新西兰环境部《资源管理法框架下的环境控诉情况研究报告(2008.7.1—2012.9.30)》,社区服务、环境执行令适用率逐渐提高,罚金额也逐年上升,然而监禁刑和缓刑都鲜少适用(见表1)。[10]

表1 环境犯罪控诉与量刑选择情况

时间表	第一阶段 1991.10-2001.6.30	第二阶段 2001.7.1-2005.4.30	第三阶段 2005.5.1-2008.6.30	第四阶段 2008.7.1-2012.9.30
控诉案件量(件)	375	171	260	429
每年控诉案件量(件)	39	45	82	101
定罪率	87%	90%	93%	92%
缓刑适用案件量(件)	2	2	1	0
环境执行令适用案件量(件)	36	21	38	32
监禁刑适用案件量(件)	0	2	2	2
社区工作适用案件量(件)	11	4	12	21
罚金最高额(新西兰元)	5万	5.5万	8.65万	12万
个人罚金平均额(新西兰元)	4400	5631	7221	10347
罚金总平均额(新西兰元)	6500	8167	12463	21622[11]

如同世界其他国家一样,新西兰也面临如何最佳地实施刑事制裁且修复损害之困境。规制环境犯罪的目标包括威慑、惩罚犯罪人和修复环境等,这些目标的竞争性使得彼此间存在重叠与矛盾之处。基于环境犯罪的复杂性和特殊性,无论是惩罚罪犯的自由刑或罚金刑,还是具有修复性的环境执行令、支付赔偿令等,这种被动性责任对于生态环境与社区权益的保护及犯罪人的矫正与教育作用有限,而且被损害的社会关系

---

[9] See Resource Management Act 1991 (NZ), s339 (4)(5).
[10] See Ministry for the Environment, A Study into the Use of Prosecutions Under the Resource Management Act 1991: 1 July 2008-30 September 2012 (October 2013), https://environment.govt.nz/assets/Publications/Files/study-into-the-use-of-prosecutions-under-the-RMA.pdf (Last visited on May 28, 2024).
[11] 第四阶段罚金总平均额显著提高的原因是 2009 年《资源管理法》第 339 条修改时提高了罚金的最高额,将"犯罪人最高处以罚金 20 万新西兰元"的规定修改为"犯罪人是自然人的,最高处以罚金 30 万新西兰元;犯罪人是公司的,最高处以罚金 60 万新西兰元"。

也未得到修复。《量刑法》不仅要求新西兰的所有法院都应遵循量刑目的及原则,而且规定了恢复性司法的适用,在于法有据的背景下,新西兰开始将恢复性司法引入环境犯罪领域,旨在发挥其恢复和治愈功能以寻求一种整体性的解决方案。

(二)新西兰环境犯罪转介恢复性司法程序的诉讼实践

新西兰在2001年7月1日至2012年9月30日期间,依照《资源管理法》提起的860件环境犯罪诉讼案件中有33件适用了恢复性司法程序;2012年之后,恢复性司法的介入仍在逐渐增多。下文结合新西兰恢复性司法的环境诉讼实践进行分析,旨在洞悉地方法院的法官在环境犯罪适用严格责任标准的背景下如何适用恢复性司法程序。

第一,认可的被害人范围广泛。恢复性司法的适用范围主要包括水、土地、空气等环境污染行为与破坏林木资源的环境犯罪案件,相应的被害人包括:一是土著居民毛利人,原因在于河流、森林等自然资源对于毛利人有着特殊的意义,且《资源管理法》规定要特别考虑护卫环境(毛利语Kaitiakitanga),《怀唐伊条约》[12]规定了磋商要求。二是因环境污染等犯罪行为而在生活、健康或财产等方面遭受损害的个人,例如因工业印刷厂持续排放的烟雾或臭气而健康受影响的居民,或污水排放处理系统维护不当而财产受损的个人。三是舒适度受影响的个人,例如非法清除了毗邻地的植被影响了个人观赏景色所带来的舒适感。四是社区成员。社区是环境的产物,社区成员的场所感和舒适性在很大程度上受所在社区环境的影响。五是环境。恢复性司法迥异于传统刑事司法,承认环境损害与人身或财产损害具有同等意义,这种对环境内在价值的认可与尊重,对于人类与环境的关系有着改革性意义。

第二,规范的恢复性司法程序。恢复性司法程序的妙处在于不仅节省司法成本,而且能促使参与程序的利益主体更能服膺恢复性结果,从而恢复被损害的社会关系。①整个恢复性司法过程都强调自愿性,不应受胁迫参与程序,这是对被害人和被告人合法权利的保护。②高素质的调解人对于有效的恢复性司法程序至关重要。调解人不仅需要有沟通、对话以处理冲突的能力,还要了解当地文化和社区、刑事司法制度和恢复性司法程序等。例如,"奥克兰委员会诉时代传媒有限公司空气污染案"(Auckland Regional Council v. Times Media Ltd.,以下简称"时代传媒空气污染案")中的调解人Clapshaw女士在环境法和恢复性司法方面都有丰富的经验。③以利益相关者参与为核心。一是环境自身遭受损害的,可由负责或从事保护环境的政府或非政府组织作为代表参与。例如,"怀卡托委员会诉亨特采石有限公司污染怀卡托河案"(Waikato Regional Council v. Huntly Quarries Ltd.)中,基于怀卡托河对于毛利人有着特

---

[12] 《怀唐伊条约》(Treaty of Waitangi),又称《威坦哲条约》。1840年2月6日,英国王室在怀唐伊与毛利人酋长签订此条约。主要内容为:①毛利人各酋长让出其领土主权,凡岛上出生者,均受英国法律管辖。②保证新西兰各部落酋长的土地、森林、渔场及其他财产不受侵犯;如出售土地,应优先售予英国女王。③许诺毛利人可得到英国女王的保护,并可享有"英国国民所享有的一切权利和特权"。

殊的意义,怀卡托河改善组织的主席与当地的毛利信托组织的成员代表参加了恢复性司法会议。[13] 二是犯罪人可在家人、朋友、律师的陪同下参与,保证其不被强制或以不公平的方式诱导参与恢复性司法程序或接受恢复性结果。三是专业人员参与。如"奥克兰地区委员会诉卡尔顿戈尔路有限公司及其法定代表人损害林木案"(Auckland City Council v. 12 Carlton Gore Road Ltd. and Mary-Anne Katherine Lowe)中,邀请树艺专家参与会议,能让犯罪人及相关参与者了解珍稀植物的价值,实现信息共享,从而实现保护珍稀植物资源的目的。

第三,前瞻性的恢复性结果。恢复性结果应对违法犯罪行为提供适当和现实的回应,在考虑被害人需求、犯罪人需求及犯罪情形等因素的情况下达成的恢复性结果具有多样性,包括以下几种:①赔礼道歉。道歉是一种犯罪人向被害人表明尊重和歉意的方式,真诚的道歉有利于被害人伤口的愈合。"时代传媒空气污染案"中,时代传媒公司长期向空气中排放工商业经营场所产生的污染物,致使当地居民出现呼吸困难、头痛、睡眠剥夺、精神压力等症状,公司董事赔礼道歉,并在该公司的报纸上公开道歉声明。②犯罪人向被害人进行补偿或赔偿,能从预防再犯的视角解决引发其犯罪行为的动因。例如,"怀卡托委员会诉环境公司垃圾侵权案"(Waikato Regional Council v. Hamilton City Council and Perry Environmental Ltd.)中达成"付费为邻居安装苍蝇过滤网"与"制定预防措施"的恢复性结果;"丰盛湾区委员会诉托马斯非法排放废弃物案"(Bay of Plenty Regional Council v. John Rhys Thomas,以下简称"托马斯案")中达成"向居民支付赔偿费用以补偿其人身损害"的恢复性结果。③环境修复计划。具体包括执行修复或改善地方环境的计划、重新种植原生植被、为环境项目提供资金支持等。如"北方地区委员会诉帕金森等非法排放废弃物案"(Northland Regional Council v. FultonHogan Ltd., Cates Bros Ltd. & North End Contractors Ltd., Whangarei District Council & T Perkinson,以下简称"帕金森案")中达成"支付环境修复费用与签订建立当地生态保育园的协议备忘录"的恢复性结果。

第四,恢复性结果影响量刑。当恢复性结果与当前的量刑实践相符合时,法院更可能确认该结果。法院会在考量恢复性结果的基础上对犯罪人进行量刑:①减轻或免除罚金处罚,这种做法最为普遍。如"奥克兰委员会诉安德鲁斯房屋搬家有限公司损害林木案"(Auckland Council v. Andrews Housemovers Ltd.)中,法院未科处罚金[14];"坎特伯雷地区委员会诉迪恩·霍格非法排放废弃物案"(Canterbury Regional Council v. Deane Hogg)中,法院减轻罚金处罚。②宣告无罪。"帕金森案"中法院考量恢复性结果后,对帕金森以外的其他人宣告无罪。③撤回控诉。如"奥克兰委员会诉

---

[13] See F. W. M. McElrea, The Role of Restorative Justice in RMA Prosecutions, Resource Management Journal, Vol. 12, 2004, p. 15.

[14] See Nicola Pain, Encouraging Restorative Justice in Environmental Crime, The Newcastle Law Review, Vol. 13, 2018, p. 45.

阿卡拉那高尔夫球俱乐部与景观公司非法清除林木案"(Auckland Council v. Akarana Golf Club & Treescape Ltd.)中,委员会向法院申请撤回控诉,法院准予撤诉。④签发社区服务令。例如"托马斯案"中,法院判决犯罪人从事社区服务工作400小时,并签发禁止犯罪人在未来参与任何涉及废弃物的储存或处置的商业活动的执行令。需要强调的是,即使未达成恢复性协议,在随后的刑事司法诉讼中,亦不会因未达成协议而加重对犯罪人的处罚。如"奥克兰委员会诉咖啡公司空气污染案"(Auckland Council v. Avalanche Coffee Ltd.)中,成功举行了恢复性司法会议但未达成协议,最终法院依法科处罚金。

第五,恢复性结果应受到监督。一是恢复性结果应具有公正性、现实性、可实现性及可信性,并能够在确定的适当时限内完成。利益相关者应尽可能确保达成的恢复性结果不会过于苛刻或过于宽松,当该结果与当前的量刑实践没有明显出入时,法院更有可能认可该结果。二是调解人应在量刑前向法院提供有关恢复性司法程序的报告,该报告应尽可能简洁,并准确反映会议内容和结果,主要信息包括会议时间、参与人及其身份、会议程序、恢复性结果及监督措施等。在关涉多个被害人的违法犯罪案件中,如果只有特定的被害人参与了恢复性司法程序,也应将这一情况告知法院。同时,也有义务将该报告提交给其他适当的人,例如其他被害人和犯罪人、警察、辩护律师及缓刑官等。三是恢复性结果应受到相应的监督。会议参加者应制订会议计划,清楚地确定恢复性结果及其完成的时间表,以及有关监督安排的具体信息。该计划应由被害人、犯罪人、调解人及监督者签署,如果出现不遵守恢复性协议的情形,最适当的解决方式的确定将在很大程度上取决于案件在法院的进展情况。

三、新西兰恢复性司法治理环境犯罪的意义与挑战

(一)新西兰恢复性司法治理环境犯罪的改革性意义

恢复性司法试图超越谴责和惩罚的方式,通过问责、修复和正义的方式进而系统地解决环境犯罪行为,较之于只关注惩罚犯罪人的传统刑事司法程序,其更能彰显公平和满足社会需求。

第一,恢复性司法有助于重新认识环境犯罪。环境犯罪被定义为"对人们的人身安全、健康或环境本身造成损害,因此将受到刑事起诉和制裁的违反法律的作为或不作为"。按照传统刑事司法,法院可以通过自由刑、罚金及环境恢复或补救命令等量刑选择来解决环境犯罪问题,最终实现惩罚犯罪人的目的,但无法实现对环境或传统被害人权益的保护,且对犯罪人的矫正作用有限。相较而言,恢复性司法为我们提供了不同的视角来认识环境犯罪行为。恢复性司法的开山鼻祖霍华德·泽尔(Howard Zehr)指出,"不法行为不只是违反法律的行为,亦是社区的伤口、社会关

系的损害"[15]。在此背景下,环境犯罪可视为对社会关系网络的损害,包括对地球及子孙后代的影响,长远来看,这种相互联系的世界观将会对处理具有代内和代际影响的环境犯罪的方式产生深远影响。犯罪人承担赔礼道歉、赔偿损害、生态修复的责任使传统被害人与环境所遭受的损害都能得到弥补或修复,这有助于保护环境犯罪所侵犯的法益,实现真正意义上的无害的正义。可见,恢复性司法治理环境犯罪不仅能够维护人与人关系的和谐,对于人类与环境的关系也具有改革意义。

第二,恢复性司法以被害人修复为中心。在传统的刑事司法体系中,虽然也重视对不法行为的矫正,但是以犯罪人为中心的。相反,恢复性司法为治理环境犯罪提供了一种不同的方法,即以被害人为中心开展修复或补救行动。正如约翰斯通所言,"面对犯罪时,我们的主要问题不应是对犯罪人采取什么行动,而应是对被害人采取什么行动"[16]。环境犯罪的被害人范围较为广泛,包括因环境犯罪行为而在人身或财产上遭受损害的被害人、环境与子孙后代。不同被害人的需求迥异,因此应允许利益相关者代表环境与子孙后代参与恢复性司法程序。例如,人身或财产权益受到损害的被害人可在家人、朋友或律师的陪同下参与该程序,以保障其表达合理诉求的权利;生态环境(诸如河流、森林、野生动物等)遭受损害的,存在无法为自身权利发声的事实,需由维护公共利益的政府或社会组织作为生态环境的代表参与程序,进而维护可持续发展,实现代际正义。可见,恢复性司法程序中被害人由传统刑事司法中的边缘状态提升为刑事司法体系的主体,即形成"国家—被害人—犯罪人"三角模式,被害人权益得到前所未有的保障的同时也促使各方利益趋于平衡。

第三,恢复性司法强调犯罪人的需求。传统刑事司法重在惩罚犯罪人,忽略了对犯罪人的教育及改造,严重影响犯罪人的再社会化。恢复性司法程序中犯罪人不再是被处置的对象,而是自愿参与恢复性司法程序的平等的一方当事人,通过聆听被害人关于犯罪行为对其造成的影响的陈述,理解自身犯罪行为对生态环境造成的破坏性影响;犯罪人有机会向被害人和社区表达自己的悔意并寻求谅解,自愿担责,修复环境损害。因此,应鼓励犯罪人作出个人改变并帮助他们融入社区以减少再犯。对于公司犯罪来说,可能尤其如此。恢复性司法程序的人性化刺破了公司面纱,为使公司真诚悔过,要求能代表公司意志的涉案高层管理人员亲自会见与倾听被害人的诉求,积极、亲自参与道歉并对其犯罪行为造成的损害进行赔偿。与公司法定代表人"圆滑"的道歉相比,公司犯罪人付诸行动进行忏悔更易被接受。基于真诚悔过的道歉可能包括如下影响:提高纠正造成环境或其他损害的行为的速度和效率,自愿向监管机构报告犯罪行为及其造成的环境损害,采取行动解决犯罪行为产生的原因,公司总经理亲自表示真诚悔过并阐述避免犯罪行为重复发生的计划。

---

[15] Howard Zehr, The Little Book of Restorative Justice, Good Books, 2002, p. 20.
[16] Gerry Johnstone, Restorative Justice: Ideas, Values, Debates, Routledge, 2011, p. 11.

第四,恢复性司法促进社区参与。环境犯罪对社区环境的利益也有损害,这是因为社区成员的场所感和舒适性对环境有依赖或与其有紧密关系,这在新西兰关涉毛利人的案件中尤为明显。为此,恢复性司法还应着重于满足社区的需求。恢复性司法程序为社区成员表达其利益诉求提供了渠道,犯罪人、被害人及社区参与进行有意义的对话,不仅能使犯罪人意识到犯罪行为对社区整体产生的后果与影响,而且社区参与制定的修复环境损害的决策符合公众参与原则。经验表明,对于与当地社区身份和关系紧密相连的环境犯罪的犯罪人来说,再次融入社区的愿望可能是其自愿参与恢复性司法程序的一个强大因素。[17] 例如,实施了环境犯罪行为的企业,不仅声誉会受损,而且会失去当地社区的信任。为了重建社区的信任与企业声誉,重要的一步是企业的赔偿计划,包括开展恢复或改善当地环境的项目。可见,社区在解决冲突和修复损害方面的重要作用将会从整体上改革社区和司法制度之间的关系。

第五,恢复性司法为正义之实现提供了新路径。恢复性司法提供了一个具有灵活性和回应性的基础框架,包括尊重参与者、维护被害人和犯罪人的权利、平等与公平、自愿性、程序与结果的透明性、赋权于参与者等。为此,恢复性司法会议的安排应尽可能回应参与者(尤其是被害人和犯罪人)的意愿,包括会议的议事程序、毛利人的特定仪式及会议时间和地点,调解人尝试通过讨论和谈判解决被害人和犯罪人之间的冲突,寻求理解和关注犯罪行为的动态性及其因果关系,进而实现真正意义上的无害正义。一方面,新西兰在立法中将恢复性司法适用阶段由审判阶段拓展至假释阶段,过程的多样性和实践的灵活性为恢复性正义提供了更多的空间。另一方面,恢复性司法赋权于非政府组织或公民个人等,使其作为代表为"环境与子孙后代"发声,以应对环境问题的跨域、代际等问题。例如菲律宾最高法院在"未成年人诉环境资源部部长案"(Minors Oposa v. Secretary of the Department of Environment and Natural Resources)中认为,菲律宾森林资源的减少与环境退化,是政府持续性地签发伐木许可证造成的,该行为构成了对为未成年人及子孙后代利益而应予以管理与保护的自然资源这一信托财产的滥用,违反了宪法规定的环境权与公共信托原则。为此,法院支持了欧博萨代表他的孩子们以及那些还未出生的子孙后代提起诉讼的主张,判决政府停止签发伐木许可证。[18] 新西兰借鉴菲律宾的经验,地方法院已在各种不同的情形中采纳了个人或团体可以代表后代参与诉讼的观点,为环境正义的实现提供了新途径。

---

[17] See Brian J. Preston, The Use of Restorative Justice for Environmental Crime, Criminal Law Journal, Vol. 35, 2011, pp. 146-147.

[18] See Antonio G. M. La Viña, The Right to a Sound Environment in the Philippines: The Significance of the Minors Oposa Case, Review of European Community & International Environmental Law, Vol. 3, 1994, pp. 246-252.

(二)新西兰恢复性司法治理环境犯罪的挑战与回应

在为新西兰整个刑事司法注入活力的同时,恢复性司法治理环境犯罪也引发了新的问题和挑战,适应并有效回应这种挑战的方式,影响着其恢复功能的发挥。

第一,环境犯罪中新型被害人之生态环境难以识别。环境犯罪中的主要被害人是生态环境,造成的是环境权益与犯罪人之间关系的"断裂",其有别于其他刑事范围内传统被害人与犯罪人之间的关系。如果以联合国毒品和犯罪问题办公室的《恢复性司法方案手册》规定的被害人可识别、被害人自愿参与、犯罪人担责、犯罪人自愿参与这四个关键要素为标准,如上质疑特别重要。环境犯罪中,要满足"被害人可识别"这一要素较为困难,因为传统观念认为环境犯罪不存在被害人,在此背景下,要让犯罪人为其违法行为担责并参与恢复性司法程序是一项具有挑战性的任务。

这一反对意见很重要,但不一定能成为应用恢复性司法框架解决环境犯罪问题的阻碍。其实,关键在于处理环境犯罪问题时如何认知"环境"及其所扮演的角色。如果我们仅将环境视为管理的资源或可有可无的物,那么不仅可能损害恢复性司法结果,而且可能使环境(环境犯罪的主要受害者)处于不存在的地位。在环境犯罪中,被害人所受损害的范围比较广泛,不仅包括环境与自然资源遭受的损害,还包括人身或财产遭受的损害,如私人农场主的林木损失、空气污染造成的身体损害等。为此,恢复性司法介入环境犯罪案件的首要条件是为环境找到合适的位置。正如犯罪学家罗伯·怀特(Rob White)指出的那样:"被害人识别只是恢复过程的一部分,更为重要的是恢复性司法程序中应保证被害人的声音能被听到。"[19]因此,在环境犯罪中,当树木、河流及特定生物圈等生态环境遭受损害时,需要有代表为其发声,恢复性司法给予环境发声的权利,这不仅是对环境的关注与尊重,而且对于人类与环境的关系也具有改革意义。可见,这个质疑不仅未能阻止恢复性司法治理环境犯罪,反而促使我们加强对环境的重视,进而提醒我们要通过代表参与使"无法发声"的被害人的声音被听到。

第二,恢复性司法与环境恢复措施功能相冲突。新西兰现有的环境立法规定的救济措施包括健康损害的补偿与赔偿、环境损害的补救措施及其他矫正环境违法行为的措施。恢复性司法的适用会造成制度的叠床架屋,造成有限资源的浪费。例如,法院会签发修复环境的执行令,要求罪犯采取积极行动来纠正对环境造成的不利影响,并将自然资源恢复到犯罪之前的状态(如种植树木)。然而,《资源管理法》规定的环境执行令并未得到成功实施。根据环境科学家奈杰尔·布拉德利(Nigel Bradly)的结论,该法规定的执行令未能成功实施的原因是体制性问题,包括政府间的关系、缺乏资源分

---

[19] Rob White, Indigenous Communities, Environmental Protection and Restorative Justice, Australian Indigenous Law Review, Vol. 18, 2014, pp. 43-44.

配以及双重立法冲突等。同时,环境科学教授茵嘉·卡尔曼(Inga Carlman)认为,《资源管理法》使新西兰的司法系统负有巨大责任,不仅要担当合法的监管人,还要对环境的可持续性负责,而该项任务仅能通过向法院提起诉讼来完成。法院基于司法中立性原则,在进行环境规制以实现可持续性方面并非像行政部门那样积极主动,这与《资源管理法》的宗旨相悖逆。此外,可持续性是建立在不断改进的生态科学的基础上的,因此要使司法对于生态可持续性的判断富有意义,必须与生态科学的发展变化同步,但司法系统变更的缓慢速度给《资源管理法》的成功实施带来了挑战。[20] 可见,环境立法的执行本身就是一项艰巨的任务,更不用说赔偿、补偿和补救措施的执行了,而且环境执行令属于法院科处的一种被动性责任,其对于被害人的保护及犯罪人的矫正作用相当有限。申言之,尽管现行《资源管理法》中存在环境恢复措施的规定,但这些规定的成败取决于其执行情况。此外,该质疑忽略了一个理念,即并非通过冗长的控诉来解决犯罪,而是借助控诉之媒介来应对犯罪。特别是当下倡导恢复性司法作为量刑工具的一种替代选择,其目的是使环境损害和传统被害人在犯罪人早期认罪中获得的利益补偿最优化,且尽量减少全面起诉的诉讼成本。[21]

第三,恢复性司法成为犯罪人减轻惩罚的"交换工具"。司法是诉诸救济的最后执法机制。持续性环境违法犯罪行为最有可能被地方当局提起控诉,但这种惯犯不太可能有真正的悔意,此时犯罪人可能会将恢复性司法这一"软选择"作为其减轻惩罚的"交换工具"。根据《资源管理法》提起的环境犯罪诉讼可能是基于以下事实:该控诉由对个人、公众健康或环境造成实际损害的违法行为所引起,而且对于环境犯罪的判定采取的是严格责任。这种不问犯罪意图的犯罪行为如何体现其悔意?为此,恢复性司法功能的发挥可能会受到阻碍。

实际上,恢复性司法并非"软选择",因为其仅作为量刑的一个考量因素,法院仍保留量刑的最终控制权。根据对司法实践的考察,法院在量刑时还会考虑受影响的环境的性质、造成损害的程度、犯罪的蓄意性、被告人的态度及犯罪记录等因素。如果犯罪人是公司的话,还会考量如下因素:公司的规模、资产、运营性质和权力,遵守法规的程度,犯罪所实现的利润及犯罪记录或其他具有良好形象的证据等。此外,恢复性司法达成的结果可能比法院的要求更高。恢复性司法除了要求犯罪人为自身的环境违法行为担责,还要求其回应被害人的问题及作出某种形式的道歉,并改变自己的行为以免其他人再受伤害。譬如奥克兰的"罗德尼区委员会诉萨姆和乔西损害林木案"(Rodney District Council v. Sam Wong and Josh Tupou)达成了"实施一项5年期的植被恢复项目"的恢复性结果,这种由犯罪人亲自实施的长期恢复方案反而比非恢复性的量刑

---

[20] See Chaitanya Motupalli, Intergenerational Justice, Environmental Law, and Restorative Justice, Washington Journal of Environmental Law and Policy, Vol. 8, 2018, pp. 333-345.

[21] See RM Fisher & JF Verry, Use of Restorative Justice as an Alternative Approach in Prosecution and Diversion Policy for Environmental Offences, Local Government Law Journal, Vol. 11, 2005, p. 58.

(如罚金)更能威慑罪犯。

另外,新西兰司法部制定《刑事案件中恢复性司法程序的最佳实践原则》,明确在判断刑事案件是否转介适用恢复性司法程序时应考虑多种因素,包括犯罪类型、被害人和犯罪人的参与意愿、参与者的参与能力等,且在有些犯罪案件中适用恢复性司法程序并不合理。[22] 可见,最佳实践原则相对清晰地厘定了恢复性司法程序的适用条件及范围,为在刑事司法系统中以安全、适当的方式适用恢复性司法程序提供明确指导,一定程度上缓和相应批评与质疑。职是之故,恢复性司法并非犯罪人,尤其是累犯将刑罚降至最低的"交换工具"。相反,它是一种可以创造积极结果并最小化起诉成本以治理环境犯罪的一种具有改革意义的新的解决方案。

四、对我国恢复性司法治理环境犯罪的借鉴意义

恢复性司法在我国的兴起,很大程度上也是由于传统刑罚规制环境犯罪失灵。如前所述,新西兰恢复性司法在为应对环境犯罪提供新的思路的同时,也存在质疑与挑战。为此,我国应在慎重权衡恢复性司法的利弊的基础上,汲取新西兰的有益经验来完善我国环境犯罪领域恢复性司法的具体适用。

(一)明确恢复性司法与传统刑事司法为补充关系

我国在环境犯罪领域引入恢复性司法,所面临的首要问题是如何定位其与传统刑事司法的关系。目前,关于恢复性司法与传统刑事司法的关系有三种观点:①融合关系,是指在传统刑事司法的特定阶段,转介适用恢复性司法程序,通过该程序达成的任何一种恢复性结果都可能影响诉讼的结果,例如诉讼被驳回或法院判决受影响。②替代关系,是指在进入传统刑事司法程序之前,案件将会转介适用并行的恢复性司法程序,而恢复性司法程序及其结果会替代法院对犯罪行为所作的任何刑罚回应。③补充关系,是指在刑事审判阶段之后转介适用恢复性司法程序,如在法院对犯罪人量刑前或判处犯罪人监禁刑的情形下适用,即恢复性司法被视为对传统刑事司法的补充与完善。[23]

经过实践的发展,恢复性司法无法替代传统刑事司法,主要表现在三个方面:一是在整个恢复性司法程序中,被害人与犯罪人必须是自愿而不是受胁迫参与,且恢复性

---

[22] See John Verry, Felicity Heffernan and Richard Fisher, Restorative Justice Approaches in The Context of Environmental Prosecution, in The Australian Institute of Criminology Conference for Safety, Crime and Justice: From Data To Policy, Canberra, 2005, p. 4.

[23] See Marc Groenhuijsen, Victim-Offender Mediation: Legal and Procedural Safeguards. Experiments and Legislation in some European Jurisdictions, in The European Forum for Victim-Offender Mediation and Restorative Justice ed., Victim-Offender Mediation in Europe: Making Restorative Justice Work, Leuven University Press, 2000, pp. 69-71.

结果也必须是自愿作出且能反映双方的共识;二是恢复性司法的适用范围有限,对于一些不具有恢复性或恢复性无效的犯罪案件仍适用是不合理的;三是恢复性司法程序通常是在犯罪人认罪且在法院量刑前介入,达成的恢复性结果会影响法院的量刑,最为普遍的做法是减少罚金。因此,恢复性司法与传统刑事司法是相互补充、相互增进的关系,而非相互替代、相互竞争的关系。正如霍华德·泽尔在《恢复性司法》中写到的,"恢复性司法不是万灵药,也不是法律体系的替代物。恢复性司法绝对不是可以适用所有情况的方案。至于说它应当在现实世界中,甚至是在一个理想化的世界中取代法律体系,这一点也是不甚明朗的"〔24〕。为此,我国要实现惩罚犯罪与修复环境之双重目标,应将恢复性司法定位为传统刑事司法的补充,这样才能握好整个刑事司法制度的转向盘,适应不断发展变化的环境犯罪。

(二)匡正恢复性司法与环境恢复性措施之区别

新西兰规制环境犯罪修复损害的方式包括环境执行令和恢复性司法,二者的性质迥异:环境执行令是一种被法院科处的被动性责任,不受自愿性及适用范围的限制;而通过恢复性司法程序达成的恢复性结果是双方在自愿参与的前提下达成的修复损害的共识。可见,在恢复性司法程序不适宜或无法转介适用时,具有修复性的环境执行令仍能起到修复环境损害之目的。反观我国,运用恢复性司法治理环境犯罪的模式具有多元性:一是将犯罪人采取恢复性措施作为酌情从轻处罚或适用缓刑的条件;二是以判决判项的方式判处犯罪人履行生态修复的责任;三是以刑事附带民事公益诉讼的方式要求犯罪人承担生态修复的责任。这种多元化的模式在发挥其积极效果的同时,一定程度上反映了恢复性司法适用的混乱。其原因是现行《刑法》关于恢复性司法的规定缺位,不仅导致恢复性司法引发"以赔代罚、以工代罚"的质疑〔25〕,而且将以判决判项的方式要求犯罪人承担补植复绿或生态修复责任的做法视为恢复性司法的范畴,存在混同与错位的困境,亟待通过立法匡正其关系。

为此,在一切制度构建均应服膺法治的要求下,完善我国立法供给方为治本之策,具体应从如下两方面着力:一方面,我国应在《刑法》中明确将恢复性结果作为法定量刑情节予以考虑,这样不仅能避免量刑情节对刑罚的不确定性和随意性,亦能正确反映恢复性结果与量刑之间的关系,进而在于法有据的情况下增进公众对恢复性司法价值的认可。〔26〕 同时,为消除恢复性司法引发的"花钱买刑"或"赔偿减刑"的质

---

〔24〕 〔美〕霍华德·泽尔:《恢复性司法》,载王平主编:《恢复性司法论坛》(2005年卷),群众出版社2005年版,第373页。

〔25〕 参见李挚萍:《生态环境修复司法的实践创新及其反思》,载《华南师范大学学报(社会科学版)》2018年第2期。

〔26〕 参见王树义、赵小姣:《环境刑事案件中适用恢复性司法的探索与反思——基于184份刑事判决文书样本的分析》,载《安徽大学学报(哲学社会科学版)》2018年第3期。

疑,有必要限定恢复性司法的适用范围:一是犯罪行为较为轻微;二是适用于初犯,不适用于惯犯和累犯。如果持续实施环境犯罪行为的犯罪人受自身利益的驱使对恢复性司法加以利用,那么环境犯罪可能暴露于不可接受的风险之中。另一方面,对于环境犯罪,须树立"惩防并举、重在修复、保护环境"的治理理念,而恢复性措施的适用不受适用条件与范围的限制,因为其不需要以犯罪人的自愿为前提,不会引发"花钱买刑"或"赔偿减刑"的质疑。此外,对于那些经济状况不佳、无力赔偿的犯罪人,可判处犯罪人进行社区服务,这样不仅强化"犯罪要付出代价"的责任观念,且有利于犯罪人以健康的心态再次融入社区生活。为此,我国应在《刑法》中增设"生态修复"和"社区服务"的责任形式,以最大限度地保护被侵害的环境法益,从而实现治理环境犯罪的目的。

(三)设计规范的恢复性司法程序促实体正义之实现

恢复性司法程序为被害人与犯罪人搭建了一个协商沟通的平台,打破被害人和犯罪人之间"断裂"的关系的态势,保护被害人权益的同时兼顾保障犯罪人权益,对于减少与预防犯罪大有裨益。在我国,相较于恢复性程序,更注重恢复性结果,势必对于犯罪人的积极回归的改造存在局限性,很可能影响实体正义之实现。因此,我国转介适用恢复性司法程序应举行恢复性司法会议,以程序正义促实体正义之实现。

第一,程序启动以自愿参与为基础。在整个恢复性司法程序中,被害人与犯罪人的参与必须是自愿的;未经双方的知情同意,该程序将无法进行。被害人与犯罪人不应受胁迫参与恢复性司法程序,且有权随时(包括在会议期间)撤回同意。恢复性结果必须是自愿作出的,并反映被害人和犯罪人的共识。

第二,犯罪人担责是前提。犯罪人需要积极承认罪行,为犯罪行为及其后果承担个人责任,而不是仅仅由法院对其处以被动的责任。犯罪人对于犯罪行为的事实陈述是其愿意担责的最佳证明。需要强调一点,基于恢复性司法与刑事司法的补充关系,在犯罪人不同意转介适用恢复性司法程序或转介适用恢复性司法程序未达成恢复性协议或结果的情况下,司法机关不得将该情况作为加重刑事处罚的依据,否则有违恢复性司法理念。[27]

第三,合适的调解人能确保恢复性司法程序的有效转介。恢复性司法程序的有效转介需要合理且透明的流程,包括选择合适的调解人、监督调解人的行为、监督和定期培训调解人、维护参与者与调解人的安全等。高素质的调解人对于有效的恢复性司法程序至关重要。调解人不仅需要有与不同类型的人沟通、对话以处理冲突的能力,还需要对当地文化和社区(包括对制订或执行潜在计划可能有帮助的社区服务和组织)、刑

---

[27] 参见高丽丽:《环境刑事犯罪的刑法规制与完善——以恢复性司法的引入为视域》,载《大连海事大学学报(社会科学版)》2018年第3期。

事司法制度和恢复性司法程序、被害人和犯罪人问题(例如被害人可能遭受的伤害)等有所了解。

第四,多元主体参与。尽管被害人与犯罪人是恢复性司法程序的核心,其他主体亦应以相应的程度参与其中,主要包括环境专家、检察官、法官等人员。一方面,环境犯罪案件关涉专业性、技术性方面等问题,在恢复性司法程序中引入专家参与机制不仅能弥补当事人在专业领域知识方面的不足,而且契合环境公众参与原则的精髓,更能实现看得见的正义。另一方面,检察官、法官等人员属于法律专业人员,其参与恢复性司法程序有助于实现与传统刑事司法的衔接。尤为值得强调的是,检察官、法官等人员可以参加恢复性司法会议,但与其在传统刑事司法程序中发挥的作用截然不同。在恢复性司法会议中,检察官、法官等人员可以提供建议和支持,但不是恢复性协议的当事方,亦不能主导讨论。

(四)加强监督机制以保障恢复性结果履行到位

恢复性司法作为一种系统性解决环境犯罪问题的新思路,不仅需要设计规范的程序以保护参与者的合法权益,而且需要加强对恢复性结果的监督以保障其履行到位。为此,我国应完善相应的监督机制,从而使得通过恢复性司法程序达成的修复环境的恢复性结果能有效、快速地落实到位。

第一,法院应审查通过恢复性司法程序达成的恢复性协议的合法性与合理性,确保恢复性结果的公正性、现实性、可信性及可实现性,避免出现过于苛刻或过于宽松的情况,进而使得法院在考虑恢复性结果的基础上对犯罪人的量刑能同时兼顾惩罚与恢复目标。恢复性结果必须是自愿达成的,并反映被害人和犯罪人的共识,但达成恢复性结果不应是恢复性司法程序的唯一重点。即使最后没有达成恢复性结果,该程序仍然具有恢复性价值。

第二,基于生态修复的专业性与技术性,应由专门的生态环境行政部门负责执行与监督被告人生态修复义务的履行情况,加强回访并定期检查生态恢复情况,避免恢复性结果出现虚置或执行不到位的困境。此外,适用缓刑或假释的被告人,如拒不履行恢复性结果或履行未达标准,经督促劝告后仍未改正的,生态环境行政部门应及时向法院提出监督意见,法院可以依法撤销缓刑或假释。

第三,检察院、法院、生态环境行政部门等相关部门可联合建立绿色公益社区矫正基地,通过组织矫正对象参与绿色公益劳动,培养矫正对象的环境保护意识,提高其绿地养护技能,并将参加公益劳动作为矫正对象的考核内容。[28]

第四,发挥公众参与的作用。恢复性司法程序中应引入公众参与,尤其是当被害

---

[28] 参见王树义、赵小姣:《恢复性司法治理环境犯罪的澳大利亚经验与中国镜鉴》,载《国外社会科学》2020年第1期。

人为"生态环境"时,需要听取公众的意见以保障其环境权利;同时,关涉生态环境损害的鉴定评估标准、方案内容及验收结果等环境公共利益的事项实行信息公开,便于公众参与监督[29],这样既能促使犯罪人积极履行协议义务,也能增强恢复性司法治理环境犯罪的认同感。

五、结　语

重惩罚、轻修复的传统刑罚规制环境犯罪失灵,新西兰开始探索在环境犯罪领域适用恢复性司法,旨在实现具有恢复性和前瞻性的环境犯罪新治理。通过考察新西兰恢复性司法治理环境犯罪的蓝本可以发现,一方面,恢复性司法与传统刑事司法的关系得以因应:二者相互补充,聚焦于不同的领域并形成功能相互补充的环境犯罪规制制度;另一方面,恢复性司法应对环境犯罪问题是潜力与挑战共存的。在我国,随着生态文明建设写入《宪法》和《中国共产党章程》,司法机关在环境犯罪领域创新运用恢复性司法理念是顺应生态文明建设和绿色发展潮流的。创设多样性的恢复性措施保护生态环境,有助于环境司法理念的更新及环境责任承担方式的创新与发展,也能唤醒犯罪人对环境损害的责任感,恢复人与人、人与自然的和谐关系。未来,我国在完善恢复性司法在环境犯罪领域的具体适用时,应立足现实进行规范化的制度设计,完善恢复性司法的法律供给以契合制度构建应于法有据的要求,规范恢复性司法程序以保护当事人的基本权利,保障恢复性措施履行以确保生态环境得以最大限度地修复,答好新时代生态文明建设的历史考卷。

---

[29] 参见吴永河、黄胜等:《深化恢复性司法,推进生态检察实践》,载《检察日报》2018年12月5日,第3版。

论污染环境犯罪刑法适用中的社会参与[*]

安汇玉[**]

要 目

一、社会参与污染环境犯罪刑法适用的现实动因
　(一)污染环境犯罪刑罚适用不足
　(二)污染环境犯罪行为模式特殊
二、社会参与污染环境犯罪刑法适用的理论依据
　(一)基于本体结构的内部证成
　(二)基于目的实现的外部功能
　(三)社会参与的多重价值依归
三、社会参与污染环境犯罪刑法适用的实践考察
　(一)域内社会参与的实践检视
　(二)域外社会参与的经验考察
四、社会参与污染环境犯罪刑法适用的制度建构
　(一)加强社会参与的动力供给
　(二)构建社会参与的多元机制
　(三)划定社会参与的边界限度
五、结语

摘 要 面对我国环境污染问题日益严峻的现实,应当结合污染环境犯罪的行为模式特性,重视社会主体在刑事司法和执行环节的参与作用。我国污染环境犯罪治理虽不排斥社会主体参与其中,但是存在社会参与的主体不积极、范围不平衡、效果不明显等困境,暴露出社会参与能力欠缺、动力不足、机制疏漏等问题。在借鉴域外国家关于社会参与的动力支持、主体面向与制度设计等有益经验的基础上,应当结合我国污

---

[*] 本文系2019年度国家社会科学基金重大项目"污染环境犯罪多元治理机制研究"(19ZDA160)的阶段性研究成果。
[**] 北京大学法学院博士研究生。

染环境犯罪治理需要,整合公众、个人等多元社会主体资源,弥补过分倚重国家公权力机关的传统刑法适用模式之弊,勾勒社会参与污染环境犯罪刑法适用本土路径,践行"国家主导、社会参与"犯罪治理方案。

关键词　污染环境犯罪　社会参与　刑事司法　刑事执行

自 2011 年《刑法修正案(八)》规定"污染环境罪"以来,最高人民法院、最高人民检察院于 2013 年、2016 年两度颁布相关司法解释,《刑法修正案(十一)》亦对相关罪名修改完善,表明党和国家高度重视对环境污染刑事案件的治理。然而,由于污染环境犯罪的公害性、复杂性、隐蔽性以及组织性等因素,国家单一主体力量难以圆满完成治理重任,社会参与污染环境犯罪刑法适用的意义由此凸显。刑法学界亦不乏吸纳社会主体参与犯罪治理的主张。概览域外研究成果,不仅有政策学理论检讨[1],也有以社会控制理论为代表的犯罪学实证分析[2]。自储槐植教授首次提出"国家—社会"双本位犯罪控制模式以来[3],国内学界也对此高度关注。梁根林教授明确指出,"国家应当将一部分与犯罪作斗争的权力从国家刑罚权中分割出来还给社会"[4],卢建平教授提出,民间社会与官方(国家)在共治领域应形成协同支持、国家主导的伙伴关系[5];莫晓宇教授通过梳理刑事政策体系变迁,论证了民间社会对于犯罪控制与治理的重要作用[6]。但是,既有研究的学术视野相对宏大,对于社会参与个罪刑法适用的制度检讨相对有限。

基于此,在环境污染问题日趋严峻的现实背景下,本文以污染环境犯罪刑法适用中的社会参与为主题,逐一研判:我国污染环境犯罪治理是否有必要吸纳社会主体?社会主体参与污染环境犯罪刑法适用的理论依据是否充分?如果充分,那么如何建构社会参与污染环境犯罪刑法适用的本土制度?下文将由此展开。

一、社会参与污染环境犯罪刑法适用的现实动因

污染环境犯罪刑罚适用不足与污染环境犯罪行为模式的特殊性,是吸纳多元社会主体积极参与污染环境犯罪刑法适用的现实动因。

---

[1] 参见〔法〕米海依尔·戴尔玛斯-马蒂:《刑事政策的主要体系》,卢建平译,法律出版社 2000 年版,第 53—57 页。
[2] 参见吴宗宪:《西方犯罪学史》(第 2 版),中国人民公安大学出版社 2010 版,第 1161 页。
[3] 参见储槐植:《刑事一体化与关系刑法论》,北京大学出版社 1997 年版,第 89 页。
[4] 梁根林:《刑事法网:扩张与限缩》,法律出版社 2005 年版,"代自序"第 9 页。
[5] 参见卢建平、莫晓宇:《刑事政策体系中的民间社会与官方(国家)——一种基于治理理论的场域界分考察》,载《法律科学(西北政法学院学报)》2006 年第 5 期。
[6] 参见莫晓宇:《演进与启示:中国民间社会在刑事政策体系中的角色变迁》,载《中外法学》2006 年第 6 期。

(一) 污染环境犯罪刑罚适用不足

污染环境犯罪主要包括污染环境罪、非法处置进口的固体废物罪、擅自进口固体废物罪。不过，在笔者通过中国裁判文书网检索所得的 12408 篇污染环境犯罪刑事一审裁判文书中，污染环境罪裁判文书占比多达 99.94%。[7] 据此，通过探究污染环境案件的刑罚适用轻重即可大致了解污染环境犯罪惩治情况。

在前述 12408 篇文书检索结果的基础上，添加"全文:免予刑事处罚"检索条件，得到 433 篇文书；添加"全文:缓刑"检索条件，得到 6572 篇文书；添加"全文:拘役"检索条件，得到 6371 篇文书；添加"全文:有期徒刑七年"检索条件，得到 53 篇文书。具体来看，河北省"作为空气污染和水污染最为严重的省，其对污染环境行为的处罚力度整体偏低"[8]，而且，"当前我国法院对污染环境罪的裁量整体上是偏轻的"[9]。同时，污染环境罪刑事一审判决数量虽逐年走高，但仅占破坏环境资源保护罪刑事一审判决总量的 8.46%，仅从这一数据对比看，我国污染环境犯罪数量似乎不是很多。然而，上述数据只是官方犯罪统计，碍于污染环境犯罪行为的专业技术性和复杂隐蔽性，大量非法排放、倾倒或者处置毒害物质的行为未被发觉，以犯罪黑数形式持续存在。[10]

刑罚适用严厉性与法定刑设置有较大关联，而刑罚适用必定性则取决于个案刑事司法过程。在污染环境犯罪刑事法律体系日臻完善的法治环境下，应对污染环境犯罪刑法适用过程给予更多关注。如贝卡里亚所言，"对于犯罪最强有力的约束力量不是刑罚的严酷性，而是刑罚的必定性"[11]。整体上看，污染环境犯罪刑罚适用必定性缺失的成因是多方面的，除环境保护监督管理工作有待加强之外，还与污染环境犯罪行为模式本身的特性密切相关。

(二) 污染环境犯罪行为模式特殊

污染环境犯罪刑罚适用必定性的缺失，与污染环境犯罪行为模式的特殊性不无关联。为提升污染环境犯罪治理的实效，应积极寻求社会主体的广泛参与。

---

[7] 以"案件类型:刑事案件""审判程序:刑事一审""文书类型:判决书""案由:污染环境罪"为条件，检索到 12400 篇文书。将案由更换为"非法处置进口的固体废物罪"，检索到 8 篇文书；将案由更换为"擅自进口固体废物罪"，未检索到文书。数据来源：中国裁判文书网(https://wenshu.court.gov.cn/)，访问日期:2024 年 8 月 31 日。

[8] 冯军、敦宁主编：《环境犯罪刑事治理机制》，法律出版社 2018 年版，第 316 页。

[9] 有 80% 以上被告人被判处了一年半以下有期徒刑；在罚金刑的适用上，绝大多数被告人被判处 3 万元以下罚金。参见焦艳鹏：《运用刑法遏制污染环境犯罪》，载法治网(http://www.legaldaily.com.cn/index_article/content/2019-11/16/content_8048791.htm)，访问日期:2021 年 1 月 13 日。

[10] 参见安汇玉、汪明亮：《论污染环境犯罪黑数》，载赵秉志主编：《刑法论丛》(2021 年第 3 卷·总第 67 卷)，法律出版社 2022 年版，第 329 页。

[11] [意]切萨雷·贝卡里亚：《论犯罪与刑罚》，黄风译，中国方正出版社 2004 年版，第 57 页。

第一,污染环境犯罪侵害公共利益,属于典型的公害犯罪。所谓"公害",是指对不特定多数人造成危害或者危害可能性的现象。[12]《环境保护法》第 1 条明确该法旨在"防治污染和其他公害",并且规定社会组织可以对污染环境的行为向人民法院提起诉讼,这与《民事诉讼法》规定的环境保护公益诉讼制度照应。并且,《刑法修正案(八)》对《刑法》第 338 条作出修改,以"严重污染环境"取代"造成重大环境污染事故,致使公私财产遭受重大损失或者人身伤亡的严重后果"的表述。据此,污染环境罪的法益是维持人类存续的生态环境[13],学者将其特征概括为公益性和大众性[14],因而对污染环境犯罪的治理必须正视社会诉求。

第二,污染环境犯罪致害机理复杂。生态环境是一个相对封闭的整体系统,排放、倾倒、处置污染物的行为未必直接危害不特定多数人的财产安全和生命健康,而是可能通过土壤、水体、空气等中介物间接造成损害结果,这一过程时空延展性极强,污染行为往往在污染物质累积到一定数量后才被发现。司法机关囿于技术局限,对相关案件的程序启动主要依赖环保部门移送,故行政执法与刑事司法的衔接环节容易滋生犯罪黑数。加之污染环境犯罪均为法定犯,以行政法规的禁止性规范为前提,不免需要学理解释支持,因而有必要吸纳专业人才。

第三,污染环境犯罪作案方式隐蔽。在地理位置上,此类行为多发生在城郊偏僻地区,行政执法力度相对薄弱,难以及时发觉不法行为;在手段方式上,不法分子多采用特殊方法排放、倾倒、处置污染物以逃避监管,比如挖掘渗漏坑、渗透井,或使用高压泵直接将大量污水等有害物质排入土壤等。由于作案方式较为隐蔽,监管机关仅凭自身力量所能掌握的线索有限,社会主体基于利益因素或者地缘因素等往往对环境污染情况更为了解。有鉴于此,为有效遏制和降低污染环境犯罪黑数,应当动员广大群众积极提供案件查办线索。

二、社会参与污染环境犯罪刑法适用的理论依据

吸纳社会主体参与污染环境犯罪的刑法适用,不仅是现实驱动的必然选择,而且具备相应的理论依据。

(一)基于本体结构的内部证成

从哲学视角观之,社会参与是承认主体间性的逻辑结果,社会参与污染环境犯罪刑法适用是从认知关系转向沟通关系的具体实践。"主体间性"(Intersubjektivität)是

---

[12] 参见李兰英:《公害犯罪研究》,法律出版社 2016 年版,第 13—14 页。
[13] 参见周光权:《刑法各论》(第 4 版),中国人民大学出版社 2021 年版,第 490 页。
[14] 参见陈晓明:《环境刑法论纲》,载《法治研究》2015 年第 2 期。

对主体性问题批判反思的产物,致力于在不同主体间有效达成共识。20世纪后期,哈贝马斯将主体间性推向极致,交往理性不再被归于单个主体或国家—社会层次上的宏观主体,参与者的同意"是同对于可批判的有效性主张的主体间承认相联系,并表现出准备承担来自共识的那些同以后交往有关的义务"[15]。主体间性理论为人类认识现代政治和法律的权威提供了新视域:秩序的建立有赖于参与者对规范有效性的承认,"因为人的主体性不再是建立在理性基础之上的认知主体,而是一个与他者话语沟通的实践主体"[16]。法律生活中亦是如此,"法之发现不仅仅是一种被动的推论行为,而是一种构建行为……之于这种法思维,只能存在一种'敞开的体系',在敞开的体系中,只能存在'主体间性'"[17]。因此,为促成各方对法律事实、法律目的以及司法裁判的接受和认可,刑法适用过程应当吸纳多元社会主体参与其中。

复以政治学视角探之,社会参与可谓民主思想的现实表征。维护生态环境安全是全人类的共同责任,不仅指向公权力机关,而且指向普通公民、社会组织、专家学者以及企业等社会主体。根据卢梭对社会契约论的诠释,在多主体共同参与治理的制度下,每个主体必然服从他所要求别人遵守的条件,能实现"利益和正义两者之间的可赞美的一致性"。[18] 就此而言,吸纳社会主体参与污染环境犯罪刑法适用,符合民主思想的内在意蕴和逻辑要求,能够实现治理污染环境犯罪与保护生态环境的一致性,更与参与型政治文化呼应。[19] 污染环境犯罪涉及公共利益,参与型政治文化势必指向其刑法适用中的社会参与,这符合现代民主政治的发展需求。

主体间性理论和人民主权思想是社会参与的价值内核。前者为其提供异于主体哲学的崭新认识视角,促使在不同主体间形成污染环境犯罪治理共识;后者则以参与型政治文化证立污染环境犯罪治理分工,纠偏过于倚重公权力的犯罪控制模式。

(二)基于目的实现的外部功能

首先,社会参与能够增加社会资本存量。法国社会学家皮埃尔·布尔迪厄认为,"社会资本是实际或潜在的资源的集合体……它从集体性拥有的资本的角度为每个会员提供支持"[20]。美国社会学家罗伯特·D.帕特南表示,社会资本"诸如信任、

---

[15] 〔德〕哈贝马斯:《在事实与规范之间:关于法律和民主法治国的商谈理论》(修订译本),童世骏译,生活·读书·新知三联书店2014年版,第4—5页。
[16] 童德华:《主体间性理论对刑法现代化的再造》,载《当代法学》2017年第3期。
[17] 〔德〕阿图尔·考夫曼、〔德〕温弗里德·哈斯默尔主编:《当代法哲学和法律理论导论》,郑永流译,法律出版社2013年版,第146页。
[18] 参见〔法〕卢梭:《社会契约论》,李平沤译,商务印书馆2011年版,第36页。
[19] 参与型政治文化是美国政治学家阿尔蒙德和弗巴提出的政治学概念,指代一种先进的政治文化。参见方盛举:《参与型政治文化与当代中国政治文明建设》,载《社会科学研究》2006年第5期。
[20] 〔法〕皮埃尔·布尔迪厄:《文化资本与社会炼金术——布尔迪厄访谈录》,包亚明译,上海人民出版社1997年版,第202页。

规范以及网络,它们能够通过促进合作行为来提高社会的效率"[21]。我国学者汪明亮教授则从本土语境提出,社会资本存量与犯罪控制实效呈正相关关系[22],换言之,有必要通过增加社会资本总量来实现犯罪治理。遗憾的是,"在我国当前社会转型过程中,社会资本缺失已成为一个不争事实……社会资本缺失已经成为当前诸多犯罪生成的一类重要的社会因素"[23]。由于"社会资本的产生在很大程度上集中在公民社会"[24],自然应当积极推进多元社会主体参与污染环境犯罪治理,以有效增加污染环境犯罪刑法适用过程中的社会资本存量,最终提升污染环境犯罪治理实效。

其次,社会参与是协同主义的题中之义。"协同主义"(Kooperationsmaxime)最初适用于民事诉讼,即原告、被告、法官三方协同以实现司法公正。[25] 刑事诉讼中,我国学者提出"控审关系从配合走向协同"[26],"控审协同受审辩协同的制约,审辩协同处于中心地位"[27]。实际上,我国已有相关实践。"根据认罪认罚程序和刑事和解程序的实施经验,我们可以提出一种协商性的程序正义理论。"[28] 投射至刑法适用过程,以侦查为例,虽然《刑事诉讼法》规定"刑事案件的侦查由公安机关进行",但是,发现犯罪及时报案或者举报是公民的权利和义务,实践中也不乏公安机关"悬赏破案"的情况。碍于污染环境犯罪的隐蔽性和复杂性,当地居民和专家学者等基于地缘因素或智识优势能够为刑法适用提供正向支持。

最后,社会参与是实现善治的必由之路。治理,包括政治权威的规范基础、处理政治事务的方式和对公共资源的管理等内容。[29] 随着时代发展变迁,政府主体之外的社会力量越发强大,为弥补国家权力运作局限,治理理论提出"治理是政府与非政府组织之间建立复杂伙伴关系的安排"[30]。在此基础上,学界进一步提出善治(good governance),其本质特征在于公权力主体与社会主体对公共生活的合作管理。[31] 将这种协作关系置于犯罪治理,最显著的表现即由国家垄断转变为吸纳社会主体参与其中。面对日趋严峻的环境污染形势,不能再对国家主体和社会主体作单向度或孤立化认识,应当着力研讨二者在污染环境犯罪刑法适用过程中如何形成良性互动关系,以引

---

[21] 〔美〕罗伯特·D.帕特南:《使民主运转起来:现代意大利的公民传统》,王列、赖海榕译,江西人民出版社2001年版,第195页。
[22] 参见汪明亮:《社会资本与刑事政策》,北京大学出版社2011年版,第17页。
[23] 汪明亮:《基于社会资本解释范式的刑事政策研究》,载《中国法学》2009年第1期。
[24] 〔美〕戈兰·海登:《公民社会、社会资本与发展》,周红云译,载《马克思主义与现实》2000年第1期。
[25] 参见杨严炎:《论民事诉讼中的协同主义》,载《中国法学》2020年第5期。
[26] 杨婷:《论协同主义诉讼模式在刑事诉讼中的导入》,载《法学评论》2017年第2期。
[27] 亢晶晶:《协同主义诉讼模式在刑事诉讼中的导入——兼谈我国控辩审关系的反思与重构》,载《法律科学(西北政法大学学报)》2015年第3期。
[28] 陈瑞华:《论协商性的程序正义》,载《比较法研究》2021年第1期。
[29] 参见俞可平:《治理和善治:一种新的政治分析框架》,载《南京社会科学》2001年第9期。
[30] 汪明亮:《公众参与型刑事政策》,北京大学出版社2013年版,第36页。
[31] 参见前注[29]。

导、控制和规范公民活动,从而实现规制污染环境犯罪的制度目标。

(三)社会参与的多重价值依归

此外,社会参与刑法适用对于污染环境犯罪治理具有理论和实践的双重价值。

1. 理论价值

其一,回应开放式刑法理论体系。刑事司法若期望以判决引导法律生活,就必须建立与法律受众之间的互信关系,而互信关系的基础即司法系统为受众提供被普遍接受的判决。为此,势必突破封闭思维,以对话寻求司法系统与法律受众的联结点。吸纳多元社会主体参与污染环境犯罪刑法适用,正是对开放式刑法理论体系的实践呈现,其价值不仅在于准许民意以合理方式进入司法审判,更在于弥补传统模式可能存在的种种弊端,以契合犯罪特性的刑法适用机制满足犯罪治理实践需要。

其二,更新传统刑事责任论构造。社会参与为刑事责任观念提供了新的可能,其重要理据之一即恢复性司法理念。美国学者巴尼特(R. Barnett)1977年提出"Restorative justice"一词。[32] 我国学者将恢复性司法定义为"与特定犯罪有利害关系的各方共同参与犯罪处理活动的司法模式"[33]。基于污染环境犯罪的公害性,吸纳社会主体参与其刑法适用正是对恢复性司法理念的实践,兼顾污染环境犯罪行为人和受害者。如学者所述,恢复性司法带给我们的最大启示是:"社会秩序并不必然仅仅依靠国家公权力加以维护,法治也不必然是以国家意志为基准的法律规则之治,多元化的价值观和多元化的犯罪处理模式会使现代法治更富有效力。"[34] 在此意义上,社会参与是对传统刑事责任论构造的检讨。

其三,发展公众参与型刑事政策。如上所述,随着国家与社会之间的力量对比变化,仅依靠强制力而垄断实施刑事政策的做法面临信任危机。汪明亮教授提出的公众参与型刑事政策正是有力回应,这种刑事政策并不否认政府的主导或引导作用,而是提倡在重视公权力主体作用的同时,更注重吸收社会公众参与刑事政策的制定与执行。[35] 吸纳多元社会主体参与污染环境犯罪刑法适用,是公众参与型刑事政策的个罪呈现。考虑到环境犯罪与食药犯罪等具有相似性,其社会参与机制对于其他领域犯罪的治理亦有借鉴意义,是公众参与型刑事政策的重要实践。

2. 实践价值

一方面,社会参与刑法适用有益于准确认定污染环境犯罪案件的事实。基于污染环境犯罪行为的隐蔽复杂特征,环保部门和司法机关仅凭自身力量主动发现并掌握的

---

[32] 转引自刘晓虎:《恢复性司法研究——中国的恢复性司法之路》,法律出版社2014年版,第20页。
[33] 吴宗宪:《恢复性司法述评》,载《江苏公安专科学校学报》2002年第3期。
[34] 陈晓明:《修复性司法的理论与实践》,法律出版社2006年版,第213页。
[35] 参见前注[30],第11页。

案件线索较为有限,大量排放、倾倒或者处置有害物质的污染环境行为难以被发觉而成为犯罪黑数。相较于环保部门和司法机关,社会主体的参与由此具有重要价值:当地居民基于个人利益关切或地缘优势往往对位于监管排查死角的污染环境犯罪的情况更为熟知,专家学者基于专业技能对污染环境行为的机理和因果流程更为了解,环保组织基于职责使命对于污染环境犯罪案件的线索有更多关注。

另一方面,社会参与刑法适用有益于正确适用污染环境犯罪法律规范。当下,我国经济仍处于从高速到高质的转型阶段,部分地方政府片面追求经济增长而不惜牺牲生态环境。"环保部门和公安机关属于政府的职能部门,一般不会违背政府的意愿查处企业的污染行为;即使违背政府的意愿去查处,也是'胳膊拗不过大腿',最终都不了了之。"[36]吸纳社会主体参与污染环境犯罪治理,正是驱散地方保护主义阴霾的利器。此外,专家学者的学理解释是污染环境犯罪司法适用的重要智力支持,有益于司法机关正确适用污染环境犯罪相关法律规范。

三、社会参与污染环境犯罪刑法适用的实践考察

尽管我国污染环境犯罪治理实践不排斥社会主体参与其中,但当前实践面临多重困境,结合困境成因考察域内与域外社会参与的理念与制度实践,可以发现诸多有益经验。

(一)域内社会参与的实践检视

随着社会主义市场经济纵深发展,国家治理体系和治理能力现代化水平不断提高,社会参与犯罪治理的积极性日渐增强,犯罪治理制度设计也保留了公众参与空间。就污染环境犯罪治理实践而言,社会参与在刑事侦查、审判以及执行环节均有体现。在侦查环节,社会参与主要表现为群众提供案件线索,比如南京警方侦破的长江南京段首起船舶污染环境刑事案件,便是根据当地居民提供的现场照片等得以判断案件性质[37];在审判环节,近年来各地司法机关对公民旁听案件审判越加重视,邀请公众参与污染环境犯罪案件审判的报道频见报端;在执行环节,社会参与主要体现在司法行政机关要求社区矫正对象从事生态环境修复工作,强化生态教育矫治等。不过,我国污染环境犯罪治理的社会参与实践效果尚不尽如人意,存在较大提升空间。

总体来看,当前实践存在范围不平衡、主体不积极、效果不明显等困境。首先,就参与范围来看,在社会参与环节上,多集中于环境保护相关民事和行政司法活动,刑事司法活动相对较少,即便有也多局限于旁听、媒体报道等方式;在社会参与

---

[36] 李梁:《环境污染犯罪的追诉现状及反思》,载《中国地质大学学报(社会科学版)》2018年第5期。
[37] 参见方思伟:《守护一江清水!南京警方侦破长江南京段首起船舶污染环境刑事案件》,载新华报业网(http://www.xhby.net/nj/zx/202004/t20200416_6605445.shtml),访问日期:2024年8月16日。

主体上,多集中于经济水平较高的地区和受教育水平较高的群体,物质文化资源相对匮乏地区的公众较少参与。其次,就参与主体来看,除国家工作人员以及环境、法律专业领域人士外,大部分公众受从众心理影响才参与其中,主动性明显欠缺;囿于制度局限,专家学者也处于相对尴尬的位置,很少真正有效地参与具体刑法适用过程。最后,就参与效果来看,尽管有相当数量的新闻报道涉及污染环境犯罪案件,但相关内容通常是将信息单向输出给社会公众,即便部分意见反馈至司法机关,往往也难以产生实质性影响。

究其成因,从社会参与能力来看,无论是国家工作人员还是一般民众,环境保护的法律意识与社会参与的权利意识均有待提升,我国参与型政治文化建设有待加强。受限于物质文化发展现状,社会参与动力有限,不仅总体发展水平限制了社会参与的整体质效,而且地区发展差异直接影响了社会参与的均衡性;加之涉事主体多为大型化工企业等地方纳税"大户",公民举报多因复杂利益关系而受阻。此外,着眼于参与机制,社会参与污染环境犯罪刑法适用缺乏配套制度保障,最能体现公民参与司法的自诉制度在污染环境犯罪中几乎没有存在空间,公益诉讼制度多限于民事诉讼领域,未能为污染环境犯罪被害人、环保组织以及企业等主体提供有效的参与机制。

(二)域外社会参与的经验考察

环境污染问题是全人类所面临的共同挑战。结合我国社会参与困境的成因考察域外社会参与的实践经验,可以为我国本土制度的建构提供诸多有益参考。

1. 社会参与的动力支持

由美国公众发起的现代环境保护运动促使环境社会学、环境政治学、环境法学等学科产生,这些新兴学科从不同方面对环保事业作出了卓越贡献,普通民众更是以舆论压力促使美国联邦政府先后设立各等环保机构并颁布系列法律法规。[38] 英国作为第一次工业革命的发源地,是较早因工业污染引发环境问题的国家,也是较早通过法律手段治理环境污染的国家,经过百年摸索实践,其多元主体齐抓共管的治理模式已较为成熟。[39] 德国政府为调动社会主体参与环境污染治理的积极性,不仅建立专门教育机构培养环保人才、大力普及公民环保教育,而且采取"政府主导、企业参与"的合作方式开展莱茵河治理等环保行动,取得了良好的实践效果。[40] 此外,"吹哨人"制度是域外国家颇具共性的社会参与模式,最初限于监督行政执法行为,现已发展至覆盖

---

[38] 参见高国荣:《美国现代环保运动的兴起及其影响》,载《南京大学学报(哲学·人文科学·社会科学版)》2006年第4期;高智艳:《美国现代环保运动公众参与机制及启示》,载《长春师范大学学报》2020年第2期。

[39] 参见中央编办赴英国培训团:《英国的环境保护管理体制》,载《行政科学论坛》2017年第2期。

[40] 参见[德]托马斯·海贝勒、[德]迪特·格鲁诺、李惠斌主编:《中国与德国的环境治理:比较的视角》,杨惠颖等译,中央编译出版社2012年版,第253页。

食药安全、环境治理等方面,尤其鼓励企业员工揭露企业污染环境行为的内幕,并为保障吹哨人合法权利设定专门保护法案与保护机构。[41] 美国《虚假索赔法》(False Claims Act)规定,司法部收到举报后须限时调查并决定是否起诉,若司法部决定作为原告参与起诉,"吹哨人"便可获得一定比例的赔偿金作为奖励。[42] 由此,通过权利保障与物质奖励促进社会参与污染环境犯罪治理,形成全社会共同监督生态环境保护与环境污染治理问题的合力,这值得我国污染环境犯罪治理实践予以借鉴。

2. 社会参与的主体面向

在污染环境犯罪被害人权利保护方面,美国《犯罪被害人权利法》为被害人提供了直接法律地位。以保障污染环境犯罪被害人的刑事诉权为例,我国学者认为,应当针对被害人的群体性,将《民事诉讼法》中的代表人诉讼制度引入污染环境犯罪。[43] 此外,域外立法例还赋予了污染环境犯罪被害人不起诉审查权,规定被害人在公诉机关作出不起诉决定时有权申请司法审查,如《德国刑事诉讼法》规定,被害人对于检察机关不予起诉的案件可以直接申请法院强制起诉;《日本刑事诉讼法》规定,如果司法机关拒绝提起诉讼,污染环境犯罪被害人可以要求其告知不起诉的理由,并通过检察审查保证自身的权利;等等。[44] 除被害人之外,域外立法例还赋予环保组织刑事诉权,加拿大等承认刑事私诉的国家在赋予公民个人私诉权的同时,允许环保组织作为污染环境犯罪私诉主体[45],以免污染环境犯罪的刑事追诉权受制于单一公权力主体。

3. 社会参与的制度设计

为鼓励国民与污染环境犯罪积极作斗争,加拿大对原告主体没有特别资格限制,市民个体和环保组织均可对污染环境犯罪提起私诉,甚至不要求原告因犯罪行为已经遭受损害或者危险。[46] 此外,辩诉交易实践也是诉讼制度灵活化的重要表现,美国的大多数污染环境犯罪案件都是以这种方式处理的,不仅有效提高了司法机关的办案效率,而且使被告人获得了相对较轻的刑事制裁。针对我国污染环境犯罪治理的"鉴定难"问题,有学者提出借鉴美国的辩诉交易制度,"对于原本需要鉴定的事项,或

---

[41] 参见彭成义:《国外吹哨人保护制度及启示》,载《政治学研究》2019 年第 4 期。
[42] See Joel D. Hesch, Breaking the Siege: Restoring Equity and Statutory Intent to the Process of Determining Qui Tam Relator Awards Under the False Claims Act, Cooley Law Review, Vol. 29, 2012, p. 219.
[43] 参见吴大华、邓琳君:《美国〈犯罪被害人权利法〉扩张适用及其启示》,载《现代法学》2014 年第 5 期。
[44] 参见郑志:《环境犯罪被害人的法律保护》,社会科学文献出版社 2018 年版,第 95—96 页。
[45] 实践中,由加拿大环境法律协会(Canadian Environmental Law Association)、生态正义(Eco-justice)等环保组织作为刑事私诉主体甚至比公民个人更为常见。参见梅文娟、王金燕:《加拿大环境犯罪私诉制度及其启示》,载《武陵学刊》2017 年第 4 期。
[46] 《加拿大环境保护法》第二部分"公众参与"规定了污染环境犯罪私诉制度,详见《加拿大环境保护法》第 17 条、第 22 条第 2 款等规定。

者其他费时费力费钱的调查取证事项,如果犯罪嫌疑人、刑事被告人自愿认罪认罚的,可以不再进行鉴定或者认定,并对被告人从宽处理"[47]。此外,域外污染环境犯罪刑事责任的承担方式较为多样,在兼顾生态环境利益与人类本体利益的前提下,不再局限于传统的监禁刑、罚金刑,而是将生态环境修复以及限制权利等作为刑事责任承担方式。在美国,污染环境犯罪行为人不仅可能面临长期的监禁刑,而且必须承担相当严厉的环境修复责任,实施污染环境犯罪行为的组织和个人必须清理其犯罪行为导致的污染结果。相较于自由刑、罚金刑等,检察官更愿意接受能够立即消除污染的责任承担方案,"他们甚至愿意放弃针对企业或个人的刑事指控,或者降低刑罚的严厉程度或罚金的数额,来换取比法律要求显著提高的清理承诺"[48]。再以巴西为例,其刑罚体系中既有拘留和监禁,也有罚金和限制权利刑。[49] 此外,《墨西哥联邦刑法典》第421条规定的责任承担方式包括但不限于"采取必要的行动让受到影响的生态系统要素的情况恢复到犯罪以前的状态"[50]。意大利对环境犯罪规定的刑事处罚补充措施有损害赔偿和恢复原状等。荷兰对环境犯罪规定的刑事处罚措施亦包括对受害者补偿、完成未完成活动、修复违法损害等。[51]

四、社会参与污染环境犯罪刑法适用的制度建构

基于上述考虑,可以从以下角度建构我国语境下社会参与污染环境犯罪刑法适用的本土制度。

(一)加强社会参与的动力供给

针对社会参与的动力不足问题,可以尝试引入"奖励举报"这种特殊的信息交易制度,不仅可以提高公众参与污染环境犯罪刑法适用的积极性,还可以有效弥补政府一元监管的局限,实现污染环境犯罪治理资源最优配置。当然,这种以交易为核心的制度本质上是对市场机制的利用,而市场机制并非万灵药,刑事司法和执行过程的部分内容只能由政府专治。[52] 在污染环境犯罪刑法适用中引入市场机制,也不意味着

---

[47] 严厚福:《美国环境刑事责任制度及其对中国的启示》,载《南京工业大学学报(社会科学版)》2017年第3期。
[48] 贾学胜:《美国对环境犯罪的刑法规制及其启示》,载《暨南学报(哲学社会科学版)》2014年第4期。
[49] 参见《巴西环境犯罪法》,郭怡译,郭建安校订,中国环境科学出版社2009年版,第2—3页。
[50] 《墨西哥联邦刑法典》,陈志军译,中国人民公安大学出版社2010年版,第208页。
[51] 参见〔荷〕迈克尔·福尔、〔瑞士〕冈特·海因主编:《欧盟为保护生态动刑:欧盟各国环境刑事执法报告》,徐平、张浩、何茂桥译,中央编译出版社2009年版,第15页。
[52] 就刑事司法而言,比如司法裁判必须依据案件事实与法律规范,不得受制于舆论或以政策文件逾越法律;就刑事执行而言,虽然西方国家存在监狱私营化现象,但这种现象尚无充分的本土适应性。参见王廷惠:《美国监狱私有化的实践分析》,载《美国研究》2007年第3期。

弱化国家公权力机关的主导角色,更不是以市场机制弱化政府主体的监管责任,而是将二者的优势结合以形成国家与社会的良性互补互动。

针对社会参与的能力欠缺问题,应当强化环境保护主义观念的引领作用。现阶段参与我国污染环境犯罪治理的多为受教育水平较高的群体,侧面说明了教育对社会参与意识的重要影响。除实践依据外,亦可反向运用犯罪学理论证立思想培育对于社会参与的促进作用。根据菲利提出的犯罪原因"三元论",社会因素相较于个人因素、自然因素具有主要作用[53];根据犯罪文化与亚文化理论,倘若一定群体内部形成并且信奉一种与主流文化观念相对立的价值标准,该群体成员便会基于这种价值文化而实施与社会价值相悖的违法犯罪行为[54]。基于此,强化思想引领以形成良好社会氛围,无疑是促进社会参与污染环境犯罪刑法适用的重要手段。

(二)构建社会参与的多元机制

结合污染环境犯罪的公害性、复杂性、隐蔽性以及组织性特征,社会参与的主体可划分为公众和个人。在刑事侦查环节,社会参与重在发挥群众的信息优势以提供案件线索;在刑事审判环节,以允许环保组织提起公益诉讼等方式吸纳社会主体参与治理,专家学者亦可辅助事实认定与法律适用;在刑事执行环节,社会参与则主要表现为对生态修复措施的监督。

1. 公众参与机制

污染环境犯罪刑法适用中的公众参与机制,指向与污染环境犯罪相关的不特定多数人,主要表现为社会组织公益私诉制度与恢复性司法实践。

一是公益私诉制度。所谓公益私诉,是指与公益公诉相对应的一种公益诉讼。[55]一方面,虽然我国环境公益诉讼制度实践已存在多年,但污染环境犯罪行为只能依赖公权力机关追诉,一旦地方保护主义存在不当干涉,其刑罚适用必定性便不免受到影响。另一方面,我国刑事诉讼"公诉转自诉"的规定正是基于对司法机关工作的隐忧,基于污染环境行为的公害性,在被害人有权提起污染环境犯罪自诉的情形中,"目的与本质的一致使得这类原本属于私益私诉(自诉)的环境犯罪案件被改造为公益私诉案件具有了可行性"[56]。然而,公民个体地位、能力均相对处于弱势,难以形成相对集中有效的诉讼请求,导致污染环境犯罪被害人的自诉制度几乎成为宣示性的内容。[57] 与之对比,环保组织专业知识丰富、物质条件完备,不仅在实践层面具有作为

---

[53] 参见[意]恩里科·菲利:《犯罪社会学》,郭建安译,商务印书馆2018年版,第49页。
[54] 参见前注[2],第1067—1101页。
[55] 参见颜运秋:《公益诉讼理念与实践研究》,法律出版社2019年版,第51页。
[56] 吕欣:《环境刑法之立法反思与完善》,法律出版社2012年版,第178页。
[57] 参见刘超:《环境犯罪中被害人自诉权之拷问与反思》,载《河南师范大学学报(哲学社会科学版)》2013年第2期。

私诉原告的优越性,而且在理论层面能够得到辅助原则支持,因为辅助原则的核心理念在于:在特定主体无法自主实现某种目标时,高一层级的组织仅限于出于保护他们的目的而介入,并且只能处理那些低一层级的组织无法独立处理的事务。[58] 依据辅助原则,污染环境犯罪私诉原告主体地位由低到高即公民个人—环保组织—环保机关—检察机关。在检察机关和公民个人提起私诉均有局限的情形中,赋予环保组织原告资格符合辅助原则的价值要求,既能弥补传统公诉制度之弊,又能有效传达公众诉求,实现社会资源的高效利用。

二是刑事执行环节的恢复性司法实践。内容上,恢复注重对法益损害的弥补,惩罚侧重对伦理和法律的确证;时间上,恢复是对过往损害的修复,惩罚是对当前规范的维持;效应上,恢复着眼于填平,惩罚着眼于巩固。[59] 鉴于污染环境犯罪侵害的法益的特殊性,"环境恢复正义甚至在某种程度上超越了对环境犯罪被告人的刑罚正义"[60]。当下,我国正在积极探索恢复性司法在环境犯罪案件中的适用,最高人民检察院明确提出,"将生态修复作为认罪认罚的悔罪表现,通过修复受损的生态环境实现案件办理的生态效果"[61],司法实践也不乏对生态修复措施的应用。[62] 总体来看,恢复性司法措施种类繁多、方式灵活、针对性强,是对传统刑事执行"重刑罚、轻修复"的检讨与纠偏,不仅能够兼顾生态保护目的和刑法效益价值,而且符合刑法谦抑性原则和生态文明建设的要求,在理想状态下有益于弥合传统刑罚手段与修复环境损害之间的裂痕。但是,现实情况与理想状态存在距离,恢复性司法面临监督评查不力之弊,"尽管有些案件判决后人民法院对生态修复情况进行了跟踪、监督,有些法院还会同环保机关、林业部门等一起进行检查,但大量生态修复案件法院判决后并未检查验收"[63]。对此,立足于恢复性司法本身,增补相关立法规定是基于罪刑法定原则的必要之举。[64] 此外,考虑到恢复性司法通常在生态环境受损地区执行,有关部门应当及时、准确地公示执行信息,为当地群众提供充分的

---

[58] 参见熊光清:《从辅助原则看个人、社会、国家、超国家之间的关系》,载《中国人民大学学报》2012年第5期。

[59] 参见杜宇:《刑事和解与传统刑事责任理论》,载《法学研究》2009年第1期。

[60] 杨迪:《污染环境罪司法样态透视——基于刑事判决的实证分析》,载《国家检察官学院学报》2020年第2期。

[61] 《最高检发布服务保障长江经济带发展典型案例(第三批)》,载最高人民检察院官网(https://www.spp.gov.cn/spp/xwfbh/wsfbt/202012/t20201211_488711.shtml#2),访问日期:2024年8月13日。

[62] 2018年2月8日,湘潭县人民法院判决许某忠等9名被告人犯污染环境罪,分别判处有期徒刑1年到拘役6个月不等的刑罚,同时判令其共同对所造成的环境损害进行修复,恢复原状。参见何金燕、李晨曦:《形成公益保护合力 守护"湖南蓝"》,载《湖南日报》2018年2月9日,第7版。

[63] 蒋兰香:《生态修复的刑事判决样态研究》,载《政治与法律》2018年第5期。

[64] 有学者建议将"补植复绿"等内容纳入刑事责任体系,在《刑法》中增加"责令恢复原状"的责任承担方式。参见张霞:《生态犯罪案件中恢复性司法应用研究》,载《政法论丛》2016年第2期。还有学者主张将"生态修复"作为非刑罚处理方法纳入《刑法》第36条和第37条。参见上注。

监督材料以及快捷的反馈渠道,以切实发挥公众在污染环境犯罪刑事执行环节的积极作用。

2. 个人参与机制

根据利益关联程度,可将参与污染环境犯罪刑法适用的个人划分为直接利益相关者和非直接利益相关者,前者包括特定被害人和行为人,后者则包括专家学者等。

就直接利益相关者来看,"针对特殊的环境污染犯罪而言,国家有可能进行利益权衡而置环境污染犯罪被害人的利益于不顾"[65]。基于污染环境犯罪的公害性,被害人可能是不特定多数人,即便出于司法效率考量无法广泛赋予被害人刑事诉权,也可以适当参照域外立法例允许特定被害人在公诉机关作出不起诉决定时申请司法审查。[66] 由此,不仅能够防止公诉机关息于立案起诉以提高刑罚适用必定性,而且能够拓宽特定被害人个体的维权路径。而行为人参与污染环境犯罪刑法适用的表现之一即恢复性司法实践。实证研究表明,"无论是在有期徒刑强度方面,还是在决定拘役刑、缓刑适用上,主动采取环境修复措施、自愿缴纳修复金在量刑中的从宽作用均得到了体现"[67]。此外,认罪认罚从宽制度也是行为人参与刑法适用的重要途径,但当前实践存在片面追求效率而忽视人权保障的误区。[68] 鉴于恢复性司法实践已有一定经验积累,并且与环境法益的保护需求契合,因而行为人的参与机制宜暂以恢复性司法为重,待认罪认罚从宽制度的刑事诉讼模式得以充分完善后再进一步研判具体案件的处理。

直接利益关联者之外的非直接利益关联者以专家为代表。随着知识分工愈发复杂精细,专家参与已成为弥补审判者认知局限的重要途径。以"污染环境罪"为例,其前身为"重大环境污染事故罪",在《刑法修正案(八)》修改罪状表述后,通说依然认为系过失犯[69],这意味着行为势必已经造成法益侵害结果。实践中,污染环境行为因果关系证明系一难点,行政机关"证明难"导致被移送刑事侦查的案件有限;公安机关"证明难"导致被移送公诉的案件有限;检察机关"证明难"导致被提起公诉的案件有限。[70] 由于侦查资源有限,此类证明多求助鉴定机构,但具备环境损害鉴定资质的机构相对较少。在鉴定机构未能出具意见时,专家判断意见尤为重要。遗憾的是,当前实践中,不仅专家辅助人的角色定位模糊,而且专家意见的证据位阶不定,导致专家因

---

[65] 阳相翼:《论我国环境污染犯罪被害人权利的救济》,载《理论月刊》2016年第6期。
[66] 参见前注[44],第114页。被害人的上诉权问题在我国台湾地区学者的著述中亦有论及,参见卢映洁、徐承荫:《论中国台湾地区犯罪被害人的诉讼参与制度》,载《光华法学》2019年第1期。
[67] 同前注[60]。
[68] 参见左卫民:《认罪认罚何以从宽:误区与正解——反思效率优先的改革主张》,载《法学研究》2017年第3期。
[69] 参见高铭暄、马克昌主编:《刑法学》(第7版),北京大学出版社、高等教育出版社2016年版,第582页。
[70] 参见焦艳鹏:《实体法与程序法双重约束下的污染环境罪司法证明——以2013年第15号司法解释的司法实践为切入》,载《政治与法律》2015年第7期。

个体尊荣感未得充分实现而参与积极性不足。[71] 专家辅助人制度以及配套的证据位阶规定亟待完善。近年,有学者在实证分析的基础上提出,应尽快构建对专家法律意见书的裁量采纳机制,以便法院判断其证据能力和证明力。[72] 笔者认为,该建议与社会参与污染环境犯罪治理适配,专家法律意见书的价值不仅在于协助审判人员准确适用法律,以学理解释填补成文法的语义局限,更在于吸纳以专家为代表的非直接利益相关者作为社会主体参与刑法适用,补强审判正当性、增强司法公信力,最终提升污染环境犯罪治理实效。

(三) 划定社会参与的边界限度

基于刑法惩治的公权属性以及社会参与的固有局限,建构社会参与污染环境犯罪刑法适用的本土制度需厘清其实体维度和程序维度的边界限度。

实体维度主要表现为罪刑法定原则、法益保护与人权保障相统一以及经济效益和社会效益相协调。第一,罪刑法定原则。社会参与应以法律规定为准,无论保护生态环境的诉求何等强烈、惩治污染环境犯罪的呼声何等高涨,社会参与刑法适用必须以法律规定为限。第二,法益保护与人权保障相统一。由于污染环境犯罪的公害性,"民愤"极可能成为社会参与污染环境犯罪刑法适用的突出表现,一味主张对行为主体加重刑罚[73],故切忌以法益保护之名忽视人权保障。第三,经济效益和社会效益相协调。经济效益即惩治污染环境犯罪投入的资源成本,社会效益则是指取得的生态环境保护实际效果。在一定程度上,国家和社会都是"理性人",根据"成本—效益"经济学分析模式,其边界应当为成本投入的最小量与效益收获的最大量之交。

程序维度主要表现为维持既有诉讼结构、维持公诉机关权能以及维持无罪推定原则。第一,维持既有诉讼结构。纵然社会主体基于利益关涉抑或智识优势等因素对案件更加关切,对犯罪事实掌握得更充分、全面,也无法取代公安机关或检察机关完成侦查工作,而只能按照法律规定为公权力机关提供辅助。第二,维持公诉机关权能。即便赋予环保组织提起刑事公益私诉的主体资格,也不意味着否定检察机关代表国家提起公诉的原告资格。第三,维持无罪推定原则。无论社会公众对于犯罪事实的掌握何等确凿,在司法机关未对犯罪嫌疑人、被告人依法判决有罪时,均不得确认其有罪。

---

[71] 参见胡铭:《专家辅助人:模糊身份与短缺证据——以新〈刑事诉讼法〉司法解释为中心》,载《法学论坛》2014年第1期;焦艳鹏:《污染环境罪因果关系的证明路径——以"2013年第15号司法解释"的适用为切入点》,载《法学》2014年第8期。

[72] 参见潘剑锋、牛正浩:《构建专家法律意见书裁量采纳机制的思考——基于全国法院1418件裁判文书实证分析与比较法研究》,载《理论学刊》2020年第3期。

[73] 参见前注[30],第180页。

五、结　语

本文着眼于污染环境刑罚惩治现状,聚焦污染环境犯罪的刑罚适用必定性,以其行为模式与犯罪黑数的关联为线索,论证社会参与污染环境犯罪刑法适用具有迫切的现实必要性。就理论基础而言,社会参与以主体间性理论和人民主权思想为内核,具有增加社会资本、践行协同主义、实现良法善治的外部功能,不仅能够回应开放式刑法理论体系、更新传统刑事责任论构造、发展公众参与型刑事政策,而且能够弥补传统模式难以适用于犯罪行为模式特性导致的惩治乏力之弊。本文进一步考察社会参与污染环境犯罪刑法适用的本土实践,发现其面临参与主体不积极、范围不平衡、效果不明显等困境,社会参与的能力、动力与机制均有不足。在此基础上,针对性考察域外社会参与在动力支持、主体面向和制度设计方面的理念与实践,污染环境犯罪刑法适用的本土路径得以初步明晰:通过适度引入市场激励机制,强化环境保护思想引领,加强社会参与的动力供给;通过吸纳公众、个人以及企业等主体参与污染环境犯罪刑法适用,构建社会参与的多元机制;通过规范社会参与的实体适用与程序执行,划定社会参与污染环境犯罪刑法适用的边界限度,由此倡导一种"国家主导、社会参与"的犯罪治理方案。

[诈骗犯罪]

刑民交叉视角下诈骗罪认定实质化研究

周奕澄[*]

> **要 目**
>
> 一、刑民欺诈关系认识之匡正
> 二、既有实质化认定路径反思
> 　（一）主观目的实质化：司法实践认定诈骗罪的一般路径
> 　（二）欺骗行为实质化路径一：欺骗行为的不法本质
> 　（三）欺骗行为实质化路径二：非法占有目的内核的客观表达
> 三、财产损失实质化路径提倡
> 　（一）从对价到交易目的阶层式判断
> 　（二）财产损失实质化路径之优势
> 　（三）可能的质疑及其回应
> 四、财产损失实质化路径展开
> 　（一）延误险案与积分案
> 　（二）"酒托"案与"套路嫖"案
> 五、结语

摘 要 刑民欺诈关系并非一个单一维度的问题，刑民欺诈界分与诈骗罪认定实为一体两面的关系。长期以来被司法实践奉为圭臬的"非法占有目的"标准，在推定过程中依赖欺骗行为与财产损失的判断，难以处理对价欺诈案件，并不具备独立于诈骗故意的内容。欺骗行为实质化路径下的"交易基础信息支配说""民事救济不能风险说"等最终也指向财产损失的实质判断。诈骗罪作为财产犯罪，财产损失实乃该罪财产法益遭受侵害的征表。财产损失实质化路径遵循从形式对价衡量到实质交易目的的判断，在判断流程上更清晰明确，且契合诈骗数额的要求，在对价欺诈案件等处理结论

---
[*] 上海市人民检察院检察官助理。

上也具有较高合理性。应围绕财产损失直接性原则、诈骗罪法益保护特点等,全面把握财产损失实质化与其他诈骗罪实质化认定思路的关系。

关键词 诈骗罪 实质化判断 欺骗行为 财产损失 非法占有目的

法律作为人类社会活动的产物,不同部门法之间总存在模糊地带。这在刑民关系上表现得十分明显。[1] 自刑法与民法分立以来,如何合理划定刑法与民法的规制和保护范围,一直为实务界与理论界所共同关注的问题。随着当下社会经济生活日益复杂,有关刑民交叉案件处理的讨论也愈发热烈。"刑民交叉",一般是指某一法律事实由于受到刑法和民法规范的共同调整,而在程序处理、责任承担等方面产生交叉评价的现象。[2] 刑民交叉突出体现在民事欺诈与刑事诈骗认定上[3],在刑民交叉的诸多案件中,刑民欺诈交织的案件最为疑难复杂[4]。尤为值得关注的是近年来出现的一系列刑民交叉欺诈案件:

【案例1:延误险案】李某利用其曾经从事航空服务工作的相关经验,结合数据分析挑选延误率较高的航班,并以个人及他人名义大量重复投保航班延误险,但其本人及其他投保人并不会实际乘坐该航班,而是待航班延误后进行索赔并从中获利。5年间,李某依此方式一共获取了近300万元的保险金。[5]

【案例2:"套路嫖"案】被告人于红涛、黄玉华等人通过打电话、散发色情卡片等方式,制造其所经营的SPA馆可以提供色情服务的假象,但客户到店办卡充值之后享受的仅为一般按摩服务。在客户发现被骗之后,被告人会以多送会员卡金额、店长承诺等方式使客户继续误以为后续会提供色情服务,不让客户退卡退款,从而骗取客户的充值款。[6]

【案例3:"酒托"案】被告人李军等人以咖啡馆为平台,安排"键盘手"冒

---

[1] 参见张建、肖晚祥:《刑民交叉案件中的关系分析及处理原则》,载《法治论丛(上海政法学院学报)》2009年第2期。

[2] 有学者认为,"刑民交叉"一词既没有固定对象也不具有特定机能和作用,因而是一个"非概念"。参见张明楷:《刑法学中的概念使用与创制》,载《法商研究》2021年第1期。"刑民交叉"虽非法律概念,但相较于"刑民关系"等概念,"刑民交叉"概念的使用意在强调,在处理某些司法案件时,刑法规范与民法规范不是择一适用的状态而存在交叉。本文也在此意义上使用"刑民交叉"概念。

[3] 参见夏伟:《刑民交叉的理论构造》,法律出版社2020年版,第6页。

[4] 参见陈兴良:《民事欺诈和刑事欺诈的界分》,载《法治现代化研究》2019年第5期。

[5] 该案裁判文书尚未公布,案情由现有报道整理归纳而来,参见杨守华、王德俭:《近900次航班延误获赔300万元 南京警方侦破一起航班延误险骗保案》,载央广网(http://travel.cnr.cn/list/20200611/t20200611_525124531.shtml),访问日期:2024年2月3日。

[6] 参见曹巧峤:《诈骗罪与民事欺诈的区别与认定——以杭州首例"套路嫖"案为例》,载《中国检察官》2020年第18期。

充年貌美女性,通过网络聊天平台添加男性好友,并逐渐以恋爱或者一夜情等理由吸引男子见面约会,借此机会获取其个人信息。再由"传号手"将目标男子的相关信息传递给"酒托女",邀约对方在事先安排好的咖啡馆见面,之后再以各种"话术"诱骗约会男子在店内消费高档酒水等商品并从中获利。[7]

【案例4:积分案】被告人冉某虚构商户身份,利用多家交易平台,使用名下的多张招商银行信用卡以虚假购物和消费的方法进行虚假交易,虚假交易额累计人民币1600余万元,从而骗取消费积分300余万分,进而兑换成各类收费性服务予以化用,所兑换积分成本经评估,最低价值人民币12万余元。[8]

上述案件均为近年来欺诈领域受关注较多且争议较大的案件,尽管司法机关均将上述案件作为诈骗犯罪进行处理,但理论上不乏"无罪论""民事欺诈论"等声音。对于此类案件应当适用民法调整还是以刑法规制,理论和实务界众说纷纭,莫衷一是,凸显出当前刑民交叉案件在民事、刑事处理程序的选择和确定上的模糊性。归根结底,这一模糊性源自诈骗罪认定的不清晰。在此背景下,重新审视诈骗罪构成要件在诈骗罪认定中的定位及功能,对于实质认定诈骗罪,进而合理划定诈骗犯罪圈而言,具有至关重要的意义。

一、刑民欺诈关系认识之匡正

研究刑民交叉视角下诈骗罪的认定时,一个不可回避的问题是:是否有必要界分刑事诈骗与民事欺诈?刑法学者对此各执一词。有学者接纳刑事诈骗(诈骗罪、诈骗犯罪、刑事欺诈)与民事欺诈界分(区分)的说法,并有相当一部分研究者通常在区分刑事诈骗与民事欺诈的语境下探讨二者的界限问题。[9]另有观点认为,只有同一范围内且存在对立关系的事物之间才有"界限"之分,因为界限的存在意味着二者关系是"非此即彼"的。[10]刑事诈骗与民事欺诈并非对立关系,而是特殊与一般的关系,故不存在界分问题。[11]据此,关键应看欺诈行为是否符合诈骗罪的构成要件。若答案是

---

[7] 参见"李军、陈富海等28人诈骗案",浙江省宁波市鄞州区人民法院(2013)甬鄞刑初字第1671号刑事判决书。
[8] 参见"冉某诈骗案",上海市第二中级人民法院(2019)沪02刑终160号刑事裁定书。
[9] 认可刑民欺诈界分说法的较新研究成果可参见陈兴良:《民事欺诈和刑事欺诈的界分》,载《法治现代化研究》2019年第5期;何荣功:《非法占有目的与诈骗案件的刑民界分》,载《中国刑事法杂志》2020年第3期;陈少青:《刑民界分视野下诈骗罪成立范围的实质认定》,载《中国法学》2021年第1期。
[10] 参见时延安:《论刑事违法性判断与民事不法判断的关系》,载《法学杂志》2010年第1期。
[11] 参见张明楷:《不当得利与财产犯罪的关系》,载《人民检察》2008年第13期。

肯定的,则行为人成立诈骗罪,此时就不必再追问是否属于民事欺诈。[12] 不过,近来有观点指出,就是否有必要界分刑民欺诈而言,肯定说和否定说只是对"区别"的理解角度不同,肯定说强调二者并非等价关系,否定说则强调二者并非互斥关系。[13]

在本文看来,刑事诈骗与民事欺诈的关系并非一个单一维度的问题,至少可以从概念、违法性与法律效果等层面进行分析。在逻辑学上,内涵与外延是概念的两重意义之所在。一个概念的内涵越少,则外延越广,反之亦然。[14] 从概念层面来看,民事欺诈通常是指"一方当事人故意告知对方虚假情况,或者故意隐瞒真实情况,诱使对方当事人作出错误意思表示"[15]。只要一方当事人作出不实陈述或不如实进行陈述,使得对方作出错误意思表示,即可构成法律意义上的欺诈。而刑事诈骗还要求受欺诈方在作出错误意思表示的基础上进一步处分财产进而产生财产损失。据此,民事欺诈在概念内涵上少于刑事诈骗,在外延上广于刑事诈骗。就违法论层面而言,一般认为只有持严格的违法一元论,才会得出"民事欺诈包含刑事诈骗"的结论,而无论是持缓和的违法一元论还是违法相对论,在承认对违法性作相对判断的前提下,就应认识到刑事诈骗与民事欺诈不仅有"量"的区别,也有"质"的不同。不过关键在于,违法层面有关刑民欺诈关系的讨论多将违法性判断与法律效果认定等同起来,认为法律行为只要有效即合法,无效则违法。[16] 但在本文看来,诈骗罪的认定程序与民事欺诈中合同效力的认定程序是并行不悖的。依据我国《民法典》第148条,对于民事欺诈,受欺诈方享有撤销权。若受欺诈方行使撤销权,则合同归于无效,反之则合同有效,但并不能否认欺诈行为仍具有民事违法性。虽然存在受欺诈方的追认使法律行为被确定为有效的情形,但这是追认行为的法律效果,并非将过去的诈骗、胁迫行为溯及地适法化。[17]

前述讨论旨在表明民事欺诈与刑事诈骗不是简单的包含与被包含关系,不能仅以此否认二者之间有界分必要,但刑民欺诈界分问题是诈骗罪认定的子问题,一旦诈骗犯罪圈边界得以划定,刑民欺诈的界分依据也水落石出。原因在于,犯罪构成要件本身具有自由保障机能,能够使得受刑罚处罚的行为具有明确的界限。[18] 诈骗罪认定和刑民欺诈界分实为一体两面的关系。因此,与其纠结刑民欺诈之间有无界分必要,不如聚焦诈骗罪认定问题,通过诈骗罪的实质性认定,妥善处理刑民交叉欺诈案件,进而合理划定诈骗犯罪圈界限。

---

[12] 参见张明楷:《刑法学中的概念使用与创制》,载《法商研究》2021年第1期。
[13] 参见徐凌波:《欺骗行为的体系位置与规范本质》,载《法学》2021年第4期。
[14] 参见陈波:《逻辑学导论》(第4版),中国人民大学出版社2020年版,第239—240页。
[15] 最高人民法院《关于贯彻执行〈中华人民共和国民法通则〉若干问题的意见(试行)》(已失效)第68条。
[16] 参见王昭武:《法秩序统一性视野下违法判断的相对性》,载《中外法学》2015年第1期。
[17] 参见〔日〕佐伯仁志、〔日〕道垣内弘人:《刑法与民法的对话》,于改之、张小宁译,北京大学出版社2012年版,第305页。
[18] 参见张明楷:《刑法学》(第6版),法律出版社2021年版,第152页。

二、既有实质化认定路径反思

当前刑法理论界与实务界有关刑民欺诈界分与诈骗罪认定的研究可谓蔚为大观,笔者受学者总结的"限缩行为"与"限缩结果"思路[19]的启发,结合我国司法实务关于刑民交叉欺诈案件的处理思路,将现有诈骗罪认定实质化的思路大致归于主观目的实质化、欺骗行为实质化与财产损失实质化三个方向。

(一)主观目的实质化:司法实践认定诈骗罪的一般路径

基于诈骗罪与民事欺诈在客观构成要件方面的相似性,建立在主观目的实质化基础上的非法占有目的说长期以来为我国刑法理论界与实务界所推崇备至。该说认为,非法占有目的"承载着限制刑法介入财产关系范围的机能"[20],诈骗罪成立以存在非法占有目的为必要。原因在于,民事欺诈的本质特征是欺诈人企图通过欺诈行为获取利益,而诈骗罪中的行为人旨在通过实施欺诈行为从而非法占有公私财物。由于"非法占有目的"本身是一个主观要素,而人的主观内心世界往往难以探知,因此非法占有目的说论者引入司法推定的方法,用以判断行为人是否存在非法占有目的。用以推定是否存在非法占有目的的一般素材包括行为人的履约意愿、履约能力、履约行动、事后态度等要素。[21] 这一推定的方式也为我国司法实务机关所普遍采纳。《全国法院审理金融犯罪案件工作座谈会纪要》总结了实践中可以认定为具有非法占有目的的7种情形[22],之后最高人民法院《关于审理非法集资刑事案件具体应用法律若干问题的解释》又进一步规定可以认定为"以非法占有为目的"的8种情形[23]。综合来看,用以推定存在非法占有目的的基础事实大致可以归于缺乏履行意愿与缺乏履行能力两类。

---

[19] 参见前注[9],陈少青文。不同之处在于,本文并未预设诈骗罪认定的整体态度是应当扩张还是限缩,因为诈骗罪认定实质化不代表诈骗罪成立范围被当然限缩。
[20] 见前注[9],何荣功文。
[21] 参见肖中华:《论合同诈骗罪认定中的若干问题》,载《政法论丛》2002年第2期。
[22] 《全国法院审理金融犯罪案件工作座谈会纪要》明确的可以认定为具有非法占有目的的7种情形包括:①明知没有归还能力而大量骗取资金的;②非法获取资金后逃跑的;③肆意挥霍骗取资金的;④使用骗取的资金进行违法犯罪活动的;⑤抽逃、转移资金、隐匿财产,以逃避返还资金的;⑥隐匿、销毁账目,或者搞假破产、假倒闭,以逃避返还资金的;⑦其他非法占有资金、拒不返还的行为。
[23] 最高人民法院《关于审理非法集资刑事案件具体应用法律若干问题的解释》规定的可以认定为"以非法占有为目的"的8种情形包括:①集资后不用于生产经营活动或者用于生产经营活动与筹集资金规模明显不成比例,致使集资款不能返还的;②肆意挥霍集资款,致使集资款不能返还的;③携带集资款逃匿的;④将集资款用于违法犯罪活动的;⑤抽逃、转移资金、隐匿财产,逃避返还资金的;⑥隐匿、销毁账目,或者搞假破产、假倒闭,逃避返还资金的;⑦拒不交代资金去向,逃避返还资金的;⑧其他可以认定非法占有目的的情形。

1. 非法占有目的的司法推定疑问

从司法实践情况来看，以推定方式认定非法占有目的的做法存在如下问题：一是以欺骗行为本身或造成被害人实际财产损失的结果径行推定存在非法占有目的，如"被告人以对赌模式进行封闭交易，足以反映出其具有非法占有目的"[24]，"王德义明知有大量外债未归还，仍将所骗款项用于赌博违法犯罪活动，其主观上具有非法占有目的"[25]。此种做法显然将非法占有目的要素消融在欺骗行为和财产损失要件之中，如此一来只要能肯定存在欺骗行为及财产损失，就可以直接推定行为人具有非法占有目的。二是根据以推定方式认定的事实再行推定非法占有目的存在，也即二次推定或重复推定。在早前轰动一时的"吴英集资诈骗案"中，检方正是先以公司的经营状况等推断被告方在集资时并不具有归还能力，进而又在此基础上推定其主观上具备非法占有目的。[26] 这一做法显然违背了禁止二次推定规则，据此得出的结论偏离客观事实的可能性提高，也将不当侵害被告人的刑事诉讼权利，与人权保障原则相悖。

由于刑事推定的适用关涉国家刑罚权的行使和犯罪圈的划定，还可能危及刑事诉讼无罪推定原则的贯彻，故有必要对其适用进行规制。有学者指出，"刑事推定不是首选规则，而是末位规则"[27]。而关于刑事推定的适用规制，应考虑该推定方式影响的构成要件事实是否为运用刑罚的必要基础事实。[28] 如前所述，司法实务用以推定诈骗罪中非法占有目的存在的基础事实本身已是诈骗罪的犯罪构成要件，而非法占有目的在诈骗案件中难觅独立的判断素材，其认定"更多可能是先有结论之后的描述性确认，缺乏足够的操作性，在限缩诈骗罪成立范围方面的效果同样十分有限"[29]。在不要求具有非法占有目的的情况下，仍可通过欺骗行为要件、财产损失要件等实现对诈骗罪的实质性认定。

2. 非法占有目的并不具备独立于诈骗故意的内容

受日本刑法理论影响，且基于我国有关司法解释对部分金融诈骗罪中的非法占有目的作了明确规定的事实，非法占有目的长期以来被视为诈骗罪的必备构成要件。但要想明确非法占有目的要件在实质化认定诈骗罪中的功能和作用，关键在于明确其基本意涵与体系定位。

关于财产犯罪中非法占有目的的内涵，刑法理论上主要存在日本刑法的"排除意思+利用意思"说和德国刑法的"剥夺所有+取得所有"说。大致可以认为，德国刑法和

---

[24] "张展诈骗案"，浙江省高级人民法院（2017）浙刑终330号刑事裁定书。
[25] "王德义诈骗案"，山东省枣庄市中级人民法院（2019）鲁04刑终168号刑事判决书。
[26] 参见"吴英集资诈骗案"，浙江省高级人民法院（2010）浙刑二终字第27号刑事裁定书。
[27] 汪建成、何诗扬：《刑事推定若干基本理论之探讨》，载《法学》2008年第6期。
[28] 参见劳东燕：《认真对待刑事推定》，载《法学研究》2007年第2期。
[29] 付立庆：《财产损失要件在诈骗认定中的功能及其判断》，载《中国法学》2019年第4期。

日本刑法关于非法占有目的的两种理解基本是一致的。[30] 另外,对于非法占有目的,日本刑法通常在包括盗窃罪和诈骗罪在内的所有财产犯罪的一般意义上进行讨论。[31] 而德国刑法分别就盗窃罪与诈骗罪中的目的作出了不同解释,其中盗窃罪对应的是"不法领得"(rechtswidrige Zueignung),而诈骗罪对应的是"不法获利"(rechtswidrige Bereicherung)。[32] 我国刑法理论通常是在同一意义上理解盗窃罪和诈骗罪中的非法占有目的。[33] 但这一做法值得商榷。本文认为,诈骗罪与盗窃罪虽然都属于领得型财产犯罪,但二者在保护法益、构成要件方面都存在一定差异,对于非法占有目的内涵的理解,也应当反映两罪的不同特质。从占有的对象来看,占有的基础是有体财物,而当盗窃对象指向财产性利益时,财产性利益的占有移转就面临解释困境。但财产性利益能够当然成为诈骗罪的对象,这一点通常不存在疑问,因为诈骗罪本就区别于围绕占有概念而建构的盗窃罪。从被害人意志角度观之,盗窃罪意味着对被害人意志的完全违背,而诈骗罪则建立在被害人有瑕疵的同意的基础之上。据此,"非法占有目的"对于诈骗罪而言实际上是一个不太准确、作用不明的概念。尽管我国刑法对于一些特殊诈骗罪明文规定了"非法占有目的",但其实也可以理解为对诈骗故意的重复和强调,因为事实上,非法占有目的并不具有独立于诈骗故意之外的更多内容。[34]

关于非法占有目的在诈骗罪构造中的体系定位,我国刑法理论一般认为,财产犯罪属于断绝的结果犯,其要求的"非法占有目的"并非主观超过要素。[35] 一般认为,犯罪故意的认识内容是对构成要件事实的认识。[36] 前已述及,实践中用以推定诈骗罪中非法占有目的是否存在的情形,不管是欺骗行为还是财产损失,其实均未超脱诈骗罪构成要件,最终也都指向了诈骗故意的存否。排除意思或剥夺所有意思并不为成立诈骗罪所必需,而诈骗故意所强调的不法获利意图已能完全涵盖非法占有目的所要求的利用意思。由此看来,较之于诈骗故意的内容,非法占有目的的认识内容其实并无特别之处,我国刑法多数理论一直声称非法占有目的具有区分罪与非罪、此罪与彼罪的重要机能,实际上这并非非法占有目的之功劳。据此,在诈骗罪中,非法占有目的的认识内容均可为诈骗故意所包纳,其并不具有不同于诈骗故意的特殊机能,故并不适合作为诈骗故意之外的独立的构成要件要素。

---

[30] 参见陈璇:《财产罪中非法占有目的要素之批判分析》,载《苏州大学学报(法学版)》2016年第4期。
[31] 参见王俊:《非法占有目的的不同意义——基于对盗窃、侵占、诈骗的比较研究》,载《中外法学》2017年第5期。
[32] 参见徐凌波:《论财产犯的主观目的》,载《中外法学》2016年第3期。
[33] 参见前注[18],第1311页。
[34] 参见前注[30]。
[35] 若认为诈骗罪是断绝的结果犯或直接目的犯,则意味着只要行为人实施了骗取财物的行为,就可以实现其非法占有目的。参见张明楷:《诈骗罪与金融诈骗罪研究》,清华大学出版社2006年版,第283页。
[36] 参见前注[18],第332页。

归根结底,非法占有目的说其实是对实践中一部分诈骗案件区分规律的不完全归纳,且由于其作为主观要素,在具体认定上依赖其他客观要素和司法推定规则,因而在面对司法实践中的一些刑民交叉欺诈案件时,较难给出清晰的解决方案。非法占有目的概念本身在学理上难觅合理存在依据,并不具备独立于诈骗故意的更多内容,故以非法占有目的实质化认定诈骗罪的方案也难言顺畅。

(二) 欺骗行为实质化路径一:欺骗行为的不法本质

欺骗行为实质化路径则围绕欺骗行为的性质、程度、欺骗内容等核心,形成不同解决方案,大致可分为两个方向:一是以诈骗罪实质性法益侵害为导向提出的"交易重要事项说"和"交易基础信息支配说";二是以揭示非法占有目的客观内核为目标的"民事救济不能风险说"。

交易重要事项说与交易基础信息支配说旨在以欺骗内容与欺骗程度为核心揭示欺骗行为的不法本质。交易重要事项说主要为日本刑法学者所主张。由于日本刑法未明确规定诈骗罪的成立要求造成被害人财产损失,故部分观点主张以法律明文规定的"欺骗行为"要件限定诈骗罪的成立范围,认为诈骗罪的不法本质在于被害人在交易重要事项上受到欺骗而基于瑕疵意识处分了财产。[37] 该说以欺骗行为指向的是否为"作为交付之判断基础的重要事项"来决定诈骗罪成立与否,而对于"重要事项"的判断,包括是否会导致直接的经济性损害,从交易的性质或目的来看该事项是否为被害人交付财物所必须考虑的事项等要素。[38] 不难看出,该说其实是在"诈骗罪不以财产损失发生为必要"的前提下产生的,但在交易重要事项的判断上,该说仍然强调"会导致直接的经济性损害"这一事实的重要性。可见,即便是从欺骗行为实质化的路径出发,对欺骗行为实质化的理解最终也离不开对财产损失进行实质判断。其实,民事欺诈与刑事诈骗在客观上都可能表现为各种各样的"骗",故二者界分的实质关键或许并不在于欺骗内容本身。[39]

交易基础信息支配说则认为,无论是何种形式的诈骗罪,皆以侵害被骗方要求真相的权利为其行为不法的内容。行为人通过支配交易信息侵害被骗方要求真相的权利,促使其陷入错误认识并处分财产,故信息支配是诈骗罪的本质特征。[40] 据此,欺骗行为的核心在于行为人在财产交易沟通过程中是否操纵了交易基础信息[41],如标的物种类与特性、交易类型、价格及其构成等。[42] 交易基础信息支配说避免了传统诈骗罪理论中行

---

[37] 参见〔日〕桥爪隆:《论诈骗罪的实质性界限》,王昭武译,载《法治现代化研究》2020年第2期。
[38] 参见〔日〕桥爪隆:《论诈骗罪的欺骗行为》,王昭武译,载《法治现代化研究》2020年第1期。
[39] 参见前注〔3〕,第6页。
[40] 参见蔡桂生:《诈骗罪中"被害人释义学"和信息支配之本质》,载《环球法律评论》2023年第3期。
[41] 参见王莹:《诈骗罪重构:交易信息操纵理论之提倡》,载《中国法学》2019年第3期。
[42] 参见上注。

为人与被害人视角交织带来的混乱,以信息支配揭示了诈骗罪的本质,为诈骗罪的判断提供了较为简洁清晰的方案。但该说揭示的实为欺骗行为的不法本质,而非诈骗罪的不法本质。[43] 该说论者指出,信息真实性(真相权利保护)本为诈骗罪的保护法益,只是在法国大革命之后,财产才成为诈骗罪的主要保护法益。[44] 该说建立在信息真实性这一诈骗罪初始保护法益之上,但在财产已成为当下诈骗罪保护法益的前提之下,再行主张以是否支配交易基础信息作为判断诈骗罪成立与否的依据,似有不妥。

(三)欺骗行为实质化路径二:非法占有目的内核的客观表达

近来有观点从非法占有目的的客观表现入手,认为用以推定非法占有目的存在的客观情形的本质在于被害人存在民事救济不能的高度风险,据此可以通过限定刑事诈骗中的欺骗行为要件来实质限定诈骗罪的成立范围。[45] 该说认为,在刑事诈骗与民事欺诈中,被害人与行为人均受到交易合同约束,遵循"意思自治"的基本原则。依据刑法的补充性原则,只有在"意思自治"无法解决纠纷的情况下,才应动用刑法手段对欺骗行为进行规制。而"意思自治"被彻底击穿的外在表现即民事救济可能的基本丧失。[46] 这一思路与此前有学者主张的以"有救济无刑法"为原则限缩解释诈骗罪的路径有异曲同工之妙。依此原则,适用诈骗罪进行规制应当成为私力救济不能时的最后选择。据此,诈骗罪的成立应以行为人"拒不返还"财产为必备要件。[47] 不过与之不同的是,民事救济不能风险说认为,诈骗罪中的欺骗行为只需要使被害人陷入失去民事救济可能的高度风险,并不要求发生民事救济不能的现实后果。"民事救济不能的高度风险"包括"民事救济无力"与"难以发现真相"两种类型,前者针对的欺骗内容,包括财产给付的基础事实和民事救济的重要事实,而后者只需针对财产给付的基础事实。其中民事救济的重要事实包括是否冒用他人名义、是否虚构经济实力、是否提供虚假担保等事实。[48]

民事救济不能风险说在以欺骗行为的实质判断限定刑事诈骗范围方面提供了一条创新思路,而且该说对于非法占有目的的认识,能够透过现象看本质,在深化非法占有目的研究方面功不可没。但是该说仍存在不少疑问。首先,该说模糊了诈骗罪既遂与未遂的认定问题。刑法理论通常认为诈骗罪是结果犯、实害犯,如果对结果犯概念采"犯罪既遂要件说",则诈骗罪既遂要求存在犯罪结果。而据民事救济不能风险说,诈骗罪既遂的结果是"存在民事救济不能风险",如此一来,诈骗罪似乎成了一种具体危险犯。究其根

---

[43] 参见前注[13]。
[44] 参见前注[40]。
[45] 参见前注[9],陈少青文。
[46] 参见前注[9],陈少青文。
[47] 参见高艳东:《诈骗罪与集资诈骗罪的规范超越:吴英案的罪与罚》,载《中外法学》2012年第2期。
[48] 参见前注[9],陈少青文。

本,该说一方面试图避免对财产损失进行实质判断,另一方面又要对欺骗行为进行实质判断,从而使得诈骗罪中行为要素与结果要素之间的认定难以完全对应。其次,该说可能混淆了刑民欺诈在程序适用和法律效果层面的关系。前已述及,在程序适用上,刑事诈骗认定程序与民事欺诈认定程序并行不悖,即便行为被认定为诈骗罪,也不妨碍受欺诈者依民事欺诈制度寻求救济。最重要的在于,民事救济不能风险说偏离了诈骗罪法益保护的核心。区别于以保护当事人意思自治为核心的民事欺诈,诈骗罪作为财产犯罪,其保护法益应以财产为中心。但以民事救济不能风险说观之,诈骗罪的保护法益似乎落到了"民事救济可能"范围之内,而偏离了诈骗罪保护财产法益这一中心。究其根本,民事救济不能风险说固守刑法的补充性原则,使得刑法定性完全依赖民法判断,未能正确把握刑民欺诈制度规范目的的差异,导致诈骗罪的保护法益沦为民事欺诈救济的附庸。就此而言,民事救济不能风险说是将刑法上诈骗罪成立与否的判断交予民事救济风险高低这一不确定因素,在刑法与民法间强行转换,可能并不妥当。

此外,尽管民事救济不能风险说努力避免对财产损失进行实质判断,但是在论证过程中又不可避免地承认财产损失实质判断对于诈骗罪认定的重要性。从"如果被害人在交付财物后即便能够发现真相,也难以通过民事诉讼等救济措施弥补损失,则构成刑事诈骗"[49]等表述来看,似乎是认为"存在民事救济可能=可以弥补财产损失",即民事救济可能的判断最终指向的仍为财产损失的判断。既然如此,与其大费周章地通过赋予欺骗行为新的内涵以达成实质判断的目的,不如直接以财产损失的实质判断合理划定诈骗罪成立范围。

三、财产损失实质化路径提倡

理论上一般认为,对于犯罪成立,我国采取了"立法定性+立法定量"的模式。我国刑法对于许多侵财犯罪均明文规定了"数额较大"的要求。尽管对于"数额较大"的性质尚存有争议,但"数额较大"确实是大部分侵财行为入罪的重要标准。据此,我国刑法中的犯罪概念是定性与定量的统一,这一点已经成为刑法理论与司法实务的共识。[50] 依据我国《刑法》第 266 条关于诈骗罪的规定,诈骗公私财物达到"数额较大"标准的,才以诈骗罪定罪处罚。若诈骗罪的成立不以财产损失为必要,则无法契合我国关于诈骗罪数额要求的规定。无论如何,由于我国诈骗罪的成立以数额要求为必要条件,故作为刑民之间连接点的财产损失要件不能被消除。[51] 在笔者看来,应以财产损失实质化为中心对诈骗罪展开实质化认定。

---

[49] 同前注[9],陈少青文。
[50] 参见付立庆:《刑法总论》,法律出版社 2020 年版,第 88—89 页。
[51] 参见陈少青:《权利外观与诈骗罪认定》,载《法学家》2020 年第 2 期。

(一) 从对价到交易目的阶层式判断

在表明以财产损失实质化认定诈骗罪的基本立场之后,关键在于判断财产损失实质化的具体流程。具体而言,财产损失的判断应在形式对价衡量的基础上引入交易目的的判断。在财产损失实质化路径下,财产客观经济价值衡量与规范判断之间的关系并不是平面叠加式的,而是存在判断方向和位阶上的顺序。[52]

1. 第一层:对价衡量

欺诈发生于财产交易过程中。通常情况下,财产交易是双向有偿的,交易双方期待获得交易对价而非无偿支出。[53] "对价"本是英美合同法中的概念,一般是指"一方所增加的某种权利、利益、获利或好处,或者是他方所给予、由他方引起使自己遭受或承担的某种容忍、损害、损失或责任"。[54] 出于对契约自由原则的尊重,主观等值原则一般被作为合同领域对价判断的基本原则,认为交易各方当事人主观上认为具有等值性即可,不以客观等价为限。[55] 例外的是,在一些特殊场合,如买卖标的物存在瑕疵、发生情势变更、显失公平等,应当适用客观等值原则,以客观市场标准或者理性之人标准确定对价。[56] 对于欺诈交易而言,由于一方当事人存在意思瑕疵,缔约自由未完全实现,故此时对价判断应采客观等值原则。在无对价欺诈交易的场合,诈骗罪认定较为容易。故此前也有观点认为,诈骗罪与民事欺诈界分的依据在于行为人是否无对价地取得对方财产。[57] 但实际上也可能存在对价欺诈。所谓对价欺诈,区别于完全无代价欺骗他人进行交易的不对价案件,是指通过给付相当对价进而欺骗他人交易的行为。[58] 随着当下社会经济生活日益复杂化,传统"空手套白狼"的欺诈模式逐渐淡出视野,对价欺诈案件层出不穷,本文开篇所列举的几个案例正是对价欺诈交易的代表。在存在交易对价的情况下,财产损失的认定需要进一步考虑交易目的是否实现。

2. 第二步:交易目的判断

诈骗罪是以保护财产法益为内容的财产犯罪,而财产法益的内容除经济利益之外,还包含财产交换、处分目的的实现,如果这些目的没有得到实现,就意味着存在财产损失。[59] 财产损失的刑法评价关键在于,财产处分是否具备合目的性以及财产的

---

[52] 参见杜宇、温倩文:《论诈骗罪中财产损失的认定规则及其位阶关系》,载《政治与法律》2020 年第 9 期。
[53] 参见前注[9],何荣功文。
[54] 刘承韪:《英美合同法对价理论的形成与流变》,载《北大法律评论》编辑委员会编:《北大法律评论》(第 8 卷·第 1 辑),北京大学出版社 2007 年版,第 114 页。
[55] 参见傅鼎生:《义务的对价:双务合同之本质》,载《法学》2003 年第 12 期。
[56] 参见崔建远:《论债权人撤销权的构成》,载《清华法学》2020 年第 3 期。
[57] 参见陈兴良:《合同诈骗罪的特殊类型之"两头骗":定性与处理》,载《政治与法律》2016 年第 4 期。
[58] 参见彭文华:《对价欺诈交易刑民界限的法教义学分析》,载《政治与法律》2021 年第 2 期。
[59] 参见张明楷:《论诈骗罪中的财产损失》,载《中国法学》2005 年第 5 期。

交换价值目的是否实现。如果答案为否,就意味着存在财产损失。[60] 具体而言,如果被害人因受骗处分财产的同时也获得了相当对价,那么一般应当否认其存在财产损失;但是如果这种财产处分行为严重背离了处分目的,或者是被迫接受不利处分,那么财产损失就能被有限肯定。[61] 因此,财产损失的实质化判断必须纳入交易目的的考量。

交易目的,即当事人希望通过交易所实现的目标,现实中,交易一般通过合同进行。可以认为,在大部分情况下,合同目的与交易目的并不存在本质区别。[62] 交易目的(合同目的)一般体现为客观层面类型化的合同交易目的,即典型交易目的。例如,买卖合同中的典型交易目的是买受人取得标的物、出卖人获得价款。但某些特殊情况下,交易动机(合同动机)也能成为交易的主观目的。若一方当事人于合同订立之时即向相对方披露订立合同之动机,并以此作为合同成立之基础,或当事人虽未对合同动机作出表示,但基于合理证据能够判定该动机具有作为合同成立基础之性质,方存在将合同动机解释为合同目的之可能。[63] 这一观点也得到了司法实务判决的肯定。[64] 简言之,交易动机在一定条件下可以转化为交易目的,从而受到合同法的保护。

民法理论上有观点认为,合同目的仅限于经济目的,即"通过履行合同来实现当事人的经济意图"[65]。合同目的不能实现,即当事人订立合同所期望的经济利益无法实现。[66] 不可否认,合同的经济性是合同的显著特征之一,但实践中仍存在大量非经济合同,如医疗合同、旅游合同等,因而经济目的并不能涵盖所有合同目的。故有观点指出,当事人意思表示的目的,是指当事人内心所想要达成的期望,可能表现为财产上、身份上或精神上的目的。[67] 本文亦认为,交易目的不仅包括经济目的,还包括与交易密切相关的社会目的等。

交易目的的"重大"背离,要求的是交易结果根本地、整体地背离交易目的,而非对交

---

[60] 参见陈伟、谢可君:《无权处分行为中财产犯罪的性质认定——以"司机盗卖房产案"为切入》,载《西部法学评论》2016年第3期。

[61] 参见前注[29]。

[62] 但也不可将合同目的与交易目的完全等同起来。原因在于,合同目的一般需要以明示或默示的方式反映于合同之中,但在合同目的之外,还可能存在特殊的交易目的。当然,如果交易目的均体现于合同之中,此时合同目的与交易目的即保持了一致,本文也在此意义上使用交易目的的概念。

[63] 参见崔建远:《合同一般法定解除条件探微》,载《法律科学(西北政法大学学报)》2011年第6期。

[64] 参见"张俭华、徐海英诉启东市取生置业有限公司房屋买卖合同纠纷案",江苏省南通市中级人民法院(2015)通中民终字第03134号民事判决书,载《最高人民法院公报》2017年第9期。该案中,买方所购房屋的内部左右布局与合同约定相反,遂诉请解除购房合同。该案终审判决认定房间布局及具体方位为买方购房的主观动机,在合同订立阶段,买方已对此作出了明确要求,且已通过购房合同附件中的房屋平面图予以确认,应作为合同目的。卖方交付的房屋不符合合同约定,致使合同目的的落空,已构成根本违约,合同应依法解除。

[65] 刘燕、楼建波:《金融衍生交易的法律解释——以合同为中心》,载《法学研究》2012年第1期。

[66] 参见崔建远:《债权:借鉴与发展》(修订版),中国人民大学出版社2014年版,第552页。

[67] 参见施启扬:《民法总则》,中国法制出版社2010年版,第227页。

易目的的轻微背离。其一，欺骗行为导致对未被客观化的主观动机的重大背离不成立刑事诈骗。例如，在"攀比募捐案"中，乙希望通过捐款更多来与邻居攀比的主观动机，若没有明确告知受捐者，也未规定于捐赠合同之中，则不属于交易目的。其二，欺骗行为导致交易目的的非重大背离不构成诈骗罪。例如，在一起涉嫌合同诈骗的案件中，被告人洪某存在虚列资产和隐瞒债务的欺骗行为，但在合同签订之后，被告人均实际履行了股权置换协议约定的义务。尽管被告人洪某的欺骗行为使得交易结果相对于股权置换协议约定的交易目的有所偏离，但协议仍得到了实际履行，可见交易目的并未完全落空。因而，被告人洪某的行为不应认定为合同诈骗，而只适用民事欺诈程序处理。事实上，审理法院也认可洪某的行为只是民事欺诈，而非合同诈骗。[68] 可见，交易目的发生重大背离的实质是交易据以存在的基础发生根本动摇，也即交易目的完全不能实现。

（二）财产损失实质化路径之优势

相较于主观目的与欺骗行为的实质化路径，财产损失的实质化判断路径具有如下优势：

其一，凸显诈骗罪法益保护的核心。刑法的任务在于保护法益，法益内容的实质化旨在设置刑罚处罚的合法界限。[69] 讨论诈骗罪认定实质化路径以划定诈骗犯罪化界限，离不开对诈骗罪保护法益的认识。在本文看来，财产损失实质化路径的最大优势在于凸显了诈骗罪法益保护的核心特征。关于诈骗罪的保护法益，刑法理论上存在"公私财产的所有权"[70]、"狭义财物的占有、所有及财产性利益的享有"[71]、"物或利益的丧失"[72]、"不基于有瑕疵的动机而处分财产的权利"[73] 等不同观点，但能够达成基本共识的是，诈骗罪作为财产犯罪，其保护法益应以财产为中心。如有学者所指出的，诈骗罪所保护的法益，仅限于财产法益。因此，虽有欺诈行为，但未损害财产法益者，不构成诈骗罪。而民法理论上一般认为，民法关于欺诈的相关规定并不是为了保护财产，而是为了保护当事人的决定自由（Entschliessungsfreiheit）。[74] 就保护法益而言，以保护财产为目的的诈骗罪与以保护当事人决定自由的民事欺诈制度之间，显然有所区别，而财产损失实质化路径很好地凸显了刑民欺诈制度在法益保护方面的区别。可见，财产损失实乃诈骗罪财产法益遭受侵害的征表。[75] 此外，财产损失实质化路径在对价判断基础之上加入了交易目的的判断，亦反映了诈骗罪被害人的沟通交往

---

[68] 参见"洪涛合同诈骗、职务侵占案"，福建省厦门市中级人民法院(2002)厦刑初字第51号刑事判决书。
[69] 参见张明楷：《论实质的法益概念——对法益概念的立法批判机能的肯定》，载《法学家》2021年第1期。
[70] 高铭暄、马克昌主编：《刑法学》（第10版），北京大学出版社、高等教育出版社2022年版，第509页。
[71] 同前注[18]，第1303页。
[72] 〔日〕山口厚：《刑法各论》（第2版），王昭武译，中国人民大学出版社2011年版，第286页。
[73] 〔日〕松宫孝明：《刑法各论讲义》（第4版），王昭武、张小宁译，中国人民大学出版社2018年版，第203页。
[74] 参见韩世远：《合同法总论》（第4版），法律出版社2018年版，第252页。
[75] 参见前注[29]。

特征。诈骗罪的沟通交往特征意味着行为人和被害人之间必须存在意思互动。[76] 而依据财产损失实质化路径,诈骗罪的认定不仅关注形式上的财产移转,还需考量被害人与行为人就交易达成的合意,从而区别于只考虑财产移转的盗窃罪。就此而言,符合交易目的的财产移转成为诈骗罪保护法益的实际内容。

其二,凸显刑民欺诈的区别。"客观的构成要件要素具有规定、限制故意的认识范围的机能。"[77] 较之于民事欺诈"使相对人陷于错误的故意和使相对人因其错误而为一定意思表示"[78]的故意内容,刑事诈骗故意还要求存在"使相对人因错误处分财产导致财产损失"。换言之,民事欺诈故意是欺诈人对相对方作出意思表示的自由的干涉,刑事诈骗故意则注重欺骗人从欺骗行为中获取财产利益的意图。就此而言,民事欺诈在构成上更为宽松,只需存在使相对人陷入错误意思表示的故意即可,而无须存在造成他人财产损害的故意。[79] 据此,强调财产损失要件在实质化认定诈骗罪中的作用,更能凸显刑民欺诈在主观方面的区别。

其三,明晰诈骗罪认定过程。诚然,实质化判断不等同于客观化判断,诈骗罪的实质化认定有赖于诈骗罪主客观构成要件要素的综合作用,但笔者意在强调的是,应以财产损失要件作为诈骗罪实质化认定的核心。较之于非法占有目的判断的恣意性、民事救济不能风险的不明确性,以对价衡量与交易目的为核心的实质判断方案显得更加明晰。财产损失实质化路径遵循了从形式的对价衡量到实质的交易目的判断的判断流程。在交易目的的判断中,财产损失实质化路径也有章可循,强调以典型交易目的为原则,有限承认主观动机的客观化。据此,从整体上看,由于财产损失实质化路径坚持以客观判断为主,以主观判断为辅的原则,从而能够尽可能地减少主观判断的不明确所带来的适用不便。

(三) 可能的质疑及其回应

1. 民事欺诈也可能存在财产损失?

诚然,民事欺诈也可能存在财产损失,但此"损失"并不同于诈骗罪要求的"财产损失"。理由在于,诈骗罪中的"财产损失"需要符合财产损失的直接性要件。[80] 不同于盗窃罪等"他损型"财产犯罪,诈骗罪具有明显的"自损"特征。由此,德国刑法理论强调诈骗罪中的财产损失原则上必须是由被害人的财产处分直接导致的,此即财产损失

---

[76] 参见蔡桂生:《缄默形式诈骗罪的表现及其本质》,载《政治与法律》2018年第2期。
[77] 同前注[50],第150页。
[78] 同前注[74],第254页。
[79] 参见许德风:《欺诈的民法规制》,载《政法论坛》2020年第2期。
[80] 理论上也有观点认为,直接性要件应是转移占有型财产罪的不成文构成要件要素,是指在被害人处分行为与行为人占有财物之间不需介入行为人第二个违法行为。参见柏浪涛:《转移占有型财产罪的直接性要件》,载陈兴良主编:《刑事法判解》(第15卷),人民法院出版社2014年版,第194—197页。

的直接性原则。[81] 对于财产损失的直接性原则,可以从主客观两方面进行把握:从客观层面来看,财产处分"直接"造成财产损失意味着,在被害人因受骗而作为或不作为之后,其财产减损的事实已然形成,中间不需要行为人再实施其他行为。[82] 依据这一原则,诈骗罪中财产损失的判断应恪守"被害人进行财产处分行为时"这一节点。在被害人的财产处分行为实施完毕之后,其他原因引发的被害人的财产减损或增加,都不再属于处分行为引起的财产损失。[83] 相较于刑事诈骗,在民事欺诈中,受害方虽然也可能出现"损失",但该损失通常是其经营管理不善、投资失误或意外风险等其他因素导致的,而非行为人欺骗行为直接导致,故此类损失并不属于成立诈骗罪要求的财产损失。如在"黄金章诈骗案"中,终审裁判指出,被告人黄金章使用欺骗手段获取了借款,最终其所欠借款无法及时还清,是其股票投资经营亏损和续贷手续出错等原因造成的。[84] 换言之,该案中发生的"损失",并非被告人黄金章的欺骗行为直接导致的,而是介入了被告人的其他行为,故不属于成立诈骗罪要求的"财产损失"。此外,若事后通过还款、补偿等方式对财产损失进行弥补,由于是完成处分行为之后的其他行为导致的财产增加,亦不能否认此前财产处分行为造成的财产损失的存在,因而也应肯定行为人构成诈骗罪。

从主观层面来看,对财产损失的直接性原则的理解需要结合刑法上的"目的与行为同时存在"原则。具体而言,在行为人的欺骗行为导致被害人陷入错误认识并进一步处分财产之时,对于被害人的财产损失结果,行为人需要具备主观故意,从而才能肯定存在成立诈骗罪要求的财产损失。相反,如果行为人在通过欺骗手段获得财物之后,才产生不履行义务的意愿,则由此导致的"财产损失"并不能被评价为前述欺诈行为导致的财产损失。

2. 与损失数额的客观性产生抵牾?

有质疑的观点指出,将实质的标准(带有被害人主观色彩的个别化要素等)纳入诈骗罪中的财产损失判断,会使得财产损失判断与我国刑法对于损失数额的要求之间产生抵牾。[85] 但在笔者看来,该批评可能是对财产损失实质化判断流程的一种误读。笔者所主张的财产损失实质化判断方案是对财产损失的定性判断,而非定量判断。引入交易目的认定财产损失并不意味着要将交易目的等要素直接转化为客观的损失数额,而是在以交易目的的发生重大背离来肯定存在财产损失的情况下,再具体认定财产

---

[81] 参见徐凌波:《金融诈骗罪非法占有目的的功能性重构——以最高人民检察院指导案例第40号为中心》,载《政治与法律》2018年第10期。

[82] 参见王钢:《德国刑法诈骗罪的客观构成要件——以德国司法判例为中心》,载《政治与法律》2014年第10期。

[83] 参见前注[81]。

[84] 参见"黄金章诈骗案",福建省高级人民法院(2014)闽刑终字第140号刑事裁定书。

[85] 参见前注[9],陈少青文。

损失的数额。

3. 存在体系解释上的不协调？

有论者认为,对诈骗罪中的财产损失进行实质判断,会导致诈骗罪与盗窃罪、抢夺罪中财产损失认定的不一致,因而为保持财产犯罪整体对于财产损失认定的协调性,应坚持对刑事诈骗中的财产损失作形式判断。[86] 我国《刑法》对于盗窃罪、抢夺罪、诈骗罪等采取的都是简单罪状形式,就此来看,一方面,对于财产损失的理解存在统一适用的空间,但另一方面也意味着可以对不同财产犯罪要求的财产损失作不同理解。另外,尽管理论上就诈骗罪和盗窃罪的关系(对立关系抑或交叉关系)与界分标准还存有争议,但能够达成基本一致的是,诈骗罪与盗窃罪在保护法益、犯罪实质、行为手段等方面确实存在较大差异,这些差异也能够成为对财产损失要件进行不同理解的基础。因此,笔者认为,诈骗罪确实有区别于其他财产犯罪的特殊性,故不必为了追求形式的一致而强行对所有财产犯罪中的财产损失作统一理解,而应重视不同财产犯罪的差异,对构成要件进行个别化解释。

4. 实质是财产处分实质化？

"对价"与"交易目的"作为笔者主张的财产损失的实质化判断标准,与诈骗罪客观行为链条中的财产处分行为密切相关,是否有必要将诈骗罪的实质化认定推后至诈骗罪的财产损失环节？对此问题,本文的解释如下:其一,财产处分行为并不必然引发被害人的财产损失。当前有力的实质的个别财产损失说与整体财产损失说,均强调对财产损失进行实质化理解,即单纯的财产处分并不意味着被害人最终遭受财产损失,如有学者所指出的,所有交易原则上都会存在财产变动,但并不能将客观上的财产变动直接等同于财产损失的发生。在一般的双方交易中,被害人一方的财产处分并不当然决定其存在财产损失,财产损失的认定需要从整体上考虑双方的互相给付情况。[87] 可以认为,被害人的财产处分行为产生的是单方的财产变动效果,但是否构成刑事诈骗所要求的财产损失,必须基于交易双方财产变动情况进行整体考量。就此而言,笔者所提倡的方案仍是坚持了财产损失的实质化判断。其二,笔者之所以主张应以"交易目的"而非"处分目的"作为财产损失判断的要素,正是因为意在突出"交易目的"的合意性,而淡化"处分目的"的单方性。对价的判断也并不是只着眼于被害人一方的财产处分行为,而是坚持从交易的全貌认定是否存在对价。

5. 承认对欺骗行为进行实质化判断？

"诈骗罪意义上的欺骗行为是指向财产损失风险的。"[88] 对于诈骗罪而言,既然将

---

[86] 参见前注[9],陈少青文。
[87] 参见前注[59]。
[88] 同前注[13]。

财产损失作为犯罪既遂要件,则意味着诈骗既遂时被害人存在现实的财产损失,诈骗未遂时存在财产损失的危险性。[89] 因此,本文亦承认,尽管对于诈骗数额较大的情形,不必讨论诈骗罪是否既遂的问题[90],但在诈骗数额巨大及特别巨大的场合,应对欺骗行为进一步限定,要求欺骗行为具备导致被害人财产损失的高度风险。但一个随之而来的疑问可能在于,本文虽主张财产损失实质化路径,但仍认可应对欺骗行为进行实质化判断,是否存在立场上的不一致?对此,正如有观点所指出的,无论是以"法益关系错误说"实质认定财产损失,还是以"交易重要事项说"实质认定欺骗行为,归根结底都是围绕诈骗罪的实质性法益侵害这一中心所提出的认定路径,二者之间不过是"应该将其问题意识还原至何种要件论这种方法论上的差异而已"[91]。由此,不必将欺骗行为实质化路径与财产损失实质化路径过分对立,而应把握两种路径在实质性法益侵害视角下的共通性。二者的关系并不像有观点所认为的,如果对财产损失作实质化判断,就意味着必然选择对欺骗行为作形式判断[92]。当然,这也并非意味着两种路径不存在实质区别。前已述及,既然是从实质性法益侵害的视角将诈骗罪认定实质化,则财产损失实质化路径无疑更契合诈骗罪法益侵害的特点。进言之,即便认为对诈骗罪认定实质化而言,行为实质化路径与结果实质化路径可谓殊途同归,但结果实质化路径仍然有其不可替代的优势。

四、财产损失实质化路径展开

"检验标准恰当与否,有追求理论的纯粹性或者关注实践的操作性两种维度。"[93]认识最终是要为实践服务的,刑民交叉视角下诈骗罪认定的实质化问题由实践观察所产生,也应回到实践中去,以实务案件处理结论检验财产损失实质化路径的合适与否。

(一)延误险案与积分案

对于前述案例1延误险案,首先可以认定,李某依约缴纳了保险费,支付了相应对价。关键在于,李某未实际乘坐航班的行为是否使得航班延误险合同的交易目的发生

---

[89] 参见前注[59]。
[90] 最高人民法院、最高人民检察院《关于办理诈骗刑事案件具体应用法律若干问题的解释》第5条第1款规定:"诈骗未遂,以数额巨大的财物为诈骗目标的,或者具有其他严重情节的,应当定罪处罚。"据此,对于诈骗未遂、数额较大的,并不会以诈骗罪定罪处罚。故在我国刑法语境下讨论诈骗罪的实质化认定,应把握一般情况下的诈骗未遂不作为犯罪处理这一实际。可以认为,对于诈骗数额较大的情况而言,其实只存在是否既遂的问题。
[91] 同前注[38]。
[92] 参见前注[9],陈少青文。
[93] 同前注[29]。

重大背离。依据现有航班延误险合同的约定[94],投保航班延误险的交易目的是被保险人对保险标的存在保险利益,即只要航班延误的情况不属于被保险人个人原因导致或者合同中约定的责任免除情形,并且航班延误情况确已达到合同约定的标准,则保险人应当依约对被保险人进行赔付。而在该案中,被保险人在约定的保险事故(航班延误)发生时,因为个人原因并没有实际乘机,所以此情形下的航班延误其实并不属于承保范围内的保险事故。这也意味着,符合合同约定的保险事故并未发生。李某以航班延误为由向保险公司索赔,可以认为其行为属于编造未发生的保险事故,已经严重背离了投保航班延误险的交易目的,构成刑事诈骗。

在前述案例 4 积分案中,被告人冉某以信用卡积分兑换银行采购的收费性服务,表面上支付了服务的对价,但是该兑换积分的行为明显违背了银行积分交易和兑换的根本目的。根据《招商银行"积分交易和兑换"业务规则》,积分交易和兑换活动旨在回馈持卡人、促进消费,而持卡人利用非真实交易、利用系统进行欺诈舞弊,恶意套取的积分将被视作无效。[95] 被告人冉某用于兑换收费性服务的积分来源于虚假交易,并不符合积分交易和兑换规则,其与银行间的积分交易严重背离了交易目的,应认定银行存在财产损失。基于此,被告人冉某虚构交易事实获取积分使银行陷入错误认识,银行基于此完成积分兑换与交易,错误处分财产进而产生损失,冉某应成立诈骗罪。

(二)"酒托"案与"套路嫖"案

在前述案例 2 "酒托"案中,行为人存在以低档酒、劣质酒冒充高档酒的情形,是"酒托"案类型化的关键。[96] 在顾客进入行为人控制的酒吧、餐厅之后,行为人与顾客之间形成事实上的消费合同。该消费合同以商家提供酒水和顾客支付费用为主要内容。在行为人以低档酒、劣质酒冒充高档酒的场合,顾客给付了高价酒水费用,行为人一方交付了酒水商品,但显然未满足客观等值的条件,应认定不存在对价。若满足诈

---

[94] 《众安保险航班延误保险条款(B款)》第 3 条规定:"被保险人实际搭乘的保险合同载明的航班,非因被保险人本人的原因或责任免除约定的情形发生延误,且延误时间达到保险合同所载明的时间,视为保险事故发生,保险人按保险合同的约定负责给付保险金。"第 4 条进一步明确,"发生下列情形或由下列情形导致的损失、费用,保险人不承担赔偿责任;……(四)发生航班延误、航班取消或航班备降返航,被保险人未实际办理保险合同载明航班的值机手续的"。参见众安保险官网(https://www.zhongan.com/channel/public/13832956122630.html),访问日期:2024 年 7 月 24 日。

[95] 《招商银行个人用户积分奖励规则》第 10 条规定:"用户涉嫌利用虚假交易获取积分,招商银行有权要求用户提供消费交易发票、购买凭证等材料,以查实交易真实性。一旦查实用户通过虚假交易套取积分的,招商银行有权不予累积该交易奖励积分,有权采取冻结积分、扣减积分、清零积分等措施,并保留追究其法律责任的权利。"参见招商银行信用卡官网(http://market.cmbchina.com/MPage/online/240327192723165/JLJH2024JFwap/index.html),访问日期:2024 年 7 月 24 日。

[96] 参见俞小海:《财产犯罪中被害人承诺效力的扩大化与财产损失的实质化——以"酒托"诈骗案为例》,载《政治与法律》2014 年第 7 期。

骗罪数额要求,则行为人构成诈骗罪。但对于单纯将顾客带至餐厅、酒吧进行高消费,顾客点单消费而商家提供货真价实的商品的情形,则应认定双方存在正常的交易对价。

与"酒托"案相似的是,"套路嫖"案也是以套路诱骗被害人消费,不同点在于行为人提供的不是商品,而是服务,且多数情况下行为人与被害人之间形成的是预付式消费合同关系。对于普通的单次即时交易而言,顾客支付了服务费,同时也获得了商家的服务;对于预付式消费交易而言,顾客付费后获得了充值卡,意味着获得了对商家的债权。在预付式消费交易中,顾客一般会获得不少于其充值金额的充值卡,也即对商家的债权,对此情况认定存在合理对价相对较容易。在前述案例2"套路嫖"案中,在单次即时交易的场合,行为人向被害人提供了按摩服务,但存在服务质量与收费标准不完全相符的情况。对此应适用客观等值原则,以同类服务的市场交易价或指导价等为标准,判断是否存在交易对价。若经判断不存在合理交易对价,则应认定被害人存在财产损失。

在存在交易对价的场合,需要进一步考虑交易目的。前述案例2与案例3这两类案件的特殊之处在于,被害人处分财物还存在非经济目的,如交友恋爱目的甚至嫖娼目的。对于"酒托"案而言,应当厘清酒水商品交易的一般目的与顾客希望与"酒托女"进行交友、恋爱、一夜情等主观动机之间的关系。从社会一般观念的角度观之,酒水商品交易的典型交易目的是商家获得货款与顾客获得酒水商品。在商家提供符合要求的酒水商品的场合,尽管顾客未实现通过酒水消费来与"酒托女"交友恋爱等的动机,但由于这些主观动机并未客观化,不能认定为交易目的,而"获得商品"之交易目的能够实现,故不能认定交易目的的发生重大偏离。

较之于"酒托"案,"套路嫖"案在交易目的层面认定的主要难点在于,被害人存在的是非法的嫖娼目的而非合法的交友恋爱目的。对此可能有观点认为,既然嫖娼在行政法上属于违法行为,嫖资在民法上也不受保护,那么刑法也不应予以保护。但在笔者看来,"套路嫖"案中被害人支付的钱款并不等同于嫖资。原因在于,据以认定嫖资的嫖娼行为并未存在,尽管被害人主观上有嫖娼的意愿,但并无客观行为,且在该案中也无实现的可能性。即便认定该钱款属于嫖资,但依据经济财产说,对于非法移转嫖资的行为,也应将其纳入刑法规制范围。况且,即便是合法的交友恋爱目的,也只有在客观化的情况下才能成为交易目的受到保护,而非法的嫖娼目的显然更不可能实现客观化。"套路嫖"案中顾客与商家之间为按摩服务合同关系,其典型交易目的是顾客支付按摩费用,商家依约提供相当质量的按摩服务。在商家已提供等值按摩服务的情况下,典型交易目的业已实现,不应认定顾客存在财产损失。此外,对于预付式按摩服务交易而言,尽管顾客取得了与其充值金额等值的充值卡,取得了对价,但若商家在预付式消费过程中变相不履行应有义务(如长期拒不提供后续按摩服务、拒不退款等),则应认定存在交易目的的重大背离,顾客存在财产损失,商家涉嫌诈骗罪。

五、结　语

"多个法律部门对同一社会现象予以规范不足为奇,因为学科划分本系人类思维产物,且因时因地或有不同,但社会现象则径自发生,不会预设其行为性质,于是,交叠与跨界现象在所难免。"[97] 欺诈作为一种社会现象,亦受到刑法、民法等规范共同关注,但透过不同观察视角和受到不同规范保护目的指引,欺诈之于刑法与民法的意义与后果迥然不同。刑法介入财产权保护的理想状态是在"秩序维持"和"依赖民法"之间达成良好平衡的状态。诚然,任何诈骗罪认定实质化路径都存在或多或少的问题与疑难。如何在其中寻得一个较优解,乃是本文目光所指。就刑民交叉视角下诈骗罪的实质化认定而言,财产损失实质化路径是一个接近于刑法介入财产法益保护的理想状态的较优选择。

---

[97]　叶名怡:《涉合同诈骗的民法规制》,载《中国法学》2012年第1期。

诈骗罪欺骗行为中的"事实"
——本质、特征与类型

解彦梓[*]

要　目

一、"事实"——前置性的讨论
　　(一)"事实"的存在语境
　　(二)"虚构事实"的内在逻辑
　　(三)"事实"的一般定义和基本形式
二、内心事实
　　(一)内心事实的类型
　　(二)内心事实的其他问题
三、未来事件
　　(一)未来事件的相对客观性
　　(二)未来事件的类型
四、价值判断与意见表达
　　(一)价值判断的可欺骗性
　　(二)特征——客观化的事实核心
　　(三)价值判断的特殊类型
五、真实事实
　　(一)真实事实的类型
　　(二)真实事实的归责基础
　　(三)真实事实的否定论
六、结语

摘　要　诈骗罪欺骗行为要件的实质是就"事实"进行欺骗,"事实"的认定是界定

---

[*] 北京大学法学院2023级博士研究生。

欺骗行为的关键。"事实"的核心特征在于可验证的客观性。内心事实属于事实,但考虑到其本身的不稳定性和证明的现实困难,必须进行类型化限制。未来事件具备相对客观性,基于刑事政策的迫切要求,科学性预测、经验性预测、相关性预测具备刑事可罚性。价值判断原则上不属于事实,但事实与价值的辩证统一关系使评判标准的建构成为可能,如果存在"可客观化的事实核心",则可例外地承认其可欺骗性。事实必须是虚假的,现有理论无法为真实性说明提供统一的归责基础,真实事实不能成为欺骗的内容。

关键词 欺骗行为 内心事实 未来事件 价值判断 真实事实

我国《刑法》第266条规定,诈骗公私财物达到相应数额的,依照诈骗罪定罪处刑。[1] 目前,学界对于诈骗罪的描述已基本达成共识,即行为人以虚构事实、隐瞒真相的方法,骗取他人财物,数额较大的行为。[2] 将其进行要件化展开,诈骗罪的行为构造为:行为人实施欺骗行为——对方(受骗者)产生错误认识——对方基于错误认识处分财产——行为人或者第三人取得财产——被害人遭受财产损失。[3] 这一特殊的犯罪结构要求其不法构成要件的各要素依据一定的先后次序排列,且必须存有接续性的原因与结果上的关联。无论采何种行为构造理论,行为人实施欺骗行为均是诈骗罪认定中不可或缺的判断始点,其内涵与外延值得进一步的教义学考察。[4]

通说认为,欺骗行为是指虚构事实、隐瞒真相,使他人陷入错误认识的行为。[5] 换言之,行为人必须就"事实"进行欺骗,问题在于,此处的"事实"在规范上应当如何理解,其本质和内容是什么:"事实"是否仅限于可感知的外部事件,心理状态能否成为欺骗的对象;"事实"又具备怎样的时间特征,未来事件能否满足"事实"的要求;"事实"与"价值"哲学上的二元划分能否机械适用于刑事规范,如何排除纯粹主观化的意见表达;"事实"是否以虚构性为要,作出真实性说明能否以欺诈论;等等。[6] 本文将在厘清"事实"概念的基础上,围绕"事实"的规范内涵,回应内心事实、未来事件、价值判断及真实性说明等争议命题,力图提炼"事实"的核心特征,对有关问题形成体系化见

---

[1] 《刑法》第266条规定:"诈骗公私财物,数额较大的,处三年以下有期徒刑、拘役或者管制,并处或者单处罚金;数额巨大或者有其他严重情节的,处三年以上十年以下有期徒刑,并处罚金;数额特别巨大或者有其他特别严重情节的,处十年以上有期徒刑或者无期徒刑,并处罚金或者没收财产。本法另有规定的,依照规定。"
[2] 参见高铭暄、马克昌主编:《刑法学》(第10版),北京大学出版社、高等教育出版社2022年版,第509页。
[3] 参见张明楷:《刑法学》(第6版),法律出版社2021年版,第1303页。
[4] 就诈骗罪的行为构造理论,学界有二要素说、三要素说、四要素说与五要素说的争议,由于各理论均承认欺骗行为的要件地位,其核心争议与本文主题无关,在此不作赘述。
[5] 参见周光权:《刑法各论》(第4版),中国人民大学出版社2021年版,第142页。
[6] 对有关问题的回答散见于我国学者的论著中,但多为一笔带过,并未在教义学层面展开讨论,仅有少数几篇文章围绕"事实"命题展开,具体参见肖志珂:《诈骗罪虚构事实教义学研究》,载《北京法学》2021年第3期;郭莉:《诈骗罪客观构成要件中的"事实"》,载《北京法学》2018年第4期;赵书鸿:《论诈骗罪中作出事实性说明的欺诈》,载《中国法学》2012年第4期。

解,以实现对陈兴良教授所倡导的刑法各论研究的教义学化的创新性回应。

一、"事实"——前置性的讨论

在具体展开上述特殊类型的教义学分析之前,首先需要回答有关"事实"的基础问题,包括其存在于何种形式的欺骗行为中,虚构事实这一命题本身是否存在逻辑悖反,"事实"的一般定义和基本形式是什么。

(一)"事实"的存在语境

关于欺骗行为的表现形式,我国刑法解释论采取的通常表述是"虚构事实、隐瞒真相",这一划分从存在主义的角度出发,以行为的事实样态为依据进行建构。类似的表述还有言辞诈骗与举动诈骗[7]、虚构事实与歪曲事实等,这种侧重于欺骗行为外在表现形式的划分存在重合交叉的可能,因而被部分学者认为是无意义的。[8] 另一种规范主义的进路则从犯罪行为的特别表现形式出发,区分作为的诈骗与不作为的诈骗,前者又可提炼出明示与默示两种类型。[9]

就语言结构与词语属性而言,作为诈骗常表现为虚构事实,而不作为诈骗似乎天然与隐瞒真相紧密相连,但此种对应在学界并未达成共识,"隐瞒真相"与默示诈骗、不作为诈骗的包含关系也因此存在分歧。[10] 具体案件中,明示、默示与不作为诈骗甚至可能同时存在。显然,如采形式的两分说,"虚构事实"与"隐瞒真相"存在质的差异。就行为发生过程而言,前者由无到有,后者从有至无;从客体性质看,前者往往是虚假的、编造的,后者则是真实的、客观的;从行为特征看,前者常常是明示的、言辞的,后者多为缄默的。但从语言逻辑出发,所有的隐瞒真相行为必然蕴含希望对方就某一虚假事实产生错误认识的期待,即使典型的不作为诈骗,比如社会福利型诈骗案中,行为人通过不及时上报个人情况的变更,隐瞒其已不具备继续领取社会福利的资格这一事实,同样也可理解为行为人的不作为塑造并传达了其具备资格这一客观事实的虚假信息。[11] 因此,"事实"不仅仅存在于明示的诈骗中,"真相"与"事实"的表述可被理解为从两个不同侧面揭示了影响受骗人作出处分行为之信息的内涵。

因此,本文中对"事实"的讨论并非仅限于"虚构事实"的语境,也不受明示、默示或

---

[7] 参见赵希:《"举动诈骗"概念质疑——兼论刑法中作为与不作为的区分》,载《西部法学评论》2014年第1期。
[8] 参见陈兴良主编:《刑法各论精释》,人民法院出版社2015年版,第408页。
[9] 参见徐凌波:《欺骗行为的体系位置与规范本质》,载《法学》2021年第4期。
[10] 如王作富、高铭暄、马克昌等学者认为,"隐瞒真相"可以包含默示与不作为诈骗;王刚、陈子平等学者则认为,从规范的角度而言,"隐瞒真相"仅仅指不作为诈骗。
[11] 参见王莹:《隐瞒真相型社保诈骗案之教义学解析》,载《法学》2019年第8期。

不作为的行为类型限定。本文旨在解决广义上欺骗行为的内容问题,即针对何种事项进行的欺骗将进入刑法规制的视野。

(二)"虚构事实"的内在逻辑

尽管对"事实"的讨论不仅仅限于"虚构事实",但其作为诈骗罪的重要表现形式之一,我们仍需厘清该命题面临的逻辑误区。需要认识到,"虚构事实"不仅是刑法语言中的常见表述,亦是新闻学、语言学、逻辑学中的重要命题,更是人们日常生活中司空见惯的表达。当行为人凭空捏造某一不存在的事实骗取他人财产时,该事实本身是虚构的、主观的。如果认为事实必须具备客观存在的属性,那么虚假事实是不是事实?虚构事实是不是一个伪命题?

观察行为人在这一过程中的主观意愿,"虚构事实"作为诈骗罪这一沟通交流型犯罪的对象,意味着从发出到接受这一信息流动的过程中,行为人试图赋予所陈述的虚假信息以客观、可信服的征表,期待接收方将其作为客观现状而非主观评价进行理解,此处的"事实"是相对的、想象的,是具备一般人认识中的客观性的。

就刑法的体系性建构而言,我国刑法在诽谤罪、虚假诉讼罪中明确规定了"捏造事实诽谤他人""以捏造的事实提起民事诉讼","捏造事实"的合理性是为我国刑法明文肯定的。[12]"捏造"与"虚构"同根同源,如果否定"虚构事实"的逻辑性,将不得不质疑"捏造事实"是否存在语病,秉持刑法教义学的立场尊重刑法规范,没有必要否定"虚构事实"的逻辑性。

从性质来看,此处的"事实"更多是一种内容属性的评价,即行为人所阐述的内容是客观的,而非绝对真实的,"事实"与"真相"存在区别。事实是种概念、上位概念,真实事实与虚假事实是属概念,其具备客观性的共性特征,都是客观事实的下位概念。由此,虚构事实也是一种客观实在,只是其指向的具体内容并不存在,该命题不存在逻辑悖反。[13]

(三)"事实"的一般定义和基本形式

"概念"是对事实的主观性描述,我们赋予某一客观实在独特的定义以避免概念混淆,这种定义上的任意性也导致描述性科学中事物的不可证立与证伪。[14] 因"事实"

---

[12]《刑法》第246条第1款规定:"以暴力或者其他方法公然侮辱他人或者捏造事实诽谤他人,情节严重的,处三年以下有期徒刑、拘役、管制或者剥夺政治权利。"《刑法》第307条之一第1款规定:"以捏造的事实提起民事诉讼,妨害司法秩序或者严重侵害他人合法权益的,处三年以下有期徒刑、拘役或者管制,并处或者单处罚金;情节严重的,处三年以上七年以下有期徒刑,并处罚金。"
[13] 参见前注〔6〕,肖志珂文。
[14] 参见〔德〕英格博格·普珀:《法学思维小学堂——法律人的6堂思维训练课》,蔡圣伟译,北京大学出版社2011年版,第3页。

内涵的抽象性和外延的广阔性，似乎没有必要也难以给出一确定的概念，对于如何尽量客观、普适地定义"事实"本身，我国学界持较为保守的态度。然而，抽象的事实概念是相当广泛的，每一个不真实的断言原则上都与诈骗相关，如果放弃探索将这种所谓"事实"声明与诈骗罪构成要件相区分的规范性标准，诈骗罪的辐射界域将无限扩张，难以满足刑法的谦抑性要求。

德国法院尝试对"事实"作如下诠释："事实是已经发生的事件或者已经存在的状态，其已经显现出来成为现实的组成部分，并且能够得到证据证明。"[15]英美刑法理论也普遍认为，诈骗罪的虚假陈述是关于现在或者过去的事实。[16] 据此，我们可以总结事实必须具备的两大基础特征：第一，原则上，"事实"在时间轴上的坐标必须是已完成或正在进行之状态，因为尚未发生的未来事件是不具确定性、不可预知的；第二，事实必须能够依靠某些条件进行证明，不论是感性的感知方法还是理性的经验佐证，必须存在与该待证事实相关联的、可获得的证据。[17] 其核心为可验证的客观性。

上述特征是对诈骗罪中抽象事实的文义限缩，由此，典型的事实是已经发生的并且表征出来的外部事件，例如物之来源、成分、特性、交易资格等，或者人之年龄、身份、家庭关系、社会关系、财务情况、支付能力等。[18] 但此种概括的定义结论是显著不周延的，其欠缺与诈骗罪规范保护目的的内在联结，因而将或多或少地不当限制其保护范围。广泛地排除内心事实、未来事件或价值判断是不可取的，需要进行针对性的类型化讨论，以确立更具体的"事实"内涵，进而实现诈骗罪入罪标准的规范化。

二、内心事实

跳出机械的"事实"定义，学者指出，内心事实原则上是可验证的，因此主体的动机、信念、知识和意图均可成为诈骗的对象。[19] 笔者认为，尽管理论上内心事实具有可证明性，但必须考虑到其实际操作的困境。内心事实存在于人类内心深处的精神世界，在当前的技术条件下，实验和观察等心理科学方法仍然难以实现对精神领域的直接认知和查明，往往需要外部的客观事实予以佐证。[20] 同时，所有的诈骗行为中均存在一个与其外部表征背离的心理状态，如果贸然肯定所有内心事实都能够被纳入"事实"的范畴，则将导致所有诈骗对象都可理解为针对一个内心事实进行的欺骗——至

---

[15] RGSt 55, 129 (131).
[16] 参见〔美〕史蒂文·L. 伊曼纽尔：《刑法》，中信出版社2003年版，第299—300页。
[17] Vgl. MüKoStGB/Hefendehl StGB, 4. Aufl., 2022, § 263 Rn. 109.
[18] Vgl. Schönke/Schröder/Perron StGB, 30. Aufl., 2019, § 263 Rn. 8.
[19] 参见张明楷：《论诈骗罪的欺骗行为》，载《甘肃政法学院学报》2005年第3期。
[20] 参见蔡淮涛：《犯罪故意与刑事法推定的结合考量》，载《人民论坛》2011年第5期。

少主体的真诚意愿是显然存疑的。因此,必须对内心事实存在的情境进行限定,明确其常见类型。

(一) 内心事实的类型

1. 预先履行类

针对内心事实的欺骗往往出现在预先履行的案件中,典型如无钱食宿类诈骗。[21] 无钱食宿类诈骗中的犯意先行类就是典型的针对内心事实的诈骗,行为人本没有付款意图,但通过言行举止或者社会惯例传达了将会支付对价的信息,使对方陷入提供服务或商品后将会获得价金的错误认识。此种案件在日本多按照针对内心事实的诈骗处理。[22] 合同卖方亦有成立内心事实诈骗的可能。新冠疫情期间,不具有医药经营资格的人向他人发出要约售卖药品,谎称将会发货,实际并不存在交易能力,仅仅期望骗取对方货款,这种情形也可能成立针对交易意愿的欺骗。[23] 类似的还有恶意借贷,行为人既无还款能力,也无还款意愿,通过种种手段伪造信用状况获取担保,在借贷之时谎称将及时还款的,也有可能成立诈骗罪。[24] 在频繁的商业往来中,行为人忠于合同的意志、支付对价的意愿、履行合同的信念作为内心事实存在成立诈骗罪的空间。[25]

2. 目的欺诈类

另一种成立内心欺诈的常见案例表现为目的的违反,比如,行为人申请贷款时表示将用于教育、医疗等特殊目的,该特殊目的针对的事项或许并非虚构,但其从始至终没有将所得贷款用于预设目的的计划,而在内心保留了完全的处分自由,这是对贷款使用目的的欺骗。[26] 又如,捐赠类诈骗中,行为人表示会将募捐款项用于慈善事业,实际挥霍一空的,也是对善款使用目的的欺骗。除此之外,作出某些权威声明时的真诚意愿和信用程度[27]、对事物价值的了解、对某些客体隐藏缺陷的无知(明知凶宅却谎称不知情而出卖)、将来实施或不实施某些行为的意图、特殊的专家知识等,在个案中均有可能成为欺诈行为的对象。[28]

---

[21] 参见〔日〕松宫孝明:《刑法各论讲义(第4版)》,王昭武、张小宁译,中国人民大学出版社2018年版,第205页。
[22] 参见〔日〕大塚仁:《刑法概说(各论)(第3版)》,冯军译,中国人民大学出版社2003年版,第240页。
[23] Vgl. MüKoStGB/Hefendehl StGB (Fn. 17), §263 Rn. 109.
[24] Vgl. BGH NJW 1961, 182.
[25] Vgl. Spickhoff/Schuhr StGB, 3. Aufl., 2018, §263 Rn. 7.
[26] Vgl. MüKoStGB/Hefendehl StGB (Fn. 17), §263 Rn. 110.
[27] Vgl. BGH NStZ 1997, 32.
[28] Vgl. BeckOK/Beukelmann StGB, 52. Ed., 2022, §263 Rn. 4.

(二) 内心事实的其他问题

1. 事实竞合的处理

理论上，内心事实是可证实或证伪的，但值得注意的是，内心事实、外部事件与未来事件并非泾渭分明，个案中行为人的虚假陈述完全可能同时涉及上述命题，预先履行类案件中既存在虚假的现实履行意愿，也存在虚假的未来履行承诺；部分捐助诈骗中不仅捐款目的是虚构的，捐款事项也可能仅是空谈。在认定欺骗的内容时，未必需要实现极其精准的定性，只要竞合后确认其可证伪即可。

2. 内心事实的证明

就内心事实的证明而言，应当广泛、全面地考察案件全部事实，进行客观判断，以免对行为人错误定性乃至落入主观归罪的陷阱。以无钱食宿为例，有相当多的食宿先行犯并非在行为始点即产生犯意，而是就餐过程中或就餐后发现没有付款能力进而单纯脱逃，此时主流的观点倾向于将其定性为不可罚的利益盗窃。[29] 如仅仅以逃单行为认定其一开始即不具付款意愿则有轻率入罪之嫌，需要结合其点单时的举止神态、用餐过程中的言语表现乃至逃单前的准备行为等综合认定。需要注意的是，也不能仅凭个别行为直接排除整体行为的欺骗性，必须实质性考察其个别行为能够在多大程度上实现承诺，与对象期待的对价是否基本相当。[30]

3. 内心事实的结构性影响

诈骗罪的行为构成各要素间具有周密的逻辑关联性，针对内心事实进行的诈骗往往伴随行为样态、财产损失、犯罪形态等方面的特殊问题，内心事实的特殊性可能在结构上影响其他要件的构成。内心事实的可外化性、直观性往往弱于外部事件，致使欺骗行为往往通过默示或不作为的形式进行，进一步增加了行为认定的难度。恶意借贷中，内心事实的欺骗表征于外部需要一定时间，导致针对贷款的抽象财产危险与具体的财产损失在时间上呈现分隔状态，迟滞的规范保护引发了财产损失内涵的再定义[31]；一旦发生财产损失的时间点前移，又会对犯罪既遂与未遂形态产生连带影响，进一步诱发犯罪中止的适用疑虑。

此外，尽管内心事实关涉的是行为人的主观状态，但体系上与其结合的乃诈骗罪客观要件中的"事实"要素，不能与主观不法要件混为一谈。因此，在行为针对内心事实进行欺骗的场合，有必要整体观视犯罪流程，谨慎审查其他要件。

---

[29] 参见陈兴良、陈子平：《两岸刑法案例比较研究》，北京大学出版社2010年版，第40页。
[30] 参见前注［19］。
[31] 参见恽纯良：《诈欺罪中财产损害之判断——"财产危险"概念的回顾与展望》，载《台北大学法学论丛》第103期。

三、未来事件

内心事实具备原则上的可证明性,而未来事件恰恰相反。通说认为,尚未实现的未来事件因其行为时的不确定性和不可知性无法证实或证伪,不属于"事实"的范畴。[32] "将来"或"未来"是相对于现在与过去的概念,对将来事实的预测在表示的当下并不能证明其真假,只有所预测或表示的事实实际发生或不发生时才能验证真假,但此时已属于现在或过去之事实,而非将来之事实。[33] 其背后蕴含着不可知论的哲学思考,即未来事件原则上是不可预知、不可把握的,只有事后通过检验是否存在与陈述相符的客观存在才能证明其真假。

未来事件原则上的非事实性不仅是德国学界的多数说[34],也影响着我国台湾地区的学术研究。一批学者主张未来事实由于在当下没有可对照的事实基础,无法检验真假,所以对于未来之事无法传递不实的信息,难以成立欺骗。[35] 笔者认为,原则上,如果行为人谎称的事实完全是未来的事件,欠缺发生的必然性及与当前状态的连接性,此时应当否定未来事件的事实属性。问题在于,市场交易中存在大量有关未来的信息,未来预测是现代社会难以回避的,且日常生活中的诈骗行为往往存在一定的证据或线索,呈现相当的客观性外观。一概否认有关未来事件的诈骗行为,不仅有悖资本市场的行为准则,亦疏于保护受骗人的合理利益,因此有必要重新审视未来事件的性质。

(一)未来事件的相对客观性

相当多的学者在反思通说观点的基础上指出,未来事件并不是绝对反事实的。[36] 日本学界甚至有观点认为,原则上欺骗行为也包括就将来的事实进行欺骗。[37] 笔者认为,完全否认未来事件的客观性进而将其排除出"事实"范畴的观点是值得质疑的,但考虑到"未来事件"这一概念的不确定性,也不宜广泛肯定其地位,有必要承认其相对客观性。

1. 认识论视角的否定

以未来事件不可认知、不可预测为由否定其事实属性的论据是难以成立的,仅从认识论出发的论证思路存在方法论上的谬误。必须认识到,从客观存在的角度出

---

[32] Vgl. Lk-Tiedemann StGB, 12. Aufl., 2018, §263 Rn. 16.
[33] 参见前注[19]。
[34] Vgl. Spickhoff/Schuhr StGB (Fn. 25), §263 Rn. 6.
[35] 参见林东茂:《一个知识论上的刑法学思考》(增订3版),中国人民大学出版社2009年版,第145页。
[36] Vgl. NK-StGB/Kindhäuser StGB, 5. Aufl., 2017, §263 Rn. 79.
[37] 参见前注[22],第242页。

发,有关未来事件的陈述和过去或现在的事实陈述可能是同样真实的,时间只是一个相对的、进行中的概念,所有能够置于时间维度中的存在,随着坐标的推移,必然能够证明其真伪。通说主张的不可预测仅仅立足于行为人行为时的片面视角,而"事实"的客观存在并不因观察者、观察时点、观察维度的不同而有所改变,认识成果只能反映客观存在在观察主体心中的主观印象,什么是"事实"这一存在论问题与事实的可知性和可证明性这一认识论问题不容混淆。[38]

2. 未来事件的相对可知性

未来事件并不是绝对不可知的,恰恰相反,人类试图预知未来的历史源远流长。未来事件至少在三个面向上是具备客观性的,即发生可能性的客观、遵循经验法则的客观和足以事后验证的客观。

其一,"如果就将来的事实发生'可能性'进行欺骗,就应当说这已经是就现在的事实进行欺骗"[39]。且不论此时欺骗对象究竟属于现在事实还是未来事件,当声明的内容为将来某事实发生的可能性时,就能够与综合现有事实进行的预测进行比对,因而具备相对的可知性。其二,"以史为鉴,可以知兴替",未来事件并不都是随机发生的,而是依据自然规律、因果进程乃至经验法则运行的,对于那些显著背离常识和科学规律的预言,往往事前根据科学的因果进程和经验法则就能够排除其真实性。其三,受制于认识水平和取证能力,某些声明中尚未成为现实但被赋予高度实现危险的事件,欺骗的对立方往往基于恐惧、惊慌或者能力不足确实无法查证其真伪,但事后其他主体完全有可能证明行为人当时已经就未来事件进行了虚假陈述,应当肯定其中未来事件的客观性。[40]

3. 承认未来事件的必要性

未来事件常常是与意见表达、内心事实、外部事件等伴随出现的,轻率否认就未来事件进行的欺骗可能存在不当缩小诈骗罪处罚范围的风险,而承认未来事件的相对客观性也不会导向无限制的刑法积极主义。那些否认未来事件可能构成事实的观点试图以此排除某些案件的诈骗入罪,但即使秉持谦抑的刑法立场审视个案中的刑事应罚性,多数类似案件的核心出罪点也并非"事实"的时间性特征,而可以落脚于其他要件。[41] 因此,有必要承认"未来事件"的相对客观性,并提炼典型类型。

---

[38] Vgl. NK-StGB/Kindhäuser StGB (Fn. 36), § 263 Rn. 80.
[39] 同前注[19]。
[40] 参见前注[19]。
[41] 某些行为之所以不能成为诈骗罪中的事实,未必是因为其就未来事实展开,而是出于其他原因,如鼓励投资者购买股票、购房增值、购买金条保值,也可能是因为欺骗行为没有达到成立诈骗罪的程度或仅为意见表达或属于可容忍的市场投机风险;再比如为他人算命后收取费用,可能作为显著拙劣、简单、不具有社会相当性的欺骗出罪。因此,以这类事实否认可以就将来的事实进行欺骗,并不具有说服力。

（二）未来事件的类型

未来事件的事实属性并不是绝对的，并非所有有关未来事件的声明或断言都能当然地成立诈骗罪中的欺骗，如何区分纯粹主观的预言和具备相对客观性的未来事件值得进一步考虑。笔者认为，以下三种预测存在成立欺骗行为中"事实"的空间，即科学性预测、经验性预测和相关性预测。

1. 科学性预测

行为人有关未来事件的声明内容如果是科学的、自然规律意义上的，即成立科学性预测，属于事实。例如，谎称某日某地会出现日食，从而向有兴趣观赏的被害人兜售墨镜[42]；谎称根据其掌握的地质学知识，某时某地会出现地震，向被害人推销防震物品；宣称有科学的计算方法预测某地将发生风暴，借此向路人兜售保险产品；等等。[43] 这些欺骗行为涉及的科学事实尽管发生于未来，但通过成熟的监测手段能够实现较为精准的预测，因而并不是无法证实的。一旦某一行为被认定为科学性预测，就意味着其判断依据几乎是可靠的，按照现行的科技水平就具备相当的可知性和客观性。

2. 经验性预测

我们认定某一科学事实能否发生遵循的是自然界亘古不变的绝对真理，人类能够参与的仅仅是真理的发现过程，绝对可证、纯粹客观的科学法则中不存在主观的创造，而经验性预测是不同的。所谓经验性预测，运用的是人类社会总结的经验性原理。尽管其中可能涉及科学事实，但不同的是，它是人类在总结大量过去事实的基础上，归纳概括经验从而确立的规律性原则，其本质是人类的创造和升华。[44] 经验性原理是与认知水平相符的、得到充分证明且具有明确表述的假设，在同类型情境中具有高度的适用可能，如果一个预测是基于经验性原理，也可以认定其作为经验性预测的客观性。[45]

经验性原理未必需要以切实的科学规律为背书，是否具有决定性也并不重要，只需具备两个共性特征。第一，经验性原理是独立于个案存在的上位原则，其并不针对某一具体事实展开，而是抽象的现象总结，其解释的对象是相对普遍的经验现象。正因如此，经验性原理的解释力是超越时间的，不仅关于过去与现在，也能够涵摄未来。[46] 第二，经验性原理的结论基于归纳和概括，因此其确定性显然弱于科

---

[42] 参见王钢：《德国刑法诈骗罪的客观构成要件——以德国司法判例为中心》，载《政治与法律》2014年第10期。

[43] Vgl. Schönke/Schroder/Perron StGB (Fn. 18), § 263 Rn. 8.

[44] Vgl. Graul JZ 1995, 597 ff.

[45] Vgl. KK-StPO/Krehl StGB, 8. Aufl., 2019, StPO § 244 Rn. 7.

[46] Vgl. NK-StGB/Kindhäuser StGB (Fn. 36), § 263 Rn. 80.

学法则,甚至可能被未来事件所驳斥,但这并不意味着经验性原理不可能是真实的,其真实性虽然不能被最终证明,但足以在接近确定性的程度上得到确认。[47] 经验性原理的相对客观性来源于确定的社会经验和具体领域内的广泛承认,典型的如生活经验、行业惯例、交易习惯乃至实证方法的种种分析结论等。如果行为人违背普遍承认的社会经验对未来事件发生与否进行欺诈,其陈述之真伪可以得到至少是高度确定的证明,将经验性预测从欺诈要素中剔除是不客观地限缩了诈骗罪的保护范围。

3. 相关性预测

未来事件与欺诈行为间的规范性关联还可以通过过去或现在的事实要素建立,这种相关性预测主要有两种表现形式,即明示型与隐瞒型。

明示型的相关性预测表现为如果行为人在单纯预测未来之外,明言以过去或现在的事实作为辅助依据,此时仍有可能构成施用诈术。[48] 笔者认为,当行为人向受骗者明确地传达了一虚假的未来事件和过去或现在之事实时,其声明中存在未来事件与现实事实的竞合,即使现实事实是用以辅助增加未来事件的说服力,欺骗行为的性质也已经发生改变,此时没有必要单独肯定未来事件的欺骗性。更何况,此种观点其实并未肯定相关性预测本身的客观性,反而指出,未来预测只有在明确表示出虚构或扭曲了现实条件时才属于犯罪行为。[49] 因此,明示型的相关性预测并非本文探讨的重点。

隐瞒型的相关性预测针对这样的情形,即行为人所欺骗的未来事件尽管尚未发生,但其通过种种手段,或依据现实存在的信息已经事先确定其发生的可能,或能够采取现实手段操纵事件发生与否,实现未来事件与现实条件的因果关联。行为人在明知或臆测此种关联的影响力的情形下,仅仅就未来事件之"果"作出了欺骗的陈述或断言,而未明确传达有关过去或现在事实的信息。比如典型的博彩诈骗,行为人明知其已经通过贿赂或其他手段改变了赌博行为的射幸性,实际操纵了将会发生的结果,仍欺骗他人参与投注,此时欺骗行为的成立是被广泛承认的。问题在于,此时构成针对未来事件的欺骗还是现实条件的欺骗?

一种观点认为,所谓针对未来事件的相关性预测,其实质是对关涉未来事件发生的当下条件之虚构。[50] 当行为人基于现实条件虚构或扭曲某一未来发生之事件

---

[47] Vgl. NK-StGB/Kindhäuser StGB (Fn. 36), §263 Rn. 81.
[48] 参见林钰雄:《论诈欺罪之施用诈术》,载《台大法学论丛》2003 年第 32 卷第 3 期。典型案例如建筑商声称其楼区旁的大块空地已经列入市政府的森林公园都市开发计划,未来房价将大幅上涨,但该市并无此计划存在,该声明内容虽然有关未来事件,但用以说明其观点的论据是一虚构的现在事实,仍然属于就事实进行欺骗。
[49] Vgl. BGH BeckRS 2019, 426.
[50] Vgl. NK-WSS/Heger/Petzsche StGB, 2. Aufl., 2022, §263 Rn. 57.

时，必然是对某一过去或现在事实的欺瞒，此时"就未来事件的欺骗"已经变质为"关于过去或现在事实"的欺骗。[51] 典型如内心事实与未来事件竞合之情形，无钱食宿类诈骗中行为人既存在针对付款意愿的欺骗，也存在对将履行支付义务的未来行为之欺骗，但此时起决定作用的是内心事实。[52] 再如博彩诈骗，尽管行为人表述的是一虚构的未来结果，但其真正的欺骗对象是现实博彩过程的公正性。

笔者认为，一概将针对未来事件的欺骗解构为现在事实是不可取的。其一，就事实存在结构而言，未来事件本身存在相对的可知性，诱使受骗者的直接原因也恰恰是明确的未来欺骗，从规范意义上消解其要件属性或许符合法理，但忽视了存在论上未来事件在现实因果流程中的实际价值；其二，诈骗罪是最接近生活的自然犯，其认定应当以社会生活经验为基础，而不应当与社会生活对立，当行为人以未来事件为饵引诱受害人时，普通民众更倾向于认知其承诺结果的虚假而非原因的隐瞒，没有必要将刑法规范与一般人的直观认知强行分离[53]；其三，行为的处理结果与要件的定性研究往往相辅相成，有关未来事件的陈述常涉及现在事实的内容（特别是行为人的内在心理），导致实践中就未来事件进行的欺骗往往被认定为诈骗罪的实行行为，也变相修正了理论所限定的事实形态。[54] 因此，应当承认隐瞒型相关性预测的事实属性。

综上所述，未来事件具有相对客观性，基于科学法则、经验原理和现在事实的预测，因存在确定性、可认知性、可操纵性，能够成为诈骗罪中欺骗行为的内容。

四、价值判断与意见表达

从哲学发展史的角度来看，事实与价值的关系并不仅仅是一个纯粹的元哲学问题，而是一个涉及政治法律规范、伦理道德规范以及文化范式选择的合理性和合法性的问题。[55] 事实与价值二元论的首倡者休谟指出，人们不能从"是"推导出"应该"，即纯事实的描述性说明凭其自身的力量只能引起或包含其他事实的描述性说明，而绝不是做什么事情的标准、道德准则或规范。[56] 事实与价值二元论聚焦于理性判断的标准，关于事实关系的知识只存在实然的真假；而价值判断有别于事实科学，理性难以提供确信的标准。正因如此，纯粹的价值判断和主观化的意见表达难言正

---

[51] 参见前注[48]。
[52] 参见前注[8]，第409页。
[53] 参见张亚平：《认定诈骗罪不需要处分意识》，载《法律科学（西北政法大学学报）》2020年第3期。
[54] 参见前注[6]，郭莉文。
[55] 参见贾中海、曲艺：《事实与价值关系的二元论及其规范意义》，载《吉林大学社会科学学报》2015年第3期。
[56] 参见[英]休谟：《人性论》，关文运译，商务印书馆1980年版，第509页。

误,无法成为可证明的真理,似乎站在了"事实"概念的对立面。[57]

针对价值判断能否成为欺骗行为的内容,学界有肯定说、否定说与折中说之争论。

肯定说放弃了事实与价值的二元论区分立场,认为事实描述和价值判断都可能具备欺骗性。此种观点多见于日本学界,如福田平指出:"'欺骗'行为的内容并不限于事实的表示,而是包含价值判断及其他意见的表示。"[58]我国也有学者持类似观点。[59]总体而言,完全肯定说的支持者相对较少,他们认为欺骗行为中事实的决定特征为重要性和影响力,无谓其具体表现形式如何。否定说认为,只有事实才有真伪,价值是相对的、流动的,其不具备真伪属性或至少不存在验证的可操作性,否定说是德国学界的通说。[60]我国台湾地区学者林东茂、林钰雄等持类似观点:"至于价值判断,根本没有真假内容,无法凭着我们的认识能力去检验真伪,所以也不能欺骗。"[61]否定论从哲学命题和规范意蕴出发,区分事实与价值的不同属性,其基本立场是合理的。但很多时候事实与价值的区分标准也相当不明确,一概否认价值判断的结论滞后于发展变化的社会现实,值得反思。目前较为有说服力的观点是德国司法实践经验提出的否定的折中说,即原则上否定价值判断的客观性,单纯的意见表达也不构成诈骗,但当行为人的陈述具备一可客观化的事实核心时,能够成为诈骗罪之"事实"。[62]折中说的优势在于没有受制于事实和价值的形式差异,而从确定性和客观性的实质标准入手,回应了刑事政策的要求。笔者亦认可折中说的立场,有必要承认事实与价值的相对区分,但不能一概否认价值判断的可欺骗性,而应以一定的判断标准为前提确认个案中诈骗罪的适用。

(一)价值判断的可欺骗性

笔者认为,价值判断与意见表达在一定条件下能够成为欺骗行为的对象。

1. 事实与价值的辩证统一

事实与价值的界分是相对的、流动的,尽管古典哲学赋予了事实与价值对立的属性,但随着哲学认识的不断发展,事实与价值二分的理论思潮逐渐发生改变,正如学者所言:"事实与价值的二分至少是极为模糊的,因为事实陈述本身,以及我们赖以决定什么是、什么不是一个事实的科学探究惯例,就已经预设了种种价值。"[63]必

---

[57] Vgl. MüKoStGB/Hefendehl StGB (Fn. 17), § 263 Rn. 115.
[58] 福田平『刑法各论』(有斐阁,2002 年)252—253 页。
[59] 参见甘添贵:《体系刑法各罪论》(第二卷),瑞兴图书股份有限公司 2004 年版,第 283 页;前注[5],第 142 页。
[60] Vgl. Lackner/Kühl StGB, 29. Aufl., 2018, § 263 Rn. 5.
[61] 同前注[35],林东茂书,第 145 页。
[62] Vgl. Schönke/Schröder/Perron StGB (Fn. 18), § 263 Rn. 9.
[63] 〔美〕希拉里·普特南:《理性、真理与历史》,童世骏、李光程译,上海译文出版社 1997 年版,第 139 页。

须承认的是,客观存在与人类间的联系是通过主体形成的主观印象建构的,难以彻底摆脱价值色彩。因此,从哲学视角出发,不存在所谓事实与价值的分离,人在建构事实的同时也将情感和价值的因素包含在内。[64] 事实与价值哲学范畴的对立是虚假的对立,事实与价值的完全断裂不符合哲学相对论的要求,但同时我们也要认识到其相对的差异性,将两者归结为完全贯通与统一,也违背了哲学相对论。[65]

刑法学者也认识到了这一问题,即事实与价值的二分是相对的,两者之界限颇为模糊,并无明确的区别标准。[66] 质言之,通过对价值赋予客观标准,价值也可以转化为客观实在。就规范意义而言,事实与价值是辩证统一的关系,价值判断只要符合现有之物的自在发展规律,就可以转化为事实陈述。[67]

2. 构建评判标准的可能性

弥合事实与价值的鸿沟后,回归诈骗罪规范的结构性要求。首先,需要明确,我国《刑法》第266条并没有严格限定欺骗内容的范围,因此有限度地承认价值判断的可欺骗性并不违背罪刑法定原则;其次,整体观视诈骗罪的行为结构,对欺骗行为的要求是致使行为人陷入认识错误,虚假的价值判断当然能够产生这样的因果效应,同样可以承认其在存在论上与事实的等价作用力。因此,阻隔在价值判断与"事实"要素间的唯一障碍就演变为能否建立相对客观的评判标准。

在此,需要认识到诈骗罪中欺骗行为这一要件的特殊性,能够满足其程度要求的欺骗必须能够达到相当的信服力,绝非纯粹主观性的空谈,不论是明示还是暗示,几乎都要有一定程度的"客观"要素支撑。简言之,多数能导致认识错误和财产损失的虚假价值判断往往都存在大体的公认标准,这种标准可能是事实依据、行业规则或者社会共识等。[68] 因此,完全有可能建构针对价值判断的评判标准。

3. 社会生活和市场经济的新要求

诈骗罪作为沟通互动型犯罪,其财产转移的特征决定了其不同于取得型犯罪,其必然具备知情同意的形式外观,必须在社会交易生活的背景下界定诈骗罪的性质。从社会关系的复杂化以及刑法对现实的适应性来考察,价值判断或者掺杂价值的事实描述出现得远比单纯的事实更频繁。一方面,考虑到人类逐利投机的本能,无法要求市场交易的双方主体仅仅以事实为依据而不作任何夸张的修辞;另一方面,产品种类鳞次栉比,生产和经营的专业化程度加深,消费方难以全面掌握有关信息,容易陷入风险

---

[64] 参见陈艳波、陈漠:《走出认知与情感、事实与价值的分离——赫尔德情感主义伦理学探赜》,载《哲学动态》2021年第5期。
[65] 参见孙伟平:《求解事实与价值的关系问题诸方案述评》,载《人文杂志》1996年第5期。
[66] 参见吴耀宗:《诈欺罪诈术行使之解析》,载《月旦法学杂志》2008年总第163期。
[67] 参见张霄:《马克思理解"事实—价值"关系的辩证法:一个早期视角》,载《哲学研究》2021年第5期。
[68] 参见前注[19]。

之中，其利益也愈发依赖国家保护。如果完全排除将价值判断纳入定罪范畴的可能性，则可能存在过度纵容市场乱象之嫌，不利于维护普通国民的公平交易权益。刑法理论应当直面社会现实，在虚假的价值判断层出不穷且严重影响市场交易秩序的情况下，不宜墨守成规。[69]

由此，在承认价值判断可以成为"事实"的前提下，需要界定具体标准以进行范围的限缩，避免盲目入罪。

（二）特征——客观化的事实核心

判例法上提出的标准为，价值判断能否成为欺骗行为的内容，其核心在于行为人相应的表达是否产生或者包含了一定的可客观化的事实核心，是否旨在引起受骗方的错误认识。[70] 存在可验证的事实核心即属于事实陈述，反之则构成价值判断或者观点表述。[71] 可客观化的事实核心这一共性特征值得肯定，问题在于，哪些标准具备相应的客观化特质，从而能够决定价值判断的可欺骗性。

价值判断是主体对事物属性与自身需要之间的价值关系的反映，其具有主观性的特征，要求根据社会主体的需求、欲望、目标、利益等主观内容来构建符合主观需要的判断标准。价值判断的评价标准应该具备三个特征，即相对于传递信息者的可把握性、相对于信息接收者的可认知性以及普遍的共识性。由此，典型的评价标准包括可验证的事实支撑、科学实证依据、行业标准、交易习惯等。第一，对存在事实支撑的事项进行虚构或隐瞒的，当然构成诈骗。比如，推销某产品时，声称该产品具有竞争力，这属于价值判断；但声称某产品"绝无仅有"，因此没有任何竞争对手，则涉及事实陈述。[72] 第二，对存在科学实证依据的事项进行欺诈的，亦构成刑法意义上的诈骗。比如，卖家声称某种减肥药具有非凡的功效，科学实验证明其百分之百适用，或者经过实验证明某种美发产品可以根治脱发，应当成立诈骗。[73] 第三，就存在明确行业标准的事项进行欺诈的，如将劣马谎称为上等马予以出卖，由于存在区分良马劣马之标准，也能够构成诈骗。除此之外，还要结合具体的表述语境、社会常识、生活经验等进行整体性的考察。

（三）价值判断的特殊类型

价值判断的种类纷繁复杂，其中，有两种特殊的极端性质的价值判断需要进一步细化研究：一是以广告为主的商业宣传，其必然伴随一定的夸张和美化，具备较明显的

---

[69] 参见前注[19]。
[70] Vgl. NK-StGB/Kindhäuser StGB (Fn. 36), § 263 Rn. 87.
[71] 参见前注[42]。
[72] Vgl. BGH wistra 1992, 255 f.
[73] Vgl. BGHSt 34, 199 (201).

主观性;二是法律意见,法律意见是法律概念的系统建构,其规范意义上的形式客观性较强。如何处理商业广告和法律意见,是更加具有实践意义的问题。

1. 商业广告

一般情况下,即使具有过度的夸张或美化属性,商业广告的刑事可罚性也是不被承认的。比如,一个"美容产品"的经销商明知其产品是完全无效的,但仍向消费者声称只要使用10分钟就能使人至少年轻5岁,尽管德国联邦最高法院肯定了该行为的欺骗性质,但学界仍存在质疑。[74] 原因在于,其一,商业广告的目的是扩大销售,广告行业之惯例默许使用适当夸大的营销技巧,这种行业共识是相对普遍的,可容许的业务精明行为不能成为诈骗罪规制的对象。其二,商业广告中常见的表述,例如"全国销量第一"等,由于欠缺验证可能性难以构成诈骗,适用广告法予以适当规制即可。[75] 其三,即使"销量第一"这种陈述可以验证,过分的夸张性也让其失去了现实的可信度,不符合一般国民的认知,因此即使有人购买,也是基于无所谓的放任心理完成的有风险认识的投机购物,欠缺刑法保护的必要性。[76]

当然,是否应该将通过商业广告实施的欺骗行为排除出诈骗罪的范畴也是存在疑问的。如果卖方通过广告媒体将过度夸张的信息有针对性地传播给某一特定的(弱势)潜在客户群体,则有必要要求更加具体、真实的产品描述,并对广告进行修正以适应其特定的用户画像。举例而言,大多数保健品的销售对象主要是中老年人群体。尽管青少年可能对这些产品夸张的功效宣传持怀疑态度,基于假定客观第三人视角的观察者也有可能否定该类广告的可信度,但这些广告往往能够抓住目标用户的需求痛点。中老年人的购买决策并非基于明确的风险认知,而是在较高程度上相信广告所宣传的效果。即使其信任的对象并不是完全精确的广告陈述,但仍然存在一个核心的可证实的内容,比如前述"美容产品案"就可简化为"使用该美容产品后人会变得年轻"。在此,谦抑性理念可能需要谨慎适用,否则过度引入被害人教义学的观点将会不断提高欺骗行为的可罚性门槛,从而背离刑法保护弱势群体的原则。[77]

2. 法律意见

法律意见是行为人通过法律术语进行的意见表达,在此必须区分针对一项诉求的法律声明和有关引起该诉求的事实存在的声明。一般认为,前者本身就是一种应然陈述,因此属于纯粹的价值判断。[78] 而后者亦不应成为欺骗的对象,因为民事诉讼中当事人没有义务如实告知法律状况,最反常、最不符合法理的诉求仍然可能存在支持

---

[74] Vgl. BGHSt 34, 1993, 362.
[75] 参见前注[42]。
[76] Vgl. Bock StrafR BT/2 S. 252.
[77] Vgl. MüKoStGB/Hefendehl StGB (Fn. 17), §263 Rn. 126.
[78] Vgl. NK-StGB/Kindhäuser StGB (Fn. 36), §263 Rn. 89.

者,这种高度的主观倾向似乎导致法律意见难以证明。[79]

但事实上,法律意见的规范性评价是相当复杂的。首先,某项诉求的存在与其基础事实紧密相关,因此不能仅凭借诉求的主观性就轻率地否定整体陈述的欺骗性。其次,作为法律意见的基础,法律术语具有相对客观性和广泛共识性。在日常生活和司法实践中,法律术语常以规范性和描述性的方式被用于提取生活事实,例如赠与、租赁、转让等。[80] 最后,某些法律意见本身具备经验的延续性和参考性,比如法律原则、经典判决、主流学说,最典型的是既定的判例法,其法律意见往往能够得到普遍肯定,具备客观性的事实核心。[81]

可见,尽管同样具备价值判断的上位特征,但法律意见的类型化界分和定性仍较为模糊,不同类型的法律意见如何处理值得思考。此外,法律知识的专业性意味着规范的风险分配,其影响同样有待进一步研究。

五、真实事实

从"事实"的真伪属性出发,无论是虚构事实还是隐瞒真相,都旨在传达一种错误的事实信息以影响行为人的财产决定。问题在于,诈骗罪中引起被害人错误认识的欺诈是否必须是虚假的,如果行为人陈述的事实是真实无误的,这种真实事实能否成为欺骗行为的内容?真实性说明诈诈的特殊性在于,尽管行为人形式上呈现出了真实事实,但受骗人依据社会经验或生活习惯,"想当然"地落入了错误认识之中,在被害人看来,其判断与行为人所要表达的内容在逻辑、经验和规则上并不矛盾。[82]

考虑到我国学者暂未承认真实性说明的地位,本文不展开有关行为形式的具体讨论,而从真实事实这一对象入手,探讨真实事实在欺骗行为中的认定可能。

(一)真实事实的类型

肯定真实性说明的观点认为,就真实事实展开欺骗行为的主要有两种类型,即表意一致型与表意相反型。

1. 表意一致型

表意一致型的真实事实欺诈,是指行为人作出了真实的表述,被害人根据符合社会相当性的社会生活常识从行为人的意思说明中间接地推出了某项事实,而该事实与行为人的意思说明在表面上恰好保持一致,但实际上被害人并没有完全理解行为人的

---

[79] Vgl. JR 1958, 106.
[80] Vgl. BGHSt 22, 88f.
[81] Vgl. OLG Stuttgart NJW 1979, 2573 (2574).
[82] Vgl. Schönke/Schröder/Perron StGB (Fn. 18), § 263 Rn. 37.

意思说明,从而陷入了认识错误。[83]

典型的表意一致型的真实欺诈如短信诈骗案。行为人刘某以自己的真实姓名和身份证办理了一张银行卡,随后向多名不特定人发出"请汇至农行卡号:62284834703××××,户名刘某"的手机短信,张某等5人收到短信后误认为是亲朋要钱,分别共向该卡存入了89600元。

该案与一些常见的短信诈骗存在区别。一般而言,为了提高信服力,行为人在广发短信时往往会采取一些手段增进与受骗者的事实连接,比如称呼对方为父母,以利用其爱子心切的心理;虚构交易事项,以索取专用钱款;谎称其为借款机构,要求还款等。但该案是不同的,行为人作出了符合事实的意思说明,其关于卡号、姓名的表述是完全真实且符合实际情况的,没有虚构任何关联。被害人基于社会中常见的人际关系交往规则和惯例,对行为人的意思说明进行了一定程度的再理解,并据此作出了处分财产的行为。该案中,被害人产生错误认识是基于两大特殊原因:其一,被害人身边存在姓名为刘某的亲友;其二,根据正常的社会习惯和人情往来,对有困难的亲友施以援手是完全合理的,因此作出了处分财产的决定。而这一错误认识与行为人明确作出的意思说明具备形式上的一致性。

因此,意思表示的真实性、基于生活经验的推断性、形式上的表意一致性是此类案件的基本特征。

2. 表意相反型

另一种形式的真实事实欺诈是,尽管行为人作出了符合事实的意思说明,但被害人根据已经形成的交往经验和规则,从行为人意思说明中得出的一般结论与该意思说明完全相反,从而产生了错误认识。[84] 典型的比如红酒案、天价大虾案。

所谓红酒案,即酒店为了牟取暴利,将采用现代技术酿造的拉菲红酒充当1898年的拉菲红酒卖给顾客,为了规避法律风险,他们在菜单上用小号字体标明"'1898年'仅仅是产地、品牌之谓,其酿造工艺实际上是现代工艺"。而根据社会交往习惯,顾客自然会将1898年红酒理解为古法酿造之昂贵红酒,因而产生错误认识。[85] 再如天价大虾案,某店出售海鲜活虾,菜单上标价38元,下方又用小字标出"单个计价",顾客按照该虾类的市场价推测其为一份虾的价格,自然陷入错误认识。[86]

除意思表示的真实性和基于生活经验的推断性外,与表意一致型欺诈相比,此类案件呈现出特殊性。其一,表意一致型案件中,往往仅存在一个信息表达,该信息可能是真实但并不全面的;而表意相反型案件中往往存在两个信息表达,明显的主信息是

---

[83] 参见前注[6],郭莉文。
[84] Vgl. Nikolai Harbort, Die Bedeutung der objektiven Zurechnung beim Betrug, 2010, S. 34.
[85] 参见前注[6],赵书鸿文。
[86] 参见前注[6],郭莉文。

具有模糊性的,存在错误理解的空间,具有决定性的从信息反而是精确具体的。其二,正由于这种主信息的不明确性,其往往具备多个角度的文义内涵,而社会经验和生活常识所决定的理解方向与行为人对从信息之真实说明的理解是截然相反的。根据正常的交易规则和习惯,到普通烧烤店消费的顾客,不会想到所点的大虾是 38 元一只的高档品。其三,表意一致型案件中的真实信息说明可能需要进一步推定,而表意相反型案件中,行为人真实的意思说明是直观、明确的,无须进行二次推定,但可能并未传达至接受信息的一方,天价大虾案中顾客根本没有看到有关计量单位的声明。其四,表意相反型案件多发于典型的买卖市场交易活动中。

问题在于,既然行为人所作出的表述是真实的,受骗人的财产损失是其错误认识导致的,如何能够肯定诈骗罪的归责?

(二)真实事实的归责基础

对行为人通过真实性说明实施的欺诈,如何实现事实归因和规范归责,肯定说理论有如下之讨论。

1. 认知优势理论

认知优势理论认为,与被害人相比,实施欺诈的行为人在理解处分财产的危险上保持着认知上的优势。[87] 认知优势理论落脚于当事双方的地位对比,对行为人而言,其更容易理解意思表达给对方造成错误认识的危险,进而在处分财产的危险上保持这种认知优势;而被害人则缺少对真实信息的全面掌握,无法实现有效的自我保护,因而对其具有优先保护的必要性。[88] 行为人对信息的优势认知和支配要求其应当避免混淆、错乱、模糊的表述,以免将错就错给他人带来财产损失,但他却积极利用自己的认知优势,结合社会经验和常识,恶意引导、操纵受骗者的认知,引起了被害人的错误认识,因此可以实现规范上的归责。

2. 危险支配理论

危险支配理论是基于罗克辛客观归责体系的延伸思考,即一方面,行为人首先在客观上制造了一项针对他人财产安全的危险,这种危险是超越社会相当性和一般生活风险状态的,不属于刑法容许的风险之范畴,不应当要求受骗人本人承担。[89] 另一方面,就风险的实现而言,受骗人确实陷入这种危险状态之中,在不违反一般理性人的预见可能性之基础上,基于行为人诱发的错误认识处分了财产,是理性限度内的客观风险实现。行为人本应极力避免对方在错误认识下处分财产的危险,但他反而支配和利

---

[87] Vgl. Lk-Tiedemann StGB (Fn. 32), § 263 Rn. 64.
[88] 参见前注[6],赵书鸿文。
[89] Vgl. Roxin, Strafrecht Allgemeiner Teil, Band Ⅰ, 4. Aufl., 2006, § 12 Rn. 154 ff.

用该危险为自己牟利,其义务违反和危险支配的双重不法决定了该行为属于诈骗罪中的欺诈。[90]

3. 信任关系理论

尽管认知优势理论和危险支配理论似乎具备形式上的可采性,但仍有论者指出,当行为人已经作出了真实事实的陈述时,已经具备了消除认知优势的客观条件,此时决定优势结果的是受骗人之行为。并且,既然陈述本身是具备真实性的,其财产危险从何而来? 在此基础上,有学者主张,在诈骗罪的当事人中建立起特殊的信任关系,并进一步依据这种信任苛以行为人更严格的法律义务,对升高的信任关系的违反是这种欺诈行为的归咎基础。[91] 这种特殊的信任关系才是行为人认知优势、危险支配和防止义务的来源。

笔者认为,上述理论均不具备广泛的可采性,在我国社会现实和司法体制的双重要求下,暂不宜承认针对真实事实的欺诈。

(三) 真实事实的否定论

1. 归责基础的薄弱

上述理论依据均不能完美地解决真实性说明者责任来源这一问题,至少,纯粹的客观归责进路是难以为继的。

认知优势理论考虑到了当事双方在认知水平和信息掌握上的差异,但在表意相反型案件中,行为人已经标明从信息,只要受骗人认为这一信息是重要的、值得掌握的,就能够轻易获取真实信息,此时难谓双方在认知上的悬殊差距。危险支配理论亦不能解释规范的罪责来源,标签化的风险概念是不足取的,危险支配理论并没有回答行为人的责任这一问题,只是套用了客观归责的风险概念,强行赋予其财产危险的行为属性,但显然,真实性说明与主动传达虚假信息的危险性不可相提并论。

信任关系理论也并不合理。首先,在表意一致型欺诈中,当事双方并不存在商业交易往来之属性,更遑论升高的信任关系,难以苛以行为人完整揭露事实的作为义务。其次,即使在典型的表意相反型案件中,信任关系也是交互的、双方的,具体交易标的的选择往往是消费者主动进行的,信任关系的要求不应仅及于商家一方。最后,商家并非完全隐瞒了菜品的单价,而是基于逐利的期望进行了变相呈现,确实有违诚实信用原则,但也一定程度地履行了作为义务,类似性质的行为其实相当多见,是否都需要纳入刑法规制的范畴是值得思考的。

笔者认为,此类案件中的客观行为之归责性是难以统一的,其可谴责性主要体现

---

[90] 参见前注[6],郭莉文。
[91] 参见前注[6],赵书鸿文。

在主观意图上,即期待对方误解进而处分财产,如果盲目适用目的导向的方法论思考,又容易陷入主观归罪的漩涡之中。[92] 因此,不宜轻率构建真实事实的归责理论,而应审慎检视其是否适宜成为欺骗行为的对象。

2. 真实事实本身的非欺骗性

笔者认为,真实事实的性质决定其不宜成为欺骗行为的对象,就真实事实进行的欺诈不宜构成诈骗罪中的欺骗行为。

通过陈述真实事实进行的欺骗活动是区分于传统诈骗类型的,其不符合"欺骗"之定义。首先,"欺骗"的汉语语义即特指传达虚假信息,当信息本身具备真实性时,其并不符合一般人对欺骗概念的定性,其负面的社会评价并不集中于表述的真实与否,而是所谓真实信息本身的反常规性和不可接受性,此时将其认定为欺骗有悖于国民的一般认知。比如对于天价大虾案之商家,社会评价往往并不是"他骗了我",而是"他卖的这么贵,是奸商"。

其次,在类似的案件中,真实事实本身所发挥的作用是比较小的,起决定性意义的是其背后的社会经验和常识,但这种经验的证明力并不是绝对的,其仍然存在分歧理解的空间。与无钱食宿相比,在规定了餐后付款的场所持逃单意愿用餐,这一针对内心事实的欺骗虽然难以证明,但内心事实之欺骗与受骗人误解之间是直接的、紧密的客观推定关系。而红酒案、天价大虾案中,价格是波动的、变化的、因地因时制宜的,受骗人不仅需要结合市价这一一般规律,同时还要考虑用餐环境、标价习惯等,推定过程是相对间接的,事实本身的可检验性也因此难言客观。

最后,回归诈骗罪的行为结构,就真实事实所作的陈述并不能满足实行行为的危险性要求。欺骗行为作为诈骗罪客观要件之始点,实质上需要具有侵害法益的一般危险性。[93] 在前述短信诈骗案中,行为人仅仅陈述其姓名和银行卡号,没有任何事由,也没有需要帮助之意思表达,其行为之危险性显著较低。表意相反型案例也是如此,行为人之陈述本身尽管存在歧义,但与可容许的业务精明之界限并不清晰,受骗人只需要翻看菜单或者在点单时向商家稍作确认,即可避免错误,难以认为商家制造了刑法上值得关注的财产危险。

由此,通过解构真实事实的固有属性可以发现,其并不能满足欺骗行为的对象要求。

3. 被害人教义学的视角

从被害人教义学的视角出发,真实事实也不宜作为欺骗行为的对象。

基于刑法的辅助性原则和最后手段性原则,被害人教义学立足被害人的保护可能性和需保护性这一核心原理,主张刑法的法益保护强度与被害人的自我保护可能性成

---

[92] 参见劳东燕:《刑事政策与功能主义的刑法体系》,载《中国法学》2020年第1期。
[93] 参见陈子平:《刑法总论》(2008年增修版),中国人民大学出版社2009年版,第354页。

反比,与其需保护性成正比。因此,当被害人可期待以及具有充分地通过自我保护来避免其法益受到侵害的可能性的话,刑法就没有必要给予保护。[94]

笔者认为,根据被害人教义学的基本观点,上述案件中被害人刑法规范意义上的需保护性是减弱甚至丧失的。以短信诈骗案为例,基于交易安全和社会共识,普通民众在进行交易活动时,往往会被银行工作人员或网站自动提示需要核查对方的身份和事项,确定对象无误后再实施转账行为。完全不加核验,仅凭一条短信就向对方转账的,其实并不符合一般公众的习惯和认知。再如红酒案与天价大虾案中的顾客,对于价格存在疑问的餐品,符合消费习惯的行为一般是向商家确认其价格。比起直接点单,询问商家借以查明事实并不困难,因此,被害人具备选择其他降低风险或者无风险行为的期待可能性。[95]

由此,就真实事实进行欺骗的场合,被害人很容易通过其他手段查明事实,不存在避免错误认知之障碍,其具备较强的自我保护可能性,但由于不具有社会相当性的外部联系行为,其自身受害的风险提高了,其刑法规范意义上的应保护性和需保护性降低,不宜成立诈骗罪。

4. 刑法谦抑性的要求

相较于其他部门法,刑法的谦抑性理念值得正视,其具备保证社会公正、维护基本人权、提升司法效率的价值,其指导意义不仅体现在立法、司法层面,刑法解释论和教义学研究中也应当坚持谦抑性理念。[96] 笔者认为,秉持谦抑性的要求,应当在理性范围之内限缩诈骗罪之对象,就真实事实进行的欺骗行为主观恶性和法益侵害性较小,刑事可谴责性和预防价值较低,不宜纳入诈骗罪之范畴,无须对其昭示刑法的威慑力。但是,坚持刑法的谦抑性并不意味着无法动用其他部门法进行规制,民法、消费者保护法对其均有适用的空间。被害人之权益并不会疏于保护,而是将得到损害赔偿或不当得利之救济;商家的不诚信行为也将由消费者保护法等予以行政规制。

六、结　语

至此,本文已对诈骗罪欺骗行为中的"事实"进行了较为全面的讨论,一定程度上突破了固有的定义,扩张了"事实"的范围,并对其基本类型和表现形式进行了详细的梳理。但关于诈骗罪中的"事实",还有如下几个问题值得进一步思考:其一,可证实性是事实的基本特征,其证据范围如何限制,如何切实实现事实的证明;其二,置于诈骗

---

[94] 参见申柳华:《德国刑法被害人信条学研究》,中国人民公安大学出版社2011年版,第224页。
[95] 参见林钰雄:《刑事法理论与实践》,中国人民大学出版社2008年版,第122页。
[96] 参见叶亚杰:《论刑法谦抑性的价值与整合》,载《河北法学》2016年第12期。

罪行为链条中观察，欺骗行为必须能够导致关乎财产决定的错误认识，即事实应当具备与处分行为有关的重要性，这种关联如何界定；其三，从被害人视角出发，对于那些显然简单、拙劣、不具有社会相当性的事实是否应当承认，被害人已经产生怀疑的情形又作何解释。总之，在诈骗罪中，欺骗的内容——"事实"具有特别重要的意义，对事实的界定直接关系诈骗罪的成立范围，有待深入研究。

[网络犯罪]

论"一对多"型不法参与行为的可罚性

宋一璐*

> **要 目**
>
> 一、引言:"一对多"型不法参与行为及其处罚困境
> 二、理论基础:罪量要件的体系性地位
> 三、研究回顾:既有理论方案的梳理与评判
> 　(一)基于共犯理论的解决思路
> 　(二)基于罪数理论的解决思路
> 四、视角转换:多次普通违法行为普遍合并评价的质疑
> 五、观点展开:"一对多"型不法参与行为可罚性的双层判断体系
> 　(一)第一层次:正犯性判断
> 　(二)第二层次:规范性判断
> 　(三)双层判断体系下的设例结论
> 六、结语

摘 要 在网络犯罪等新型犯罪形态中,出现了某个主体以类似的行为方式多次参与到不同实行者的多个违法活动中的"一对多"型不法参与形态;该种形态与"小额高频"的特征相结合,使得此类不法参与行为在强调罪量要件的中国刑法语境下存在处罚困境。中国刑法中的多数罪量要件应当被视为犯罪论体系中的构成要件要素。既有的理论研究试图通过改造共犯理论或者运用罪数理论的方式解决此类行为的处罚依据问题,但忽视了对此类行为的应然处罚范围的探讨。本文认为多次不法参与行为除非有明确的拟制规定或符合包括一罪的特征,否则不应被合并评价为一个行为。在此基础上,本文主张将"一对多"型不法参与行为的可罚性的研究重点回归到处罚范围的合理界定上来,将可罚的多次不法参与行为限定在具有实质正犯性和特别处罚规

---

* 北京大学法学院 2023 级博士研究生。

范的范围之内。

关键词 "一对多"型不法参与行为　罪量　共犯理论　罪数理论　处罚范围

一、引言:"一对多"型不法参与行为及其处罚困境

随着网络信息科技的迅速发展,网络空间中的违法犯罪现象层出不穷,亟须动用法律手段予以规制。值得注意的是,很多发生在互联网空间的违法犯罪活动在不法参与形态上呈现"一对多"的独特结构与"小额高频"的特殊性质。[1] 所谓"一对多"型不法参与形态,是指某个主体以类似的行为方式,参与不同实行者的多个违法犯罪活动,从而形成了以该主体为核心的辐射状不法参与结构。[2] 所谓"小额高频"性质,是指网络空间中的不法行为虽然单次涉案金额或者法益侵害程度小,但由于实施不法的难度降低,不法行为的发生频率要比线下的传统犯罪高出很多。

"一对多"型不法参与形态与"小额高频"特征相结合,就会在中国特殊的"定性+定量"的刑法立法模式背景下,出现难以对此类行为动用刑法处罚的状况。具体而言,中国刑法分则的罪状在规定罪名的构成要件行为类型的同时,往往会对行为情节、涉案数额等作出量的要求(本文简称为"罪量要件"),不法行为若不满足罪量要件,则至多会被认定为行政违法,而不是刑事不法[3];如果将网络犯罪的不法参与者认定为共犯,根据占据通说地位的"共犯限制从属性说"的观点,在实行者的单次不法行为因不满足罪量要件而不能被认定为刑事不法的情况下,就不可能将参与者的行为认定为犯罪。为了具体展现此种处罚困境,笔者将用下面三个假设案例进行说明:

【案例1】A分别教唆互不知情的B、C、D三人分别盗窃甲、乙、丙的财物,各被害人被盗财物的价值各为1500元。[4]

【案例2】电工D利用自己的技术,在1年的时间内先后为20户居民非法改动电表,使得量表指针的移动速度减慢。在电力公司发现异常时,每户居民已经运用此种方式少交电费900元,电力公司的损失合计1.8万元。[5]

【案例3】互联网公司W明知自己服务的6个客户均为色情网站运营商,但仍允许其运用自己公司开发的网盘存储淫秽视频;事后查明,上述6个色情网站运营商的行为均未达到成立传播淫秽物品牟利罪的罪量要件。

---

[1] 参见于志刚:《网络犯罪与中国刑法应对》,载《中国社会科学》2010年第3期。
[2] 参见王华伟:《网络语境中的共同犯罪与罪量要素》,载《中国刑事法杂志》2019年第2期。
[3] 参见储槐植:《我国刑法中犯罪概念的定量因素》,载《法学研究》1988年第2期。
[4] 案例改编自张明楷:《刑法学》(第6版),法律出版社2021年版,第557页。
[5] 案例改编自董玉庭:《论数额犯中的虚拟共同犯罪问题——以盗窃罪为分析背景》,载《人民检察》2007年第20期。

可以发现,在上述三个"一对多"型不法参与案例中,每个不法行为实行者的实行行为均未达到我国当前司法解释规定的相应不法行为入罪的罪量要件,因此无法被评价为犯罪行为,仅能被认定为普通违法行为。但根据朴素的法感情,上述多次不法参与行为似乎具有严重的社会危害性,因此很有处罚的实质必要性。基于上述直觉,我国刑法理论界已经提出过多种解决此类不法参与行为的处罚难题的方案。

本文想要研究的问题,就是上述"一对多"型不法参与行为是否真的都具有刑法处罚的正当性,以及实践中应当如何对此类行为的处罚范围进行限定。为了研究这一问题,笔者将在第一部分探讨产生上述问题的核心要素"罪量要件"在中国刑法犯罪论体系中的应有地位;在第二部分对现有文献中提出的解决此类不法参与行为可罚性难题的理论方案进行梳理,并逐个指出其中的弊病;在第三部分检讨刑法与司法解释中合并评价多次违法行为的正当性基础,进而指出动用刑法手段合并处罚多次违法行为的应然界限;在第四部分针对"一对多"型不法参与行为处罚范围的判断问题,提出笔者构想的"双层判断体系"。

二、理论基础:罪量要件的体系性地位

如前所述,"一对多"型不法参与行为的处罚难题,很大程度上根源于中国刑法独特的"定性+定量"的立法模式:一方面在总则中设置但书条款,对"情节显著轻微危害不大"的不法行为予以出罪;另一方面在众多分则罪名的罪状中将涉案数额、情节等量的要素作为成立犯罪的必要条件。[6] 对于刑法中的定量要件,理论界一般将其称为"罪量要件"或"罪量要素"。为了有效解答涉及罪量要件的"一对多"型不法参与行为的刑罚合理性问题,笔者认为有必要首先对中国刑法语境下罪量要件的体系性地位进行简要分析。综观目前的研究状况,学界对此问题主要有构成要件要素说、可罚的违法性要素说、客观处罚条件说三种基本立场,同时还有不少学者主张多元地理解中国刑法分则中罪量要件的体系性地位。

赞同构成要件要素说的学者认为,刑法中的构成要件本身就预设了行为不法与结果不法的量的最低限度,而这种限度要求在属于构成要件要素的罪量要件中得到集中体现。例如王莹博士认为,事物的形式与本质密不可分,既然承认不法行为的本质就是法益侵害性,那么构成要件本身也必须通过量的限度来表征此种侵害性,而不涉及量的要素的纯粹、抽象的构成要件形象是不存在的。[7] 张明楷教授也认为,中国刑法中的罪量要素是表明法益侵害严重程度的客观违法性要素;当刑法分则罪状的一般描述不足以表明行为的违法性达到值得科处刑罚的程度时,立法者就需要设立某些特定

---

[6] 参见前注[3]。
[7] 参见王莹:《情节犯之情节的犯罪论体系性定位》,载《法学研究》2012年第3期。

的要素(如数额、情节等),使构成要件征表的违法性达到值得入罪的程度。[8]

可罚的违法性要素说可以细分为两种类型:"违法性阻却型"可罚的违法性论者对构成要件采取形式化的理解,主张在违法性阶层独立考虑实行行为是否达到值得处罚的违法性的程度;而"构成要件该当性阻却型"可罚的违法性论者主张对构成要件作实质化的理解,将外观上具备构成要件该当的形式但并不具备该犯罪类型预设的值得处罚的实质违法性的行为在构成要件阶层出罪。[9] 显然,后一种观点本质上将构成要件视为质和量的不法的统一体,所以必然会将展现量的不法的罪量要件视为构成要件要素;真正与构成要件要素说形成争锋的,是"违法性阻却型"可罚的违法性论。

客观处罚条件说认为罪量要件与行为的不法和责任无关,只是司法者出于限制刑罚处罚范围的考虑,对缺乏处罚必要性的轻微不法行为予以出罪的例外规定。例如陈兴良教授认为,中国的罪量要件在三阶层犯罪论体系中应被认定为独立于不法和责任的客观处罚条件[10];熊琦博士则以中国司法实践普遍否定含有罪量要件的结果犯,在危害结果未达到罪量要件时成立未遂犯的现象为论据,主张罪量要件在中国语境下应当被认为是独立于犯罪构成的客观处罚条件。[11]

主张多元理解说的学者立足于我国刑法和司法解释对各种罪量要件的具体规定,认为应当对罪量要件的体系性地位作多元的理解。例如王莹博士将罪量要件分为两类:①构成要件基本不法量域内的罪量,即罪量要件具有的行为不法和结果不法位于构成要件的文义边界之内,包括各类财产犯罪的数额要素,人身犯罪中能够被客观归责于实行行为的损害结果等;②溢出构成要件基本不法量域的罪量,即罪量要件超出了构成要件的文义射程范围,在体系性地位上或者属于结果加重情节,或者属于客观处罚条件,或者属于刑事政策考虑因素。[12] 王强博士则认为,中国刑法中的罪量要件可以划分为典型的构成要件要素、非典型的构成要件要素(如客观超过要素)、客观处罚条件三类。[13]

在笔者看来,可罚的违法性要素说的问题在于将轻微不法行为和具有正当化事由且符合构成要件的行为都在违法性阶层出罪,但无法合理消解上述两类行为的本质差异;同时,该说认为无法从构成要件该当性中推导出实质的违法性,必须在违法性阶层再度进行积极的违法性判断,使得构成要件的不法类型意义(不法推定机能)因此丧失。客观处罚条件说的问题在于盲目照搬德国的理论,忽视了中国刑法中的罪量要件

---

[8] 参见张明楷:《犯罪构成体系与构成要件要素》,北京大学出版社 2010 年版,第 238 页。
[9] 参见王彦强:《可罚的违法性论纲》,载《比较法研究》2015 年第 5 期。
[10] 参见陈兴良:《刑法的明确性问题:以〈刑法〉第 225 条第 4 项为例的分析》,载《中国法学》2011 年第 4 期。
[11] 参见熊琦:《论我国刑法的一个体系性困境——以中德刑法比较为视角》,载《武汉大学学报(哲学社会科学版)》2008 年第 4 期。
[12] 参见前注[7]。
[13] 参见王强:《罪量因素:构成要素抑或处罚条件?》,载《法学家》2012 年第 5 期。

与行为或结果不法密切关联的现状;同时,该说将罪量要件置于行为人主观故意的认识范围之外,违反了责任主义原则,容易产生客观归罪的危险。多元理解说基于中国立法现实对罪量要件进行分类阐释的思路值得肯定,但就本文研究的"一对多"型不法参与行为而言,主要涉及的罪量要件(如涉案数额、情节等)都是与构成要件包含的行为或结果不法紧密相连的,因此基本上都在构成要件的基本不法量域之内,应当被认定为构成要件要素;即便有个别罪量要件确实位于构成要件的不法量域之外,属于客观处罚条件等要素,因为现有的共犯理论早已抛弃了要求共犯从属于正犯的处罚条件的夸张从属性说[14],所以此类特殊的罪量要件不会对本文的讨论产生影响。

三、研究回顾:既有理论方案的梳理与评判

针对"一对多"型不法参与行为的处罚难题,学界对此问题提出的解决方案基本上可以分为两大类:第一类是基于共犯理论的解决思路,第二类是基于罪数理论的解决思路。本部分将对各种方案的内涵进行概述,并对其缺陷展开批判。

(一)基于共犯理论的解决思路

1."共犯正犯化"方案

于志刚等学者认为,网络空间中存在的"一对多"型不法参与行为所具有的危害性超越了实行行为,以及参与者在主观上欠缺与不法实行者的意思联络的特征,使得参与行为的独立性突破了传统共同犯罪的共犯从属性。基于此种认识,上述学者主张将网络空间中具有较大危害性的不法参与行为直接评价为正犯行为,从而在司法实践中绕开共犯从属性的限制,直接对不法参与者按照正犯定罪量刑。[15] 持此种观点的学者认为2010年最高人民法院、最高人民检察院《关于办理利用互联网、移动通讯终端、声讯台制作、复制、出版、贩卖、传播淫秽电子信息刑事案件具体应用法律若干问题的解释(二)》(以下简称《淫秽信息案件解释(二)》)第6条关于为淫秽网站运营者提供互联网接入等帮助行为,且达到特定罪量标准的,以传播淫秽物品牟利罪定罪处罚的规定,就是司法者对传播淫秽物品牟利罪的帮助行为予以正犯化认定的规范。[16]

但此种理论方案在学界受到激烈的批评,其缺陷主要集中在三个方面:第一,将司法解释的规定解释为"共犯行为正犯化"并不合适,因为只有立法者才有权将部分类型的犯罪参与行为规定为独立的犯罪行为,而司法者显然不能僭越立法权[17];第二,无

---

[14] 参见前注[4],第557页。
[15] 参见于志刚:《网络空间中犯罪帮助行为的制裁体系与完善思路》,载《中国检察官》2016年第13期。
[16] 参见前注[1]。
[17] 参见前注[2]。

论是基于形式客观说还是实质客观说的犯罪参与类型区分标准,都不能仅以某种行为实质的社会危害性大小作为行为是否正犯化的判断依据,更何况"一对多"型不法参与行为的社会危害性程度是因多次累积而增大,如果单独考察每个具体的共同不法行为,则参与行为的危害程度并不必然超过实行行为[18];第三,这种共犯行为正犯化的思路试图摆脱共犯从属性原则的束缚,对不法参与行为进行独立的评价,本质上属于共犯独立说的立场,但共犯独立说过度关注社会防卫,与当今主流的客观主义刑法存在根本的分歧[19],根据这一立场得出的结论难以得到支持。

2."罪体、罪量分别评价"方案

王强博士将中国刑法中的构成要件要素划分为行为类型要素(罪体)和行为程度要素(罪量)两类,并认为中国刑法中之所以会存在"一对多"型不法参与行为的评价困难问题,根本上是因为学者在共犯理论的运用中没有对罪体和罪量要件的价值和功能进行必要的区分。在他看来,罪体要素的功能是限定公权力介入的领域范围,而罪量要件的功能是对公权力的处置进行内部分工。这种差异意味着中国刑法如果要接纳在德日的行为类型立法模式(纯定性模式)中发展得出的共犯理论,就必须在共犯成立的判断中舍弃罪量要件。具体而言,共同犯罪的司法判断应经历两个步骤:第一步只考虑行为类型要素(罪体),解决共犯的认定与客观归责问题;第二步再根据刑法与司法解释确定的罪量标准,决定是否应当给予各个参与人刑事处罚。[20]

但在笔者看来,王强博士将罪量要件抽离出共犯成立判断的做法缺乏理据。一方面,正如在第一部分罪量要件的体系性地位的探讨中分析过的那样,构成要件行为不可能是纯粹、空洞的观念形象,只能是预设了最低限度的不法程度的行为类型,而罪量要件就体现了不法程度的最低限度要求,即便是在刑事立法中不存在定量要素的大陆法系国家,不法程度极其轻微的行为也不可能被司法机关认定为犯罪,因此,在司法判断中将行为类型(罪体)与行为程度(罪量)分离判断的思路并不可取。另一方面,王强博士提出"罪体、罪量分别评价"的主要动机是让中国的司法实践更好地适用植根于德日的共犯理论,这种动机固然没错,但若是为了顺利运用德日理论而直接抛弃中国立法中具有区分刑事不法与行政违法、限缩犯罪成立范围之重要功能的罪量要件,则无异于削足适履,并不可取。

3."最小从属性说"方案

阎二鹏教授等学者主张改造共犯从属性说,在共犯的从属程度问题上否定通说将共犯成立的必要条件设定为正犯行为符合构成要件该当性与违法性的"限制从属性"

---

[18] 参见洪求华:《网络语境中犯罪帮助行为的归责认定》,载《法律适用》2020年第9期。
[19] 参见前注[4],第553页。
[20] 参见王强、胡娜:《罪量要素的价值属性在共犯中的运用》,载《中国刑事法杂志》2012年第12期。

立场,转而采取将共犯成立的必要条件放松到仅需正犯行为符合构成要件该当性的"最小从属性"立场。基于最小从属性说,共同犯罪被视为构成要件符合的形态,体现行为不法程度的罪量要件判断仅影响每个参与者是否构成犯罪,而无碍于整体共同犯罪的成立。[21]

笔者认为"最小从属性说"方案的缺陷主要体现在两个方面:第一,最小从属性说首先彻底否认了共同犯罪中违法的连带性,强调普遍的违法相对性,因而否定了构成要件的违法推定机能;其次,最小从属性说过于强调共犯独立性的思考方向,具有滑向缺乏正当根基的共犯独立说的危险;最后,该说据称能够解决的"制造利益纠葛状态"的案件在现实生活中本就稀少,且运用限制从属性与间接正犯概念也能妥当解决。[22]第二,若要运用"最小从属性说"方案解决"一对多"型不法参与行为的可罚性问题,就必须将罪量要件定位在构成要件阶层之后的阶层之中,例如阎二鹏教授就认为,罪量要件应当在构成要件阶层之后进行判断,这实际上与罪量要件的可罚的违法性要素说的观点是一致的;但如前所述,将罪量要件定位在违法性阶层将会消解正当化的合法行为和轻微不法行为的界限,且破坏了构成要件的不法推定机能,因此并不合理。

(二)基于罪数理论的解决思路

1. "虚拟共同犯罪"方案

董玉庭教授将我国司法实践中处理数额犯问题时将多次不法行为的涉案数额累计计算的普遍做法推广适用到共同犯罪的处理中,提出"虚拟共同犯罪"的理论设想,即在"一对多"型不法参与行为中,将参与者加功的多个实行者虚拟合并成一个非真实的主体X,进而认定参与者参与了这个虚拟的X的多次犯罪,然后运用多次行为的数额累计计算的方法解决参与者的入罪难题。[23]

但是董教授在文章中并未对多次参与行为为何能够整体评价,以及多次不法的数额为何能够累计计算等关键问题进行充分论述,只是笼统地指出多次轻微的不法参与行为与单次严重的不法行为"对于法益侵害来讲,没有任何区别"[24],但这种仅诉诸实质合理性的论证未免过于简单,难以令人信服。

2. "共犯不法叠加理论"

王华伟博士在董玉庭教授理论设想的基础上,提出了"共犯不法叠加理论"的解决方案,其核心思想是将解决"一对多"型不法参与行为处罚问题的思路,从对罪量要件

---

[21] 参见阎二鹏:《网络共犯中的罪量要素适用困境与教义学应对》,载《中国刑事法杂志》2020年第1期。
[22] 参见张开骏:《共犯限制从属性说之提倡——以共犯处罚根据和共犯本质为切入点》,载《法律科学(西北政法大学学报)》2015年第5期。
[23] 参见前注[5]。
[24] 同前注[5]。

的体系性地位的思考以及对共犯理论的改造,转移到对共犯行为罪数形态的探讨中去。具体而言,依据连续犯或集合犯的法理,可以将自然意义上的数个不法参与行为规范地评价为单一行为,进而将多次行为的不法程度叠加合并判断,以决定是否达到刑法分则的罪量要件蕴含的不法程度要求。[25]

应当承认,王华伟博士运用罪数理论中"包括的一罪"理论解决此问题的视角颇具创新性,但其解决方案的合理性却值得商榷。首先,不法参与行为不可能因属于集合犯而被规范地评价为一罪。通说认为,集合犯是指犯罪构成预设了数个同种类行为的犯罪,其重要特征是必须有刑法的明文规定。[26] 根据占主流地位的限制的正犯概念,刑法分则规定的构成要件本质上都是正犯行为的构成要件,而不是共犯行为的构成要件。[27] 由此可见,如果坚持限制的正犯概念,就不可能认为刑法分则中存在已经预设了能够被认定为集合犯的数个同种类不法参与行为(共犯行为)的构成要件。因此,即便将多次不法参与行为认定为包括的一罪,也不可能将其视为集合犯。

其次,在承认共犯从属性原理的前提下,共犯行为的罪数能否脱离正犯行为的罪数而独立判断也是存在疑问的。对于此种"共犯罪数的从属性"问题,日本刑法理论界曾有过激烈的争论,存在正犯行为标准说和共犯行为标准说的争锋。[28] 在笔者看来,共犯行为标准说的根本缺陷是脱离构成要件来考察共犯行为的罪数,最终只能以自然意义上的行为数量作为判断罪数的依据。但问题在于,共犯行为并不该当基本构成要件,因此如果彻底抛开对符合基本构成要件的正犯行为的罪数的考察,就无法合理地评判共犯行为的罪数。例如,甲为了帮助乙实现杀人的目的,为乙提供杀人工具,然后为乙提供格斗训练。如果从自然行为的角度来看,甲无疑实施了两个"帮助行为";但因为帮助杀人的行为不具有构成要件的定型性,所以我们无法独立地判断甲的行为是否具有刑法意义,只能最终根据乙实施的符合故意杀人罪构成要件的杀人行为的数量来确定甲的帮助行为的罪数。遵循上述思路,我们可以发现:遵循限制的正犯概念和共犯从属性原理,我们就只能根据正犯行为的罪数来判断共犯行为的罪数,因此"正犯行为标准说"是合理的。

如果坚持正犯行为标准说的罪数判断方法,无论共犯实行的帮助或教唆行为在自然意义上是一个还是数个,都应当以正犯真正实行的符合构成要件的行为数量作为罪数的判断标准。以王华伟博士在论文中提到的"某公司提供 P2P 播放器帮助他人传播淫秽物品"的案例为例[29],要确定该公司提供播放器的帮助行为应当被认定为单数还是复数,关键要分析真正运用该播放器传播淫秽物品的正犯的罪数;如果

---

[25] 参见前注[2]。
[26] 参见前注[4],第 639 页。
[27] 参见前注[4],第 509 页。
[28] 参见袁建伟:《论共犯罪数的判断》,载《法学评论》2012 年第 3 期。
[29] 参见前注[2]。

正犯的罪数是复数,那么该公司的帮助行为也应当被认定为复数,而不应将其理解为单数。

四、视角转换:多次普通违法行为普遍合并评价的质疑

根据上一部分对各理论方案的批判性回顾,我们可以发现从"参与者多次实施的不法参与行为应当被科处刑罚"的直觉出发,通过修正现有的共犯理论或者运用罪数理论为"一对多"型不法参与行为提供普遍的可罚性依据的理论尝试,要么会与刑法理论体系产生矛盾,要么会与实定法规范出现冲突,因而难以发展出令理论界广泛信服的有力学说。面对此项研究的困境,我们或许应当思考:究竟是现有的共犯或罪数理论不合理,还是我们最初的直觉出了问题?具体而言,"一对多"型不法参与行为难道真的是普遍可罚的吗?

对此,笔者持有的基本观点是:在没有刑法条文或相关司法解释的特别规定的情况下,不应将"一对多"型不法参与行为强行入罪。应当承认,这种观点看似不符合"法感情":例如就本文开头提到的案例1而言,教唆3人分别盗窃1500元的财物,与教唆1人盗窃4500元的财物,从侵害结果的角度来看似乎并没有任何区别;如果因为共犯从属性原则的限制,而无法对实施分别教唆行为的A进行刑事处罚,似乎会有轻纵犯罪的嫌疑。这里涉及的问题的本质是:对于实施多次未达到入罪罪量要件的违法行为是否应当合并评价,并以累计数额确定是否入罪?[30] 针对此种"多次普通违法行为能否合并评价"的问题,中国学界已有所讨论,笔者将在本部分重点分析这个问题,借此指出现有的"一对多"型不法参与行为的可罚性研究忽视处罚范围限定的弊病。

从实定法角度来看,我国刑法总则并没有对是否应当将行为人多次普通违法行为合并评价的问题作出回答,只是在特定的分则罪名的罪状中规定了以"多次行为"为特殊的入罪条件[31],或者专门规定多次不法行为未经处理的,涉案数额累计计算[32]。除上述立法规定外,我国司法实践中将数次不法程度未达到入罪罪量要件的违法行为合并处理的情况也屡见不鲜:一方面,诸多司法解释中规定了"未经处理,合并计算数额"的违法行为合并处理方案,例如2004年最高人民法院、最高人民检察院《关于办理侵犯知识产权刑事案件具体应用法律若干问题的解释》第12条第2款就规定了多次

---

[30] 需要指出,笔者在此处以及下文中提到的"多次普通违法行为",是指无法被经典的罪数理论评价为单纯的一罪或包括的一罪(如连续犯、集合犯、徐行犯等)的数个行为。

[31] 中国刑法分则的罪状中包含此种规定的有:《刑法》第264条盗窃罪、第267条第1款抢夺罪、第274条敲诈勒索罪、第290条第3款扰乱国家机关工作秩序罪、第290条第4款组织、资助非法聚集罪、第301条第1款聚众淫乱罪等。

[32] 中国刑法中类似的规定还有:《刑法》第153条走私普通货物、物品罪、第201条逃税罪、第347条走私、贩卖、运输、制造毒品罪和第383条贪污罪的处罚规定等。

实施侵犯知识产权的行为，但未被行政或刑事处罚的，应当将多次行为的违法所得数额累计计算，使得此类行为存在受刑事处罚的可能性。另一方面，即便相关司法解释没有将数次不法行为合并处理的规定，部分地方法院也出于贯彻刑事政策的需要，在实际判决中将此类行为合并处理。例如，2011年最高人民法院、最高人民检察院《关于办理诈骗刑事案件具体应用法律若干问题的解释》将诈骗罪的基本罪量要件"数额较大"规定为3000元，法律和司法解释中均无"多次诈骗但单次诈骗未达到入罪标准"情形下累计计算诈骗数额的规定，但在广州市海珠区人民法院审判的某起案件中，被告人连续三次诈骗三位不同受害人，诈骗所得分别为5700元、300元、400元；法院最终将三起诈骗案件的诈骗金额合并计算为6400元，进而认定游某明构成（一个）诈骗罪。[33]

但是，上述将多次普通违法行为合并评价为（满足罪量要件的）犯罪行为的做法究竟是否正当，以及其正当依据是什么，在学界一直存在争议。根据笔者的归纳，国内学者提出的正当化解释主要有以下三种：①不法程度升高说。有学者根据量变引发质变的观点，认为数个普通违法行为造成的整体法益侵害性，可能会达到甚至超过单一的刑事不法行为。[34] ②主观罪责增大说。有学者从行为人的主观罪责方面出发，认为行为人多次实施违反行为规范的行为，意味着其对行为规范的背离与漠视程度超过了普通的违法行为人，其非难可能性增加，因此更应当被刑事处罚。[35] ③人身危险性展现说。有学者试图从犯罪论体系外的角度分析多次不法累计处罚制度的合理性，认为当单一行为在不法和责任层面未达到应当科处刑罚的程度时，将行为人的系列行为集中评价的方法，本质上是对通过多次违法行为展现出较高人身危险性的行为人进行的特殊预防。[36]

针对不法程度升高说，笔者认为其存在教义学体系和实质合理性等方面的缺陷：①从教义学体系的角度来看，正如王莹博士所言，构成要件不可能是空洞纯粹的"观念形象"，而必然包含立法者对特定程度的行为不法与结果不法的量的预设。[37] 因此，普通违法行为因为缺乏足够的行为或结果的不法性，实质上并不符合立法者在构成要件中预设的行为类型。不符合构成要件的违法行为，在刑法意义上只能被评价为价值中立的行为，而数个价值中立的行为在逻辑上难以合并评价为价值负面的行为。同时，按照此种不法程度升高说的思路，无论单次普通违法行为的法益侵害程度多么轻微，只要其能

---

[33] 参见"游某明诈骗案"，广东省广州市海珠区人民法院（2016）粤0105刑初321号刑事判决书，转引自曾文科：《刑行衔接视野下"未经处理"的认定规则》，载《法学》2021年第5期。

[34] 参见王飞跃：《论一罪累计数量处罚制度的合理性》，载《法律科学（西北政法大学学报）》2009年第4期。

[35] 参见王军仁：《刑法"多次"从严根据论》，载《烟台大学学报（哲学社会科学版）》2010年第1期。

[36] 参见邵栋豪：《"多次盗窃"的立法检讨与司法适用》，载《上海政法学院学报》2016年第1期；张志勋、卢建平：《多次犯：刑法的制度化产物及其限制路径》，载《江西社会科学》2015年第6期。

[37] 参见前注[7]。

够重复足够多的次数,都有可能积累到值得处罚的不法程度,但刑法理论和实践却普遍不累计处罚此种轻微违法行为。[38] 因此,构成要件所承载的不法推定机能,只能在单个行为的判断中体现,而不能在多次行为的累加中获得。②从实质合理性的角度来看,除非我们能够将社会中所有人的个人法益视为整体(构成集体法益),否则分散到多人的法益侵害没有理由被加起来计算总体的法益侵害。笔者认为,既然保护法益的最终目的是社会成员的生存和发展,法益侵害的实质危害性就应当注重从被害人个体福利的实际受损角度进行考察。在此举一个例子予以说明:A 进行 100 次诈骗活动,从 100 位不同的被害人(记为 $C_1, C_2, \cdots\cdots, C_{100}$)处各自诈骗得到 100 元;B 进行 1 次诈骗活动,从特定的被害人 D 处诈骗得到现金 10000 元;简单来看,A 和 B 的诈骗所得(可理解为对社会成员的财产法益侵害总和)均为 10000 元,但从被害人的角度来看,遭受的福利损失却大不相同——假设全体被害人的月收入均为 5000 元,那么对于被害人 $C_1, C_2, \cdots\cdots, C_{100}$ 而言,他们的损失不过是自身收入的 2%,对个人的福利状况几乎无影响,总体来看也不会影响这 100 个人的生存和发展;而对于被害人 D 来说,他的损失相当于两个月的工资,如果没有足够的储蓄,福利状况将严重受损。英国爱德华一世时期区分重大盗窃(grand larceny)和轻微盗窃(petty larceny)的做法存在类似的理据:根据英国当时的规定,两种盗窃的界限是 12 便士,这是因为 12 便士是当时英国重体力劳动者 8 天的工资,而当时的人认为,正常人在不吃饭的情况下最多存活 8 天。[39] 如果某个人一次性盗窃了某个被害人 12 便士以上的财产,就意味着他的行为可能会导致该被害人因无钱购买食物而丧失生命,所以必须重罚;而如果单次盗窃金额少于 12 便士,则不会有导致被害人福利状况严重恶化的风险,所以无须重罚。因此,从被害者福利损失的实质危害角度来看,多次的普通违法行为和单次的严重刑事不法行为存在显著差别,两者的社会危害性不可相提并论。③支持不法程度升高说的部分学者还认为,多次普通违法行为会使社会其他成员因违法现象频发而产生心理恐惧感,或者使得社会秩序遭到破坏。[40] 在笔者看来,这种观点虽然可能确实反映了多次普通违法行为对社会造成的负面影响,但这种事实层面的"社会负面影响"并不能成为刑法合并评价多次普通违法行为的规范性依据。这是因为刑法的目的是保护法益,而非宽泛地杜绝犯罪行为的所有负面效果;在刑事司法对犯罪构成要件的解释中,我们必须以刑法条文所要保护的法益为指导,而不能因伦理感情等因素动摇刑法的目的根基。[41] 对于财产犯罪而言,刑法条文保护的法益无疑是公民的财产法益,而

---

[38] 例如张明楷教授在解释盗窃罪中"多次盗窃"的含义时指出,对多次盗窃行为是否以盗窃罪论处,需要考虑行为是否可能盗窃值得刑法保护的财物;行为人多次在菜市场小偷小摸的,不应将其评价为多次盗窃。参见前注[4],第 1243 页。
[39] 参见前注[34]。
[40] 参见前注[34]。
[41] 参见前注[4],第 84 页。

非社会秩序或者其他公民的精神情感;即便刑事司法打击财产犯罪的活动事实上能够起到维护社会秩序、稳定公民情绪的附加作用,我们也不能本末倒置地将上述附加的社会效果视为打击财产犯罪应当保护的法益。因此,根据刑法的法益保护原则的要求,多次普通违法行为即便确实对社会造成负面影响,我们也不能因此将其视同为真正侵害足量财产法益的刑事不法行为。

针对主观罪责增大说,笔者认为其核心观点在于采取性格责任论的立场,将责任非难的对象放在行为人具有社会危险性的性格之上。[42] 持主观罪责增大说的学者认为,行为人多次实施违法行为,展现出其对法规范的敌视态度,本质上就是认为此种"小恶不断"的行为人具有反规范、反社会的危险性格,因此刑法应当对此种危险性格进行必要的非难。但问题在于,单纯将危险性格作为刑法的非难对象是行为人刑法的观点,有可能危及刑法的人权保障机能,所以现代刑法理论已经放弃了性格责任论的立场,将刑法的非难对象重新回归到行为上。[43] 因此,基于行为刑法的基本立场以及人权保障的机能需要,我们不能赞同从性格责任论中推导出的观点。

相比之下,笔者认为人身危险性展现说更具合理性。该说与前述主观罪责增大说的论证起点基本一致,即认为多次实施普通违法行为表明了行为人对法规范的敌视态度,但该说并未将此种敌视态度视为罪责的评判对象,而是将其视为犯罪论体系外的人身危险性的判断基础。如前所述,多次普通违法行为的不法和罪责程度均不能进行简单的累加,所以单纯从行为角度无法论证多次行为累计入罪的合理性。但是在行为人的视角下,多次实施普通违法行为作为客观事实,确实能够证明行为人具有更强的实施此类不法行为的倾向性,因而可以借此客观、合理地对行为人作出人身危险性较高的评价。此外,多次行为合并评价的规则中较为常见的体现行为频率的"时间条款"[44]也佐证了此种规则侧重考察行为人的人身危险性的实质,因为从人身危险性的角度来看,相同数量的违法行为在更短的时间内完成(即行为频率更高),意味着行为人实施此类违法行为的倾向更加显著,也就更有理由推测其具有更高的人身危险性。

不过,根据现代行为刑法基本立场,行为的不法与责任是认定犯罪的依据,行为人的人身危险性原则上不能成为定罪的基础,至多能够作为量刑的裁量依据;能够打破上述教义学原则的,只可能是刑法规范基于预防特定犯罪的刑事政策需求而作出的特别规定。[45] 事实上,我国刑法中将多次普通违法行为合并评价的规定基本上都具有

---

[42] 参见何秉松:《刑事责任论(下)》,载《政法论坛》1995年第5期。
[43] 参见前注[4],第318页。
[44] 例如,根据司法解释的规定,对于盗窃罪中的"多次盗窃"、敲诈勒索罪中的"多次敲诈勒索",行为次数的累计时间限制均为2年。
[45] 至于司法解释中的此类规定是否存在司法权僭越立法权的问题,涉及中国语境下刑法文本与司法解释的关系问题,超出了本文的研究范围,在此不再展开论述。

特定的刑事政策依据。例如,2011年通过的《刑法修正案(八)》第27条将"一年内曾因走私被给予二次行政处罚后又走私"规定为走私普通货物、物品罪的构成要件,是为了打击"蚂蚁搬家"式的小额多次走私行为[46];而第40条将"多次敲诈勒索"规定为敲诈勒索罪的构成要件,体现出严厉打击黑恶势力实施的财产犯罪的刑事政策[47]。在此种立法背景下,吴亚安博士根据体系性地位将中国刑法中的人身危险性区分为两类:普通人身危险和法定人身危险。前者只是量刑依据;而后者被例外地规定为构成要件要素,因此具有定罪的功能。[48] 我国刑法中将多次普通违法行为合并评价的规定,就是法定人身危险作为特别的构成要件要素的规范体现。

讨论将多次普通违法行为合并评价的规定的正当性依据的意义,在于正确辨别我国刑法与司法解释中此种合并评价规定的规范性质,即此种规定究竟是注意规定还是法律拟制。[49] 不少学者认为在数额犯中,无论刑法及其司法解释中有无合并计算数额的规定,都应当将多次普通违法行为的涉案数额合并计算。[50] 这种观点显然是将合并评价的规定视为注意规定。但根据上文的分析,此种合并评价的规定实质上是根据刑事政策的要求,例外地将行为人的人身危险性作为特定犯罪的构成要件要素。显然,这种本质上不符合行为刑法原则的例外规定不可能在其他数额犯的罪名认定中推广适用,否则就意味着刑法立场的根本转变。因此,刑法与司法解释中将多次普通违法行为合并评价的规定应当被视为拟制性规定,不具有推广到其他罪名的认定中的可能性。同时,单独实施的不法和多人参与的不法在法益侵害性和预防必要性方面没有本质的差别,因此上述结论能够推广到多人参与的普通违法行为的评价之中,将此类参与行为应当科处刑罚的范围限定在有法律特别规定的范围之内。

回到本文的核心问题,中国学者在研究对"一对多"型不法参与行为的处罚问题时,无论采用何种解决方案,在结论上都是将多次未满足罪量要件的参与行为叠加起来合并评价,并对全体有责任的参与者给予刑事处罚。在笔者看来,此种预设的结论存在两个问题:①多次不法参与行为并非都能合并评价,而应以法律或司法解释中允许合并评价的特殊规定为限;②即便有合并评价的特殊规定,参与多次不法行为的行为人也并非都应受到刑事处罚,处罚范围的限定问题值得进一步研究。因此,笔者认为,刑法理论界对"一对多"型不法参与行为的研究需要从"应该如何处罚"回归到更加基础的"是否应该处罚"的问题之上。

---

[46] 参见黄太云:《〈刑法修正案(八)〉解读(三)》,载《人民检察》2011年第8期。
[47] 参见郎胜:《〈刑法修正案(八)〉解读》,载《国家检察官学院学报》2011年第2期。
[48] 参见吴亚安:《论我国刑法中的多次犯》,上海交通大学2017年博士学位论文。
[49] 参见前注[4],第862—864页。
[50] 参见前注[4],第778页;黎宏:《论盗窃罪中的多次盗窃》,载《人民检察》2010年第1期。

五、观点展开:"一对多"型不法参与行为可罚性的双层判断体系

根据上一部分的论证结论,部分类型的多次普通违法行为之所以被刑法处罚,根本上是为了顺应打击特定犯罪的刑事政策的需要,对通过多次普通违法行为征表出高度人身危险性的行为人进行特殊预防。若要对此类违法行为中未以自己的身体动静直接实施违法行为的参与者给予类似的处罚,就必须要求犯罪参与者与实行者在违法行为中具有同等的地位,因而在刑事政策上具有同等意义的打击需要。根据上述逻辑,笔者主张在判断实践中"一对多"型不法参与行为是否值得刑事处罚的问题时,应当进行两个层次的判断:第一,判断不法参与行为对违法行为的实现是否有实质上等同于实行行为的事实支配性作用;第二,判断现行刑法与相关司法解释是否有合并评价此种违法行为的明文规定。只有在这两个层次的判断中都得出了肯定的答案,才有可能追究此类"一对多"型不法参与行为的刑事责任。为了论述的方便,笔者将第一层次的判断简称为"正犯性判断",将第二层次的判断简称为"规范性判断"。在本部分,笔者将阐述两个层次判断的内容与理由,并在最后运用此种方法对本文开头的案例进行分析。

(一) 第一层次:正犯性判断

对参与行为进行正犯性判断的目的,是确认此种行为是否对多次普通违法行为的实现起到了不可或缺的作用,并以此确定是否有对此种参与行为进行刑事处罚的实质合理性,从而解决此类行为的处罚范围问题。

从风险刑法的角度来看,行为人的人身危险性与现代社会的诸多危险源一样属于风险的范畴;在管理不安全性的风险刑法理念指导下,有必要将此类人身危险纳入刑法的规制范围之内。[51] 但是,出于社会生活正常运行的需求,刑法只能将部分风险评价为规范意义上不被容许的风险;在划定的不被容许的风险范围时,有必要对风险的社会价值、发展为实害的概率以及实害的严重程度进行综合评价。[52] 与符合构成要件类型但未达到罪量要求的普通违法的实行行为不同,普通违法的参与行为并不具有类型化的可能,在形式上呈现出多样化的特征,在实质上也具有不同的法益侵害危险性;与此对应,实施此类参与行为的行为人的人身危险性也存在显著差别。如果对所有加功于违法实行行为的参与者不加区分地给予刑罚,就会导致刑法不容许的社会风险的范围过度扩张,也与着重处罚有较高人身危险性的不法实行者的刑事政策目的存在背离。那么,如何界定可罚的不法参与行为呢?在笔者看来,既然刑法合并评价多

---

[51] 参见劳东燕:《犯罪故意理论的反思与重构》,载《政法论坛》2009年第1期。
[52] 参见前注[48]。

次普通违法行为并非教义学体系形式推演的结论,而是出于对具有实施特定犯罪的高度人身危险性的行为人进行预防的实质必要性的考虑,那么在理论上探讨不法参与场合的参与者处罚范围时,也应当采取实质的视角,将处罚范围限缩在能够实质性地评价为正犯的参与者之内。

这里涉及不法参与中的正犯与共犯的区分标准问题。在刑法理论界,针对该问题大致分为主观说与客观说两大阵营:主观说主张以行为人主观方面的目的、利益、行为意思等作为区分正犯和共犯的依据,但由于主观意思识别的困难性以及其在法秩序中地位的不重要性,这种观点在中国学界并未得到多数支持。客观说阵营内部可以细分为形式客观说和实质客观说两种观点,前者主张以"是否通过自己的身体动静实施符合基本构成要件的实行行为"为标准区分正犯与共犯;而后者主张从共同犯罪中的实际作用角度区分正犯与共犯。[53] 就本文讨论的多次违法的参与行为而言,如果坚持形式客观说的区分标准,就会把所有未实施实行行为的犯罪参与者均视为狭义共犯,即便刑法中有处罚此类多次普通违法行为的特别规定,只要我们在理论上坚持共犯的从属性原则,就无法有效论证处罚此类违法的共犯行为的合法依据,最终会导致完全不处罚此类参与行为的结果,而这显然与设定多次普通违法行为合并处罚规定的实质性的刑事政策目的相违背。因此,在正犯与共犯行为的区分问题上,笔者认为在强调实质预防必要性判断的多次普通违法参与行为的处罚范围问题上,应当采取实质客观说的观点,将正犯行为定义为在实质上等同于实行行为的参与行为。

在实质客观说内部,存在必要性说、优势说、重要作用说、犯罪事实支配理论等具体的观点。[54] 由于探讨这些学说的优劣并非本文的重点,所以笔者在此仅介绍占据主流地位的犯罪事实支配理论。之所以介绍犯罪事实支配理论的判断方法,是因为该方法能够站在实质、客观的角度,系统地区分不法行为实施过程中每个参与者的实际作用,确定多次普通违法行为中的"核心人物",从而为刑事政策上判断各个参与者的特殊预防必要性提供合理的基准。根据罗克辛教授的观点,犯罪事实支配可以归纳为行为支配、意思支配、功能性支配三种。[55] 相应的,笔者认为对多次普通违法行为的支配也可以分为三种类型:①直接实施了多次同种类的普通违法行为;②通过支配他人意志的方式,利用他人完成了多次同种类的普通违法行为;③参与到多次普通违法行为的实行过程,且对多次普通违法行为的完成起到不可或缺的作用。如果"一对多"型不法参与行为符合上述三种类型中的任何一种,就应当肯定此种行为对多次普通违法行为的完成起到了支配性作用,也借此显示出与直接的多次普通违法行为实行者同质的人身危险性,具有动用刑罚进行特殊预防的实质必要性。

---

[53] 参见张明楷:《外国刑法纲要》(第3版),法律出版社2020年版,第261—264页。
[54] 参见刘艳红:《论正犯理论的客观实质化》,载《中国法学》2011年第4期。
[55] 转引自前注[4],第511页。

(二) 第二层次：规范性判断

如前所述，符合第一层次判断的违法行为参与者在实质层面具有进行特殊预防的必要性，但如果不加区分地将此类参与者全部判处刑罚，就犯了司法实践中将多次同种违法行为普遍合并处罚的错误，实质上是对罪刑法定原则与禁止间接处罚原则的违反。因此，第二阶层的判断应当从事实视角转到规范视角，对实质上等同于正犯行为但缺乏法定刑罚依据的违法参与行为予以出罪。

就我国刑法规范的实然状况而言，应当在规范性判断层次出罪的违法参与行为包括两种类型：①对于某些特定的罪名，刑法及相关司法解释中并无明确的多次行为合并评价的拟制性规定，例如侵占罪；②对于某些特定的罪名，刑法及司法解释在规定多次行为合并评价的拟制性规定的同时，为其参与行为规定了不同于实行行为的特别罪量要件（例如前述《淫秽信息案件解释（二）》），而参与者的参与行为不符合此种特别罪量要件。

在进行上述判断的过程中，容易产生困难的地方在于刑法及司法解释中出现的所谓"共犯行为正犯化"的规定，即将某些类型的不法参与行为按照专门的罪名（例如《刑法》第287条之二帮助信息网络犯罪活动罪）或者实行行为的罪名定罪量刑。从制定主体角度，可以将其分为立法中的"共犯行为正犯化"规定和司法解释中的"共犯行为正犯化"规定。问题在于：如果存在"共犯行为正犯化"的规定，是不是意味着司法者就可以略过前述正犯性判断，径直判断此类不法参与行为是否达到相应的入罪罪量要求？对此，笔者认为应分情况讨论。

对于立法中的"共犯行为正犯化"的罪名，笔者认为应当根据罪状的具体内容判断其究竟是"一般不法参与行为的正犯化"还是"犯罪参与行为的正犯化"。符合前种类型的罪名例如《刑法》第120条之一帮助恐怖活动罪，其罪状只要求被资助者具有组织、实施恐怖活动的一般违法行为即可，而并未要求被资助者的行为必须构成犯罪；而符合后种类型的罪名例如《刑法》第287条之二帮助信息网络犯罪活动罪，其罪状中明确要求被帮助者必须"利用信息网络实施犯罪"，而对于此处的"犯罪"，笔者认为即便不将其严格理解为违法且有责的犯罪行为，也不应当过于宽泛地将其解释为包括不符合罪量要件的一般违法行为，否则就完全超出了"犯罪"一词的最大文义射程，过于扩张了此罪的处罚范围。[56] 对于前种不法参与行为，因为刑法已经将其规定为独立的犯罪行为，所以司法者自然无须再结合具体案情实质地评价其是否属于正犯行为。对于后者，应当认为只有在实行行为是真正符合全部构成要件的刑事不法行为的前提下，才能认定参与行为属于该罪规定的独立的正犯行为[57]；否则，就不能据此将参与

---

[56] 参见前注[2]；黎宏：《论"帮助信息网络犯罪活动罪"的性质及其适用》，载《法律适用》2017年第21期。
[57] 张明楷教授等学者认为刑法中的帮助信息网络犯罪活动罪属于帮助犯的量刑规则，而非独立的罪名，参见前注[4]，第575页。但笔者认为，我国刑法分则中的帮助型犯罪，无论其犯罪成立条件如何，在立法性质上并无本质区别，不应通过刑法解释的方式任意地将罪名的性质予以变更。

行为一律认定为正犯行为,而应当结合案情具体地判断参与行为是否具有实质的正犯性。

对于司法解释中所谓"共犯行为正犯化"规定,因为其制定者没有立法权,所以原则上不能将司法解释的相关规定解读为真正的共犯行为正犯化,而只能将其解释为司法者根据司法实践经验,归纳出某些对犯罪实现通常具有支配性作用的参与行为,以便指导法官在具体案件的判断中考虑将此类行为解释为共同犯罪中的正犯行为。例如对于前述《淫秽信息案件解释(二)》第6条的规定,我们不能将其机械地理解成行为人只要实施了该条规定的帮助行为且达到罪量,就必须定罪处罚,因为这种理解显然是将司法解释规定的帮助行为直接视为传播淫秽物品牟利罪的构成要件行为,但司法者显然并没有此种立法权。笔者认为应当将上述解释理解为:如果行为人实施了上述帮助行为,并且在传播淫秽物品牟利的不法行为中发挥了不可或缺的支配作用,就应当将其实质地评价为传播淫秽物品牟利行为的正犯。在帮助者被认定为正犯的前提下,存在两种情况:①帮助者只参与了单次传播淫秽物品牟利的不法行为,直接判断单个帮助行为是否达到司法解释规定的罪量标准即可;②帮助者参与数次传播淫秽物品牟利的不法行为,且每次行为均未达到罪量标准,本来不应该合并评价多次行为,但因为该解释第9条存在多次普通违法行为累计数额的特别规定[58],所以应当例外地将数次帮助形态的正犯行为规范地评价为一个行为,然后判断该行为是否达到罪量要求。

(三)双层判断体系下的设例结论

在文章的最后,笔者将尝试运用设想的双层判断体系,对文章引言部分提出的三个假设案例给出自己的结论。

对于案例1,如果教唆者A仅仅是通过教唆行为引起了实行者B、C、D三人实行盗窃行为的不法意图(犯意),而并未对不法行为的实现给予更多的物质或谋略上的支持,则很难认定A的教唆行为在三个盗窃不法行为的实现中起到了不可或缺的支配性作用,因此在正犯性判断阶层应当否定教唆者A在多次违法行为中的正犯地位,不能追究其盗窃罪的刑事责任。

对于案例2,首先涉及此种俗称"偷电"的不法行为的定性问题。对此,有学者认为,居民改动电表的行为是对电力公司占有的电力资源的盗窃行为[59];但也有学者认为,此种情况下,电力公司对居民少缴纳的电费这种财产性利益具有处分意思,因此居民的行为应被认定为诈骗行为。[60] 如果认定此类行为属于盗窃,则因为电工D的技

---

[58] 《淫秽信息案件解释(二)》第9条规定:"一年内多次实施制作、复制、出版、贩卖、传播淫秽电子信息行为未经处理,数量或者数额累计计算构成犯罪的,应当依法定罪处罚。"
[59] 参见前注[5]。
[60] 参见黎宏:《电信诈骗中的若干难点问题解析》,载《法学》2017年第5期。

术帮助行为在多次普通违法行为中均起到了不可或缺的功能性支配作用,且《刑法》第264条盗窃罪的罪状中将"多次盗窃"作为特殊的构成要件行为,所以同时满足正犯性和规范性双层次的判断,应当追究电工D盗窃罪的刑事责任。如果认定此类行为属于诈骗,则因为《刑法》第266条诈骗罪的罪状及相关司法解释中均无处罚多次诈骗行为或者将多次诈骗的涉案数额累计计算的拟制规定,无法满足规范性层面的要求,因此不应追究D的刑事责任。

对于案例3,互联网公司W向6个色情网站运营商提供存储服务,是前述网站运营商能够在互联网上传播淫秽色情信息不可或缺的条件,因此W的行为满足正犯性的要求;同时,我国《淫秽信息案件解释(二)》明确规定了1年内多次实施帮助传播淫秽物品的不法行为的,将数额累计计算并进行处罚的拟制规定,以及帮助型正犯行为入罪的具体罪量要件,而互联网公司W的多次不法参与行为满足为5个以上淫秽网站提供网络存储空间服务的罪量要件,所以同时满足正犯性和规范性双层次的判断,应当对互联网公司W及其直接负责的主管人员与其他直接责任人员按照传播淫秽物品牟利罪定罪处罚。

六、结　语

网络空间中常见的"一对多"型不法参与行为因其"小额高频"的特征,在中国独特的"定性+定量"的刑法立法模式下存在刑事处罚的理论困境。现有的理论研究在没有明确解释"将多次不法行为合并评价为一个犯罪行为"的正当性的前提下,直接去思考普遍处罚此类行为的方案,难以寻得处理此类问题的合理路径。本文对貌似"直觉"性的将多次不法行为合并处罚的思路进行检讨,发现刑法中合并评价多次不法行为的规范本质上是基于对刑事政策的考虑,例外地将行为人通过多次实施不法行为而表现出的较高的人身危险性视为特别的入罪要素,不具有推广适用到其他罪名的可能。在此基础上,本文提出"双层判断体系"的设想,即首先判断不法参与行为是否在实质上等同于正犯行为,然后判断刑法规范中是否有处罚此类多次普通违法行为的明确规定,以此解决多次不法参与行为的可罚范围的限定问题。

对于那些无法通过"双层判断体系"的检验,因而难以肯定刑事可罚性的不法参与行为,笔者认为其并非没有社会危害性,只是其不具有动用刑事处罚的教义学依据。对于此类行为,笔者认为正确的做法应当是建立多元的社会治理机制,例如加强互联网的安全保障体系建设,强化网络违法行为的行政处罚力度等,对此类具有社会危害性的行为进行有效的控制;而不是盲目地秉持"刑法万能"的错误理念,为达到规制此类行为的目的而不惜放弃罪刑法定等原则的限制,采取教义学上缺乏理据的处理方案,不合理地扩大刑事处罚的范围。

网络视域下财产犯罪解释的"技术异化"与人本回归[*]

马光远[**]

要 目

一、财产犯罪解释的"技术异化"之命题提出
　　(一)个案争议
　　(二)"技术异化"与法感情之冲突
二、财产犯罪解释的"技术异化"之负面效应
　　(一)刑法教义人为复杂
　　(二)刑法评价流于现象
　　(三)刑法评价尺度不一
三、财产犯罪解释的"技术异化"之理念偏差
　　(一)违反行为规范的优先性
　　(二)否定行为对人的依附性
四、财产犯罪解释的"技术异化"之人本回归
　　(一)刑法评价的核心:"人的作品"
　　(二)"人的作品"之网络化体现:人对技术的支配
五、结语

摘 要 在网络犯罪领域,面对复杂的科学技术和组织技术,以"二维码"案为代表的财产犯罪中,刑法解释呈现出强烈的"技术异化"态势,尤其体现为诈骗罪与盗窃罪的区分困难。诈骗罪解释的"技术异化"虽能更准确地还原犯罪过程中的技术内容

---

[*] 本文是 2019 年国家社会科学基金项目"新型网络犯罪对传统刑事法理论的突破与应对研究"(2019BFX062)的阶段性成果。本文能修改完善并顺利完稿,离不开导师阎二鹏教授的督促与悉心指导,在此诚致谢意。
[**] 海南大学法学院博士研究生。

和事实基础,但同时亦导致行为人对自身行为的意思设定沦为刑法评价的次要因素,也导致网络视域下财产犯罪的教义建构过于复杂、标准不一、脱离常识、流于现象。有鉴于此,刑法教义学的应对之策是回归法感情和常识性认知,重视刑法行为规范的优先性,推动诈骗罪的规范构造回归对人本身的评价:作为沟通型犯罪的诈骗罪,行为人不可能单方面支配财物转移;网络视域下的财产犯罪应在方法上考察人对技术的支配力,并将行为人支配财物转移评价为盗窃罪之一部分。

关键词 "技术异化" 网络诈骗 支配力标准 支配意思 支配事实

"技术"通常被用以指称科学原理的工程化运用,也泛指解决问题的一切经验和知识。[1] 各种问题的解决都需要技术,所以技术越发达、技术化程度越高,人所能掌控的资源就越多,长此以往,人对技术产生崇拜便在情理之中,此即马克斯·韦伯言及之工具理性。[2] 在当下,工具理性的发达尤其体现于网络技术的运用,而刑法解释或教义建构也需要面对行为人行为方式的变化——财产犯罪的网络化、技术化。这也是犯罪行为网络化这一宏大命题的一部分。[3] 伴随而来的变化是,财产犯罪的解释方案对网络技术的关注度逐渐大过行为人本身。在网络犯罪领域,这一现象被概括为"网络犯罪的异化",即传统教义体系已经无法应对新型网络犯罪的冲击,需要扩张解释与创新立法。[4] 在解决方案上,有学者指出,如果能够通过解释应对犯罪就应尽量避免诉诸立法[5],而解释方案应当较传统理论有所突破,唯有如此才能尽可能避免不必要的立法增生。该思维体现在解释理念上就是,"不能将传统的解释结论当作真理予以维护,再反过来要求通过立法增设新罪"[6]。概言之,论者认为立法需要"更保守",而解释可以"更激进"。立法论上的类似态度是:"二十年来,我国网络犯罪的立法如同恐怖犯罪立法一样,是传达立法者姿态与情绪的象征性立法。"[7] 由此可见,虽然抵触程度有别,但学界总体上认同网络犯罪立法应当更谨慎。不过这种共识却没能体现在解释论上,尤其是网络视域下财产犯罪的规范构造。

充分发挥既有法律体系的效率而不是轻易变更条文,不仅是维持刑法稳定性的要求,还是更经济的应对策略,正如"路径依赖"一词本身就暗含褒义的一面——既有路径的经济性。本文认为,面对网络犯罪,立法论和解释论的立场应当具有一致性:用以

---

[1] 参见中国社会科学院语言研究所词典编辑室编:《现代汉语词典》(第6版),商务印书馆2012年版,第613页。
[2] 转引自殷鼎:《理解的命运:解释学初论》,生活·读书·新知三联书店1988年版,第14页。
[3] 参见于志刚:《网络思维的演变与网络犯罪的制裁思路》,载《中外法学》2014年第4期;阎二鹏:《我国网络犯罪立法前置化:规范构造、体系检讨与路径选择》,载《法治研究》2020年第6期。
[4] 参见于志刚:《网络犯罪与中国刑法应对》,载《中国社会科学》2010年第3期。
[5] 参见张明楷:《网络时代的刑事立法》,载《法律科学(西北政法大学学报)》2017年第3期。
[6] 同上注。
[7] 刘艳红:《象征性立法对刑法功能的损害——二十年来中国刑事立法总评》,载《政治与法律》2017年第3期。

解决个案的"体系"既包括现有的立法条文,也包括现有的教义或学说,因为"所有的作者通过他们的作品决定了什么是法律"〔8〕。因此,在对网络空间诈骗行为的解释上,这种"保守"态度仍然应当予以贯彻,即当传统教义足以解释网络空间的财产犯罪时,不必推翻经典教义,或者说,应当尽可能在既有的教义体系之内引申新的教义。在此立场上对网络空间财产犯罪的解释方案予以审视则不难发现,"网络犯罪的异化"的确有网络信息技术这一外因,但也有解释者的内因,即解释者错将犯罪所依附的网络技术手段作为评价重点,而忽视发起行动的人,导致经典教义无法应对新型诈骗的冲击。

一、财产犯罪解释的"技术异化"之命题提出

网络空间中财产犯罪解释的"技术异化"体现为刑法解释在网络空间的诈骗中完全跟随技术分析,而忽视刑罚的潜在承受者——人,从而模糊化诈骗罪的犯罪类型,导致解释结论脱离常识性认知。

(一)个案争议

以下案例揭示了网络信息技术及其依附的商业模式对行为评价的深度影响。

【案例1:"二维码"案】2017年2月至3月间,被告人邹某先后到某商场多个店铺、摊位,乘无人注意之机,将上述店铺、摊位上的微信收款二维码调换(覆盖)为自己的微信收款二维码,从而获取顾客通过微信扫描支付给上述商家的钱款。经查,被告人邹某获取被害人郑某、王某等人的钱款共计人民币6983.03元。案发后,赃款均未追回。〔9〕

"二维码"案是刑事案件高度技术化的典型体现,它涉及行为人、商家、移动支付平台、银行四方,兼有复杂的科学技术和商业组织技术。根据私法规则,商家有义务提供正确、有效的收款二维码,因此,即便顾客的支付款最终并未进入商家的账户,也应认为顾客已履行支付对价的义务,所以该案的受害者是商家而非顾客。基于此,对该案的分歧集中于行为人构成盗窃罪还是诈骗罪,且个中争议主要源于移动支付的技术构造;既是因为网络技术非常复杂,也是因为支付平台背后的金融组织非常复杂。立足于技术分析的观点认为,"二维码"案应以"三角诈骗"的行为模型进行分析。这种分析立足于考察完整的民法结构甚至更具体的技术结构:第一,银行与支付平台的用户之间存在债权债务关系;第二,顾客的扫码行为实际上是向银行(债

---

〔8〕 〔法〕菲利普·热斯塔茨、〔法〕克里斯托弗·雅曼:《作为一种法律渊源的学说:法国法学的历程》,朱明哲译,中国政法大学出版社2020年版,第1页。
〔9〕 参见福建省石狮市人民法院(2017)闽0581刑初1070号刑事判决书。

务人)发出处分财产性利益的指令[10];第三,银行基于顾客的指令,获得处分其财产性利益的权限。因此,整个诈骗犯罪类似于传统三角诈骗的犯罪结构。[11] 类似观点认为,"二维码"案是以债权实现为对象的诈骗行为。[12] 此外,尽管关于第三方支付账户与信用卡账户中的钱款性质有"债权凭证说"与"数字化财物说"之争,却不妨碍将其解释为刑法中的"财物"[13],因此对行为的罪质分析并无实质影响。不过,在"三角诈骗说"的解读中,行为人主观上对行为内容的设计以及客观上对技术流程的支配,都不在解释者的考虑范围之内。

【案例2:"虚假链接"案】与"二维码"案类似,"虚假链接"案同样反映了网络信息技术对规范分析的深度影响。事实1:被告人郑必玲骗取被害人金某195元后,获悉金某的建设银行网银账户内有305000余元存款且无每日支付限额,遂电话告知被告人臧进泉,预谋合伙作案。臧进泉赶至网吧后,以尚未看到金某付款成功的记录为由,发送给金某一个交易金额标注为1元而实际植入了支付305000元的计算机程序的虚假链接,谎称金某点击该1元支付链接后,其即可查看付款成功的记录。金某在诱导下点击了该虚假链接,其建设银行网银账户中的305000元随即通过臧进泉预设的计算机程序,经上海快钱信息服务有限公司的平台支付到臧进泉提前在福州海都阳光信息科技有限公司注册的"kissal23"账户中。事实2:被告人臧进泉、郑必玲、刘涛分别以虚假身份开设无货可供的淘宝网店铺,并以低价吸引买家。三名被告人事先在网游网站注册一账户,并对该账户预设充值程序,充值金额为买家欲支付的金额,后将该充值程序代码植入一个虚假淘宝网链接中。与买家商谈好商品价格后,三名被告人各自以方便买家购物为由,将该虚假淘宝网链接通过阿里旺旺聊天工具发送给买家。买家误以为该链接是淘宝网链接而点击,然后进行购物、付款,并认为所付货款会汇入支付宝公司为担保交易而设立的公用账户,但该货款实际通过预设程序转入网游网站在支付宝公司的私人账户,再转入被告人事先在网游网站注册的充值账户中。[14]

在案例2中,如果法律分析完全跟随技术分析,最终的结果将是诈骗罪的泛化和盗窃罪的收缩,而且事实1与事实2都会被定性为诈骗行为,因为链接的背后是

---

[10] 然而这种分析忽略了一种情况,即在顾客直接以支付平台的余额消费,或直接从支付平台贷款消费(如"花呗"),而非以银行卡余额支付时,民事法律关系并不涉及银行。现有讨论也指出了这一点,参见刘宪权:《论新型支付方式下网络侵财犯罪的定性》,载《法学评论》2017年第5期。
[11] 参见张明楷:《三角诈骗的类型》,载《法学评论》2017年第1期。
[12] 参见蔡颖:《偷换二维码行为的刑法定性》,载《法学》2020年第1期。
[13] 同前注[10],刘宪权文。
[14] 参见最高人民法院指导案例27号"臧进泉等盗窃、诈骗案"。

银行或支付平台的辅助处理系统。在"三角诈骗说"看来,银行或支付平台是被欺骗的财物处分者。另一种可能的技术化思路则是"处分意识不要说",即抛弃诈骗罪的"处分意识必要说",但这会导致刑法上的"诈骗"不需要有人被骗,从而迥异于日常用语的"诈骗"。与"三角诈骗说"相比,"处分意识不要说"的观点更加彻底,但作为解决问题的方案,其带来的副作用——诈骗罪与盗窃罪难以区分,已经超过该理论的实益。

诈骗罪扩张的趋势还体现在案例3中。该案中,"三角诈骗说"的解题思路与公民的常识性感知隔膜更深。

【案例3:"盗抢红包"案】吴某喜接到网贷催款电话,正好发现儿子班主任在家长群里提醒交生活费。家长开始陆陆续续在群里发红包,吴某喜见状,领了30多个红包后潜逃。[15] 根据微信支付关于微信红包的技术设计,若红包在24小时内未被领取,将按照支付路径退回,或退回微信,或退回银行卡。换言之,是微信/银行这一第三方支付机构控制着红包的最终去向。按照"三角诈骗说"的思路,"盗抢红包"既不是盗窃,也不是抢夺,而是诈骗,因为行为人"盗抢红包"是银行或微信支付意料之外的欺骗举动。同样的分析逻辑也见于案例4。

【案例4:"盗用支付宝"案】被告人徐某芳使用单位配发的手机登录支付宝时,发现可以直接登录原同事马某的支付宝账户。2015年3月12日,徐某芳利用工作时获取的马某支付宝密码,使用上述手机分两次从该支付宝账户转账15000元到刘某的中国银行账户,由刘某取现交给徐某芳。宁波市海曙区人民法院判决徐某芳犯诈骗罪,且二审裁定维持原判[16],其裁判理由与"三角诈骗说"的思路较为接近。

(二)"技术异化"与法感情之冲突

刑法教义的发展从来都是由疑难个案推动的,是为了解决法感情与旧学说的冲突,因为"法律感觉"是优先于教义建构的。[17] "对于法律术语的解释也需考虑到老百姓的一般认知,即符合人民群众的法感情。"[18]法感情的背后是公众对行为的常识性

---

[15] 参见《学生爸爸在家长群连抢30多个红包后退群,已被刑拘》,载《长春晚报》2021年4月20日,第6版。
[16] 参见浙江省宁波市海曙区人民法院(2015)甬海刑初字第392号刑事判决书;浙江省宁波市中级人民法院(2015)浙甬刑二终字第497号刑事裁定书。
[17] 参见吴从周:《概念法学、利益法学与价值法学:探索一部民法方法论的演变史》,中国法制出版社2011年版,第57页。
[18] 喻海松:《刑事司法解释的十个问题》,载微信公众号"刑事法评论"2020年12月13日,https://mp.weixin.qq.com/s/tobFh1JvQBA2fikB_JZCLA。

感知,以及公众正义直觉的一致性。正义直觉既是规范概念也是实证概念。根据美国刑法学家保罗·罗宾逊对正义直觉的研究,公众正义直觉在自然犯上具有极其稳定的一致性,而法律评价与公众正义直觉的一致性有利于实现公众对法律的认同,进而调动公众守法的积极性。[19] 作为历史悠久的自然犯,盗窃罪和诈骗罪与公众正义直觉深度关联,并在学理上体现为诈骗罪中"处分意识"要件。然而,"三角诈骗说"建构刑法教义的思路全然抛弃了公众正义直觉在区分这两种犯罪中的作用。为探明案例1牵涉的公众直觉,笔者通过调查问卷("问卷1"和"问卷2")[20] 的方式,试图揭示"三角诈骗说"的技术化思路与公众正义直觉的紧张关系。

问卷1的调查对象是在校大学生,整体上较为年轻,对移动支付技术的理解程度较高,且均无法学背景。问卷1的内容设计如下:

> 你是一家商铺老板,平时买卖都用二维码收款。但你很粗心,没开语音提示,扫码付款全凭客人自觉。一天,二维码被甲换成自己的,你浑然不觉,卖了一整天的货,5万元的支付款都进了甲的账户。
>
> (1) 如果只能评价为"偷"或"骗",你认为甲的行为:
>   A. 是偷　　　　　　　　B. 是骗
>   C. 不太确定,但倾向于是偷　D. 不太确定,但倾向于是骗
> (2) 偷5万元和骗5万元,你认为哪个更值得谴责?
>   A. 偷　　B. 骗
> (3) 你是否认为甲的行为既可以评价为偷,也可以评价为骗?
>   A. 是　　B. 否

参与问卷的同学共252人,针对问题(1),113人选择A,66人选择C,46人选择B,27人选择D。如果将选项A、C归类为"盗窃评价",将选项B、D归类为"诈骗评价",那么252人中实际上有179人认为甲的行为是盗窃,占比约71%,其中有63%的人"心理坚定程度相对较高"[21]。有73人认为甲的行为是诈骗,占比约29%,其中同样有63%的人"心理坚定程度相对较高"。总的来说,在"盗窃评价"与"诈骗评价"选择者的心理坚定程度几乎没有差别的情况下,"盗窃评价"占据多数。两组数据的简单对比并不能反映公众正义直觉的全貌,这也是该问卷设计问题(3)继续检验参与者"心

---

[19] 参见 Paul H. Robinson, Intuitions of Justice and the Utility of Desert, Oxford University Press, 2013;袁小玉、吴乐:《超越直觉正义?——有关正义的实证研究评述》,载苏力主编:《法律和社会科学》(第17卷第2辑),法律出版社2019年版,第195—211页;梁根林主编:《当代刑法思潮论坛(第三卷):刑事政策与刑法变迁》,北京大学出版社2016年版,第274页。

[20] 问卷对象系南京理工大学继续教育学院的学生及韩国中小企业银行(IBK)北京分行的员工;问卷的发放及收集工作由南京理工大学教师马月净女士及韩国中小企业银行(IBK)北京分行员工肖卓凝女士进行。

[21] 选项A、B属于"心理坚定程度相对较高";选项C、D属于"心理坚定程度相对不高"。

理坚定程度"的用意:选择 B、D 的 73 人中,有 49 人在问题(3)中选择 A,也就是说,认为甲的行为是诈骗的 73 人中,有 67% 的人认为甲的行为既可以评价为诈骗,也可以评价为盗窃;在选择 A、C 的 179 人中,有 119 人在问题(3)中选择 A,占比约 66%,只是略低于"诈骗评价"中的心理坚定程度,差别之细微可忽略不计。问题(2)则是为排除"可谴责性"对行为定性的心理影响:在参与问卷的 252 人中,有 75 人认为盗窃行为更值得谴责,而有 177 人认为诈骗行为更值得谴责,但"诈骗评价"并未因此而占据多数。根据问卷 1 可以认为,将案例 1 评价为盗窃罪而非诈骗罪更符合公众的常识性认知。

此外,为排除复杂问卷本身对参与者可能的干扰,笔者另外设计了更加简洁的"问卷 2"作为对照,即上述题干不变,但只给出问题(1),且选项只有"A. 是偷 B. 是骗",并以随机抽样的方式进行街头问卷。参与者共 54 人,年龄分布更广,且均无法学背景。其中有 46 人认为甲的行为是盗窃,占比约 85%;只有 8 个人认为甲的行为是诈骗,占比约 15%。虽然样本数量有限,但与问卷 1 形成的数据对比基本吻合,同样佐证了"三角诈骗说"与公众正义直觉的紧张关系。

根据"类三角诈骗说","二维码"案刑法教义的技术分析与公众常识存在不可避免的冲突,可谓网络视域下财产犯罪解释的"技术异化"。以网络系统为工具的犯罪行为具有两个典型特征:一是行为借助网络系统,容易放大结果的危害性;二是行为借助网络系统,容易扭曲行为类型[22],也不符合行为人对自身行为的意思设定。具体到"二维码"案,就是刑法解释遵循技术路线,导致诈骗罪适用范围膨胀,但诈骗罪的膨胀是以诈骗罪行为类型的变异为代价的,其同时牺牲了该罪的定型性,并有突破条文语义范围之嫌。

二、财产犯罪解释的"技术异化"之负面效应

财产犯罪解释的"技术异化"有让刑法丢失其应然规范性质的危险,并表现出诸多负面效应。

(一)刑法教义人为复杂

在网络视域下,如果财产犯罪的教义逻辑彻底追随技术构造,而技术的复杂程度又以指数级的速度提升,那么刑法教义体系的垮塌是不可避免的。仍以案例 1 为例,如果坚持纯粹的技术化分析,那么真实、完整的分析链条可能会导出荒谬的解释结论,甚至不可解释:①若顾客使用移动支付平台绑定的银行卡直接支付,银行接收到的是移动支付的数据信息,此时移动支付平台扮演着 ICP[23] 的角色,其事实上转

---

[22] 参见前注[4]。
[23] ICP(Internet date center),互联网内容提供商,如各类网站。

达了顾客对银行的指令。②若顾客使用移动支付平台中的余额直接支付,第三方则变成了移动支付平台而非银行。但移动支付平台完全是自动处理顾客指令,不同于银行,其通常不需要短信验证,所以判断"被骗"与否不同于情形①。③由于移动支付平台的数据传输依赖网络基础设施(ISP[24]),且数据传输者事实上二次转达了支付宝或微信所转达的扫码顾客发出的指令,所以有理由将网络基础设施服务商纳入技术和法律的分析框架。④商业银行通常是以软件自动处理行为人发出的由支付宝转达的小额交易指令,所以缺少自然人直接参与的转账行为能否被认定为"受骗"是值得怀疑的。[25] 更荒诞的是,"盗窃"与"诈骗"的区别将完全取决于银行处理客户指令的自动化程度。⑤如果银行、支付宝、商家在任一环节将转账处理的任务"外包",而"承包者"又"转包"(网络通信中的技术外包几乎不可避免),"三角诈骗说"的分析结构会更加难以为继。⑥追随技术的解题思路反而会跟不上技术的发展。2021年5月10日,随着我国"数字货币"正式推广,跨越支付平台的法定数字货币不再是"债权",而是货币本身,因为中央银行数字货币(CBDC)由中央银行发行,构成中央银行的负债,且使用与法定货币相同的记账单位,唯有一国中央银行方能创立、收回及销毁。[26] 行为人扫码支付的行为将等同于直接转移数字货币,于是旧的分析模式下银行或其他第三方代为转移债权的观念将在事实上不复存在。可以说,技术化的教义建构存在诸多实践障碍,前述不完全列举是想表明,如果刑法的教义分析追求完整描述技术流程,法律人的知识储备将无法应对司法实践中最简单、常发的案件,刑法的教义建构也会过分复杂化而难以操作,并且公众、行为人、裁判者的正义直觉会失效,法感情更难发挥作为"前见"的判断作用。

(二)刑法评价流于现象

除了"三角诈骗说"的教义建构,另一种可能的解决方案是排除诈骗罪中的"处分意识"。[27] 与"三角诈骗说"类似,该方案准确地意识到了技术对传统罪名的冲击,但在实质上陷入立法论思维,因为这种观念更换了诈骗这一既定行为类型的内涵,最终

---

[24] ISP(Internet service provider),互联网服务提供商,又称互联网接入提供商(Internet access provider, IAP),如中国电信、中国联通等互联网运营单位及其在各地的分支机构和下属的组建局域网的专线单位。

[25] 此处涉及"机器能否被骗"的问题。持机器可以被骗立场的,参见丁晓青、伍红梅:《利用失灵的网络第三方支付平台获取游戏点数构成盗窃罪》,载《人民司法》2011年第20期;反对观点参见张明楷:《机器不能成为诈骗罪的受骗者》,载刘宪权主编:《刑法学研究》(第2卷),北京大学出版社2006年,第73—77页。赞同观点无法论证"有资格被骗的机器"(意志载体)如何界定,可能导致"意志载体"过度泛化,甚至将保险箱、防盗门人格化,所以本文更认同"机器不能被骗"的立场。

[26] 参见郑步高:《我国法定数字货币对支付体系的影响》,载《新经济》2021年第6期;申军:《试谈中央银行数字货币的法律事宜:以数字欧元为例》,载微信公众号"中国法律评论"2021年6月4日,https://mp.weixin.qq.com/s/X53luowS69nGP6kmerODQA。

[27] 参见张亚平:《认定诈骗罪不需要处分意识》,载《法律科学(西北政法大学学报)》2020年第3期。

效果可能得不偿失——教义结论更加偏离常识。

诈骗行为与盗窃行为在正义直觉、法感情上的联结是财物所有人/占有人/占有辅助人是否存在转移财物的处分意识，因为处分意识不仅表明行为人与受害人或财物占有人/占有辅助人存在沟通，还表明"沟通"与"受骗"事实的存在。客观来看，"三角诈骗说"的教义建构对案例1中技术事实的认知较为完整，具有一定的解释力。只是移动支付技术的更新迭代实在太快，而上述逻辑链条则存在片面和静止的一面。"二维码"案发生时，"花呗"等在线借贷的消费模式还未完全兴起，移动支付方式也较为传统。如果将"花呗"等移动借贷消费作为单独的行为类型加以分析，那么"二维码"案的结论可能会引起更多纷争，因为借贷消费的模式还涉及出借债权的金融公司，其结构远不止三方。在移动支付商业模式不断创新的社会背景下，有论者试图建构统一各类移动支付模式的教义即典型例证。[28] 但是，即使解释者费尽心思，努力从技术角度解释清楚最新的行为模型，也还是无法应对层出不穷的商业模式，例如央行推出的数字货币即从根本上彻底模糊了货币与债权的界限，从而带来新的问题。同样可以假设，如果行为人使用支付比特币的 APP 直接转移具有"财物"属性的"代币"（Token），那么"三角诈骗说"的分析模式又会变得不同，因为银行所扮演的角色将不复存在，甚至发行货币的中央银行也不复存在，在此背景下，将"扫码支付"行为笼统地理解为"财物转移"反倒是更接近本质的理解。金融创新中的科学和组织技术越来越复杂，形成"技术黑箱"，在一般人看来，移动支付技术与金融技术的结合，同时运用了令人费解的网络科学技术和商业组织技术，不深入研究根本无法明白其中的技术结构。但消费者扫码时不会先去分析移动支付的技术和私法构造，而是根据简单的生活常识行事。同样的，在行为人视角上，偷换二维码也很难说是基于诈骗意思的行为设定。因此，破解"二维码"案的关键是剥离移动支付技术革新的表现，而去确定支付手段背后不变的生活常识。

确定公众常识关于移动支付的认知，需要用发展的眼光透视支付手段的变迁，并抓住其中岿然不变的核心内容。移动支付的普遍化并非一蹴而就，因为新的行为模式是从旧的模式中衍生出来的，商业交易的模式设定最终服务于交易目的。以货易货的原始贸易之所以被货币的一般化使用所取代，正是因为新的贸易模式同样能达成市场主体各取所需的效果，而且更有效率。同理，移动支付能够普及，也是因为其发挥的功能和传统的现金结账并无本质不同，只是获得了科技的效率加持。要理解新的支付方式下旧罪名的适用何去何从，就需要比较新旧支付方式的共同点，用类比的方法找出不同支付模式的内在共性，并将新行为类型纳入旧罪名的路径。

本文尝试简单梳理商业支付方式的演化过程，借此得出交易方式中保持稳定的

---

[28] 参见王腾：《走出个案：信用支付背景下偷换二维码案的教义学重塑》，载《甘肃政法学院学报》2020年第4期。

"支付常识":①介入第三方。财物支付中的第三方介入并非如普遍认为的那样时髦和新颖。实际上,即将沦为历史的纸币支付即"中央银行"加入交易双方,作为第三方简化支付模式。通过使用无实际价值但具有公信力的纸币,交易人不必携带金属货币,于是交易过程更加便利。②介入第四方。尽管如今的商业银行和移动支付平台都被概括为"第三方",但从商业模式的演进来看,支付平台更接近"第四方"。早在北宋时,各钱庄自行发行的"银票"就在某种程度上发挥了现代社会的信用卡功能,即商业银行以其信誉为担保,让市场各方脱离纸币,直接进行"数字交易",而获得"银票"的市场主体又能够在商业银行将其承兑为纸币或金属货币。现代社会的刷卡消费即银行卡数额的转让被商业银行承认,并能够根据账面数额在商业银行承兑为现金,与北宋的银票服务并无本质不同,无非是纸面凭证被数字凭证取代。③介入支付平台。支付平台是银行之外的又一个辅助者。当顾客转让平台内余额时,支付平台实际上充当了传统银行的角色;而当顾客直接从银行卡中扣款时,支付平台又协助银行辅助顾客支付,是银行与顾客之间的沟通者。从前述梳理来看,银行、支付平台不过是支付活动中的辅助者,而交易的核心始终是商家与顾客之间的财物转让,现金交付、"银票支付"、刷卡支付、扫码支付都未改变其本质。因此,将利用第三方支付转移财物占有的行为评价为诈骗罪的做法,忽略了商家与顾客价值交换的本质,且被银行、支付平台设计的技术细节所限制,表面上是重视事实细节,从事实中生成规范评价,实际上是忽略了最本质的事实。刑法解释的"技术异化"带来诸多弊端——教义的过分复杂、行为定性脱离行为人的意思设定、行为评价更加偶然,直接结果正是行为的不可预测和脱离常识。行为人的主观意思设定被漠视,结果更加匪夷所思,附带的效果是公众对刑法评价的陌生感,最终影响的是公众对刑法评价的认同。

(三)刑法评价尺度不一

建构刑法教义的初衷是保持刑事评价标准的一致性。与判例法相比,教义更容易掌握,也更容易体系化,能够更好地服务于同案同判的司法需要。[29] 因此,教义的典型特征是评价的一般性,即由普遍规则无差别地涵摄多变的具体事实,并根据一致的评价标准输出一致的评价结论,但刑法解释的"技术异化"恰恰破坏了刑法教义体系的一致性追求。本文对案例1进行简单改编,以对此予以进一步说明。

【改编案例1】被告人邹某平时经营商铺,且商铺具有通过"花呗"接受付款的资质。一日,邹某将隔壁店家的"二维码"偷换为自己的,且该店家的支付方式也包括"花呗"。当日,顾客仅通过"花呗"形成的支付款即达到5万元。根据"三角诈骗说"的思维,此时财物的直接处分者并不是扫码的顾客,而是阿里巴巴小额贷款有限公司。阿

---

[29] 参见〔德〕汉斯·海因里希·耶赛克、〔德〕托马斯·魏根特:《德国刑法教科书》,徐久生译,中国法制出版社2017年版,第208页。

里巴巴小额贷款有限公司将资信评估工作完全交由"蚂蚁金服"完成,而"蚂蚁金服"又是通过大数据自动评估用户资信以确定信用额度。因此,整个过程不存在人工操作。换言之,在顾客扫码支付且使用"花呗"时,后续支付流程是确定的结果,不存在任何自然人的处分意识,也不存在任何自然人发生意思错误。这与"三角诈骗说"误以为案例1中存在银行工作人员基于意思错误处分客户债权并不相同。既然不存在第三方的"意思错误",就不能套用"三角诈骗说"的分析框架。更何况,即便扫码顾客使用绑定支付平台的银行卡支付,银行的支付行为也不存在自然人审核的步骤,而是一律交由系统自动完成。顾客大额支付时的短信验证即表明,支付行为完全由扫码顾客自己支配,其他的辅助性组织技术不过是便利了支付过程,并不影响支付的本质。如果教义分析的结论取决于银行、支付平台、小额贷款公司是否人工审核,且人工审核的就是三角诈骗,系统操作的就是盗窃,那么此种教义分析完全是将结论建立在金融组织技术和移动支付技术之上,完全脱离行为人对自身行为的意思设定。顾客扫码后用支付平台中的余额、支付平台提供的借贷额度、支付平台绑定的银行卡进行支付,究竟有何本质区别?然而这些差之毫厘的支付行为竟然在刑法解释上推导出不同结论,而且该结论竟完全依赖行为人意思设定之外的技术因素。一层网络技术和金融组织技术的外衣,强行区别了同质行为,也隔离了刑法学说与日常生活。

三、财产犯罪解释的"技术异化"之理念偏差

刑法解释的"技术异化"的负面表现是解释思路过度依附技术内容的表层反映,而该现象背后的方向性、理念性错误还需彻底清理。

(一)违反行为规范的优先性

在网络空间的财产犯罪中,技术和人既相互纠缠又相互对立,二者在教义建构中存在事实上的"竞争关系"。刑法的解释逻辑越关注技术内容,就越容易忽视人所扮演的角色。如果意识不到人对技术的支配或失控,也就无法准确评估人的行为性质,更无法根据行为性质评估行为人是否有责任以及责任多大。

由于刑法的目的是规范人的行为,当技术本身不由人控制,或当犯罪结果是社会可接受的技术风险时,刑法对人的苛责就失去了必要性。因此,刑法对行为的评价必须考虑行为人对技术内容的支配程度。如果不考虑行为人对技术内容的支配程度,刑法评价会流于技术本身的内容分析,从而带来前述诸多弊端——教义建构过于复杂、标准不一、脱离常识、流于现象。过度关注技术内容是因为解释者试图为刑法解释找到精准的裁判标准,因而试图完整描述案件的事实细节。解释者重点关注案件中最复杂的网络技术,忽略了人的角色,而对人的忽视同时也是对人的行为的忽视。刑法对行为的评价应当更多地站在行为人的视角,而非事后的裁判视角,因为刑法更在乎的

是行为人对规范的态度,其首先是行为规范。[30] 如果放大或变异的危害结果并非基于行为人主观上的意思设定,那么刑法就没有必要苛责行为人,否则就是要求行为人承担技术带来的偶然结果。换言之,行为人对技术的理解和支配比技术本身更值得刑法关注,而这正是行为规范的内在含义。从这一角度来看,偏重技术的解释思路侧重刑法的裁判规范属性,而偏重人对技术的支配则侧重刑法的行为规范属性。

从规范的构造来看,旧规范违反说认为刑法规范指社会伦理规范,但该说只能解释自然犯,对与伦理相对隔离的纯粹法定犯则缺乏解释力;新规范违反说更形式化地将规范理解为行为准则。[31] 规范性的内涵与本文主题紧密关联,因为无论是社会伦理规范还是单纯的行为准则,刑法规范都是对人的约束。就规范的类别而言,法律规范通常被认为既是行为规范又是裁判规范,前者关注对公众的一般性命令,后者关注法律对裁判的指引。如同所有法律一样,刑法行为规范和裁判规范的属性都不可或缺。在法理学者更一般性的视角上,"体系性的法律规定不仅是行为规范,而且兼具行为规范和思维规则两种功能"[32]。真正值得思考的是行为规范和裁判规范两种属性的优先级别,因为过度偏废某一种属性会导致法律功能不全。例如,若只承认法律是行为规范体系,忽略法律思维规则的功能,会导致裁判的对错标准缺失[33];而如果只强调法律的裁判思维,那么从条文用语到裁判逻辑都应当是极其学理化的,最终会减损公众对法律的认可和守法意愿。

行为规范与裁判规范何者更优先的问题并无绝对共识,但有相对可靠的答案。在部门法视角上,对该问题的回答取决于特定部门法所扮演的社会角色。相对而言,私法更倾向于为公民提供准确、完备的裁判标准,其对行为规范的强调也相对较弱。当法律条文不够充分时,私法甚至能以基本原则为大前提,或以最相类似之条款类推适用。这全因私法的社会功能是社会纠纷的解决,法律只要为当事人提供明确无误的标准即可。但是,刑法对行为人的惩罚涉及基本权利的剥夺,需要严格论证惩罚的正当性,无论是以报应还是以预防为基础,对行为人信赖利益的保障(罪刑法定原则)都是其底线。因此,刑法规范的第一属性应当是行为规范,其次才是裁判规范。[34] 换言之,刑法规范最主要的性质是给公民发出禁止违法的指令,并标明不同违法行为的不同后果。反过来看,过度偏重裁判规范的视角容易将刑法解读为纯粹的评价系统而无视行为人的意思内容和行为内容,但行为人的意思内容与行为内容事实上决定了行为

---

[30] 参见梁根林:《刑法总论问题论要》,北京大学出版社 2018 年,第 1 页。

[31] 参见梁根林主编:《当代刑法思潮论坛(第一卷):刑法体系与犯罪构造》,北京大学出版社 2016 年版,第 119 页。

[32] 陈金钊:《体系语用的法思考》,载《东方法学》2021 年第 1 期。

[33] 参见上注。

[34] 参见前注[30],第 1 页;相反观点见陈兴良:《教义刑法学》(第 3 版),中国人民大学出版社 2017 年版,第 348 页。

人对待规范的态度。

过分注重刑法裁判规范的建构的确会带来精细的评价体系,但一套精细的裁判规范往往太在乎"裁判标准"的建立,容易导致刑法的规范指令脱离公众的日常感知。当公众正义直觉与法律的要求冲突时,公众的守法意愿会有明显下降;反之,当法律主动靠向公众的道德感知,公众的守法意愿则会增强。[35] 因此,合理的教义建构应当主动靠向公民的常识性认知,也应当认可行为规范才是刑法规范最本质的属性。因此,面对复杂的网络犯罪,解释者需要理念性的回归,即重新关注刑法行为规范的优先性,从而合理评估行为人在多大程度上背离了行为规范,以及具体背离了哪一条行为规范。

(二) 否定行为对人的依附性

刑法评价的是人的行为,但刑法解释的"技术异化"导致解释者对人的关注趋于淡漠,往往不自觉地赋予技术环节以人格特征。案例1所提出的"三角诈骗说"认为,银行的自动审核系统包含银行"被骗"的事实。而本文所谓"否定行为对人的依附"指的是,刑法解释的"技术异化"导致个案解释结论与行为人自身的意思设定距离更远。仍以案例1为例,商店顾客"扫码支付"的举动和现金时代将现金交付给商家并无本质不同,二者都是"钱"的直接转移,但在技术化的分析模式下,"扫码支付"是给银行或移动支付平台发出指令,是将扫码者对银行享有的债权转让给商家,从而与一般人的生活常识产生冲突。更让人难以理解的是,若银行或支付宝(使用"花呗"支付时)的工作人员亲自审核顾客"转移债权"的请求,则行为人构成诈骗罪;而当身为第三方的银行或支付宝将此审核流程全部交由系统作自动化处理时,行为人又只能构成盗窃罪。行为人的主观犯意、行为方式、犯罪结果完全无区别,但银行处理系统的自动化程度竟然事实上决定着行为人是构成盗窃罪还是诈骗罪。因此,如果彻底依从技术化的分析思路,对行为人的评价将完全不由行为人的行为本身决定,而是由第三方支付的技术内容以及银行的组织管理模式决定。由于大多数行为人对移动支付的具体技术内容并不在意,其行为评价将面临超出其意思设定的偶然性。

在行为人的视角上,其对自身行为所做的意思设定是"盗窃"商家的财物,而不是"诈骗"其财物。没有疑问的是,行为人的行为举止发生于偷换二维码时,其后可能发生的诸多犯罪事实,如顾客会将钱转入面前二维码归属的账号上,商家会失去本应收到的钱款,都在此刻由行为人设计成型。但是,前段分析表明,在"技术异化"的解释思维下,行为人自身的意思设定对行为类型的确定竟然毫无影响,这与刑法对行为的认识不符,需要借助基础理论进一步予以检讨。在刑法史上,除了古典三阶层对行为的

---

[35] 参见前注[19],梁根林主编书,第274页。

理想化认知,行为概念本身并非纯粹客观已经成为无法否认的命题。[36] 行为的性质、类型同样由行为人的主观内容所决定,如果忽视行为人的主观内容,任何试图确定行为性质的努力都是徒劳的。由此引发的直接问题是,在网络犯罪的解释异化中,刑法教义对结果的关注远远多于行为,而结果的内容又在相当程度上由技术内容所承载,这反而使得行为类型的确定更具有偶然性,而行为评价的偶然性正是部门法教义极力避免的。刑法中的违法是指违反刑法确立的行为规范[37],所以刑法规范终究是对人的命令。既然刑法是要规范人的行为,那么对技术事实的规范分析就应当围绕人对技术的使用和支配,而不是用技术事实来反推人的行为类型和主观上的意思内容。因此,刑法解释的"技术异化"事实上否定了行为对人的依附性,也间接否定了结果对行为的依附性。

四、财产犯罪解释的"技术异化"之人本回归

基于前述理念性纠偏,财产犯罪解释的"技术异化"需要在刑法内建构更具解释力的一般性学说——行为支配,而这可以从"人的不法"这一悠久的学术史概念中获取有益启示。

(一)刑法评价的核心:"人的作品"

行为是"人的作品",这是德国刑法学家韦尔策尔提出的经典命题。为避免自然主义思维过度强调价值中立而引起的错误,并证明现实与价值之间的本体融合,韦尔策尔认为刑法是在"物本逻辑"的基础上建立的。现实世界中"实际自然法原理"是通过"试图解释历史时空的先验理性"而具有其内容的。因此,其不可避免地会否定"自然法则"或"正义"的绝对性,但即便如此,社会领域中也存在"正义"的内容,并具有相当的稳定性。这种稳定的价值准则可以说是"物本逻辑结构"。从法律哲学的角度来看,"物本逻辑结构"的概念可以说是自然法和价值相对主义折中的产物,并在法律中实际存在且不可或缺。基于此,韦尔策尔将"人类行为"作为刑法"物本逻辑结构"的一般概念,并从其目的结构中发现人类行为的本质特征。在此,人类行为的目的结构意味着,人可以根据其因果意识在一定范围内预测其行为的可能结果,据此设定各种目的并确定其行为。也就是说,人类行为结构是有目的的活动,也是刑法的本质客体结构。[38] 在目的行为论看来,抛开行为人的意思设定,想要准确理解行为内容是不可

---

[36] 参见许玉秀:《当代刑法思潮》,中国民主法制出版社 2005 年版,第 34 页;[日]西原春夫:《犯罪实行行为论》,戴波、江溯译,北京大学出版社 2006 年版,第 35—45 页。
[37] 参见前注[34],陈兴良书,第 113 页。
[38] 参见前注[36],许玉秀书,第 33—34 页、第 74—77 页;[德]汉斯·韦尔策尔:《目的行为论导论——刑法理论的新图景》(增补第 4 版),陈璇译,中国人民大学出版社 2015 年版,第 2—4 页、第 39 页。

能的。目的行为论的诸多认识都符合刑法学科的本质,因为刑法是规范之学,必须顾及行为人对规范的态度。在目的行为论看来,行为终究是"人的作品"。刑法要评价的并不是客观的物理现象,而是行为人的意思设定与心理支配。[39] 在本文看来,以上对行为本质的经典认知能够起到遏制刑法解释"技术异化"的作用,因而成为本文教义建构的思想基础。

在刑法的教义建构上,承认行为是"人的作品"具有重要意义。首先,刑法对人的评价需要深入人性,因为犯罪人的人身危险性、主观恶性均体现为行为人主观的意思内容。只从客观危害上评估行为人的惩罚必要性并不可取,这在立法和司法解释上已有诸多体现。考察行为人的主观内容不可或缺。在"规范性 vs 事实性""法感情 vs 技术""行为规范 vs 裁判规范"的对立中,只要承认行为是"人的作品",就应当认可在刑法的教义建构中,规范性优先于事实性,法感情优先于技术,行为规范优先于裁判规范。其次,不同罪名对行为类型的设定不同,而对行为类型的评价不可能脱离行为人的主观意思内容。以生活中最简单的情形为例:一名学生从图书馆走出,怀中夹带着书本,被门禁识别,引发警报声。一种可能是,该名学生读书太入迷,不知不觉将书带出,是无意识举动;另一种可能是,该名学生想要偷走书本,不料被门禁系统发现。可见,脱离行为人的主观内容,根本不可能确定其行为类型,这是由"人的不法"充分揭示的命题。借用目的行为论的经典表述,"在内容上与行为人个人相分离的结果引起(法益侵害),并不能完整地说明不法;只有作为某个特定行为人之作品的行为,才具有违法性"[40]。

(二)"人的作品"之网络化体现:人对技术的支配

在社会生活并不复杂的年代,确定何为"人的作品"并不困难。只有在复杂的后现代社会,技术应用高度发达,技术内容脱离普通人的认知,"人的作品"才会变得难以识别。在社会学视角上,技术对人的改造指的是社会生活中人对技术的高度依赖;而刑法中技术与人的博弈则是指两者在教义建构中所占的比重。当然,刑法教义中技术与人的竞争未尝不是社会生活高度技术化的间接投射。在分析案例、建构教义时,刑法越来越偏重技术,这本身就表明附随于外的客观事物对行为内涵的界定愈加重要。高度技术化的社会下,尤其是过失犯罪领域,结果归属不断扩张,于是出现了客观归属或新过失论等理论来予以限制;在故意犯罪领域,针对"人的作品"边界在哪儿,或者人的行为类型如何精准识别,还缺乏基础理论的支持。前者初步解决了结果是否归属于行为人的难题,后者则需要解决结果如何归属于行为人的问题。针对后一问题,本文拟

---

[39] 参见王安异:《刑法中的行为无价值与结果无价值研究》,中国人民公安大学出版社 2005 年版,第 31 页、第 82—83 页。
[40] 同前注[38],[德]汉斯·韦尔策尔书,第 39 页。

提出"支配"概念，并尝试凭借这一概念限制技术本身对行为的放大与异化。支配是指人的意志能够左右固定的技术流程，即人对技术的支配力决定结果是否归属于及如何归属于行为人。支配概念需要考察行为人对自身行为的意思设定能够在多大程度上实现及如何实现。若行为人对法益侵害结果的发生具有支配力，其针对行为内容的意思设定能够有效实现，则应当将评价重点放在行为人本身而非技术内容上。

支配或支配力概念的益处是能够避免评价的偶然性，恰当地确定行为的类型归属。支配力概念首先需要区分行为与结果的确定性与不确定性，并将确定部分"打包处理"，归属于行为人。支配力标准的基本特征是：①更关注行为而非结果，并划定人的支配范围；②排斥将技术的偶然走向纳入对行为的评价；③否定技术的人格性，只承认其工具性，若技术超出人的控制，则不可归属于行为人；④从人本身出发，根据行为人的意思设定确定行为类型；⑤更强调规范对事实的过滤。

支配力标准的判断遵循如下步骤：①限制技术的结果归属，排除偶然结果被不当地归属于行为人；②从人本身出发，考察行为人对行为的意思内容（支配意思）及行为人对犯罪流程的支配效果（支配事实）。当然，所谓"支配意思"只需要主观上认识到行为符合构成要件事实，而不需要认识到行为应当归属于特定罪名。

支配力标准旨在回到规范和人，注重考察行为对客观事实的支配力以及行为人对规范的态度。在教义建构上，支配力标准试图重新确立人的中心地位，寻找人与技术的边界——人的支配范围。以此为标准，检验前述几个案例，可以作出更合乎正义直觉的判断。基于案例1中的刑民关系，被害人的确定是影响案件分析结论的关键。被害人是商家，而不是扫码支付的顾客。从商家的角度来看，其从始至终未向特定人处分过财产，故缺乏必要的"处分意识"。扫码支付的顾客本就无处分商家财产的权限，更不符合"三角诈骗"的经典结构，所以并不该当诈骗罪的构成要件。根据支配力标准的判断流程，首先需要限制结果归属，而从案例1中的四方结构来看，从行为人调换"二维码"到顾客扫码支付，所有技术性进程都在行为人的控制之下，不存在技术对结果的放大或异化，也不存在偶然评价。从行为人视角来看，其本身并无和被害人或顾客沟通并虚构事实、隐瞒真相的意思设定，而是秘密调换付款二维码，而且顾客扫码引发的银行、支付平台、小额贷款公司代为支付都是确定的结果。换言之，从顾客扫码开始，整个犯罪的技术流程都处在其支配之下。行为人对该案中的技术流程既具有支配意思，也具有支配事实，所以其意思内容的设定是"偷"走商家财物。仔细检讨技术异化的思维模式，对"二维码"案的分析应当首先把视角下沉到所谓"三角诈骗"中的三方：①顾客扫码支付，主观上并无和银行沟通的意思，而是启动了一连串的支付程序。至于其使用的是银行卡、支付宝余额、微信余额抑或花呗，都不影响支付程序的运作，更不会影响该支付程序导出的确定性结果——财物转移。②银行系统、支付平台、小额贷款公司并无工作人员负责接收信息，而是通过程序系统自动处理顾客的指令。这一系列的技术流程不过是便于顾客处分财产，该技术流程的启动也始于顾客扫码支付的举动。对犯罪行为人来说,当他调换二维码时或许并不会钻研银行、支付平台、商家、顾客的法律和技术关系,但若以"外行人的平行评价"为标准来看,行为人对顾客扫码及其发起的支付流程有确定性的认知——财物转移。因此,行为人与被害人或顾客自始至终不存在"沟通",也就谈不上欺骗。前述分析得到实践部门判决说理的佐证:针对案例1,判决书将"扫码支付"类比为"向钱箱付款",因而更接近行为本质,也更符合日常性思维。判决书认为,被告人采用秘密手段,调换(覆盖)商家的微信收款二维码,从而获取顾客支付给商家的款项,符合盗窃罪的客观构成要件。微信收款二维码可看作商家的收银箱,顾客扫描商家的二维码即是向商家的收银箱付款。[41] 所谓"诈骗",即有人"使诈",有人"受骗"。[42] 案例1中,被告人与商家或顾客没有任何意思联络,包括当面及隔空(网络电信)接触,除了调换二维码,被告人对商家及顾客的付款没有任何明示或暗示。可见,剥离可控的"技术",突出"人"的角色,整个案件的逻辑反而变得更加简洁。

案例2是最高人民法院指导案例27号,在司法实践中具有事实上的法律渊源地位。其裁判理由同样有"屏蔽技术干扰"的倾向。裁判认为,关于事实1,行为人利用信息网络,诱骗他人点击虚假链接而实际上通过预先植入的计算机程序窃取他人财物构成犯罪的,应当以盗窃罪定罪处罚。关于事实2,行为人虚构可供交易的商品或者服务,欺骗他人为支付货款点击付款链接而获取财物构成犯罪的,应当以诈骗罪定罪处罚。可见,传统理论以"处分意识"区别盗窃罪与诈骗罪的教义建构得到判决承认,而第三方支付中平台、银行扮演的角色不再被认为是影响规范分析的关键。虽然裁判理由未涉及前述支配力标准的判断步骤①,但据其言下之意,"诱骗他人点击虚假链接而实际上通过预先植入的计算机程序窃取他人财物"实际上是行为人预设了确定的技术流程,而该技术流程导向的法益侵害结果(财物转移)完全处于行为人的支配之下,应当完整归属于行为人。根据步骤②,行为人支配该技术流程的意思内容并非欺骗受害人处分财产,因为受害人从始至终都无处分意思,也不认为自己点击网络链接是在支付对价。因此,行为人的支配意思是盗窃,且客观上具有对技术流程的支配事实。

案例3中,根据微信支付关于红包的技术设计,若红包在24小时内未被领取,将按照支付路径退回,或退回成为微信存款,或退回银行卡。但是,当行为人点击红包之后,微信支付的技术流程并不会要求领红包者是特定的个人,而是从技术上预设:最先点击红包的即可领走该笔款项。行为人明知微信红包的技术流程是确定的,所以其"盗抢"红包的行为并未遇到偶发性结果,应当对法益侵害结果负责。根据步骤②,行为人的意思支配并非盗窃红包,因为根据通说,盗窃罪需要符合秘密性的要件,行为人对自身行为所作的意思设定并非"秘密窃取",而是堂而皇之地"抢走"本该由他人领取

---

[41] 参见前注[9]。
[42] 参见前注[14]。

的红包。但行为人主观上的意思内容也非抢劫,因为案件中并无肢体接触,也不存在对意志自由的压制。因此,行为人的行为符合抢夺罪的构成要件,因为行为人的支配意思是"当着所有人的面抢走本应由他人领取的红包"。

案例 4 中,被告人利用工作时获取的被害人支付宝密码并使用手机分两次从该支付宝账户转走 1.5 万元,对整个技术流程具有支配事实,因为支付宝或银行设定了完整的识别系统:只要使用者按照支付宝或银行预设的支付流程(如短信验证、输入密码)即可支付,是否本人使用并不重要,否则"甲将手机借给他人并告知支付密码以代为支付"的日常行为将变成违法行为。既然该案中根本不存在被欺骗者,也就不能套用"三角诈骗",所以法院将之定性为诈骗罪并不妥当。实际上,考虑行为人支配意思的刑事立法已有先例,只是其解释逻辑未被学界接受。例如,《刑法》第 196 条规定,盗窃信用卡并使用的,依照盗窃罪的规定定罪处罚。根据支配力标准,银行与接受信用卡支付的商家预设了一个确定的支付流程,对于信用卡的使用者来说,只要其"解锁"支付流程即可。因此,若行为人盗窃信用卡并使用,其"使用成功"是在其支配之下的必然结果,不应当根据对人或对机器使用而有评价上的差别。

五、结　语

网络视域下财产犯罪解释的"技术异化"根植于更深的社会背景,是后现代社会中人隐蔽在技术丛林中的体现。从更广阔的社会背景来看,这是风险社会在刑法内的表现,具体到刑法,就是行为人的犯罪意志与高效的技术工具结合,导致行为的破坏力倍增。[43] 在技术更加发达的后现代,刑法教义或学说的解释力有失控的趋势,原因正是技术本身逐渐掩盖了技术背后的人。通常认为,犯罪行为的进展流程包括"意思—行为—结果",在技术发达的社会,行为和结果容易脱离意思的设定。网络技术对行为评价的影响体现在两个方面:第一,发达的网络技术容易放大普通行为的恶果;第二,发达的网络技术容易模糊化行为的定型。这会带来一个悖论:若完全以技术内容为事实基础,那么越真实、精致、正确的教义分析反而越"没用",因为"真实"等同于刑法解释对技术流程的完整描述,是规范判断流于事实的体现。解释者试图真实地描摹技术流程,但这一思路下的解释方案无法"斩断技术链条",导致规范判断完全依附技术内容。

在"复杂社会"下,刑法的教义判断需要向行为的"定型性"回归。刑法分则条文的"语感"反而会成为抵御网络技术侵袭的依靠。当然,犯罪论的构造素来有两种路径——存在论与规范论,但即便是规范论构造,也需要先描述犯罪的事实基础,继而作出适当的规范判断。具体到网络犯罪的解释异化现象,人与网络技术的分离以解释者了解网络技术内容为前提。因此,所谓支配力标准并不表明刑法教义的建构能够脱离

---

[43] 参见〔德〕乌尔里希·贝克:《风险社会》,何博闻译,译林出版社 2004 年版,第 66 页。

犯罪行为逐渐技术化的社会现实,更非认为解释者没有掌握信息网络技术内容的必要性。反之,网络犯罪中,刑法解释需要解释者准确地评估网络技术对事实的影响,只有如此才能"斩断技术链条",准确评估行为人对技术内容的支配程度,从而准确评价行为类型。支配力标准的提出是基于刑法的规范性尤其是行为规范性。支配力标准试图将网络犯罪中的技术与人的崭新结合还原为传统教义,但即便刑法是规范之学也不能否认,基于事实的规范建构更能够回应社会需求,所以考察网络技术的事实内容并不违背提出支配力标准的初衷。

在新型犯罪挑战传统教义之时,刑法的教义体系需要从方法论上给予有效回应。新型犯罪对传统教义的挑战即刑法解释的技术异化。在技术异化的思维下,"二维码"案被错认为诈骗罪,这是因为"技术"过于复杂,而从传统社会生活中归纳出的刑法教义相对简单,将二者强行嫁接只会导致传统教义的解释力捉襟见肘。因此,真正的解决方案反而是将高度技术化的社会生活与传统社会生活进行类比,或曰将技术影响下的行为与传统行为进行类比,继而将新型犯罪行为纳入最相类似的行为类型中,以适应传统教义体系。基于此,本文提出支配力标准,并希望借此将刑法的教义分析拉回人本身,以便使刑法教义关于新型犯罪的评价结论更接近公民的日常感知。

[腐败犯罪]

挪用资金罪"超过三个月未还"情节的程序性定位及解读*

蔡 荣**

> **要 目**
> 一、"超过三个月未还"的司法困境
>   (一)刑责追究时间节点的认定混乱
>   (二)追诉时效起算节点的实践困惑
>   (三)"挪新还旧"数额计算的理论分歧
> 二、"超过三个月未还"的体系地位
>   (一)构成要件要素说
>   (二)客观处罚条件说
>   (三)程序性要素说
> 三、"超过三个月未还"作为程序性要素的证明内容
>   (一)退还意思不是挪用资金行为出罪的根据
>   (二)成立挪用资金罪应以妨害利用意思作为主观要件
> 四、"超过三个月未还"作为程序性要素的证明功能
> 五、"超过三个月未还"的程序化修正

摘 要 挪用资金罪中规定的"超过三个月未还"在犯罪论中体系定位不清,造成司法实践中出现一系列认定难题:挪用资金罪刑责追究的时间节点认定混乱,挪用资金罪的追诉时效难以确定,"挪新还旧"行为数额计算存在分歧等。应当将"超过三个月未还"定位为程序性要素,作用于对该罪主观内容的推定和说明。挪用资金罪的主

---

* 本文为2020年江西省高校人文社会科学研究青年项目"优化营商环境背景下企业刑事合规制度构建研究"(FX20206)的阶段性研究成果。
** 南昌大学法学院讲师,法学博士。

观内容是对单位资金使用权的妨害利用意思而非退还意思,"超过三个月未还"作为程序性要素可以发挥对妨害利用意思和行为人主观恶性程度的证明功能。长远来看,应当在立法上对"超过三个月未还"进行程序化改造,才更契合其在犯罪论中的程序性定位。

关键词 挪用资金 不退还 程序性要素 利用意思

挪用资金罪中的"超过三个月未还"是犯罪成立的情节,也是整个刑法分则罪名体系中少有的以行为持续时间作为入罪条件的情节设定。该情节设置之初衷是限制处罚范围,考虑到我国民营企业治理体系构建整体上相对滞后,民营企业内部利用职务便利,挪用企业资金的行为较为普遍,为了更有效地保护企业产权,在立法上预留3个月的悔过期,以期在出罪事由的激励下,鼓励行为人积极主动退回被挪用资金。为进一步化解实践运作难题,更好地在司法实践中贯彻保护民营企业产权的司法政策,"超过三个月未还"情节需要从理论上进行规范阐释。

一、"超过三个月未还"的司法困境

(一)刑责追究时间节点的认定混乱

挪用资金罪中行为人挪用资金超过三个月未还的时间节点如何认定?是以挪用行为实施完毕之日起计算?还是以被害人发现时开始计算?或是以公安机关立案之日起计算?又或是以行为人归案时开始计算?这些处理方式都有理论或规范依据,造成该规定适用的难题。

例如,李某于2012年4月13日挪用某公司8万元资金,至同年7月5日该公司报案时未超过3个月,原审法院据此将8万元从挪用资金的总额中扣除。但二审法院认为,李某挪用该笔资金至被害单位向公安机关报案,时间虽未满3个月,但其在被害单位报案后直至超过3个月仍未归还上述资金,其行为已符合挪用资金罪的犯罪构成要件。该院认为,挪用资金"超过三个月未还"是一种持续行为,不因"报案""立案""采取强制措施"等介入因素而中断。[1] 但也有观点认为,3个月的时间节点应当到案发时为止。易言之,虽然挪出资金归个人使用未归还,但到案发时还未满3个月,应当认为不构成犯罪。[2]

上述争议的出现,是由于挪出行为与成立犯罪之间存在3个月的时间间隔,在这期间,倘若公安机关进行立案或采取强制措施,会对行为人的归还行为造成障碍;其

---

[1] 参见中华人民共和国最高人民法院刑事审判第一、二、三、四、五庭主办:《刑事审判参考》(总第109集),法律出版社2017年版,第59页。
[2] 参见李和仁等:《挪用单位资金自首后满三个月未还的行为如何处理?》,载《人民检察》2010年第14期。

一,被害单位在未满3个月时报案,公安机关的介入可能导致行为人因司法关于行为性质的结论而怠于履行归还义务。如公安机关于未满3个月时立案或对行为人采取强制措施,然后以未满3个月为由得出不构成犯罪的结论,行为人可能会因公安机关的结论而怠于归还资金。其二,公安机关的强制措施客观上可能导致行为人"想还却不能还"的情况,即其超过3个月未还是司法机关的介入造成的;也可能导致行为人"原本想还,因为司法机关介入导致不想还"的情况,即行为人可能因司法机关的介入,产生"丢了面子"或"反正要坐牢"等错误思想而拒绝履行归还义务。

另外,这会导致程序上疑难:①在未满3个月时,被害单位报案的,公安机关是否受理?②在未满3个月时,行为人自首的,公安机关是否受理?受理后没有其他证据证明资金被用于非法活动或营利活动的,能否得出不构成犯罪的结论?③公安机关得出不构成犯罪的结论后,是中止诉讼程序还是终止诉讼程序?④公安机关立案时未满3个月,但公安机关查案过程中满3个月的,能否认为构成犯罪?这可能导致公安司法机关通过拖延程序达到追诉犯罪的目的。可见,3个月时间条件的限制,造成了公安机关针对明显具有违法性的挪出行为,无法直接启动立案程序的尴尬局面。

(二)追诉时效起算节点的实践困惑

依照刑法规定,追诉时效应以犯罪成立之日起开始计算。若行为在持续过程中,以行为结束之日起计算追诉时效。挪用资金罪的追诉时效可参照挪用公款罪的追诉标准。最高人民法院《关于挪用公款犯罪如何计算追诉期限问题的批复》(以下简称《挪用公款犯罪追诉期限批复》)中明确规定,"挪用公款数额较大,超过三个月未还的,犯罪的追诉期限从挪用公款罪成立之日起计算"。但以"超过三个月未还"作为追诉期限的起点,会使得本来违法性较小的归个人使用的挪用行为的追诉时效,较之危害性更大的进行非法或营利活动的挪用型犯罪更长。详言之,挪出资金时尚未成立犯罪,就不能起算追诉时效,要等到挪出资金归个人使用满3个月时才能开始计算追诉时效,一般情况下,追诉时效至少为5年零3个月;但挪出资金是为了从事非法或营利活动时,则不受"超过三个月"这一时间条件的限制,其追诉时效为5年。可以看出,挪用资金归个人使用的追诉时效比挪用资金从事非法或营利活动的更长。但依据罪刑相适应原则,追诉时效的长短应与罪行的轻重呈正相关。罪行重的,追诉时效更长;罪行轻的,追诉时效更短,而挪用资金从事非法或营利活动的法益侵害程度更高,却相比用于个人合法使用的情形,适用更短的追诉时效期限,有欠妥当。

有学者指出,挪用型犯罪的追诉时效,应从挪用之日起计算。[3] 将"超过三个月未还"作为客观处罚条件,当行为人挪出资金时,犯罪即已成立,应开始计算追诉时效。

---

[3] 参见詹惟凯、郝川:《挪用公款罪追诉时效应从挪用之日起算》,载最高人民检察院官网(https://www.spp.gov.cn/spp/llyj/201806/t20180613_381710.shtml),访问日期:2024年6月13日。

这样既能符合《挪用公款犯罪追诉期限批复》所规定的"从挪用公款罪成立之日起计算"的要求，又能实现罪刑均衡。但问题在于，如果认为只要实施了挪出行为就成立该罪，侦查机关在发现资金被挪出后就能立案侦查，而不受3个月的时间限制，等于让刑事权力提前介入民事案件，这与立法者限缩该罪成立范围的初衷相背离。

(三)"挪新还旧"数额计算的理论分歧

在司法实践中，行为人通过"挪新还旧"的方式，挪用后面的单位资金归还前面挪用的资金的现象比较多见。"挪新还旧"不仅涉及资金数额的计算，也关涉挪用时间的确定，在司法和理论层面都存在争议。

最高人民法院《关于审理挪用公款案件具体应用法律若干问题的解释》(以下简称《挪用公款案件解释》)第4条规定，"多次挪用公款，并以后次挪用的公款归还前次挪用的公款，挪用公款数额以案发时未还的实际数额认定"。挪用资金罪的具体判断也可以参照挪用公款罪的司法解释。例如，行为人第一次挪用资金20万元归个人使用，在1个月后第二次挪用资金20万元归还第一次挪用的20万元；又过1个月，再次挪用资金20万元归还第二次挪用的20万元。在2个月后案发时，尚有20万元未归还。行为人的犯罪数额应当如何计算？

第一种观点认为，按照司法解释的字面含义，在案发时仍有20万元未归还，应当将挪用资金的数额认定为20万元。[4]"行为人虽然多次挪用公款，但实际上占有的公款只是最后未还的公款，其多次挪用公款虽可作为情节予以考虑，但数额只能以案发时未还的实际数额认定。"[5]上述观点是将被害单位的实际损失作为不法判断的主要依据。但挪用资金罪的违法性不仅体现在对单位财产权益的侵害，还包括对职务行为正当性的侵蚀。行为人的数次挪用行为都是对正当职务行为信任关系的破坏，"挪新还旧"违法性判断不应局限于未归还的资金数额。另外，挪用资金的不法表现也不只是使资金脱离单位控制，而是挪用资金归个人使用从而使单位资金置于流失的风险之中，行为人最后未还的资金数额，只是脱离单位控制的部分，而"挪新还旧"的整个行为过程中，共有数笔资金曾处于流失的风险之中。因此，仅以案发时未归还的数额认定挪用资金的数额并不妥当。

第二种观点认为，不构成犯罪。[6]对"挪新还旧"行为性质的认定，不仅要考虑脱离单位控制的资金数额，也必须考虑未归还的时间。在上述案例中，由于行为人前两次挪用资金进行其他活动都未超过3个月就已经归还，因此前两次挪用行为单独都不构成犯罪，最后一次挪用在案发时虽剩余20万元未归还，但由于最后一次的挪用时间

---

[4] 参见赵宝仓、杨崇华：《罪刑均衡原则视野下的挪用数额认定——对以后次挪用归还前次挪用行为的分析》，载《中国刑事法杂志》2010年第12期。

[5] 熊选国：《关于挪用公款案件司法解释的理解与适用》，载《人民司法》1998年第6期。

[6] 参见王作富主编：《刑法分则实务研究》(第5版)，中国方正出版社2013年版，第1612页。

未超出3个月,因此也不构成犯罪。

第三种观点认为,行为人一直对20万元的单位资金处于支配状态,挪用资金的数额应当为20万元。[7] 从整体上看,从第一次挪用资金开始到案发,一直有20万元的资金脱离单位控制,处于行为人的支配中,时间已经超过3个月。行为人只是采用"挪新还旧"的方式规避"超过三个月未还"这一犯罪成立条件而已。实际上,行为人已经构成挪用资金罪,犯罪数额为20万元。另外,与一次性挪用20万元超过3个月未还相比,"挪新还旧"的行为不管是在违法性上还是在非难可能性上都更为严重。有学者指出,虽然单独地评价每次挪用行为都不构成犯罪,但再次挪用本单位资金填补前次"亏空"的行为,并不是规范意义上的"归还"。[8]

不难看出,理论和实践层面基本上都将"超过三个月未还"作为个人使用型挪用资金罪的核心要件。换言之,行为人的挪出行为只是一个前提,只有在超过3个月未还的情况下,才能以挪用资金罪论处。所以,如何理解挪用资金罪中的"超过三个月未还"在犯罪论中的体系地位,如何正确认识"挪出行为"和"个人使用"之间的关系,成为亟待解决的问题。

二、"超过三个月未还"的体系地位

挪用资金罪中的"超过三个月未还"情节究竟是构成要件要素,还是客观处罚条件,抑或是程序性要素,这实际上反映出其在犯罪论中体系定位不清的问题,其体系定位直接关系司法认定的结论。

(一)构成要件要素说

构成要件要素说认为,挪用资金罪中的"超过三个月未还"情节是犯罪成立条件,属于构成要件要素。如有学者提出,挪用本单位资金归个人使用或者借贷给他人构成挪用资金罪,"需具备'数额较大'和'超过三个月未还'两个条件"[9]。若在3个月内归还,则不成立犯罪。这体现出立法上对满足退还条件的该种挪用行为的非犯罪化处理。根据这种观点,挪用资金后及时归还的不构成犯罪。但如果坚持构成要件要素说,对以下三个问题就无法作出合理解释:

首先,以行为持续时间作为犯罪成立条件过于简化。以时间长短为维度的违法性的提升是线性的,很难说第3个月的最后一天归还资金和第4个月的第一天归还资金二者的违法性有何显著差异。立法上对3个月内归还的挪用行为不处罚不是因为其

---

[7] 参见王飞跃:《论挪用之"用"》,载《法学论坛》2018年第5期。
[8] 参见张明楷:《挪用公款罪的数额计算》,载《政治与法律》2021年第1期。
[9] 同前注[6],第1012页。

不具备刑事可罚性，而是基于刑事政策和司法便利的考虑不追究行为人的刑事责任。挪用资金持续时间的长短不是判断挪用行为刑事违法性的唯一标准，而应结合挪用资金的具体用途所导致的资金风险性的大小、挪用数额、挪用时间，综合判断是否具有实质违法性，是否达到值得科处刑罚的程度。换言之，"超过三个月未还"犯罪成立标准的适用缺乏弹性，这种硬性标准在司法实践中未能针对民营企业营商环境和内部治理的实际差异预留区别适用空间。

其次，构成要件要素说认为，该罪应当以行为人对资金的实际控制为既遂标准。[10] 只要行为人利用职务便利，挪出单位资金并实际控制就已经发生了法益侵害结果，行为已经既遂。但若行为人犯罪既遂后在3个月内归还了资金，又不成立犯罪，这似乎与犯罪完成形态理论并不一致。将"超过三个月未还"视为构成要件，要么会不当延迟犯罪既遂成立时间，要么会导致犯罪完成形态的逻辑问题，即行为人在挪出资金后的3个月内，究竟是犯罪既遂还是不成立犯罪？这是构成要件要素说无法回答的问题。笔者认为，将"超过三个月未还"作为构成要件要素，并作为挪用资金罪的既遂标准缺乏合理性。因为挪用资金罪所侵害的法益是单位的资金使用权，只要行为人已经将资金挪出，转移到自己控制之下，单位就失去了对资金的控制，即已经对单位构成对资金使用权的妨害，其资金使用权已实际地遭到侵害，行为人是否使用，对此并没有实际影响。"超过三个月未还"如果是该罪的构成要件要素，就需要在超过3个月且未归还的情况下才能构成犯罪既遂，这与该罪犯罪形态的实践认定和理论认识存在偏差。

最后，行为人在超过3个月后归还了单位资金的应当如何处理？一方面，被害单位没有权力决定是否对已经构成犯罪的行为人追究刑事责任。即使行为人已经足额归还资金，被害单位仍有义务将其移送司法机关处理，而不能直接自行决定对行为人不予追究刑事责任。另一方面，在司法实践中，行为人在挪出资金超过3个月后被发现的，被害单位可能不会立即报案请求公安机关介入。"民营企业面对内部腐败事件时，内部处理往往是第一选择，寻求公权力介入解决的仅占极少数。"[11] 民营企业更多的是采取要求涉事职工退赃并将其辞退的处理办法。而实践中行为人归还资金往往是分期式的。在被害单位发现资金被挪用并向行为人催要后，行为人可能会与被害单位达成协商，通过分期的方式在一定时间内归还全部被挪用的资金。如果此时要求被害单位报案并将案件移送司法机关，由于行为人已经符合犯罪成立条件，即使如数归还，最轻也是免除处罚的结果，行为人仍要经历完整的司法流程并接受有罪判决。这样的过程过于机械化和不经济，也不利于被害单位最大限度地挽回损失。因此，"超过

---

[10] 参见高铭暄、马克昌主编：《刑法学》（第9版），北京大学出版社、高等教育出版社2019年版，第512页。

[11] 贾宇：《民营企业内部腐败犯罪治理的体系性建构——以〈刑法修正案（十一）〉的相关修改为契机》，载《法学》2021年第5期。

三个月未还"的时间条件未能考虑被害单位的实际情况,也不能最大限度地保护资金安全。

(二)客观处罚条件说

客观处罚条件说认为,"超过三个月未还"属于客观处罚条件。如有论者认为:"客观处罚条件的法律性质是限制处罚事由,不具备客观处罚条件时,行为仍成立犯罪,只是不能适用刑罚而已。"[12]这一规定的性质属于处罚阻却事由,3个月内退还并不是指挪用资金行为本身不构成犯罪,而是行为虽然构成犯罪,但不具备处罚条件。"犯罪的成立并不必然导致刑罚权的启动,有时国家会在犯罪成立要件之外附加一定的客观条件,犯罪成立之后,只有再满足这些条件,司法机关才能对之实施刑罚,这种条件就是犯罪的客观处罚条件。"[13]客观处罚条件说将犯罪成立问题转为刑罚必要性问题,从刑罚论的角度展开讨论。

但问题是,如何理解"已经构成犯罪,只是不适用刑罚"呢?第一,如果行为人的挪用行为就已经构成犯罪,那么其在3个月内归还的,行为为什么又能不受刑罚处罚呢?客观处罚条件说并没有提供可靠的根据。第二,已经构成犯罪就可能给行为人贴上"罪犯"的标签,行为人归还之前就已经被认为是罪犯,那法律怎么可能期待行为人主动归还呢?在同样构成犯罪的情况下,能够归还的就不承担刑事责任,不能够归还的就要承担刑事责任,是否会引发"花钱免刑"的质疑?第三,客观处罚条件是"超然于不法和责任之外的第四犯罪范畴"[14],具有罪责无涉、不法中立的典型特征,但显然"超过三个月未还"并不具备这一性质,事实上,这一规定附着于挪用行为,随着时间的推移,行为的违法性升高到了可罚的程度。将其作为客观处罚条件的前提是,挪用行为本身就值得刑罚处罚。第四,如果将"三个月内归还"定位为处罚阻却事由,则挪出行为结束即可起算追诉时效。但行为人后续的归还行为就没有意义了。如果一挪出就构成犯罪,侦查机关就可以立案侦查,这会使得刑事程序提前介入,这与限制处罚范围的立法价值是相违背的。第五,客观处罚条件说作为德日刑法理论的产物,本身就存在理论借鉴有限性的质疑。[15]如有观点指出:"客观处罚条件并不是犯罪成立之后对处罚起到作用的客观事实,而是决定犯罪是否成立的实质要素。"[16]将"超过三个月未还"定位为客观处罚条件,并将犯罪成立条件与刑事处罚事由分立的做法,本身可能是对客观处罚条件的误解。

---

[12] 〔日〕大塚仁:《刑法概说(总论)》(第3版),冯军译,中国人民大学出版社2002年版,第439页。
[13] 陈兴良:《作为犯罪构成要件的罪量要素——立足于中国刑法的探讨》,载《环球法律评论》2003年第3期。
[14] 〔德〕克劳斯·罗克辛:《德国刑法学总论》(第1卷),王世洲译,法律出版社2005年版,第689页。
[15] 参见吴尚赟:《加重处罚情节的类型化研究》,载《内蒙古社会科学》2017年第4期。
[16] 王钰:《德国刑法教义学上的客观处罚条件》,法律出版社2016年版,第185页。

(三) 程序性要素说

最近有学者提出"程序性要素"这一全新的体系定位概念。所谓程序性要素,是指在罪状中影响刑事诉讼程序启动和发展的证明要素,其既不是犯罪的成立条件,也不是刑罚发生的直接依据,但对有效降低主观要素事实的证明难度具有重要价值。[17] 笔者认为,将"超过三个月未还"定位为程序性要素能够充分彰显其限缩处罚范围的实体价值、降低主观要素证明难度的程序性意义以及契合民营企业产权保护呼吁的政策导向。

第一,将"超过三个月未还"作为程序性要素具有积极的政策价值,是对激励性企业权益刑法保护理念的有效回应。[18] 刑法从对违规企业的事后惩罚逐渐转向鼓励、支持和引导民营企业合法合规发展。优化非国家工作人员刑罚配置、强化企业产权的刑法保护、调整民营企业生产经营行为的犯罪门槛等,都是强化民营企业产权的刑法保护的立法表征。但是,对民营经济的刑法保护不应局限于刑罚配置和入罪门槛的变化,还应包括通过立法降低民营企业犯罪的追诉难度,帮助民营企业更好地恢复被犯罪所侵害的权益,即民营经济的平权保护理念不仅应体现在提高法定刑幅度和扩大犯罪圈,还不能忽视提升追诉效率和实现其胜诉权益。正是在这个意义上,归还情节作为程序性要素的政策意义在立法修订中得以体现。

第二,"超过三个月未还"具有积极的诉讼价值,可有效降低结果要素的证明难度。立法者之所以设置3个月的时长,主要是因为司法实践中,司法主体在认定犯罪时,对挪用行为的危害性往往不能作出准确的判断。例如,将单位资金挪出后主动归还且没有被单位发现的,很难判断行为对单位财产权益的侵害程度。对此,立法者在挪用型犯罪中增设"超过三个月未还"这一入罪条件,有效降低了挪用型犯罪结果要素的证明难度。

第三,"超过三个月未还"具有积极的证明作用,使得挪用资金罪的主观要素在司法实践中更加容易认定。立法者之所以设置"超过3个月未还"这一情节,主要是因为司法实践中,司法主体在认定犯罪时,对行为人的主观要素往往不能作出准确的判断。例如,同样是将单位资金挪出的行为,在没有其他证据支撑的情况下,司法主体难以判断行为人是否具有非法占有目的,也就无法将挪出行为定性为侵占型犯罪或挪用型犯罪。基于程序便利的考虑,立法者在挪用资金罪罪状中加入"超过三个月未还"作为程序性要素,根据是否归还判断行为人是否具有非法占有目的,从而可以对行为人的主观要素进行准确判断。在客观行为外观相似的情况下,依据是否有归还的意思可以得

---

[17] 参见赵运锋:《论刑法条文中的"程序性要素"》,载《法学》2021年第7期。
[18] 参见韩轶:《企业权益刑法保护的立法更新和司法适用——基于〈刑法修正案(十一)〉的解读》,载《中国法律评论》2021年第1期。

出行为人是挪用型犯罪还是侵占型犯罪的结论。在一定程度上,归还情节的设置使得挪用型犯罪的主观内容在实践上更容易认定。

三、"超过三个月未还"作为程序性要素的证明内容

程序性要素应当具有对主观要素事实的证明价值。在挪用资金罪中,需要证明的主观要素是什么呢?通说认为,挪用资金罪不具有非法占有目的,非法占有目的的有无也成为挪用型犯罪区别于侵占型犯罪的关键所在。[19] 但通过对挪用资金罪主观要素的细致考量,可以发现,在挪用资金罪中需要证明的并不是退还意思的存在,而是具有非法利用意思。

(一)退还意思不是挪用资金行为出罪的根据

以是否具有退还意思来区分挪用型与侵占型财产犯罪,并以此说明二者之间法定刑的差异,混淆了论证结论和说理依据之间的因果关系。

首先,只有在挪出的单位资金在3个月内被退还的情况下,才能排除该罪的成立,挪出时主观上是否有退还的意思并不是判断可罚性的决定因素。因为挪用行为人不具有退还的意思只是从行为人事后的客观表现所推导出的结论,而不能成为支撑这一观点的根据。一方面,行为人主观上是可能发生转变的,挪出时具有退还的意思,但事后因贪念或侥幸心理不想退还,客观上也没有退还的,可以转换为职务侵占罪,这一点在立法演进过程中能够得到验证。挪用资金罪最初来源于1995年全国人民代表大会常务委员会《关于惩治违反公司法的犯罪的决定》对1979年《刑法》的补充规定,即"挪用本单位资金数额较大不退还的,依照本决定第十条规定的侵占罪论处"。[20] 根据该规定,挪用资金不退还的,表明行为人具有非法占有目的,可直接认定为侵占罪。另一方面,若过分强调退还意思的必要性,则行为人只要一口咬定其是想还的,在没有其他证据证明其具有非法占有目的时,无论其挪用数额多大,也无论其挪用时间多长,对其也只能适用挪用资金罪。[21]

其次,挪用资金罪的成立需具有退还意思的观点是相对于职务侵占罪而言的,而职务侵占罪的立法中明确规定了"非法占为己有",依据主客观相一致原则,犯罪的成立要具备"非法占为己有"的客观行为,那主观上就应有"非法占有目的"。但只有在立法者描述犯罪类型时规定了"非法占为己有",才能够当然地推论出"非法占有目的"这一主观要素。而不能为了区分职务侵占罪与挪用资金罪,就认为职务侵占罪规定了非

---

[19] 参见前注[10],第512页。
[20] 参见高铭暄:《中华人民共和国刑法的孕育诞生和发展完善》,北京大学出版社2012年版,第498页。
[21] 参见陈洪兵:《贪污罪与挪用公款罪的界限与竞合》,载《中国海洋大学学报(社会科学版)》2015年第3期。

法占有目的,那挪用资金罪就一定没有非法占有目的。不能为了罪名的界分,而当然地将退还意思理解为挪用资金罪的主观要素内容。

最后,我们或许可以尝试从其他财产犯罪与挪用型犯罪的危害性大小的比较出发,从挪用型犯罪和其他财产犯罪的比较中反推挪用型犯罪的退还意思。一般认为,之所以单独设立挪用型犯罪,是因为这种情况下行为人不具有非法占有目的,其对他人财产权侵害的主观恶性较小。[22] 这里思考的逻辑是,先从法定刑设定的轻重推导出挪用型犯罪比其他的财产犯罪更轻,再推理出这是因为挪用型犯罪主观上不具有非法占有目的。但是,法定刑的轻重是由犯罪的性质及其可能达到的社会危害程度所决定的,主观要素并不起决定性作用。取得型犯罪的法定刑之所以重于挪用型犯罪,除主观方面恶性程度不同之外,与客观方面的行为方式不同以及行为所体现的社会危害性的程度差异也有密切关系。并且,挪用型犯罪的法定刑轻是相对的,其相对于盗窃罪、诈骗罪来说法定刑更轻,但与侵占罪、职务侵占罪配备了相同的法定刑。概言之,仅从刑罚轻重上无法得出挪用资金罪主观恶性较小的结论,也就无法从刑罚梯度上论证挪用资金罪无须具有非法占有目的的合理性。

综上所述,主观上是否具有退还意思不具有降低实质违法性的功能,即便具有退还意思,如果挪用行为对法益的侵害达到了妨碍权利人利用财产的程度,也应构成犯罪。

(二)成立挪用资金罪应以妨害利用意思作为主观要件

根据刑事政策的要求,"超过三个月未还"是基于需罚性对挪用行为作出的政策选择。挪用行为本身不构成犯罪,只有在侵犯占有的时间较长且未退还的情况下才作为犯罪处理。那么,挪用资金罪作为侵犯财产类犯罪,主观上当然具有取得他人财物的故意,这里的"取得"是暂时性的。但主观上仅仅有暂时取得的故意,无法解释为何只有行为人将"暂时性的剥夺(挪出行为)"变为"超过三个月的剥夺"时才成立犯罪。挪用资金罪的立法旨趣在于保障单位的资金安全,挪用行为已经使得单位资金所有权遭到侵害,不论事后是否退还,侵害结果都已经发生,与其说行为人不退还的行为会使得之前的挪出行为对单位财产权的侵害程度提高,不如说行为人及时退还的行为可以弥补挪用行为之损害。

笔者认为,当我们否认挪用资金罪具有"非法占有目的"时,否定的仅是非法占有目的中的"排除意思",而不包括"利用意思"。挪出资金归个人使用的客观表现,说明行为人对所挪用的资金具有利用意思。因此,对于挪用资金罪实质违法性的判断,要考察挪出资金之后的客观利用程度。既然单纯的挪出行为不具有可罚性,就要判断挪出后的客观利用程度是否具有可罚的违法性,这就需根据具体利用意思,从主观上进

---

[22] 参见徐凌波:《论财产犯的主观目的》,载《中外法学》2016年第3期。

行考察。因此,只要承认挪用行为在一定限度内不具有可罚性(正如刑法所规定的),就无法否认成立该罪主观上必须具有利用的意思。考虑到市场经济活动中资金利用价值的重要性,应将利用意思理解为:具有非法利用行为的意思。在具体判断时,客观上不能仅以挪用时间长短作为标准,还必须考察该挪用行为妨害权利人资金利用的程度。主观上应当判断行为人对挪用资金的利用意思。如果其利用目的不会使资金陷入更高的灭失风险,则应当否定利用意思的存在。

从规范目的来看,该罪实际上侵害的是单位对资金的使用权,其中既包括资金本身,也包括资金的价值,还包括资金利用的可能性,单位对资金具有完全的使用可能性是刑法保护占有的必然内容。挪用行为的入刑表明暂时的使用行为达到一定程度也具有可罚性。因此,对可罚的挪用行为的主观内容进行判断时,就不能以是否具有退还意思为标准。考虑到挪用型犯罪是对资金利用价值的侵害,应当以对单位资金的利用意思作为其主观内容。这里仍需进一步阐明的是,既然将利用意思作为该罪的主观内容,那么当行为人挪出资金后,若暂时没有利用意思,而是等待时间再作选择,是不是就不构成挪用资金罪呢?笔者认为,这里的"利用意思"并不仅仅指对单位资金的使用意思,还包括对单位资金的妨害利用意思。即只要行为人对挪出单位资金会妨害单位对资金的利用具有认识,就可以认定行为人具有利用意思。在具体判断的,不能仅以时间长短作为标准,还要考察挪用行为给权利人造成的财产损失以及对资金利用的妨害程度。

四、"超过三个月未还"作为程序性要素的证明功能

将"超过三个月未还"的体系地位定位为程序性要素,并非试图通过该要素证明行为人主观上具有退还意思,退还情节仅仅是挪用资金罪出罪或减免处罚的根据,而非成立犯罪的主观要件。该罪的主观内容上,除挪用资金的故意之外,还应当有对资金的利用意思,"超过三个月未还"正是对利用意思的证明。

有学者在描述程序性要素的立法特征时指出:"(程序性要素是)通过第三方执法机构提出当事人应当履行的法定义务,如果行为人不履行法定义务就会被推定具有犯罪故意。"[23]例如,《刑法》第276条之一拒不支付劳动报酬罪中的"经政府有关部门责令支付仍不支付"也被认为是程序性要素。根据该条规定,政府部门的责令支付程序,就是该罪主观方面拒不支付故意的证明要素,通过政府部门的责令支付程序,进一步证实行为人存在拒不支付劳动报酬的主观故意。[24]通过设立客观的程序性要素,可以对犯罪的主观要素进行确认。

---

[23] 同前注[17]。
[24] 参见王强:《罪量因素:构成要素抑或处罚条件?》,载《法学家》2012年第5期。

笔者大体上赞同该观点,但其对催告程序启动主体的概括并不全面。启动催告程序的主体既可以是第三方执法机构,例如拒不支付劳动报酬罪中的政府部门;也可以是被害方,例如《刑法》第196条第2款规定的恶意透支型信用卡诈骗罪中的发卡行;亦可以是兼具执法和被害方双重属性的主体,例如《刑法》第201条逃税罪中税务机关催缴的前置程序,其中税务机关既是执法机构,亦是逃税行为的受害者(国家)的代理人。甚至,个人作为被害主体也可以启动催收和监管程序。例如,《刑法》第270条侵占罪,其中的"拒不退还"即是被害人个人启动的催告程序。如果被害人没有经历这一催告过程,则证明合法保管他人财物的行为人具有非法占有目的是十分困难的。总之,立法上通过设置程序性要素——通常表现为催告和监管行为——减轻司法机关对行为人主观要素的证明难度。但对这一程序的启动主体没有过分限制,既可以是具有监管职权的第三方执法机构,也可以是权益受到侵害的被害方;既可以基于行政职权启动监管程序,也可以基于返还请求权启动催告程序。

如前所述,在挪用资金罪中,被害单位面对内部人员挪用资金的行为,内部处理往往是第一顺位的选择,寻求公权力的介入仅是第二位的选择。这一点与挪用公款罪不同。因此,在挪用资金罪中,被害单位的催告和返还请求权的行使也往往发生在刑事程序启动之前。"超过三个月未还"并不是对非法占有目的这一主观要素的证明,而是对"利用意思"的证明。在《刑法》第272条中,"超过三个月未还"的规定就是对"利用意思"的推定。质言之,立法者之所以在挪用资金罪中规定"超过三个月未还"这一客观事实,一定程度上是为了便于司法主体对挪用资金罪主观要素的理解。该程序性要素是对挪用资金归个人使用的解释,进而证明行为人对资金具有利用意思。如果行为人使得资金脱离单位控制超过3个月,就推定行为人对单位资金具有利用意思,其挪用行为已经妨害到单位对资金的利用。与其他程序性要素不同的是,行为人使单位资金脱离单位控制超过3个月,并不能直接得出行为人主观上具有非法占有目的的结论,但毫无疑问的是,资金脱离单位控制超过3个月,行为人对单位对资金的利用的妨害程度肯定已经达到了可罚性的标准,行为人对"超出单位所允许的程度利用资金"是有认识的。因此,"超过三个月未还"客观表现为挪用行为对单位对资金的利用的妨害程度已经达到可罚性的标准,主观上推定行为人对单位资金具有利用意思。

五、"超过三个月未还"的程序化修正

从犯罪成立条件到客观处罚条件,再到程序性要素的体系定位转变,不仅将我们审视刑法分则条文的视角从实体层面扩展到程序层面,同时也展现出罪量要素在刑法中的独特性。刑法是人权保障与利益保护的统一体,是报应主义与功利主义的结合,如何在限制处罚范围与保护被害人财产安全之间进行某种程度的协调,是刑法运行层面面临的现实问题。笔者认为,可进一步对挪用资金罪中的"超过三个月未还"这

一规定进行立法上的程序化修正,在彰显其政策机能的同时,充分展现其证明价值。建议修改为:

> 挪用资金数额较大应当追究刑事责任,但在公安机关立案前已全部退还,情节显著轻微的,可以不予追究刑事责任。

鉴于"超过三个月未还"是一种僵化的硬性标准,这种立法模式导致司法在面对加大力度惩治民营企业内部财产犯罪的政策变动时会陷入不适。在司法实践中,挪用资金满3个月的当天与超过3个月的第二天在违法性和非难可能性上并不具有罪与非罪的显著差异,因为违法性和有责性的提升既不是一蹴而就的,也不仅仅跟挪用时间的长短有关,挪用资金罪的可罚性是根据挪用行为对单位资金利用可能性的妨害程度,结合挪用时间、数额、方式、风险程度等进行综合衡量的结果。将挪用资金罪的入罪标准限定在3个月并不是一概否定其可罚性,而是基于刑事政策和司法便利的角度对其不予追究刑事责任。刑事政策的相应调整必然引发刑事立法的及时跟进。针对当前加强民营企业内部治理的政策背景,挪用资金罪的入罪门槛不可贸然地降低为1个月或2个月,这并没有触及问题的根本。应将硬性的时间标准进行弹性化处理,方能有效化解该罪成立的时间条件的体系困境和实践难题,给刑法应对民营经济发展过程中的个体性差异预留缓冲的空间。

首先,在《刑法》第272条挪用资金罪中删去"三个月"这一硬性的时间限制,能够理顺行为定性的体系逻辑。行为人将单位资金挪出后就构成对单位资金利用可能性的妨害,虽然后续的使用行为可能会增大单位资金的灭失风险,但在挪出并使资金脱离单位控制之时,行为人就已经产生了对单位资金的退还义务,无论后续行为如何,单位都不可能对资金有效利用。资金脱离单位后的使用情况只跟行为人退还可能性的大小相关。因此,行为人挪出资金时,就成立该罪的既遂犯。并且,将挪用资金罪犯罪既遂的时间节点提至挪出资金使其脱离单位控制之时,与加大惩治民营企业内部发生的侵害民营企业财产犯罪的政策导向相契合。

其次,由于挪用行为人只有利用意思而没有排除意思,该罪只处罚行为人的妨害利用行为,而不规制非法占有行为。从法益可恢复的角度看,行为人完全可以通过积极退赃退赔,较为完整地恢复被侵害的法益,抵消其之前错误行为所造成的法益侵害后果,这是退还情节作为该罪出罪事由的原因。[25] 将挪用资金行为是否入罪的部分选择权让渡给被害单位,在被害单位发现挪用行为后,若行为人主动退赔,并没有给被害单位造成重大损失,被害单位选择容忍发展过程中高管或职工的不规范行为,则可以不作为犯罪处理。这样更有利于民营企业的经营需求且更有助于挽回经济损失,从而节约司法资源,并减少刑罚适用的消极影响。

---

[25] 参见庄绪龙:《"法益可恢复性犯罪"概念之提倡》,载《中外法学》2017年第4期。

最后,是选择在立案前主动归还,还是选择在提起公诉前主动归还,反映出行为人认罪悔过的积极性在程度上的差异,可以根据归还时间节点的不同,形成阶段性的出罪路径。[26] 随着刑事诉讼程序的逐步推进,归还情节出罪的空间逐渐减小,这既与《刑法》原文中以时间长短作为犯罪成立条件的判断标准一致,也与刑事诉讼程序各个阶段对行为性质认定的作用相吻合。具体时间节点与法律后果的对应关系如下:立案前归还——不成立犯罪;起诉前归还——免除处罚,酌定不起诉;宣判前归还——从轻、减轻处罚。

综上所述,将挪用资金行为出罪的时间节点设定在公安机关立案之前,从绝对的时间节点调整为相对的时间区间,能够有效破解时间条件过于绝对所导致的司法适用难题,还能兼顾民营企业内部的治理需求,并且与刑事诉讼程序各阶段的出罪根据相契合。

---

[26] 姜伟就认罪认罚从宽量刑问题谈道:"我国希望鼓励被告人越早认罪,量刑折扣越多。"量刑从宽使得被告人认识到越早认罪,量刑从宽幅度越大,对自己越有益。参见张军、姜伟、田文昌:《新控辩审三人谈》(增补本),北京大学出版社2020年版,第495页。同理,在挪用资金案件中,行为人越早退还被挪用的资金,在定罪量刑上也应当得到越大的"折扣"。

巨额财产来源不明罪实行行为新论：
不作为说的再展开

崔 涵[*]

> **要 目**
>
> 一、引言
> 二、既有学说之检讨
> 　（一）无行为要件说之漏洞
> 　（二）持有说之缺陷
> 　（三）非法获取说之风险
> 　（四）复合行为说之问题
> 三、不作为说的新展开
> 　（一）巨额财产来源不明罪的法益探明
> 　（二）不作为说作为义务的解释出路
> 　（三）作为可能性存在与否
> 　（四）针对不作为说其余批判的驳斥
> 四、结语

摘 要 围绕着巨额财产来源不明罪的实行行为，理论上涌现诸多学说，主要包括无行为要件说、持有说、不作为说、复合行为说以及非法获取说。相较于其他学说存在的缺陷，不作为说是更优解。经济学上的相关研究早已证明，非法获得个人财富（腐败），很可能会动摇国家政治的根基，因此，巨额财产来源不明罪侵害的法益应当是这样一种集体法益：国家制度的正常运转以及一般公众对国家工作人员这种制度角色的信赖。基于《刑法》第 395 条第 1 款的明确规定，巨额财产来源不明罪应属于真正不作为犯，其说明义务来源于《宪法》和《公务员法》规定的廉洁义务。由于"不作为"的本质就是"义务违反"，主体与法益之间具有高度关联，因此可以借助不真正不作为犯中

---

[*] 浙江大学光华法学院 2020 级刑法学硕士。

的保证人理论(对法益脆弱性的支配)来肯定国家工作人员义务主体的地位。另外,可以对作为可能性的内涵作两种不同层面上的理解,从期待可能性意义上排除巨额财产来源不明罪中看似不具有作为可能性的情形,以降低宽纵犯罪的风险。

关键词 集体法益　累积犯　真正不作为犯　保证人理论　作为可能性

一、引　言

我国《刑法》第395条第1款规定:"国家工作人员的财产、支出明显超过合法收入,差额巨大的,可以责令该国家工作人员说明来源,不能说明来源的,差额部分以非法所得论,处五年以下有期徒刑或者拘役;差额特别巨大的,处五年以上十年以下有期徒刑。财产的差额部分予以追缴。"此即巨额财产来源不明罪的相关规定。该罪从最初设立之时就承载了较为明确的功利目的,被期待发挥惩治腐败的功能。

【案例1】被告人徐绍敏原系上海市信息化委员会、上海市经济和信息化委员会电子信息产业管理处处长。2009年7月案发时,检察机关查获的徐绍敏家庭财产为1500余万元,而来源不明的巨额财产为849万余元。上海市静安区人民法院认为,没有充分证据证明徐绍敏在2009年2月《刑法修正案(七)》颁布施行之后仍有财产形成,"按照谦抑原则和从旧兼从轻的溯及力原则,适用原第395条第1款之规定"。一审宣判后,检察机关以适用法律错误为由提出抗诉,理由之一是巨额财产差额的形成仅是构成巨额财产来源不明罪的前提条件,而行为人不能说明财产来源的行为才是构成该罪的实质要件。徐绍敏在侦查、审查起诉直至审判阶段,对差额财产均不能说明来源,依法应以"差额特别巨大"对其处以刑罚。[1]

从案例1可以看出,一审法院与检察机关对于巨额财产来源不明罪的实行行为存在认识上的分歧。事实上,巨额财产来源不明罪的实行行为究竟是什么,这一问题一直困扰着我国刑法学界以及司法实务部门,这不仅关乎《刑法修正案(七)》颁布前后法定刑的适用问题,而且也会直接影响共同犯罪的认定。[2] 同时,这一问题也与如何理解该罪的法益,如何认定"不能说明来源"这一要件的内涵,以及其他相关问题的处理密切相关。可以说,围绕巨额财产来源不明罪产生的一系列争论,其根源都在于对该罪实行行为理解上的分歧。

---

[1] 参见上海市第二中级人民法院(2010)沪二中刑终字第587号刑事判决书。
[2] 例如,丈夫是国家工作人员,而妻子不是,家庭财产、支出明显超过两人的合法收入,且差额巨大,有关机关责令丈夫说明来源,但丈夫不能说明来源的,妻子是否构成巨额财产来源不明罪的共犯？根据持有说的立场,巨额财产系夫妻二人共同持有,因此妻子有可能构成共犯;但是根据不作为说的观点,由于妻子不是国家工作人员,因此没有说明来源的义务,不可能构成巨额财产来源不明罪的共犯。

围绕这一罪名的实行行为,目前主要存在五种不同的观点,即无行为要件说、持有说、不作为说、复合行为说以及非法获取说。本文首先对不作为说以外的其他四种学说进行检讨与反思,继而提出巨额财产来源不明罪的实行行为是"不能说明来源"。鉴于对实行行为的理解与该罪的法益界定息息相关,因此在就不作为说展开论证之前,本文将先行探讨巨额财产来源不明罪的法益内容,进而分析说明义务的来源,并借助保证人理论来认定说明义务的主体。这一部分的论述,旨在使巨额财产来源不明罪的解释与社会国理论以及相关的经济学思维相契合。除此之外,还须对作为可能性的内涵作深层次的解读,才能够有效建构起不作为犯罪成立的体系。另外,针对不作为说面临的一众批判,本文也进行了有力的驳斥。

二、既有学说之检讨

(一)无行为要件说之漏洞

无行为要件说试图跳出传统理论研究的框架,其论者认为巨额财产来源不明罪不存在构成要件行为,该罪的本质特征在于,通过推定巨额财产的取得行为构成犯罪,且极可能构成严重犯罪,而以较轻刑罚的罪名作为兜底性罪名、拦截性罪名来解决问题。[3]

这一观点显然存在明显缺陷。"无行为则无犯罪"这一经典的法律格言昭示了行为之于犯罪的重要性,日本学者大塚仁教授也指出:"处于犯罪概念基底的,首先是行为。"[4]可以说,实行行为作为犯罪论的中心概念一直被赋予重要的机能[5],认为某个罪名可以完全脱离实行行为的构想无疑是荒谬的。

(二)持有说之缺陷

顾名思义,该学说认为巨额财产来源不明罪的实行行为是国家工作人员非法持有巨额财产,换言之,该罪的本质特征在于拥有难以说明合法来源的巨额财产本身,而不在于"不能说明",因此,该罪属于持有型犯罪。[6] 但是,持有说存在诸多不容忽视的

---

[3] 参见于冲:《关于巨额财产来源不明罪客观要件的反思与重构》,载《法学论坛》2013年第3期。

[4] [日]大塚仁:《刑法概说(总论)(第3版)》,冯军译,中国人民大学出版社2003年版,第94—95页。

[5] 橘爪隆「実行行為の意義について」法学雑誌424号(2015年)98頁以下参照。

[6] 参见储槐植:《三论第三犯罪行为形式"持有"》,载《中外法学》1994年第5期;李宝岳、吴光升:《巨额财产来源不明罪及其证明责任研究》,载《政法论坛》1999年第6期;于改之、吴玉萍:《巨额财产来源不明罪若干问题探析——着眼于"持有说"与"不作为说"之争》,载《人民检察》2004年第10期;薛进展:《巨额财产来源不明罪行为本质的实践检示——从〈刑法修正案(七)〉修改后的法律适用展开》,载《法学》2011年第12期;刘杰、薛进展:《再论巨额财产来源不明罪的行为本质——对"持有论"观点的再宣示》,载《天津法学》2015年第2期;陈洪兵:《论巨额财产来源不明罪的实行行为》,载陈兴良主编:《刑事法评论:不法评价的二元论》,北京大学出版社2015年版,第427—428页。

根本性缺陷。

首先，持有说很可能会不当扩大巨额财产来源不明罪的成立范围，并导致刑罚前置化。我国台湾地区的"贪污治罪条例"也规定了类似的罪名——持有不明财产罪。[7] 围绕该罪的行为性质，学者们普遍不接受持有说，其中最重要的理由之一是，持有说会使该罪的着手过于提前，从而不当扩大其成立范围。[8] 具体而言，根据持有说的立场，如果国家工作人员持有来源不明的巨额财产，即使其尚未被责令说明巨额财产的来源，也已经构成该罪。

事实上，持有型犯罪一直因为其对保护法益的前置化而遭到诸多批判，德国学者拉各德尼（Lagodny）甚至认为，"持有型犯罪加强了坏思想的不良连接"[9]。虽然将持有型犯罪一概视为"立法失误"的观点可能因过于极端而并不可取[10]，但这些学者对于刑罚前置化的隐忧，并非全无道理，因此，当学者们试图将某种犯罪解释为持有型犯罪时，应当采取非常谨慎的态度。

其次，持有型犯罪的对象通常是违禁品，比如枪支、毒品、弹药等，法律法规之所以不容许私自持有这些物品，是因为这些违禁品可能对社会治安或秩序造成极大的威胁，而持有行为的非法性正是来源于此。[11] 换言之，立法者之所以要将特定物品的持有犯罪化，是因为立法者在持有这类物品的行为中看到了不同的危险。但是，持有巨额财产的行为本身并不能体现类似的危险性。这一质疑得到了持有说支持者的回应，论者列举了刑法分则囊括的持有假币罪，持有伪造的发票罪，非法持有国家绝密、机密文件、资料、物品罪等罪名，这些罪名的行为对象，比如假币、伪造的发票等，也不具有人身威胁性这一前提。[12] 但这一回应并不够有力，因为批判者所强调的"威胁"（"危险"），并非单纯指向人身威胁性。

就立法技术而言，持有型犯罪在我国应属抽象危险犯，此类犯罪并不要求行为人的行为对法益造成实害或者紧迫的危险，而是基于立法上的假定，当其以特定的行为方式出现时，危险状态即伴随而生。这种危险并不是现实存在的危险，而是一种立法者的拟制，法官在对具体个案进行审理时，无须考察行为人的行为是否实际对法益造

---

[7] 我国台湾地区的"贪污治罪条例"第6条之一规定，"公务员犯下列各款所列罪嫌之一，检察官于侦查中，发现公务员本人及其配偶、未成年子女自公务员涉嫌犯罪时及其后三年内，有财产增加与收入显不相当时，得命本人就来源可疑之财产提出说明，无正当理由未为说明、无法提出合理说明或说明不实时，处五年以下有期徒刑、拘役或科或并科不明来源财产额度以下之罚金"。

[8] 参见许恒达：《从贪污的刑法制裁架构反思财产来源不明罪》，载《台北大学法学论丛》2012年第82期。

[9] ［德］弗里德里希-克里斯汀·施罗德：《论持有型犯罪》，陈昊明译，载江溯主编：《刑事法评论：刑法方法论的展开》，北京大学出版社2019年版，第616页。

[10] 1999年，埃伯哈德·施特林译（Eberhard Struensee）将该类犯罪认定为"立法失误"，因为（立法）未对这种犯罪规定（具体）行为。Vgl. Institut für Kriminalwissenschaften Frankfurt am Main (Hrsg.), Vom unmöglichen Zustand des Strafrechts, S. 713 ff.

[11] 参见王海军：《关于界定巨额财产来源不明罪实行行为的新思考》，载《湖北社会科学》2009年第9期。

[12] 参见前注[6]，陈洪兵文。

成了危险,只需审查其行为是否符合相应罪名的构成要件。[13] 然而,即便立法者在抽象危险犯的刑事立法上具有一定程度的自由裁量权,也不得将任意行为以抽象危险犯加以限制。[14] 日本学者西原春夫教授指出,抽象危险犯的行为类型"一般而言包含着法益侵害的危险"[15],因此,持有型犯罪的对象通常就是"与犯罪有高概率联系的物品"[16]。再将目光回溯至巨额财产来源不明罪,很难认为持有巨额财产本身可能会包含任何法益侵害的危险,哪怕是抽象意义上的;持有巨额财产的行为也几乎不可能破坏法益主体对法益进行支配的安全性条件。[17] 否则,家财万贯的富豪们皆有身陷囹圄之虞。即便再加以国家工作人员的身份作为限定条件,仍然可能会不当扩大巨额财产来源不明罪的成立范围。具体而言,一旦某国家工作人员持有巨额财产,即便其能说明合法来源,不具有任何意义上的法益侵害的抽象危险,依照持有说的立场,依然可能会成立巨额财产来源不明罪。

除此之外,亦有学者从另一角度对持有说进行批判,"'持有不明财产'只是一个已经取得财产的客观状态,无法成为刑法禁止的构成要件行为,也无法透过法条表述,表现刑法到底要禁止什么样的行为"[18]。虽然学界已经基本认同"持有"属于刑法上的行为类型,但究竟是作为独立的行为形式,还是隶属于作为或不作为的范畴,一直存在分歧。事实上,对持有型犯罪的规制本质上是惩罚某种状态。[19] 那么,立法者究竟基于何种理由将一些特定物品的持有状态规定为犯罪呢?近代法学先哲边沁在其著作《立法理论——刑法典原理》中,将其归结为两点:首先是剥夺行为人施恶之能力,即通过禁止持有某些种类的可能诱发犯罪的物品以阻止行为人获得实施犯罪的便利条件;其次是预防"主要犯罪"。[20] 如果以此为依据来审视持有说的立场,那么持有说的根基便会土崩瓦解,因为持有来源不明的巨额财产并不可能诱发任何种类的"主要犯罪",如果立法者将巨额财产的持有状态规定为犯罪,则无法起到预防"主要犯罪"的功效,因此也不具有任何正当性。[21]

---

[13] 参见黄荣坚:《基础刑法学(下)》,元照出版有限公司2006年版,第620页。
[14] 参见王钢:《非法持有枪支罪的司法认定》,载《中国法学》2017年第4期。
[15] [日]西原春夫:《犯罪实行行为论》,戴波、江溯译,北京大学出版社2006年版,第109页。
[16] 劳东燕:《公共政策与风险社会的刑法》,载《中国社会科学》2007年第3期。
[17] 一些学者认为,抽象危险犯违反了法律所确立的类型化的安全标准,从而剥夺了法益主体安心支配法益的可能性。参见喻浩东:《抽象危险犯的本质及限制解释——以生产、销售假药为例》,载《政治与法律》2020年第8期。
[18] 同前注[8]。
[19] 参见前注[16]。
[20] 参见[英]吉米·边沁:《立法理论——刑法典原理》,孙力等译,中国人民公安大学出版社1993年版,第98页、第146—147页。
[21] 与之相对,持有枪支等违禁品,可能会存在方便实施杀人行为、故意伤害行为等不法行为的潜在危险性,立法者基于刑事政策而将持有特定物品犯罪化,具有一定的正当性。

(三)非法获取说之风险

晚近以来,有青年刑法学者提出非法获取说,即认为巨额财产来源不明罪的实行行为应当被界定为非法获取财物的行为,只不过这种非法获取财物的行为由法律推定完成。提出该观点的学者同时认为,巨额财产来源不明罪的具体行为方式应当与贪污罪、受贿罪的行为方式具有同质性,因此,为了更好地与贪污罪、贿赂罪进行衔接,巨额财产来源不明罪应当提高法定刑。[22] 依照非法获取说的立场,由于巨额财产来源不明罪是作为堵截腐败犯罪而设置的具有兜底性质的罪名,因此,刑法关注的重点应当是如何获取巨额财产。我国台湾地区的学者中亦不乏持相同见解者,其中,许恒达教授指出,该罪并非独立的事后犯罪,而是原贪污罪的堵截构成要件,其行为时点与贪污罪相同,其功能则是在无法证明"贿赂罪对价关系"以及"图利事后回扣约定"之时,加以补充处罚,属于降低证明程度与刑度的补充型处罚规范。[23]

非法获取说的提出,无疑借鉴了域外立法的相关规定。《联合国反腐败公约》第20条规定了"资产非法增加罪",其条文表述为:"在不违背本国宪法和本国法律制度基本原则的情况下,各缔约国均应当考虑采取必要立法和其他措施,将下述故意实施的行为规定为犯罪:资产非法增加,即公职人员的资产显著增加,而本人无法以其合法收入作出合理解释。"[24] 非法获取说的论者试图将资产非法增加罪与我国的巨额财产来源不明罪进行对应,以此论证两罪的处罚依据都是获取巨额财产的非法行为,同时批判巨额财产来源不明罪在罪名拟定的科学性上尚显不足。[25] 然而,在本文看来,这一论证理由根本不成立,因为这事实上是一种"偷梁换柱"的思维方式。如果将资产非法增加罪与巨额财产来源不明罪的条文表述进行对比,就会发现二者之间存在较为明显的差异,资产非法增加罪强调"资产非法增加,即公职人员的资产显著增加",体现的是一种动态的变化过程,而巨额财产来源不明罪中"国家工作人员的财产、支出明显超过合法收入,差额巨大的"的表述,更接近于对既成事实的描述。同时,《刑法》第395条第1款包含的"可以责令该国家工作人员说明来源"这一要件,在《联合国反腐败公约》第20条中并无体现。本文并非不承认两者之间存在一定的联系,但是两者之间的差异亦不容忽视,更不能直接套用关于资产非法增加罪的解读去分析巨额财产来源不明罪的实行行为。诚然,也有一些域外立法将此类情形纳入贪污罪或者贿赂罪的处罚范围[26],但域外立法之规定,虽有可供借鉴

---

[22] 参见李本灿:《巨额财产来源不明罪实行行为的重新界定:非法获取》,载《政治与法律》2014年第7期。
[23] 参见前注[8]。
[24] 《联合国反腐败公约》,载中华人民共和国条约数据库(http://treaty.mfa.gov.cn/tykfiles/20180718/1531876077510.pdf),访问日期:2024年7月5日。
[25] 参见前注[22]。
[26] 例如,新加坡相关法律将政府官员们的财产来源不明直接拟定为"贪污罪"(Prevention of Corruption Act, Chapter 241),参见新加坡法规在线网(https://sso.agc.gov.sg/Act/PCA1960),访问日期:2024年7月10日。

之处,却绝不足以阐释非法获取说的正当性,更不可能成为非法获取说的学理支撑,更何况其他域外法规中亦存在将官员财产来源不明的情形作为独立犯罪的模式,例如,我国香港特别行政区《防止贿赂条例》第10条[27]、澳门特别行政区第1/2013号法律第28条[28]。

在司法实务中,巨额财产来源不明罪鲜少单独出现,在存在该罪的案件中,往往同时伴随贪污、受贿等犯罪。非法获取说的论者由此肯定巨额财产来源不明罪与贪污、受贿犯罪之间具有近乎100%的联系,从而推断出巨额财产来源不明罪就是贪腐所致。一方面,从巨额财产来源不明罪的立法初衷来看,确实可以肯定其是贪污、贿赂等犯罪的补救性立法,然而,这并不意味着该罪的实行行为就应当等同于贪污、贿赂等犯罪的实行行为,这样的推论缺乏逻辑上的连贯性,因此不足以成为非法获取说的论证理由。另一方面,有学者将《刑法》第395条第1款中"以……论"的表述方式作为依据来论证巨额财产来源不明罪属于推定型犯罪,那么如何进行推定呢?首先需要大量的证据调查,然后再运用事实推定的方法得出结论,如此一来,"客观上就降低了冤枉无辜的概率"。[29] 虽然论者再三强调这种推定方式能够在一定程度上降低出错概率,但无法否定的是,这依然是一种较为粗陋的判断方法,具有轻纵犯罪或者冤枉无辜的风险,而这种风险是无论如何都无法为刑法所容许的。

(四)复合行为说之问题

在复合行为说的内部,又可以划分为两个阵营。部分学者认为,巨额财产来源不明罪的客观要素是拥有巨额财产且不能说明来源,即持有与不作为的结合。[30] 另一种复合行为说的观点则认为,巨额财产来源不明罪由作为形式的非法获取巨额财产和不作为形式的拒绝说明巨额财产来源双重行为复合而成。[31]

"和稀泥"式的复合行为说通常是最容易被接受的学说,因为其看似采众学说之长,可以有效弥补众学说之短,但事实上,模棱两可的复合行为说无可避免地存在众学说缺陷的并集。无论持复合行为说中的何种立场,都存在前述持有说或非法获取说的缺陷,因此并不可取。

---

[27] 参见香港特别行政区《防止贿赂条例》,载香港政府法规网(https://www.elegislation.gov.hk/hk/cap201!sc?xpid=ID_1438402825079_003),访问日期:2024年7月10日。
[28] 参见澳门特别行政区第1/2013号法律第28条,载澳门特别行政区政府印务局网(https://images.io.gov.mo/bo/i/2013/04/lei-1-2013.pdf),访问日期:2024年7月10日。
[29] 参见前注[22]。
[30] 参见孙国祥:《贪污贿赂犯罪疑难问题学理与判解》,中国检察出版社2003年版,第484页。
[31] 参见孟庆华:《巨额财产来源不明罪研究新动向》,北京大学出版社2002年版,第92—93页;刘生荣、但伟:《腐败七罪刑法精要》,中国方正出版社2001年版,第271页。

三、不作为说的新展开

主张"不作为说"的学者明确指出,财产、支出明显超过合法收入,并不是巨额财产来源不明罪的实行行为,而只是该罪的前提条件,在被责令说明来源的情况下,不能说明财产来源才是巨额财产来源不明罪的实行行为。[32]

(一)巨额财产来源不明罪的法益探明

在现代刑法理论中,法益概念存在指导构成要件解释的方法论意义。[33] 正如德国学者许乃曼(Schünemann)教授所指出的:"认清构成要件所包含的法益,不仅是最重要且应该优先处理的刑法各论法条法律解释的问题,而且依现代最重要的文献所显示,法益概念已被证实有其丰富内涵,甚而是不可或缺的。"[34] 可以说,法益概念的重要性在教义学体系中再怎么强调都不为过,因此,本文选择在就不作为说展开论证之前,首先为巨额财产来源不明罪的法益找到精准的定位。

目前为止,学者们尚未就巨额财产来源不明罪的法益形成一致的立场。第一种观点是制度说,即认为巨额财产来源不明罪侵犯的法益是国家的一种制度,具体而言,又可分为两类:国家的司法秩序说与财产申报制度说。国家的司法秩序说认为,司法机关的重要任务之一就是查明犯罪嫌疑人究竟采用何种非法方式获取巨额财产,如果行为人拒绝说明,则妨害了司法机关的正常活动。[35] 财产申报制度说则认为,该罪的本质特征在于国家工作人员对于法律赋予其如实申报、说明其财产状况的义务的违反。[36] 无论是前者还是后者,本文均不认同,因为这两种观点的理论证成都缺乏合理依据,不值一驳。另一种炙手可热的观点是廉洁性说,即认为巨额财产来源不明罪的法益应为国家工作人员职务行为的廉洁性,主要依据是巨额财产来源不明罪被规定在《刑法》第八章"贪污贿赂罪"中。[37] 然而,目前来看,廉洁性说已被证明不再是受贿

---

[32] 参见张明楷:《论巨额财产来源不明罪的实行行为》,载《人民检察》2016年第7期;陈兴良主编:《刑法疏议》,中国人民公安大学出版社1997年版,第646页;侯国云:《有关巨额财产来源不明罪的几个问题》,载《政法论坛》2003年第1期;周光权:《刑法各论》(第4版),中国人民大学出版社2021年版,第548页。

[33] 参见[德]乌尔斯·金德霍伊泽尔:《法益保护与规范效力的保障——论刑法的目的》,陈璇译,载《中外法学》2015年第2期。

[34] [德]许乃曼:《法益保护原则——刑法构成要件及其解释之宪法界限之汇集点》,载许玉秀、陈志辉合编:《不移不惑献身法与正义——许乃曼教授刑事法论文选辑》,新学林出版股份有限公司2006年版,第228页。

[35] 参见孟庆华:《巨额财产来源不明罪侵犯客体之我见》,载《天津市政法管理干部学院学报》2000年第2期。

[36] 参见中国检察理论研究所组织编写:《国家工作人员犯罪认定中疑点难点问题研究》,中国方正出版社2000年版,第135页。

[37] 参见前注[22]。另见前注[6],李宝岳、吴光升文。

罪适格的法益学说,正在逐步退出受贿犯罪法益之争的擂台。[38] 如此一来,可否将廉洁性作为巨额财产来源不明罪的法益是高度存疑的。本文认为,作为一种应时而生的腐败犯罪类型,巨额财产来源不明罪有其独特的性质,因此很难直接从传统腐败犯罪的法益中为其寻得适格的法益内容,这迫使我们跳脱思维桎梏,开辟新的解释出路。

1. 社会国理念与现代刑法中法益范围的拓展

二战之后,德国的社会国(Sozialstaat)理念快速发展,带来了现代国家目标设定的重大变革。[39] 为了实现社会国理念强调的国家任务,必须注意维持制度的正常运作,这是因为人类是社会性的存在,只有在与他人共处的共同体当中,也就是在社会与国家的制度中,其利益才能确保与实现。对这些制度的保护,就是为了保护生活在、行动于这些制度中的人类之间接利益。

于是,随着现代刑法的发展,法益的范围逐渐超越个人法益的层面,开始包含集体法益,学者们逐渐意识到"一般情况下群体的利益也应当保护"[40]。德国学者罗克辛(Roxin)教授进一步指出,之所以认定法益保护原则也适用于这种群体的利益,是因为"一个正常行使职责的司法机构,一个没有贪污和贿赂的国家机关,一个未受损的货币,一个健全的赋税体系和一个未受破坏的环境对一个个体在社会中的发展可能性具有基本的意义"[41]。至此,再将目光重新回溯至巨额财产来源不明罪上,有一点是毋庸置疑的:该罪的法益,绝不属于以个体生命、健康、身体完整性为基础的个人法益,而应当属于服务于社会生活之全体个人的集体法益中的一种。这一点是首先必须明确的。

2. 法益内容:国家制度的正常运转及一般公众对国家工作人员这种制度角色的信赖

追本溯源,腐败形成的根本成因是不受监督且具备设租能力的公权力。[42] 正如孟德斯鸠所说,"一切有权力的人都容易滥用权力,这是万古不变的一条经验"[43]。基于经济学上的"功能主义"立场,腐败一度被认为可能有利于私人投资者避开政府蹩脚

---

[38] 受贿罪中的廉洁性说近年来饱受批判,相关批判参见孙国祥:《受贿罪的保护法益及其实践意义》,载《法律科学(西北政法大学学报)》2018 年第 2 期。另见张明楷:《受贿犯罪的保护法益》,载《法学研究》2018 年第 1 期;马春晓:《廉洁性不是贪污贿赂犯罪的法益》,载《政治与法律》2018 年第 2 期。

[39] 这种社会国的理念落实为《德国基本法》第 20 条第 1 款的内容,即"德意志联邦共和国是民主的、社会的联邦国家"。该法第 28 条第 1 款规定,"各州的宪法秩序必须符合基本法的共和、民主及社会的法治国原则"。

[40] 〔德〕京特·雅各布斯:《保护法益?——论刑法的合法性》,赵书鸿译,载赵秉志等主编:《当代德国刑事法研究(第 1 卷)》,法律出版社 2017 年版,第 13 页。

[41] 〔德〕克劳斯·罗克辛:《法益讨论的新发展》,许丝捷译,载《月旦法学杂志》2012 年总第 211 期。

[42] 对"腐败"概念的通常理解是,"政府官员违反游戏规则,滥用公权力牟取私利的行为"。See A. K. Jain, Corruption: A Review, Journal of Economic Surveys, Vol. 15, 2001, p. 73.

[43] 〔法〕孟德斯鸠:《论法的精神》,张雁深译,商务印书馆 1961 年版,第 65 页。

的政策和低效的管制,能够提高资源的配置效率。[44] 然而,即便承认"腐败有益论"在某种条件下可以成立,依然无法否认的是,非法获得个人财富(腐败),很可能会动摇国家政治制度的根基。可以说,在保障国家制度正常运转这一点上,腐败的负效应是第一性的。其一,如果长期的腐败得不到遏制,可能会使得社会陷入无序状态;其二,腐败会摧毁政治与法律制度的说服力,从而影响政治的稳定;其三,政治腐败最多只能整合一小部分人,而不可能起到整合社会的作用,因而长期腐败的政府最终将失去民众的信任,其合法性会遭到破坏,导致垮台。[45] 从另外一个角度来看,腐败会提高政府办事的代价,这不仅会使政府的日常开支增加,而且最终可能会通过增税、借款和削减重要项目等来扩大财产收入,最终导致整个国家的福利遭受损失。[46] 国内也早已有相关的实证研究表明,腐败现象确实会阻碍我国经济的发展。[47]

不过,个别国家工作人员非法获取巨额财产的行为,对于整个制度而言,其破坏力有时可以小到忽略不计,然而,若同类行为被反复实施,超过某一临界点便可能会无可避免地使国家政权发生颠覆,所以本文认为,巨额财产来源不明罪是一种典型的累积犯,其对制度破坏不是偶然的一两次犯罪直接导致的,而是大量同类行为的出现共同导致的。社会学上的相关研究表明,政治腐败很可能会产生"癌病变效应"和"丛生效应",即发生腐败现象的连锁反应。[48] 而此类微量危险行为的大量出现,就会动摇民众对于国家工作人员全体的信赖,进而引发对于国家整体制度的信赖危机。[49] 所以巨额财产来源不明罪的法益中同时也要加入一般民众对国家工作人员这种制度角色的信赖。具体而言,如果普通民众发现许多国家工作人员都持有巨额财产,且不能

---

[44] 经济学家亨廷顿甚至认为,政治腐败对于进行现代化的国家来说,在很大程度上不是政治衰败的力量,而是政治发展的力量。See J. S. Nye, Corruption and Political Development: A Cost-Benefit Analysis, The American Political Science Review, Vol. 61, 1967, pp. 419-427; Samuel P. Huntington, Political Order in Changing Societies, Yale University Press, 1973, pp. 59-71.

[45] See Herbert H. Werlin, The Consequences of Corruption: The Ghanaian Experience, Political Science Quarterly, Vol. 88, 1973, pp. 82-85; Gabriel Ben-dor, Corruption, Institutionalization, and Political Development: The Revisionist Theses Revisited, Comparative Political Studies, Vol. 7, 1974, pp. 63-83.

[46] See Kempe Ronald Hope, Administrative Corruption and Administrative Reform in Developing States, Corruption and Reform, Vol. 2, 1987, pp. 127-147.

[47] 参见周鑫晨:《腐败与中国经济增长的实证分析——基于三类公共支出角度》,载《生产力研究》2013年第7期;陈刚、李树、尹希果:《腐败与中国经济增长——实证主义的视角》,载《经济社会体制比较》2008年第3期。

[48] "癌病变效应"是指,腐败具有癌转移时癌细胞那种不受控制、无限倍增的能力;"丛生效应"是指,相互利益的依赖使一种腐败与另一种腐败串联在一起,导致腐败现象的连锁发生。这种见解由赛义德(Syed)首次提出,参见 Syed Hussein Alatas, Corruption: Its Nature, Causes, and Functions, The Athenaeum Press, 1990, pp. 138-142.

[49] 对累积犯的适用范围作出实质性拓展的德国刑法学者黑芬德尔(Hefendehl)主张,累积犯适用于对制度信赖法益的保护,阈值将信赖切分为信赖与不信赖,参见 Hefendehl, Kollektive Rechtsgüter im Strafrecht, 2002, S.124 ff; Tiedemann, Wirtschaftsstrafrecht, 4. Aufl., 2014, Rn. 141.

说明来源,那么必然会怀疑是因为国家制度存在大量漏洞,才使得国家工作人员非法获取个人财富的行为得以轻易实现,国家公器的威望与国家行为所应该具有并且保障的价值因此遭受破坏。从某种意义上来说,对国家工作人员这种制度角色的信赖是国家秩序的精神支柱之一,因此刑法对其加以保护是完全必要的。国家政府公信力崩塌之后可能产生的可怕后果,可以被视为信赖危机转化后的客观存在,例如,政府可能会陷入"塔西佗陷阱"。[50] 关于这一点,德国学者阿尔布莱希特(Albrecht)曾作过精准的论述,他指出一个与腐败如影随形的结果就是不信任(Mißtrauen),因为一旦有了腐败,便再也无法看清是何人基于何种目的而作出了决断。[51] 然而,信赖本身过于抽象,无法成为值得保护的独立法益。[52] 正如德国学者卡尔格尔(Kargl)所言,广义的信赖处于所有行政行为的背后,以信赖为法益不能将犯罪与行政违纪有效划分开来。[53] 在巨额财产来源不明罪的法益中,信赖是作用于维持国家制度正常运转的工具利益,换言之,巨额财产来源不明罪最终指向的法益应当是国家制度的正常运转,而维持民众的信赖只不过是途径而已。

3. 对可能批判的回应

集体法益这个概念通常被认为应当慎用,因为集体法益(如公共安全、健康)一般具有高度的抽象性和模糊性,本文将巨额财产来源不明罪的法益诠释为国家制度的正常运转以及一般公众对国家工作人员这种制度角色的信赖,可能遭受的批判是,如此定义的法益似乎可以同时适用于其他职务犯罪(如贪污罪、受贿罪等),而使法益丧失了本应当具有的界分功能。

无法否认的是,对巨额财产来源不明罪的法益进行界定,确有必要考虑其与贪污犯罪、贿赂犯罪之间的关系。如前所述,巨额财产来源不明罪自立法之初,就作为贪污贿赂等职务犯罪的补救性立法,但其依然是一个独立的罪名,与贪污犯罪、贿赂犯罪有诸多不同之处。一种犯罪所侵犯的法益属性,会反映在该类犯罪的构成要件要素上。虽然贪污罪与受贿罪的实行行为究竟是什么,在理论界存有一定的争议,但毋庸置疑的一点是,它们都是以作为的形式实现的,因而存在与之产生直接关联的法益,在受贿罪中体现为国家工作人员职务行为的公正性,在贪污罪中被理解为职务行为的廉洁性与公共财产权。[54] 虽然此两类犯罪同样会对国家制度的正常运转产生负效应,但是

---

[50] 塔西佗陷阱,即当执政者的公信力受到严重损害时,其说真话、做好事也很难被人们相信,很难取得应有的效果。参见严文斌主编:《百年大变局》,红旗出版社2019年版,第202页。
[51] 参见[德]汉斯·约格·阿尔布莱希特:《德国贿赂犯罪的基本类型与反腐刑法的最新发展》,韩毅译校,载魏昌东、顾肖荣主编:《经济刑法》(第17辑),上海社会科学院出版社2017年版,第57页。
[52] 哈森默教授认为,"信赖"处于一个过高也过于抽象的层次,不应作为刑法保护客体,参见前注[41]。
[53] Vgl. Kargl, Über die Bekämpfung des Anscheins der Kriminalität bei der Vorteilsannahme, ZStW 114 (2002), S. 763, 782.
[54] 关于受贿罪与贪污罪所侵犯的法益,我国学界曾展开过一定的争论,本文不再展开。

这种负效应是间接的、第二性的,处于职务行为的公正性、廉洁性与公共财产权之后,换句话说,受贿罪和贪污罪的法益可以从直接的、第一性的负效应中找寻更合适的答案,而无须诉诸国家制度的正常运转以及一般公众对国家工作人员这种制度角色的信赖这一具有兜底性质的法益内容。

(二) 不作为说作为义务的解释出路

对于集体法益而言,单是致力于寻找保护法益,是于事无补的,必须加强探索构成要件与保护法益之间的关系,才能有助于刑事立法的宪法审查与刑法释义学。[55] 在明确了巨额财产来源不明罪的法益之后,继而需要界定的是该罪的类别。由于刑法明文规定巨额财产来源不明罪由不作为构成,因此其应当属于真正不作为犯,行为人"不能说明来源"的行为,足以揭示其可罚性。[56]

1. 作为义务根源于《宪法》和《公务员法》中的廉洁义务

由于真正不作为犯与自由主义刑法可能会存在某种程度的抵牾,因此,对于真正不作为犯来说,相关的解释规则通常要严于一般犯罪。尤其是侵害集合法益类犯罪,其设定虽然对刑法漏洞进行了有效的填补,但是其与不作为的结合可能会带来侵犯人权的风险,因此确有必要通过严格设定解释规则来加以限定。在本文看来,不负有特定的作为义务,就不应当被视为不作为犯罪,因而,关于义务的要求,无论是真正不作为犯还是不真正不作为犯,均应一视同仁。为此,需要借由其他法律法规来为作为义务的内容划定基本的边界。[57]

根据《宪法》第 27 条第 2 款的规定,一切国家机关和国家工作人员必须接受人民的监督,这为《公务员法》设定国家工作人员的廉洁义务提供了宪法基础。《公务员法》第 14 条规定,公务员应当履行清正廉洁的义务;第 59 条规定,公务员应当遵守纪律,不得有下列行为:"贪污贿赂,利用职务之便为自己或者他人谋取私利",前者属于命令性规范,后者属于禁止性规范。[58] 由此可见,《宪法》和《公务员法》的相关规定为国家工作人员设定了廉洁义务,这一义务要求国家工作人员不得贪污受贿,不得利用职务之便为自己或者他人谋取私利。当国家工作人员的财产、支出明显超过其合法收入时,就须证明自己的财产、支出并不是利用职务之便谋取的私利,这便是巨额财产来源不明罪中说明义务(作为义务)的来源。

---

[55] Vgl. Hefendehl, Kollektive Rechtsgüter im Strafrecht, 2002, S. 124 ff.
[56] 我国台湾地区学者中有持相同见解者,参见邱忠义:《财产来源不明罪与贪污所得拟制之评析》,载《月旦法学杂志》2008 年总第 164 期。
[57] 参见姚诗:《真正不作为犯:义务困境与解释出路》,载《政治与法律》2019 年第 6 期。
[58] 参见〔德〕阿图尔·考夫曼、〔德〕温弗里德·哈斯默尔主编:《当代法哲学和法律理论导论》,郑永流译,法律出版社 2002 年版,第 341—344 页。

2. 巨额财产来源不明罪中的作为义务与保证人理论

《刑法》第 395 条明确规定了巨额财产来源不明罪的行为主体是"国家工作人员"。有学者尝试在其论著中对巨额财产来源不明罪中的"国家工作人员"作进一步的限定，即认为此处的国家工作人员，应采取限缩的功能性国家工作人员定义，须把那些单纯从事私经济行为的人员排除在外，而仅限于从事公权力行为的人员。[59] 在包括巨额财产来源不明罪在内的特定个罪中，不能简单套用《刑法》第 93 条的定义，而应当结合个罪来进行界定，这无疑是正确的论证方向。[60] 不过，在本文看来，"从事公权力行为的人员"这一结论及其论证流程，对于巨额财产来源不明罪来说，依然不够明确。这实质上关乎真正不作为犯中义务主体的解释问题。

本文认为，在巨额财产来源不明罪中，可以借助不真正不作为犯中的保证人理论来解释为何"从事公权力行为"的国家工作人员对巨额财产的来源负有说明义务。本文之所以认为须引入保证人理论才更具有说服力，是因为无论是真正不作为犯还是不真正不作为犯，"不作为"的本质都是通过"义务违反"来侵犯法益，保证人理论的功能就是提供一种义务违法性，其所强调的主体和法益之间的高度关联，实质承担了部分结果归责的功能。[61] 因此，可以将不真正不作为犯领域的核心理论——保证人理论，"跨领域"适用于巨额财产来源不明罪这一真正不作为犯。

接下来面临的是选择何种保证人理论加以适用以及如何适用的问题，不同的保证人理论对于主体和法益之间关联程度的要求不同，就会导致为义务主体划定范围时产生差异。在本文看来，排他支配并不是认定保证人地位的必要条件，至少在巨额财产来源不明罪中，不具备排他支配的可能性。[62] 因此，本文选择采用许乃曼教授提出的结果原因支配说。在许乃曼教授看来，作为是以"支配意志"和"信赖行动"为核心对身体(造成结果的原因)的支配，因此，不作为对脆弱法益或危险源应当有类似的支配。易言之，对结果原因的支配可以分为：①对危险源的支配；②对法益脆弱性的支配。[63]

---

[59] 参见姜涛：《刑法中国家工作人员定义的个别化解释》，载《清华法学》2019 年第 1 期。

[60] 晚近以来，学者们逐渐意识到应当从个别犯罪规定所保护的法益出发，结合个罪来界定国家工作人员的范围，除上注姜涛文外，可参见黄荣坚：《刑法上个别化公务员概念》，载《台大法学论丛》2009 年第 38 卷第 4 期；劳东燕：《论受贿罪中的国家工作人员》，载《东方法学》2020 年第 2 期。

[61] 参见〔德〕汉斯·海因里希·耶赛克、〔德〕托马斯·魏根特：《德国刑法教科书》，徐久生译，中国法制出版社 2017 年版，第 815 页。

[62] 我国刑法学界的争议主要集中于排他支配说与结果原因支配说。支持排他支配说的观点，参见黎宏：《排他支配设定：不真正不作为犯论的困境与出路》，载《中外法学》2014 年第 6 期。

[63] 相关论著散见于多篇译文中，参见〔德〕许乃曼：《论不真正不作为犯的保证人地位》，陈晰译，载李晓明主编：《刑法与刑事司法》(2013 年第 1 卷·总第 2 卷)，法律出版社 2013 年版，第 67—73 页；〔德〕许乃曼：《不纯正不作为犯及以不作为实施犯罪之形式》，王莹译，载梁根林主编：《刑法体系与犯罪构造》，北京大学出版社 2016 年版，第 221—231 页；〔德〕许乃曼：《德国不作为犯学理的现状》，载前注〔34〕，许玉秀、陈志辉合编书，第 656—668 页。

关于对法益脆弱性的支配,日本学者山口厚教授指出,"对于与行政机关的主管事务相关领域中的法益保护,只有通过行政机关的适宜的措施才能在实现法益保护这个意义上,并且也是在这一限度内,能够以对脆弱性的支配为根据,肯定保障人的地位从而肯定作为义务"。[64] 在巨额财产来源不明罪中,也应当通过对法益脆弱性的支配来肯定保证人的地位。如前所述,本文认为,巨额财产来源不明罪的法益为国家制度的正常运转以及一般公众对国家工作人员这种制度角色的信赖。当部分国家工作人员的财产、支出明显超过其合法收入时,财产不明增加往往源自不法所得,存在违法取得财物的高度盖然性或危险性。然而,并非所有持有来源不明的巨额财产的国家工作人员都是作为义务的主体,只有财产、支出明显超过合法收入,差额巨大,且合法性已经受到来自包括司法机关在内的外界质疑的国家工作人员,被司法机关责令说明巨额财产的来源时,才会产生对法益脆弱性的支配,在这种情况下,只有该国家工作人员采取了适宜的措施——说明巨额财产的来源,积极履行说明义务,表明其财产、支出并非系贪腐行为所非法获得的个人财富,才能实现对法益的有效保护。

(三)作为可能性存在与否

不作为说受到的重要批判之一是,如果没有证据表明行为人确实有能力说明巨额财产的真实来源,那么便不具备不作为犯罪客观方面的三个构成要件。[65] 换言之,"不能"并不等同于"拒绝",如果因为客观的原因不能说明,例如贪腐的次数太多、时间过于久远而难以记清,便不具备作为可能性,因而不构成犯罪。[66] 应当承认,这种顾虑是具有现实意义的,因为曾有真实案件中的行为人自述"受贿次数太多记不清"。[67]

对于这一问题的处理,一般而言,无非是两条路径:承认不作为犯的例外,或者认为不作为的成立没有例外,没有能力说明来源的情形不得以该罪论处。不作为说阵营中的张明楷教授主张第二条路径,并阐述了第二条路径不会放纵犯罪的种种理由,同时认为没有能力说明真实来源的情况是极为罕见的,因此选择第二条路径并不意味着会轻纵犯罪。[68]

但在本文看来,此种质疑根本上就是不成立的。首先,需要对"作为可能性"这一概念的内涵进行精准剖析。围绕作为可能性,一般来说,可以作两个方面的思考:作为可能性与作为义务之间的关系,以及作为可能性的应有之义。前者并不会对文中结

---

[64] 〔日〕山口厚:《刑法总论(第3版)》,付立庆译,中国人民大学出版社2018年版,第130页。
[65] 参见前注〔30〕,第484页。
[66] 参见前注〔22〕;前注〔6〕,刘杰、薛进展文。
[67] 参见王文伟:《贪官自述:受贿次数太多记不清,以起诉书为准》,载央广网(https://m.cnr.cn/news/20150825/t20150825_519644283.html),访问日期:2024年7月28日。
[68] 参见前注〔32〕,张明楷文。

论产生直接影响,而真正值得关注的问题是作为可能性的含义与判断方式。所谓作为可能性,较为通俗易懂的解释是"负有作为义务的人具有履行作为义务的可能性"[69]。不少学者的论著中对于作为可能性都着墨寥寥,通常被提及的经典案例是不会游泳的父亲目睹自己的孩子将溺亡于湖中而袖手旁观。[70] 在这一情形中,通常认为,行为人因其个人能力不足而不负作为义务。围绕这一经典案例以及"法不能强人所难"的法谚,本文认为,至少可以从以下两个层面来对作为可能性的内涵作深层次的解读:

第一,不作为人完全不具有实施作为行为的可能性,即凭借行为人自身的能力无论如何都不可能做到。例如,完全不会游泳的父亲,即便鼓起勇气下水,也根本不可能救助自己即将溺亡的孩子。此时"法律不能强人所难"之"不能"是任何意义上之不能。

第二,不作为人具有一定的实施作为行为的可能性,但实施作为行为须背负巨大的风险,在这种情况下,对于行为人而言,如果法律苛求其履行特定的作为义务,就意味着要求其作出巨大的牺牲,这当然也是在强人所难,因此法律不为其设置相应的行为规范。例如,游泳能力极为低下的父亲,如果试图下水救助自己即将溺亡的孩子,很可能自己也会面临溺亡的风险。此时"法律不能强人所难"之"不能"是期待可能性意义上之不能。从这个意义上讲,此时的作为可能性实质上是一种期待可能性。

我国台湾地区学者林钰雄教授将作为可能性分为两类:客观事实上根本不可能之事与行为人个人物理能力所不能之事。前者是指任何人处于该情境之下皆不可能,而后者则是指行为人个人处于该情境的不可能。[71] 客观事实上根本不可能之事,毫无疑问可以作为排除不作为犯罪成立的理由,因此需要探讨的其实是行为人个人物理能力所不能之事。就前述两种不同层面上的作为可能性而言,应当具有两套不同的判断标准。在第一种情形中,不作为人是否真的完全不具有作为可能性,需要结合行为人的经历、身体状况、精神状况等多方面的因素对行为人的个人能力进行准确鉴定。例如,前述案例中的父亲是否从未下水游泳过,是否患有骨科疾病等。而就第二种情形而言,可以借鉴期待可能性理论中的平均人标准说[72],根据社会一般人处于行为人立场时持不作为决意是否妥当来判断行为人是否具有作为可能性。

在巨额财产来源不明罪中,行为人因记不清财产来源而无法说明,此时要求其履行说明义务,并不会对行为人自身的法益产生任何危险性,期待可能性意义上的作为可能性在此种情形中并不微弱,或者说,如果其他社会一般人处于行为人的立场,当然可以期待他们说明巨额财产的来源。另外,前述案例中的父亲是否有游泳能力,属于

---

[69] 张明楷:《刑法学》(第6版),法律出版社2021年版,第205页。
[70] 参见〔德〕乌尔斯·金德霍伊泽尔:《刑法总论教科书》(第6版),蔡桂生译,北京大学出版社2015年版,第364页;〔日〕高桥则夫:《刑法总论》,李世阳译,中国政法大学出版社2020年版,第145页。
[71] 参见林钰雄:《新刑法总则》(第9版),元照出版有限公司2021年版,第555—556页。
[72] 前田雅英『刑法総論講義』(東京大学出版社,2011年)412頁以下参照。

客观事实,易于证明,而行为人是否真的记不清巨额财产的来源,只存在于行为人的脑海之中,无法为其他人所知晓,也难以证明,除非有相关的医学证明表明行为人已患有严重的阿尔茨海默病,临床表现为严重的记忆障碍等。试想,在行为人并非真的记不清,而假托年代久远、数额巨大无法记清时,若不以巨额财产来源不明罪论处,则有放纵犯罪之嫌。

(四)针对不作为说其余批判的驳斥

来自不作为说批判阵营的学者们,试图从各个角度来"击垮"不作为说的合理性。批判的"炮火"主要集中于作为义务的来源、作为可能性的存在与否以及对法益的不同理解,前文中已就这三个问题进行了详细的论述,本文在此不再赘述。除以上三种主要的批判外,还存在一些零星的批评声音。但在本文看来,这些批判都不具有真正的"攻击力"。

1. "可以责令说明来源"的表述方式

这一批判的矛头直接指向巨额财产来源不明罪条文表述中的"可以"二字。批判者一般认为,既然罪状的表述是"可以"责令说明来源,就意味着司法机关既可以责令该国家工作人员说明来源,也可以不责令,因此无法将其视为命令性规范。[73] 但在本文看来,此类批判无异于隔靴搔痒,根本不足以动摇不作为说的正当性。

巨额财产来源不明罪"可以责令"的表述确实独树一帜,但这充其量不过是一种立法时所运用的文字技巧。前述批判者们通常认为,"可以责令该国家工作人员说明来源"是将是否责令的权柄交到了司法机关的手中,但在本文看来,"可以"二字指向的对象应当是国家工作人员,当国家工作人员的财产、支出明显超过合法收入且差额巨大时,该国家工作人员通常会被怀疑涉嫌贪污犯罪、贿赂犯罪等一系列的贪腐犯罪,但却未有确实、充分的证据,此时便"可以责令"其说明巨额财产来源,如果其"不能说明",那么就应以巨额财产来源不明罪论处,而不能以未有切实根据的贪污罪或受贿罪等论处。因此,在本文看来,"可以责令"实质上是为此类情形中国家工作人员通往另一罪名——巨额财产来源不明罪而另辟的蹊径。

2. 是否会导致刑事诉讼中举证责任的倒置

于改之教授认为,不作为说使行为人负有的"说明义务"会不可避免地导致刑事诉讼中举证责任的倒置。具体而言,当司法机关收集到足够证据证明某国家工作人员的财产、支出明显超过合法收入且差额巨大时,证明责任便会转移到犯罪嫌疑人身上,这就与最基本的无罪推定原则相左。[74] 最高人民法院《关于开展〈人民法院统

---

[73] 参见前注[6],刘杰、薛进展文;前注[6],陈洪兵文。
[74] 参见前注[6],于改之、吴玉萍文。

一证据规定(司法解释建议稿)〉试点工作的通知》第 129 条第 3 款规定:"被公诉机关指控犯有巨额财产来源不明罪的被告人,对其财产差额巨大的部分负有证明其来源合法的责任。"根据这一规定,似乎可以认为犯罪成立要件的证明负担被转移到了被告人一方。

然而,本文认为,即便采取不作为说,巨额财产来源不明罪的举证责任仍属于公诉机关。首先,任何对于法条文本的理解,都肇始于对文字文义的解释,因为文义不仅可以作为解释上的第一个方向标,而且可以为进一步解释活动划定区域。[75] 从字面上看,有关该罪罪状的条文表述是"说明",这表明立法者的本意是让该国家工作人员进行口头或书面形式的说明,这可以被理解为一种单纯的解释行为,虽然可能需要提供相关的证据材料作为佐证,但并未要求其达到刑事诉讼的证明标准。也就是说,行为人所承担的责任应当是解释责任,而非举证责任。其次,《全国法院审理经济犯罪案件工作座谈会纪要》规定,《刑法》第 395 条第 1 款规定的"不能说明",包括的情况之一为"行为人所说的财产来源因线索不具体等原因,司法机关无法查实,但能排除存在来源合法的可能性和合理性的",这一规定直接表明了核实财产来源是否属实的责任仍由司法机关承担。再次,只要用以证明巨额财产来源不明罪的证据,不是强迫被告人而取得的,就不存在违反不自证己罪原则或缄默权的疑虑。[76] 最后,要求行为人承担全部的举证责任也不现实。总而言之,立足于不作为说而要求行为人背负的只是"说明义务",不等同于真正的举证责任,因此以无罪推定或者不得强迫自证其罪原则来批判不作为说,并非有力的切入角度。

四、结　语

在对于巨额财产来源不明罪实行行为的理解上,本文采取不作为说,即认为该罪的实行行为是行为人"不能说明来源"。巨额财产来源不明罪的法益是一种集体法益——国家制度的正常运转以及一般公众对国家工作人员这种制度角色的信赖。在此基础上,本文进一步论证了该罪属于累积犯的一种,其对法益的破坏不是偶然的一两次犯罪直接导致的,而是大量同类行为的累积共同导致的。另外,由于刑法明文规定巨额财产来源不明罪由不作为构成,因此该罪应属于真正不作为犯,其作为义务来源于《宪法》和《公务员法》为国家工作人员设定的廉洁义务。除此之外,可以将不真正不作为犯领域的核心理论——保证人理论,"跨领域"适用于巨额财产来源不明罪这一真正不作为犯,借关于法益脆弱性的支配理论来解释为何国家工作人员对巨额财产的来源负有说明义务。本文还对作为可能性的内涵作了深度解读,将其分为两种类

---

[75] 参见〔德〕卡尔·拉伦茨:《法学方法论(全本·第 6 版)》,黄家镇译,商务印书馆 2020 年版,第 409 页。
[76] 参见前注[8]。

型,即任何意义上之不能与期待可能性意义上之不能,并提出两种不同的判断标准,而巨额财产来源不明罪一些情形中的"说明不能",实质上并不意味着不存在不作为犯罪中的作为可能性。限于篇幅,本文无法巨细无遗地对巨额财产来源不明罪的相关疑难问题进行逐一探讨,如共犯认定、既判力、自首、时效。巨额财产来源不明罪的实行行为虽然只是一个微小命题,但却可以结合总论进行诸多研究。

论投资移民的反腐败监管机制：问题与对策

杨 超[*]

> **要 目**
>
> 一、对投资资金进行审核的主要机制
> 　（一）资金来源合法性说明强制性要求
> 　（二）投资资金转款途径及方式规定
> 二、投资移民反腐败监管中的漏洞与障碍
> 　（一）对投资移民可疑申请者信息交换的障碍
> 　（二）移民流入国未积极承担反腐败国际公约义务
> 三、投资移民反腐败监管体系的建立与完善
> 　（一）完善国内的金融监管及合作机制
> 　（二）国际金融机构反腐败监管的发展趋势
> 　（三）加强国际合作以有效打击反腐败犯罪
> 四、结语

摘 要 因投资移民政策成为全球财富再次分配的重要方式，这一政策近年来受到诸多国家的广泛关注，许多国家竞相出台投资移民政策以吸引外国投资者及资金流入；但由于不少国家实施的投资移民制度中不乏宽松的监管标准及非严谨性的程序规定，使得贪腐人员得以利用投资移民制度转换身份，转移非法资产。关注到投资移民实践中引发的问题，本文以反腐败为切入点，深入分析他国投资移民制度存在的法律漏洞，结合我国法律制度与监管机制，提出完善国内反腐败防逃机制及加强国际刑事司法合作的法律建议。

关键词 投资移民　反腐败　国际刑事司法合作　金融信息

---

[*] G20反腐败追逃追赃研究中心专职研究员，北京师范大学法学院暨刑事法律科学研究院副教授。

投资移民政策在近些年引发包括经济合作与发展组织(OECD)[1]、欧盟[2]等重要国际组织的关注,由于不少国家在投资移民制度设计中缺乏有效的反腐败监管措施,导致投资移民制度频繁成为贪腐人员及其他犯罪人员用于实施转移非法资产或进行其他犯罪的工具。[3] 造成投资移民制度被利用的原因包括:其一,移民流入国对投资移民申请中的金融信息、身份信息尚未形成有效监管机制,加之未将上述信息的调查与反贪腐犯罪的监测紧密联系。其二,投资移民制度中相关主管机构之间缺乏畅通的沟通与合作机制。尤其值得注意的是,通过购买房产获得居留权或身份的投资移民政策,往往是金融监管与移民背景调查的重大空白点,导致非法资产与人员得以利用投资移民制度转换身份。其三,移民流入国和流出国欠缺畅通的信息共享与合作机制。

鉴于投资移民制度与腐败犯罪的交织影响,须从法律的角度对外国投资移民制度及我国相关的法律及监管制度进行深入研究,以推动新形势下的反腐败向纵深发展的工作需求。习近平总书记在十九届中央纪委二次、三次全会上,对反腐败斗争形势进行了深刻分析,反复强调形势依然严峻复杂,全面从严治党永远在路上,决不能"刀枪入库、马放南山"。[4] 腐败的严峻复杂形势体现在,随着现代信息化、技术化的发展,腐败行为变得更加隐蔽。时任国家监察委员会主任的杨晓渡在第十三届全国人民代表大会常务委员会第二十一次会议上对我国开展反腐败国际追逃追赃工作情况的报告中指出,"加强反腐败国际追逃追赃工作,是我国立足新时代全面从严治党、党风廉政建设和反腐败斗争新形势新任务的重大决策部署。习近平总书记高度重视、亲自推动,对反腐败国际合作谋篇布局,为追逃追赃工作提供坚强政治引领。党中央将国际追逃追赃工作提升到国家政治和外交层面,纳入反腐败工作总体部署,为追逃追赃工作奠定了坚实政治基础;加强集中统一领导,建立中央反腐败协调小组国际追逃追

---

[1] See Residence/Citizenship by Investment Schemes, OECD(10 January 2021), http://www.oecd.org/tax/automatic-exchange/crs-implementation-and-assistance/residence-citizenship-by-investment/OECD. 经济合作与发展组织对全球发布投资移民制度的国家进行汇总和分析后指出,一些国家所发布的投资移民居留或护照项目,由于立法设计的欠缺和监管措施的不到位,被犯罪活动利用的风险很高。

[2] See European Parliament Resolution on EU Citizenship for Sale〔2013/2995(RSP)〕, European Parlament (20 January 2021), https://www.europarl.europa.eu/doceo/document/B-7-2014-0017_EN.html. 2014 年,欧盟理事会对欧盟成员国的投资移民制度,特别是针对实施"黄金居留"签证制度导致涉嫌犯罪的人员流入欧盟并在欧盟境内自由流动的问题,表示了深切的关注。欧盟理事会在近年来不断呼吁通过加强金融监管、反洗钱等手段降低投资移民制度被贪腐人员及其他犯罪人员利用的可能性。

[3] See Golden Visa Corruption Scandal Continues to Rock Portugal, SEF (20 February 2021), https://www.portugalresident.com/golden-visa-corruption-scandal-continues-to-rock-portugal/. 葡萄牙移民局在 2014 年被爆出一系列涉嫌受贿的丑闻,起因正是"黄金居留"签证制度中涉及大量对移民官员行贿的行为。最终,葡萄牙前移民局局长因涉嫌受贿被捕,案件中涉嫌行贿的人员大多来自巴西。

[4] 参见陈超英:《全面深刻认识新时代反腐败斗争形势》,载中国纪检监察杂志网(https://zgjjjc.ccdi.gov.cn/bqml/bqxx/201906/t20190615_195560.html),访问日期:2024 年 8 月 26 日。

赃工作协调机制,统筹抓好反腐败国际追逃追赃工作"[5]。本文即从反腐败及法律监管的角度对投资移民制度进行研究,以投资移民制度为着眼点,逐一分析全球实施投资移民制度的代表性国家对投资资金进行审核的主要机制,以及各国投资移民制度中存在的法律漏洞,并结合国际反腐败公约中各国应承担的反腐败国际义务,认为各国应拒绝成为腐败犯罪的"避风港",不能为单纯追求外资流入而放弃打击腐败犯罪的国际法职责。研究核心在于,对投资移民制度的研究不能仅限于投资移民法律制度,而须与其他法律制度衔接,无论是移民流入国还是流出国都应针对投资移民申请及相关金融活动建立交叉监测审核机制,以降低投资移民制度被犯罪分子利用的可能性,完善打击腐败犯罪的国际合作体系。

一、对投资资金进行审核的主要机制

投资资金是投资移民制度中的一个重要内容,从法律监管制度的角度看,对投资移民资金的监管须集中于资金来源合法性和转款手段与途径,以排除非法人员借用投资移民方式进行洗钱并实现身份转换。

(一) 资金来源合法性说明强制性要求

资金来源合法性说明是指投资移民申请者在提交申请材料时应对投资资金的来源作出明确清晰、符合证明要求的说明。申请者一般可通过税单、工资收入证明、银行对账单等一系列材料进行证明。[6] 但目前,并不是所有实行投资移民制度的国家都将资金来源合法性说明作为一项强制性要求纳入投资移民审查的范围,这导致对资金来源的监管存在漏洞。此外,在对资金来源合法性说明作出要求的国家中,也并不是所有国家都明确了关于资金来源合法性的证明标准[7],没有将民事证明标准运用于投资资金的证明当中,没有达到其他移民类型关于同等证明材料的证明力要求,只是概括性地要求提供一份对资金来源合法性的说明,对投资移民资金来源的证明力要求过低。[8] 以各国投资移民制度是否对投资资金来源合法性说明作出强制性要求为区分,下文将一一作出分析:

---

[5] 杨晓渡:《国家监察委员会关于开展反腐败国际追逃追赃工作情况的报告》,载中国人大网(http://www.npc.gov.cn/npc/c2/c30834/202008/t20200810_307136.html),访问日期:2024 年 8 月 26 日。

[6] 参见[美]王可必:《投资者通往美国绿卡之路:投资移民 EB-5 签证计划》,法律出版社 2015 年版,第 6 页。

[7] 目前,欧洲地区、加勒比地区以购房、购买国债为代表的"黄金居留"签证或护照的投资移民项目,基本都未对投资资金来源合法性作出要求。

[8] 根据透明国际的调查显示,英国之前的 Tier-1 投资移民签证,虽有资金来源合法性要求,但是在实践中,资金审核标准异常模糊且流于形式,使得 2008—2015 年 4 月期间,3000 多名投资移民申请者在未经过任何实质性审核的情形下即获得了签证,其中混杂了不少涉嫌贪腐的人员。

1. 对资金来源合法性说明设有强制性要求

对资金来源合法性的证明是美国EB-5投资移民签证的一项基本要求,申请者须通过合法来源收入进行投资。不同的投资方式需要通过不同的证明材料来证明资金来源的合法性。[9] EB-5投资移民签证在资金来源合法性上有明确的要求,即用于投资的资金必须合法,无论是直接还是间接获得的,资金应可回溯。

爱尔兰投资移民项目规定,投资移民申请者须提供对资金来源合法性的说明及覆盖资金转移渠道的证明材料,从而避免非法资金通过投资移民渠道进行转移。投资资金若是通过爱尔兰境外银行账户转移,须提供银行卡原件,以及申请者连续3个月的交易流水。[10] 根据财产的不同来源,主要分为商业和投资收入、买卖收入、遗产和离婚资产,法律对其规定了不同的证明方式。

但是,即使对投资资金来源合法性说明作出强制性要求,但是否能够在审核中达到法定审查标准,以有效排除非法资金入境,也是实践中面临的困境。如加勒比地区,安提瓜和巴布达的投资移民项目要求申请者提供投资移民资金来源合法性说明,由申请人本人提供声明表示资金来源合法,并提供相关的证明材料。[11] 但安提瓜政府对具体的证明材料应达到何种证明力未作出明确规定。圣卢西亚2015年《投资移民法》要求申请人提供投资资金来源合法的声明,并提交相关的证明材料,然而关于证明材料的证明力要求也不明确。同时,圣卢西亚投资移民项目对资金转款欠缺法律规定,在签证审理上也未能保证绝对的独立性,使得投资移民项目很可能与当地腐败问题、洗钱等金融犯罪牵连。[12] 格林纳达《投资移民法》第6条对投资资金的说明作出规定,但其重点在于证明资金流入格林纳达,要求资金只有在汇入不可撤回的托管账户中才能被认可,托管账户应当是由政府规定的中介机构所开设,需符合格林纳达国家法律规定。[13] 显然,格林纳达的相关法律规定仍然缺乏对投资资金来源合法性及资金回溯性的要求。多米尼克《投资移民法》要求申请人提供资金来源证明书及申请人的商业背景报告,但法律并没有对这些证明性文件

---

[9] 参见前注[6],第20—22页。

[10] See Immigrant Investor Programme Guidelines for Applicants, Department of Justice and Equality Ireland (14 February 2021), http://www.inis.gov.ie/en/INIS/Immigrant%20Investor%20Programme%20Guidelines%202019.pdf/Files/Immigrant%20Investor%20Programme%20Guidelines%202019.pdf.

[11] See Antigua & Barbuda Investor Citizenship: Documents Required, Investment Immigration (20 February 2021), https://www.investmentimmigration.com/antigua-barbuda-investor-citizenship/.

[12] See Saint Lucia Flagged in US Money Laundering Report, HTS News 4orces (4 January 2019), https://www.htsstlucia.org/saint-lucia-flagged-in-us-money-laundering-report/.

[13] See 2013 Grenada Citizenship by Investment Act 15, Citizenship by Investment Government of Grenada (15 May 2019), http://www.cbi.gov.gd/wp-content/uploads/2015/05/Act_No._15_of_2013_Grenada_Citizenship_by_Investment_Act15.pdf.

的具体形式、证明力标准作出具体规定,对资金来源合法性的证明力要求较低。[14] 根据多米尼克《投资移民法》的规定,只有在申请者已经将投资资金汇入不可撤回的托管账户,房产项目已经依照规定进行时,才可能授予其公民身份。对撤销身份的处罚也主要集中在资金管理方面,如果资金转账被认定无效或申请者没有支付相关费用,则申请者将面临撤销身份的处罚。[15] 投资移民法律监管的"着力点"显然在投资移民程序的"后半段",即资金是否到位,是否实际进入多米尼克境内,而对申请者的"前半段"——是否依据移民流出国法律规定进行转移,资金来源是否合法,基本无所涉及。

事实上,利用投资移民资金来源合法性审查的漏洞,以获得移民身份的例子也不在少数。例如,我国外逃人员梁泽宁,原为深圳市田心实业股份有限公司(村集体企业)董事长,涉嫌职务侵占罪、合同诈骗罪。2015 年 9 月,梁泽宁逃往新加坡。2015 年 11 月,深圳市公安局罗湖分局对梁泽宁立案侦查。2016 年 3 月,国际刑警组织对梁泽宁发布红色通缉令。新加坡执法部门将梁泽宁抓获,并决定依法予以遣返。[16] 根据新闻公开报道,梁泽宁采取合同诈骗、职务侵占等方式获取了上亿元赃款。除了挥霍、赌博,梁泽宁还通过"地下钱庄"把赃款转移到国外,将非法所得作为投资资金用于申请新加坡投资移民,并于 2015 年外逃。[17]

2. 对资金来源合法性说明未规定强制性要求

欧洲国家推行的投资移民制度,特别是通过购买房产、国债、基金项目获得居留权身份的国家立法,普遍缺乏对资金来源合法性说明的强制性要求。以马耳他为例,马耳他投资移民法律更新变化的速度非常快,近年来,马耳他政府一直在调整投资移民法案,包括推出新的投资移民方式:一方面,希望能够加强监管,符合欧盟及国际社会呼吁的透明标准;另一方面,也希望依靠更为便捷的投资移民方式吸引更多的投资移民。[18] 可以说,马耳他政府一直在寻求监管和便捷之间的平衡。然而,根据马耳他政府的统计数据,自 2013 年以来,还没有被剥夺马耳他护照的案例发生。[19] 从这一实践数据来看,很难认为马耳他政府切实履行了谨慎监管的职责。马耳他投资移民项目

---

[14] See Commonwealth of Dominica Citizenship Act, CBIU GOV (14 Feburary 2021), https://cbiu.gov.dm/wp-content/uploads/2020/10/Commonwealth-of-Dominica-Citizenship-Act.pdf.

[15] Ibid.

[16] 参见《"红通人员"梁泽宁被新加坡执法部门遣返回中国》,载新华网(http://www.xinhuanet.com//legal/2019-04/23/c_1124406242.htm),2024 年 8 月 18 日访问。

[17] 参见《冻结资金、精准追踪……中央追逃"战斗技巧"首度公开》,载人民网(http://fanfu.people.com.cn/GB/n1/2019/0704/c64371-31212675.html),2024 年 8 月 15 日访问。

[18] See Fifth Annual Report on the Individual Investor Programme of the Government of Malta (1st July 2017–30th June 2018), Office of the Regulator (14 February 2021), https://orgces.gov.mt/en/documents/reports/annual%20report%202017.pdf.

[19] Ibid.

对投资移民的要求以房地产业为主,体现出投资移民政策强烈的导向性,即通过外来资金推动该国房地产的发展,尤其是马耳他投资移民项目对特殊区域采用了降低房产购买价格的方式,以更好地推动经济相对滞后地区的发展。[20] 但综观马耳他投资移民项目的要求,其中并没有关于资金来源合法性说明的法定要求,只要求申请人以宣誓证明的方式证明本人没有涉及相关诉讼程序,这种对资金和人员的审核方式显然不能达到有效排除涉腐败或其他犯罪的要求。

(二)投资资金转款途径及方式规定

对投资资金转款途径和方式的管理主要体现在投资移民流入国是否对投资资金的转账入境作出强制性的规定,是否要求资金汇入应当建立一条可追溯的链条,是否要求资金应当是从投资移民申请者来源国直接汇至移民流入国,是否要求转账的金融机构是合法成立运营的。明确关于转款途径和方式的规定,能够减少资金通过地下钱庄进行交易,降低通过投资移民渠道进行洗钱的可能性。实践中不少国家只对资金入境作出明确的规定,如阿根廷法律虽然规定投资移民申请者需提供资金来源合法性的证明材料,投资资金必须通过阿根廷央行授权的金融机构和银行汇入[21],但对资金转移的方式方法或需要遵循的法律规则都没有作出强制性规定。

新西兰是全球投资移民的一个重要流入国,作为移民国家,新西兰关于移民立法具有较为先进之处。在投资移民方面,新西兰对投资资金转款途径和方式的管理主要体现在,其对投资资金的转账方式作出了强制性的规定,要求资金汇入应当能够建立一条可追溯的链条,要求资金应当是从投资移民申请者所在国直接转入移民流入国,转账的金融机构应是合法成立运营的。通过对转款途径和方式进行规定,减少资金通过地下钱庄进行交易的情况,减少以投资移民进行洗钱的行为,有效降低了贪腐人员或其他犯罪人员以洗钱方式转移资金、进行投资移民的可能性,有利于从可疑金融信息中有效发现涉腐败犯罪的线索,或是加快对涉嫌腐败人员及相关金融交易的排查。具体而言,新西兰政府明确要求申请人应通过银行系统直接将申请人名下的资金转入新西兰,同时,现金和通过外汇交易公司转款也能够被认可,但须分别符合相关条件。通过现金转移须符合以下条件:①符合新西兰的转款规定;②符合移出国的现金管理和限制性规定。通过外汇交易公司转款须符合以下条件:①通过银行系统转款;②申请人提交的材料中应能体现出转款是直接从银行转至外汇交易公司;③转款应符合新西兰和资金转出国的法律;④转款应是有迹可循的,现金存款可能不被接受;⑤外汇交易公司应是合法运营的,不允许通过涉嫌或已被证明有欺诈或非法挪用行为的公

---

[20] See The Malta Residence and Visa Programme, RESIDENCY MALTA AGENCY (14 February 2021), https://residencymalta.gov.mt/the-malta-residence-and-visa-programme-live/.

[21] See How To Move To Argentina, ImmiGuides (3 April 2020), https://immiguides.com/immigration-guides/argentina/.

司进行转款。[22]

新西兰金融情报警察局(New Zealand Financial Intelligence Unit)是承担金融信息分析职责的机构。2009年《反洗钱和反恐怖法》是新西兰反洗钱的核心法律,这一专项法律的出台正是新西兰政府应对FATF建议,完善国内法律规范,履行反洗钱职责的体现。根据新西兰法律对洗钱罪的定义,洗钱罪的上游犯罪没有犯罪类型的限制,只要行为人知道或相信资产来源于刑事犯罪,为隐瞒资产来源而实施处理或帮助处理的行为,即构成洗钱罪。[23] 新西兰金融情报警察局对公司、银行和其他金融机构报告的金融信息进行收集,作出关联分析,并发送至其他包括新西兰警察局在内的调查机构、政府部门、监管机构、国内相关主管机构和国际对口机构。新西兰金融情报警察局关于金融可疑交易的报告统计相当详细,且关注洗钱新技术的发展,每季度根据不同统计对象在官网发布报告,报告的内容包括资本市场、房产交易、电子货币、高价值资产、滥用壳公司交易、滥用信托公司、洗钱等。[24] 这有利于主管机构和公众及时获知洗钱方式的变化与犯罪发生的重点领域,实现了对金融信息的公开,有助于公众对可疑交易进行监督。针对金融信息的监测和立法规定,新西兰政府形成了较完整的法律体系和较高的执法水平,特别是在投资移民领域,对资金转账规定得较为详尽,以法定形式规定了投资移民具体的转账方式与途径,有效降低通过地下钱庄、电子汇款系统进行洗钱转账的可能性,并且对金融交易信息的透明度也有较高要求,要求明确资金来源与资金所有人的身份,这能够较好地实现预防贪腐人员利用投资移民转移资产及入籍。

二、投资移民反腐败监管中的漏洞与障碍

(一)对投资移民可疑申请者信息交换的障碍

加勒比地区的国家以及欧洲地区的塞浦路斯、马耳他是实行投资移民直接获取永久居留或护照制度的代表。而上述国家又多为离岸金融地,实行银行信息绝对保密制度。这就使得,一方面,投资移民申请者能够通过投入资金、购买房产等较简单的投资方式获得护照或公民身份;另一方面,这些国家实行金融信息保密制度,因此投资移民申请者更容易通过投资移民隐匿身份。就投资移民制度而言,造成国家之间对可疑申请者信息交换存在障碍的原因包括:第一,以离岸金融中心著称的国家以金融信息保密制度吸引更多有资产配置需求的人员前来;第二,不少规定了投资移民即可获得护

---

[22] See Research and Statistics, New Zealand Immigration (19 May 2018), https://www.immigration.govt.nz/about-us/research-and-statistics.

[23] See NZ Financial Intelligence Unit (FIU), New Zealand Police,(10 April 2020), https://www.police.govt.nz/advice/businesses-and-organisations/fiu.

[24] Ibid.

照的国家,其法律基本允许双重国籍,申请人获得移民国国籍后并不需要通知原国籍国,这种不透明的身份信息体系显然会给国际合作造成一定障碍,移民流入国也难以履行拒绝腐败人员入境的国际义务。

事实上,落实投资移民制度监管很重要的一点,即能够将投资移民制度与本国监管法律制度相衔接,减少法律制度之间的监管空白,投资移民制度并不是要制造一个监管真空,而是需要与其他法律制度相互交织,互相完善,真正实现引入高素质、专业化的投资移民的目标。

值得注意的是,各国对移民申请中使用虚假证据材料的规定不尽相同。第一,不同国家法律对虚假材料的定义不尽相同,虚假材料的概念涵盖了与事实相反的材料、对事实作出的虚假陈述及故意隐瞒真实情况。因此,应针对被请求国移民法律对虚假材料的准确定义,集中精准地准备证据材料。第二,在签证欺诈的认定中,对申请人主观故意内容的要求也不尽相同。美国法律规定,只要申请人事实上存在虚假的材料或陈述,就认定为非法入境者,无论其是否有故意的意图,都将面临剥夺永久居民身份以及其他一系列处罚和刑罚。[25] 有些国家则规定,申请人使用虚假材料,必须要有主观故意,以排除因疏忽导致的错误或中介、律师在申请人不知情的情况下使用虚假材料。如《俄罗斯联邦外国公民法律地位法》规定,移民申请人使用虚假材料是指,行为人具有故意的主观意图,不包括行为人在不知情的情形下错误使用不真实的材料。申请人只有故意使用虚假材料进行签证或护照申请,才构成俄罗斯法律规定的刑事犯罪。[26] 又如,菲律宾《1940年移民法》第23条规定,申请人故意使用任何虚假的材料或自愿作出不实陈述,都会成为撤销投资移民签证的依据。[27] 第三,虚假材料是否直接存在于申请提交的材料中,是否包括申请人在签证申请过程中可能出现的作出虚假陈述的情形。大部分国家对签证申请中使用虚假材料都持绝对否定的态度,格林纳达《投资移民法》规定,申请人在签证申请中提供虚假信息,或者获得公民身份后,在身份登记时进行虚假陈述、欺诈或故意隐瞒重大事实,都将面临剥夺国籍的处罚。[28] 有些国家对虚假材料的规定仅限提交申请公民身份的表格,在签证申请过程中使用虚假材料则可能不会带来吊销身份的处罚。如多米尼克《投资移民法》第5条规定,申请人在护照申请表格中使用虚假材料,不应被授予公民身份。在公民身份登记中进行虚假陈述或欺诈或故意隐瞒重大事实,或对多米尼克有叛国或煽动叛乱的行为,将被剥夺国籍。[29]

---

[25] 参见《美国移民与国籍法》第275条;Improper Entry by Alien, USCode House Gov (2 Feburary 2021), https://uscode.house.gov/view.xhtml?req=granuleid:USC-prelim-title8-section1325&num=0&edition=prelim。

[26] 参见《俄罗斯联邦外国公民法律地位法》第9条,载中国政法大学俄罗斯法律研究中心网(https://www.ruslaw.com.cn/plus/view.php?aid=79),访问日期:2024年3月2日。

[27] See Philippines: Commonwealth Act No. 613 of 1940, Immigration Act, Art. 23, UNHCR (24 June 2024), https://www.refworld.org/legal/legislation/natlegbod/1940/en/18148.

[28] See supra note 13.

[29] See supra note 14.

第四,对证明材料的认识是否对获取投资移民身份或护照起到关键性作用的规定也不尽相同。加拿大《移民与难民保护法》规定,入境加拿大的永久居民或外国公民通过直接或间接的虚假陈述或提供虚假签证材料,导致或可能导致签证官作出错误的决定,都将面临拒绝签证、不予入境或驱逐出境的处罚。[30] 第五,少数国家规定,申请人在签证申请中使用不真实材料,可能会面临剥夺投资移民身份的处罚,这就意味着,通过移民欺诈获得身份并不绝对意味着面临剥夺移民身份的处罚。多米尼克《投资移民法》第4条规定,如果申请人作出虚假陈述或故意隐瞒信息,只是可能会被拒绝签证;而如果在申请人获得公民身份之后,发现公民身份是通过虚假或不正确或故意删除一些实质性材料所获得,则申请人可能会面临剥夺身份的处罚。[31] 以上这两种在签证申请中涉及虚假和故意隐瞒真实状况的处罚都只是有被拒绝签证和剥夺身份的可能性,并不是绝对强制性的处罚。

(二)移民流入国未积极承担反腐败国际公约义务

涉嫌贪腐犯罪的外逃人员往往都是依靠虚假陈述获得他国护照或居留权。通过虚假签证材料获得身份无疑会侵害移民流入国的法律制度,因此拒绝腐败分子入境,更是一国政府所应承担的职责。"百名红通"人员付耀波、张清瞾涉嫌使用贪腐资金办理格林纳达的投资移民,获得了格林纳达的护照,事实上,付、张二人在国内实施贪污犯罪期间,已经作了充分的外逃准备。公开资料显示,他们曾先后两次申请投资移民,最终获得了格林纳达的护照。[32] 二人试图隐匿身份,在申请投资移民身份时没有如实表明国家公职人员的身份,涉嫌骗取格林纳达投资移民身份。而从格林纳达政府对投资移民申请者的审核来看,其显然未能对申请者身份背景进行严格审核。

《联合国反腐败公约》在第二章"预防措施"中对腐败的预防性措施作出了原则性规定,第5条(预防性反腐败政策和做法)规定:"一、各缔约国均应当根据本国法律制度的基本原则,制订和执行或者坚持有效而协调的反腐败政策,这些政策应当促进社会参与,并体现法治、妥善管理公共事务和公共财产、廉正、透明度和问责制的原则。二、各缔约国均应当努力制订和促进各种预防腐败的有效做法。三、各缔约国均应当努力定期评估有关法律文书和行政措施,以确定其能否有效预防和打击腐败。四、缔约国均应当根据本国法律制度的基本原则,酌情彼此协作并同有关国际组织和区域组织协作,以促进和制订本条所述措施。这种协作可以包括参与各种预防腐败的国际方

---

[30] See Immigration and Refugee Protection Act, Justice Laws Website Government of Canada (21 April 2020), https://laws-lois.justice.gc.ca/eng/acts/I-2.5/.
[31] See supra note 14.
[32] 《天涯海角的煎熬——"百名红通人员"付耀波、张清瞾忏悔录》,载人民网(http://fanfu.people.com.cn/n1/2016/0711/c64371-28541720.html),访问日期:2024年8月15日。

案和项目。"[33] 就投资移民制度对腐败的预防机制建设而言，首先，公约提出了预防腐败的重要性。预防与打击、治理腐败犯罪应置于同等重要甚至更为重要的地位。其次，预防腐败是社会综合治理的内容，联合国公约的预防性规定也较为笼统，在具体落实环节须结合各国具体情形。实际上，就国内法而言，与打击腐败相比，预防犯罪涉及面更加广泛，更加需要结合不同行业的特征。预防贪腐人员通过投资移民制度入境，需要流入国重视投资移民制度的建设与完善，强化对投资资金流转全过程的监测，同时，对申请人身份背景的调查应确立明确的证明标准，不应对申请人背景调查流于形式。最后，预防贪腐人员利用投资移民渠道转移非法资产，实现身份转换，更需加强国际、区域间合作。加强对投资移民申请者背景的核查，从两个层面建立关于可疑投资移民申请者入境的预防机制：其一，与可疑人员来源国进行信息通报；其二，在地区间，特别是实施相似投资移民政策的国家间，实施区域可疑投资移民申请者信息共享，结合警务合作机制，对可疑申请人员进行标注，以及时发现同一申请者申请多个国家投资移民的可疑情况。

综上所述，强化投资移民制度的建设，摒弃过于单边化处理投资移民渠道被贪污等犯罪活动利用的态度，应成为投资移民制度发展的重要趋势。各国应积极履行《联合国反腐败公约》《联合国打击跨国有组织犯罪公约》等国际公约及区域性的义务，将国际公约、多边公约中预防腐败的原则与规定积极转换为国内法律，在国内建立起能有效预防贪腐人员入境的法律制度，不能对贪腐人员和资金的流入采取放任的态度，不给任何贪腐人员建立腐败犯罪的"避风港"，尤其对投资移民流入国而言，不能为一味追求投资资金流入而将其他监管及法律制度束之高阁。

三、投资移民反腐败监管体系的建立与完善

就投资移民制度与打击腐败犯罪的关系而言，我国现阶段所面临的问题主要体现在以下两个方面：第一，申请者在投资移民申请中，利用灰色渠道，如地下钱庄等方式转移资产出境，给我国整体金融监管体系带来负面影响。第二，我国贪腐人员利用投资移民制度完成身份转换，由于缺乏相关国际合作机制，信息共享渠道不通畅，使得在过去的数十年间，我国借用投资移民制度外逃的贪腐人员不在少数。[34] 针对外逃或试图外逃的贪腐人员建好我国的防逃机制，正是本文所关注的重点之一。

当前，我国反腐败工作仍处于关键阶段，在新时期与腐败犯罪作斗争，更加迫切地需要各个部门共同完成对腐败犯罪的预防和打击，协调各领域资源，形成打击腐败犯

---

[33] 《联合国反腐败公约》，载联合国官网（https://www.un.org/zh/issues/anti-corruption/uncac_text.shtml），访问日期：2024年7月2日。

[34] "百名红通人员"李华波、任标通过投资移民制度分别获得了新加坡、圣基茨和尼维斯的护照。

罪的立体网络。同时,了解与分析国际组织与其他国家关于金融监管的立法更新、司法动态及主管机构,能够更好地借鉴他国立法较成熟之处,并确保我国相关法律的完善能够与国际社会的发展方向保持一致。

(一)完善国内的金融监管及合作机制

2018年我国通过了《监察法》,使得国家监察委员会走在了打击腐败犯罪、开展国际刑事司法合作的台前[35];通过了《国际刑事司法协助法》,标志着我国国际刑事司法合作迈入了一个新的时代;修改了《刑事诉讼法》,新增了缺席审判制度、特别没收程序。这一系列的法律的新增与修订,都给我国反腐败国际追逃追赃工作的开展提供了坚实的法律基础。加强对外投资移民的监管,防止贪腐人员利用投资移民外逃,在完善我国相关法律规范的同时,也应与国际公约的更新与修订保持一致,实现国际公约与国内法律相衔接,有利于我国开展国际刑事司法合作。我们应当做到既熟悉外国投资移民及司法制度,又不断完善我国的相关法律监管制度,实现"里外配合",在国内通过建立防逃机制,阻断贪腐人员的外逃之路。中央反腐败协调小组国际追逃追赃和跨境腐败治理工作办公室作出部署,启动"天网2020"行动。根据"天网2020"行动的安排,国家监察委员会牵头开展职务犯罪国际追逃追赃专项行动,最高人民法院牵头开展犯罪嫌疑人、被告人逃匿、死亡案件追赃专项行动,公安部牵头开展"猎狐"专项行动,中国人民银行会同公安部等相关部门开展预防、打击利用离岸公司和地下钱庄向境外转移赃款专项行动,中央组织部会同公安部等开展违规办理和持有因私出国(境)证件治理工作。[36]加强金融监管与部门间合作,完善反腐败相关主管部门间金融情报共享机制,应考虑以下几个方面:

1. 完善本国金融情报的获取与共享体系,重视对犯罪的预防

关注贪腐人员利用离岸公司和地下钱庄等向境外转移资产,我国反腐败国际追逃追赃工作需更集中于预防、打击跨境转移赃款。推动国际追赃,需要以法律为基石,我国反洗钱法律以《反洗钱法》为核心,配套以《金融机构大额交易和可疑交易报告管理办法》《金融机构反洗钱规定(2006)》等一系列反洗钱及金融信息收集的规定与办法,针对金融交易信息,我国已经形成了相对完备的法规体系,但面对层出不穷的新型金融犯罪,仍存在不少监管漏洞与应完善之处。金融犯罪调查是围绕情报信息展开的,情报搜集工作对于金融犯罪调查具有决定性意义。从宏观层面看,情报信息搜集

---

[35] 《监察法》第50条规定:"国家监察委员会统筹协调与其他国家、地区、国际组织开展的反腐败国际交流、合作,组织反腐败国际条约实施工作。"即由国家监察委员会统筹国内反腐败资源,开展反腐败国际合作。

[36] 《"天网2020"行动正式启动》,载央视网(http://news.cctv.com/2020/03/30/ARTIKL9Q0G9d9lrYtskRP9Fx200330.shtml),访问日期:2024年8月16日。

工作是连接非刑事防控机制与刑事防控机制的关键。[37] 对此,应考虑从以下几个方面进行完善:

第一,加强纪委、国家监察委员会与公安部门之间的信息共享。在国家监察委员会及中央追逃办成立后,我国进一步整合资源,协调各部门共同预防与打击贪腐人员外逃,在此过程中,做好出入境管理成为一个重要环节。对"百名红通人员"的追逃中,已有案例显示,出入境管理发挥重要作用,通过对出入境人员的对比,发现了出逃后又秘密回国的被通缉人员。[38] 因此,为确保纪委与公安部门信息共享的畅通,应考虑通过工作组的形式对接信息,纪委在重点口岸(如北京、上海)直接派驻人员,保证信息的及时性与联动性。同时,加大对护照证件的甄别检查,防止贪腐人员通过上交虚假护照材料实现外逃。

第二,实现出入境管理部门与其他监管部门的高效协同合作,建立出入境管理信息网络平台与金融机构的信息共享,发挥部门联动性。需要强调的是,虽然《监察法》出台后,我国已经提高了出入境管理部门与纪委监委之间的合作,但合作机制还应朝常态化、日常化前行。首先,完善信息共享机制。《出境入境管理法》第5条规定,国家建立统一的出境入境管理信息平台,实现有关管理部门信息共享。因此,应尽快做到人口身份信息和出入境信息全国联网、数据共享,加强纪委、监委和公安部门的信息对接。其次,对重点人员及其家属进行标注,对不同签证类别进行分类管理与关注。当重点人员的主要家属持(投资)移民类签证出入境时,应启动预警机制,由出入境管理部门与纪委监委实现信息对接。最后,扩大出入境管理的监测范围。《监察法》第30条规定,为防止被调查人及相关人员逃匿境外,经省级以上监察机关批准,可以对被调查人及相关人员采取限制出境措施;第52条规定,国家监察委员会应负责协调各部门,查询、监控涉嫌职务犯罪的公职人员及其相关人员进出国(境)和跨境资金流动情况,在调查案件过程中设置防逃程序。因此,对涉贪腐犯罪的人员的调查中,在监委的统一协调下,应考虑将其配偶与子女纳入"相关人员"的范畴,扩大出入境管理的监测范围。在移民流入国未能充分贯彻落实对移民申请者的监管措施时,就需要在本国形成更为严密的监督管理体系,对多次前往特定目的国的人员,特别是公职人员的家属,需要建立信息备案机制。

2. 推动建立关于身份可疑人员的信息通报机制

面对投资移民制度及相关法律制度在设计上存在的漏洞,为及时弥补身份背景调查的缺陷,建立关于身份可疑人员的信息通报机制正是重要的着手点。相对于从反洗钱、投资移民申请者获得身份后在移民目的国的实际居住时长等层面对投资移民申请

---

[37] 参见彭志刚:《我国金融犯罪调查模式本土化问题》,载《江西社会科学》2013年第10期。
[38] 参见李鹏:《江苏省追逃办缉捕"百名红通人员"戴学民纪实》,载中国法院网(https://www.chinacourt.org/article/detail/2017/04/id/2821779.shtml),访问日期:2024年7月28日。

者进行预防性审核，建立关于身份可疑人员的信息通报机制是一种弥补性措施，在发现可能有违法犯罪人员利用投资移民制度转换身份时，应能够及时与投资移民申请者来源国进行沟通，实现拒绝贪腐人员入境、断绝恐怖主义人员流动、避免其他违法犯罪人员滥用投资移民渠道的目的。

对此，笔者认为，需在各国间通过协商沟通建立关于可疑投资移民身份的信息通报制度。可疑投资移民是指，移民流入国在对投资移民申请者进行背景身份调查时，发现申请者可能涉嫌移民欺诈，应当对虚假身份材料进行有效调查，以进一步查证申请者的身份信息。这种情形下，移民流入国在拒绝签证或与申请人进行面谈进一步核实身份材料真实性的同时，还应向移民来源国进行通报，这也有助于移民流入国排除虚假移民申请。

具体而言，建立关于身份可疑人员的信息通报机制可考虑从以下几个方面着手：

第一，可疑标准的划定。移民流入国的官员认定移民申请者具有可疑身份时，应对移民申请材料进行细致审查，在有些签证材料中，虚假信息是有迹可循的，如多名申请者使用同一居住地址提出申请。为更好地收集信息、发现可疑情况，移民主管机构应加强对移民申请者身份信息的采集，通过建立移民身份信息数据库，与本国金融监管、国际刑警组织等的数据库进行常态性交叉检索，更好地掌握投资移民申请者在入境时和入境后的动态与投资活动，并以此确保对投资移民申请者的监管与管理是长效性的。对可疑投资移民的确认不仅停留在签证申请这一阶段，而是要通过长效性的监管制度确认其是否属于可疑身份人员。

第二，移民主管机构人员对投资移民申请者的身份信息产生疑问时，应强制性启动面谈程序，告知申请者必须在一定时间内前往移民流入国的使领馆或入境，由移民主管机构人员与投资移民申请者进行面谈，以对申请者的身份进行确认。确认可疑信息时，应通过信息通报机制及时告知来源国主管机构。

第三，通过移民主管机构或中央机关及时向身份可疑人员的来源国进行通报。考虑到各国主管机关的不同职能，对可疑投资移民申请者身份信息的通报可以考虑通过警务信息交换实现。国际刑事司法协助的外交途径和国际刑警组织途径常在法律和实践应用中同时存在，如《联合国反腐败公约》和《联合国打击跨国有组织犯罪公约》均规定了刑事司法协助的外交途径和国际刑警组织途径。[39] 国际刑警组织作为全球最大警务合作平台，需积极发挥国际组织作用以加强国际合作，一方面，考虑通过国际刑警组织对可疑人员进行信息交换，这种方式能确保信息交换的及时性，在审核过程中一旦发现有可疑身份的申请者，应及时与申请者来源国主管机关进行信息沟通。当然，由于这涉及国家部分主权的让渡，在交换过程中，如何积极推动参与方的积极性是关键问题，对此，对可疑投资移民申请者进行信息通报，可以先考虑以区域组织为平

---

[39] 参见熊安邦：《反腐败刑事司法协助的联系途径问题研究》，载《湖北警官学院学报》2019 年第 5 期。

台,通过与重点区域的合作,直接建立区域性的信息通报平台。区域性的信息通报平台主要发挥信息共享的功能,这种平台信息共享是指在投资移民申请者获得移民身份后,一旦发现其涉嫌移民欺诈,可能面临驱逐出境的处罚时,应及时与移民来源国进行身份信息交换。值得注意的是,由于欧盟境内申根签证地区人员往来自由,并没有常态化边境管控措施,欧盟成员国提出加强边境检查的要求,从技术性的角度重新加强出入境口岸的管理。加强对移民人员的身份信息及生物信息的采集,包括在更多的地方运用拍照系统,通过大数据提高对流动人员与移民的管理能力。提高管理能力的关键在于在欧盟成员国内实现信息共享。[40] 加强边境检查是区域性合作的体现。这种区域性合作是非常重要的,能够形成并加强区域内各国执法机关的联动性。同时,加强区域数据库的建设,有助于进一步实现与其他司法管辖区主管机构的数据共享。另一方面,跟踪监测移民流出的主要目的国,针对主要移民目的国,可考虑通过协议或备忘录形式建立定期通报机制,与主要来源国交换移民申请的相关信息。

第四,各国应当建立高风险投资移民"黑名单"。这一"黑名单"是专门针对贪腐犯罪所制定,包括国外政治敏感人员、曾经担任过重要职位的公职人员。名单可以不一一列举具体的人员,而是划定一定的职位或以金融交易记录为标准。"黑名单"上的人员在进行投资移民申请时,应当首先与来源国主管机构进行沟通,对其应启动强化型调查程序,对身份和资金来源都进行核查,发挥预防贪腐人员利用投资移民制度转换身份的作用。

第五,就我国而言,应考虑建立重点监测与信息共享名单,通过对投资移民流出目的国的监测与跟踪,及时更新重点合作国家与地区名单,以加强与移民主要目的国及地区的合作。

(二)国际金融机构反腐败监管的发展趋势

对国际金融机构反腐败监管的最新方法进行研究,以获悉国际金融机构反腐败监管的变化与趋势,既便于探析涉腐败资金可能的流向,也有助于我国对金融信息的监管与国际标准保持一致。

埃格蒙特集团(Egmont Group)作为国际金融情报信息交换机构,成立于2008年,现有成员177个。[41] 该集团在国际社会中发挥打击洗钱、恐怖融资及相关犯罪活动的作用,并搭建交换金融情报的平台,致力于推动该集团成员进行金融信息交换,搭建信息共享平台。埃格蒙特集团认为,腐败是一种蔓延至各国及地区各个行业的犯罪,金融情报信息应该积极发挥预防、打击腐败犯罪的作用,金融监管机构应当在反腐败工作中承担前沿工作,第一时间搜集可能与腐败发生牵连的交易,并及时与相关主

---

[40] See Caggiano Giandonato, Scritti sul diritto europeo dell'immigrazione, Giappichelli, 2020, p. 41.

[41] See "About Egmont", Egmont Group (23 June 2024), https://www.egmontgroup.org/en/content/about.

管机构进行信息交换与共享。[42] 埃格蒙特集团列明了金融交易中可能涉及腐败行为的指征,由此引导金融信息监管中心注意具有这些指征的金融交易,以能够更加迅速地监测腐败行为。这些可能与腐败相关联的金融交易,主要包括以下几个方面的内容:第一,国有企业的金融交易,是否与壳公司或是公司注册信息透明度要求较低的其他司法辖区的公司发生交易或提供服务。第二,招投标领域的金融交易,主要表现包括是否通过不合理的价格中标;是否对招标对象提出了不合理的限制或是带有强烈倾向性的限制;是否在没有合理理由的情形下签订了长期的中标合同;分包商是否与投标者存在利益关系、有相同的管理者;能否通过地址、网络IP地址、电话号码等信息将分包商与中标者或是其他竞争对手相联系。第三,模糊的跨境金融转账交易,是否通过复杂的转账系统,是否无法从金融转账信息中直接获得所有人信息;第一转账用户是否与后期转账用户是同一个名字;是否通过离岸公司或是信托架构进行转账。第四,与公职人员或政治敏感人员及其家属或关系紧密的人员,以及相关利益人和为其服务的职业人员(律师、房产经纪人、审计师等)进行的金融交易,需要考虑的因素包括上述人员账户是否出现来源不明的资金往来;上述人员,特别是在政府中承担招投标职责的人员是否接受了境外大额资金汇款;资金往来国整体法治环境;上述人员的账户是否在没有活跃性商业活动的情形下出现频繁或大额资金往来;上述人员资金往来是否变相通过购买高级房产或高级珠宝的形式出现;上述人员购买电子货币金额是否超过其申报的合法收入;上述人员是否出现频繁的存取款行为或进行大额资金转账;上述人员是否通过电子汇款体系(Hawala)进行资金往来;上述人员是否通过不合理价格进行交易;上述人员是否通过国有企业或部门获得了贷款担保或是以便利性条件获得贷款;上述人员是否通过设立在外国司法辖区的账户购买高级房产、珠宝且在交易中未明确收款方信息,导致无法追踪资金来源;上述人员购买不动产的资金是否来自工资存款;上述人员是否通过多个渠道将资金转移至一个账户,并将此账户资金用于一个或多个博彩网站;是否出现不合理的现金存款;上述人员是否对财产来源进行隐瞒或伪造,以逃避对公职人员或政治敏感人员身份的谨慎调查。[43]

从埃格蒙特集团关于涉腐败犯罪的金融情报信息监测指征能够看出,首先,确保金融信息透明度十分重要,尤其是境外金融信息。判断金融交易是否可能涉及腐败行为,需要根据金融交易发生地的整体法律环境、腐败环境、交易人本身是否具有特殊身份、交易是否频繁等多方面因素进行综合考虑与判断,以确定金融交易方人员的真实身份信息。其次,金融交易信息的收集应当遵循长期性、制度性的程序性规则,以保证不会遗漏相关

---

[42] See Annual Report 2017/2018, Egmont Group (10 April 2020), https://egmontgroup.org/sites/default/files/filedepot/EGAR_2017-2018/EGAR-2018-Annual-Report-Digital.pdf.

[43] See Set of Indicators for Corruption Related Cases From the FIUs' Perspective, Egmont Group (22 April 2019), https://egmontgroup.org/sites/default/files/filedepot/external/Corruption%20red-flags-final%20version_20181030.pdf.

金融信息。同时，国家或地区内部立法也应确保各个领域不能出现监管空白，避免对投资移民资金的监管处于真空地带，应强调对投资资金来源合法性的法定强制性要求，投资移民流入国应对投资资金和投资移民申请者的身份背景进行法定调查。最后，对金融信息的收集应重视对公职人员适用更高的标准，尤其是对有特殊职责的公职人员。针对公职人员，金融情报信息的收集对象和范围也应有所扩大，不仅局限于其本人，还应包括其直系亲属、关系密切人员，也同样涵盖相关的专业人员。对这些与公职人员有密切关系，或是可能代其进行金融交易的人员也应进行信息收集与分析。

（三）加强国际合作以有效打击反腐败犯罪

制度化、系统化的实现需要常态化的机构，通过机构整合，划定监管职责。国际合作应朝着制度化和系统化的方向前行，如欧盟委员会希望引入更为统一的法律规范，以实现对洗钱活动的法律监管，并通过欧盟的监管机构实现对洗钱更为有效的统一监管。[44] 截至2019年8月，我国已经与55个国家签订了金融情报交换（FIU）协议[45]，在一定程度上实现了对海外金融信息的掌握与了解。为实现对跨境金融信息的全面监管，应进一步扩大对跨境交易及海外金融信息的掌握，建立双边、多边的金融信息共享常态化机制。笔者认为，应从以下几个方面着手：第一，进一步加强国际合作，加强信息共享机制建设。我国应进一步扩大签订金融情报交换协议的范围，特别是结合我国对外投资移民发展趋势，针对投资移民主要流向地，加强金融情报的交换，包括可疑交易记录、跨国现金交易，以及赌场、宝石和金属现金交易记录等，可用于分析并发现洗钱和恐怖活动融资行为。第二，依据国际组织规范的指引，推动反腐败国际刑事合作的发展。根据欧盟关于信贷机构可疑洗钱活动最新发展的报告[46]，"金融情报中心应能代表外国对口部门进行与金融交易分析相关的调查。这种调查至少应包括：①搜索可疑金融报告信息数据库的相关信息。②搜索其他能够直接或间接登录的数据库，包括执法数据库、公共数据库、行政管理数据库、商业性质的可用数据库"，并且"各国不应引用要求金融机构保密的法律条款作为拒绝提供合作的理由"。对此，在反腐败国际合作中，我国主管机关应根据个案情形，采取不同的追逃追赃方式，积极收集、准备合格的证据材料，了解对方主管的金融机构，提出清晰明确的合作要求，提高合作效率。

---

[44] See The Sixth EU Anti-Money Laundering Directive: What Will Change? Willkie Farr & Gallagher LLP Law Firm (27 February 2021), https://www.willkie.com/~/media/Files/Publications/2019/02/The_Sixth_EU_Anti_Money_Laundering_Directive_What_Will_Change.pdf.

[45] 参见《中国反洗钱监测分析中心与巴基斯坦金融管理局签署反洗钱和反恐怖融资金融情报交流合作谅解备忘录》，载搜狐网（https://www.sohu.com/a/337174548_639892），访问日期：2024年7月26日。

[46] See Relazione Della Commissione Al Parlamento Europeo E Al Consiglio: Sulla Valutazione Di Recenti Presunti Casi Di Riciclaggio Di Denaro Concernenti Enti Creditizi Dell'UE, EUR-LEX (10 April 2020), https://eur-lex.europa.eu/legal-content/IT/TXT/PDF/? uri=CELEX:52019DC0373.

四、结　语

当今中国反腐败斗争取得压倒性胜利,但并不代表彻底胜利,就反腐败国际追逃追赃工作而言,进一步推动国际追逃追赃工作的开展,除了加快签订双边引渡和刑事司法协助条约的进程,还可以通过多边公约与国内法律的衔接与转化,完善我国的国内法律规范。同时,预防腐败也是腐败治理的重要部分。因此,本文针对贪腐人员利用投资移民制度实现外逃并转移非法资产的现象,结合国际公约、各国移民法及投资移民制度进行了分析,从预防腐败犯罪的角度对我国金融监管制度的完善及防逃制度的构建提出了建议。一方面,针对他国在投资移民制度中存在的漏洞,应相应地完善本国监管体系与监测方法,加强主管机构间的合作,对我国预防体系的完善不仅仅是建立严密的法律规范,还可以有针对性地建立移民目的国动态名单,这一名单应包括我国外逃人员较多选择的移民目的国,也包括投资移民法律监管相对薄弱的国家或地区;另一方面,通过推动建立关于身份可疑人员的信息通报机制,推动在移民流入国就进行申请审核过程中发现的可疑人员,可能涉及腐败人员或非法资产,以日常化的合作机制积极进行信息交换,构建全方位的国际合作体系,最大限度地避免投资移民制度被贪腐人员及其他犯罪人员利用。

[刑罚裁量与刑事执行]

法官和非法律专业人士的量刑*

〔德〕埃莉萨·霍芬**、〔德〕托马斯·魏根特*** 文　刘心仪**** 译

> **要　目**
> 一、导论
> 　（一）问题的提出
> 　（二）迄今为止的研究
> 二、研究方法
> 　（一）参与测试者
> 　（二）虚拟案例的设计
> 　（三）研究的局限性
> 三、研究结果
> 　（一）法官和非法律专业人士之间的差异
> 　（二）行为及行为人相关的因素对量刑的影响
> 　（三）判决者个人因素的影响

---

* 本文系中国博士后科学基金面上资助项目（2023M731898）的阶段性成果。本文德文标题是"Strafzumessung durch Richter und Laien"，原载于德国《整体刑法学杂志》（Zeitschrift für die gesamte Strafrechtswissenschaft）2021年第133卷，第322—357页。本文的翻译和发表均已得到作者以及德格鲁伊特出版社（De Gruyter）授权。特注明，译文中引注符号的位置根据中文论文引注规范进行了调整，即对句子部分内容的引用，引注符号置于该部分之后；对句中字词的直接引用，引注符号紧接引号，置于其他标点之前。需说明的是，德语原文中的引注符号一律在逗号、句号等标点之前。本文中的"法官"皆指"职业法官"。

** 德国与外国刑法、刑事诉讼法、经济和传媒刑法教席教授，德国莱比锡大学。

*** 教授（退休），德国科隆大学。

致谢：作者非常感谢在本研究的准备过程中得到的广泛支持。对法官的问卷得到了巴登-符腾堡、巴伐利亚、柏林、汉堡、北莱茵-威斯特法伦和石勒苏益格-荷尔斯泰因等州的司法当局的慷慨支持。对非法律专业人士的问卷是在Sibylle Merten女士的指导下由gdp研究小组独立展开和评估的。数据的进一步评估和结果展示由Marc Haupt先生（社会学硕士）和研究助理Anja Rubitzsch女士（文科硕士）负责。在编写虚拟案例的过程中，我们得到了Birte Englich教授（德国科隆大学人文科学学院）专业及善意的支持，她在2019年秋天突然离世。我们想把这篇文章献给她，以示纪念。

**** 清华大学法学院博士后、助理研究员，德国科隆大学法学博士。

四、研究结果概述
　　（一）法官和非法律专业人士之间的差异
　　（二）行为及行为人相关的因素
　　（三）参与测试者的个人特征
五、结论
　　（一）参与测试者的社会人口学特征影响轻微
　　（二）参照《德国刑法典》第 46 条的标准？
　　（三）法官和非法律专业人士在一般刑罚水平上的差异
　　（四）量刑观念的分歧可能产生的后果

摘　要　法定刑档和个案量刑体现了立法者及法院对犯罪行为不法程度的评估，是刑事司法公正的重要组成部分。在德国民众普遍认为法院量刑过于宽松并对此有所不满的背景下，我们通过设计 8 个虚拟案例，对 1286 名参与测试者（其中 219 名为刑事法官）展开问卷调查，就法官和非法律专业人士的量刑差异、行为及行为人相关的因素，以及判决者个人因素对量刑的影响分别进行实证研究，可以发现：判决者的社会人口学特征对量刑影响轻微，检方指控的"锚定值"具有重要意义，非法律专业人士建议的刑罚明显重于法官组，且刑罚轻重跨度更大。法官的有效量刑因素基本符合《德国刑法典》第 46 条规定的量刑方案。过于偏离民众一般正义观念的刑事制裁可能会对刑罚目的的实现造成威胁，因此，有必要对公众的量刑观点进行调查，在其与刑事司法实践之间建立一座沟通桥梁。

关键词　法官量刑　德国量刑实践　民众观念　量刑偏差　刑罚目的

一、导　论

（一）问题的提出

　　量刑问题通常仅被视为刑事法院和刑事法学"原本"工作领域的附属品。然而，一段时间以来，无论在文献[1]，还是在专业会议[2]中，却不断涌现关于量刑问题的学

---

[1] 参见 Franz Streng, Strafrechtliche Sanktionen, 3. Aufl. 2012; Georgios Giannoulis, Studien zur Strafzumessung, 2014; Bernd Meier, Strafrechtliche Sanktionen, 2015; Schäfer/Sander/van Gemmeren, Praxis der Strafzumessung, 6. Aufl. 2017; Hans-Jürgen Bruns/George-Friedrich Güntge, Das Recht der Strafzumessung, 3. Aufl. 2018.

[2] 例如在 2018 年第 72 届德国法学家大会上，Johannes Kasper 出具的专家意见，参见 Sentencing Guidelines versus freies richterliches Ermessen: Empfiehlt sich eine Reform des Strafzumessungsrechts?, NJW Beilage 2/2018 zu Heft 20/2018, Kurzfassung des Gutachtens der Abteilung Strafrecht, 37-40, 以及 Helmut Fünfsinn, Ines Kilian 和 Andreas Mosbacher 的报告，以及 2018 年在奥格斯堡举行的会议：„Strafen, im Namen des Volkes'."[可见同名会议论文集：Kaspar/Walter (Hrsg.), 2020]。

术讨论。同样,在公众中也出现了对构成要件的法定刑档是否与罪行的严重性,以及是否与对被害人造成的严重后果相符合的讨论。例如,围绕对儿童实施性虐待(《德国刑法典》第176条)和涉及儿童色情制品(《德国刑法典》第184b条)的法定刑档展开的讨论。[3]

事实上,量刑问题绝非仅具有附属意义:法定刑档及个案中的刑罚轻重体现了立法者或法院对犯罪行为的不法的(相对)严重性的评估。因此,它们是刑事司法公正的重要组成部分。同时,犯罪人可以实际感受制裁;对犯罪人而言,刑罚裁量是法院裁决中的重要部分。

德国刑法为量刑决定提供的参考相对较少。许多法定刑档的范围从小额罚款到长期自由刑不等,而对于法院在个案量刑时应考虑哪些方面,《德国刑法典》第46条仅作了模糊的规定。因此,法院如何以及根据哪些标准作出量刑决定,在法律上并没有被很好地界定,并且实证研究也较为有限。而更少被研究的是非法律专业人士的观点,即他们认为,就犯罪行为而言,何种制裁是适当的。我们仅知道他们对德国刑事法院(可能)过于宽松的量刑实践一再表示不安。[4] 然而,事实上,公众对刑事司法系统的量刑存在普遍不满,这是令人担忧的,因为这或许表明民众已经对国家司法活动失去了基本的信心。[5]

本研究对以下问题进行调查,即哪些标准会影响量刑,以及法官和非法律专业人士的量刑决定存在什么区别。为此,两组成员分别得到了8个关于犯罪事实的相同的简短描述(虚拟案例)及量刑建议。

调查的目的是获得以下研究问题的答案:

(1)法官和非法律专业人士在选择制裁的类型,以及施加刑罚的轻重方面有何不同?

(2)犯罪行为和行为人的某些因素(如行为人的性别、仇外动机或被害人的行为)对量刑决定有何影响?个别因素对法官的影响是否与对非法律专业人士的影响不同?

(3)量刑决定是否与参与测试者的社会人口学特征相关(如年龄、性别或政治观点)?

---

[3] 关于通过《打击针对儿童的性暴力法》(BT-Drucks. 19/23707, BR-Drucks. 285/21)来提高这些条款的刑档的讨论,参见 https://www.bundestag.de/dokumente/textarchiv/2020/kw50-pa-recht-schutz-kinder-808830#tab-830108。

[4] 关于在电子媒体评论栏中发表的评论,参见 Elisa Hoven, KriPoZ 2018, 276。

[5] 关于民众的"正义直觉"的规范性意义,参见 Tonio Walter, in: Johannes Kaspar/Tonio Walter (Hrsg.), Strafen „im Namen des Volkes"? 2020, S. 49。

(二)迄今为止的研究

自20世纪初以来,刑法学者们一直在研究哪些因素对量刑决定具有实际的决定性作用。自沃纳(Woerner)[6](1907年)和埃克斯纳(Exner)[7](1931年)发表相关研究以来,人们一再证明,尽管法院主要以罪责的严重性和行为人的犯罪记录为指导[8],但不同法院(甚至相邻地区的法院)的平均刑期依然存在相当大的偏差。这些偏差并非基于理性的考量,而只能用不同的地方"传统"来解释。[9] 格伦迪斯(Grundies)于2018年开展的一项大规模统计研究证实了这一结论:研究人员发现,对于相同的犯罪类型和相同的被告人履历(不良记录),上巴伐利亚州法院和巴登州法院之间的量刑偏差为25%。[10]

在德国[11],对法官[12]和非法律专业人士在量刑方面的差异的研究仍处于起步阶段。[13] 在2004年于瑞士进行的一项虚拟案例的比较研究中,库恩(Kuhn)等人得出结论:非法律专业人士大多同意法官对四种不同罪行判处的刑罚;整体来看,仅在一类具有特别惩罚性的亚群中,非法律专业人士的量刑程度总体上比法官量刑稍重一些。[14] 然而,西姆勒(Simmler)等人(2017年)——同样通过在瑞士进行的虚拟案例研究——得出了相反的结论:学生组作出的量刑决定明显比法官组更重。[15]

---

[6] Vgl. Otto Woerner, Die Frage der Gleichmäßigkeit der Strafzumessung im Deutschen Reich: Auf Kriminalist, 1907.

[7] Vgl. Franz Exner, Studien über die Strafzumessungspraxis der deutschen Gerichte, 1931.

[8] Vgl. H.-J. Albrecht, Strafzumessung bei schwerer Kriminalität, 1994, S. 330 ff.; Bernd Meier (Anm. 1), S. 256.

[9] 可参见,例如:Heinz Schöch, Strafzumessung und Verkehrsdelinquenz, 1973, S. 122 ff.; Christian Pfeiffer/Joachim J. Savelsberg, in: Pfeiffer/Oswald (Hrsg.), Strafzumessung, 1989, S. 17, 34 ff.; H.-J. Albrecht (Anm. 8), S. 348 ff., 383 f. (其指出,许多地区性差异可以用各不相同的犯罪负荷来解释);Wolfgang Heinz, Festschrift für Kreuzer, 2. Aufl. 2009, S. 271, Georgios Giannoulis (Anm. 1); 概论参见 Franz Streng (Anm.1), Rn. 482 ff.。

[10] Vgl. Volker Grundies, in Hermann/Pöge (Hrsg.), Kriminalsoziologie, 2018, S. 295, 314.

[11] 此处须提及一个仍在进行的比较研究项目,这一项目涉及德国和法国的法官及非法律专业人士如何看待(相对较轻的)犯罪行为的合适制裁。关于首批结果的报告参见 Tobias Singelnstein, ZStW (131) 2019, S. 1069, 1091 ff.; Kristin Drenkhahn u.a., KriPoZ 2020, 104, 106.

[12] 在本文中,"法官"和"非法律专业人士"指的是任何性别的人。只有在性别差异相关的情况下,才会使用"男性法官"(Richtern)和"女性法官"(Richterinnen)的表述。

[13] 相反,在英语国家已经有大量的实证研究材料。例如,关于澳大利亚的综合研究报告,请参见 Karen Gelb, Myths and Misconceptions: Public Opinion versus Public Judgment about Sentencing, Sentencing Advisory Council 2006; dies., Measuring Public Opinion about Sentencing, Sentencing Advisory Council 2008; 此外,Bartels/Fitzgerald/Freiberg, Probation Journal 65 (2018), S. 269。关于加拿大:Roberts/Doob, Osgoode Hall Law Review 27 (1989), S. 491; Cullen/Fisher/Applegate, in Tonry (Hrsg.) Crime and Justice 29 (2000), S. 1。对比:Julian v Roberts/LorettaJ Stalans/David Indermaur Mike/Hough, Penal Populism and Public Opinion, 2003; Ryberg/Roberts (Hrsg.), Popular Punishment, 2014。

[14] Vgl. André Kuhn/Patrice Villettaz/Aline Willi-Jayet/Florian Willi, Schweizerische Zeitschrift für Kriminologie 2004, S. 28.

[15] Vgl. Monika Simmler/Nadja Grenacher/Sereina Huwiler/Sara Perandres/Aline Steffen, Schweizerische Zeitschrift für Kriminologie 2017, S. 5.

二、研究方法

(一) 参与测试者

在2018年的调查中,共有1286人参加,其中219人是刑事法院的法官,1067人是挑选出的具有代表性的非法律专业人士。我们收集了所有参与测试者的社会学人口特征(法官:性别、年龄、职业经验、法院级别;非法律专业人士:性别、年龄、受教育程度、对政党的偏好)。这使我们不仅可以对法官和非法律专业人士的量刑决定作出比较,还可以对上述因素的可能影响进行研究。

在巴登-符腾堡州、巴伐利亚州、柏林、汉堡、北莱茵-威斯特法伦州和石勒苏益格-荷尔斯泰因州司法当局的协助下,我们对法官进行了电子调查。136名(62%)参与者是男性,83名(38%)是女性。参与者分为18—39岁、40—49岁和50—69岁年龄组,比例大致相同。42%的参与者在地方法院(Amtsgericht)工作,54%的参与者在州法院(Landgericht)工作,4%的参与者在州高等法院(Oberlandesgericht)工作。67%的法官就职于大城市的法院,33%的法官就职于农村地区或中小城市的法院。

在参与调查的1067名非法律专业人士中,543名(51%)参与者是男性,524名(49%)参与者是女性。参与者的年龄在18至69岁之间。[16] 29%的参与者住在德国南部,16%的参与者住在德国北部,36%的参与者住在德国西部,14%的参与者住在德国东部,4%的参与者住在柏林。[17] 参与的非法律专业人士中,13%的人来自农村地区,26%的人来自小城镇,28%的人来自中型城镇,35%的人来自大城市。[18] 就最高受教育程度而言,30%的参与者是普通中学学历(Haupt-oder Realschulabschluss),41%的参与者是职业教育(Ausbildung),10%的参与者是高中学历(Abitur),11%的参与者是大学学历(Hochschulabschluss),8%的参与者未获得任何学历。我们对政党政治偏好的所谓的"周日民调问卷"(Sonntagsfrage)进行了调研,结果如下:基民盟(CDU)16%,德国选择党(AfD)15%,德国社会民主党(SPD)14%,左翼党(Die Linke)13%,绿党(B90/Grüne)11%,自由民主党(FDP)6%,其他3%。22%的参与者未作答。

---

[16] 年龄分布如下:18—29岁:232人;30—39岁:175人;40—49岁:212人;50—59岁:258人;60—69岁:190人。

[17] 德国南部:巴登-符腾堡州和巴伐利亚州;德国北部:不来梅、汉堡、下萨克森、石勒苏益格-荷尔斯泰因;德国西部:黑森州、北莱茵-威斯特法伦州、莱茵兰-法尔茨州、萨尔州;德国东部:勃兰登堡、梅克伦堡-西波美拉尼亚、萨克森州、萨克森-安哈尔特州、图林根州。

[18] 农村地区:<5000名居民;小城市:5000—20000名居民;中型城市:20000—100000名居民;大城市:≥100000名居民。

(二)虚拟案例的设计

为了回答研究问题,我们设计了 8 个刑事虚拟案例,包括基本和严重的暴力犯罪、财产犯罪和性犯罪(见表 1*)。每个案例中的行为人都被定性为初犯。在在线询问时,所有参与测试者按随机顺序得到虚拟案例。他们被要求从自身角度出发,确定适合这些案例的刑罚。每个案例中都给出了明确的法定刑适用范围。

为了衡量行为和行为人相关因素对量刑决定的影响,我们在虚拟案例中添加了内容上的变化。在部分案例中,这些因素被明确规定在虚拟案例的"组内"(within)设计框架内。研究对象被要求指出某一方面——例如行为人的饮酒行为——是如何影响他们的量刑决定的。通过这种方式可以得出,在所检验的因素中,哪些是法官和非法律专业人士有意识地认为与量刑决定有关的。以此种方式设置的变量包括:

- 认罪是否有助于查明案情
- 行为人的饮酒行为
- 认罪的存在
- 行为人否认所犯的罪行
- 行为人的仇外动机

其他因素的影响——作为"组间"(between)变量——被隐蔽地检验。为此,参与者在不知情的情况下被随机分为两组。他们得到相同的案例,但每次仅向两组中的一组呈现某项可能与刑罚相关的因素。这使得我们可以通过对两组提出的量刑进行比较,确定每个因素在量刑中的重要性。在"组间"的设计中,以下方面是不同的:

- 犯罪行为对被害人造成的个人后果(对比只造成抽象的损害)
- 行为人艰难的童年
- 行为人的原籍(德国人对比寻求庇护者)
- 行为人的忏悔
- 行为人受邀请后到被害人家中实施的性犯罪(对比在公共场所)
- 在过失身体伤害中的轻微后果(对比严重后果)
- 行为人的性别
- 检方的刑事指控(1 年对比 4 年自由刑)

---

* 本文图表均依照原文,数据误差系因"四舍五入"。——译者注

表 1　虚拟案例的内容概述

	标题	组间(between)		组内(within)	
案例 1	Thomas A.：诈骗和背信	对被害人造成的个人后果	只有抽象的损害	有助于查明案情的认罪	无助于查明案情的认罪
案例 2	Boris D.：故意身体伤害	行为人艰难的童年	无关于童年的说明	行为人饮酒	行为人未饮酒
案例 3	Matthias M. / Mohammed M.：住宅入室盗窃	行为人是德国人	行为人是寻求庇护者	无认罪	认罪
案例 4	Philipp K.：身体伤害	无说明	表达悔恨	—	—
案例 5	Thorsten M.：强奸	在公共场所实施性犯罪	被害人将犯罪行为人带回家	没有否认	否认
案例 6	Steffen H.：过失身体伤害	严重后果	轻微后果	—	—
案例 7	Tessa R. / Thilo R.：毁坏财物	女性	男性	没有仇外动机	有仇外动机
案例 8	Deniz K.：抢劫与身体伤害的想象竞合	检方的请求：1年自由刑	检方的请求：4年自由刑	—	—

举例说明,现将虚拟案例7(毁坏财物)转载如下：

> **变体 1**
>
> 行为人 Tessa R. 今年 21 岁。她在一家餐馆当服务员。案发时,行为人是一个年轻女性团伙的成员,该团伙主要在 X 市火车站地区活动。案发当日,这些年轻女性处于攻击性的情绪中。在火车站前广场,她们听着嘈杂的音乐,侮辱路人。为了展示她的力量,Tessa R. 踢掉了三辆汽车的后视镜,造成 1500 欧元的财产损失。
>
> 行为人被判处毁坏财物罪。该罪可被处以 1 个月至 2 年的自由刑或罚金刑。自由刑可以适用缓刑。
>
> 变化:
>
> 同样的事实,但行为人解释说,她故意选择有外国车牌的车辆,因为她认为外国人不应该来德国。
>
> **变体 2**
>
> 行为人 Thilo R. 今年 21 岁。他在一家餐馆当服务员。案发时,行为人是一个年轻男性团伙的成员,该团伙主要在 X 市火车站地区活动。案发当日,这些年轻男性处于攻击性的情绪中。在火车站前广场,他们听着嘈杂的音乐,侮辱路人。为了展示他的力量,Thilo R. 踢掉了三辆汽车的后视镜,造成 1500 欧元的财产损失。
>
> 行为人被判处毁坏财物罪。该罪可被处以 1 个月至 2 年的自由刑或罚金刑。自由刑可以适用缓刑。
>
> 变化:
>
> 同样的事实,但行为人解释说,他故意选择有外国车牌的车辆,因为他认为外国人不应该来德国。

变体 1 和变体 2 被随机分配给各一半的参与者。因此,"行为人的性别"这一特征是一个"组间"变量,其影响是在参与者不知情的情况下被测试的。相反,"作为动机的仇外心理",这一特征是一个"组内"变量,参与者有意识地对该变量之于量刑的重要性进行(隐含)评价。

(三)研究的局限性

在虚拟案例中,对案件事实的描述仅限于核心事件和个别与量刑相关的因素;换言之,以简略的形式呈现那些由法院进行评估的生活事实。[19] 与此相对,在法院真实

---

[19] 关于在惩罚性研究中使用虚拟案例的详细介绍,参见 Joseph E. Jacoby/Franz T. Cullen, Journal of Criminal Law & Criminology (89) 1998, S. 245; Brian K. Payne et al., Journal of Criminal Justice (32) 2004, S. 195; Suhling/Löbman/Greve, Zeitschrift für Sozialpsychologie (36) 2005, S. 383. 还可参见:Franz Streng, Strafzumessung und relative Gerechtigkeit, 1984, S. 64 ff,包含对下萨克森州的法官进行虚拟案例研究的结果。

判决的情景下,法官不仅拥有关于犯罪行为、行为人和被害人更全面的信息,而且在口头法庭审理中(mündliche Hauptverhandlung),法官也可能经常对被告人及被害人形成直接印象。然而,就在此进行的法官和非法律专业人士的量刑比较而言,事实的简要说明也是适合的,所有参与者都被告知相同的信息,他们在相同的事实基础上作出决定。同时,使用简短虚拟案例的好处是排除了无关因素(如对犯罪人的个人同情)。以这种方式改变个人特征,可以具体考察其对量刑决定的意义。

三、研究结果

(一)法官和非法律专业人士之间的差异

1. 惩罚性(Punitivität)

在我们的研究中,最引人注目的结果是,法官和非法律专业人士在刑罚轻重(Strafniveau)上存在明显差异。[20] 与法官相比,非法律专业人士总是主张更长的自由刑(见图1),而且在8个案例中的7个案例中,相较于罚金刑,他们更频繁地主张判处自由刑。

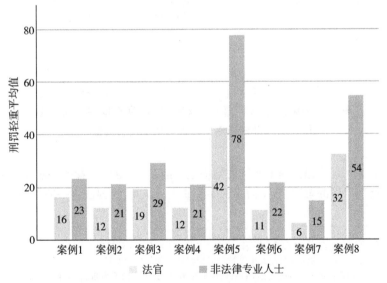

图1 法官和非法律专业人士的刑罚轻重平均值比较(以月为单位)

---

[20] 一些文献假设,法官和非法律专业人士之间惩罚性的差异只存在于关于严厉刑罚的必要性的一般问题中,而不存在于对具体案件的判决中;在这个方向上,参见 Kristin Drenkhahn u.a., KriPoZ 2020, S. 104, 106 f.; Ralf Kölbel/Tobias Singelnstein, NStZ 2020, S. 333, 336。这一假设在我们的研究中没有得到证实。

这种差异在案例5(强奸)中尤为明显:在该案中[21],尽管非法律专业人士(86%)和法官(88%)大部分都赞成判处不适用缓刑的自由刑[22],但非法律专业人士所建议的刑期几乎是法官的两倍。法官提出的平均自由刑时长为38个月,而非法律专业人士建议的平均自由刑时长为73个月。在案例6(过失身体伤害导致严重后果)中,差异同样明显:在该案中,平均而言,法官认为12个月的自由刑是合适的,而非法律专业人士建议的刑罚平均值为24个月。[23] 此外,98%的职业法官判决自由刑并适用缓刑,而只有43%的非法律专业人士建议适用缓刑。

只有在案例1(诈骗和商事企业中的背信,损失为40000欧元)中,权重的分布才有所不同。在该案中[24],95%的法官赞成自由刑,但只有73%的非法律专业人士[25]赞成自由刑[26](见图2)。就我们的案例材料中唯一的经济犯罪而言,非法律专业人士原本明确倾向于更高惩罚性的趋势在此并不明显。[27]

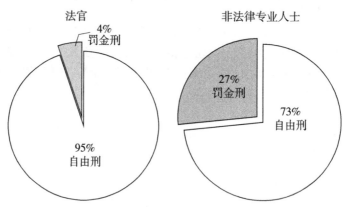

图2　案例1(经济犯罪;抽象损害;无助于查明案情的认罪)法官和非法律专业人士作出的刑罚类型

在回答如何评价德国刑事法院的判决这一问题时,也可以看出非法律专业人士普遍倾向于更加严厉的态度:79%的非法律专业人士认为,德国法官一般判得"太宽松"。

---

[21] 在此给出的事实变体的情况是:在公园里实施犯罪,行为人不否认犯罪行为。
[22] 7%的法官和9%的非法律专业人士没有对适用缓刑的问题发表意见。
[23] 与此相对,Tobias Singelnstein, ZStW (131) 2019, S. 1069, 1094。研究发现,在道路交通过失犯罪中,非法律专业人士和法官存在"相对类似的制裁水平"。
[24] 在案例变体中,没有关于对被害人造成的个人后果、无查明价值的认罪的说明。
[25] 其余27%的非法律专业人士认为罚金刑是合适的。
[26] 但是,非法律专业人士的自由刑刑期(平均26个月)高于法官(19个月)。
[27] 作者Elisa Hoven进行的另外两项研究也得出了类似的结论:Elisa Hoven, MschrKrim (102) 2019, S. 65, 70, 77; Elisa Hoven, KriPoZ 2018, S. 276, 279 f。

只有2%的人认为判决"过于严厉",19%的人将目前的量刑实践评价为"适当的"。

2. 标准差(Standardabweichung)

如果研究法官和非法律专业人士提出的量刑建议的方差,可以发现,在所有的虚拟案例中,参与者关于适当刑罚的观点存在显著的个体差异。这不仅特别适用于非法律专业人士,法官也是如此。例如,在案件2(故意身体伤害,行为人饮酒,有关于行为人童年的说明)中,法官的量刑从3个月到24个月的自由刑不等,在案件5(强奸,在公园里实施犯罪,行为人不否认犯罪行为)中,从6个月到72个月的自由刑不等。非法律专业人士提出的量刑建议跨度甚至更大;在身体伤害案中,量刑建议跨度从1个月到42个月的自由刑不等;在强奸案中,从6个月到240个月的自由刑不等。即使法官的量刑跨度比非法律专业人士的小,但对相同的案件事实,法官之间的巨大个体差异仍是非常惊人的。

另一个衡量某个群体内答案同质性的标准是平均值的平均偏差(die durchschnittliche Abweichung vom Mittelwert)。在所有虚拟案例中,法官的这一标准差为平均7个月,明显低于非法律专业人士(22个月)(见图3)。[28]

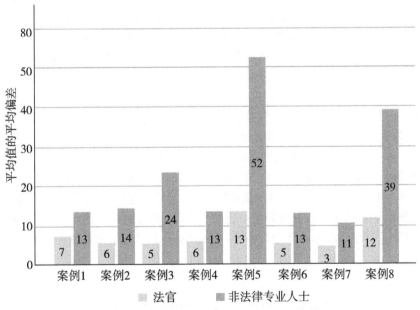

图3 刑罚标准偏差(以月为单位),法官和非法律专业人士

---

[28] Vgl. Tobias Singelnstein, ZStW (131) 2019, S. 1069, 1095. 研究也表明,参与测试的非法律专业人士组的量刑偏差明显大于法官组。

(二)行为及行为人相关的因素对量刑的影响

借助虚拟案例的案例描述变化,我们可以确定犯罪行为的特定要素、行为人的个人特征及其在刑事诉讼程序中的行为对量刑可能产生的影响。与实施犯罪行为有关的变量,包括犯罪行为对被害人造成的后果、行为人的饮酒情况和被害人的行为。行为人的个人因素包括性别、原籍(德国人对比外国寻求庇护者)、个人经历(艰难的童年经历)和(仇外)动机。犯罪过程和行为人因素之外的因素,包括是否表达悔恨、否认或承认罪行以及检方代表在法庭审理(Hauptverhandlung)中提出的不同刑事指控。

1. 行为相关的因素

在案例1(诈骗和背信)中,犯罪行为对被害人造成的**个人后果的描述**[29]作为隐蔽的"组间"变量,对法官和非法律专业人士的量刑都没有显著[30]影响。

相比之下,在案例6(过失身体伤害)[31]中,(同样隐蔽的)被害人的严重伤害后果导致法官和非法律专业人士都产生了量刑上的重大偏差:83%的法官在犯罪后果轻微的情况下仅处罚金刑;而在被害人遭受严重伤害时,只有61%的法官建议仅处罚金刑。对于总体上明显更严格的非法律专业人士,两个案例变体之间的差异更小一些(轻微后果的情况下,42%的人建议仅处罚金刑;严重后果的情况下,34%的人建议仅处罚金刑)。[32] 无论如何,两组参与者在量刑时都考虑了——如《德国刑法典》第46条第2款所规定的——"可归咎的行为影响"(verschuldeten Auswirkungen der Tat),即使行为人的行为不法在两种变体中是一样的。

犯罪行为发生前的**被害人行为**是一个敏感因素,其对量刑的影响将通过案例5(强奸)中的隐藏变体进行检验。在本案例中,犯罪行为发生在一名女性的公寓里,她和行为人在餐厅第一次碰面后邀请其来到自己家中;在另一个变体案例中,犯罪地点是一个公共公园,行为人和被害人在咖啡馆第一次碰面后一起步行经过该公园。无论是对法官还是对非法律专业人士来说,案情的这种差异都没有对量刑产生影响:平均而言,当犯罪行为发生在公共场所时,法官仅处以略高一些的刑罚(38个月的自由刑对比37个月的自由刑)。相反,非法律专业人士认为,当行为人在该女性自己的家中对她实施强奸时,犯罪

---

[29] 具体表述是:被害人表示,犯罪行为使他"在过去几个月里夜不能寐",他"不得不放弃与家人计划的假期,以便能够弥补损失"。
[30] 如果文本中没有进一步说明,"显著"意味着在95%的水平上有显著性。
[31] 具体表述是:这名10岁的男孩"由于受到撞击而导致多处骨折和严重内伤。他必须接受几周的住院治疗,并在康复诊所度过两个月"。在案例变体中,被害人只是头部受到撕裂伤。
[32] 然而,在严重后果的情况下,非法律专业人士建议的自由刑时长(24个月)要明显高于轻微后果的情况(20个月);而在法官中,没有发现明显的差异(11个月对比10个月)。

行为的不法明显更加严重(75个月的自由刑对比73个月的自由刑)。[33]

行为人的饮酒情况(血液酒精浓度为1.7‰)是案例2(故意身体伤害)中的公开("组内")变量。法官们可能考虑到《德国刑法典》第21条的规定,并将此作为轻微减刑的理由[34],而非法律专业人士则不会改变刑罚,并且针对醉酒的行为人,其同意适用缓刑的可能性甚至更小[35]。

2. 与行为人相关的因素

长期以来,犯罪学家一直争议的一个问题是,行为人的性别是否会导致对相同事实的不同处罚。[36] 在我们的研究中,**性别**作为一个隐藏的"组间"变量被引入案例7(毁坏财物)中,该案例中的犯罪行为是踢掉三辆停放的汽车的后视镜(损失为1500欧元)。在本案中,无论是法官还是非法律专业人士,性别因素对量刑都没有产生明显的影响。98%的法官对女性行为人仅处以罚金刑,95%的法官对男性行为人仅处以罚金刑。在这种情况下,非法律专业人士同样普遍更加严格,有趣的是,对女性行为人判处自由刑的比例(32%)甚至略高于对男性行为人判处自由刑的比例(30%)。[37]

在案例3(住宅入室盗窃)中,对变量"**行为人的原籍**"的影响(住宅入室盗窃,损失3500欧元)进行了隐蔽的检验。整体来看,尽管德国籍行为人适用缓刑的比例稍高一些[38],行为人的国籍因素(德国人对比外国寻求庇护者)对法官判处的刑期长短却没有显著影响[39],而在非法律专业人士中,其对已认罪(24个月对比28个月)和未认罪(30个月对比36个月)的行为人所建议的自由刑的刑期长短都明显受到行为人原籍的影响(见图4)。[40] 当虚拟案例将行为人描述为已认罪时,寻求庇护者身份的影响就尤为显著:在这种情况下,54%的非法律专业人士希望对"马蒂亚斯"(Matthias)的自由刑适用缓刑,只有41%的人希望对"穆罕默德"(Mohammed)适用缓刑。当行为人没

---

[33] 这些数字涉及行为人不否认犯罪行为的案例变体。在行为人否认犯罪行为的情况下,数值关系没有任何变化。
[34] 自由刑的平均值从12个月降低至11个月。
[35] 希望对行为人的自由刑适用缓刑的参与者中,认为清醒的行为人可适用缓刑的比例占35%,而认为微醉的行为人可适用缓刑的比例仅为28%。
[36] 根据所谓的骑士精神论,在其他条件不变的情况下(ceteris paribu),刑事司法系统对女性的处理更为宽松,研究可参见 Elisa Hoven, Festschrift für Thomas Fischer, 2018, S. 885。
[37] 文中的数值涉及行为人没有仇外动机的情况。当存在此类动机时,性别对法官的量刑没有起到重要作用,但对非法律专业人士的量刑产生了明显的影响:58%的非法律专业人士对仇外心理动机的男性建议自由刑,仅34%的人认为可以适用缓刑;相比较而言,对仇外心理动机的女性建议自由刑的比例更低一些(54%),而适用缓刑的意愿更高一些(42%)。
[38] 当行为人不认罪时,在"马蒂亚斯"(Matthias)案件中,51%的法官判处适用缓刑,在"穆罕默德"(Mohammed)案件中,45%的法官判处适用缓刑;当行为人认罪时,这个比例是75%("马蒂亚斯"案件)和68%("穆罕默德"案件)。
[39] 关于女性和男性法官在对德国和外国行为人进行量刑时的性别差异,见下文第(三)部分之1。
[40] 关于本案中参与测试者的政治观点对量刑的影响,见下文第(三)部分之6。

有认罪时,外国人的身份对缓刑的决定影响就会减少,但差异(德国人22%,外国人17%)仍然显著。

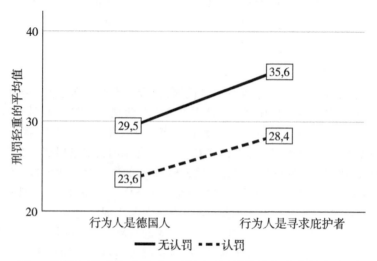

图4 案例3(住宅入室盗窃),关于不同原籍的行为人的自由刑时长(月),非法律专业人士

在案例2(故意身体伤害)中,我们引入了**行为人艰难的童年**作为隐藏的"组间"变量。无论是对整个职业法官组[41],还是对非法律专业人士,行为人的母亲早年去世以及他小时候在寄养家庭中受到虐待的事实,对刑罚类型的选择并没有影响:无论是否对这些细节进行说明,两组中大约四分之三的人对未饮酒的行为人建议判处自由刑,四分之一的人建议判处罚金刑。在选择自由刑的情况下,非法律专业人士建议的刑期几乎是法官建议刑期的两倍(21个月对比11个月),但这里并未体现行为人的童年经历对量刑产生影响。

在案例7(毁坏财物)中,我们引入了行为人的**仇外动机**[42]作为公开的"组内"变量。该因素对刑罚类型的选择产生了显著影响:存在仇外动机时,在法官中,对女性行为人的罚金刑比例从98%下降到83%;在非法律专业人士中,罚金刑的比例从68%下降到46%(见图5)。[43] 然而,就自由刑刑期长短以及是否适用缓刑而言,没有发现动机因素对非法律专业人士的量刑决定产生显著影响。[44]

---

[41] 关于女性和男性法官在该案例变体中的区别,请见下文第(三)部分之1。
[42] 关于女性行为人仇外动机的表述是:"她故意选择有外国车牌的车辆,因为她认为外国人不应该来德国。"
[43] 对于男性行为人,法官的罚金刑比例从95%下降到81%,非法律专业人士的罚金刑比例从70%下降到42%。
[44] 就法官而言,由于所判处的自由刑数量较少,因此计算显著性没有意义。

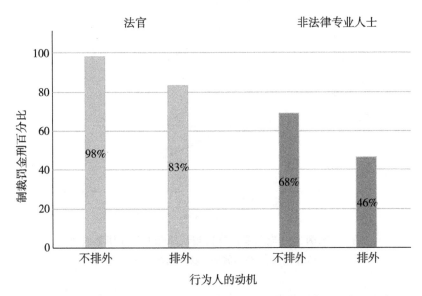

图 5 案例 7（毁坏财物），与（有无）仇外动机相关的罚金刑比例，法官和非法律专业人士

3. 犯后行为和程序性问题

在量刑规范中，一个有争议的问题是，如《德国刑法典》第 46 条第 2 款所表述的那样（"其犯后行为"），让那些从时间上来看，在行为终了后才出现的因素也影响量刑，是否是合适的。[45] 我们调查中的三个变量涉及不同的犯后行为方面。

行为人认罪的效果通过问卷中的两个虚拟案例进行检验。首先，在案例 3（住宅入室盗窃）中，认罪作为一个开放的"组内"变量被引入，其中，该认罪的证据价值很小，因为行为人被监控摄像头拍下，而且在犯罪现场附近被人赃并获。然而，法官和非法律专业人士都认为认罪具有显著的重要性（见图 6）。在认罪的情况下，法官中判处不适用缓刑的自由刑的比例从 27% 下降至 9%[46]；在非法律专业人士中，这一比例从 73% 下降至 41%。在认罪的情况下，所判处自由刑的平均值也更低，法官为 17 个月（无认罪：21 个月），非法律专业人士为 24 个月（无认罪：29 个月）。

---

[45] 此处请参见 Franz Streng (Anm. 1), Rn. 572 ff.; Dieter Dölling, Festschrift für Wolfgang Frisch, 2013, S. 1181; Uwe Murmann, Festschrift für Wolfgang Frisch, S. 1131, 1143 ff.; Bernd-Dieter Meier, GA 2015, 443; MK StGB/Klaus Miebach/Stefan Maier, 3. Aufl. 2016, § 46 Rn. 246.

[46] 文中的数值涉及的是德国籍行为人；然而，对外国籍行为人来说，数值关系是类似的。

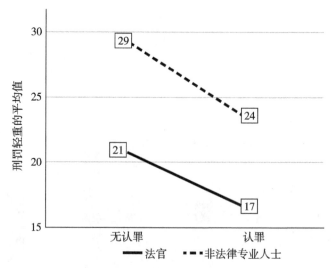

图 6　案例 3(住宅入室盗窃),当认罪无助于查明案情时,
　　　与认罪相关的刑罚轻重(以月为单位)

在案例 1(诈骗和背信)中,行为人在所有的变体情境中都认罪;然而,参与者清楚地面对的是,**具有重要证据意义的**早期认罪和法院对案件进行全部查明后的认罪之间的区别。对参与的法官而言,认罪会对查明案件的意义造成显著的差异:在法庭审理程序结束时仅作形式认罪的情形中,同意本案中[47]处以自由刑的法官比例为 95%,而在认罪对查明案件有重要意义时,该比例为 86%;当认罪无助于查明案情时,认为可以适用缓刑的法官比例为 89%,但是在单纯形式认罪的情形中,仅有 74% 的法官同意适用缓刑;此外,当认罪具有证据价值时,法官建议的刑罚(14 个月)也显著低于单纯形式认罪情形中建议的刑罚(18 个月)。同样,非法律专业人士也关注行为人认罪对查明案件的意义:在早期认罪的情况下,只有 47% 的人希望判处被告人自由刑,但在晚期认罪的情况下,有 71% 的人希望判处被告人自由刑;而在仅作形式认罪的情形中,只有 37% 的参与者同意适用缓刑,与之相对,当认罪有助于查明案件时,53% 的人选择适用缓刑。[48]

在案例 4(故意身体伤害,已退休者作为"勇气测试")中,我们对部分参与者进行了一个隐藏的"组间"变量的检验,即行为人在法庭审理中多次向受害方道歉,并且脱离了劝说他犯罪的小团体。以这种方式描述的"**悔恨**"因素对法官和非法律专业人士的量刑都造成了显著的减刑效果:在无事实补充的情况下,78% 的法官和 79% 的非法

---

[47]　这些数值是针对案例变体给出的,其中对虚拟案例被害人所遭受的后果进行了详细描述。
[48]　上述差异在 95% 的水平上具有显著性。

律专业人士赞成自由刑,而在有悔恨声明的情况下,该比例下降至61%(法官)和66%(非法律专业人士)。此外,在"悔恨"变体情境中,赞成适用缓刑的非法律专业人士的比例从46%上升至59%[49]。

在案例8(抢劫)中,我们通过一个"组间"变量对**锚定数值**[50]的惊人效果进行测试。在第一种变体情境中,检方代表要求判处(低得不现实的)1年自由刑,而在另一种变体情境中,检方则要求判处4年自由刑。尽管事实完全相同,但两个变体情境中的参与者建议判处的刑罚却差异明显。当检方代表要求判处更高自由刑时,非法律专业人士建议的平均刑期时长从(较低刑事指控时的)44个月增至74个月;同样,法官判处的平均刑期时长也从26个月增至40个月(见图7)。在检方代表请求判处极低的刑罚时,19%的法官判处自由刑适用缓刑;在检方代表请求判处较高的刑罚时,该比例只有1%。

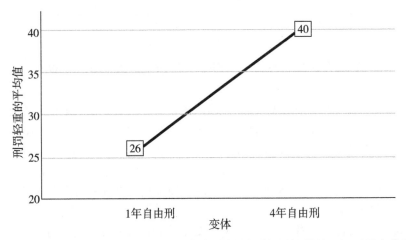

图7 案例8(抢劫),法官根据检方代表的刑事指控判处的刑罚轻重(以月为单位)

(三)判决者个人因素的影响

1. 参与者的性别

在大多数案例情境中,参与者的性别对量刑决定没有统计学意义的相关影响。在大多数虚拟案例中,女性作出的判决并不比男性更宽松或更严厉(见图8)。

---

[49] 在法官中,即使没有悔恨声明,也有90%的人赞成适用缓刑;在有悔恨声明的情况下,这一比例上升至94%。

[50] 此处具体可参见 Brite Englich/Thomas Mussweiler/Friz Strack, Law and Human Behavior (29) 2005, S. 705; Andreas Glöckner/Brite Englich, Social Psychology (46) 2015, S. 4。

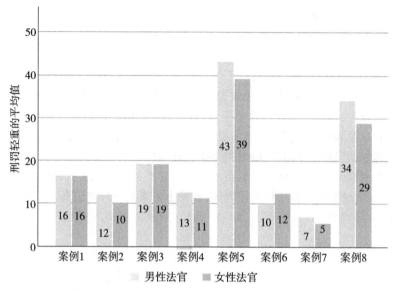

图 8　男性法官和女性法官判处的平均刑罚轻重（以月为单位）

然而,在一些情况下会出现有趣的差异,该差异在法官中比在非法律专业人士中更常见。例如,在虚拟案例中,我们对犯故意身体伤害罪的行为人(案例 2)的艰难童年进行了说明(母亲早逝,在寄养家庭受到虐待),女性法官判处的刑罚明显比男性法官更宽松;36% 的女性法官建议判处罚金刑,而只有 14% 的男性法官支持罚金刑。[51] 同样,在第二起身体伤害案件(案例 4)中,仅施加罚金刑的女性法官显著多于男性法官(32% 对比 12%)。[52]

有趣的是,女性法官对强奸(案例 5)判处的刑罚同样不如男性法官严厉。对于在公共场所实施的强奸行为,女性法官判处 43 个月的自由刑,这显著轻于男性法官判处的 49 个月的自由刑。对于在被害人家中发生的强奸案,女性法官判处的刑罚也明显更低一些(女性法官:42 个月;男性法官:47 个月)(见图 9)。[53] 在这种情况下,如果行为人承认所犯罪行,只有 60% 的女性法官支持自由刑实刑,[54]而男性法官持此观点的比例为 82%。[55] 在强奸案中,非法律专业人士在量刑上没有与性别相关的差异。

---

[51] 文中的数值涉及的是行为人没有饮酒的情况。对于饮酒的行为人,女性法官判处罚金刑的比例为 49%,男性法官的比例为 25%。
[52] 这种差异在行为人没有表示悔恨的案例变体中得到了体现。然而,如果行为人表示悔恨,男性及女性法官的制裁则没有显著的差异。
[53] 这里的性别差异在 90% 的水平上具有显著意义。
[54] 27% 的女性法官没有对适用缓刑问题作出说明,13% 的女性法官支持适用缓刑的自由刑。
[55] 11% 的男性法官没有对适用缓刑问题作出说明,7% 的男性法官支持适用缓刑的自由刑。

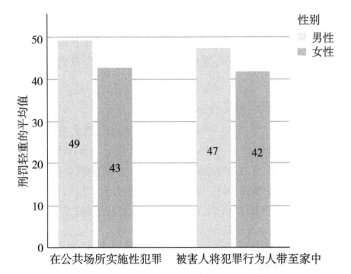

图9 案例5(强奸),男性法官和女性法官判处自由刑的刑期平均值(以月为单位)

就行为人的原籍因素而言,不同性别的非法律专业人士之间存在显著的量刑差异:在案例3中,平均而言,男性参与者对外国行为人判处的自由刑刑期比女性参与者长6个月。在法官中,则呈现了相反的趋势,尽管这一趋势并不明显:平均而言,女性法官对外国行为人判决的自由刑刑期比男性法官长2个月;相反,如果犯罪行为人是德国人,则男性法官量刑更为严格(平均多判2个月刑期)。

2. 参与者的年龄

参与者年龄对其选择的刑罚种类和刑罚轻重没有影响。但是,在强奸案中存在例外情况。在本案中,年轻法官(≤39岁)判处的自由刑要显著长于年长法官;平均而言,年轻法官认为46个月是合适的,第二年龄组的法官(40—49岁)选择34个月,第三年龄组的法官(≥50岁)选择35个月。[56]

在接受调查的非法律专业人士中,这一趋势也很明显。同样,年轻的参与者(18—29岁)建议的刑罚时长(平均值为100个月)也明显高于年长的参与者(30—39岁:75个月;40—49岁:59个月;50—59岁:68个月;60—69岁:67个月)。

3. 居住地

地区和居住地的大小对法官和非法律专业人士的量刑决定均无显著影响。仅在强奸案(案例5)中存在明显差异:柏林法官判处的刑罚明显低于北莱茵-威斯特法伦

---

[56] 该结果与职业经验的不同时长所造成的偏差是一致的。关于公诉人的年龄对其惩罚观念的(非常微小的)影响也可以参考以下的实证研究:Katrin Jansen, Stärkere Punitivität? 2015, S. 295 ff。

州的法官(32个月对比41个月)。同样,在非法律专业人士组中也仅存在个别差异。例如,在案例6中,汽车司机犯过失身体伤害罪,对此,大城市参与者在量刑上比农村地区参与者更为严厉。不过,研究并未显示德国东部、西部、北部和南部之间存在任何普遍差异。

4. 法官与地方法院或州法院的隶属关系

在5个案例[57]中,地方法院法官建议的刑罚明显比州法院的法官更加宽缓。例如,对于案例2中的故意身体伤害,83%的州法院法官判处自由刑,只有13%的州法院法官赞成罚金刑;相比之下,只有59%的地方法院法官认为自由刑是合适的,而38%的地方法院法官赞成罚金刑(见图10)。在强奸案(案例5)中,如果行为人认罪,21%的地方法院法官支持适用缓刑的自由刑;而持此观点的州法院法官仅占3%。

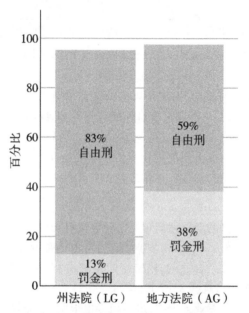

图10 案例2(故意身体伤害),根据法官在州法院或地方法院工作分列的自由刑、罚金刑比例

---

[57] 案例1(诈骗和背信),案例2(故意身体伤害,无关于行为人童年的说明),案例3(住宅入室盗窃,德国国籍行为人),案例5(强奸,在被害人住宅内)和案例6(造成严重后果的过失身体伤害)。

5. 非法律专业人士的受教育程度

在非法律专业人士中,受教育程度和量刑轻重之间存在明显的关联。[58] 受教育程度最低的非法律专业人士组,即没有高中文凭(Schulabschluss)以及有普通中学文凭(Hauptschulabschluss)未接受过职业培训的非法律专业人士,平均量刑明显重于受过中等或高等教育的非法律专业人士。在所有案例中,受教育程度较低的参与者建议的自由刑刑期平均为 34 个月,而受教育程度较高的参与者建议的平均刑期为 26 个月(见图 11)。在案例 8(抢劫和身体伤害的想象竞合)中,随着参与者受教育水平的提高,自由刑的刑期持续缩短;最大的差值出现在受教育水平最低和最高的参与者之间(当两种案例变体都包括在内时,最大差值为 17 个月)。同样,案例 7(女性行为人毁坏财物)中也存在重大差异:与受教育水平最低的参与者相比,获高中文凭的参与者建议的自由刑刑期平均缩短 7 个月。但在其他虚拟案例中,刑罚的严厉程度并没有随着受教育程度的提高而降低。

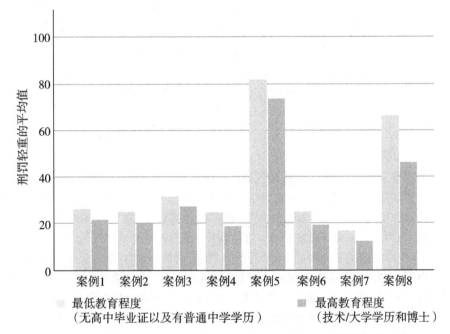

图 11　最高学历为普通中学或以下的参与者与拥有高等教育学位的
参与者之间刑罚轻重的平均值(以月为单位)

---

[58] 相似的结果可参见以下研究:Thomas Bliesener/Stephanie Fleischer, Festschrift für Franz Streng, 2017, S. 201, 208 f.,其认为存在刑罚更严厉的普遍趋势。

6. 非法律专业人士的政治观点

通过所谓的"周日民调问卷"展现的政治偏好[59],对非法律专业人士的量刑决定有重要影响(见图12)。

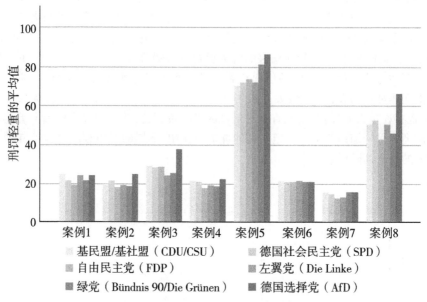

图12 根据(非法律专业人士)对政党的偏好得出的刑罚轻重的平均值

平均来看,德国社会民主党选民判处的刑罚最轻;而在大多数情况下,德国选择党的支持者建议的刑罚比其他政党选民明显更为严厉。并且,在所有选民群体中,德国选择党选民作出的自由刑是最长的。[60] 该差异在案例3(住宅入室盗窃)中尤为明显,本案中行为人是一名寻求庇护者。在本案中,德国选择党选民平均判处 51 个月的自由刑,而左翼党选民平均判处 24 个月的自由刑,基民盟/基社盟选民平均判处 33 个月的自由刑。如果行为人不是德国人,而是寻求庇护者,德国选择党选民判处的平均刑期会增加 62%。[61] 这一差异非常明显。然而,其他政党选民对寻求庇护者判处的刑罚也更为严厉。例如,德国社会民主党和自由民主党的选民支持的刑期平均值就存

---

[59] 本研究没有向法官提出"周日民调问卷",因为我们担心许多参与者会认为这是对其私人领域的不适当的侵犯并因此不会参与问卷调查。

[60] 同样,与其他政党的选民相比,明显更多的德国选择党选民认为检方在案例 8 中提出的 4 年自由刑的处罚要求过低。

[61] 在变体 A(无认罪)中,自由刑刑期平均从 31 个月增加至 51 个月;在变体 B(认罪)中,自由刑刑期平均从 25 个月增加至 41 个月。

在明显的差异(德国社会民主党选民:28个月对比34个月;自由民主党选民:25个月对比39个月)。相反,如果行为人是寻求庇护者,左翼党选民对其判处的自由刑刑期平均缩短了7个月。

另一个有趣的发现是,行为人的仇外动机对不同政党选民量刑决定的影响。虽然排外动机在所有政党选民中都会导致刑罚严厉程度的大幅提升,但对德国选择党选民而言,其量刑轻重几乎没有变化(见表2)。

表2 案例7(毁坏财物,男性行为人),根据政党偏好划分的支持自由刑比例

政党	自由刑比例	
	没有仇外动机	有仇外动机
基民盟/基社盟	25%**[62]	64%**
德国社会民主党	21%**	61%**
自由民主党	31%	41%
左翼党	25%**	57%**
绿党	32%**	61%**
德国选择党	45%	51%
其他党派	35%	50%

然而,不能认为德国选择党选民总是作为"异类"脱颖而出。就对个别犯罪行为的制裁行为而言,德国选择党的支持者和其他政党的支持者也有相似之处。例如,在案例5的变体(在被害人家中实施强奸)中,绿党选民建议的制裁(平均84个月的自由刑)和德国选择党选民建议的制裁(平均86个月的自由刑)具有可比较性,而左翼党选民的量刑则明显更为宽缓,只有65个月的自由刑。

在案例1中,我们还发现了一个有趣的现象,其显著地偏离了上述所示的政党偏好与刑罚轻重之间的相关性:对于公司总经理所犯的经济犯罪,左翼党选民判处的刑期最高(26个月[63]),而自由民主党选民判处的刑期最低(20个月)。

四、研究结果概述

关于上述研究问题,可将调查的主要结果总结如下:

---

[62] ** 表示显著的结果(在95%的水平上)。
[63] 基民盟/基社盟选民:25个月;德国选择党选民:24个月;自由民主党选民:23个月;绿党选民:23个月。

(一)法官和非法律专业人士之间的差异

1. 几乎在所有的案例中,非法律专业人士判处的刑罚都明显高于法官;只有在涉及经济犯罪时,这种情况才有所不同。

2. 在相应的法定量刑范围内,非法律专业人士判处的量刑幅度远大于法官。但是,对于相同的事实情况,法官也表现出明显的个人差异。

(二)行为及行为人相关的因素

1. 在与行为相关的因素中,财产犯罪案例中对个人损害后果的描述以及强奸案例中被害人之前的行为对量刑没有显著影响,行为人的饮酒情况也是如此。但是,在行为人因过失造成交通事故的情形中,行为对被害人造成的严重后果对量刑有重要影响。

2. 作为与行为人相关的特征,行为人的性别和艰难的童年对量刑没有重大影响。在入室盗窃案中,行为人的移民背景意味着法官和非法律专业人士对外国人适用缓刑的可能性都低于德国籍行为人,而刑罚轻重仅在非法律专业人士中存在显著差异。行为人的仇外动机对刑罚类型的选择有显著影响,但对刑期的长短影响不大。

3. 事实证明,行为人的犯后行为有重要意义,因为认罪始终会导致减刑。在此背景下,非法律专业人士和法官都会关注认罪是否确实有助于证据查明;如果是此种情况,则量刑就会远远低于单纯形式认罪的情形。如果行为人对所犯罪行表示悔恨,则法官和非法律专业人士都会因此而大幅减刑。

4. 在抢劫案中,以检方刑事指控形式出现的"锚定数值"对法官和非法律专业人士的影响之大令人惊讶。如果检方要求判处4年自由刑,则非法律专业人士支持的自由刑平均刑期为74个月,法官支持的平均刑期为40个月;与之相对,如果刑事指控要求判处被告1年自由刑,则非法律专业人士建议的自由刑平均值仅为44个月,法官建议的平均值为26个月。

(三)参与测试者的个人特征

1. 无论是法官还是非法律专业人士,参与者性别对量刑决定没有普遍影响。在选择性的两性显著差异方面,应当提及的是,在案例2中,当对行为人的个人经历进行说明时,女性法官倾向于比男性法官施加更宽缓的惩罚。同样,在案例5中,女性法官的判刑比男性法官更轻。[64]

2. 一般而言,参与者年龄对其所处的刑罚没有影响。例外情况是,在案例5中,非

---

[64] 这可以用"过度补偿"来解释:女性法官可能会担心她们出于对女性被害人的声援而对强奸犯判处过于严厉的刑罚,并试图通过有意识或无意识地减轻刑罚来弥补其可能的偏见。

法律专业人士和法官都出现了刑罚的严厉程度随着年龄的增长而下降的现象。[65]

3. 参与者的居住地或法院所在地对量刑没有系统性影响。相反,对于法官来说,他们在地方法院还是在州法院工作则非常重要:州法院法官支持的平均刑罚明显高于地方法院法官。

4. 受教育程度(对非法律专业人士而言)始终具有的影响是,刑罚的严厉程度随受教育程度的提高而降低。但是,即使只将受教育程度最高的非法律专业人士与法官进行比较,仍然可以发现法官与非法律专业人士之间在惩罚性方面的显著差异。

5. 参与者的政治倾向(仅对非法律专业人士进行了询问)有显著的影响,其中大部分是朝着预期的方向发展:德国选择党的支持者的量刑总体上最为严厉,这种严厉倾向在针对外国籍(而非德国籍)行为人的案例3中体现得尤为明显。相反,左翼党的支持者对外国籍行为人判处的刑罚比其对德国籍行为人判处的刑罚更轻。

五、结　论

(一)参与测试者的社会人口学特征影响轻微

首先,研究结果中令人瞩目和备受鼓舞的是,无论在法官中,还是在非法律专业人士中,与判决者本人直接相关的因素(性别、年龄、居住地)一般不会对量刑行为产生决定性影响。从这一点来看,量刑在很大程度上取决于案件被随机分配至某特定法院所在地或某法官的论点,无法得到证实。这一点也特别适用于地区分布:既没有出现惩罚性的南北梯度,也没有出现德国东部各州的特殊性。事实证明,在地方法院或州法院工作对法官的影响很可能是两级法院不同的刑罚水平造成的,这也影响了法官的个人标准。

然而,在非法律专业人士中,有证据表明受教育程度和政治倾向对量刑有影响。对法官而言,前一个因素不起任何作用;至于政治观念对其的影响,人们只能猜测。不过,(尽管在我们的研究中没有对此进行验证)我们认为,法官保守的观念至少在非经济犯罪中会使其倾向于更高的刑罚,这是一个合理的假设。[66]

(二)参照《德国刑法典》第46条的标准?

1. 就我们进行研究的与行为及行为人相关的量刑影响因素而言,可以确定的是,至少对法官而言,实际有效的量刑因素大体上符合《德国刑法典》第46条规定的法定方案。[67]

---

[65] 这可能表明,与年长的男性及女性法官相比,年轻一代的法官对侵犯性自主权具有更高的敏感性。
[66] 关于不同刑罚目的的偏好的影响,参见 Franz Streng (Anm. 1), Rn. 489。
[67] 我们的研究没有对行为人的刑事犯罪记录意义上的"以前的生活"的影响进行测量。但是,在案例2中,以前生活中可能存在的减刑因素(艰难的童年)对量刑没有显著影响。

首先,研究表明,《德国刑法典》第 46 条第 2 款中提到的"可归咎的行为影响"对过失身体伤害案件(案例 6)的量刑有重大影响。新纳入《德国刑法典》第 46 条第 2 款的行为人的"仇外动机"也被证明与法官和非法律专业人士的量刑相关(案例 7)。这一点同样适用于"犯后行为":在虚拟案例中,犯后行为以认罪和表达悔意的形式呈现,两个案例中犯后行为都在量刑方面对行为人产生了积极效果。然而,认罪具有减刑效果的更深层次的原因仍不清楚:行为人是因认识到自己的不当行为,还是因为促进司法程序而受到奖励? 尤其是法官,当存在认罪时,似乎或多或少地都会机械式地减刑。然而,如果认罪既没有表达悔意,也无助于查明案件事实,那么实际上就没有理由进行减刑。

2. 要使量刑决定符合法律规定,不仅要使法定量刑因素对量刑决定产生实际影响,还要使与法律无关的情状(特别是潜在的歧视性区分)对量刑决定不产生影响。因此,我们的研究还考察了那些法律上未规定的、部分存在争议的情状的重要性。结果表明,行为人的性别和性犯罪中被害人(在法律上是中立的,因此无关紧要)的前行为都对量刑没有影响。

然而,在案例 3 中,法官判处身份为寻求庇护者的行为人适用缓刑的可能性略低于德国籍行为人。这可能是因为法官在潜意识中考虑行为人的社会预后风险评估,而在虚拟案例的事实描述中并没有对这一点进行说明。然而,非法律专业人士更明显地考虑籍贯这一法律未规定的因素。对他们而言,将行为人描述为寻求庇护者会导致量刑明显加重。

我们的研究以令人印象深刻的方式证明了,检方在结案陈词中所提出的刑罚轻重具有"锚定效应"(Ankereffekt),这一点在其他研究中也得到了确认,但从规范角度来看,这一点存在很大问题。[68] 检方(不具有法定约束力并且不影响法院量刑)的刑事指控不仅对非法律专业人士的决定,而且对法官的判决也有显著影响。这种受扰乱的心理影响应通过法律政策予以抵消。例如,对刑事法官就此种心理敏感性进行培训,作为进修学习的部分内容。此外,还应考虑改变《德国刑事诉讼法》第 258 条第 1 款中的辩护顺序,使得辩方有机会首先设定"锚"。[69]

(三) 法官和非法律专业人士在一般刑罚水平上的差异

特别引人注目的是,非法律专业人士的总体刑罚水平明显更高,这在 8 个虚拟案例中的 7 个案例中都有所体现。法官和非法律专业人士之间的这种差异有多种可能的解释。首先,非法律专业人士可能"按字面意思"理解我们在问卷中给出的法定量刑

---

[68] 对现有研究的分析,参见 Franz Streng (Fn. 1), Rn. 494 ff.。
[69] 此方向上研究,参见 Brite Englich/Thomas Musweiler/Franz Strack (Fn. 50), S. 714 ff.; Brite Englich, Law & Policy (28) 2006, S. 497, 507 f.; Franz Streng (Fn. 1), Rn. 498。

范围,即他们倾向于对较严重的罪行参照刑档上限;而法官(根据联邦最高法院的指导方针[70])将现实生活中的"一般"犯罪案件置于法定刑档的较低范围,从而以这种方式作出较低的量刑。

其次,另一个可能的解释是,非法律专业人士在作出决定时更关注被害人。以下事实支持了这一点:对侵犯个人权利的犯罪行为,非法律专业人士作出的量刑明显比法官更重,而他们对经济犯罪判处自由刑的可能性较小。[71] 最后,造成此种差异的因素也可能是:非法律专业人士不了解司法监禁制度的现实情形,只能抽象地看待数年的自由刑;而法官可以根据他们的经验来判断,执行自由刑实刑对一个人人生的影响,以及服刑会在何种程度上增加再犯的风险。这表明,法官的量刑建议更注重对行为人的后果,因此比非法律专业人士的量刑建议更倾向于特殊预防。

(四)量刑观念的分歧可能产生的后果

根据调查结果,我们提出了这样的问题:人们对于"什么是正确的量刑"存在显著的观念差异,法律政策是否应该(如果是,如何)对此作出回应。

首先,从研究结果中可以发现,在我们调查的非法律专业人士中,79%的人认为德国法院作出的量刑决定"过于宽松"。[72] 然而,这里必须考虑到媒体对刑事司法活动的报道不可避免地是碎片化和选择性的。大多数民众对刑事法院活动的看法并非基于对现实量刑实践的全面了解,而是基于传统媒体和社会媒体(可能准确也可能不准确)所展现的很小部分的事实情况。[73] 当然,这并不能改变许多人对他们所认知的刑事司法产生的实际不安感。对司法机构本身而言,这意味着,它必须以可理解的方式(例如亦可借助社交媒体的传播可能性)向公众解释在一般情况以及个别案件中的量刑考虑。

然而,这只能解决部分问题。我们的研究表明,即使所有参与者获得的信息基础相同,法官和非法律专业人士的量刑观念也存在明显差异。因此,许多非法律专业人士认为德国刑事司法"过于宽松"的设想具有一定的事实支撑,因为在相同的信息水平下,相较于法官,非法律专业人士倾向于明显更为严厉的刑罚。当然,只要不超出法定刑档,法官和非法律专业人士对某些犯罪行为的刑罚标准不同,并不意味着一方"正确"而另一方"错误"。因此,将民众更为严格的量刑观念一概视为错误的而不予重视,是不对的。[74] 然而,简单地要求刑事司法系统今后应以"人民的声音"为基础来作

---

[70] Vgl. BGHSt 27, 2, 4; 28, 319; BGH NStZ 1983, S. 217. 详细可参见 Torsten Verrel, Festschrift für Jürgen Wolter, 2013, S. 799, 804 ff.; Schönke/Schröder/Jörg Kinzig, 30. Aufl. 2019, § 46 Rn. 59。
[71] 也可参见 Elisa Hoven, MschrKrim (102) 2019, S. 65, 77 f.。
[72] 见上文第三(一)部分之1。
[73] 也可参见 Ralf Kölbel/Tobias Singelnstein, NStZ 2020, S. 333, 338。
[74] 然而,在这个方向上,可以参见 Ralf Kölbel/Tobias Singelnstein, NStZ 2020, S. 333, 338,其因民众观念存在受刑罚严厉化影响的可能性而选择法官的专业知识。

出判决,也是错误的。[75] 法官受法律规定的约束,必须以尽可能保护基本权利的方式实现惩罚及预防性质的合法刑罚目的。因此,问题在于,公众关于"正确"量刑的观念是否会影响公认的刑罚目的的实现,如果是,又会以何种方式影响。

在"积极的"一般预防思想中,刑罚目的和大多数人观念之间可能存在这种联系,根据这种理念,对行为人的惩罚应该(也)包含以下目的,即象征性地确认行为人所违反的行为诫命(Verhaltensgebot)的效力。然而,该理论的"奠基人"之一京特·雅各布斯(Günther Jakobs)却从纯粹的系统论意义来理解通过刑罚实现的稳定规范效果,因此它既不能被经验性结论所证实,也不能被反驳。[76] 与之相对,如果将稳定规范(与恢复"法和平性"的理念结合)理解为一种经验性的社会心理现象[77],那么在确定"正确的"量刑时,显然要考虑公众的正义感。例如,卡斯帕(Kaspar)肯定了刑罚的"建立和平的效果",前提是"在特定情况下,公众(仍然)可以接受这是对犯罪作出的足够公正且适当的反应"[78]。尽管这里指的是"公众"的(经验性)接受,但是,在"**可以接受**"的措辞中仍包含规范性因素,这阻碍了将通过民调查明的公众意见直接转化为法定量刑。

后一种"积极的"一般预防与近年来日益受到关注的刑罚沟通(或"表达")意义相关并重合:刑罚旨在向行为人以及公众象征性地表达对违反规范行为的否认。[79] 如果在许多情况下,公众认为判处的刑罚严重不足,并且不再将其理解为补偿正义的措施,那么就会危及刑罚沟通功能。[80] 我们的研究结果表明,至少在某些情境中(例如性犯罪)可能会出现这样的情况。但是,只有当对行为人的刑罚过于宽缓,以至于公众将其理解为对犯罪的容忍而非指责时,我们才能说刑罚的沟通功能受到了危害。

---

[75] 一致的观点,参见 Franz Streng, in Kaspar/Walter (Hrsg.), Strafen „im Namen des Volkes", 2020, S. 131, 153 ff.

[76] Vgl. Günther Jakobs, ZStW (107) 1995, S. 843, 847 ff. 对雅各布斯的远离实践的理论批评,参见 Angela Kalous, Positive Generalprävention durch Vergeltung, 2000, S. 87 ff(其认为这是一种变相的报应理论); Günter Stratenwerth/Lothar Kuhlen, Allg. Teil, 6. Aufl. 2011, § 1 Rn. 27 f. Claus Roxin/Luis Greco, Allg. Teil I, 4. Aufl. 2020, § 3 Rn. 30 ff. 基本上否认积极的一般预防理论,因为它在意图的预防和声称的报应之间自相矛盾地摇摆不定,参见 Michael Bock, ZStW (103) 1991, S. 636, 644 ff.; Michael Pawlik, Das Unrecht des Bürgers, 2012, S. 80 ff。

[77] 例如 Franz Streng, Festschrift für Bernd Schünemann, 2014, S. 827, 839 ff.; Franz Streng(Anm. 75), S. 152(满足公民"自我稳定"的需要); Helmut Frister, Allg. Teil, 8. Aufl. 2018, § 2 Rn. 23 ff。对从国家惩罚的社会整体效果中推导刑法的适用规则的中肯的反对意见,参见 Tatjana Hörnle, in Frisch/von Hirsch/Albrecht (Hrsg.), Tatproportionalität, 2003, S. 99, 103; dies., Straftheorien, 2011, S. 25 ff.; Wolfgang Frisch, in Schünemann/von Hirsch/Jareborg (Hrsg.), Positive Generalprävention, 1998, S. 125, 134。

[78] Vgl. Johannes Kaspar, in Kaspar/Walter (Hrsg.), Strafen „im Namen des Volkes", 2020, S. 61, 75.

[79] Vgl. Tatjana Hörnle, Straftheorien, 2011, S. 29 ff.

[80] 类似观点参见 Franz Streng(Anm. 1), Rn. 59. 相反,Ralf Kölbel/Tobias Singelnstein, NStZ 2020, S. 333, 338 认为,这只取决于是否实施制裁,而不取决于制裁的程度。但是,如果制裁明显低于罪责程度,则可能一直会发出这样的信号,即该犯罪行为不(再)需要严厉制裁。

然而,如果刑事法院实施的制裁过于偏离民众的正义观念,也会在其他方面产生令人担忧的后果。这些后果与其说与立法者—行为人—司法的规范性三角关系中刑罚目的的实现相关,不如说是与对刑事司法作为对违反规范者进行社会控制的可信赖机构的信任相关。举例来说,如果法院判处的刑罚远低于大多数民众认为合适的刑罚,则可能最终导致人们对国家刑事司法系统丧失信任并逐渐疏远。因此,刑事法院将面临在自生循环中进行审判的风险,其输出的信息无法被多数人所理解,又由于刑法具有强烈的象征意义,这将对国家权威和社会凝聚力带来显著的危害。[81]

这可以(也应该)使得司法部门有理由来审查,法官平均量刑是否(仍然)充分反映了各犯罪构成要件及其刑档所表达的无价值判断。[82] 批判性审查的任务并非刑事法官个人的职责,而是整个刑事司法系统的责任。然而,迄今为止,还缺乏对德国法院的量刑决定进行分类和评估的必要数据。为了准确了解量刑的实际情况,应在数据库中尽可能地记录全德国范围内的量刑决定及其所依据的标准。只有在这样一个数据库的基础上,才能认真讨论量刑畸轻或畸重的问题。同时,法官可以了解其他法院的量刑实践。透明化记录将成为避免不合理的量刑地域差异的重要一步。[83]

此外,对公众关于"正确的"量刑的观点进行持续调查,以及通过一个由司法界、学术界和政治界共同参与的多学科委员会就刑事犯罪的适当制裁展开持续的理性讨论,也是有意义的。[84] 这样的委员会还可以提出建议,对《德国刑法典》第46条的量刑考虑因素目录进行系统性修订,并重新思考一些基础问题,例如,正当的刑罚目的或犯后行为(尤其是无助于查明案情的认罪)对量刑的意义。无论如何,我们的研究表明,在刑事司法实践和民众的量刑观念之间建立一座桥梁是十分必要的。

---

[81] Vgl. Elisa Hoven, KriPoZ 2018, S. 276, 286 f.
[82] Vgl. Christian Grafl/Kurt Schmoller, Entsprechen die gesetzlichen Strafdrohungen und die von den Gerichten verhängten Strafen den aktuellen gesellschaftlichen Wertungen? Gutachten. Verhandlungen des 19. Österreichischen Juristentages, 2015, S. 158:"社会价值观的根本变化,如果导致对行为方式的无价值产生不同的评估,则应被纳入刑法的设计中。"
[83] 参见 Johannes Kaspar (Anm. 2), S. C100 ff.; Franz Streng (Anm. 75), S. 155 f.;详细介绍引入量刑数据库,参见 Elisa Hoven, Festschrift für Ulrich Sieber, 2021, S. 1373-1390。
[84] 关于量刑委员会也可参见 Elisa Hoven (Anm. 83)。

量刑指南与法官自由裁量

——德国量刑法需要修改吗？[*]

〔德〕约翰尼斯·卡斯帕[**]文　谭　淦[***]、王伟华[****]译

要　目

一、导论：德国宪法之下的量刑
二、量刑理论的作用
三、经验发现
四、量刑指南作为一种方案？
五、修改建议
　（一）《德国刑法典》第 46 条的新版本
　（二）量刑幅的修改
　（三）提高量刑信息的水平

摘　要　德国现行量刑法不能完全满足德国宪法对法律确定性的要求。主要的量刑理论，包括实践中作为通说的裁量空间理论、新近出现的行为比例学说，都不能解决量刑法中的模糊性问题。作者提出一般预防性的结合理论，主张通过与行为不法呈比例关系的量刑来恢复法和平，认为法官应当找出足以传达出行为之不法内容的最温和的刑罚。对一般预防所需的最小刑罚量的评估，应以判决时而非行为时为准。作者批评美国联邦量刑指南对量刑活动的简化，认为独立的专家委员会制定的、具有建议

---

[*]　本文系教育部人文社会科学重点研究基地"十四五"重大项目"新型科技安全领域问题中的归责问题研究"（项目批准号：23JJD820001）的阶段性研究成果。
[**]　德国奥格斯堡大学刑法、刑事诉讼法、犯罪学和刑事执行法教席教授，法学博士。本文是作者提交给 2018 年第 72 届德国法学家大会的参会论文。参见 Johannes Kaspar, Sentencing Guidelines vs. tatrichterliches Ermessen-Brauchen wir ein neues Strafzumessungsrecht? Gutachten C für den 72. Deutschen Juristentag, 2018. 本文翻译得到作者的支持与授权，原文是英文版，翻译时对照德文版译出。
[***]　法学博士，西南政法大学法学院硕士研究生导师。
[****]　西南政法大学 2020 级刑法学硕士研究生。

性质的标准化量刑是可取的。在此基础上,作者提出《德国刑法典》第 46 条量刑法的修改建议,以及修改量刑幅、建立量刑信息库的建议。

关键词　量刑法　裁量空间理论　一般预防　比例性

一、导论:德国宪法之下的量刑

在国家可以施加给公民的所有惩罚中,如果把刑罚比作其中最锋利的那把剑,那么量刑便决定了被告人的伤口有多深。这个十分普通的比喻,表明了量刑过程对被定有罪之被告人的负担效应(burdening effect),因它决定对其基本权利的干预程度。[1] 由是我们再一次看到,基于宪法,立法者必须制定出足够精确的标准、规则,为法庭的量刑提供既具约束力,同时又有限制性的架构。[2] 根据德国宪法的规定,量刑规则应当能够提供量刑的法律确定性(legal certainty)、平等性(legal equality)和比例性(legal proportionality)。[3]

然而,德国的现行量刑法,并不能完全满足这些要求。在很多案件中,对于特定类型的犯罪,量刑的幅度过于宽泛,而按照《德国基本法》(Grundgesetz)第 103 条第 2 款对法律确定性、明确性(definiteness)的要求,如此宽泛的幅度是有问题的。

该条款规定的罪刑法定原则(principle of legality),不仅涉及一定类型的行为是否应受刑罚处罚,还涉及一个人在违反法律的场合中,需要面临何种类型刑罚。[4] 对照刑法的规定,每个公民都可以事先回答这两个问题——但是,如果可能的刑罚范围,是从 1 年到 10 年监禁刑(如《德国刑法典》第 249 条关于抢劫罪的规定),或是从小额罚金刑(Fine)到 5 年监禁刑(如《德国刑法典》第 242 条关于盗窃罪的规定),则要回答那样的问题显然就太难了。

在其他领域,如决定是否属于酌定的特别严重/较不严重的情形(unbenannte besonders schwere/minder schwere Fälle)时,如果法官被立法者赋予过大的裁量权,上述问题就会更加严重。此时,量刑幅度的选择取决于法官相当模糊的整体评价,因为即使是立法者,也没有指明何种事实集合(constellation)属于"特别严重"(particular serious),何种属于"较不严重"(less serious)。在这方面,疑问最多的条款是《德国刑法典》第 212 条第 2 款。该条款规定,如果法官认为特定的杀人罪(homicide/Totschlag)案

---

[1] Vgl. Johannes Kaspar, Sentencing Guidelines vs. freies richterliches Ermessen–Brauchen wir ein neues Strafzumessungsrecht? Gutachten C für den 72. Deutschen Juristentag, 2018, C10;同样参见 Johannes Kaspar, Grundrechtsschutz und Verhältnismäßigkeit im Präventionsstrafrecht, 2014; MüKo-SGtB-Miebhach/Maier § 46 Rn. 1。

[2] Vgl. Johannes Kaspar, 2018, C86 及以下。

[3] 关于量刑的三个主要的宪法维度,更深入地讨论,参见 Johannes Kaspar, Verfassungsrechtliche Aspekte einer empirisch fundierten Theorie der Generalprävention, in Kasper/Walter(eds.), Strafen in Namen des Volkes?, 1 Auflage, 2019。

[4] 参见 BVerfGE 25, 269 et seq.; BVerfGE 105, 305 et seq.(财产刑)。

件属于"特别严重"（particular serious），便可裁定终身监禁刑（而非5年以上15年以下监禁刑）。[5] 如果是"特别严重"与"较不严重"并存的情形，则杀人罪的量刑范围是1年以上监禁刑，直至终身监禁。[6]

就此而言，量刑的核心法条——《德国刑法典》第46条第1款——亦作用有限。这一条款，仅仅是折中妥协，在被引入（刑法典）后，很快便被批评是"头等错误"（first rank mistake）[7]，时至今日，仍在承受批评。[8] 的确，很多根本性的问题仍然没有答案。[9] 其中就包括刑罚的相关目的问题，它直接影响量刑：身为法官，如果需要在2年或3年的监禁刑之间进行选择，而在特定的案件中两种（刑期）看起来大致都恰当，那么，如果不联系"为什么"（why）要科处此种刑期（而非别种刑期），以及科处该种刑期分别是出于何种目的的问题，便不能合理地回答多（或少）1年监禁刑的问题。在此，必须注意的是，德国宪法中规定了比例原则（principle of proportionality），要求国家应当尽可能少地干预公民的自由——因此，国家的代表（state representatives）总是要寻求最温和却又足够恰当的方式去实现所要追求的目标（必要性原则）（principle of necessity, Erforderlichkeit）。就我们所举的例子而言：如果刑罚的目的，是2年监禁刑就足以实现的，则法官就必须选择这一选项——不存在任何裁量！然而，很明显的问题是，这里存在很多自身模糊不清且极大依赖法官主观评价的预设（assumptions）：刑罚的相关目的是什么？在具体案件中，它们何时、如何才能得到充分实现？

《德国刑法典》第46条第1款将"罪责"（guilt）（Schuld）作为"量刑的基础"，这一含糊的规定，（就法律确定性、比例性而言）几乎是什么都没说。[10] 很明显的是，立法者并未明确规定刑罚要服务于特定的目的，无论是"报应"（retribution）还是"罪责抵偿"（compensation of guilt）。我们能够从中推论出的，只是"罪责"必定是重要的量刑因素，它应当影响刑罚的量——但是，我们施之于人的刑罚，到底想要实现何种目的，这一问题并未被清楚回答。不仅如此，"罪责"一词在量刑语境中到底是什么意思，也是极具争议的。[11] 通行的观点倾向于将之理解成"犯罪行为的罪责"（Tatschuld），而不是生活方式罪责或人格罪责（Lebensführungsschuld/Charakterschuld）[12]，但是，诸如"犯后行为"这样

---

[5] 在2018年的德国法学家大会刑法分会（Strafrechtliche Abteilung des Deutschen Juristentags）上，多数人投票支持废除此种类型的条款。
[6] Vgl. Radtke DRiZ, 2018, 251.
[7] Vgl. Günter Stratenwerth, Die Zukunft des strafrechtlichen Schuldprinzips, 1977, S. 13.
[8] Vgl. Kaspar 2018,C 58 ff.; Radtke DRiZ 2018, 251; Hoven KriPoZ 2018, 287; Grosse-Wilde ZIS 2019, 134.
[9] Vgl. Karl Lackner, Über neue Entwicklung in der Strafzumessungslehre und ihre Bedeutung für die Praxis, 1978, S. 7.
[10] Vgl. Verrel JZ 2018, 811; Kudlich/Koch NJW 2018, 2762 et seq.
[11] Vgl. Streng StV 2018, 595.
[12] Vgl. Epik StV 2019, 490 fn. 17; Streng 2012 recitals 524 et seq.; Bernd Meier, Strafrechtliche Sanktionen, 4th Auflage, 2015, S. 187.

的与实际犯罪没有任何关系的因素,为何应当与"罪责"[在行为的"可谴责性"(blameworthiness)的意义上]的决定相关——正如《德国刑法典》第46条第2款规定的那样,这仍然是需要证立的(问题)。

不仅如此,关于罪责的通行观点隐藏着风险——与犯罪的客观危害程度相比,它过分强调行为人的"态度"(attitude)或是前科(previous conviction)次数这样的人身要素(personal factor)。[13] 合理的原则——并非犯罪人(offender)的人身(person),而是作为外部事件的犯罪行为(offence),才是量刑所要传达和谴责的[14]——由此承受着风险:在德国刑事制裁双轨制(zweispuriges System)中,(刑罚与)作为制裁(sanction)的第二种类型的、纯粹预防性的恢复、隔离措施(《德国刑法典》第61 ff条规定的保安处分)(Maßregeln der Besserung und Sicherung)之间的分界线,变得模糊了。

即便是《德国刑法典》第46条第2款中规定的量刑因素的条目,也只是部分地有帮助,因为它包含的是相当异质的情节,虽然明确却又未能穷尽列举,且没有清楚地交代这些情节应当怎样权衡,如何考量。[15] 相关的因素(尤其)是:行为人的动机和目的;行为人违反义务的程度;行为方式及行为引起的后果;行为人的先前经历(prior history)、人身状况、财产状况;行为人的犯后行为,特别是对所致损害作出赔偿的努力、与被害人和解的努力。

总的来说,在实证法(de lege lata)下,量刑的法律规定相当模糊不清。尤其作为量刑"关键问题"(key problem)的、宽泛刑罚幅度的量刑起点(entry point)[16],仍然没有任何法律条文在如此困难的任务中去指引法官。在司法实践中,法庭明显是按照当地的或区域性的通常量刑水准(common level of sentencing)来应对此种情形。[17] 这一(量刑)水准,部分地规定在非正式的指导方针中[18],或者至少是在有经验的同事们的建议中传达过。[19] 显然,如此一来,那些选择性的、主观性的、当然也不具有代表性的经验性数据(empirical figures),在实践中变得相当重要。正如后文提到的,我们可以毫不意外地看到,德国的不同法院、不同区域之间的量刑,存在相当大的差异。[20] 地

---

[13] Vgl. Hörnle JZ 1999, 1080 (1083).
[14] Vgl. Frisch, ZStW 1987, 384 et seq.
[15] Vgl. SSW-StGB-Eschelbach §46 recital 13; Hörnle, GA 2019, 282 et seq.
[16] Vgl. Schöch, Möglichkeiten und Grenzen einer Typisierung der Strafzumessung bei Verkehrsdelikten mit Hilfe empirischer Methoden, in Göppinger/Hartmann (eds.), Kriminologische Gegenwartsfragen, 1972, S. 128.
[17] Vgl. Streng, Strafzumessung und relative Gerechtigkeit, 1984, S. 239.
[18] Vgl. SSW-StGB-Eschelbach §46 recital 3; 同样参见 Schäfer/Sander/van Gemmeren, Praxis der Strafzumessung, 6th Auflage, 2017 recital 1719(交通犯罪量刑表)。
[19] Vgl. Hörnle T., Strafzumessungsrelevante Umstände der Tat, in: Frisch (ed.), Grundfragen des Strafzumessungsrechts aus deutscher und japanischer Sicht, 2011, S. 113, 114.
[20] Vgl. Schöch 1972, S. 128, 129.

方性量刑传统(local sentencing traditions)的方向,不可能是令人满意的解决方案,因其缺少必要的透明度和全国范围的一致性;此外,《德国基本法》第3条第1款中规定了平等性原则(principle of equality),只有存在正当理由时才允许不同的处罚,就此而言,前述方向也是有问题的——在我看来,存在着某种地方性量刑传统,单就这一事实本身而言并不属于那样的正当理由,因其与刑罚的任何目的或理性都无相关性。

最后,法律的模糊性及其赋予法官的极大裁量权,不足以确保前述意义上的比例原则作为量刑的指导原则得到遵守。即使德国的量刑水准相对温和(modest)(正如下文可见),我们也可以看到,不同的区域对相似罪行的制裁水平差别极大,这一事实仍然表明,存在进一步减轻刑罚的某种可能性(potential)。不平等(inequalities)可以通过两种方式来解决:将一个数字调整为另一数字,或者相反。换言之,量刑平等的目标,同样可以通过提升迄今为止量刑相对温和区域的刑罚水平来实现。德国宪法基于比例原则及其限制性特征(limiting character),倾向的是相反方向,即关注更低的量刑水平。

二、量刑理论的作用

如果以常见的量刑理论处理这一法律模糊性问题,就会发现,它们中没有一种是适任的。

盛行的所谓"责任幅理论/裁量空间理论"(Schuldrahmenlehre/Spielraumtheorie)[21],尤其是有疑问的。根据该理论,法官在一个与罪责程度相当的量刑幅度内活动,在其中,他们可以根据补充性的预防性考量(complementary preventive considerations)相当自由地进行选择。但是,法官没有义务去明确(specify)与罪责相关的、可能的量刑幅的界点(limiting point),这弱化了该方案的说服力,同时又引起了对法官是否的确如此行事的怀疑。主要的批评点是,对这一方法来说至为关键的、特定程度"罪责"的预设(assumption),并非基于可以进行理性讨论的客观经验发现。预防目的的权衡方法,特别预防(special preventive)面向、一般预防(general preventive)面向[即恢复(rehabilitation)、选择性隔离(selective incapacitation)和个别威慑(individual deterrence)与一般威慑(general deterrence)]之间的关系,也都是不清楚的。就实际效果而言,经常宣扬的一般预防性量刑加重(general preventive aggravation of sentencing)[22]与特别预防性量刑加重(special preventive aggravation)的问题一样多。毕竟幅理论(margin theory)的基

---

[21] 司法系统中的这一传统地位,是在BGHSt 7, 28中被确立的。参见Schäfer/Sander/van Gemmeren 2017 recital 828。

[22] Vgl. Schäfer/Sander/van Gemmeren 2017 recital 839及以下(根据的是实证研究的结果,而它有悖于通常的预设,后者认为,更高的量刑会相应地自动导致更高的威慑水平、更少的犯罪)。

本构想在于,单纯的罪责抵偿(Schuldausgleich)作为刑罚的目的,就能够证立量刑,即便是这种刑罚在个案中并无一般预防和特别预防的需要。不过,这一想法必须要予以否定。因为根据德国宪法中的比例原则,它的主张——基于"罪责抵偿"或"报应"的理由,刑罚必须要达到一定的程度——并不满足合法干预基本权利的要求。[23]

稍晚出现的行为比例学说(Tatproportionalitätslehre)[24],正确强调了犯罪行为不法的严重性是量刑的决定性标准。在此背景下,便可适用德国刑法理论中结果无价值(Erfolgsunrecht)和行为无价值(Handlungsunrecht)的一般性区别。"量刑责任"(Strafzumessungsschuld)[25]这一模糊的术语便失去了其核心地位。唯一的问题是,行为的不法(wrongfulness of the act)是具有完全的可谴责性(blameworthiness)(如《德国刑法典》第21条规定的情形),还是只具有有限程度的可谴责性。但是,超越完全可谴责性的"罪责"加重是不可能的。总而言之,该学说更合理地解释了量刑与不法理论(Unrechtslehre)之间的联系,避免了与罪责相关的量刑理论的某些缺陷。

然而,即便是行为比例学说也不能令人满意地回答刑罚目的的问题。与犯罪行为呈比例关系的、蕴含在刑罚之中的非难可能性(reproach/Vorwerfbarkeit),并不是刑罚的正当目的,只是描述了刑罚的本质。刑罚作为对犯罪行为的一种否定(disapproval)或非难(reproach),只有当其对社会的用处(use for the society)至少有可能被实现时,才能被证明是正当的。

本文所要维护的理论主张,是一种一般预防性的结合理论(general preventive combination theory),是指通过与行为的不法(wrongfulness of the act)呈比例关系的量刑,来恢复法和平(restoration of peace under the law)(在德国将其称为"积极的一般预防"(positive general prevention)。[26] 作为人类尊严性(human dignity)的要求(《德国基本法》第1条第1款),具体量刑中的责任上限(Schuldobergrenze)仍然是不可触及的(untouchable)。[27] 然而,如果缺少预防的需要,或是预防的需要大幅减少,就不能仅仅以绝对的罪责抵偿理由作为裁定特定程度之刑的强制性根据。因此,认为不用考虑刑罚的预防效果,罪责的最小值(minimum level of guilt)必定会导致特定量的刑罚,这样的想法应当摒弃。法官有义务找到"一般预防性的最小值"(general preventive minimum),即足以传达出犯罪行为之不法性(wrongfulness of criminal act)的最温和刑罚。这指的是如下水准的量刑:它原则上是恰当的,足以被社会公众接受,由此能够恢复法和平。作出

---

[23] Vgl. Kaspar 2014.
[24] Vgl. Hörnle, Tatproportionale Strafzumessung, 1999; Frisch/v. Hirsch/Albrecht (eds.), Tatproportionalität, 2003.
[25] 该批评由 Hönnle 提出,参见 JZ 1999, 1080。
[26] Vgl. Bernd Schünemann et al (eds.), Positive Generalprävention, 1998.
[27] 但是,所谓的罪责原则(Schuldprinzip)是否的确必然地得出这一结果,是不无疑问的。在我看来,它还在遵循一般的比例性要求(general proportionality requirements),参见 Kaspar 2014, S. 821。

如此评价的决定时点,不是犯罪行为发生时,而是判决之时。如果在此期间,发生了与刑罚的积极一般预防有关的任何事情,如犯罪人做出了赔偿的努力,或者促成了被害人与犯罪人的和解,则主张刑罚的减轻是没有问题的——但是在这些情形中,"'罪责'变得更轻了"这一预设(assumption)的理论基础相当薄弱。

在某种程度上,由于对此缺乏可靠的实证数据,人们不得不采用貌似有理的预设(plausible assumption)。这一事实,与"存疑时有利于被告"(in dubio pro reo)的思想一起,支持以可能的最低量刑为目标的限制性理解(restrictive concept)。这与施特伦(Streng)提出的所谓"不对称的裁量空间理论"(asymmetrische Spielraumtheorie)有相似之处。后者认为,在存疑情形中,法官应当选择量刑幅的下限(lower end of sentencing margin)。[28]

我知道这是极具争议的观点,对此将进一步说明——但是,在我看来,为了使这个观点更能站得住脚,也应考量有关量刑公众期待的经验发现(empirical findings)。[29] 为了将这一理论与纯粹的报应论区别开,不能从纯粹规范的意义上理解"法和平"(legal peace)。就此而言,由于代表性的调查(representative surveys)能够用来支持比现行状况更低的量刑(甚或是部分废除刑法),无论是刑法理论还是宪法,对此都无异议。[30] 相反,通过这种方式,宪法上的比例原则(及其所要求的、始终要去寻求已有规定里同等恰当的措施中干预程度最低的选项)得以被考量。这一路径的典范,是塞萨尔(Sessar)做的实证研究,其研究表明,德国的一般公众更倾向于恢复性司法措施(restorative justice),如赔偿,或犯罪人与被害人和解,愿意接受减轻甚或免除刑罚的理由。[31] 因此,以"比例性的一般预防"(proportionate general prevention)为方向的量刑理念,应反映在《德国刑法典》第46条新条文的建议稿中(见下文)。

三、经验发现

经验发现证实了量刑的规范标准模糊的问题。[32] 不同的研究表明,具有相同的量刑幅的犯罪,往往表现出迥异的量刑水平。我们可以发现,即使立法者改变量刑幅的界点(end points of the scale),如提高其上限,量刑也仍然维持着相当稳定的状态。这些发现反驳了一个观点,即认为由立法机关预设的、以"连续的严重性等级"(kontinuierliche Schwereskala)为形式的量刑幅,构成了法官决定性的方向指南。

---

[28] Vgl. Streng StV 2018, 597 f.
[29] Vgl. Kaspar/Walter 2019.
[30] Vgl. Kaspar 2014, S. 668 et seq.;Kaspar 2019a;同样考虑在此方面使用法律技术(Legal Tech)的,参见 Kaspar/Höffler/Harrendorf NK 2020。
[31] Vgl. Klans Sessar, Wiedergutmachen oder Strafen? 1992.
[32] Vgl. Kaspar 2018, C16 et seq.

此外，实证研究表明，在许多案件中，宽泛的量刑幅度并未被充分利用。通常，人们可以观察到一个"下行趋势"（downward trend）：具体的量刑（concrete sentences）往往集中在量刑幅度的下部三分之一区间，而量刑幅度的上部区间（如在财产犯罪中）则很少被适用。[33] 此外，令人吃惊的是，对于某些犯罪来说（如《德国刑法典》第249条规定的抢劫罪），法庭往往认定（allege）的是较不严重的情形[34]，这表明，将其常规量刑幅中最低刑期提升至最低1年监禁刑，被认为"太高了"。[35]

最终，温和的、比例性的量刑观念由此得到考量，但是，这是司法实践的一种发展，不能明确地将之归因于规范的要求或是立法者的限制，因而不能保证将来也是如此。[36]

不同的研究反复发现，在德国，不同人的量刑活动、不同区域的量刑实践，存在重大区别。[37] 1931年，埃克斯纳（Exner）出版了专著，主持了一项著名的量刑研究[38]，其中，区域性的差异已经出现。1970年，由舒赫（Schöch）主持的一项研究中，这样的差异也出现在了交通犯罪领域。[39] 2016年，格伦迪斯（Grundies）主持了一项研究计划，其结论清楚地表明，差异仍未消失[40]；我们仍然可以发现地方性或区域性的量刑模式不仅存在于德国联邦各州，而且各州的内部也是如此。一般来说，德国南方各州的量刑比北方各州要更重。

尽管不同的研究均存在方法上的问题，但是此种不平等（尽管潜在的案件存在整体上的相似性）的存在，在今天已被广泛承认。[41]

出现这种现象的一个原因是显而易见的：是法律自身赋予了法官评估个案量刑时的太多裁量空间。上诉法院实际上只在很少的时候进行了控制，大多数案件中，法官个人的量刑决定[作为其"天然领域"（natural domain）]会被上级法院接受。

已有研究表明，法官的人格、个性和观念在这方面的确有着重要作用。例如，一项研究（法官要为虚拟案件进行量刑）发现，优先选定的刑罚目的具有相关性。倾向于报

---

[33] Vgl. Götting, Gesetzliche Strafrahmen und Strafzumessungspraxis, 1997, S. 224; Die normative Kraft des Faktischen. Plädoyer für eine konsequentere empirische Fundierung der Strafzumessung, in Zöller et al. (eds.), Festschrift für Wolter, 2013, S. 804.

[34] Vgl. Albrecht ZStW 1990, 610；同样参见 Verrel JZ 2018, 814。

[35] Vgl. Kudlich/Koch NJW 2018, 2763.

[36] 同样参见 Hörnle, GA 2019, 295。

[37] Vgl. Kaspar 2018 C 18 et seq.

[38] Vgl. Franz Exner, Studien über die Strafzumessungspraxis der deutschen Gerichte, Dritte Folge, Vol. 26, 1931.

[39] Vgl. Heinz Schöch, Strafzumessung und Verkehrsdelinquenz, 1973.

[40] Vgl. Grundies, Gleiches Recht für alle? — Eine empirische Analyse lokaler Unterschiede in der Sanktionspraxis in der Bundesrepublik Deutschland, in Neubacher et al. (eds.), Krise-Kriminalität-Kriminologie, 2016, S. 518 et seq.

[41] 同样参见 Albrecht, Strafzumessung bei schwerer Kriminalität, 1994。

应或一般威慑的法官,其裁定的量刑(不出所料地)比倾向于恢复的法官作出的量刑更重。[42] 在以色列进行的一项研究表明,连法官是否饿了这样的因素,都与量刑轻重相关。[43]

如前所述,一定的标准化(standardization)的实现,是通过"通常的"(common)量刑水准这一假定来完成的,但是,"通常的"量刑水准基于不成文的、非正式的传统,其适用范围也基本没有超出当地或该区域。显然这不可能是足以令人满意的、全面的解决方案,因其缺少透明性,无法满足必要的、全国范围内的一致性。如前所述,根据《德国基本法》第3条第1款,单纯的地方性习惯(local customs),不能成为差异性的客观理由。[44] 巴伐利亚州的"罪责"并不比汉堡市的更重。德雷埃尔(Dreher)创造的著名术语——根据该术语,法官作出量刑时使用了"秘密尺码"(geheimes metermaß)[45]——明确强调了这一问题:在一个特别强调"正当程序"(due process)(法治国家原则,Rechtsstaatsprinzip)的立宪民主制下,需要清楚、透明的法律标准以防止不平等和恣意。

标准化的实现不仅关系正义或平等,还关系国家的运转及其法律制度的稳定。一般大众的正义感,要求相似犯罪受到相似刑罚。[46] 此种正义感与司法实践之间的分歧,久而久之将导致有害的后果,如对法律制度及其道德信用的信任丧失,并且——与此同时——自身的守法意愿降低。[47]

综上所述,现行法应当修改,以便在量刑方面实现更大的平等性、法律确定性和比例性。

四、量刑指南作为一种方案?

应对这一问题且限缩法官裁量范围的一种可能方案,是差异化的量刑指南,类似于美国模式基础之上的指南。其适用原则,可以借助在1987年引入的适用于美国联邦一级的《联邦量刑指南》(Federal Sentencing Guidelines, FSG)[48]来描述(众所周知,在美国的州一级,或在其他国家,的确存在各种各样不同的量刑模式和制度,此处不展开讨论[49])。《联邦量刑指南》在1984年由依法成立的专家委员会制定。通过指南及它

---

[42] Vgl. Franz Streng, Strafzumessung und relative Gerechtigkeit, 1984, S. 227.
[43] Vgl. Danziger et al. PNAS 2011, 6888 (https://www.ncbi.nlm.tih.gov/pmc/articles/PMC3084045/).
[44] 同样参见 Hörnle, GA 2019, 284。
[45] Vgl. Dreher MDR 1961,344.
[46] Vgl. Streng StV 2018, 594.
[47] Vgl. Robinson 2014, 152 ff.; Hörnle, GA 2019, 293; Kaspar/Walter 2019.
[48] Reichert, Intersubjektivität durch Strafzumessungsrichtlinien, 1999, S. 199 et seq.
[49] 关于英国的情况,参见 Hörnle, GA 2019, 282; Grosse-Wilde ZIS 2019, 131。

的两个主要参变量(parameters),法官可以找出量刑表格提供的、针对不同罪行的相对狭窄的量刑范围。犯罪的等级从第1级到第43级排列。[50] 第二个主要类别是6个层级的犯罪生涯(criminal history)。通常情况下,前科(previous convictions)会显著扩大本已处在非常高位的量刑范围。

在最初的版本中,《联邦量刑指南》对法院是有约束力的,因为只有在特定的条件下,且有相应的正当理由时,才允许偏离既定的量刑范围。但是,自从美国联邦最高法院在2005年通过一项裁定(decision)后[51],《联邦量刑指南》就只被当作一种"参考"(advisory)。[52] 不过,它仍然具有某种事实上的指引效果。很多法官似乎已经习惯了《联邦量刑指南》的条款,这明显具有一定的"锚定效应"(anchor effect)。

但是,在描述的形式中(described form),量刑指南并非值得推荐的模型。[53] 尽管它并不代表量刑完全的"数学化"(mathematization),完全数学化的量刑已经受到了否定,其过于图表式(schematic)地理解量刑过程的复杂性,因而过度限制了法官决定的自主性。很明显的是,通过犯罪等级(offence level)、犯罪生涯(criminal history)两个主要因素来对犯罪进行分类,仍然会显著地减少有关的因素。[54] 其他特别相关的因素(也许只在个别案件中)有被边缘化的风险。[55] 依据《联邦量刑指南》进行的量刑"计算"(calculation),会导致立法者在抽象、一般层面上决定的、看似精准的"虚拟点"(pseudo point)(亦即:精确设定的)量刑[点刑罚(Pseudo-Punktstarfen)]在个案中的妥当性,可能不再受到合理谨慎的质疑。按照此种方法,千差万别的案件,就会按照图表式的方式,受到相似的处理,从平等性原则(《德国基本法》第3条第1款)的角度来看,这样做也是有问题的。[56]

此外,在美国,《联邦量刑指南》的建构原则(construction principle),很可能(除了其他的原因)导致量刑水平的剧烈提升,尤其是通过前面提到的提高下限的量刑。[57] 与此同时,一种图表式的制度(a table system),自动导致了(刑事)制裁空间的简单化。《联邦量刑指南》将监禁刑(以月为计算单位)视为(刑事)制裁的标准形式,绝非只是一种巧合。[58]

---

[50] Vgl. Meyer ZStW 2006, 517 et seq.
[51] Vgl. U.S. vs. Rooker/Fanfan 543 U.S. 220.
[52] Vgl. Meyer ZStW 2006, 512 et seq.; Walther MSchKrim 2005, 362.
[53] Vgl. Kaspar 2018; 同样参见 Giannoulis, Studien zur Strafzumessung, 2014, S. 255; 更正面的观点,参见 Reichert 1999, S.247 et seq.; Hoven KriPoZ 2018, 289 et seq.; Grosse-Wilde ZIS 2019, 130 et seq.。
[54] Vgl. Meyer ZStW 2006, 74, 85; Kudlich/Koch NJW 2018, 2764.
[55] Vgl. Streng 1984, S. 315.
[56] Vgl. BVerfGE 42, 64, 72.
[57] Vgl. Uphoff, Die deutsche Strafzumessung unter dem Blickwinkel amerikanischer Strafzumessungsrichtlinien, 1998, S. 150.
[58] Vgl. Daniel Fischer, Die Normierung der Strafzwecke nach dem Vorbild der U. S. Sentencing Guidelines, 1999, S. 138.

总体来说,基于宪法的、比例性的(proportionate)[即温和的(moderate)]量刑目标,因为这样一种(量刑)指南的应用而受到了阻碍。可预测的、精确的量刑可能带来的好处,不会没有代价地出现。直到今天,对美国联邦最高法院管辖体系(jurisdiction scheme)的偏离是容易做到的。如果量刑最终取决于整体的评估,《联邦量刑指南》中预先设定的、复杂的量刑范围只是其中的诸多因素之一,则图表式的制度看起来就没有什么效率,也完全没有必要那么复杂。

我认为,独立专家委员会的方案应当被采纳:它建立在经验发现(empirical findings)的基础上,对一定的犯罪制定出"标准化的量刑"(standard sentences),并且作为不具约束力的建议。这些建议能够替代当前部分使用的(非正式的、或多或少"秘密的")量刑指南(sentencing guidelines),且不会过多限制司法的独立性。与此同时,容易导致恣意决定可能性的、非必要的裁量空间,在刑法领域内应当被清除掉。如此一来,个案正义与法律确定性、明确性之间那饱受诟病的关系,就能以一种新的、更好的方式得到平衡。

五、修改建议

鉴于《德国刑法典》第46条没有包含足够明确的、使得法官可以据以确定(establish)和评价该条第2款中的示例要素(exemplary factors)的方案,因此,除了其他因素,修改时应当特别着眼于对其文字措辞(wording)的调整——充分意识到,这般概括性的法律条款,对于量刑的平等性来说,只有很有限的影响[59],还需要有额外的方向点(points of orientation)。

(一)《德国刑法典》第46条的新版本

基于前面粗略概括、总结的想法,以下是建议的《德国刑法典》第46条的新版本:

1. 量刑致力于透过对一般大众、犯罪人产生的比例性影响(proportionate effect),以实现法和平恢复的目的。量刑的根据是由犯罪所引起且在决定量刑时仍然存在的、对法和平的侵犯的程度。

2. 法和平恢复所需的量刑,首先取决于以可谴责的方式实施的犯罪的不法程度。行为的不法,尤其取决于犯罪的实施方式、行为人违反义务的程度,以及犯罪人的动机、目的。行为结果的不法,尤其取决于可归咎于犯罪人的结果的严重程度。

3. 减少法和平恢复需要的其他情节,即坦白、赔偿努力、被害人与犯罪人和解,犯罪与量刑决定间隔过长,以及有悖法治的程序延搁,都应从有利于犯

---

[59] Vgl. Epik StV 2019, S. 492.

罪人的角度考虑。同样的结论,适用于包括影响犯罪人的行为严重后果,以及量刑对犯罪人将来社会生活的严重不利影响。

4. 犯罪人的生活经历(prior history)及其人身、财产状况,只有当其在评价该条第2款、第3款中的事实时是必要的情况下,才允许对其进行考量。对已实施的、当前未被提交量刑的犯罪而加重量刑,只有当它的实施被有约束力地证实(established),或是被犯罪人承认,且当其提升了(即因为犯罪实施的时间点及犯罪的类型)犯罪的威胁性(menace),以及由此对法和平的侵犯程度时,才应被考虑。相对于不考虑这些因素,量刑的加重程度不应超过其三分之一。

第1款中的规范,包含恢复法和平这一最重要的、(积极的)一般预防目的的指示,且应同时追求国家量刑的比例性。最重要的量刑因素在第2款中被提到,同时区分了行为的不法与行为结果的不法。(条款的)文字措辞表明,已实施不法(committed wrong)之个人过错(personal fault)意义上的"罪责"(culpability),并非不受限制,它要么是完整的存在,要么是有限的存在。[60] 犯罪人的"态度"(Gesinnung,参见《德国刑法典》第46条第2款)存在疑问,它过于含糊,因而被有意地忽略。[61] 已经清楚的是,犯罪的后果,仅当其可归咎于犯罪人,尤其是犯罪的结果属于被侵害规范的保护范围时,才能被考量。[62]

第3款中详尽地列出了广受承认的量刑减轻因素,这些因素与犯罪自身可谴责性的决定之间的相关性,至少是存在疑问的,不过,如果从恢复法和平的角度考虑,则它们显然可以减少刑罚的必要性。[63] 正如第1款中表达的,这取决于作出量刑决定的具体时间。因此,实施犯罪后的积极行为,很明显也是有相关性的。将犯后行为作为加重量刑理由的主张,受到了有意的抵制,这是为了确定地排除对不服从行为或单纯行使程序性权利(如保持沉默的权利)进行变相惩罚的危险。[64] 最近,一位州级高级检察官(同时也是一本著名的量刑研究专著的共同作者[65])发表的论文表明,这是真实的威胁:作者公开承认,如果不招人喜欢的被告人(unappealing defendant)顽固地自我辩护,法官很可能会作出更重的量刑决定。[66]

第4款表明,对犯罪人的人格进行全面的探查是绝不应当发生的(以保护犯罪

---

[60] 进一步的文献,同样参见 Epik StV 2019, 489 et seq.。
[61] 同样参见 Streng StV 2018, 598;有学者提出,这一量刑因素应当限制性使用,参见 Schäfer/Sander/van Gemmeren, 2017, recital 614 et seq.。
[62] Vgl. Frisch ZStW 1987, 753.
[63] Vgl. Schäfer/Sander/van Gemmeren 2017, recital 848.
[64] Vgl. SSW-StGB-Eschelbach §46 11.
[65] Vgl. Bruns/Güntge, Das Recht der Strafzumessung, 3rd Auflage, 2019.
[66] Vgl. Güntge ZIS 2018, 386.

人)。犯罪人的生活经历(prior history)、人身要素及财产状况,只有当其与第2款、第3款中所提及因素具有相关性时,才允许进行考量。此外,在实践中,极其相关的、先前犯罪(prior offences)与前科(prior convictions)的数量[67],被认为是一种加重情节(aggravating factor),但即便是此种情节,也仅限于量刑的三分之一。这避免了我们从德国法学(jurisprudence)中看到的、因为前科(previous convictions)而发生的制裁上的剧烈跳跃(drastic sanction leaps)。因此,尤其是对于绝对轻罪的再犯(repeat offenders)[68],在裁量几个月的监禁刑时,如果不能完全避免的话,至少是可以减轻的。

(二)量刑幅的修改

除此之外,量刑幅(range of sentences)的修改方面也有几个建议。这方面要强调两个核心观念:只要是在立法机关能够制定抽象性的、一般性的决定的领域,法庭不必要的裁量权就应当被避免;另外,量刑幅方面的法律制度,应当能够(且确保)促成温和的、比例性的量刑(moderate and proportionate sentencing)。

为达到此目的,有些十分宽泛的量刑幅,应当通过适当地降低上限(实践中基本上是不相关的)来进行限缩。[69] 这方面的一个例子是,根据《德国刑法典》第242条,对于普通的盗窃罪(regular larceny),如果不存在任何加重情节,则量刑幅的上限是5年监禁刑。

制裁的下限(minimum sanctions)在被提升后,通常不会被取消,但是,如果是在那些法官当前通常认为(assume)是轻微案件(minor case)的场合,则应考虑降低制裁的下限(minimum sanctions)。最终,法律所规定的"较不严重的情形"(less serious cases)——对于个别罪行来说,形式十分不同——应当被废除;应当由一般性的规定(general regulation)取而代之[70],并被整合进《德国刑法典》第49条:只要减轻情节明显占优势地位(predominate),量刑幅(sentencing frame)的减轻就是被允许的。

酌定的特别严重情形(unbenannte besonders schwere Fälle)同样应当被废除。[71] 如果立法机关认为有加重量刑的必要,则必须制定(work with)明确的(有约束力的、无约束力的)加重情节(qualification attributes)。尽管存在各种各样的批评,但是作为纯粹例示规定(Regelbeispiele)、非约束性的加重情节(qualification attributes)的技术,是在法律确定性与个案正义之间的一种适合的折中。在量刑的修正形式中(即没有可能预设一种非明文规定的、特别严重的情形),它可以被谨慎地扩大范围(be extended)。

---

[67] 这一事实广受批评,如参见 Hörnle 1999, 159 et seq.; Streng StV 2018, 598。
[68] 进一步的文献,参见 Kaspar 2014, 845 et seq。
[69] Vgl. Franz Streng, Strafrechtliche Sanktionen, 3rd Auflage, 2012, S. 293; Streng StV 2018, S. 594.
[70] Vgl. Streng StV 2018, 595; Kudlich/Koch NJW 2018, 2765.
[71] Vgl. Verrel JZ 2018, 813; Kudlich/Koch NJW 2018, 2765.

《德国刑法典》第211条规定的谋杀罪,是终身监禁的绝对刑,它阻止了在个案中对任何特定情况的考量[72],对其之废除也应是修法的一部分。如果终身监禁无论如何都要继续保留[73],则施加一种固定期限监禁刑的可能性就应当被包含进来,以此作为一种选项。

最后,对于法律所规定的责任减免事由(extenuating excuses),通常认为其刑罚必要性更低,即《德国刑法典》第21条[限制性罪责(limited culpability)]、第23条[犯罪未遂(attempt)]和第46条a款[被害人与犯罪人和解及赔偿(victim-offender mediation and compensation)],应强制性地规定其量刑范围仅仅是可以选择性地减轻(facultativee extenuation)。

(三) 提高量刑信息的水平

首先,应该在不同层面提供更多的量刑相关信息。量刑是实践性很强的事项,在将来的大学教育领域,它应当扮演更重要的角色。[74] 量刑研究应该增强,并得到公共基金资助。[75] 正因如此,它也应当包含对于与国家量刑活动相关的公众(包括刑事犯罪被害人)态度、需求的研究。它应该以全国范围内的统计数据为目标,包含量刑实践方面的差异化数据。[76]

其次,长期来说,应当考虑建立一个量刑数据库[77],用来作为刑事司法中犯罪人的信息来源。要这样做的话,可以参考日本在此类数据库(2009年引入)方面的经验。[78] 日本的数据库包含了超过12000起重罪案件的信息,它们都属于有裁判员(lay judges, Saiban'in,直译为"业余法官")参加的法庭的管辖范围。它的引入,是为了确保在设立裁判员制度(直译为"业余法官制度")后,日本传统上非常统一的量刑水准仍将得以维持。这一目标被成功地实现了:量刑水准只在某些案件中有轻微的变化,总体上保持稳定;在显著偏离常规量刑的案件中,如果偏离没有被彻底地解释,则日本的最高法院会推翻法庭的(量刑)决定。德国联邦法院(BGH)有类似的倾向——但是,最大的区别是,只有在日本,最高法院才有清楚的经验基础来预先设定(assume)"通常的量刑标准"(usual sentencing standard);而在德国,最高法院只能依靠对有限的、无代表性的数量的案件的主观印象。因此,量刑数据库的引入,可以作为量刑判决及其司法

---

[72] 同样参见BVerfGE 45, 187。出于宪法的原因,宪法法院要求至少在例外情形中要有避免终身监禁刑的可能性。不幸的是,直到今天,立法机关仍无动静。

[73] Vgl. Höffler/Kaspar GA 2015, 453.

[74] Vgl. Güntge ZIS 2018, 387; Kudich/Koch NJW 2018, 2766.

[75] Vgl. Kudlich/Koch NJW 2018, 2766.

[76] 有学者已经提出这样的要求,参见Schöch 1972, 66 et seq.;有关当前的发展情况,参见Heinz, NK 2020, 3。

[77] Vgl. Streng 1984, S. 309; Streng StV 2018, 599.

[78] Vgl. Nakagawa, Die Strafzumessung in der Tatsacheninsatnz, in Frisch (ed.), Grundfragen des Strafzumessungsrechts aus deutscher und japanischer Sicht, 2011, S. 209; Kaspar/Höffler/Harrendorf, NK 2020。

控制更为透明的重要工具。[79]

最后,应当设立专家委员会[80],以便根据已有的和必要时新收集的经验数据,制定特定犯罪的"标准量刑"(standard sentences)。这样的标准量刑可以起到锚点(anchor point)的作用,具有纯粹参照性的特征,并且根据个案中的情节,可以予以修改。这样的参照,至少在联邦的层面是明确制定的,具有透明性和标准性,与现状相比,将是一种进步。

---

[79] 在2018年德国法学家大会刑法分会上,这一建议已被多数人接受。
[80] Vgl. Streng StV 2018, 600; 同样参见 Hörnle, GA 2019, 287 et seq., 在2018年德国法学家大会刑法分会上,这一建议被多数人拒绝。

论韩国司法对性犯罪的从宽量刑
——从批判性视角出发

[韩]郑栽骏*文 谢恩、朱霖徽、相敏**译

要 目

一、韩国的性犯罪趋势
二、性犯罪与其他犯罪的刑罚比较
　　(一)韩国性犯罪惩罚趋势
　　(二)性犯罪与其他具有相似法定刑的犯罪的量刑比较
三、对韩国与其他国家性犯罪判刑情况的比较研究
　　(一)中国
　　(二)德国
　　(三)美国
　　(四)澳大利亚
　　(五)不同国家性犯罪判刑的比较分析
四、对韩国性犯罪从宽量刑的批判性分析
　　(一)各类性犯罪的法律和理论分析
　　(二)对韩国量刑目标的批评
　　(三)在韩国的父权制社会背景下解读从宽处罚
五、结论

摘 要 与具有相似法定刑的其他犯罪相比,韩国司法倾向于对强奸、强制猥亵以及其他新类型的性犯罪从宽量刑。以男性为可能的施害者,女性为可能的受害者的性犯罪在韩国十分猖獗。本文将论证量刑和性犯罪数量之间的关系,提供并分析性犯罪及其相应处罚的有关数据,以及通过法律路径展示与其他国家相比,韩国对性犯罪的惩罚态

---

* 山东大学法学院教授,法学博士。
** 均系山东大学法学院2018级英法双学位班本科生。

度之消极。本文得出的结论是,产生这些问题的原因在于韩国的父权制社会背景。

关键词 性犯罪 性别平等 从宽量刑 比较量刑 父权制社会

2019 年和 2020 年的两起案件引起了韩国社会对司法从轻处罚性犯罪现象的关注。这两起案件的裁判结果揭示了韩国对于性犯罪惩治力度的不足。随着通信技术（IT）的发展,性犯罪逐渐猖獗且其数量也在不断激增。韩国检察机关发布的关于对性犯罪的处罚和法院量刑的统计数据,显示了韩国社会对于性骚扰和性剥削的普遍接受程度。对于韩国民众而言,在这个习惯于从轻处罚性犯罪的国家,这两起案件已受到广泛关注。

2019 年 10 月 16 日,美国司法部报告称,孙忠宇——一名 24 岁的韩国公民,将因运营全球体量最大的色情和性剥削暗网而面临指控。该网站有超过 250000 条视频,其中 45% 的视频内容此前不为人所知。孙忠宇只向网站的用户收取以比特币形式支付的费用。此前,韩国的下级法院仅对孙忠宇适用缓刑。随后,虽然上诉法院判其监禁,但刑期仅为 18 个月。孙忠宇对此没有上诉,判决结果在 2019 年 5 月生效。

与此同时,该网站上的 300 余名用户在世界各地受到了更为严重的处罚。在美国,一些在该网站观看儿童色情片的用户被判处 5 至 15 年的监禁刑。来自华盛顿特区的 45 岁的尼古拉斯·斯坦格尔（Nicholas Stengel）承认其收看色情片,并犯洗钱罪,被判处 15 年监禁,刑满释放后将被终身监视。暗网市场的两名用户在对其的搜查令发出之后旋即自杀。孙忠宇因运营该网站而被哥伦比亚特区联邦大陪审团指控。美国司法部希望将孙忠宇引渡到美国,以在美国法庭上指控其洗钱和其他 8 项罪名。美国联邦法律规定,洗钱罪最高可判处 20 年监禁,而孙忠宇的其他指控一共可以判处 200 年监禁。[1] 2020 年 5 月,孙忠宇的父亲指控他隐瞒犯罪活动的收益。许多人认为,孙忠宇的父亲之所以在韩国对其提起新的诉讼,是为了防止孙忠宇被引渡到美国接受审判。在法庭上,孙忠宇表示愿意接受任何在韩国当地的惩罚。而韩国的反性犯罪活动人士对于当地司法部门对孙忠宇畸轻的审判结果感到愤怒,并呼吁将其引渡。2020 年 7 月,韩国高院最终拒绝了美国的引渡要求。这一决定并不出人意料,它凸显了韩国的司法是如何对待性虐待、针对妇女和儿童的犯罪,以及其他更为严重的罪行的。

在第二起案件中,57 岁的韩国人赵斗顺残忍地强奸了一名 8 岁女孩。这位年幼的幸存者的腹部和骨盆受伤严重。起初,法院判处赵斗顺 15 年监禁。然而,上诉法院将其刑期缩减至 12 年,因为赵斗顺声称在实施强奸行为时,其正处于醉酒状态。《韩国刑法》第 10 条第 2 款规定,犯人存在精神障碍可作为减刑情节。因为法律将一个醉酒的男人认定为有精神障碍的人,在上诉时,其刑期获减。韩国市民因为这名强奸犯获

---

[1] See Jun-Tae Ko, Extradition Hearing Starts on South Korean Child Porn Site Operator, The Korea Herald News (May 19, 2020), https://m.koreaherald.com/view.php? ud = 20200519000780.

得了减刑和从宽处理而感到非常愤怒。许多人认为《韩国刑法》第 10 条第 2 款应当被废除。愤怒的网民也在网上对检察机关和法院提出了批评。在最初的愤怒之后,大众认为整个韩国社会,包括法院、检察院和警方,对于性犯罪都秉持一种麻木不仁的态度。[2] 许多人对赵斗顺的刑期感到不满,认为在这样从轻的惩罚之下,这名强奸犯获释后可能会再犯。

一、韩国的性犯罪趋势

2009 年至 2018 年间,韩国被捕的性犯罪者的数量大大增加。如表 1 所示,三类重罪罪犯的数量均有不同程度的下降:故意杀人罪罪犯的数量从 2009 年的 1390 人下降到 2018 年的 859 人,下降了 38.2%;抢劫罪罪犯从 2009 年的 6381 人减少到 2018 年的 1139 人,减少了 82.2%;纵火罪罪犯的数量也从 2009 年的 1866 人减少到 2018 年的 1306 人,减少了 30%。相比之下,只有强奸罪罪犯的数量增长至 2018 年的 2470 人,增加了 230.7%。同样值得注意的是,2018 年,强奸罪占当年重罪数量的一半左右。[3]

表 1　韩国重罪罪犯人数(2009—2018 年)[4]

【单位:人(%)】

年份	分类				
	故意杀人罪	抢劫罪	纵火罪	强奸罪	总计
2009	1390(13.3%)	6381(61.5%)	1866(18.0%)	747(7.2%)	10384(100%)
2010	1262(15.0%)	4402(52.4%)	1886(22.5%)	850(10.1%)	8400(100%)
2011	1221(13.8%)	4021(45.3%)	1972(22.2%)	1654(18.7%)	8868(100%)
2012	1022(12.5%)	2626(32.0%)	1882(23.0%)	2665(32.5%)	8195(100%)
2013	959(13.1%)	2001(27.4%)	1730(23.6%)	2626(35.9%)	7316(100%)
2014	938(12.5%)	1618(21.5%)	1707(22.7%)	3246(43.2%)	7509(100%)
2015	958(13.1%)	1472(20.1%)	1646(22.5%)	3234(44.2%)	7310(100%)
2016	948(15.0%)	1181(18.7%)	1477(23.4%)	2696(42.8%)	6302(100%)
2017	858(15.2%)	990(17.6%)	1358(24.1%)	2424(43.0%)	5630(100%)
2018	859(14.9%)	1139(19.7%)	1306(22.6%)	2470(42.8%)	5774(100%)

---

[2]　See Hyun-Jung Bae, No More Leniency for Sex Criminals, The Korea Herald (March 30, 2010), https://www.koreaherald.com/view.php?ud=20091016000066.

[3]　具体参见表 1。

[4]　See White Paper on Crime, Institute of Justice of the Republic of Korea, 2020, p. 77.

尽管如今产生了新形式的性犯罪(如利用通信媒介骚扰他人以及偷拍照片),性犯罪的数量有所增加,但是传统的性犯罪(如强奸、强制猥亵、卖淫)的数量同样有所增加。如表 2 所示,2008 年至 2018 年,在所有性犯罪案件(74956 件)中,强制猥亵的犯罪增长率最高,为 44.1%(33020 件);其次是强奸(30.5%)和偷拍(12.4%)。强制猥亵、强奸和偷拍占性犯罪总数的 87%。偷拍的现象也大幅增加,2013 年,其占性犯罪总数的 7.0%,2018 年已上升到 17.0%。[5] 之所以产生此现象,是因为如今带有高性能摄像头的智能手机越发普及。[6]

表 2 韩国性犯罪的数量和类型(2008—2018 年)[7]

【单位:件 (%)】

年份	强奸	强制猥亵	类似性行为	儿童性剥削	于公共场所实施性暴行	为实施性暴行强闯民宅	利用通信媒体实施性暴行	偷拍	持有并传播淫秽图片	卖淫	性胁迫	教唆卖淫	总计
2008	237	21	-	-	-	-	-	-	-	1	2	3	264
	89.7%	8.0%	-	-	-	-	-	-	-	0.4%	0.8%	1.1%	100%
2009	747	64	-	-	-	-	-	2	-	3	26	26	868
	86.1%	7.4%	-	-	-	-	-	0.2%	-	0.3%	3.0%	3.0%	100%
2010	850	96	-	-	-	-	-	3	-	5	13	33	1000
	85.0%	9.6%	-	-	-	-	-	0.3%	-	0.5%	1.3%	3.3%	100%
2011	1654	222	-	-	-	-	-	2	-	13	31	22	1944
	85.1%	11.4%	-	-	-	-	-	0.1%	-	0.7%	1.6%	1.1%	100%
2012	2665	967	5	1	-	-	-	11	-	35	17	29	3730
	71.5%	25.9%	0.1%	0	-	-	-	0.3%	-	0.9%	0.5%	0.8%	100%
2013	2626	2116	36	14	121	8	27	412	250	132	81	39	5862
	44.8%	36.1%	0.6%	0.2%	2.1%	0.1%	0.5%	7.0%	4.3%	2.3%	1.4%	0.7%	100%
2014	3246	4358	42	18	646	138	285	1187	149	255	56	39	10419
	31.2%	41.8%	0.4%	0.2%	6.2%	1.3%	2.7%	11.4%	1.4%	2.5%	0.5%	0.4%	100%

[5] 具体参见表 2。
[6] See Ho-Jin Choi & Jeong-hyeon Heo, Review of Interpretation Criteria According to the Benefit of the Law of a Hidden Camera Crime, 44 Dan-guk University Law Research Center 239, 242 (2020).
[7] See White Paper on Sex Crime, Department of Crime Prevention Policy at Ministry of Justice of the Republic of Korea, 2020, p. 94-95.

(续表)

年份	案件类型											
	强奸	强制猥亵	类似性行为	儿童性剥削	于公共场所实施性暴行	为实施性暴行强闯民宅	利用通信媒体实施性暴行	偷拍	持有并传播淫秽图片	卖淫	性胁迫	教唆卖淫	总计
2015	3234	5870	88	30	837	220	397	1593	107	228	59	116	12779
	25.3%	45.9%	0.7%	0.2%	6.6%	1.7%	3.1%	12.5%	0.8%	1.8%	0.5%	0.9%	100%
2016	2696	5472	90	50	689	180	97	1670	75	181	71	152	11423
	23.6%	47.9%	0.8%	0.4%	6.0%	1.6%	0.9%	14.6%	0.7%	1.6%	0.6%	1.3%	100%
2017	2424	6338	71	105	772	50	88	2067	76	358	90	175	12614
	19.2%	50.3%	0.6%	0.8%	6.1%	0.4%	0.7%	16.4%	0.6%	2.8%	0.7%	1.4%	100%
2018	2470	7496	90	113	770	58	105	2388	57	278	88	140	14053
	17.6%	53.3%	0.6%	0.8%	5.5%	0.4%	0.8%	17.0%	0.4%	2.0%	0.6%	1.0%	100%
总计	22849	33020	422	331	3835	654	999	9317	732	1489	534	774	74956
	30.5%	44.1%	0.6%	0.4%	5.1%	0.9%	1.3%	12.4%	1.0%	2.0%	0.7%	1.0%	100%

注意：

1. "强制猥亵"指除强奸外任何与性行为有关的对他人的攻击。
2. "类似性行为"是一种生殖器之间不直接接触的性行为，实施方式多样，包括隔着衣服摩擦或是触摸受害者。

二、性犯罪与其他犯罪的刑罚比较

（一）韩国性犯罪惩罚趋势

表3展示了2018年韩国检察机关判定的重罪罪犯人数。绝大多数检察官针对重罪出具的检察决定为"要求庭审审判"，包括杀人罪（76.9%）、抢劫罪（67.4%），以及纵火罪（49.6%）。而对于强奸罪，检察官最常发出的检察决定为"暂缓起诉"（46.3%）。另外，与杀人罪（0.8%）、抢劫罪（3.4%）、纵火罪（4.4%）等其他重罪相比，检察机关对强奸罪下达"略式命令"的比例（13.3%）也较高。略式命令是指，在强奸犯罪情节不严重的情况下，由法院发出进行书面审理或者独任审判通知的命令。法院主要对强奸罪处以财产刑。这些统计数据清楚地反映出，在韩国，检察官和法官逐渐倾向于对许多强奸犯罪处以财产刑，而不是判处监禁。

表3 韩国检察机关判定的重罪罪犯人数(2018年)[8]

【单位:人(%)】

检察决定	犯罪类型			
	杀人罪	抢劫罪	纵火罪	强奸罪
要求庭审审判	661(76.9%)	768(67.4%)	648(49.6%)	815(33.0%)
要求略式命令	7(0.8%)	39(3.4%)	58(4.4%)	329(13.3%)
暂缓起诉	163(19.0%)	209(18.3%)	525(40.2%)	1143(46.3%)
其他	28(3.3%)	123(10.7%)	75(5.8%)	183(7.4%)
总计	859(100%)	1139(100%)	1306(100%)	2470(100%)

另外,从2009年到2012年,负责对性犯罪作出终审裁判的是二审法院。然而,自2013年起,一审法院即可作出终审裁判。这意味着,由于近年来审理性犯罪的法院层级变低,针对性犯罪的量刑决定会以较快的速度被作出。

表4 韩国法院针对性犯罪终审判决的年度趋势(2008—2018年)[9]

【单位:件(%)】

年份	刑种									
	死刑	终身监禁	监禁	拘留	罚款	监护与治疗	缓期执行	免予惩罚	缓刑	总计
2008	-	-	102	-	10	-	152	-	-	264
	-	-	38.6%	-	3.8%	-	57.6%	-	-	100%
2009	-	1	406	-	29	-	431	-	1	868
	-	0.1%	46.8%	-	3.3%	-	49.7%	-	0.1%	100%
2010	1	1	503	-	36	-	459	-	-	1000
	0.1%	0.1%	50.3%	-	3.6%	-	45.9%	-	-	100%
2011	-	3	725	-	120	-	1094	-	2	1944
	-	0.2%	37.3%	-	6.2%	-	56.3%	-	0.1%	100%
2012	-	4	1574	-	486	-	1657	-	9	3730
	-	0.1%	42.2%	-	13.0%	-	44.4%	-	0.2%	100%

---

[8] See Analysis Crime, Supreme Prosecutors' Office of the Republic of Korea, 2020, p. 77.

[9] See White Paper on Sex Crime, Department of Crime Prevention Policy at Ministry of Justice of the Republic of Korea, 2020, p. 56.

(续表)

年份	刑种									
	死刑	终身监禁	监禁	拘留	罚款	监护与治疗	缓期执行	免予惩罚	缓刑	总计
2013	-	9	2028	-	1503	-	2296	-	26	5862
	-	0.2%	34.6%	-	25.6%	-	39.2%	-	0.4%	100%
2014	-	22	2582	2	3741	1	3995	4	72	10419
	-	0.2%	24.8%	0	35.9%	0	38.3%	0	0.7%	100%
2015	2	14	3232	-	4125	-	4748	2	656	12779
	0	0.1%	25.3%	-	32.3%	-	37.2%	0	5.1%	100%
2016	-	10	2911	2	3275	1	4898	1	325	11423
	-	0.1%	25.5%	0	28.7%	0	42.9%	0	2.9%	100%
2017	-	4	2711	-	4046	-	5570	1	282	12614
	-	0	21.5%	-	32.1%	-	44.2%	0	2.2%	100%
2018	-	3	2793	-	5298	-	5706	-	253	14053
	-	0	19.9%	-	37.7%	-	40.6%	-	1.8%	100%
总计	3	71	19567	4	22669	2	31006	8	1626	74956
	0	0.1%	26.1%	0	30.2%	0	41.4%	0	2.2%	100%

注：1. 缓期执行是指根据情节轻重，对被判处短期徒刑的罪犯在一定期限内暂停执行处罚的制度。
2. 缓刑是一种定罪后的刑罚，其目的是推迟法院发布执行令状并给予被告人一段时间的考验期。

表4同样回应了韩国法院从轻处罚性犯罪的趋势。显而易见的是，从2008年到2018年（仅2010年除外），法院适用"缓期执行"的比例每年都超过"监禁"的比例。在此之前，监禁是所有形式的惩罚中最常被适用的。罚款的比例也从2008年的3.8%上升至2018年的37.7%。结果是，在超过80%的性犯罪中，犯罪者要么适用缓刑，要么被处以罚金。虽然由于信息科技发展而诞生的新型性犯罪形式已经被纳入处罚范围，但是，处罚力度却无法比传统性犯罪（比如强奸和强制猥亵）的处罚力度更大。以首尔地方法院为例，在2018年1月至2019年4月的164起数字性犯罪案件中，46%的案件中的犯罪者被处以罚金，41%的案件中的犯罪者被处以缓期执行，10%的案件中的犯罪者被处以监禁（包括终身监禁和拘留）。[10] 对于过去曾被认为不是犯罪的卖淫，如今

---

[10] See Geong-Guen Back, Punishment and Sentencing for Digital Sex-crime, The Third Symposium for the Punishment and Sentencing for Digital Sex-crime, Sentencing Advisory Panel in Korean Supreme Court held in 2019, p. 26-27.

通常只处以罚金或缓刑。

对于性犯罪者,从轻处罚的趋势在刑期上也体现得很明显。更确切地说,在被判处监禁刑的性犯罪者中,刑期为 10 年以下的占 93.2%;2018 年,刑期为 4 年以下的超过 80%。而被判 10 年至 20 年监禁的比例仅为 5.8%;判处 20 年以上监禁(包括死刑)的比例仅为 1% 左右。特别是在 2018 年,大部分偷拍犯罪者仅被判处 1 年以下监禁。[11]

(二)性犯罪与其他具有相似法定刑的犯罪的量刑比较

1. 强奸和强制猥亵与抢劫和盗窃

根据《韩国刑法》第 297 条的规定,强奸罪的最低刑期为 3 年监禁;根据第 298 条的规定,强制猥亵罪的最长刑期可达 10 年监禁,最高罚金可达 12500 美元。同样,第 333 条规定,抢劫罪的最低刑期为 3 年监禁;第 329 条规定,盗窃罪的最长刑期为 6 年监禁,最高罚金为 8330 美元。

从表 5 中的第一组对比可以看出,犯强奸罪与强制猥亵罪被判处监禁的比例(21.0%)约是犯抢劫罪和盗窃罪被判处监禁的比例(43.0%)的一半。然而,犯强奸罪和强制猥亵罪被处以罚金的比例约是犯抢劫罪和盗窃罪被处以罚金的比例的两倍。因此,该对比情况表明,相对于其他相似法定刑的犯罪,韩国司法对于性犯罪更加宽容。

表 5 韩国一审法院对性犯罪和其他具有相似法定刑的犯罪的量刑比较(2018 年)[12]

【单位:件(%)】

犯罪类型	量刑					累计上报的案件总量
	监禁	暂缓执行	罚金	缓刑	其他	
强奸和强制猥亵	1363 (21.0%)	2185 (33.7%)	1930 (29.7%)	103 (1.6%)	907 (14.0%)	6488 (100%)
抢劫和盗窃	5471 (43.0%)	3538 (27.8%)	1671 (13.1%)	130 (1.0%)	1914 (15.1%)	12724 (100%)
偷拍	323 (5.3%)	858 (14.1%)	4375 (71.9%)	426 (7.0%)	103 (1.7%)	6085 (100%)

---

[11] See White Paper on Sex Crime, Department of Crime Prevention Policy at Ministry of Justice of the Republic of Korea, 2020, p. 105.

[12] See Judicial Yearbook on 2019, Court of Justice of the Republic of Korea, https://www.scourt.go.kr/portal/justicesta/JusticestaListAction.work? gubun=10.

(续表)

犯罪类型	量刑					
	监禁	暂缓执行	罚金	缓刑	其他	累计上报的案件总量
妨碍司法公正	1274 (14.5%)	4194 (47.5%)	3006 (34.2%)	44 (0.5%)	290 (3.3%)	8808 (100%)
卖淫	351 (13.7%)	1301 (50.7%)	757 (29.5%)	13 (0.5%)	142 (5.6%)	2564 (100%)
私人文书的不法使用	675 (27.1%)	840 (33.7%)	533 (21.3%)	23 (0.9%)	424 (17.0%)	2495 (100%)

注：该表由笔者依据原始数据重构。

2. 偷拍与妨碍司法公正

根据《性犯罪特别法》第14条的规定，偷拍罪的最长刑期为5年监禁，最高罚金为8330美元。《韩国刑法》第136条对于妨碍司法公正罪的量刑与其相同。尽管这两个罪名关于量刑的法律规定相同，但执行情况却大不相同。表5表明，犯偷拍罪被判处监禁的比例（5.3%）约是犯妨碍司法公正罪被判监禁的比例（14.5%）的三分之一。然而，犯偷拍罪被处以罚金的比例约是犯妨碍司法公正罪被处以罚金的两倍。因此，可以得出与上文相同的结论：相对于其他相似法定刑的犯罪，韩国司法对于性犯罪更加宽容。

3. 卖淫与私人文书的不法使用

根据《卖淫特别法》第21条的规定，卖淫罪的最长刑期为1年监禁，最高罚金为2500美元。同样，根据《韩国刑法》第136条的规定，私人文书的不法使用罪的法定刑与卖淫罪的法定刑完全相同。表5中的最后一组数据表明，13.7%的卖淫案件的犯罪者被判处监禁，29.5%被判处罚金，约一半被处以缓刑。犯私人文书的不法使用罪被判处监禁的比例（27.1%）约是犯卖淫罪被判监禁比例（13.7%）的两倍。因此，再次证明了以上两组对比得出的结论，即相对于其他相似法定刑的犯罪，韩国司法对于性犯罪更加宽容。

三、对韩国与其他国家性犯罪判刑情况的比较研究

在该部分，笔者从每个大洲选择几个具有代表性的国家——中国、德国、美国和澳大利亚，并考察这些国家对性犯罪的判刑情况。

(一) 中国

中国《刑法》第 236 条第 1 款规定,以暴力、胁迫或其他手段强奸妇女的,处 3 年以上 10 年以下有期徒刑。该条第 3 款规定,强奸妇女、奸淫幼女,有下列情形之一的,处 10 年以上有期徒刑、无期徒刑或者死刑:①强奸妇女、奸淫幼女情节恶劣的;②强奸妇女、奸淫幼女多人的;③在公众场所当众强奸妇女、奸淫幼女的;④二人以上轮奸的;⑤奸淫不满 10 周岁的幼女或者造成幼女伤害的;⑥致使被害人重伤、死亡或者造成其他严重后果的。第 237 条则规定了强制猥亵罪。一般情况下,强制猥亵罪的刑期不超过 5 年。然而,在公共场所当众犯强制猥亵罪的,处 5 年以上有期徒刑。

最高人民法院在 2014 年实施了《关于常见犯罪的量刑指导意见》,并且在 2017 年基于审判实践经验对该意见作了进一步修订和完善。《关于常见犯罪的量刑指导意见》是中国大陆第一部综合性、全国性的指导意见,具有重大意义。[13] 它对于审判实践也具有必要性,因为中国法律规定的量刑幅度一般是很大的,司法裁量的空间相当大。例如,对于强奸罪的一般情形,量刑范围为 3 年到 10 年有期徒刑;对于强奸罪的加重情形,量刑范围从 10 年有期徒刑直到死刑。因此,法官自由裁量的空间非常大。[14] 为了规范这种自由裁量,加强审判的公开性,《关于常见犯罪的量刑指导意见》采取了一种包含了确定"量刑起点"的方法,法官可以根据个案中的减轻或者加重情节对该方法作出调整。[15]

最高人民法院前任法官姜启波谈道,地方法院审结猥亵儿童罪案件 4159 例,对此类犯罪,法院坚持零容忍立场。姜法官在他的发言中也引用了一例犯罪嫌疑人因奸杀幼女被判处死刑的案例。死刑这种严重的刑罚会震慑潜在犯罪分子。[16] 2020 年的一个死刑案件中,犯罪嫌疑人是一个 49 岁的商人,他在 2015 年 6 月到 2017 年 1 月期间强奸了 25 名未成年女性,其中包括 14 名不满 14 周岁的幼女。他在河南省被执行死刑。[17]

---

[13] See CHEN Xiaoming, The Chinese Sentencing Guideline: A Primary Analysis, 4 Federal Sentencing Reporter 214 (2010).

[14] See Julian V. Roberts & WEI Pei, Structuring Judicial Discretion in China: Exploring the 2014 Sentencing Guidelines, 27 Criminal Law Forum 3, 6 (2016).

[15] Ibid, p. 4.

[16] See ZHANG Zhouxiang, Death Penalty for Rape and Murder of Minors, China Daily (Dec. 20, 2020), https://www.chinadaily.com.cn/a/201912/20/WS5dfc09d9a310cf3e3557f5f4.html.

[17] See Sadho Ram, 49-Year-Old Businessman Who Raped 25 Underage Schoolgirls Has Been Executed In China, Says (Jun. 6, 2020), https://says.com/my/news/49-year-old-businessman-who-raped-25-underage-schoolgirls-was-executed-in-china.

(二)德国

《德国刑法典》第 177 条规定,猥亵罪和强奸罪是可被判处 1 年及以上监禁的重罪。2016 年,《德国刑法典》对猥亵罪和强奸罪的内容作了修订(见《德国刑法典》第 177 条[18])。新法采取"不等于不"的标准,将所有未经同意的性行为认定为具有可罚性的犯罪,而旧法则将胁迫作为强奸罪和其他性犯罪的构成要件。[19] 此前,《德国刑法典》并没有专门禁止性骚扰,直到 2016 年两个新罪名被引入:《德国刑法典》第 184i 条的"性骚扰"和第 184j 条[20]的"群体犯罪"[21]。像新修订的《德国刑法典》第 177 条规定的猥亵行为一样,任何不受欢迎的性接触都会被视为性骚扰。一旦触摸被认定为性接触,其非自愿的特征无疑是对性自主权的侵犯。

德国相对稳定的性犯罪率归功于双轨策略。第一个轨道是在司法层面增加机会去制裁已定罪的和/或已被释放的性犯罪者。第二个轨道是在性犯罪者服刑期间和刑期结束后改进对其的治疗措施,加强监督工作。[22] 如今,大多数性犯罪者都在服刑期间和刑满释放后接受了某些治疗。

随着时间的推移,强奸的定义已经发生了变化。最初,在 1871 年制定的若干刑法中,强奸罪是以暴力或威胁的手段与妇女进行婚外性交。1997 年修订后,婚内强奸也被认定为刑事犯罪,修订版采用性别中立的语言,并且承认了精神胁迫的影响。2016 年,《德国刑法典》再次修改,取消了先前的要求,即受害者必须身体抵抗袭击者并被暴力制服。新法把重点聚焦在受害者有无同意而非受害者有无抵抗。[23] 此次修改扩大了法律对强奸罪的定义范围,将"受害者通过口头或身体暗示拒绝的任何性行为(尽管先前的法律要求受害者的反击)"和其他形式的非自愿性接触(如抚摸)都纳入进来。新法加重了对所有性侵者的惩罚,强制将其中被定罪的移民驱逐出境,并使起诉群体性侵变得更加容易。德国实施的量刑和刑事制裁制度包括实体和程序两部分内容。[24] 实体内容包括刑法规定的刑事处罚及其最小和最大幅度。

---

[18] Vgl. Strafgesetzbuch-StGB.
[19] Vgl. Tatjana Hörnle, The New German Law on Sexual Assault and Sexual Harassment, 6 German Law Journal 1309, 1310 (2017).
[20] 加入以实施性犯罪为目的的围堵,以此协助性犯罪的,会受到惩罚。
[21] 同前注[19],第 1312 页。
[22] See Martin Rettenberger, Understanding and Managing Risk of Sexual Offenders in Germany-A Criminological Success Story or Punitive Hysteria?, 13 Sexual Offender Treatment 1, 4 (2018).
[23] See Felix Beulke, Germany: Heavier Sanctions against Sexual Offenders Adopted, Library of Congress (Oct. 3, 2016), https://www.loc.gov/law/foreign-news/article/germany-heavier-sanctions-against-sexual-offenders-adopted/.
[24] See Hans-Jorg Albrecht, Sentencing in Germany: Explaining Long-Term Stability in the Structure of Criminal Sanctions and Sentencing, 76 Law and Contemporary Problems 211, 214 (2013).

(三)美国

《模范刑法典》[25]第213条规定了以下几种性犯罪:强奸、以强制手段变态性接触、性交、败坏未成年人、强制猥亵和露阴。如果量刑是在一个单独的听证会上进行,那么法官会要求提交判决前的调查报告。[26] 一个适当的量刑几乎总是既要考虑罪行的严重性,又要考虑犯罪嫌疑人的先前记录。此外,法官的量刑决定还有可能受到被害人所受影响之陈述的影响。之后,法官在对犯罪嫌疑人作出量刑决定时还需要考虑被害人或其近亲属的陈述。[27] 单一犯罪行为产生的不同罪行的数量也会影响量刑决定。例如,如果犯罪嫌疑人因持有手枪暴力强奸他人被定罪,则该犯罪嫌疑人可能会因暴力强奸和非法持有手枪而被判刑。在这种情况下,法官可能会对犯罪嫌疑人连续或同时判刑。[28] 此外,当法官对犯罪嫌疑人的罪行作出判决时,包括纽约州在内的大约30个州对重罪没有强制性规定最长刑期。[29] 例如,阿里尔·卡斯特罗对937项绑架、强奸和严重谋杀罪名认罪。2013年,他被判处终身监禁并不得假释,附加1000年监禁。迈克尔·约翰·德夫林被判犯有多项性犯罪和谋杀未遂,于2007年被判处74项连续终身监禁刑。查尔斯·斯科特·罗宾逊因强奸一名三岁女孩被控6项罪名,每项罪名分别被判处5000年监禁,共30000年监禁,这是美国人因多项罪名被判处的最长刑期。[30]

(四)澳大利亚

性犯罪是一个受到全球关注的问题。与许多国家一样,澳大利亚对此类犯罪的应对措施越来越严厉。澳大利亚的政策倾向于复制北美的许多做法。[31] 尽管澳大利亚曾经是英国殖民地,保留了威斯敏斯特体系的许多特征,但在立法趋势和刑事司法程序上跟随了美国。澳大利亚有六个州、两个内陆领地和联邦管辖,它们各自在立法中

---

[25] 美国有联邦刑法,同时50个州都有各自的刑法。根据美国宪法的规定,各州保留主要的追究刑事责任的权力。1962年颁布的《模范刑法典》在很大程度上是受美国法律协会的影响。各州的刑法典和《模范刑法典》之间有许多相似之处。

[26] See John L. Worrall, Criminal Procedure, United States: Prentice Hall of Pearson, 2009, p. 432. 这份报告向法官提供了罪犯的庭前记录、财务特征、家庭状况、就业状况以及作出恰当量刑决定相关的其他因素的信息。

[27] See Karen-Lee Miller, Relational Caring: The Use of the Victim Impact Statement by Sexually Assaulted Women, 5 Violence and Victims 797, 799(2014).

[28] 参见前注[26],第435页。在同时判刑的情况下,被告人同时为两项罪名服刑。

[29] See Cheol-Won Seo, American Criminal Procedure, Seoul: Bubmunsa, 2005, p. 246. 美国联邦法院和大约20个州的法院对监禁期限有上限。

[30] See Joshua Gibbs, 30000 Years in Jail, Circe Institute (Feb. 15, 2018), https://www.circeinstitute.org/blog/30000-years-jail.

[31] See Danielle Arlanda Harris & Samara McPhedran, The Sentencing and Supervision of Individuals Convicted of Sexual Offences in Australia, 13 Sexual Offender Treatment 1 (2018).

规定了量刑的法律体系。[32] 澳大利亚各州对于各类性犯罪的最高监禁刑期大致相当。对成年人的强奸和对儿童的插入式性侵最高可判处 25 年监禁或终身监禁。近年来,澳大利亚对所有类型的性犯罪的刑期总体有所增加。[33]

澳大利亚的法规通常包括:判刑的目的和目标、量刑时应当考虑的加重和减轻因素以及可能施加的刑罚类型。[34] 当犯罪嫌疑人因多个犯罪行为被判刑时,整个判决必须公正和适当,并且反映所涉犯罪行为的整体特征。[35] 尽管在 1998 年,新南威尔士州刑事上诉法院颁布了量刑指南[36],但它们在形式上并不具有约束力,甚至都不是必须遵循的先例。它们只是供法官参考的相关性指标,提供一般性而非规范性的指导。因此,澳大利亚法官在量刑上也具有相当大的自由裁量权。[37]

事实上,随着时间的推移,澳大利亚的措施也变得更加严厉。[38] 例如,昆士兰州于 2017 年 10 月修订了《1992 年刑罚与判刑法案》,对 16 岁以下儿童进行猥亵的最长监禁刑罚从 10 年监禁增加到 14 年监禁,而且如果接触性犯罪的被害人是 12 岁以下的儿童,则最高刑罚由 14 年监禁增加到 20 年监禁。[39] 法定最高刑的增加向法院发出了这样一个信号,即对性犯罪的处罚力度已经加大。[40] 澳大利亚历史上被判入狱时间最长的人叫马丁·布莱恩特。1996 年,他承认谋杀了 35 个人,被判处最高刑罚终身监禁并附加 1652 年的监禁。[41]

(五) 不同国家性犯罪判刑的比较分析

如上所述,中国刑法的法定量刑幅度非常大,司法自由裁量权也很大。定罪需要两个方面的因素:定性和定量。定性因素有四个要素:客体、客观方面、主体和主观方面。定量因素有很多要素,比如"情节""特殊""大""许多""多次"等。法官在量刑

---

[32] See Kelly Buchanan, Sentencing Guidelines: Australia, Library of Congress (2014), https://www.loc.gov/law/help/sentencing-guidelines/australia.php#_ftn10.
[33] See Miriam Kelly & Hilde Tubex, Stemming the Tide of Aboriginal Incarceration, 2 The University of Notre Dame Australia Law Review 1, 4-5(2015).
[34] See Richard Edney & Mirko Bagaric, Australian Sentencing: Principles and Practice 5, Cambridge University Press, 2007, p. 39.
[35] See Poletti Poletti, Pierrette Mizzi & Hugh Donnelly, Sentencing for the Offence of Sexual Intercourse with a Child Under 10, 44 Sentencing Trends & Issues 1, 8 (2015).
[36] 1998 年的《刑事诉讼程序修正(量刑指南)法案》是为回应 R v. Juristic (1998) 45 NSWLR 209 的第一个指南判决而通过的。
[37] 参见前注[32]。
[38] See Hilde Tubex et al., Penal Diversity Within Australia, 17 Punishment & Society 345, 345 (2015).
[39] 昆士兰量刑咨询委员会,2017 年,摘自 https://www.sentencingcouncil.qld.gov.au/。
[40] See Muldrock v. The Queen, (2011) HCA 39. No. 8, p. 31.
[41] See Robert Wainwright, A Dangerous Mind: What Turned Martin Bryant into a Mass Murderer? The Sydney Morning Herald (April 27, 2009), https://www.smh.com.au/national/a-dangerous-mind-what-turned-martin-bryant-into-a-mass-murderer-20090427-ajk4.html.

时,难免会考虑定量因素,这就大大扩展了司法自由裁量权。这是中国刑法非常特别的一点。实际上,中国刑法的452条条文中有328条都使用了定量词汇。[42] 第236条(强奸罪)的基础刑罚是3年至10年有期徒刑。然而,如果造成被害人重伤或死亡、强奸不满10周岁的幼女或有两人以上参与强奸,法院至少会判处10年有期徒刑,甚至可能判处无期徒刑或者死刑。同时,在韩国刑法中,定量因素不需要被视为犯罪的要件。法官量刑时,可以考虑定量因素,但是量刑只能增加或减少原始刑罚的50%。韩国刑法中未就强奸罪设立死刑。如果强奸导致被害人死亡,犯罪嫌疑人最少会被判处10年监禁或者终身监禁。

德国采用了"不等于不"的标准(见《德国刑法典》第117条),这使得每一次非自愿的性行为都具有了可罚性。这种标准可以解决各种类型的性侵和非自愿行为的认定问题,从而扩大了性犯罪的处罚范围,减轻了被害人的举证责任。性骚扰包括具有性意味的评论和笑话、不恰当的表情或手势,甚至包括挑逗性的吹口哨。根据《德国刑法典》第2条第1款第1~4项,这些行为构成歧视,而不是一类单独的刑事犯罪。然而,韩国刑法仍然把胁迫作为强奸罪和强制猥亵罪的要件,这导致了性犯罪的认定难和惩罚难。并且,在一种占主导地位的集体主义文化中,性骚扰被视为一种建议或者关注,而不是一种犯罪,尤其是在工作场合。虽然韩国政府在2019年7月将性骚扰归类为"强迫猥亵行为"并出台了《职场禁止霸凌法》[43],但是媒体每年仍会报道为数众多的性骚扰事件。

当犯罪嫌疑人的行为构成多个罪名时,韩国的量刑制度采用了大陆法系的"加重量刑原则",而非英美法系的"量刑全部累计原则"。因此,韩国的刑期大体上低于其他国家,尤其低于采用"量刑全部累计原则"的美国和澳大利亚。[44] 此外,韩国刑法规定,一个行为触犯数个罪名时,从一重罪处断(见《韩国刑法》第40条,复合罪);各罪刑罚同类的,处其中最重刑罚或将其期限、数额加重二分之一(见《韩国刑法》第38条,并案);重复行为触犯一个罪名时,共同构成一个罪(先例,合一罪)。由于上述原因,监禁期限从1个月至30年不等。在判处总刑的情况下,监禁期限可延长至50年(见《韩国刑法》第42条,监禁期限)。而美国和澳大利亚在量刑时累计所有刑罚的总量。因此,如果在监狱服刑,刑期可以无限延长。

---

[42] 参见前注[13],第38—39页。
[43] 参见《2019年韩国人权报告》,该报告系2019年美国国务院民主、人权和劳工局发布的关于韩国人权实践的报告。
[44] 参见前注[30]。

四、对韩国性犯罪从宽量刑的批判性分析

(一) 各类性犯罪的法律和理论分析

根据《韩国刑法》第 297 条,强奸罪的构成要件之一是受害者曾进行最大限度的抵抗,然而,受害者很难证明其曾对强奸犯的武力或暴力行为进行过抵抗。相比之下,美国的密歇根州早在约半个世纪之前就废除了对强奸的此项证明要求。自那以后,美国的大多数州都取消了这一要求。[45] 这一要求由一个扭曲的观念造成,即如果受害者反抗,行凶者就不可能实施强奸。[46] 在这种观念下,在一个没有身体抵抗的强奸案中,女性的可信度甚至要低于男性。

在韩国,强制猥亵罪是指对某人进行的除强奸以外、任何涉及性行为的侵犯。这种性犯罪是普遍存在的:强制猥亵罪的案件数量从 2008 年的 21 件急剧增加到 2018 年的 7496 件。[47] 大多数受害者都不愿意在工作场所、会议期间或员工聚餐中提起受害经历,然而犯罪者却经常为自己辩解:"我抱她只是为了鼓励她""我只是像抚摸我女儿的头发一样摸摸她的头发""接吻是喝酒前的一个小仪式"。[48] 因为过去这些行为几乎不会受到处罚,所以现在法检系统对这些案件总是从宽处罚。然而,随着闭路电视(CCTV)摄像头、智能手机的普及,强制猥亵案件的报道逐渐增多。[49] 女权主义原本只是学生在大学里学的一种理论,但因为 MeToo 运动[50] 的存在,女权主义成为一种运动,可以解决实践中一直都在困扰男性女性的问题。

1961 年,为禁止性交易,韩国颁布了第一部禁止卖淫的法律。然而,政府在 1962 年批准了 104 个特殊性交易区域。[51] 这项法律于 1995 年修订,修订后的法律规定,教唆卖淫的男性最高可判处 1 年监禁或罚款 2500 美元。然而,现实中很少有男性因为教唆卖淫而受到刑罚处罚。2004 年,这项法律被废止;作为替代,禁止卖淫的另一部特别法被颁布。然而,大多数的卖淫案件都以检察官的即决命令或法官的

---

[45] See Susan Schwartz, An Argument for the Elimination of the Resistance Requirement from the Definition of Forcible Rape, 3 Loyola Law School Law Review 567, 568-569 (1983).
[46] See Guk Cho, Gender Bias of the Korean Criminal Law and Procedure, Parkyoungsa Publication, 2018, p. 35.
[47] 参见表 2。
[48] See Back-Geom Kim, Bosses' Excuses of Indecent Assault 'Like my daughter'. Voice of the People News (Aug.3, 2020), https://www.vop.co.kr/A00001504771.html.
[49] See Ji-Yeong Yun, Feminist Net-Activism as a New Type of Actor-Network that Creates Feminist Citizenship, 4 Asian Women 45, 61 (2020).
[50] See Korea Exposé. Feminism Reboot, YouTube Video(2018), https://www.youtube.com/watch?v=2EMRJzDMXdg.
[51] See Keong-Jae Lee, Valuation and Proposal on the Prostitution Act 2004, 1 Korean Criminological Review 701, 702(2009).

缓刑判决结案。2019年,韩国的卖淫活动通过互联网(如Facebook或Kakao Talk)和娱乐酒吧进行,这些酒吧通常位于酒店大楼的地下室,以逃避侦查。[52] 即便是作为MeToo运动目标的男性,比起司法惩罚,他们更害怕的还是因不当性行为指控而遭受的名誉损失(如2020年发生的首尔市长朴元淳自杀事件[53])。因此,该法律在韩国几乎没有威慑力。

在这个性文化扭曲的恶性循环中,利用通信媒体进行攻击、偷拍等新型犯罪较其他性犯罪在数量上有所增加。[54] 这些犯罪给许多受害者带来了一次又一次持续的伤害。韩国网络性暴力对策中心所长徐承熙指出:"法官们难以理解涉及媒体和摄像机的性暴力,也不理解受害者因此所承受的伤害。"[55] 在过去,这些新型性犯罪并不会受到处罚,因此现在对此类犯罪进行打击面临很大困难。可见,世界上最大的性剥削网站出现在韩国,绝非偶然。

(二)对韩国量刑目标的批评

犯罪嫌疑人被审判定罪后,就得接受刑罚处置。大体上,量刑的四个目标包括:

1. 改造

改造是对犯罪者进行再教育和再培训的过程。它通常涉及一些心理学方法,以处理性犯罪中特定犯罪者的认知扭曲问题。改造的概念建立在这样一个假设之上,即犯罪行为是由某些因素引起的。人们认为,性犯罪的犯罪意图是由犯罪者的社会环境、心理态度或生理上缺乏自制力所导致的,至少也是被这些因素严重影响的。在意识形态方面,改造是刑罚的一个很好的目标。然而,一般罪犯出狱后3年内再犯率是22%,而性犯罪者再犯率是52%。[56] 此外,性暴力的再犯率在过去5年增加了一倍以上。在所有类型的性犯罪中,2019年的数字性犯罪的再犯率最高,达到75%,其次是非法拍摄,然后是强迫性骚扰。这表明,性犯罪者被发现的可能性更小,受到的处罚较轻,倾向于再次犯罪。从相反的角度来解释,如果犯罪更容易被发现,惩罚更严厉,那么再犯率就会降低。

2. 报应

报应基于这样一种观点,即只要犯罪者应罚,惩罚就是正当的,犯罪者所受惩罚应当

---

[52] See Sung-Gon Han, Posting a Review of the Conditioned Woman; Post-prostitution Site Controversy, Asia Economy News (January 23, 2019), https://www.asiae.co.kr/article/2019012309412305103.

[53] See Maina Chen, Seoul Mayor Found Dead on Mountain After Sexual Harassment Accusation From Secretary, NEXTSHARK (July 9, 2020), https://nextshark.com/park-won-soon-seoul-mayor-found-dead.

[54] 参见前注[7],第242页。

[55] Hye-Rim Suh, The Court of Justice of the Republic of Korea for the Insensitivity of Sexual Crimes, News1 (July 6, 2020), https://www.news1.kr/society/incident- accident/3987491.

[56] 参见前注[12]。

与其造成的伤害成比例。根据《汉谟拉比法典》[57]或者《乌尔纳姆法典》[58]，报应是世界上最古老的刑罚目标。[59] 这两个古代法典的惩罚甚至比现代的惩罚还要严厉。从为实施报复和预防犯罪两个方面来看，报应理论是正当的。韩国提倡以改造而不是报应为主要目的的监狱制度，原因在于，一方面，司法程序关注的是犯罪者而不是受害者；另一方面，性犯罪的受害者在审判过程中相对更难以表现其焦虑和所受到的伤害。因此，韩国刑事法院似乎忽略了为受害者实施报复的目标，而只关注犯罪者的状况。

3. 剥夺犯罪能力

剥夺犯罪能力也有助于实现刑罚保护社会的目标，通过监禁或者限制罪犯在社区的自由，防止再犯。面对初犯，司法系统会以暂缓起诉、罚款或者缓期执行的方式协助其重返社会。即便是惯犯，也可以通过电子脚链系统和假释（有条件释放）获得提前释放的资格。韩国出台了许多项目来改造性犯罪者，目的是使他们不再实施性犯罪。不幸的是，性犯罪的再犯率是其他犯罪的两倍。[60] 这一事实说明改造项目并不成功。

4. 威慑

威慑包括个别威慑和一般威慑。个别威慑是指刑罚可以阻止犯罪者继续犯罪，一般威慑是指刑罚可以阻止潜在的犯罪者犯罪。在韩国，法官调整检察机关量刑建议的现象非常普遍。根据《韩国刑法》第53条和第54条，如果犯罪者在犯罪过程中具有可宽恕的犯罪情节，法官可以酌量减轻处罚。根据第55条，法官最多可依照相关规定改其刑期至二分之一。

显然，韩国目前对性犯罪的处罚缺乏威慑力。强奸罪、强制猥亵罪、偷拍罪、卖淫罪的最终量刑只有其他规定了相似法定刑的犯罪的一半[61]，可见检察机关和法院对性犯罪者的惩罚较轻。对性犯罪的从轻处罚增加了犯罪者的再犯可能性，也对性犯罪的受害者和社区造成了更大的长期伤害。[62] 恰当的惩罚对整个社会都是有利的，因

---

[57] 《汉谟拉比法典》第196条规定："如果自由民毁损任何自由民之眼，则应毁其眼。如果自由民毁任何自由民之骨，则应毁其骨。"第130条规定："如果一个男人亵渎另一个不相识的男人的妻子，他将被处以死刑。"
[58] 《乌尔纳姆法典》第6条规定："如果一个男人侵犯他人权利，夺去一个年轻男子妻子的贞操，他们将杀了这个男人。"
[59] See Itzchak E. Kornfeld, Mesopotamia: A History of Water and Law. The Evolution of the Law and Politics of Water, Springer, 2009, p. 28-29.
[60] 参见前注[12]。
[61] 参见表5。
[62] See Kathleen Tierney, The Leniency epidemic: A Study of Leniency Granted to Convicted Rapists in America and Australia, 6 Penn State Journal of Law & International Affairs 342, 362(2018).

为它不仅可以告诫他人性犯罪的后果(一般威慑),有利于改造罪犯(个别威慑),而且也可以平息对社会有害的复仇欲望。[63]

(三)在韩国的父权制社会背景下解读从宽处罚

要理解韩国司法系统对性犯罪者的从宽处罚,就需要理解韩国这个父权制根深蒂固的国家的性别关系,这种性别关系在一定程度上是由儒家思想造成的。在儒家文化中,女性在面对她们的丈夫、父亲和男性同事时是无能为力的。性别不平等问题在韩国由来已久,在就业市场尤为突出。在韩国,女性的收入仅为男性的63%,在29个发达国家中,韩国的男性与女性的收入差距是最大的。[64]《经济学人》在"玻璃天花板"指数中,也将韩国列为对职业女性最不友好的发达国家。韩国的女性在工作中很少担任重要职位,只占董事会的2%。在韩国政府的九个级别中,三级以上的高层官员中女性只占4%。在韩国社会的每个组织都处于从属地位的女性,经常遭到有权势的男性上司的性骚扰。在这个等级森严的社会中,男性占主导地位,性暴力的受害者往往因为羞耻和对报复的恐惧而保持沉默。

韩国的这种父权制同样体现在司法部门的劳动力结构中。70%以上的法官(2017年为2974人)是男性,82%的高级法院法官是男性。[65] 从1968年到2015年,最高院男性法官的比例达到97.2%,144名大法官中有138名是男性。[66] 在712个警察局中,男性警察局局长占96.5%。在检察官中,男性也占主导地位。男性的主导地位必然会对司法实践产生影响。2013年11月,检察机关驳回了针对涉嫌强奸的法务部次官金学义申请的2次拘捕令、4次通信情况调查、2次搜查令、2次出境禁令,而与此同时,这名法务部次官已经逃往国外。专家指出,在性犯罪录像中可以清楚地看到这名法务部次官的身影。[67] 2014年8月14日,警察在济州岛消防局附近逮捕了一个涉嫌在公共场所猥亵(手淫)的男性。出乎意料的是,警方发现这名嫌疑人是济州地方检察厅部长金秀昌。检察机关遂以犯罪者的犯罪没有危险性为由中止了起诉。[68] 大部分涉及检察官或法官的性犯罪都没有向媒体公开,而是由调查机关负责处理。

---

[63] Julian. V. Roberts & Mojca. M. Plesnicar, Sentencing, Legitimacy, and Public Opinion, Trust and Legitimacy in Criminal Justice: European Perspectives, Springer International Publishing, 2015, p. 35.

[64] See Yutang Jin, The Issue of Gender Equality in Confucian Culture, The London School of Economics and Political Science (2016), http://eprints.lse.ac.uk/78565/.

[65] See Hyun-Duk Bang, Only 5% of the Senior Vice-minister Judges are Women, YNA News(Sep. 30, 2016), https://www.yna.co.kr/view/AKR20170926198000004.

[66] See Song-A Choi, Formula for Justice of Supreme Court is from Seoul National University and Male, YTN News (Sep. 4, 2016), https://www.yna.co.kr/view/AKR20160924036400004.

[67] See Eun-Jee Kim, The Issue of Prosecution Power Revealed by the Kim Hak-Ui Case, Sisa-in News (April 16, 2019), https://www.sisain.co.kr/news/articleView.html?idxno=34347&page=17&total=1246.

[68] Ibid.

检察官、法官、警察等男性执法者对女性罪犯的同情心强于男性罪犯,但对男性罪犯的同情心要强于女性受害者。检察机关更容易对女性罪犯暂缓起诉,同样,法官对女性罪犯的判决也要轻于男性罪犯。[69] 类似的,对于男性罪犯对女性受害者犯下的性犯罪,男性法官对其中的男性罪犯判决较轻。在司法过程中,男性法官和检察官一直致力于平衡对男性罪犯的改造和为女性受害者实施报复,但是不幸地都以失败告终。一位刑事法院法官为暗网的色情和性剥削网站开脱,称在巨大的案件量压力下,法官很难理解数字犯罪发展的速度,以及数字性犯罪对受害者的影响大小(在 Welcome to Video 案件中,全世界约有 260000 个受害者)。此外,大多数法官不知道如何登录暗网,也不理解云存储的功能[70]。相关统计资料显示,韩国的男性执法者对一般犯罪的女性罪犯和性犯罪的男性罪犯施加的刑罚更轻。然而,他们并不承认他们对性犯罪中的男性罪犯或者女性受害者存在性别偏见。

五、结 论

本文从统计上分析了从轻量刑对各种类型性犯罪的促进作用。从 2008 年至 2018 年,韩国的性犯罪数量急剧增加,因此备受关注。尽管新增数量骇人,对性犯罪者的刑罚百分之八十以上还是限于经济处罚或者缓刑。通过比较韩国和其他国家的性犯罪处罚力度,我们看到了韩国司法系统中的法律和制度问题。本文以前沿的理论展示了惩罚性犯罪者的目的。基于此,此研究表明,司法部门需要集中力量确保对性犯罪施加恰当的刑罚。有人认为,韩国性犯罪猖獗的原因有两个:韩国以男性为中心的父权制文化和司法部门对性犯罪的从宽处罚。同样,这种性别差异也是性犯罪盛行和司法部门从宽处罚的一个重要因素。韩国社会是由男性主导的,那么司法系统也不会有什么大的差别。这篇文章揭露了任何人都能说的禁忌,但这与司法逆辩无关。原因是,在迈向真正进步的人类生活之时,我们必须恰当考虑人类解放和性别平等的问题,这才是不可缺少的重要前提。

---

[69] 参见 2020 年韩国司法研究所统计数据(http://www.ioj.go.kr/homepage/information/DataAction.do?method=view)。

[70] Hae-Li Lee, Why Did We Side with the Perpetrators? The Judges' Reflections, The Kyung-Hyang News (April 29, 2020), https://www.khan.co.kr/national/national-general/article/202004290600025.

从"要我劳动"到"我要劳动"
——服刑人员劳动改造能动性激励机制之再造[*]

王鹏飞[**]

> **要 目**
>
> 一、问题的提出:在"劳动生产"与"劳动改造"之间
> 二、"要我劳动"背景下服刑人员劳动改造异化之现状窥探
> 　　(一)功利劳动下的劳动异化
> 　　(二)机械劳动下的劳动异化
> 　　(三)微偿劳动下的劳动异化
> 三、服刑人员劳动改造异化之诱因分析
> 　　(一)目的与手段的背离:劳动生产下的劳动改造
> 　　(二)应然与实然的脱节:按需保障与全额保障之间的鸿沟
> 　　(三)物质与精神的对立:规范虚置下的劳动报酬制度实践
> 四、从"要我劳动"到"我要劳动":自我能动性激发下劳动改造的本质归位
> 五、"我要劳动"目标下服刑人员能动性激励机制的科学构建
> 　　(一)监狱劳动改造理念的科学化调整
> 　　(二)监狱劳动项目安排的灵活化探索
> 　　(三)监狱服刑人员奖励方式的现实化回归
> 　　(四)监狱服刑人员惩治类型的多元化构建
> 六、结语

摘 要 作为改造服刑人员的根本手段,由于顶层设计的缺陷以及对于劳动改造

---

[*] 本文系国家社科基金"社会治理语境下功能主义刑法的基础边界研究"(20CFX025)的阶段性成果;陕西省高校青年创新团队"西北地区信访治理法治化研究"的阶段性成果。

[**] 西北政法大学刑事法学院副教授,法学博士。

的性质把握不清,监狱劳动在实践中一直存在功利性、机械性和低酬性的现象,这违背劳动的基本运作规律,导致服刑人员的劳动出现异化之趋势。偏离客观规律下的监狱劳动引致人与劳动产品、人与其类本质、人与劳动过程以及人与人关系的异化,难以实现劳动改造使服刑人员热爱劳动、树立正确三观的目标追求。于是,如何根除劳动改造过程中的异化因素,促使服刑人员由被动的"要我劳动"转为自觉的"我要劳动",就成为劳动改造模式完善的核心问题。其中,激发服刑人员劳动的自觉能动性,应当被视为化被动为主动的重要桥梁。而在如何激发服刑人员劳动改造能动性问题上,监狱劳动改造观念的科学化调整是前提,监狱劳动项目安排的灵活化探索是基础,监狱服刑人员奖励方式的现实化回归是关键,监狱服刑人员惩治类型的多元化构建是后盾。

关键词 要我劳动 我要劳动 异化 主观能动性

一、问题的提出:在"劳动生产"与"劳动改造"之间

进入"十四五"新时期,全面推进依法治国,完善立法体制机制,继续成为党和政府工作重点。坚持建设中国特色社会主义法治体系,坚持在法治轨道上推进国家治理体系和治理能力现代化,也是习近平法治思想的核心要义。[1] 长期以来,监狱法律制度完善问题一直是各界关注的焦点,尤其是作为实现监狱改造目标的根本手段的监狱罪犯劳动改造制度。该制度自设立以来已经有六十余年的发展历史,在这六十余年的发展过程中,由于顶层设计的缺陷以及改造思维的局限,监狱改造经费保障一直是困扰行刑实践的重要问题,也引致"罪犯劳动"与"监狱创收"之间一直存在某种直接或间接的关联。实践中,为了追求生产创收,监狱服刑人员超时劳动、超体力劳动的现象并非罕见。同时,监狱劳动还具备强制性的特征,表现为参加劳动是罪犯的法定义务,只要有劳动能力就必须参加,行刑过程中呈现"要我劳动"的状态。追求创造财富效果的"劳动生产"与追求价值观塑造效果的"劳动改造"成为目前监狱行刑实践中不可调和的一对矛盾,"劳动生产"与"劳动改造"之间关系的错位,引致劳动改造实践出现异化,罪犯劳动态度一般仅处于顺从阶段,监狱的一些奖惩措施使得罪犯成为"功利的投机分子",劳动并未内化至其思想和行为之中,"要我劳动"并未能经过监狱劳动而转化为"我要劳动"。习近平法治思想的重要内容,就是要坚持在法治轨道上推进国家治理体系和治理能力现代化,把国家治理现代化构筑在坚实的法治基础之上。[2] 而监狱对罪犯劳动改造效果的提升,则是国家治理能力现代化的应有内容。于是,在监狱劳动异化的背景下,如何探寻现象背后的罪犯劳动改造能动性制约因素,进而构建罪犯劳动改造能动性激励机制,成为

---

[1] 参见卓泽渊:《习近平法治思想要义的法理解读》,载《中国法学》2021年第1期。
[2] 参见公丕祥:《习近平的法治与国家治理现代化思想》,载《法商研究》2021年第2期。

目前监狱行刑实践中亟待解决的问题。

二、"要我劳动"背景下服刑人员劳动改造异化之现状窥探

"要我劳动"是目前监狱劳动的显著特点,服刑人员的劳动总体呈现强制性有余而自主性不足的状态。劳动过程强调组织性、统一性,由法律加以制度确认并通过监狱计分考核与分级处遇措施加以保障。相应的劳动过程中存在的一些缺陷,在"要我劳动"的强制性安排之下,亦是呈现异化之效果。马克思主义劳动异化理论包括四个维度,即劳动产品与劳动者相异化、生产活动与劳动者相异化、劳动者与他的类本质相异化,以及劳动过程中人与人关系的异化。[3] 异化的本质在于"主体由于自身矛盾的发展而产生自己的对立面,产生客体,而这个客体又作为一种外在的、异己的力量而凌驾于主体之上,反过来束缚主体,压制主体"[4]。人的本质在于劳动,而异化劳动不能使人从事符合他自身兴趣的劳动,"剥夺了劳动者的创造性,那就不仅剥夺了人对自身身体的控制,而且剥夺了他们的主动性,剥夺了人在改造自然过程中的能动性"[5],最终导致人背离于自己的本质、逃避自己的本质——劳动。在监狱行刑"要我劳动"的立法模式与制度设计下,监狱管理部门期待通过科学方法的设计和内容的安排促进服刑人员认同劳动,进而将其内化于自己的行为模式和价值体系之中。然而,就劳动改造实践而言,劳动的功利性、机械性以及微偿性,引致罪犯劳动效果出现异化,背离了制度设计的初衷。

(一)功利劳动下的劳动异化

服刑人员劳动的功利性,本质在于劳动的结果导向思维,包括监狱企业劳动的功利性和服刑人员劳动的功利性两个层面,其中监狱企业劳动的功利性,与"劳动生产"思维的驱动有直接关系,片面追求生产创收。服刑人员劳动的功利性,则是受到监狱行刑计分考核制度的影响,着眼于"减刑""假释"纯结果导向的功利思维的驱动。一方面,功利劳动的结果导向思维带来的超负荷劳动引致服刑人员逃避其本质——劳动;另一方面,其带来的目的性劳动引致服刑人员在劳动中将关注点由如何提升自身劳动技能转向如何赚取更多的计分量。以上二者,均使监狱劳动逐渐背离劳动作为人的本质的定位,导致服刑人员在参加劳动过程中难以获得自我实现,亦即难以在劳动过程中肯定自己、自由地发挥自己的体力和智力,出现人与劳动过程相异化、人与人关系的异化的情况。

---

[3] 参见中共中央编译局:《马克思 1844 年经济学哲学手稿》,人民出版社 2014 年版,第 2—3 页。
[4] 王贵贤、田毅松编著:《1844 年经济学哲学手稿导读》,中国民主法制出版社 2018 年版,第 67 页。
[5] 同上注,第 70—71 页。

1. "劳动生产"思维驱动下监狱企业劳动的功利性

"劳动生产"思维,即国民经济学视域下片面追求劳动的生产价值的思维,这种思维在监狱行刑领域有其历史和现实原因。功利劳动导致监狱劳动在目标与手段上产生理论与实践的重大错位,对劳动经济价值的片面追求使得监狱企业在服刑人员技能培养方面的收效不明显,服刑人员超负荷劳动、机械劳动导致监狱劳动中,出现服刑人员与劳动过程异化之现象,此为其一。其二,在监狱企业功利劳动下,还会出现人与人关系的异化问题。功利劳动伴随着实践中服刑人员劳动生产任务量与监狱干警绩效挂钩的现象,作为服刑人员管理者的监狱干警亦面临较大的生产压力,这导致服刑人员与干警走向对立。有论者对 123 名监狱干警就监狱企业运行情况进行了调查,结果显示,"在选取的样本中高达 45.5% 的监狱企业与监狱的协调很不顺畅……基层干警既要抓监管改造又要组织罪犯劳动生产,致使生产与改造的矛盾又集中到了基层生产环节,加重了基层干警的负担,不但不会取得改造与生产的双赢,反而会影响罪犯劳动改造质量的提高"[6]。干警的收入与服刑人员劳动产值挂钩,劳动强度越大,产值越高,干警的收入也会相应增加,反之亦然。本属教育与被教育、改造与被改造关系的两者之间,由于创收指标的设计,而发生关系的异化。

2. 纯结果导向思维驱动下服刑人员劳动的功利性

服刑人员群体自身有一定的伪装性,表现为思想与行动二者之间的不一致。就服刑人员参与劳动的目的而言,不可避免地是出于对监狱计分考核制度下减刑或假释机会的获取而有意为之,而并非出于改造自身或自我发展、自我实现的目的,此可谓服刑人员劳动的功利性,这种功利性植根于笔者谓之曰"纯结果导向"思维。有论者对 504 名监狱罪犯进行了调查,结果发现,获得减刑假释的机会成为服刑人员参与劳动的最大追求,"62.3% 的罪犯认为'获得减刑和假释的机会'是罪犯参与劳动的最大收获,只有 4.2% 的罪犯认为通过劳动'培养了劳动意识,养成了劳动习惯'"[7]。因此,减刑和假释也成为监狱有效管理服刑人员的主要工具。"如果不予减刑,罪犯的劳动积极性就会严重下降,而减刑之后,许多罪犯'旧病复发',这使得监狱和法院所认定的罪犯劳动的改造价值——罪犯确有悔改因此而大大贬值。"[8]这一论断确实反映了监狱行刑实践中,劳动改造工作所面临的窘迫现状。"罪犯劳动的减刑动因并不能从根本上改变其劳动态度,促其形成正确的劳动观念;相反,作为外在因素,劳动的减刑导向让更多的罪犯伪装乃至掩盖其真实的行为恶习而顺从监狱的管理,通过短暂的苦熬,换来

---

[6] 中央司法警官学院课题组:《新体制下监狱企业运行模式的实证研究》,载《中国监狱学刊》2010 年第 6 期。
[7] 柯淑珍:《罪犯劳动现状的调查》,载《犯罪与改造研究》2015 年第 5 期。
[8] 高寒:《罪犯劳动运行中的困惑与对策思考》,载《犯罪与改造研究》2013 年第 10 期。

几个月乃至一两年的减刑奖励。"[9] 如2013年的"北京摔童案"中的犯罪人韩某,曾因盗窃罪被判处无期徒刑。而相关记录显示,韩某在服刑期间积极改造,通过积极参与劳动和学习等方式获得6次减刑提前出狱。[10] 服刑人员的功利劳动扼杀了人在劳动过程中的主观能动性,减刑、假释作为手段与劳动改造目标本末倒置,劳动过程受到减刑、假释目标的奴役,这种异己力量的驱使造成人的个性不能在其中得到全面发展,只能片面甚至畸形发展,引发人与劳动过程的异化。当然,减刑、假释制度设计的初衷在于激发服刑人员改造的自觉能动性,实践中服刑人员功利劳动确也无法避免,而如何在理想与现实之间求得平衡之策,乃扭转服刑人员异化劳动趋势的关键。

(二)机械劳动下的劳动异化

监狱罪犯劳动的机械性,主要表现为劳动项目内容设置的长期性、反复性、低技术性以及单一性。在劳动的内容安排上,虽然《监狱法》明确要求监狱要根据罪犯的个人情况,合理组织劳动,以使其矫正恶习,养成劳动习惯,学会生产技能,为释放后的就业创造条件,但是实践中为了便于集中管理和高效作业,监狱往往安排服刑人员集中于车间内进行生产劳动,而很少能够顾及服刑人员改造的实际需求。目前监狱企业以劳务加工型项目为主,有论者对此调查发现,监狱企业承揽的劳务加工项目存在对企业依赖性强、机械化程度以及技术含量低等缺陷,难以满足罪犯再社会化的实际需求,"因此大部分监狱企业也认识到劳务加工并不是特别有利于罪犯的劳动改造。在选取的样本中,认为本劳动项目非常有利于罪犯劳动改造的监狱企业仅25%;一般的监狱企业高达73.4%;不利于的监狱企业占1.6%"[11]。实践中,监狱服刑人员劳动项目的内容安排存在的前述缺陷导致个别化改造难以落到实处,只能做到根据服刑人员的年龄、身体状况而在劳动时长、任务量的安排上有所调整。加之在安全稳定压倒一切的监狱生产管理指导思想下,创新服刑人员劳动改造内容的尝试就会被束缚住手脚,"这种安全决定领导'政治前途'、民警个人'仕途命运'的责任追究制,使监狱领导创新行动更加谨慎、思想更加保守,'重典维稳'更加坚定"[12]。监狱罪犯劳动的机械性与低技术性,直接导致罪犯劳动由技术学习型劳动异化为简单重复型的体力劳动。服刑人员在监狱进行劳动的过程中,不能从事适合他个人情况的劳动项目,在劳动过程中逐渐丧失创造性与主观能动性,机器非为人所支配,而是反过来,人成为机器的一部分。加之在"要我劳动"的强制劳动制度以

---

[9] 柯淑珍:《困境与出路:罪犯劳动体系的理想化构建》,载《福建警察学院学报》2016年第5期。
[10] 参见《北京摔童案嫌犯曾自我改造拿文凭》,载新浪网(https://news.sina.com.cn/c/p/2013-08-27/015928053370.shtml),访问日期:2024年8月10日。
[11] 同前注[6]。
[12] 王文来:《狱制改革的科学解读》,载《犯罪与改造研究》2013年第9期。

及监狱计分考核奖惩模式设计的背景下,服刑人员若不完成一定任务量的产品生产则会被扣分,直接影响减刑、假释机会的获取,这引致罪犯为生产所支配的现象更甚。机械劳动带来人与劳动生产过程之间的异化,服刑人员的创造性劳动为异化劳动所替代,直接妨碍了劳动应有效果的发挥。

(三) 微偿劳动下的劳动异化

监狱劳动的微偿性甚至是无偿性,使得服刑人员劳动异化进一步加剧。我国刑法对剥夺自由刑未规定劳动报酬,而《监狱法》第72条虽然规定了监狱对参加劳动的罪犯,应当按照有关规定给予报酬并执行国家有关劳动保护的规定,但按照何种"有关规定"给予劳动报酬一直没有明确的指向。立法上的笼统导致实际操作中对于服刑人员劳动报酬的数目未有明确的标准而各行其是,表现为不给劳动报酬或者给予服刑人员极低的劳动报酬。正如有论者所统计,"以浙江省为例,按照该省监狱管理局的有关规定,全省每月支付罪犯劳动报酬的标准为人均一百元"[13]。"2015年福建省监狱企业发放的劳动报酬,最高每月人均115元,最低26元,全省每月人均67.6元。"[14]而短期自由刑服刑人员亦是如此,有论者对某监狱1028名短刑犯进行实证调查研究后发现,"短刑期罪犯对监狱发放的劳动报酬普遍认同度不高……大部分短刑犯月劳动报酬额主要集中在100元以下,其中每月劳动报酬额为50元以下的人数457人,占44.5%,每月劳动报酬额为50—100元的人数419人,占40.8%,每月劳动报酬额为100—150元的人数105人,占10.2%,每月劳动报酬额为150元以上的人数47人,占4.5%"[15]。总体来看,服刑人员劳动报酬大体在月平均200元左右。如此低廉的劳动报酬背离了劳动的本质,不利于发挥服刑人员劳动改造的主观能动性。一味强调精神鼓励而忽视物质鼓励,是违背客观规律的唯心主义。邓小平同志曾指出,"不讲多劳多得,不重视物质利益,对少数分子可以,对广大群众不行,一段时间可以,长期不行。革命精神是非常宝贵的,没有革命精神就没有革命的行动。但是,革命是在物质利益的基础上产生的,如果只讲牺牲精神,不讲物质利益,那就是唯心论"[16]。笔者认为,这个道理在监狱劳动改造中也同样适用。

服刑人员在生产劳动中的体力、脑力耗费,与得到的报偿相差悬殊,这种罪犯与劳动产品相异化的状态会直接挫伤其劳动参与的积极性和创造性,使服刑人员躲避劳动或者抵抗劳动。"人的本性就是人的自我能动性,人的存在就是人通过自己的能动的

---

[13] 高韩:《关于建立罪犯劳动报酬制度的思考》,载《河南司法警官职业学院学报》2019年第2期。
[14] 同前注[9]。
[15] 徐暾、马立骥:《短刑期罪犯劳动报酬现状的调查与分析》,载《犯罪与改造研究》2016年第9期。论者调研系采用整群抽样法选取该省某某监狱的男性短刑犯作为被试,共发放问卷1100份,最终获得有效样本量1028份。
[16] 杨少华:《邓小平对中国共产党革命精神的创新发展》,载《中共云南省委党校学报》2015年第1期。

创造，充分发挥内在潜能从而达到自我实现的过程，人的本质就是对人的内在潜能的肯定与发挥。"[17] 极低的劳动报酬无法激发服刑人员的自我能动性，无法充分发挥服刑人员劳动过程中的潜能，不仅难以使服刑人员在劳动过程中获得自我肯定，同时还会出现"肉体的强制或其他强制一旦停止，人们就会像逃避瘟疫那样逃避劳动"[18] 的情况。作为人的本质的劳动反过来成为了服刑人员逃避的对象，只得依靠监狱劳动的强制性予以维持，微偿劳动背离了劳动的基本规律，人的自由自觉的劳动异化为被动劳动，衍生出服刑人员与其类本质相异化的效果。

三、服刑人员劳动改造异化之诱因分析

服刑人员劳动改造之所以出现前述异化之趋势，深层次原因在于思维层面的"劳动生产"工作思维未得以彻底肃清，这也在一定程度上使监狱行刑全额保障与按需保障之间存在一定差距，以及在前述两层面基础上进一步导致服刑人员报酬给付问题上的物质与精神的脱节。可以说，在异化诱因的分析上，思维层面的问题是根源，财政保障与劳动报酬给付层面的问题是衍生。

（一）目的与手段的背离：劳动生产下的劳动改造

监狱劳动改造与市场经济中的劳动生产既有相似之处，又有本质区别，界限在于作为监狱行刑手段之一，劳动的目标系从思想和行为两个方面改造犯罪人，论者一般以马克思主义劳动理论，尤其是《哥达纲领批判》中关于生产劳动作为改过自新的唯一手段这一论断，以及毛泽东同志在《论人民民主专政》一文中的有关论述为理论基础。[19] 而市场经济中的劳动，作为创造财富的根本手段，其目标在于追求生产价值，即劳动致力于"生产"。由于监企合一的历史遗留问题以及监狱客观行刑条件制约，许多监狱工作者对劳动改造工作性质把握不清、目标不明，引致监狱劳动逐渐出现由"劳动改造"向"劳动生产"背离之趋势。作为"人的自觉的活动和努力"的主观能动性的发挥，需要从实际出发，不能背离事物发展的客观规律。监狱服刑环境与社会环境有较大差异，服刑人员作为刑罚执行的对象，与一般的社会劳动者亦有本质的区别，基于此，若监狱劳动不随着监狱服刑环境与服刑人员群体的特殊性而个别化，则服刑人员劳动势必产生异化之效果。

---

[17] 同前注[4]，第118—119页。
[18] 〔德〕卡尔·马克思：《马克思1844年经济学哲学手稿》，中共中央马克思恩格斯列宁斯大林编译局编译，人民出版社2014年版，第50页。
[19] 参见邵名正、赵宝成：《毛泽东劳动改造罪犯思想探源》，载《政法论坛》1993年第5期。

(二)应然与实然的脱节:按需保障与全额保障之间的鸿沟

目前,监狱财政尽管实行了"全额保障",但它是低水平的一种保障,监狱诸多发展项目所需经费没有列入其中。相当一部分监狱甚至连改善监管安全设施所需的资金都无法到位。[20] 此即按需保障与全额保障之间的鸿沟,之所以出现这样的鸿沟,与"劳动生产"思维存在一定关联,而这一鸿沟又反过来催生从服刑人员劳动创收中寻求填补之策。服刑人员改造是一个十分复杂的问题,需要监狱工作者在监狱劳动模式、内容设计、教育方法、心理矫治等各方面大力发展创新,因此,仅满足低层次的"全额保障"尚远远不够。加之目前在监狱安全稳定压倒一切的思想引导下,实践工作中往往将罪犯"不跑""不死"视为首要目标,也在一定程度上阻滞了监狱改革发展的脚步。财政保障力度不充分,直接后果便是对改造工作质量的懈怠,在劳动改造方面体现为劳动项目内容的僵化、改造模式的单一化。马克思主义的主观能动性理论告诉我们[21],在发挥个体主观能动性的路径方面,外界经济条件制约的突破就是其中的一个重要组成部分。

(三)物质与精神的对立:规范虚置下的劳动报酬制度实践

监狱法虽然明文规定了罪犯的劳动报酬制度,但是由于立法内容的模糊、发放标准的缺位,加之监狱部门的"劳动生产"思维未得到彻底根除,行刑实践中劳动报酬的发放数额完全由监狱部门自己掌握,服刑人员难以得到或者只能得到极低数额的劳动报酬,甚至无劳动报酬,原有规范处于"虚置"状态。在立法"要我劳动"强制模式设置下,一方面,服刑人员必须服从监狱的劳动管理;另一方面,如前文所述,极低的劳动报酬很难激发服刑人员劳动参与的自觉能动性,进而使服刑人员,尤其是那些不要分数的短刑犯或出狱无望的长刑犯逃避其作为人的本质的实体支撑——劳动。由于劳动报酬发放上的实践操作与劳动基本规律的背离,这一项制度的实践效果并不成功。广州市某课题组针对250名累犯的调查结果显示,"因就业无果和经济困难而导致的再犯罪占到了45.6%"[22]。极低的劳动报酬对于服刑人员出狱后的社会回归效果甚微,更重要的是,服刑人员在劳动过程中难以体验到劳动的实际价值,劳动本身所创造出来的价值与作为监狱劳动者的服刑人员之间并无直接关联,劳动者与劳动所创造出来的价值脱节。"对物质利益的不断追求和得到满足是人们行动的内在驱动力。重视物质利益是调动劳动者的积极性和创造性,引导他们正确发挥主观能动性的物质基

---

[20] 刘江华:《对监狱劳动改造工作的再认识》,载《犯罪与改造研究》2009年第5期。
[21] 参见于维民:《论正确发挥主观能动性的条件》,载《甘肃社会科学》1998年第5期。
[22] 余志明:《对罪犯劳动报酬的法理思考——以降低刑释人员再犯罪率为视角》,载《河南司法警官职业学院学报》2018年第3期。

础。"[23]主观能动性的发挥需要建立在一定物质基础之上,物质利益是产生劳动热情的内在动因,在劳动改造问题上亦是如此。

此外,致力于使服刑人员改造成为自食其力的守法公民的劳动改造,其中的"自食其力的守法公民"的要义在于依靠自己的能力生活,或曰依靠自己的劳动养活自己,这个"自食其力"不仅是马克思主义劳动理论视域下,劳动本身应当具有的机能,真正实现这一机能也是要建立在一定的物质基础之上的。没有自食其力的物质基础和技术条件,刑释人员极易再次犯罪。调查发现,年龄越低、学历越低、家庭收入越低的服刑人员越为关注劳动报酬发放的情况[24],这些人没有足够的再社会化的经济基础和技能,刑释出狱后的再犯可能性极高。作为制约服刑人员劳动改造积极性的重要因素,如何改进劳动报酬发放机制,是改善当前监狱劳动异化现象、完善服刑人员劳动改造制度、提升服刑人员劳动改造效果应当予以解决的关键问题。

四、从"要我劳动"到"我要劳动":自我能动性激发下劳动改造的本质归位

"劳动生产"的思维与"要我劳动"的立法相结合,引致服刑人员与劳动产品之间、与劳动过程之间、与其类本质之间以及与干警之间均出现异化之趋势。"马克思将劳动看作人发挥自身潜力的自主活动,它既非单纯的动物性本能,也不应受他人控制。"[25]理想的服刑人员劳动改造应当致力于实现服刑人员自主自觉的"我要劳动",而在"要我劳动"的立法模式设定之下,激发服刑人员劳动的自我能动性,便成为化被动为主动、从现实迈向理想的重要桥梁。

人的类本质在于自由自觉的活动,罪犯劳动的改造功能的发挥亦需要回归到人的类本质之中来把握,即充分发挥人的主观能动性。主观能动性理论的成型始于马克思在《关于费尔巴哈的提纲》中对唯心主义者将能动性抽象化的强烈批判,尔后于毛泽东同志的《论持久战》等论著中得到进一步发展。主观能动性的充分发挥与人的类本质具有趋同性,二者属于"一体两面"的关系,在监狱劳动中充分发挥服刑人员的主观能动性、激活服刑人员劳动过程中的创造性,能够消解基于"要我劳动"立法模式下劳动参与的被动性,防止"肉体的强制或其他强制一旦停止,人们就会像逃避瘟疫那样逃避劳动"[26]的现象在监狱劳动中产生,实现监狱劳动异化趋势的本质归位。主观能动性的关键在于,人在实践活动中建立在对客观规律正确把握的基础上的自身主动性与

---

[23] 陈文斌:《邓小平理论关于发挥主观能动性思想探析》,载《福建理论学习》2000年第5期。
[24] 参见前注[15]。
[25] 曹燕:《劳动者行为的基础规范——劳动法学行为理论与规范体系的重建》,载《河北法学》2013年第4期。
[26] 同前注[18],第50页。

积极创造性的自由发挥,获得自我确证、自我满足以及自我提升的效果。服刑人员主观能动性若能得以激活,现有的劳动异化的趋势将得以扭转,服刑人员得以从生产机器的支配下脱离而实现自立,并与其作为人的类本质合一。对服刑人员的劳动的强制性保障的过分强调将不再必要,而监狱劳动改造的预设功能,包括帮助罪犯树立正确的劳动观念、矫正罪犯好逸恶劳的习惯、训练罪犯劳动生产技能、培养罪犯劳动纪律以及锻炼罪犯协作精神[27]这五个方面才能真正得以现实化。

需要注意的是,从"要我劳动"到"我要劳动"的迈向并非致力于以后者完全取代前者,监狱行刑中的劳动改造不是不需要任何强制性保障,"要我劳动"与"我要劳动"并非对立关系,而是本位选择的问题。亦即在监狱劳动制度的完善过程中,要将主观能动性激发下的"我要劳动"作为劳动项目安排、劳动模式设置、劳动方法设计等一切工作围绕的核心目标,不过分强调劳动的强制性。正如有论者通过借用美国社会心理学家凯尔曼(H. C. Kelman)所提出的社会环境中个体态度形成过程的三阶段理论分析所指出的,从当前罪犯劳动态度的转变过程看,绝大多数罪犯劳动态度停留在顺从阶段,在罪犯劳动过程中用强制劳动和减刑激励无法从根本上促进罪犯劳动态度从顺从阶段向认同阶段乃至内化阶段转变。[28] 一般而言,主观能动性的激活,是指服刑人员劳动改造从顺从阶段过渡到认同阶段,进而步入内化阶段,但实践中服刑人员个体素质存在较大差异,倘若极端情况下其劳动改造的自我能动性激励机制失灵,此时"我要劳动"需让位于"要我劳动",基于狱政管理之必要,激活现有规范体系中的各项强制劳动的措施,单纯追求服刑人员劳动参与的服从效果,以保障监狱改造的良好秩序。

五、"我要劳动"目标下服刑人员能动性激励机制的科学构建

能动性的发挥包括三个外在条件,"全面提高主体素质,正确认识和切实运用客观规律,是正确发挥主观能动性的主观条件;破除无视条件和无所作为思想,努力改造、积极创造客观条件,是正确发挥主观能动性的现实基础;社会实践是主客体相互联系、相互作用的中介,是主观能动性由可能向现实转化的根本动力和唯一途径"[29]。同时,激发主观能动性的内在动力在于满足人们的需要尤其是物质需要。[30] 对此,在监狱行刑实践中,应当正确认识劳动改造的客观规律,通过科学的劳动改造理念的指导,满足能动性激励机制构建的主观条件;通过转变现行劳动报酬实践运作,探索现实

---

[27] 参见吴宗宪:《刑事执行法学》(第2版),中国人民大学出版社2013年版,第196—199页。
[28] 参见上注,第196—199页。
[29] 于维民:《论正确发挥主观能动性的条件》,载《甘肃社会科学》1998年第5期。
[30] 参见任玉岭:《试论主观能动性起作用的适度原则——兼论主体—客体问题》,载《河北大学学报(哲学社会科学版)》1985年第1期。

化的服刑人员奖励模式,满足能动性激励机制构建的客观条件,激活劳动改造的内在原动力;通过构建多元化的监狱服刑人员惩治类型,激发服刑人员的内心耻感,保障监狱管理有序进行。从思维层面、物质内容层面以及强制性保障层面建构服刑人员主观能动性激励机制,打造"我要劳动为本位、要我劳动为辅助"的新型劳动改造模式,缓解服刑人员与劳动过程、人的类本质以及监狱干警之间的异化趋势。

(一)监狱劳动改造理念的科学化调整

在监狱行刑实践工作中,应当正确对待罪犯劳动的地位和作用,跳出"劳动生产"思维,避免片面追求生产价值而忽略监狱劳动的改造目标。思想是先导,只有思想上形成了正确的认识,实践工作才能科学有序开展。对此笔者认为,从"劳动生产"到"劳动改造",需要在思想上正确认识以下内容:

首先,正确看待监狱企业的职能。监狱企业与一般的社会企业存在本质区别,这也是我国司法体制改革中努力实现"监企分开"的缘由之一。这里的"监企分开",并非要将监狱企业关闭或是于形式上将监狱企业与监狱隔离,形式主义的监企分开会直接导致服刑人员的劳动改造难以支撑,科学的监企分开模式的本质在于监狱企业与社会企业之间界限的分明。详言之,监狱企业的本质功能在于服务于罪犯的劳动改造需要,为服刑人员回归社会做思想上、行为上和技能上的准备,因而服刑人员在监狱企业中的劳动不等于一般社会劳动中的"就业",而是为回归社会和就业奠定先期基础。因此,监狱企业内部的一切活动安排均应服务于罪犯的劳动改造。

其次,厘清监狱劳动与一般的经济性的劳动的本质区别。弱化监狱劳动的经济性,逐步削弱直至革除监狱的劳动生产思想。一方面,逐步剔除监狱劳动的绩效考核指标,尤其是不能将其作为监狱干警的考核指标。要摆脱行刑实践中以经济利益最大化为主导的做法,探寻改造服刑人员最有效的工作方法。另一方面,在劳动项目的设置上,要避免长期反复参与同种劳动而导致监狱劳动异化为简单体力劳动,尤其是对于长刑犯而言,监狱劳动项目的设置应当多元化,脑力劳动与体力劳动相结合,简单劳动与复杂劳动相结合。同时,通过"流动性"劳动岗位机制设置,避免服刑人员长期从事单一的劳动项目,引致劳动改造随着时间的累积而逐渐产生"体力化"的不良后果。

最后,正确处理劳动改造和教育改造的关系。其一,科学安排劳动时间与教育的时间界限。司法部"5+1+1"工作模式,即每周5天劳动教育、1天课堂教育、1天休息,体现了劳动改造为主、教育改造为辅的行刑政策导向。但在执行过程中,部分监狱仍存在每周劳动6天的情况。然而在引致犯罪的各类原因中,不良的思想价值观相较于不良行为习惯往往起到更大的作用,劳动习惯的养成也需要以正确的价值观的培养为基础。加之根据立法规定,监狱在教育改造方面需要对服刑人员开展思想教育、文化教育以及职业技术教育,其中每一类别都包含了十分丰富的教育内容,每周1天的教育改造时间远不能满足服刑人员的实际需求。因此,需要在时间安排上突出教育改造的实际地位,甚至将劳动与教育置于同等地位。其二,正确认识劳动改造与教育改造的联系。罪犯劳动实质上亦是通过教育对服刑人员进行改造。因此,不宜割裂劳动改造与教育改造之间的联系。应当探索创新形式,寓教育于劳动过程中,将劳动作为教育的一种实践形式。大力探索劳动与教育相结合的新型监狱改造模式,在劳动过程中适时对罪犯展开悔罪教育,让罪犯在劳动体验中认识到犯罪行为的负面后果,同时还应当发挥监狱劳动的人格塑造功能。在服刑人员劳动过程中适时结合价值观教育,使其在劳动过程中养成正确的物质观、金钱观,体验到协同合作的重要性,树立爱护集体、文明生产的价值观念,此为劳动的"德育"效果。

只有正确认识监狱企业的职能,厘清监狱劳动和社会劳动之间的界限,以及正确处理劳动与教育之间的关系,才能够合理安排劳动过程,有效缓解实践中人与劳动、人与其类本质以及人与人之间的异化趋势,深层次激发服刑人员劳动参与的自觉能动性。

(二) 监狱劳动项目安排的灵活化探索

监狱在劳动项目内容设置上存在机械性的缺陷,与监狱的"劳动生产"思维有直接关系。因此,在制度完善上应当以劳动改造理念科学化调整为前提,围绕改造目标组织开展劳动。在项目安排与产品选择方面,进一步通过监狱劳动项目安排的灵活设计,恢复异化劳动中服刑人员丧失了的积极创造性,使人从机器的支配中脱离。"监企分开后的监狱企业是以提高罪犯劳动改造质量为目标,生产劳动是作为改造手段而存在的,不再是过去的价值创造手段。"[31] 若想避免劳动机械化现象的发生,首先,需要引导监狱企业退出市场竞争机制。监狱企业难以在市场竞争中获得优势,反而会由于效益的影响,片面追求劳动强度的提升导致劳动异化。其次,在监狱劳动产品输出方面,增强政府对监狱企业的扶持,监狱企业生产与政府采购直接对接。"将监狱企业纳入政府采购项目的生产者行列,可以有效缓解监狱企业参与市场竞争的压力,降低监狱企业的投资风险,确保监狱企业的良性运转,为监狱罪犯劳动提供稳定的改造平台,更好地为监狱改造罪犯服务。"[32] 再次,在劳动生产项目的选择方面,以服刑人员的实际需求为依据,尊重服刑人员劳动行为习惯养成的规律,构建内容多元化、技术分层级的项目管理体制。项目的对接要建立在对服刑人员的群体性特点、技术性需求以及监狱环境的实际状况进行科学评估考量的基础上,进行多样化选择,并按照技术含量要求进行分层级设置,根据服刑人员的实际情况进行个别化安排。最后,适时淘汰那些技术落后、难以满足服刑人员再社会化需要的生产项目。

---

[31] 徐明阳:《监狱企业劳动项目选型转向的实践与思考》,载《中国监狱学刊》2012年第2期。
[32] 柯淑珍、陈清霞:《对我国罪犯劳动的省思与展望》,中国法制出版社2018年版,第624页。

(三) 监狱服刑人员奖励方式的现实化回归

目前监狱劳动改造所依赖的奖励手段主要在于计分考核基础上的减刑、假释机会的赋予,这也成为服刑人员参与劳动的普遍动机。服刑人员参与劳动改造的功利性色彩影响了改造的效果,加之监狱劳动报酬数额过低,难以对服刑人员的思想转变起到实质的促进作用,于是,监狱服刑人员奖励方式的现实化回归就具有了一定的紧迫性。对此笔者认为,应当从立法的高度统一劳动报酬的发放标准,提高服刑人员劳动报酬待遇,按照社会同工同酬的方式计算劳动所得、发放劳动报酬,并结合服刑人员的改造表现予以相应增减,以体现监狱行刑的公正性与个别化相结合的基本理念,让服刑人员在劳动过程中体会到劳动的价值,感受到自己本质力量的存在,从而缓解监狱劳动过程中人与劳动产品、人与劳动过程异化之趋势。此外,应当建立劳动报酬与服刑人员日常生活费用的衔接机制。在这个问题上,广东省 Y 监狱的做法比较有创新性。该监狱切断了服刑人员家人为其寄送生活费的路径,除入监教育阶段外,服刑人员服刑期间的被服、饮食、住宿、文娱等额外生活费用,均从服刑人员劳动报酬中支付。如此服刑人员便能在劳动报酬的所得与耗费的动态运转机制当中,体会到劳动的价值、收获的快乐。尤其可以探索服刑人员劳动报酬的多元化、多领域应用,除狱内其他支出外,将劳动报酬与服刑人员家庭供养直接挂钩,用于其家庭成员生活支出,这是恢复性司法理念运用到监狱行刑实践中的一大创新,不仅能够让服刑人员有机会承担起家庭责任,使得服刑人员入狱后仍能发挥其作为家庭成员的功能,还能修复服刑人员与其家人之间的关系,强化服刑人员家庭支持系统,使劳动改造与亲情感化直接挂钩,从而满足服刑人员的实际情感需求,以激发服刑人员劳动改造的主观能动性,缓解个人与类本质相异化的趋势。

总而言之,建立在统一劳动报酬发放标准、提升服刑人员劳动报酬待遇、探索劳动报酬的多元领域应用基础上的监狱服刑人员奖励方式的现实化回归,有助于满足服刑人员客观物质需求,以及促进服刑人员回归家庭、回归社会,以激发服刑人员参与劳动的自觉能动性,进而弱化因极低的劳动报酬引发的个人与劳动产品、个人与劳动过程、个人与其类本质相异化的现象。

(四) 监狱服刑人员惩治类型的多元化构建

服刑人员劳动改造需要以监狱惩治措施作为后盾,从而保障监狱正常的工作秩序。在惩治措施的探索方面,仍需要以激发服刑人员自觉劳动的主观能动性为核心,尝试构建多元化的监狱服刑人员惩治类型体系。详言之,可在现有的惩治类型的基础上,大力探索象征性的惩治措施体系的构建,尤其是针对传统奖励方式失灵的服刑人员,以激发其内心耻感为核心,增强其劳动参与的自觉性,达到"我要劳动"的效果。我国监狱行刑实践中已有的惩治类型,是建立在计分考核制度的基础上的,通过减刑、假释机会的增减,以及在亲属会见、工时、劳动报酬等方面,根据罪犯的劳动表现给予个别化处遇。但是此类措施对于短刑犯以及被处以限制减刑或是终身监禁、出狱无望的服刑人员群体,效果并不明显,这类群体对劳动参与的抵触情绪比较大。而对于其他服刑人员来说,往往由于自身结果导向的心理追求而产生功利劳动的异化效果。于是,象征性的惩治措施体系的探索就有着重要的实践意义。

基于人的社群意识和从众心理,以及对群体归属感和认同感的需求本能,尝试通过施加于极个别罪犯身上的象征性惩罚,增强服刑人员对不良行为的羞耻感,从而促使其自觉能动地参与劳动。当然,这样的象征性惩罚建立在"重整性羞耻"的理论基础上,要求在对服刑人员施以羞耻感的同时,对其人格保持应有的尊重与关爱。作为一种"声誉罚",它并非对服刑人员的"羞辱",而是发挥群体力量的影响力,帮助实现个别服刑人员自觉能动的"行为趋同"以及重整其道德观。象征性惩罚简单地讲就是一种"舆论制裁",其目的在于激发服刑人员的羞耻感,这对于监狱行刑乃至社会稳定都有极为重要的实践价值。"对于社会而言,只有当羞耻感得以强有力地并恰当地形成时,犯罪率才会比较低;对于个人而言,如果他没有因为实施了不法行为而感到羞耻,就会走向犯罪。"[33]

象征性惩罚的具体方式包括公开谴责、自我批评仪式、特殊囚服用品等,致力于强化惩罚的仪式感,发挥社群主义效应。其中公开谴责是通过对违反监狱监规秩序的服刑人员进行公开曝光和批评,以对被处罚人的荣誉或者信誉以及社会评价造成损害,从而激发服刑人员内心耻感,规范行为,同时也能起到教育其他服刑人员的作用。在运作方式上,可以充分利用监狱内狱务公开公示栏、监狱广播、狱内LED屏等设备资源,使得该类象征性惩罚措施更加直观、形象,有利于提升公开谴责方式的辐射影响力。公开谴责的特点在于其惩罚途径的宣示性和惩罚过程的短促性,属于最轻缓的象征性惩罚方式。自我批评仪式则是参考《刑法》第37条规定的非刑罚性处置措施之"责令具结悔过"制度,并与恢复性司法理念结合而成,尝试利用教育日或其他集中教育时间,让服刑人员撰写承认错误、自我检讨的悔过书并宣读,促使其反省自己的思想和言行,并由狱警组织服刑人员对被惩罚者进行公开批评、严正申斥。自我批评仪式注重惩罚过程的"双向互动与规则传达",被惩罚者通过宣读悔过书以向其他服刑人员传递行为规范与价值观,其他服刑人员对其开展批评和申斥,促进被惩罚者的文化认同。同时,在检讨与批评的互动过程中,规则破坏者被重新接纳。这种惩罚方式的特点在于惩罚过程的互动性与融入性,发挥重整性羞耻的精神内化功能。特殊囚服用品,则是在被处罚的服刑人员的服装、用品规格上予以区别对待,如令其穿戴与其他服刑人员在形式上有差别的服饰、使用与其他服刑人员在形式上有差异的生活用品

---

[33] 〔澳〕约翰·布雷思韦特:《犯罪、羞耻与重整》,王平、林乐鸣译,中国人民公安大学出版社2014年版,第1页。

等,以促生被惩罚者的耻感,激发其改变自己行为与价值观的自觉能动性。这种惩罚方式的特点在于惩罚过程的持续性,属于最严厉的象征性惩罚措施,服刑人员脱离这种状态的唯一途径就是自觉进行思想改造与行为养成。通过在传统惩罚措施的基础上尝试引入象征性惩罚措施,有利于激发服刑人员参与劳动的趋同性,化被动劳动为自主自觉的能动性劳动。

六、结　语

在监禁矫正效能总体偏低的实践背景下,提升包括劳动效能在内的矫正效能,成为监禁刑执行的根本目标。而监狱行刑实践中存在的"劳动生产"思维带来的劳动目标的功利性、劳动内容的机械性以及劳动报酬的微偿性,引致服刑人员劳动出现异化之趋势,背离了"劳动改造"的初衷,亦滋生了侵犯服刑人员基本权利的现象。功利劳动下服刑人员或是逃避作为人的类本质的劳动,或是将关注点由如何实现自我提升转向如何赚取更高的分数;机械劳动下服刑人员的习艺型劳动逐渐异化为简单重复型的体力劳动,人在机器面前丧失了自主性与创新性,成为机器的一部分;微偿劳动与劳动基本规律相背离,服刑人员难以感受到劳动的价值,挫伤服刑人员劳动的积极性与创造性。使服刑人员从被动的"要我劳动",转变为积极主动的"我要劳动",关键在于对服刑人员主观能动性的激活。在这个问题上,监狱劳动改造观念的科学化调整是前提,监狱劳动项目安排的灵活化探索是基础,监狱服刑人员奖励方式的现实化回归是关键,监狱服刑人员惩治类型的多元化构建是后盾。自 1949 年以来,劳动生产思维影响下的"监企合一"模式曾长期在监狱行刑实践中占据主要地位,自司法部 2003 年提出"监企分开"的监狱体制改革之后[34],已经过去了 20 余年,但部分监狱干部仍未能跳出"劳动生产"工作思维。监狱劳动改造实践中,从"要我劳动"迈向"我要劳动",观念的调整是首要问题。

---

〔34〕 参见李豫黔:《中国共产党领导下中国监狱改造罪犯的初心和使命(下)》,载司法部官网(https://www.moj.gov.cn/pub/sfbgw/jgsz/jgszzsdw/zsdwzgjygzxh/zgjygzxhxwdt/202106/t20210630_429492.html),访问日期:2024 年 7 月 12 日。

我国犯罪记录消灭制度的体系性构建[*]

郑二威[**]

要 目

一、犯罪记录内涵之廓清
 （一）实质意义上的犯罪记录
 （二）犯罪记录与前科之关联
二、构建犯罪记录消灭制度之必要性
 （一）总体必要：深化法治领域改革的自然趋向
 （二）具体必要：积极主义刑法立法观的现实需求
 （三）具体必要：保障犯罪人正当权利的必要措施
 （四）具体必要：促进犯罪人再社会化的应然选择
三、构建犯罪记录消灭制度之可行性
 （一）犯罪记录制度统筹推进奠定法治基础
 （二）域外相关制度规范提供立法经验借鉴
四、构建犯罪记录消灭制度之路径展开
 （一）总体思路：消灭与封存协同共进
 （二）具体展开：实施方式与立法构建
五、结语

摘 要 步入新时代，刑法参与社会治理必须要实现现代化，这就要求刑法中不仅要具备定罪量刑与刑罚执行制度，还要具备犯罪标签去除机制。为此有必要在明确犯罪记录内涵的前提下构建犯罪记录消灭制度，这既是深化法治领域改革的自然趋向，也是积极主义刑法立法趋势下犯罪呈现结构性变化的现实需求，更是保障犯罪人

---

[*] 本文系国家社会科学基金重点项目"犯罪化的理论体系与实践机制研究"（21AFX010）的阶段性成果。
[**] 武汉大学法学院2021级博士研究生。

正当权利、促进犯罪人再社会化的应然措施。犯罪记录制度正在我国统筹推进，域外相关制度规范可提供立法经验借鉴，这使得构建犯罪记录消灭制度具有可行性。未来要构建犯罪记录消灭制度，还需要保持消灭与封存协同共进的总体思路，明确犯罪记录消灭对应的删除权与被遗忘权，以及封存对应的有限被遗忘权的内涵。在具体实施中实行法定与申请两种方式，立足于刑事一体化，废除犯罪记录报告制度，扩展未成年人犯罪记录封存的适用空间，合理划定犯罪记录消灭的范围，设置相应的限制条件，最后还要适时制定"犯罪记录法"，以实现犯罪记录记载、存储、查询、封存与消灭机制的完备，有效衔接《刑法》与《刑事诉讼法》的规定。

关键词 犯罪记录 消灭 封存 删除权 被遗忘权

对人类心灵产生较大影响的，不是刑罚的强烈性，而是刑罚的延续性，因为最容易和最持久地触动我们感觉的，与其说是一种强烈而暂时的运动，不如说是一些细小而反复的印象。[1] 作为刑罚延续性的产物，犯罪标签理论深刻地体现了这一点，即使犯罪人服刑完毕，及时改过自新，标签效应仍然不会终结，犯罪记录会一直存在，与之形影不离。犯罪记录的一直存在给行为人带来各种各样直接或间接的负面影响[2]，导致行为人及其亲人在就业、入伍、考试、升职、户籍、个人荣誉甚至社会福利保障方面受到限制和歧视[3]。正如卢梭所言，人生而自由，却无往不在枷锁之中。[4] 犯罪记录的一直存在如同枷锁一般将行为人困在樊笼之中，导致其长期被摒弃于社会正常生活之外，无法迈上回归社会的道路，进而被迫成为社会正常秩序的对抗者。[5]

---

[1] 参见〔意〕切萨雷·贝卡里亚：《论犯罪与刑罚》，黄风译，北京大学出版社2008年版，第66页。
[2] 直接影响如目前我国很多法律规定了受过刑事处罚不得从事某种职业，包括但不限于：《公务员法》第26条规定，"下列人员不得录用为公务员：（一）因犯罪受过刑事处罚的"。《法官法》第13条规定，"下列人员不得担任法官：（一）因犯罪受过刑事处罚的"。《检察官法》第13条规定，"下列人员不得担任检察官：（一）因犯罪受过刑事处罚的"。《人民警察法》第26条规定，"有下列情形之一的，不得担任人民警察：（一）曾因犯罪受过刑事处罚的"。《教师法》第14条规定："受到剥夺政治权利或者故意犯罪受到有期徒刑以上刑事处罚的，不能取得教师资格；已经取得教师资格的，丧失教师资格。"《律师法》第7条规定，"申请人有下列情形之一的，不予颁发律师执业证书：……（二）受过刑事处罚的，但过失犯罪的除外"。《注册会计师法》第13条规定，"已取得注册会计师证书的人员，除本法第十一条第一款规定的情形外，注册后有下列情形之一的，由准予注册的注册会计师协会撤销注册，收回注册会计师证书：……（二）受刑事处罚的"。《医师法》第17条规定，"医师注册后有下列情形之一的，注销注册，废止医师执业证书：……（二）受刑事处罚"。此外，《仲裁法》《公司法》《保险法》《证券法》《拍卖法》等法律也有相关规定。《刑法》第100条规定，"依法受过刑事处罚的人，在入伍、就业的时候，应当如实向有关单位报告自己曾受过刑事处罚，不得隐瞒"。这种犯罪记录报告制度必然影响到单位对相关人员的录用。甚至在各种考试、晋升职位、各地落户政策、出入境护照办理、出国留学申请中都要求行为人出具无犯罪记录证明。间接影响如因为要求直系亲属无违法犯罪记录而波及子女报考公务员、参军、入党、事业单位录用等需要政审的各种事项。
[3] 参见崔志伟：《积极刑法立法背景下前科消灭制度之构建》，载《现代法学》2021年第6期。
[4] 参见〔法〕卢梭：《社会契约论》，李平沤译，商务印书馆2017年版，第3页。
[5] 参见彭新林：《论前科消灭制度的正当性根据》，载《北方法学》2008年第5期。

古语有云:"人非圣贤,孰能无过;过而能改,善莫大焉。"作为复杂人类社会中的主体,其往往深受生存的社会环境影响,既不断与此在的自我周旋,也常常与共在的他人交际,在打交道的过程中逐渐成为一种共在,在共同存在中如若一着不慎便可能行差踏错。行差踏错往往是一时的,带来的后果却是终身的,这显然有违现代文明社会的法治理念。新时代新面貌,在法治改革向纵深推进的背景下,亟须将改革中正在进行的未成年人犯罪记录封存、消灭制度,以及犯罪记录记载、查询制度等进行整合,实现对犯罪记录制度尤其是犯罪记录消灭制度的体系性构建。通过构建犯罪记录消灭制度,促进服刑期满人员的再社会化,追逐美好的生活,成为当下极为紧迫的事情。[6]

一、犯罪记录内涵之廓清

(一)实质意义上的犯罪记录

概念是解决法律问题所必需的工具。没有限定严格的专门概念,我们便不能清楚和理性地思考法律问题。[7] 因此在构建犯罪记录消灭制度之前,必须首先对其实质内涵进行分析。2012年最高人民法院、最高人民检察院、公安部、国家安全部、司法部印发的《关于建立犯罪人员犯罪记录制度的意见》(以下简称《犯罪记录意见》)规定,"犯罪记录是国家专门机关对犯罪人员情况的客观记载"。即犯罪记录在形式上表现为一种客观记载,但关于客观记载的实质内容,该意见并未作出进一步说明,也未对犯罪记录本身的内涵予以明确。2021年12月公安部印发的《公安机关办理犯罪记录查询工作规定》(以下简称《犯罪记录查询规定》)第2条规定:"本规定所称的犯罪记录,是指我国国家专门机关对犯罪人员的客观记载。除人民法院生效裁判文书确认有罪外,其他情况均应当视为无罪。有关人员涉嫌犯罪,但人民法院尚未作出生效判决、裁定,或者人民检察院作出不起诉决定,或者办案单位撤销案件、撤回起诉、对其终止侦查的,属于无犯罪记录人员。"2022年3月北京市公安局发布的《北京市公安局办理犯罪记录查询工作实施细则》(以下简称《犯罪记录查询细则》)第2条,进一步将公安机关作出的行政强制、行政处罚和其他行政处理排除在犯罪记录内容之外。由此可见,形成犯罪记录要经过两个步骤:一是经过人民法院裁判行为人有罪,无论是否处刑,即人民法院是唯一能够决定行为人是否有罪的机关;二是有国家专门机关对此收集、记载,在形式上形成记录。《刑法》第100条确立的犯罪记录报告制度表明,依法受过刑事处罚是犯罪记录存在的前提。这里的"依法受过刑事处罚"应当理解为"依法被

---

[6] 据统计,自2010年以来,刑事罪犯总人数每年达到一百万以上。参见国家统计局"公共管理、社会保障及其他"项下"人民法院审理刑事案件罪犯情况"栏目,载国家统计局(https://data.stats.gov.cn/easyquery.htm?cn=C01),访问日期:2024年4月5日。

[7] [美]E.博登海默:《法理学:法律哲学与法律方法》,邓正来译,中国政法大学出版社2017年版,第504页。

人民法院判决有罪",即使免除刑罚,也存在犯罪记录。这是因为在我国现实生活中只要被定罪,就无法出具无犯罪记录证明。定罪本身就给犯罪者打上了明确的否定记号,公众注意力转向审讯和判决。[8] 这种犯罪记录伴随终身,导致法律和社会的歧视。因此在构建犯罪记录消灭制度时,决计不能将定罪未处刑的轻犯罪人排除在外,而是要给所有曾经犯过罪而又及时改过自新的人以信心和希望。[9]

(二)犯罪记录与前科之关联

学术研究中对前科概念的描述诸多,而鲜有描述犯罪记录内涵的。所谓前科,对其范围的界定存在不同的看法。概括而言,主要存在以下几种观点学说,即有罪宣告说、定罪科刑说与折中说。有罪宣告说认为,行为人一旦受到有罪宣告或者被判决有罪,是否科刑以及所科之刑是否执行均不影响前科的成立,就此便可认定行为人具有前科。定罪科刑说则认为,行为人具有前科的前提在于,必须同时具备被定罪和科刑两个条件。折中说则认为,行为人的前科可以是曾经被法院判处过刑罚,也可以是曾经被法院宣告过有罪,二者具备其一即可。[10] 根据以上说法,在前科与犯罪记录的范围上一致的当属有罪宣告说,这也符合现实生活中开具无犯罪记录证明的实际情况,据此本文赞同有罪宣告说这一观点。应当注意的是,有观点认为,前科的成立中,宣告犯有罪行的主体,既可以是人民法院,也可以是检察机关[11],对此本文并不赞同,有罪宣告只能专属于人民法院,这一点必须肯定。在此种意义上来说,犯罪记录和前科在范围上实际并无分别。两者的区别在于,犯罪记录与前科是一种客观事实与法律评价之间的关系。前科以犯罪记录的存在为基础,并在一定时间内对其予以规范性评价,进而依据这种规范性评价对行为人的法律地位、资格加以限制。犯罪记录作为一种客观事实是永远存在的,是不可能被消灭的。[12] 即作为一种客观事实的犯罪记录的存在,引发了规范性评价的前科。没有作为客观事实的犯罪记录的存在,就没有前科的规范性评价。由此表明了一种顺序性存在,即事实先于规范,规范基于事实而存在。

本文认为,犯罪记录作为一种对犯罪人员犯罪情况的记载,既是一种事实性存在,也是一种规范性存在。作为事实性存在,它是犯罪人危害行为的性质表达,是其主观心理的外化,对于他人则表现为一种危害社会的印象,作为危害社会印象的事实性存在是不可能被消灭的,而只能被遗忘。作为一种规范性存在,它是国家专门机关对

---

[8] 参见〔法〕米歇尔·福柯:《规训与惩罚:监狱的诞生》(修订译本),刘北成、杨远婴译,生活·读书·新知三联书店 2019 年版,第 10 页。
[9] 参见房清侠:《前科消灭制度研究》,载《法学研究》2001 年第 4 期。
[10] 参见彭新林:《中国特色前科消灭制度构建研究》,人民法院出版社 2019 年版,第 10—11 页。
[11] 参见李维娜:《论我国前科消灭制度的构建》,载《河北法学》2003 年第 4 期。
[12] 参见曾新华:《刑事一体化视野中的犯罪记录封存制度研究》,中国检察出版社 2019 年版,第 25—26 页。

行为人的行为评价,这种规范性评价表现为将行为定性为犯罪,进而对这种结果的记载,这种对犯罪事实记载的形式与内容是可以消灭的,在消灭基础上也是可以被遗忘的。本文构建犯罪记录消灭制度的意义更多在于这个层面,但同时也会涉及社会印象中犯罪事实被遗忘的保障。事实上,如以上所述,评价规范基于事实的存在而存在,而评价规范也可能反过来影响事实存在。当基于犯罪事实存在的犯罪记录被消灭时,对于社会上的他人来说,也就无从知晓这种已经过去了的事实,从而将其渐渐遗忘。即使认为犯罪记录与前科存在不同,对于先在事实的犯罪记录的消灭也应更进一步,因为当犯罪记录消灭完成时,也就不存在所谓的评价对象,从而也就无所谓前科的问题,这也是本文以犯罪记录消灭为逻辑起点的深意所在。基于以上观点,本文着力构建犯罪记录消灭制度,以此来促进犯罪人的真正回归。

二、构建犯罪记录消灭制度之必要性

(一)总体必要:深化法治领域改革的自然趋向

首先,体现在国家层面。进入新时代,法治领域改革正在走向深化,国家治理体系和治理能力现代化正在深入推进。作为推进国家治理体系和治理能力现代化尤为重要的领域,刑事治理机制在国家治理中不可忽略,刑事治理现代化是国家治理现代化的核心组成部分,国家治理现代化必然要求刑事治理现代化。[13] 刑事治理现代化反映在刑法规范层面,就是要推动刑法治理走向现代化。我国的刑法治理要真正走向现代化,对于域外先进的刑事制度,尤其是犯罪记录消灭制度必须取其精华、去其糟粕,有选择地进行移植和借鉴,这有利于我国刑法走向国际化、走向世界,从而有利于实现刑法的现代化。犯罪记录消灭制度已经为域外大多数国家所采用,也显现出了诸多优势,体现人类法律文明的进步、国家法治的成熟。[14] 可以说,犯罪记录消灭制度现实化的过程,就是刑事法治现代化的过程。[15] 作为一种社会标签,犯罪记录的持续存在一方面是国家管控社会的手段,另一方面也是社会对行为人品性的一种价值评判。这种管控手段虽然便利了国家专门机关的管理和社会防卫,但也可能导致这些违规者重新评价自我,激励其越轨品行,反而使得行为人实施更多的越轨行为,从而使其同社会正常人群隔离起来。[16] 从更深层次看,犯罪记录的持续存在体现出一种副作

---

[13] 参见高铭暄、傅跃建:《新时代刑事治理现代化研究》,载《上海政法学院学报(法治论丛)》2020年第4期。
[14] 参见马长生、彭新林:《关于我国刑事政策改革的一点构想——论社会主义法制理念下的前科消灭制度》,载《法学》2007年第2期。
[15] 参见颜超明、张训:《论我国前科消灭制度的现实化》,载《中国刑事法杂志》2010年第6期。
[16] 参见〔英〕因尼斯:《解读社会控制——越轨行为、犯罪与社会秩序》,陈天本译,中国人民公安大学出版社2009年版,第25页。

用,可能并不利于国家对社会的治理。国家治理体系和治理能力的现代化应当更多地体现在疏通而不是阻塞,自由而不是管控。刑法参与社会治理的现代化更多地体现在其谦抑性,保障犯罪人的正当权利,而不是事事参与,过度扩张刑罚领地,最大限度地影响犯罪人的生存。

在深化法治领域改革以建设中国特色社会主义法治体系时,形成完备的法律规范体系、高效的法治实施体系、严密的法治监督体系、有力的法治保障体系和完善的党内法规体系是追求的目标。[17] 完备的法律规范体系,要求各部门法规范的完备,体现在刑法中则是要求刑法制度的完备。完备的刑法规范体系不仅仅要求罪名的设置具有正当性与科学性,也要求量刑与行刑制度的合理性与妥善性,最重要的是,在形成定罪—量刑—行刑体系时,不能忽略犯罪标签的去除,其也可谓一种去罪制度。而我国目前刑法制裁体系的一大问题就在于去标签化规定的欠缺[18],这种去罪制度的欠缺使得刑法本身的完备性不足。去罪制度的关键体现在犯罪记录消灭,由此才形成入罪—入刑—出刑—出罪的完备体系。有力的法治保障体系的目标不仅仅在于对善良人权利的保障,也在于对犯罪人权利的保障,对犯罪人权利的保障不仅仅体现在审判环节、刑罚执行环节,也体现在刑罚执行完毕后回归社会的环节。没有对犯罪人回归社会权利的保障,便在最终的环节缺失了制度性的关照,便可能功败垂成,无法真正实现对犯罪人正当权利的法治保障。对于犯罪人回归社会的法治保障,不仅仅在于消除社会上标签效应产生的诸多障碍,更在于消灭产生障碍的根源——犯罪记录。通过适时消灭犯罪人的犯罪记录,撕掉其身上所负载的犯罪标签,消除社会群体对其的歧视,实现其再社会化,这才体现出有力的法治保障体系的完善,体现出社会的公平正义和国家的法治文明,这也是深化法治领域改革的自然趋向。

其次,体现在社会层面。深化法治领域改革也在于创造和谐社会。人是社会性的动物,人和社会必须融为一体才能创造价值。中国特色社会主义进入了新时代,我国社会的主要矛盾已经转化为人民日益增长的美好生活需要和不平衡不充分的发展之间的矛盾。[19] 人民对美好生活的期盼越来越成为一种需求,需求的实现是层级分明的。马斯洛指出,生理需求、安全需求、归属与爱的需求、尊重需求、自我实现的需求是人类渐进的需求层次。安全需求建立于生理需求获得相对充分的满足之后,它的直接含义是避免危险和生活有保障。生活有保障的因素之一便是职业的稳定。[20] 而对于犯罪人来说,当其刑满释放回归社会找寻工作时,犯罪记录的持续存

---

[17] 参见中共中央宣传部、中央全面依法治国委员会办公室:《习近平法治思想学习纲要》,人民出版社、学习出版社 2021 年版,第 80—95 页。

[18] 参见彭文华:《我国刑法制裁体系的反思与完善》,载《中国法学》2022 年第 2 期。

[19] 参见中共中央宣传部:《习近平新时代中国特色社会主义思想学习纲要》,学习出版社、人民出版社 2019 年版,第 17 页。

[20] 参见[美]马斯洛:《马斯洛人本哲学》,成明编译,九州出版社 2003 年版,第 52—57 页。

导致其处处碰壁,无单位可进,最终可能生活无着落,退回到最低层次的需求。而没有工作便没有收入来源,没有收入来源便可能衣不蔽体、食不果腹,最终连最低层次的需求也无法满足,无奈之下便可能继续实施犯罪,这对于和谐社会的创建可能始终存在潜在的威胁。

新时代是全国各族人民团结奋斗、不断创造美好生活、逐步实现全体人民共同富裕的时代,是全体中华儿女勠力同心、奋力实现中华民族伟大复兴中国梦的时代。[21]全体人民的共同富裕自然离不开全体人民的共同奋斗,中华民族伟大复兴的中国梦的实现必然离不开全体中华儿女的勠力同心。作为犯罪人,当其服刑结束,刑期已经届满的情况下,回归社会后是否属于全体人民的一分子、是否属于全体中华儿女的一分子呢?答案不言自明。因此如果犯罪人竭尽全力想成为对社会有用之人,立法者必须试图消除这种社会的否定性评价,防止因被判刑而一而再、再而三地成为人们议论的话题[22],也有必要为其提供奋斗、同心的基础条件。作为基础条件,消灭犯罪记录毫无疑问地居于首位。新时代要体现出对犯罪人的人文关怀,有必要构建犯罪记录消灭制度,以此架起犯罪人通向社会的黄金桥,参与共建和谐社会,实现其社会价值,体现社会文明的包容度。

(二) 具体必要:积极主义刑法立法观的现实需求

近年来,刑法修正案运用多种修正策略,对刑法进行重大修正,展现出刑法干预早期化、能动化、犯罪圈不断扩大的立法趋向。[23] 由此刑法的立法呈现显著特点,拓宽处罚领域、消极的法益保护转向积极的法益保护、增加新的处罚手段、赋予刑法管理社会的新机能,以及不再追求发生实际侵害的结果导向等。[24] 立法的预防性迹象明显,预防刑法的规范构造在我国逐步由碎片化条款转变为类型化立法[25],过度刑法化成为一种社会现象。[26] 种种现象表明,刑法越来越介入公民的日常生活,成为管控社会的一种手段。据此有学者断言我国刑事立法已经发生明显转向,即从刑事立法的消极面转向积极面,积极刑法立法观在我国已经确立。[27] 而且在当下,我国若要采取积极主义刑法观,理应继续推进犯罪化。[28] 在积极主义刑法观的作用下,刑法的调控范

---

[21] 参见前注[19],第16页。
[22] 参见[德]弗兰茨·冯·李斯特:《李斯特德国刑法教科书》,徐久生译,北京大学出版社2021年版,第409页。
[23] 参见梁根林:《刑法修正:维度、策略、评价与反思》,载《法学研究》2017年第1期。
[24] 参见周光权:《积极刑法立法观在中国的确立》,载《法学研究》2016年第4期。
[25] 参见何荣功:《预防刑法的扩张及其限度》,载《法学研究》2017年第4期。
[26] 参见何荣功:《社会治理"过度刑法化"的法哲学批判》,载《中外法学》2015年第2期。
[27] 参见周光权:《论通过增设轻罪实现妥当的处罚——积极刑法立法观的再阐释》,载《比较法研究》2020年第6期。
[28] 参见张明楷:《增设新罪的观念——对积极刑法观的支持》,载《现代法学》2020年第5期。

围大为拓展,这同时也意味着犯罪门槛的降低。[29] 犯罪门槛的降低使得违法—犯罪二元区分的体系渐渐模糊,大量民事违法、行政违法行为被纳入刑法的犯罪圈,犯罪圈逐步扩张。积极刑法立法观的影响同样延伸到《刑法修正案(十一)》,该修正案通过一系列措施,进一步扩张了刑法的犯罪圈以及刑罚处罚范围。一是新增罪名,如妨害安全驾驶罪,危险作业罪,妨害药品管理罪,负有照护职责人员性侵罪,袭警罪,冒名顶替罪,高空抛物罪,催收非法债务罪,侵害英雄烈士名誉、荣誉罪,非法植入基因编辑、克隆胚胎罪,破坏自然保护地罪,妨害兴奋剂管理罪等。二是扩充原有罪名的行为类型,如强令、组织他人违章冒险作业罪,生产、销售、提供假药罪,生产、销售、提供劣药罪,洗钱罪等。三是对原有罪名的行为对象进行扩展,如侮辱国旗、国徽、国歌罪,食品、药品监管渎职罪等。四是加大刑罚处罚力度,如证券犯罪、非法吸收公众存款罪、集资诈骗罪等处罚力度的提高等。

随着社会转型和积极刑法观的影响,扩大犯罪圈、拓展处罚范围似乎已经成为一种趋势,这也同时影响着犯罪结构的变化。根据最高人民检察院2022年发布的工作报告,全年批准逮捕各类犯罪嫌疑人868445人,提起公诉1748962人,同比分别上升12.7%和11.2%;与2020年相比,起诉涉黑涉恶犯罪下降70.5%,杀人、抢劫、绑架犯罪下降6.6%,聚众斗殴、寻衅滋事犯罪下降20.9%,毒品犯罪下降18%。[30] 根据2021年全国检察机关主要办案数据统计,起诉人数最多的五个罪名是:危险驾驶罪(35.1万人)、盗窃罪(20.2万人)、帮助信息网络犯罪活动罪(12.9万人)、诈骗罪(11.2万人)、开设赌场罪(8.4万人)。[31] 可以看出,现阶段我国社会的犯罪结构已经呈现出明显的变化,一是犯罪率整体呈上升趋势;二是恶性案件下降明显;三是轻罪案件明显上升。据统计分析,我国的犯罪现象在内部结构上正呈现出严重暴力犯罪数量、重刑率下降,轻微犯罪数量大幅上升、轻刑率稳步提升的双升双降的趋势。[32] 由此可见,当前我国已进入"轻罪时代",轻罪占据整个犯罪系统罪名的绝大多数。轻罪在特点上有别于重罪,因此在处理时也应当体现出差异化对待,即犯罪要分层治理,避免犯轻罪的行为人"一朝入罪,终身受制"的情形出现,影响社会和谐稳定。[33]

轻罪立法具有法治正当性,但如果没有相应的配套制度建设,如进一步推进行政处罚权的司法化改造,立法相应增设轻微刑罚制度,构建前科消灭制度以及完善司法出罪机制,难免导致惩罚过度化。[34] 司法改革的进程中看到这一现状,出台了相关制

---

[29] 参见付立庆:《积极主义刑法观及其展开》,中国人民大学出版社2020年版,第19页。
[30] 参见张军:《最高人民检察院工作报告——二〇二二年三月八日在第十三届全国人民代表大会第五次会议上》,载《人民日报》2022年3月16日,第2版。
[31] 参见《2021年全国检察机关主要办案数据》,载《检察日报》2022年3月9日,第8版。
[32] 参见卢建平:《犯罪统计与犯罪治理的优化》,载《中国社会科学》2021年第10期。
[33] 参见袁彬:《犯罪结构变化呼唤刑法精准治理》,载《人民论坛》2021年第23期。
[34] 参见何荣功:《我国轻罪立法的体系思考》,载《中外法学》2018年第5期。

度,如认罪认罚从宽制度、企业合规制度、少捕慎诉慎押刑事政策等,旨在消减犯罪圈扩大、轻罪犯罪率提高所带来的负面社会效应,相关效果正在凸显。然而,我国"直筒式"刑事司法体制与西方国家"漏斗式"出罪刑事司法体制并不同,其具有较为浓厚的追诉犯罪的色彩[35],因此,这些制度并不能从根本上解决问题,只是缓兵之计,现实中仍然存在大量入罪容易出罪难,入刑容易出刑难的案件。大量的轻犯罪案件的刑罚本身对于犯罪人的影响往往并不是那么大,但刑罚的延续性所带来的犯罪记录一直存在却将行为人钉在耻辱柱上。过往的犯罪结构以恶性案件居多,与国民传统观念非常契合,而眼下犯罪结构已经明显变化,再一如既往地遵循以往的制度,很明显将会造成犯罪人罪责刑的不相适应,也不符合国民关于犯罪一般是严重危害社会的恶性案件的观念。将这种轻罪对行为人的影响降到最低的方法之一便是消灭影响终身的犯罪记录,这也是当下轻罪立法的必然选择,既适应积极犯罪化的现实,也形成去犯罪化的配套制度;既强化刑法规范的指引作用,又体现分层治理的社会效果。

(三)具体必要:保障犯罪人正当权利的必要措施

《宪法》第33条第3款明确规定了国家尊重和保障人权。尊重意味着国家不再仅以社会稳定作为价值追求,还要以人权的实现作为权力运作的价值取向,同时还意味着国家权力要受到合理的限制,防止国家公权力对人权的侵犯。保障意味着国家保护公民的各项权利免受来自国家机关、其他公民、法人和社会组织的侵害与破坏。对于那些自由权利,如人身自由、宗教信仰自由等,国家不仅不能侵犯,还要在此基础上为公民提供救济。对于那些需要国家干预才能实现的权利,如受教育权、就业劳动权等,国家不但不能够侵犯,而且还必须积极地采取措施助力其实现。就此而言,保障人权实际上为国家设定了一种必须履行的积极义务。[36] 毫无疑问,犯罪记录的一直存在便利了国家维护社会秩序的稳定,但这种权力如果没有合理的限制,必然导致对公民私权利的无端干涉。不仅如此,犯罪记录的一直存在还使得行为人的各项正当权利受到限制,其受教育权、平等就业权等都无法得到保障,这显然背离了宪法尊重和保障人权的正义理念。

刑法不仅用来对抗犯罪人,而且用来照顾犯罪人。[37] 法治社会中,人权保障应始终居于第一位。[38] 在宪法的指导下,我国的刑法充分贯彻了尊重和保障人权,尤其是保障犯罪人权利的理念。作为犯罪人大宪章的刑法,不仅以基本原则的形式,从宏观上指导保障犯罪人权利的理念,还在具体制度的设计上予以法律的人文关怀。通说一般认为,刑法的基本原则包括罪刑法定原则、适用刑法人人平等原则、罪责刑相适应

---

[35] 参见何荣功:《刑法与现代社会治理》,法律出版社2020年版,第81—83页。
[36] 参见焦洪昌:《"国家尊重和保障人权"的宪法分析》,载《中国法学》2004年第3期。
[37] 参见〔德〕拉德布鲁赫:《法学导论》,米健译,商务印书馆2013年版,第141页。
[38] 参见陈兴良:《当代中国的刑法理念》,载《国家检察官学院学报》2008年第3期。

原则,这是《刑法》第3—5条明文规定的原则。[39] 也有学者认为,除刑法明文规定的基本原则外,法益保护与责任主义也是刑法的基本原则。[40] 罪刑法定原则最根本的要求是罪由法定、刑由法定,罪与刑的适用都必须符合刑法的明文规定。起源于启蒙时代的罪刑法定原则,体现着自由、民主、人权精神的理念,这种理念的核心便在于防范国家刑罚权的滥用,进而保护与国家力量相差甚巨的个人,其根本的机能便是对人权形成保障机制,而并非偏向对社会的保护。[41] 罪责刑相适应的基本含义可以概括为:无罪不罚,有罪当罚;重罪重罚,轻罪轻罚;罪当其罚,罚当其罪。[42] 这对刑罚的严厉程度作出了严格要求,刑罚不能超过犯罪的社会危害,因此,必须对国家刑罚权的恶性膨胀作出限制,通过限制刑罚来保障人权。[43] 责任主义原则蕴含着个人责任的道理,这意味着罪责自负,而非他负。当个人实施了犯罪行为,就有可能为此付出承担刑事责任的代价,但这种责任承担应当仅仅以行为人为基础,至于亲情上的关系、地域上的原因等,则不能作为个人对他人罪行承担责任的根据。[44] 因此,责任主义原则也以有责才有罚、无责便无罚的观念保障着犯罪人的权利免受无端侵害。在具体制度设计方面,未成年人犯罪记录封存、免除犯罪记录报告义务、量刑酌情考量因素等方面也都在一定程度上体现对犯罪人的人文关怀。《刑事诉讼法》第2条同样体现尊重和保障人权的原则,并在具体的制度中予以践行,如未经法院判决不得确定有罪原则、不得强迫任何人自证其罪、非法证据排除规则等,都充分实践着保障犯罪人权利的理念。

犯罪记录的一直存在会产生负面影响。作为一个终身性的存在,犯罪记录不仅在服刑期间伴随着犯罪人,而且横贯于犯罪人服刑完毕后回归社会的每一天,这种形影不离的标签效应深深影响着行为人,使行为人终身受责。而且现行的多部法律都规定了有犯罪记录的人员不得从事某种职业,这意味着这些人将终身与此无缘,这已然超越刑罚处罚力度。另外,最高人民法院、最高人民检察院《关于常见犯罪的量刑指导意见》中规定,"对于有前科的,综合考虑前科的性质、时间间隔长短、次数、处罚轻重等情况,可以增加基准刑的10%以下。前科犯罪为过失犯罪和未成年人犯罪的除外"。由此可见,在大部分案件中,有犯罪记录往往是量刑的考量因素,如果犯罪的时间相距很近还可以勉强说得过去,因为这联结着行为人的人身危险性与再犯可能性,如累犯制

---

[39] 参见高铭暄、马克昌主编:《刑法学》(第10版),北京大学出版社、高等教育出版社2022年版,第22页。
[40] 参见张明楷:《刑法学》(第6版),法律出版社2021年版,第53页。
[41] 参见刘艳红:《刑法的目的与犯罪论的实质化——"中国特色"罪刑法定原则的出罪机制》,载《环球法律评论》2008年第1期。
[42] 参见陈兴良主编:《刑法总论精释》(第3版),人民法院出版社2016年版,第60页。
[43] 参见刘士心:《罪刑均衡的哲学根据与法律价值》,载《云南法学》1999年第4期。
[44] 参见郑延普:《罪责自负原则——历史演进、理论根基与刑法贯彻》,载《北京师范大学学报(社会科学版)》2014年第4期。

度的设立即考虑了这一因素。但是由于犯罪记录一直存在,如果行为人在犯过罪之后的十几年,甚至几十年再次犯罪,这时也将犯罪记录作为量刑的一个评价因素,难免有失公允。可以说,由于犯罪记录的一直存在,无论曾经犯过罪的人在刑罚执行期间如何悔过自新、刑罚执行完毕后如何重新做人,均无法取得与普通人平等的法律地位,这使其永远处于不平等的地位。[45] 作为犯罪的一种后果,犯罪记录一直存在的溢出效应明显已经偏离了正义的要求。

现实中,不仅犯罪人本人要为自己所犯的罪付出生命或自由的代价,而且还会波及身边的人,这种波及虽然不是刑罚的承受,却超越了刑罚的承受所带来的副作用。这种波及有时表现为一种社会歧视,有时还表现为一种法律歧视。社会的歧视尚可原谅,这源于社会的文明程度和群众的宽容度,但法律的歧视着实不该。很多民事、行政法律法规对行为人的亲人在入学、就业、征兵以及一些从业资格方面进行限制,如要求直系亲属无违法犯罪记录,这种仅仅因为与犯罪人具有身份、血缘关联就进行权利限制与剥夺的政审制度在法律上体现出歧视[46],这无异于一种连坐制度。亲属连坐这种制裁方式无情地摧毁个人前途,恐怕也并非法律和有关"惩戒"规定的初心,当然这也与社会治理的整体要求并不契合。这种牵连性制裁可谓惩罚的法外发挥和肆意扩张,背离了法治精神,是法治的倒退。[47] 犯罪人在服刑完毕之后,已经为自己所犯的罪付出了代价,还要一辈子背负污名,这种污名效应不仅仅深深影响犯罪人本人,还连累其亲人,这种制度的正义性无处可寻,明显违背了法治的正义要求,亟须对此进行改变。或许有人认为,对犯罪人的权利保障在定罪量刑乃至刑罚执行阶段已经充分体现,甚至在层次分明的刑罚配置中也有彰显,但是就整体而言,犯罪人的权利保障更多地体现在服刑完毕后回归社会的人文关怀,仅仅依靠定罪量刑、刑罚执行阶段的保障还不足以完成刑罚的最终目标,这种将行为人打上犯罪标签后便戛然而止的刑罚体系显然缺失了与之相对应的消除犯罪标签的犯罪记录消灭制度,可谓一种不可忽视的缺陷。[48]

(四)具体必要:促进犯罪人再社会化的应然选择

人类所有集体生活都直接或间接地为法律所塑造。正如知识一样,法律是存在于社会条件中的基础性的、全方位渗透的事实。[49] 刑法同样如此,渗透于群体的社会生活中,以严厉的制裁体系制约人类的自由活动。然而,刑法在牺牲一部分人自由的同时,又保障着另一部分人的自由。人类因自由而能相互理解[50],因而刑法的终极目标并非无

---

[45] 参见赖早兴:《刑法平等论》,法律出版社2006年版,第276页。
[46] 参见张勇:《犯罪记录的负效应与功能限定》,载《青少年犯罪问题》2012年第6期。
[47] 参军王瑞君:《"刑罚附随性制裁"的功能与边界》,载《法学》2021年第4期。
[48] 参见程骋:《前科消灭与复权制度在刑罚体系中的定位及逻辑关系解构》,载《江汉论坛》2021年第12期。
[49] 参见[德]尼克拉斯·卢曼:《法社会学》,宾凯、赵春燕译,上海世纪出版集团2013年版,第39页。
[50] 参见黄裕生:《论自由、差异与人的社会性存在》,载《中国社会科学》2022年第2期。

尽的恨意与杀戮,而是无限的爱意与和平。刑法并非仅仅作为一种制裁规范而存在,更多的是作为一种行为规范而存在。换言之,刑罚所要最终达到的效果并不在于惩罚已然犯罪的犯罪人,而在于指引更多未犯罪的人或教育改造犯罪人。总之,刑罚就是使犯罪人改过自新。[51] 由于人在目的秩序里就是目的本身,决不能为任何人仅仅用作手段。[52] 对于犯罪人来说,惩罚并非目的,预防亦非根本,最终的目标还在于教育改造、回归社会。在刑罚的执行中,除被判处死刑与终身监禁的犯罪人外,其他犯罪人最终都是要回归社会的。就刑罚的效果而言,不仅仅是考察在监狱期间对行为规范的遵守情况,也不仅仅是考察在非监禁刑执行期间的行为表现,这些规范遵守与行为表现往往都是在监督压制之下展开的,是一种强制力量下的无意识遵守,并不能真正体现出刑罚的效果。刑罚的效果更多地体现在犯罪人服刑完毕后回归社会、融入社会的效果,这也是关于犯罪人再社会化的重要课题。

关于犯罪人再社会化的展开,1955 年通过的《联合国囚犯待遇最低限度标准规则》第 64 条早有明确,即社会的责任并不因囚犯出狱而终止,所以,应有公私机构能向出狱囚犯提供有效的善后照顾,其目的在于减少公众对他的偏见,便利他恢复正常社会生活。2015 年对此作了修订并称之为《纳尔逊·曼德拉规则》,其在基本原则部分更是增加了人格尊严、不歧视、促进罪犯重新融入社会等内容,进一步重申囚犯回归社会的权利保障。[53] 对此,很多国家和地区也早已制定了《出狱人保护法》《更生保护法》《重返社会法》等,这都彰显了保护刑满释放人员的诉求。[54] 在我国同样如此,再社会化的过程其实早已蕴含在犯罪人的服刑期间。根据《监狱法》的相关规定[55],在犯罪人服刑期间,要使其接受相关教育、学习相关技能,鼓励其考取相关证书,为释放后就业创造条件。这些措施基本上都是立足于将服刑人员改造为守法公民,从而使其更好地融入社会,实现再社会化。《社区矫正法》同样以促进社区矫正对象顺利融入社会为宗旨,对被判处管制、宣告缓刑、假释和暂予监外执行的犯罪人,通过依法实行社区矫正促使其更好地回归社会,并保障其在就业、就学和享受社会保障等方面不受歧视,可

---

[51] 参见〔美〕哈伯特·L. 帕克:《刑事制裁的界限》,梁根林等译,法律出版社 2008 年版,第 53 页。
[52] 参见〔德〕康德:《实践理性批判》,韩水法译,商务印书馆 2009 年版,第 144 页。
[53] 参见葛向伟:《〈联合国囚犯待遇最低限度标准规则〉及其修订》,载《犯罪与改造研究》2019 年第 12 期。
[54] 参见陈晨:《前科消灭制度探析》,载《中国刑事法杂志》2011 年第 4 期。
[55] 《监狱法》第 3 条规定:"监狱对罪犯实行惩罚和改造相结合、教育和劳动相结合的原则,将罪犯改造成为守法公民。"第 4 条规定:"监狱对罪犯应当依法监管,根据改造罪犯的需要,组织罪犯从事生产劳动,对罪犯进行思想教育、文化教育、技术教育。"第 62 条规定:"监狱应当对罪犯进行法制、道德、形势、政策、前途等内容的思想教育。"第 63 条规定:"监狱应当根据不同情况,对罪犯进行扫盲教育、初等教育和初级中等教育,经考试合格的,由教育部门发给相应的学业证书。"第 64 条规定:"监狱应当根据监狱生产和罪犯释放后就业的需要,对罪犯进行职业技术教育,经考核合格的,由劳动部门发给相应的技术等级证书。"第 65 条规定:"监狱鼓励罪犯自学,经考试合格的,由有关部门发给相应的证书。"第 70 条规定:"监狱根据罪犯的个人情况,合理组织劳动,使其矫正恶习,养成劳动习惯,学会生产技能,并为释放后就业创造条件。"

以说整部《社区矫正法》就是在为促进服刑人员再社会化而努力。任何制度都是整体性存在,没有整体性存在,部分也就丧失了意义。在服刑期间的教育改造和社区矫正仅仅是犯罪人再社会化的第一步,也是最基础的一步。最重要的一步在于为其提供施展的场所,即再社会化的基础在于必须为其提供一份稳定的工作,因为一个人即使身怀绝技,但若无处施展,也无济于事。在这最为重要的阶段,犯罪记录的一直存在成为最大的阻碍。因为犯罪记录的存在,多数职业已经对犯罪人紧闭大门,而剩下的部分职业,也因为需要如实向单位报告曾经犯罪的事实,而使其被拒之门外,即使自谋职业,也可能因为群众的集体歧视而失败。这使得行为人无法平等地就业,显然是对平等就业权的背离。

就业障碍仅仅是众多障碍中的一个,却已经使行为人无法融入社会群体。更为糟糕的是,犯罪个体因此遭受极度的道德污名化,重新回归社会的目标便是一场空,这不仅没有阻止犯罪,反而还会制造新的犯罪[56],使服刑期间的教育改造和社区矫正效果重归于零。正所谓出狱是身体离开监狱,但精神的出狱和重返社会,并非轻而易举能够实现。[57] 因为"犯罪人"的标签为其打上了耻辱的烙印,进而使它成为个人的主要身份,超越了个人可能拥有的其他角色或地位。这一主要身份成为被贴上标签的人的典型特征,而不管他可能具有的其他任何特征。[58] 正因如此,公开贴标签,对违法人员严厉对待,仅仅起到一个作用,即固化了他们的犯罪行为,并产生了职业犯罪人。[59]因此,从法律规范的价值上来说,去除"犯罪人"标签,促进其再社会化是其目标之一,法律对于该目标的实现应该是创造有益的措施,而非设置诸多障碍。就此而言,规范上的整体性布局不可或缺,犯罪记录消灭制度的构建就成为实现犯罪人再社会化目标的必然选择,也是促进犯罪人再社会化的重要保证。[60]

三、构建犯罪记录消灭制度之可行性

(一)犯罪记录制度统筹推进奠定法治基础

时代越发展,法治越进步。法治越进步,对犯罪人的权利保障就越全面。进入新时代,我国的法治领域改革正在逐步深化,犯罪记录制度正在实践中统筹推进,基本的

---

[56] 参见〔德〕约翰内斯·卡斯帕:《正义刑还是目的刑?——思考犯罪学知识在刑罚论中的重要性》,邓卓行译,载《刑法论丛》2020年第1期。

[57] 参见汪勇:《理性对待罪犯权利》,中国检察出版社2010年版,第445页。

[58] 参见〔美〕亚历克斯·皮盖惹主编:《犯罪学理论手册》,吴宗宪主译,法律出版社2019年版,第366页。

[59] 参见〔美〕布兰登·C.韦尔什、〔英〕戴维·P.法林顿编:《牛津犯罪预防指南》,秦英等译,中国人民公安大学出版社2015年版,第31页。

[60] 参见前注[18]。

法律制度初步形成,完备的法律体系逐渐构建,全面的法治建设迈步前进,在此基础上,构建犯罪记录消灭制度也变得有法可依,有章可循。

1. 未成年人犯罪记录制度逐步发展完善

未成年人犯罪记录的发展完善为犯罪记录消灭制度的构建提供基础铺垫。在法律层面尚未规定未成年人犯罪记录制度之初,各地已经在试行未成年人犯罪记录或封存或消灭的制度。河北省石家庄市长安区法院于2003年12月首次具体筹划安排了未成年人犯罪前科消灭制度,创造性地提出了《"未成年人前科消灭"实施办法》。在未成年人符合撤销前科条件时,裁定对其前科进行撤销,在撤销的基础上为申请人颁发前科消灭证明书。江苏省徐州市《关于建立未成年人犯罪"前科消灭制度"的实施意见》,对未成年人犯罪记录亦有详细规定,在封存的例外规定中,对危害国家安全、毒品犯罪以及严重暴力犯罪的首要分子、主犯及累犯的犯罪记录封存进行了排除,除此之外的其他犯罪人的犯罪档案均可永久封存,封存后将不体现在学籍和人事档案中,行为人可以声称自己无犯罪记录,其就学、就业等权利不受限制。2008年7月,青岛市李沧区法院对于未成年犯罪人犯罪记录封存制度先行先试,规定了如果未成年人所犯罪行较轻且符合相关条件,在接受教育、就业及参加相关技术技能资格考试时,可以对其犯罪记录予以封存。总体而言,该制度在适用上设置了轻罪、未成年人、积极悔改、回归遇到障碍等限制条件;在实施程序上详细规定了申请、审核、决定、封存等具体步骤;在裁决组织方面联合了政法委、综治办、共青团,以及公安局、检察院、法院、教育局、司法局等部门,形成了共同参与的组合体;在文书样式方面有申请表、调查报告、决定书等标准形式。另外,该院还将该制度融入判前社会调查、判后刑罚执行,特别是缓刑考察制度,以确保未成年人犯罪信息的密闭性,最大限度保障该制度的针对性和实效性。[61] 各地随之纷纷对此回应,试点未成年人犯罪记录或封存或消灭的办法。

各地对未成年人犯罪记录制度的试行实践,在法律层面作出回应。2012年《刑事诉讼法》第275条首次确立了未成年人犯罪记录封存制度,即犯罪的时候不满18周岁,被判处5年有期徒刑以下刑罚的,应当对相关犯罪记录予以封存。犯罪记录被封存的,不得向任何单位和个人提供,但司法机关为办案需要或者有关单位根据国家规定进行查询的除外。依法进行查询的单位,应当对被封存的犯罪记录的情况予以保密。2018年修正的《刑事诉讼法》第286条对此予以继承。系统解读该条内容可知,其主要包括以下内容:一是在适用主体年龄方面进行限制,须是犯罪时不满18周岁的未成年人,其中是否满18周岁以行为时的年龄为判断标准;二是在适用刑罚方面进行限制,须是被判处5年有期徒刑以下刑罚,具体可包括5年以下有期徒刑、拘役、管制、单处附加刑以及定罪未处刑等;三是对封存效力予以规定,未成年人的犯罪记录一经封存,除法律规定的例外情形外,司

---

[61] 参见张杰、王兰旭、田绪宏:《李沧法院建立前科封存制度》,载《人民法院报》2009年7月25日,第1版。

法机关不得向任何单位和个人提供，也不允许其他人员查阅、摘抄或者复制；四是对允许查询的情形进行安排，主要有两种，即司法机关为办案需要，以及有关单位根据国家规定进行查询。有关单位依法进行查询之后，应当对被封存的犯罪记录的情况予以保密，不得泄露。虽然该规定在适用中出现了很多问题，比如封存范围有限、封存程序过于原则、查询主体泛化、封存效力较为模糊、责任追究与权利救济措施不明等。[62] 但作为初创的保护未成年犯罪人回归社会的制度，其意义已不言而喻。同时，《刑法》第 100 条以免除未成年人的犯罪记录报告义务进一步贯彻了未成年人犯罪记录封存制度的价值理念。据此有学者指出，未成年人轻罪犯罪记录的免除报告、无犯罪记录证明的出具，以及禁止有关单位查询犯罪记录这三者应当同步进行，如此才能真正实现立法中规定未成年人犯罪记录封存的目的。[63]《预防未成年人犯罪法》第 59 条进一步规定："未成年人的犯罪记录依法被封存的，公安机关、人民检察院、人民法院和司法行政部门不得向任何单位或者个人提供，但司法机关因办案需要或者有关单位根据国家有关规定进行查询的除外。依法进行查询的单位和个人应当对相关记录信息予以保密。未成年人接受专门矫治教育、专门教育的记录，以及被行政处罚、采取刑事强制措施和不起诉的记录，适用前款规定。"该条文进一步明确了未成年人犯罪记录封存的主体，即公检法司四主体，重申了查询主体的信息专用和信息保密义务，扩展了封存的犯罪记录范围，将未成年人接受专门矫治教育、专门教育的记录，以及被行政处罚、采取刑事强制措施和不起诉的记录也囊括进封存范围。当然这并非意味着这些记录等同于实质意义上的犯罪记录，只是在执行封存时将这些阶段性记录纳入进来，更有利于减少未成年人负面信息的扩散，保护未成年人顺利回归社会。

法律层面的宏观规定在司法解释层面得到回应。2013 年最高人民检察院《人民检察院办理未成年人刑事案件的规定》第 62—66 条规定了人民检察院办理未成年人犯罪记录封存案件时具体执行的规则，具体包括：检察院收到法院生效判决后执行封存；由检察院严格保管档案；除依据规定查询外，不得对外提供犯罪记录；实施新罪与发现漏罪数罪并罚后被决定执行 5 年有期徒刑以上刑罚时应解封；不起诉决定的相关记录也应封存等。2019 年最高人民检察院《人民检察院刑事诉讼规则》第 481—487 条对此进一步细化，具体包括：检察院对未成年人案件个人资料保密；收到人民法院判决后封存犯罪记录；对未成年人案卷材料建档密封保管；司法机关为办案需要或者有关单位根据国家规定进行查询的条件；没有法定事由不得解封未成年人犯罪记录；不起诉决定的相关记录也应当封存；应当为被封存犯罪记录的未成年人出具无犯罪记录证明。2020 年最高人民检察院《关于加强新时代未成年人检察工作的意见》明确指出，落实犯罪记录封存制度，联合公安机关、人民法院制定关于犯罪记录封存的相关规定，协调、监督公安机关依法出具无犯

---

[62] 参见刘计划、陈丽芳：《未成年人犯罪记录封存制度的反思与重构》，载《财经法学》2015 年第 3 期。
[63] 参见曾新华：《犯罪记录封存"但书"规定的法教义学展开》，载《中国刑事法杂志》2022 年第 2 期。

罪记录相关证明。2020年最高人民法院《关于加强新时代未成年人审判工作的意见》第23条明确了未成年人犯罪记录档案管理制度,强调将审判延伸、判后帮教、法治教育、犯罪记录封存等相关工作记录在案,相关材料订卷归档。2021年最高人民法院《关于适用〈中华人民共和国刑事诉讼法〉的解释》第557条强调了开庭审理时被告人不满18周岁的案件,一律不公开审理。经未成年被告人及其法定代理人同意,未成年被告人所在学校和未成年人保护组织可以派代表到场。到场代表的人数和范围,由法庭决定。经法庭同意,到场代表可以参与对未成年被告人的法庭教育工作。对依法公开审理,但可能需要封存犯罪记录的案件,不得组织人员旁听;有旁听人员的,应当告知其不得传播案件信息。这一阶段由于司法解释各自为政,分别出台了犯罪记录封存的相关规定,未能形成合力,法律规定又过于宏观笼统,在执行封存的主体、内容、程序、查询等方面操作标准不一,在具体执行犯罪记录封存时出现很多问题。

2022年5月,最高人民法院、最高人民检察院、公安部、司法部联合发布《关于未成年人犯罪记录封存的实施办法》(以下简称《犯罪记录封存实施办法》)统一对未成年人犯罪记录封存具体规则进行完善,包括但不限于以下方面:其一,重申了对违法犯罪未成年人教育、感化、挽救的方针,以最有利于未成年人为原则,避免犯罪记录扩散,助力未成年人去除标签,充分扫清未成年人回归社会的障碍。其二,在封存的犯罪记录范围方面进行明确,即未成年人犯罪记录是指国家专门机关对未成年犯罪人员情况的客观记载,其中应当封存的未成年人犯罪记录,包括侦查、起诉、审判及刑事执行过程中形成的有关未成年人犯罪或者涉嫌犯罪的全部案卷材料与电子档案信息,既包括纸质材料,亦包含电子档案信息。其中不予刑事处罚、不追究刑事责任、不起诉、采取刑事强制措施的记录,以及对涉罪未成年人进行社会调查、帮教考察、心理疏导、司法救助等工作的记录,也一并进行封存。这实质上是将要封存的犯罪记录扩展至刑事程序的全过程,甚至延展至非刑事程序,从而实现全部案卷材料的封存到位,有利于充分保障未成年犯罪人回归社会。其三,在未成年人犯罪记录的个人信息属性方面进行明确,即所有的案件材料应以个人信息保护的规则为依据,建立专门的犯罪档案库严格保管,未经法定查询程序,不得进行信息查询、共享及复用,封存的犯罪记录数据不得对接或提供给外部网络平台。这实际上表明了未成年犯罪人可以对其犯罪记录享有个人信息权利,建立了犯罪记录与个人信息之间的联系通道。其四,对解除封存的情形予以规定,即在未成年时实施新的犯罪,且新罪与封存记录之罪数罪并罚后被决定执行刑罚超过5年有期徒刑的;发现未成年时实施的漏罪,且漏罪与封存记录之罪数罪并罚后被决定执行刑罚超过5年有期徒刑的;经审判监督程序改判5年有期徒刑以上刑罚的。在以上三种情形下,由于突破了未成年人犯罪记录封存的条件,因而应当解除封存。另外,如果该未成年人于成年后再次故意犯罪,判决书中应当载明之前的犯罪记录。这实际上是为了实现保障未成年人的权利与预防其再犯之间的价值平衡。其五,建立了公安机关、人民检察院、人民法院和司法行政机构在执行未成年犯罪记录封存过程中的协同工作机制,即分别负责受理、审核和处理各自职权范围内有关犯罪记录的封存、查询工作,其中检察院还负有对应封未封、封存不当或提出的异议的法律监督职责。这有利于避免犯罪记录封存执行过程中的各自为政,实现统一合力,有序封存的目的。其六,在封存效果上进一步明确,即未成年人犯罪记录封存后,在入伍、就业过程中可以免除犯罪记录报告义务;符合条件的查询主体须经申请查询,且原则上应当出具无犯罪记录证明;有关人员在执行封存、查询未成年人犯罪记录时必须严格按照查询目的和使用范围使用有关信息,严格遵守保密义务,违背保密义务将被行政处分甚至被追究刑事责任。其七,对未成年人犯罪记录封存进行溯及性保护,即对于2012年12月31日以前办结的案件,符合犯罪记录封存条件的,也应当按照该办法的规定予以封存等。总而言之,该办法在未成年人犯罪记录的定义及封存范围、封存情形、封存主体及程序、查询主体及申请条件、提供查询服务的主体及程序、解除封存的条件及后果、保密义务及相关责任等方面完善了相关内容,基本上在制度规范层面解决了目前未成年人犯罪记录封存中存在的一些问题。

由此可见,未成年人犯罪记录制度经历了各地试行、法律初创、发展、完善的过程,基本上已在制度层面达到成熟。虽然该制度在适用主体和刑罚范围上非常有限,但也不失为一种对犯罪记录或消灭或封存制度有益的探索。由此可见的制度逻辑是,未成年人犯罪记录从封存到消灭是一种自然演进,而从未成年人犯罪记录消灭扩展至成年人犯罪记录消灭亦有可能。

2. 犯罪记录制度的总体规划初步成形

犯罪记录制度的总体擘画为犯罪记录消灭制度的构建提供坚实基石。2012年《犯罪记录意见》的出台标志着我国整体的犯罪记录制度初具雏形。该意见明确了建立犯罪人员犯罪记录制度的重要意义和基本要求,即建立犯罪人员犯罪记录制度,对犯罪人员信息进行合理登记和有效管理,既有助于国家有关部门充分掌握与运用犯罪人员信息,适时制定和调整刑事政策及其他公共政策,改进和完善相关法律法规,有效防控犯罪,维护社会秩序,也有助于保障有犯罪记录的人的合法权利,帮助其顺利回归社会。近年来,我国犯罪人员犯罪记录制度的建立工作取得较大进展,有关部门为建立犯罪人员犯罪记录制度进行了积极探索,认真总结并推广其中的有益做法,在全国范围内开展犯罪人员信息的登记和管理工作,逐步建立和完善犯罪记录制度,对司法工作服务大局,促进社会矛盾化解,推进社会管理机制创新,具有重要意义。该意见对犯罪人员犯罪记录制度的主要内容进行了初步勾画,比如建立犯罪人员信息库、建立犯罪人员信息通报机制、规范犯罪人员查询机制、建立未成年人犯罪记录封存制度、明确违反规定处理犯罪人员信息的责任,并对扎实推进犯罪人员犯罪记录制度的建立与完善进行了展望与期待。虽然这一司法解释性质文件层次较低,规定模糊,筹划笼统,不便于具体操作实施,但是就作为犯罪记录制度的总体规划而言,其规定已然较为全面,不仅对犯罪记录记载、查询制度有所规定,而且对犯罪记录封存、消灭有所期待,亦对未来建立统一的犯罪记录制度有整体规划,具有极大意义,这将进一步为犯罪记录消灭制度的体系性构建提供制度基石。

3. 犯罪记录有限查询模式初步确立

犯罪记录有限查询模式为犯罪记录消灭制度的构建提供联结枢纽。2013年最高人民检察院《关于行贿犯罪档案查询工作的规定》(已失效)明确规定,由人民检察院统一建立全国行贿犯罪档案库,录入行贿犯罪信息,向社会提供查询。同时在查询方式上规定了来人查询、电话查询、网络查询三种方式[64],在查询主体上规定了单位和个人、国家机关的有限查询权。2020年最高人民检察院、教育部、公安部公布的《关于建立教职员工准入查询性侵违法犯罪信息制度的意见》(以下简称《查询性侵违法犯罪信息意见》),明确了为健全预防性侵未成年人违法犯罪机制,进一步加强对未成年人的全面保护,最高人民检察院、教育部与公安部联合建立信息共享工作机制,公安部根据规定建立性侵违法犯罪人员信息库。该文件进一步完善了性侵未成年人犯罪案件与人员的信息库建立、查询工作机制,可谓犯罪记录信息库建立的一大进步。

2021年12月公安部印发的《犯罪记录查询规定》对犯罪记录查询制度进行了较为详细的规定,其中明确了犯罪记录的内涵、申请查询的主体和方法、异议与投诉以及法律责任等。虽然该文件仅仅是部门规章,法律位阶较低,法律强制力较弱,其中还有许多值得完善之处,但并不妨碍其成为犯罪记录制度改革的一大亮点。可以说,该规定首次确证了犯罪记录有限查询模式在我国的确立。[65]

其一,提供查询的官方性。根据该规定第3条,对外提供犯罪记录查询服务的平台由公安部建立,公安部建立犯罪人员信息查询平台。查询结果只反映查询时平台录入和存在的信息。由此可见,对于犯罪记录的查询与获取,只能由官方平台提供,而对于民间的一些商业机构以及网络平台所掌握的犯罪人员信息,则不能对外提供查询服务,也不具有效力认证,不能作为证明有无犯罪记录的凭证。

其二,查询主体的有限性。根据该规定第4条,个人、单位、行政机关与公证处可以查询相应的犯罪记录,其中,个人仅限于本人或委托他人查询本人的犯罪记录,单位则限定为特定的单位而非所有单位,行政机关与公证处则限于特定业务才可以查询。由此可见,查询主体并非所有人,而是限定在某个范围。

其三,查询目的的限制性。根据该规定第4条、第6条,本人查询虽然没有目的限定,但次数限定在一年3次,个人在一年内申请查询3次以上的,应当提交证明该次查询系用于合理用途的有关材料。单位查询则基于审查在职人员或者拟招录人员是否符合法律、行政法规关于从业禁止的规定,其中对于地方性法规、条例与规章等低位阶

---

[64] 参见柳晞春:《〈关于行贿犯罪档案查询工作的规定〉解读》,载《人民检察》2013年第6期。

[65] 参见郑二威:《我国犯罪记录整体封存的制度构建》,载《法制与社会发展》2023年第4期。

的法律文件规定的职业禁止则不能作为查询的依据。行政机关查询则基于实施行政许可、授予职业资格的目的。公证处查询基于办理犯罪记录公证的目的。

其四,查询内容的保密化。一是提供查询服务的主体不能违规查询,造成犯罪记录的无序扩散;二是申请查询的主体须严格依照规定程序查询,对查询获悉的有关犯罪信息保密,不得散布或者用于其他用途。即参与犯罪记录查询过程的主体都须保证犯罪记录信息的专项专用,并严格遵守保密义务,避免犯罪记录的无序公开。

其五,查询结果的层次性。该规定第9条确立了查询结果的一般规则,即对于个人查询,如果未发现申请人有犯罪记录,则应当出具《无犯罪记录证明》;发现申请人有犯罪记录,应当出具《不予出具无犯罪记录证明通知书》。对于单位查询,查询结果以《查询告知函》的形式告知查询单位。可见,一般情况下,只要行为人曾经犯过罪、有犯罪记录,那么其就不能得到无犯罪记录证明。但同时该规定也表明了一种例外立场,即对于未成年人犯罪,即使其曾经犯过罪、有犯罪记录,但符合未成年人犯罪记录封存的条件时,其查询结果依然是无犯罪记录,这反映出犯罪记录有限查询模式在未成年人主体上适用的特殊性,实质上体现了禁止查询规则,是未成年人犯罪记录封存制度的进一步延伸,具有犯罪记录消灭的部分含义。

其六,不当查询的纠责性。如果提供查询服务的主体违规提供查询,申请查询的主体对查询到的信息不当使用与扩散,则将被追究相应法律责任,严重时将被追究刑事责任。这能最大限度保障有限查询的效果,实现犯罪记录信息的合法合规利用。

由此可见,该规定以类型化区分机制确立了犯罪记录有限查询模式。一是整体封存犯罪记录,避免社会商业机构对犯罪记录无序记载和公开查询,保障犯罪记录有限查询的实现;二是分层管理犯罪记录,对成年人与未成年人的犯罪记录、严重刑事犯罪与非严重刑事犯罪的犯罪记录分开管理,避免程序和效力上的混同;三是区分犯罪记录查询结果,对未成年人和成年人犯罪记录查询结果,以及是否出具无犯罪记录证明作出区别。总体来看,犯罪记录查询制度已优先建立并逐步走向成熟,其后可以通过"下位制度或子系统"的添加方式,进而建立起"统一制度"。[66] 可以说,犯罪记录查询制度的实践展开,尤其是犯罪记录有限查询模式的确立,是犯罪记录制度进一步完善的深刻体现,也联结着犯罪记录封存与消灭,因为有限查询是整体封存的应有之义,而禁止查询则体现了消灭的部分含义,因此犯罪记录有限查询模式的完善必然导向犯罪记录封存与消灭的制度构建。

(二)域外相关制度规范提供立法经验借鉴

相对于我国目前尚未建立犯罪记录消灭制度而言,域外大多数国家的法律对此制度都有规定,这些成熟的规定可为我国未来建立犯罪记录消灭制度提供经验借鉴。如

---

[66] 参见王新:《论未成年人犯罪记录查询制度的优先建立》,载《中国青年社会科学》2017年第4期。

前文所述，犯罪记录与前科两者具有天然的黏合性，多数学者在等同的意义上使用。世界各国对此规定的法律用语也有所不同，有的称之为复权或者刑罚消灭，也有的称之为注销记录或者前科消灭，整体来看都可谓犯罪记录消灭的制度实践。

1. 英美法系国家的犯罪记录制度

在英美法系国家，美国在犯罪记录消灭制度方面的着墨较多，其制度特色也最为明显。今天的美国有太多的刑罚和太多的犯罪，呈现过度惩罚和过度犯罪化的局面。每年有近百万的狱犯被释放出狱，但刑罚所产生的负面影响并没有因出狱而终止，其政治、经济和社会权利因此被剥夺。[67] 据估计，25%到35%的美国成年人有犯罪记录。[68] 有犯罪记录的个人在主流社会中面临持久的参与障碍，严重限制了他们的就业机会、投票权、公共住房、财政援助和社会福利。[69] 在互联网和数字化数据库出现之前，犯罪行为可能随着时间而被淡忘，但伴随着商业化机构结合互联网的出现，各州犯罪记录文件得以轻易地在网上免费检索，十分之九的雇主、五分之四的房东以及抵押贷款机构、学校等都在进行此类检索，导致犯罪人遭受不公待遇。[70] 犯罪记录如同制裁犯罪的过程一样成为了惩罚方式，有犯罪记录的人受到执法部门更多的关注，更有可能被逮捕、搜查和被起诉[71]，有无犯罪记录同样在监禁刑执行中体现出差异，在重罪的监禁中发挥一定的作用。[72] 研究表明，在受污名化的群体中，污名化会对个人福祉产生很大的负面影响。这表明减少犯罪记录污名化和歧视的重要性，从而使有犯罪记录的个人有更多机会提高其生活质量，而不必因犯罪记录被社会隔离。[73]

在美国，每个联邦、州和地方法院都保存一份个人的犯罪记录[74]，犯罪记录的来源渠道主要有三个：行政部门、法庭和法庭行政办公室，以及商业信息销售商，几乎每个州都有公开的犯罪记录[75]。在许多州，定罪信息是公开发布的，例如，有关性犯罪

---

[67] 参见〔美〕道格拉斯·胡萨克：《过罪化及刑法的限制》，姜敏译，中国法制出版社2015年版，第2—5页。

[68] See Brian M. Murray, A New Era for Expungement Law Reform: Recent Developments at the State and Federal Levels, Harvard Law & Policy Review, Vol. 10, 2016, p. 363.

[69] See Simone Ispa-Landa & Charles E. Loeffler, Indefinite Punishment and the Criminal Record: Stigma Reports Among Expungement-Seekers in Illinois, Criminology, Vol. 54, 2016, pp. 389-391.

[70] See The Economist, Sealing Criminal Records: Clean Slates, Rich States, The Economist, Vol. 433, 2019, pp. 32-33.

[71] See Kevin Lapp, American Criminal Record Exceptionalism, Ohio State Journal of Criminal Law, Vol.14, 2016, p. 303.

[72] See James F. Nelson, An Operational Definition of Prior Criminal Record, Journal of Quantitative Criminology, Vol. 5, 1989, pp. 333-352.

[73] See Elaina R. McWillians & Bronwyn A. Hunter, The Impact of Criminal Record Stigma on Quality of Life: A Test of Theoretical Pathways, American Journal of Community Psychology, Vol. 67, 2021, pp. 89-102.

[74] See Anna Kessler, Excavating Expungement Law: A Comprehensive Approach, Temple Law Review, Vol. 87, 2015, p. 412.

[75] See supra note 68, p. 364.

者的信息,包括姓名、照片和地址,许多犯罪历史信息也由商业机构整理和出售。[76]可以说,每个社会个人都可以通过这些多元化渠道无限制地自由查询犯罪人员的犯罪记录,这是一种犯罪记录无限查询模式,也表明了美国在犯罪记录制度构建上的利益偏向,以服务公共利益为主。《美国法典》将"犯罪记录"定义为"由刑事司法机构对可识别个人的逮捕、拘留、起诉或其他正式刑事指控,以及由此产生的任何处置,包括无罪释放、量刑、惩戒监督或释放"。[77] 由此,犯罪记录已经脱离了判决意义上的记录,扩展至一切刑事记录。与"犯罪记录"一词一样,"删除"也有一系列不同的含义。一般来说,除名是一种补救措施,但确切的清除机制发生的情况可能会有所不同。例如,删除可能需要彻底销毁或删除计算机和其他保管机构中的记录信息,或者只需要将删除的记录与其他记录进行物理分离、密封或限制其授权用途。[78] 由此可见,犯罪记录消灭中的"删除"在此也呈现不同的含义,全面彻底删除与片面有限删除往往是两种表达,在实质意义上有时并不相同,往往需要结合具体场景分析。

在联邦判例法层面,罗杰斯诉斯洛特案[79]、美国诉琳恩案[80]、美国诉施尼策尔案[81]等,反映了联邦对犯罪人再社会化权利的救济、在隐私权保护与社会公共利益保护之间的权衡以及对平等就业的保障。在联邦制定法层面,进入21世纪,国会众议院曾多次提出犯罪记录消灭法案,比如《对前科者的第二次机会法案》(Second Chance for Ex-Offenders Act)、《联邦初犯法案》(The Federal First Offender Act)、《消灭犯罪记录促进就业法案》(Record Expungement Designed to Enhance Employment Act)等议案,以更好地促进有犯罪记录人员回归社会。[82] 2015年两党合伙人参议员科里·布克和兰德·保罗赞助了《救赎法案》(Redeem Act),它提出了联邦一级的全面清除改革,该法案将允许删除或封存非暴力犯罪或青少年犯罪者的犯罪记录。[83] 在各州层面,美国每个州都设置有犯罪记录信息库,其中存储着犯罪人员的犯罪信息。各州废除犯罪记录的法令范围通常很窄而且规定的范围有限,大多数州立法机构尚未充分认识到犯罪记录对个人生活所有方面的削弱作用。[84] 在各州层面,对犯罪记录消灭的规定差别很大:有的州几乎没有提供删除犯罪记录的机会;有的州允许删除违法定罪记录[85];

---

[76] See James B. Jacobs, The Eternal Criminal Record, Monash University Law Review, Vol. 41, 2015, pp. 509-510.
[77] See supra note 74, p. 404.
[78] See Peter G. Berris, Record Scratch: Expunging Federal Criminal Records and Congressional Considerations, Criminal Justice & Criminology, Vol. 2, 2020, pp. 1-2.
[79] See Rogers v. Slaughter, 469 F. 2d 1084, 1085 (5th Cir.1972) (per curiam).
[80] See United States v. Linn, 513 F. 2d 925, 927(10th Cir. 1975).
[81] See United States v. Schnitzer, 567 F. 2d 536, 539 (2d Cir. 1977).
[82] 参见彭新林:《美国犯罪记录消灭制度及其启示》,载《环球法律评论》2021年第1期。
[83] See supra note 68, pp. 373-374.
[84] See supra note 74, p. 403.
[85] See supra note 74, pp. 417-418.

几乎每个州都允许删除青少年所犯轻罪的记录；大多数州还允许取消逮捕和法庭审判与未定罪案件有关的记录[86]；大多数州都不允许销毁所有相关犯罪记录；几乎所有州都允许封存犯罪记录，但标准大相径庭；每个州都有特定的需求并赋予特定机会。例如，在华盛顿州，犯罪记录中的大部分信息可以删除，但并非所有数据都可以销毁，法院依然存有相关的刑事判决等资料副本。此外，如果是暴力犯罪，不允许撤销犯罪记录。[87] 在纽约州，犯罪记录的消灭并非真正意义上的销毁，而只是表现为封存，封存的范围则包括以指控被驳回、废止、撤销、未起诉等方式结案的案件。伊利诺伊州也有单独的清除和封存程序，"删除"是指销毁记录，而"封存"则保留将来可能重新开放的物理和电子副本，某些性犯罪以及暴力犯罪和轻微交通违规，都没有资格删除。[88] 伊利诺伊州立法机构在处理法庭记录时更为谨慎，当记录被删除时，某些情况下个人的名字在官方索引中如同没有记录一样。[89] 宾夕法尼亚州立法机关通过了《犯罪历史记录信息法》，允许消灭或者删除逮捕和判决记录。在明尼苏达州，删除权限不包括行政部门持有的记录，犯罪记录删除法规将删除补救措施限制为"密封"记录，并禁止其披露。但记录的密封也受到限制，记录可能为刑事调查、起诉或判决目的而开放。[90] 总体而言，虽然各州关于犯罪记录消灭的内容不尽相同，但大都对犯罪记录消灭规定了限制条件，且基本上均允许消灭未成年人犯罪记录、未以判决结案的被告人的犯罪记录，以及错判案件被告人的犯罪记录，并且消灭条件的规定中，都要求有犯罪记录的人员遵守法律，经过考察。另外，美国犯罪记录消灭程序主要包括依申请人请求、司法机构依职权、依政府赦免令而启动三种模式，其中依申请人请求是最常见的方式。[91] 在美国，越来越多的州对于封存或消灭犯罪记录表现出积极的态度，例如，扩大其清除范围、缩短等待期、澄清删除的法律效力、恢复权利、授权私人补救措施等。最重要的是，其中许多法规已授权删除定罪信息。[92] 总的来说，犯罪记录消灭在美国联邦与各州的表现并不相同，在消灭的含义和范围上也呈现差异，由于受限于信息网络时代犯罪记录公开化的影响，在犯罪记录查询获取渠道上也呈现多元化的形势，这导致犯罪记录消灭的效果大打折扣。正如雅各布斯教授指出的，互联网时代的到来，使得犯罪

---

[86] See Shlosberg Amy, Mandery Evan J. & West Valerie, Bennett Callaghan, Expungement and Post-Exoneration Offending, Journal of Criminal Law and Criminology, Vol. 104, 2014, p. 356.

[87] See Dash Dejarnatt, Changing the Way Adult Convictions Are Vacated in Washington State, Seattle Journal For Social Justice, Vol. 12, 2014, pp. 1051-1059.

[88] See Amy Shlosberg et al., Expungement and Post-Exoneration Offending, The Journal of Criminal Law and Criminology, Vol. 104, 2014, pp. 362-364.

[89] See Doris Del Tosto Brogan, Expungement, Defamation, and False Light: Is What Happened Before What Really Happened or Is There a Chance for a Second Act in America, Loyola University Chicago Law Journal, Vol. 49, 2017, pp. 14-20.

[90] See supra note 74, pp. 419-425.

[91] 参见前注[82]。

[92] See supra note 68, pp. 369-373.

历史信息更容易收集和传播,同时更难控制,这不仅和信息最初如何传播有关,而且关系到信息的更正、撤回与删除机制。[93]

在英国,《前科消灭法》早已在英格兰、威尔士以及北爱尔兰被制定,其中对罪犯的前科消灭作出了系统性规定。在前科消灭的范围中,对曾被处以终身监禁和超过30个月监禁的人的前科消灭予以了排除。前科消灭只适用于被判处轻刑的人,对被判处重刑的人并不适用。在满足前科消灭的期限届满条件时,应对曾犯罪的人员消除罪名,一旦消除便视为无犯罪记录人员,也不再负有主动披露犯罪记录的义务。当然如果基于特定目的,如对某人是否适合从事某些职业进行判断等,前科消灭的保护性规定将不再适用,这也是出于保护公共利益的需要而对其进行的限制。近年来,英格兰和威尔士出现了一些重大进展,促进了犯罪记录制度的进一步发展。首先,将保留犯罪记录与犯罪记录披露义务联结在是否适合与儿童和其他弱势群体一起工作。其次,扩展了犯罪记录中的犯罪类型,在犯罪统计数据和个人记录中都有体现。除此之外,最高法院上诉法院的一项裁决允许保留所有个人犯罪记录,并可能披露长达100年。这可能对就业前景产生巨大影响,尤其是对年轻人或弱势成年人。[94] 这也在实质上体现了如何在社会公共安全防卫与犯罪人回归社会之间寻求平衡,在消除犯罪记录与公开犯罪记录之间作出抉择的困境,这样的冲突在英国司法判例中亦有很多体现。[95] 这些判例衍生出了合法性与必要性的判断标准,合法性标准的核心在于,必须有保障机制以保证对侵犯权利的程度进行适当评估;必要性标准的核心在于,罪行与将从事的职业具有紧密关联性,满足这双重标准才符合犯罪记录信息公开的要求。[96] 不言而喻,犯罪记录作为犯罪的附带损害,是一种隐性惩罚,对求职者影响很大。多年来,欧洲国家采取了各种方法将犯罪记录信息限制在刑事司法机构,其他个人允许通过"证书"访问,英国同样如此,由特定的国家机构对外提供查询服务,确立了有限查询的犯罪记录访问形式,以平衡犯罪记录披露义务的负担,且以相关的犯罪康复形式提供更多保护。[97] 由此可见,英国在犯罪记录制度构建方面逐渐倾向于保护犯罪人回归社会的利益,在犯罪记录披露义务的履行方面,则更多以比例原则进行限制,以避免犯罪人因此可能遭受的歧视。

---

[93] See supra note 76, p. 510.
[94] See C. WIliams, The Growth and Permanency of Criminal Records With Particular Reference to Juveniles, The Police Journal, Vol. 84, 2011, pp. 171-183.
[95] See R(on the application of P)(appellant) v.Secretary of State for the Home Department and Others(Respondents)[2019] UKSC 3.
[96] 参见吴宏耀、余鹏文:《论英国的犯罪信息公开制度——以加拉格尔案为切入点》,载《财经法学》2020年第2期。
[97] See Terry Thomas & Bill Hebenton, Dilemmas and Consequences of Prior Criminal Record: A Criminological Perspective from England and Wales Criminal Justice Studies: A Critical Journal of Crime, Law and Society, Vol. 26, 2013, pp. 229-239.

2. 大陆法系国家的犯罪记录制度

在大陆法系国家,犯罪记录消灭的实践同样历史悠久。德国有关犯罪记录的规定体现在一系列相互配合发挥作用的法律体系中。《德国刑法典》第45b条在恢复犯罪人资格权利方面有所体现,可以称之为复权制度,这在一定程度上意味着,当经过一定的期限和观察,犯罪人被剥夺的资格和权利便可以恢复,而不再受制于曾经犯过罪的事实,在一定程度上也就相当于对犯罪记录的消灭。《德国少年法庭法》第二编第四章针对少年的前科记录如何消除进行了规定,在管辖与调查程序、消除与撤销方式等方面有详细体现。如果该少年品行已回归正直,在符合时间和表现条件时,经法官判决可以宣布消除其前科记录,如果不具备相应条件则可以延缓裁判。在消除前科记录之后如果发现之前有漏罪,如因犯重罪或故意犯轻罪被判处自由刑,则可以撤销前科消灭记录。除此之外,德国对犯罪记录规范得最为详细的是《联邦中央刑事登记法案》(也可称为《犯罪记录法》,Bundeszentralregistergesetz),该法对登记造册的内容与管理、犯罪记录的更正、查询、勾销,犯罪者的有罪判决披露义务等内容进行了全面系统的规定。在记录内容方面:刑事登记册中记载的内容包括刑事法庭的有罪判决、行政机关和法院的裁定、无责任能力的附注、法庭所查明的事实、以上登记事项事后的裁定与犯罪事实,以及当事人的个人信息与一系列的裁判过程。在犯罪记录消灭方面体现为两阶段:第一阶段表现为犯罪记录证明消灭,实际上体现的是有限的消灭,即在符合法定期限的条件下,有罪判决将不再被记入行为表现评定证明,当事人能够持有无犯罪记载的行为表现评定证明,以此声称自己未受刑罚且不再负有披露义务,从而在就业、入学等社会活动中不再受限,但国家机关此时仍然可以获取其登记册中的犯罪记录,也可以据此认定累犯,即在国家机关面前仍须承担披露义务;第二阶段表现为犯罪记录册消灭,实际上体现为彻底的消灭,如果登记册中涉及的有罪判决记录被勾销,一年后将从登记册中删除,那么便不允许在当事人面前提及这一犯罪和有罪判决,也不允许使用它而对当事人不利,此时国家机关无法查询到犯罪记录,也就不必在任何法律关系中受限于前科的作用,当事人不再负有向国家机关披露犯罪记录的义务。当然,在例外情形下,比如涉及国家安全时,之前的犯罪仍然允许被考虑。[98] 在登记—消灭过程中,犯罪记录对罪犯重新融入社会是否具有不利影响,可能取决于谁可以访问它。在德国,有两种访问必须区分:其一,访问登记册本身,即对刑事登记册内容的查阅;其二,通过所谓的行为证明获取部分信息,即通过查询获取是否载明相应犯罪记录信息的证明文件。[99] 这实质上表现为犯罪记录登记册与犯罪记录证明的二元分离模式。在此基础上,德国的犯罪记录查询模式则表现为有限开放模

---

[98] 参见周子实:《犯罪记录制度与裁判文书公开制度兼容问题的比较研究》,载《西部法学评论》2016年第1期。

[99] See Christine Morgenstern, Judicial Rehabilitation in Germany: The Use of Criminal Records and the Removal of Recorded Convictions, European Journal of Probation, Vol. 3, 2011, pp. 25-29.

式,该模式表现为:第一,提供查询服务机构的有限性,即当局主管机关,也即统一的犯罪记录信息数据库只能由特定的国家机关建构,体现为对外查询渠道的单一性与官方性,这与美国多元化的查询渠道有所不同;第二,查询主体的有限性,即当事人与国家机关可以查询;第三,查询条件的限定性,即当事人与国家机关若想查询,须满足一定条件。由此可见,德国的犯罪记录制度更加倾向于保护犯罪人的利益,以更严格地保护、促进犯罪人更好地回归社会。

在法国,犯罪记录消灭制度在实体法与程序法中都有体现。《法国刑法典》以复权的形式全面规定在第133-12条至第133-17条中,无论是重罪、轻罪还是违警罪,都可以在满足一定条件时当然复权,或者根据《法国刑事诉讼法典》规定的条件经法院裁判复权。该法典既规定了自然人犯罪后的复权,也规定了法人犯罪后的复权。复权可以使因判刑丧失的资格和权利得以恢复,但并不禁止司法机构在新的诉讼中为适用法定累犯规则考虑判刑之情形,该种权利仅为司法机构所独有。[100] 由此可见,这种复权制度事实上仅是一种犯罪记录封存或者称为有限的犯罪记录消灭,而并非彻底消灭,因为在彻底消灭后,判定是否构成累犯时,并不能查询到其以前的犯罪记录,因而不能作为适用累犯的情形。《法国刑事诉讼法典》第769—770条规定了对于犯罪人司法档案的销毁与撤销,有法定和申请两种形式。其中也特别提示了对未成年犯罪人司法档案销毁和撤销的规定,销毁以满足法定期限条件为要求,撤销则是应检察院或本人的申请由青少年法庭决定撤销,其中可以撤销司法档案的主体年龄范围扩展至21岁,撤销的条件为再教育有效果,即表现良好,且判决生效满3年。[101] 这实质上表明了犯罪记录作为一种档案在符合法定条件时可以予以注销,从而彻底实现消灭犯罪记录的效果。在犯罪记录查询方面,法国采取的也是有限查询模式。犯罪记录统一由司法部长进行管理,体现为犯罪记录保存的官方性。查询主体基于特定方式进行查询必须满足相应条件,在查询主体方面,只有本人及特定单位可以查询;在查询方式方面,有依申请与依职权两种查询方式。公权力机关及其他单位和个人在查询条件上则有不同,比如个人查询须证明真实身份且所查犯罪记录须与自己相关等。[102]

《日本刑法典》在第六章"刑罚的时效和刑罚的消灭"中的第34条之二对此作出规定[103],针对判处不同刑罚的犯罪人规定了不同的时间条件,经过一定的期限,刑罚宣告便丧失效力。当然这并非刑罚权消灭的问题,而是执行刑罚后,法律上的复权问

---

[100] 参见《最新法国刑法典》,朱琳译,法律出版社2016年版,第58—60页。
[101] 参见《法国刑事诉讼法典》,余叔通、谢朝华译,中国政法大学出版社1997年版,第303—305页。
[102] 参见高一飞、高建:《犯罪记录查询模式比较研究》,载《西部法学评论》2013年第2期。
[103] 原文为:(刑の消滅)第三十四条の二 禁錮以上の刑の執行を終わり又はその執行の免除を得た者が罰金以上の刑に処せられないで十年を経過したときは、刑の言渡しは、効力を失う。罰金以下の刑の執行を終わり又はその執行の免除を得た者が罰金以上の刑に処せられないで五年を経過したときも、同様とする。2 刑の免除の言渡しを受けた者が、その言渡しが確定した後、罰金以上の刑に処せられないで二年を経過したときは、刑の免除の言渡しは、効力を失う。

题,也即所谓的"前科的抹消"。[104]《日本少年法》同样对未成年人犯罪前科的消灭进行了规定,突出了对未成年人的保护。犯罪记录是否具有个人信息属性从而赋予犯罪人个人信息权利对其予以保护,在理论研究中成为一个有争议的问题。宪法上的隐私权、自我信息控制权是生命自由、幸福追求权的总和,犯罪记录在某种程度上内化为本人的一种个人信息,应当在对这种权利明确化、精密化的前提下,对犯罪记录的个人信息属性予以个案承认。作为阻碍本人回归社会的因素,当犯罪记录的继续保有丧失正当化根据时,行为人删除犯罪记录的请求应当被批准。[105] 信息网络化的社会,使得所谓的"被遗忘的权利"成为生活必需。从刑事法学的角度进行考察,"被遗忘的权利"一方面涉及包括隐私在内的人类尊严;另一方面,也具有表达自由和知情权等与民主主义根基相关的对立利益。由于各自的法域、文化不同,利益相互冲突时的优先顺序也会出现不同,需要慎重考量。关于与犯罪记录等相关的事实,既有值得法律保护的、不能公开的情况,也有应该被允许公开的情况。基于维护公共利益的犯罪预防理念,以及保障被判有罪者回归社会的刑事政策,在不公布与犯罪记录有关的事实的法律利益被认为更为优越的情况下,将犯罪经历作为一种个人隐私予以保护的必要性是不言而喻的。同时,通过表达自由的行使而实现的社会利益,常常被认为具有"公共利害"性,只要没有相当大的实际危害,就不会被允许删除。如果是这样的话,这是否与刑法上的名誉保护相匹配是值得怀疑的。[106] 一般市民通过网络发送与犯罪事件相关的信息以及媒体的报道,使得相关人员的名誉和权利被侵害的情况层出不穷。当然,考虑到媒体报道的自由以及普通市民的知情权,全面限制犯罪报道的方案不被认为是现实的。在满足表达自由和知情权的同时,保护罪犯的名誉和隐私等也十分必要。超过必要限度的不正当权利剥夺,成为阻碍犯罪者回归社会的主要原因,这显著削减其更生欲望。即使是犯罪者,只要重新做人,当然与无犯罪记录者在法律上享受同等待遇。原则上,以促进犯罪者的更生积极性和回归社会为目的,在必要的范围内消除和缓和超过限度的刑罚弊病,在法律意义上的忘却成为应有之义,且在一定期间内随着时间的流逝,犯罪记录自动且一律被删除。[107]

3. 俄罗斯的犯罪记录制度

《俄罗斯联邦刑法典》第86条系统规定了前科消灭制度:①前科期间与法律后果:行为人因实施犯罪而被判刑,自法院的有罪判决生效之日起至前科消灭或撤销

---

[104] 参见〔日〕前田雅英:《刑法总论讲义》,曾文科译,北京大学出版社2017年版,第375页。
[105] 竹中勲「憲法13条適合性の審査項目・判断枠組み・違憲審査基準(その1)—前科抹消請求事件」同志社法学70巻4号(通巻401号)(2018年)1270—1274頁参照。
[106] 岡上雅美「犯罪歴情報と『忘れられる権利』について——刑事学的視点からの覚書」青山法務研究論集第17号(2019年)25—47頁参照。
[107] 白井諭「刑事司法における犯罪者等の"忘れられる利益"-"有罪の付随的効果"と前科等を抹消する制度」岡山商大論叢(岡山商科大学)56巻1号(2020年)30—34頁参照。

之时止,被认为有前科;在认定累犯和判处刑罚时均应考量前科。②终结前科的方式与法律效果:被免除刑罚的人被认为没有前科,被消灭与撤销前科的人不再有前科,一旦前科被消灭或撤销,与前科有关的一切法律后果便不复存在。③消灭前科的形式条件:一切罪行无论被判处多重刑罚,均可消灭前科,但刑罚轻重不同,其前科消灭期限也不同,除此之外没有其他任何限制。比如,被适用缓刑的人考验期届满;被判处轻于剥夺自由刑的人服刑期满或执行刑罚后过1年;因轻罪或中等严重犯罪、严重犯罪、特别严重而被判处剥夺自由刑的人,服刑期满后分别过3年、8年、10年不等。④撤销前科的实质条件:被判刑的人如果在服刑期满之后表现良好,并赔偿了犯罪所造成的损害,法院可以根据本人请求在前科消灭的期限届满之前撤销前科。第84—85条还规定了大赦令与特赦令可以撤销刑满人员的前科。[108] 另外,第95条规定对实施犯罪时不满18周岁的人,其前科消灭的期限应予缩短;其因轻罪或中等严重犯罪、严重犯罪或特别严重犯罪而被判处剥夺自由刑的,服刑期满后过1年、3年即可消灭前科。[109] 该条表明了对未成年犯罪人前科消灭的形式条件优待,但在撤销前科的实质表现条件方面则并未区别,这有利于未成年犯罪人积极争取良好表现,以更快地回归社会。由此可见,俄罗斯前科消灭制度的规定相当全面和彻底,前科消灭之后,与前科有关的一切法律后果便消失,各种资格亦可恢复。但是,由于俄罗斯其他联邦法律中可能存在与此相冲突的规定,比如在其他联邦法律有特别规定的情况下,有过前科的公民被终身剥夺从事护法机关工作的权利以及担任法官的权利。就此而言,将"与前科有关的一切法律后果"修改为"与前科有关的一切刑事法律后果"或许更加合理。[110]

4. 小结

以上主要通过有限列举的方式对部分国家的犯罪记录消灭制度进行了描画,既包括英美法系国家,也包括大陆法系国家,事实上,还有很多国家在法律规范层面与实践层面对此有详细论述,比如意大利、匈牙利、瑞士、加拿大、新西兰等,在此不作过多展开。通过分析总结可知,世界各国对于犯罪记录消灭的相关制度的构造核心主要在于"为什么消灭"与"怎么样消灭"两个方面,同时还必然涉及相关的配套制度建设,比如犯罪记录信息数据库的建立、犯罪记录查询制度的选择、犯罪记录封存制度的适用等,而最终要实现的制度目标则在于,更好地平衡公共利益与犯罪人利益,从而促进犯罪人的再社会化与社会公共利益的保护。

各国由于本土文化与生存环境不同,社会文明和法治建设进程也有差距,国家对

---

[108] 参见《俄罗斯联邦刑法典》,黄道秀译,中国民主法制出版社2020年版,第42—43页。
[109] 参见《俄罗斯联邦刑法典》,黄道秀译,中国法制出版社2004年版,第44页。
[110] 参见庞冬梅:《俄罗斯前科制度研究》,载赵秉志主编:《刑法论丛(2018年第2卷·总第54卷)》,法律出版社2019年版,第378—383页。

待犯罪人的刑事政策自然有别,民众对于犯罪人的宽容度也不一样,犯罪记录对犯罪人再社会化的阻碍程度也有差异,因此,在犯罪记录消灭制度的构造方面也并不完全相同。具体而言,在消灭范围方面:有的国家主张全面消灭,无论所犯何罪与所判刑罚多重;有的国家则规定在有限的范围内进行消灭,或以行为定性为限制,或以刑罚轻重为限制。在消灭方式方面:有的国家规定经过法定期间消灭,有的国家还规定了具体的撤销方式,可根据依职权、依申请等不同方式实现。在消灭条件方面:一般都规定必须在宣告有罪后,或者服刑完毕,或者被赦免后经过一定时间消灭,有的国家还附加一定的个人表现、履行特定义务、赔偿经济损失等实质条件。即一般都规定了一定的形式条件与实质条件。在消灭规范体系定位方面:有的国家规定于刑法典中;有的国家则规定于其他法律中,如刑事诉讼法、单行刑法,也有的国家专门制定犯罪记录方面的法律。在消灭效果方面:有的国家是彻底消灭从而视犯罪人为无犯罪记录;有的国家则是有限消灭,还可以查询到其犯罪记录并为司法所利用;还有的国家则分为有限消灭与彻底消灭两个阶段。在属性确证方面:关于犯罪记录是否属于个人信息从而全面赋予犯罪人个人信息权利对其予以保护,各国看法并不一致。在未成年人犯罪记录消灭方面:无论是犯罪记录无限查询的国家,还是犯罪记录有限查询的国家,基本上都特别规定了未成年人犯罪记录的消灭,从而体现对未成年犯罪人的特殊保护。这些国家对于犯罪记录消灭制度的构建模式和具体规定以及理论研究,可为我国未来建立犯罪记录消灭制度提供借鉴。

四、构建犯罪记录消灭制度之路径展开

需要说明的是,犯罪记录消灭制度的体系性构建并不反对犯罪记录制度的总体安排,犯罪记录消灭制度构建的基础在于具有完善的犯罪记录制度。完善的犯罪记录制度是集记载、储存、封存、查询、消灭于一体的全面机制,即不能仅仅是记载、查询与储存等,还要有封存和消灭机制。完善的犯罪记录制度有存在的必要性,因为犯罪记录制度实质上是公共利益与个体利益的共生体,两者利益如果能兼顾则为平衡体,如不能兼顾则为矛盾体。[111] 犯罪记录制度一方面可以为国家刑事司法政策的制定提供数据基础,实现国家防范犯罪、治理社会的目的;另一方面也可以促进犯罪人更好地回归社会。但如果犯罪记录保管的规范失序,则会使得犯罪人员的犯罪信息容易被不相关的人员获取,导致对犯罪人回归社会权利的侵犯。因此,实践中,需要平衡国家、社会公共利益与犯罪人回归社会的利益,既要构建犯罪记录记载、查询制度,又要构建犯罪记录封存与消灭制度,形成合理、规范、完备的犯罪记录制度。

---

[111] 参见李怀胜:《犯罪记录对社会信用体系的耦合嵌入与功能校正》,载《法学杂志》2021年第3期。

(一)总体思路:消灭与封存协同共进

1. 消灭与封存协同共进的原因

理论上,本文所秉承的态度是,所有犯罪都有机会进入犯罪记录消灭的流程,而不论犯罪人所犯何罪与所受刑罚多重,但是并非对此等同视之,而是要设置不同的限制条件,以实现国家利益、公共利益与个人利益的平衡,最终实现促进犯罪人再社会化的目的。而且这样可以给有任何形式前科的人提供消灭前科的机会,最大限度地发挥该制度的积极作用。[112] 因为犯罪记录作为犯罪人的一种事实记载与规范评价,无论犯罪行为如何定性,对犯罪人的再社会化阻碍几乎是等同的,而且相对应的重罪重罚、轻罪轻罚在刑罚执行阶段已经充分完成,通过相应的教育改造,其思想观念与行为方式也有大幅转变,应该承认由此实现的刑罚效果。

但同时也应看到,不论何种犯罪记录均一律予以消灭,在未来很长一段时间似乎并不可行。一是目前犯罪记录封存制度还难以全面铺开,受到诸多限制,存在主体有限、范围有限、效果有限等问题,亟须进行相关改变。任何制度的构建都并非一蹴而就,而是要有一个循序渐进的过程,在犯罪记录封存制度还未完善的情况下,一次性过渡到犯罪记录的全部消灭也不符合现实。二是即使对犯罪严重程度不同的犯罪人设置了不同的限制条件,但国民的朴素观念可能还难以接受,毕竟实施严重犯罪的人对于社会普通民众而言时时刻刻都是一种潜在的威胁,时间的流逝可能并不会消减他们的恐惧感。三是罪质的不同反映了对行为人的行为定性不同,危害国家法益的犯罪与危害社会法益的犯罪,以及危害个人法益的犯罪,在性质上体现出天差地别的差异,其社会危害性、人身危险性与再犯可能性均不相同,因而国家对其进行社会防卫的程度也不可能完全相同。如果对不同罪质的前科全部予以消灭,则不利于国家专门机关实现防范和控制犯罪的目标。诸多原因之下,犯罪记录消灭理应限定在特定范围,暂时不宜全面适用。

一旦将犯罪记录消灭限定在特定范围,对于不适用犯罪记录消灭的犯罪人的正当权利如何保障就成为一个问题,此时犯罪记录封存制度的价值意义就得以彰显。犯罪记录整体封存制度的实施,可以在一定程度上避免犯罪记录的无序公开,实现犯罪记录的有限查询,促进犯罪事实被有限遗忘,从而保障犯罪人的再社会化。但同时也应看到,即使犯罪记录消灭全面展开,消灭犯罪记录的机制也并非即刻完成,需要满足一定的条件和期限要求。如果在消灭犯罪记录之前任由犯罪记录无序地公开,那么很可能导致后续消灭机制的执行困难,难以达到犯罪记录消灭的实际效果,因而有必要在犯罪记录消灭之前将其封存在国家专门机关。由此可见,无论是犯罪记录全面消灭

---

[112] 参见马克昌主编:《刑罚通论》(第2版),武汉大学出版社1999年版,第715页。

还是部分消灭,犯罪记录封存的协同配合都是不可或缺的。另外,如果仅仅立足于犯罪记录封存制度,即使构建了全面的犯罪记录整体封存制度,对相关犯罪记录信息提高保密程度并封闭管理,也难免有所缺失,因为犯罪记录整体封存并不意味着犯罪记录的消灭,犯罪记录实际上仍然存在,仍然能够被查询到,这就导致行为人一直生活在有罪的阴影之下,而不能清清白白地做人,难以彻底使改过自新的犯罪人真正实现再社会化。

因此,犯罪记录消灭制度的构建需要同步匹配犯罪记录封存制度,使消灭与封存两者并行,这有利于平衡打击犯罪、保护未犯罪之人与保障犯罪人权利的目标实现。总而言之,短时间内对犯罪记录全部消灭不切合实际,过于理想化;仅仅封存则不利于最大限度地促进犯罪人回归社会。犯罪记录消灭与封存并行,两者协同共进、相互配合,有利于平衡公共利益与个人利益,是值得推行的方式。

2. 消灭与封存各自的内涵

犯罪记录的消灭与封存的前提是存在犯罪记录,犯罪记录并非经过人民法院裁判有罪即存在。经过人民法院裁判有罪还只是第一步,这一步使得社会人民群众产生一种犯罪印象,这种犯罪印象既不能消灭也不能封存,只能随着时间被遗忘。犯罪记录得以存在的第二步是国家专门机关构建犯罪人员信息库,形成记录的形式。该信息库集记载、储存、查询、利用、封存与消灭于一体。由此,对犯罪记录的封存与消灭便是在该信息库中对犯罪信息的处理。关于该信息库的建立,《犯罪记录意见》明确由公安机关、国家安全机关、人民检察院、司法行政机关依托现有的网络和资源,各自负责信息库的建立,并在此基础上实现互联互通,在条件成熟后建立全国统一的犯罪人员信息库。信息库中对犯罪人员录入的信息具体应当包括以下内容:犯罪人员的基本情况、检察机关(自诉人)和审判机关的名称、判决书编号、判决确定日期、罪名、所判处刑罚以及刑罚执行情况等。由此可见,犯罪人员信息库的建立是多主体联动,共建共享共治,录入的犯罪记录信息包括犯罪人的个人情况以及定罪、量刑、行刑等一系列过程的内容。

《网络安全法》第76条规定:"个人信息,是指以电子或者其他方式记录的能够单独或者与其他信息结合识别自然人个人身份的各种信息,包括但不限于自然人的姓名、出生日期、身份证件号码、个人生物识别信息、住址、电话号码等。"《个人信息保护法》第4条进一步指出:"个人信息是以电子或者其他方式记录的与已识别或者可识别的自然人有关的各种信息,不包括匿名化处理后的信息。个人信息的处理包括个人信息的收集、存储、使用、加工、传输、提供、公开、删除等。"据此可知,可识别性是个人信息的基本属性,其对应于自然人身份的各种信息都属于自然人的个人信息。犯罪人员的犯罪记录包含犯罪人员的基本情况,以及定罪、量刑、行刑等过程的内容,很明显具有可识别性。由此可知,实际上犯罪记录内化于犯罪人自身的个人信息,属于个人信息的一部分。[113] 对此,《犯罪记录封存实施办法》第10条第1款对执行封存的未成年人犯罪记录的个人信息属性同样予以明确,对其封存应当参照《个人信息保护法》不予公开。既然如此,犯罪人员应当对其犯罪记录享有个人信息的相关权利。只不过这种个人信息在属性上具有特殊性,兼具公共属性与个人属性。在信息控制主体上也具有特殊性,并非由商业机构与平台掌控,而由国家专门机关掌控。因此,当公共属性优先时,可能对个人属性有所限制,例如,出于犯罪人的再社会化之需要,其违法犯罪记录可能封存,却不必彻底删除。[114] 因而可以说,犯罪人员对其犯罪记录享有不完全的个人信息权,对此保护也可以参考个人信息保护的相关规则。

《个人信息保护法》第47条规定了权利人依法享有的个人信息删除权。其中规定:"有下列情形之一的,个人信息处理者应当主动删除个人信息;个人信息处理者未删除的,个人有权请求删除:(一)处理目的已实现、无法实现或者为实现处理目的不再必要;(二)个人信息处理者停止提供产品或者服务,或者保存期限已届满;(三)个人撤回同意;(四)个人信息处理者违反法律、行政法规或者违反约定处理个人信息;(五)法律、行政法规规定的其他情形。法律、行政法规规定的保存期限未届满,或者删除个人信息从技术上难以实现的,个人信息处理者应当停止除存储和采取必要的安全保护措施之外的处理。"就此而言,犯罪记录的消灭实质上意味着个人信息的删除,是犯罪人行使个人信息删除权的体现,只不过负有删除义务的主体较为特殊,即国家专门机关。删除的个人信息也较为特殊,是具有刑法规范评价意义上的犯罪记录。因此,在犯罪人行使删除权前,国家专门机关应当对其更加周全地保护,不能造成无法控制的局面,即整体封存视域下裁判文书由实名公开转化为匿名公开、社会商业机构与网络平台媒体匿名化处理犯罪人相关个人信息等。在行使删除权时,应当科以更加严格的条件,该条件具体由《刑法》来规定。在删除后还应当比其他个人信息有更深层的保护措施,比如,如果有网络媒体等侵犯了犯罪人有关信息,则赋予权利人以民事、行政、刑事多层次的救济权利。对此本文认为,对应于犯罪记录消灭而言,其应当包括以下含义:

第一,犯罪记录消灭中的删除应当意味着国家专门机关存储的关于该个人犯罪记录所有有关的文档信息,不论是纸质版档案信息,还是电子化的存储,都不能再被任何主体查询到,亦不能具有指向性。在方式上可表现为,物理上毁损存储个人信息的硬盘,也可以是其他技术手段。但如果仅仅表现为无法在线访问或者删除以后进入回收站,显然不能构成所谓的删除,原因在于,这样处理后,该个人信息还是可以被相关人

---

[113] 参见吴尚聪:《现代性、社会控制与犯罪记录制度:犯罪记录的谱系学考察》,载《甘肃政法大学学报》2021年第6期。

[114] 参见刘文杰:《被遗忘权:传统元素、新语境与利益衡量》,载《法学研究》2018年第2期。

很容易地再次取得和使用,而不是彻彻底底地消失从而不能被恢复。[115] 此外,除物理上毁损外,还可以采用其他方式,只要不能被人查找到即可。[116] 有学者认为,前科消灭应限于非刑事领域,且不能影响司法机关根据审理案件的需要查询行为人的犯罪记录并据此定罪量刑。[117] 对此笔者并不赞同,消灭既然是彻彻底底地消失,不能再被查找到,那么就意味着无论是在非刑事领域,还是在刑事领域都应如此,如果消灭后还能被查询进而被利用、被进一步评价,那将无异于封存,并非真正意义上的消灭。据此,如果行为人在犯罪记录消灭后再次实施犯罪,司法机关在定罪量刑时,也只能将行为人视为初犯,而不能考虑也无从考虑之前的犯罪事实。虽然该种犯罪事实是客观存在而不可能消灭的,但记载犯罪事实的犯罪记录已然不存在,便不能对此事实再次进行法律上的评价。

第二,数字化时代的来临改变了社会的记忆机制,使得信息的遗忘成为了一个难题。[118] 犯罪记录作为一种信息,对其进行消灭和删除时,还应当包含被遗忘。关于个人信息删除权与被遗忘权的关系,理论上存在不同观点。欧盟《一般数据保护条例》第 17 条确立了被遗忘权[119],其核心内涵还在于传统意义上的删除权,无非在此基础上赋予了另一义务,即要求个人数据的控制者在已进行传播扩散的情况下,应当履行告知第三方删除的义务。[120] 我国《个人信息保护法》中的"删除权"的范围仅仅限于信息处理者自己删除,而不包括该信息处理者履行义务通知第三者进行删除。在此意义上,删除权也就只是指信息主体享有删除权利,信息处理者负有删除义务,实质上表现为一对一的关系。而对于行使被遗忘权,则还有更高要求,在此基础上,信息处理者还负有采取必要措施要求其他处理者删除此类信息的义务,这突破了一对一的关系,表现为一对多的权利。也就是说,对被遗忘权而言,数据控制者不仅要自己删除相关的个人信息,还要在一定程度上通

---

[115] 参见程啸:《论〈个人信息保护法〉中的删除权》,载《社会科学辑刊》2022 年第 1 期。
[116] 参见何梅:《国外前科消灭制度及档案处理办法简介》,载《北京档案》2004 年第 6 期。
[117] 参见前注[3]。
[118] 参见丁晓东:《被遗忘权的基本原理与场景化界定》,载《清华法学》2018 年第 6 期。
[119] 参见欧盟《一般数据保护条例》(General Data Protection Regulation, GDPR)第 17 条,原文如下: The data subject shall have the right to obtain from the controller the erasure of personal data concerning him or her without undue delay and the controller shall have the obligation to erase personal data without undue delay where one of the following grounds applies: (a) the personal data are no longer necessary in relation to the purpose for which they were collected or otherwise processed; (b) the data subject withdraws consent on which the processing is based according to point (a) of article 6 (1),or point (a) of Article 9 (2),and where there is no other legal ground for the processing; (c) the data subject objects to the processing pursuant to Article 21 (1) and there are no overriding legitimate grounds for the processing,or the data subject objects to the processing pursuant to Article 21 (2); (d) the personal data have been unlawfully processed; (e) the personal data have to be erased for compliance with legal obligation in Union or Member State law to which the controller is subject; (f) the personal data have been collected in relation to the offer of information society services referred to in Article 8 (1).
[120] 参见前注[115]。

知其他处理者一同删除。[121] 犯罪记录作为犯罪人的一项个人信息,具有极高的敏感性,可以说是一种敏感个人信息,如果仅仅是国家专门机关删除已记载的信息,社会上如公共网络或搜索引擎还存在此类信息,那么这种消灭的效果将大打折扣,犯罪记录消灭制度确立的意义也会变得极为有限,因此,犯罪记录消灭中删除与被遗忘同等重要,任何一个都不可或缺。而且,犯罪记录的消灭实际上具有时间性的要求,当符合消灭条件时,其公共属性与时效性已削弱,再披露必然对当事人影响甚巨,严重损害其利益,故被遗忘是应有之义。[122] 当然,被遗忘权未必要以删除方式实现,匿名化处理在很多情况下也往往被采用。[123] 所谓匿名化处理,是指对个人信息中具有可识别性的符号进行加工处理,使该个人信息无法被用于识别具体的公民个人。无论采取何种方式进行匿名化处理,其目标需达到使得他人无法通过个人信息识别定位信息主体。[124]《个人信息保护法》第 73 条对此也有规定,匿名化是指个人信息经过处理无法识别特定自然人且不能复原的过程。在大数据时代,个人信息面临严重的失控风险,这使得被遗忘权在刑事领域具有适用空间,确立被遗忘权制度成为必然。[125]

另外,对于犯罪记录封存而言,确立的理念是整体封存、分层管理、区分效果。[126] 整体封存意味着一切犯罪主体无论所犯何罪均可封存犯罪记录,以保障犯罪记录有限查询模式的目标价值得以实现;分层管理即对未成年人犯罪记录与成年人犯罪记录、不能消灭的犯罪记录与可以消灭的犯罪记录分别进行管理,在封存的具体程序上应有所不同;区分效果即未成年人与成年人犯罪记录、严重与非严重刑事犯罪记录在提供对外查询时,随着查询阶段以及具体查询事项的不同,不同主体的查询结果是不一样的。具体而言犯罪记录封存应当包括以下含义。

其一,封存并非个人信息删除权的赋予,也并非个人信息被遗忘权的归属,而仅仅是有限的被遗忘权。这种有限的被遗忘权要求国家专门机关将犯罪人的犯罪记录进行密封保存,避免犯罪记录在民间无序弥散,将犯罪记录查询权限统归官方,对外提供有限查询服务。社会商业机构与平台并不能对外提供查询服务,也不能实名公开犯罪记录信息,为此,除官方对内保存外,必须将相关犯罪记录信息删除或者至少进行匿名化处理,以避免封存演变为公开。一旦犯罪人员依法行使其有限的被遗忘权,则意味着与其相关的案件信息、数据等资料将被暂时隐匿甚至永久封存。[127]

---

[121] 参见王立明:《论个人信息删除权》,载《东方法学》2022 年第 1 期。
[122] 参见前注〔114〕。
[123] 参见翟小波:《信息作为惩罚——为被遗忘权辩护》,载《环球法律评论》2022 年第 2 期。
[124] 参见郑曦:《匿名化处理:刑事诉讼被遗忘权实现的另一种途径》,载《法治研究》2021 年第 5 期。
[125] 参见郑曦:《大数据时代的刑事领域被遗忘权》,载《求是学刊》2017 年第 6 期。
[126] 参见前注〔65〕。
[127] 参见杨帆、林果丰:《被遗忘权的刑事司法保护研究——从犯罪记录封存的角度》,载《政法学刊》2021 年第 4 期。

其二,封存不同于消灭,在封存期间,司法机关、相关单位和个人在符合法律、行政法规的条件下,可以在国家专门机关查询到该犯罪人员的犯罪记录,但查询到的犯罪记录仅仅应当在该有限的范围内使用,用于特定的目的,不能超出使用范围和使用目的地以行为人有犯罪记录为理由,肆意剥夺其他应平等享有的权利,也不得提供给第三者,即要恪守信息专用与信息保密义务。

其三,未成年人的犯罪记录封存与成年人的犯罪记录封存在效果上体现出差异。对于未成年人而言,犯罪记录封存在某种意义上意味着无犯罪记录,相当于消灭但并非完全意义上的消灭,因为一定条件下依然可以查询到,是一种有限的消灭;对于成年人而言,犯罪记录封存意味着有限查询,必须在符合法律、行政法规的前提下,由符合查询条件的主体在国家专门机关进行查询,此时仍然可以获取其犯罪记录。

当犯罪人的犯罪记录被消灭后,人事档案记载的犯罪记录信息亦应清除,行为人至此成为一个清清白白的个人,按照不曾受过刑事处罚对待,依法享有各项权利,由此社会上所设置的相关资格限制也就对行为人没有任何约束,因犯罪而引起的刑法上的不利后果全部消灭,这同时也就意味着行为人所享有的删除权与被遗忘权的实现。当然也有学者认为,前科消灭只是意味着注销犯罪记录,还需要恢复因犯罪而失去的法定权利或资格。[128] 对此,本文的主张是,犯罪记录的消灭必然同步前科的消灭,前科消灭后资格与权利自然恢复,前科的消灭与复权可以说是同一问题,[129] 即犯罪记录消灭已然蕴含着恢复权利的可能性,不必再重复规定复权制度。当犯罪人的犯罪记录被封存后,司法机关、相关单位和个人基于特定目的,根据法律规定,经过严格的申请程序,可以向国家专门机关进行查询,但这种查询仅限于正当用途且不得扩散,如果扩散,行为人将承担相应的法律责任。另外,在封存期间,社会公众和相关新闻媒体也不得继续公开犯罪人信息。可见,无论是犯罪记录的消灭还是封存,如果仅仅是国家专门机关这一单一主体履行删除与封存义务,而在社会上还泛滥着有关该行为人的犯罪信息,那么国家专门机关的删除与封存的意义将变得极为有限。因此,无论是犯罪记录的消灭还是封存,被遗忘都是其必然包含的意蕴。

(二)具体展开:实施方式与立法构建

1. 在实施方式方面

实施方式可借鉴国外经验并结合本土实际,实行法定与申请两种方式,也可谓主动消灭与被动消灭,这与法国对于犯罪人司法档案的销毁与撤销有法定和申请两种形式类似,也类似于俄罗斯终止前科的消灭与撤销两种选择路径。

---

[128] 参见梁云宝:《积极刑法观视野下微罪扩张的后果及应对》,载《政治与法律》2021年第7期。
[129] 参见张明楷:《外国刑法纲要》(第3版),法律出版社2020年版,第385—386页。

法定，即由法律进行具体的规定，由法律设置一定条件，当满足相关条件时，国家专门机关主动对其所记载的犯罪记录依法进行消灭或封存，不需要行为人采取任何行动。法定方式属于一种硬性规定，必须达到法律规定的条件，才有可能对其犯罪记录进行消灭或封存，这种方式赋予国家专门机关一种强制性义务。满足法律规定的条件时，犯罪人自然而然享有法定权利，如果国家专门机关经过法定条件和期限不履行该义务，将会受到相应处罚，这也是对犯罪人法定权利的救济保障。

申请，即在满足一定条件时，由犯罪人本人或者其委托的人向国家专门机关申请提前消灭或封存犯罪记录，该情况下国家专门机关不负有主动消灭或封存的义务，需要行为人主动行使权利告知相关机关进行犯罪信息处理。这与俄罗斯刑法典相关规定类似，即在行为人有重大立功或者善举时，可以允许行为人提前申请消灭犯罪记录。申请方式属于一种变通规定，是一种动态的弹性机制，如果行为人在法定期间表现良好，满足提前消灭或封存的条件，该行为人便享有一种权利，可以提前要求国家专门机关实现其权利；但如果没有申请，国家专门机关并不强制性地负有相应的删除或封存义务。

将法定与申请两种方式相结合，在硬性规定与变通规定中，兼顾静态的稳定机制与动态的弹性机制，既可以在一定时间内实现对犯罪人的有效管控和监督，也可以充分调动犯罪人在再社会化过程中更加积极地弃恶从善，从而实现社会效果与法律效果的统一。[130]

2. 在立法构建方面

在立法层面构建犯罪记录消灭制度应当立足于刑事一体化，相关内容应主要规定在《刑法》中，其次在《刑事诉讼法》中予以程序性辅助，再者应制定"犯罪记录法"来完善犯罪记录制度，从而对《刑法》《刑事诉讼法》相关规定予以落实。具体而言，可以在《刑法》第四章刑罚的具体运用中增加一节，规定在第八节时效后面，作为第九节犯罪记录的规定，具体规定犯罪记录消灭和封存制度。

第一，废除我国现行《刑法》第100条的规定。我国现行《刑法》第100条规定了犯罪记录报告制度，该制度显然不符合法治观念，不利于权利保障，因此需要废除。其一，在此情况下，有关单位推定了所有人都是潜在的犯罪人，都需要通过开具无犯罪记录证明来证明自己没有犯罪，违背了任何人没有自证其罪的义务的法治观念。其二，该规定虽赋予犯罪人以报告义务，但并未规定不履行该义务的责任，可谓一种无效条款。其三，在行为人如实报告犯罪事实的情况下，很可能引起有关单位的无端刁难与歧视，违背了法律规定的平等就业权。其四，该制度强制性地使行为人无限期地负有犯罪记录报告义务，具有终身性，不符合比例原则。其五，该制度规定实际上是因应

---

[130] 参见前注[65]。

社会治安综合治理工程的顺利开展,是一种权宜之计,并无实际可用的空间。[131] 但是废除该制度只是意味着行为人没有向有关单位如实报告犯罪记录的义务,而不意味着单位没有权利查询行为人的犯罪记录,特殊行业、特殊职业的有关单位在符合法律、行政法规的前提下,可以向犯罪记录登记机关查询该行为人的犯罪记录,这亦符合《犯罪记录查询规定》第4条所确立的犯罪记录有限查询模式的核心旨趣。[132] 在犯罪记录有限查询模式下,特定单位同样可以实现犯罪记录报告制度的目的,同时也在一定程度上减少了犯罪人再就业的阻碍。

第二,修改《刑事诉讼法》关于未成年人犯罪记录封存制度的规定,确立犯罪记录整体封存制度。《刑事诉讼法》第286条规定了未成年人犯罪记录封存制度,对该制度应当进行整合修改。一是要扩大适用主体范围:即包括未成年犯罪人和成年犯罪人,而不再仅仅是犯罪时不满18周岁的未成年人。二是要扩大罪行适用范围:即一切犯罪不论判处多重刑罚均可适用犯罪记录封存,而不再将适用范围限定在被判处5年以下刑罚。三是明确查询主体和条件:在查询主体上,现行《刑事诉讼法》第286条规定了司法机关和有关单位的查询权,《犯罪记录查询规定》第4条则规定了个人、单位、行政机关和公证处的查询权,《犯罪记录意见》还提示了辩护律师在履行辩护职责时的查询权。未来在整体封存理念下,应对此进行整合,合理确定查询主体范围,明确私主体与公主体在不同阶段各自的查询权。在查询条件上,对公主体与私主体应当设置不同的条件限制,在不同主体和不同查询条件下,查询结果也应体现出层次性不同。整体封存制度下,社会商业机构与网络平台并不具有犯罪记录的管理权限,犯罪人员信息库统一由国家专门机关建立,对内妥善保管犯罪记录,对外提供有限查询,由此,犯罪记录有限查询模式的目标才可能有效实现。反之,如果仅仅是部分封存,公开化的犯罪记录信息便会冲击犯罪记录有限查询目标的实现,确立犯罪记录有限查询模式的意义也就极为有限,甚至可能会演变为犯罪记录无限查询的自动开放模式。可以说,犯罪记录整体封存与有限查询体现为制度的一体两面,两者相互配合,互相保障,缺一不可。唯有如此,犯罪记录有限查询模式才有可能真正确立,犯罪记录封存制度也得以大范围地适用,从而最大限度地实现封存犯罪记录的意义。

第三,应合理划定犯罪记录消灭的范围。在行为人定性方面,我国刑法分则规定了十类不同性质的犯罪。总体上依据各类犯罪的危害程度对类罪进行排列,基本上以各类犯罪法益的重要程度为依据,按由重到轻的顺序进行排列,但并不意味着后一类犯罪中的所有具体犯罪都比前一类犯罪轻微。[133] 因此,要从行为定性方面确定行为

---

[131] 参见熊建明:《〈刑法〉第100条适用空间、功能及性质解构——兼论对受过刑事处罚人的规范性和非规范性评价》,载《东方法学》2011年第5期。
[132] 参见前注[65]。
[133] 参见前注[40],第844页。

人实施犯罪的罪行严重程度恐怕不切合实际,虽然原则上侵害国家法益与社会法益的犯罪更为严重,侵害个人法益的犯罪相对没有那么严重,但具体情形中,对行为社会危害性的衡量还是依据最终的量刑标准来确定。因此,笔者认为,要划定犯罪记录消灭的范围主要应依据的是对犯罪人最终的宣告刑。最终的宣告刑综合考量了法定量刑情节与酌定量刑情节,衡量了犯罪人所实施行为的社会危害性程度,考察了行为人的人身危险性与再犯可能性,并最终得出结果。据此,本文主张以最终的宣告刑作为划定标准,同时结合责任要素,主要是基于以下原因:一是如上所述,行为的定性,即定罪的类型,虽然反映了犯罪所侵害的法益的重要程度,但仅具有有限的意义,并不能反映行为人最终的责任;二是就法定刑而言,同一性质的犯罪也有不同的量刑幅度,反映了不法侵害严重程度、社会危害性、人身危险性与再犯可能性的不同;三是罪责刑相适应也表明了宣告刑的量度是与罪责相匹配的,罪责反映出的罪行轻重最终还是以宣告刑体现出来;四是对于犯罪人的刑罚执行、教育改造效果最终还是通过刑罚的量来体现,能够达到刑罚执行的效果必须匹配相应的刑罚的量。以责任作为划定标准,主要是因为责任要素的不同反映出行为人对不法行为的心理态度不同,故意犯罪与过失犯罪二者反映的行为人的主观恶性存在明显不同,据此,对其进行报应与预防以及社会防卫的干预也就不同。

综上,结合宣告刑与责任要素,通过考察各罪当中的量刑幅度,可以发现一般行为人被判处10年有期徒刑以上刑罚的案件,都属于严重刑事犯罪案件。因此,笔者认为,宜以10年宣告刑为犯罪记录是否可以消灭的界限。故意犯罪被判处10年以上有期徒刑、无期徒刑、死刑的人,其犯罪记录无法被消灭,但可封存;故意犯罪被判处10年以下有期徒刑、拘役、管制、附加刑与定罪免刑的人以及过失犯罪的人,其犯罪记录进入消灭的范围,在犯罪记录未消灭之前亦可封存。另外,还需要说明的是,对于未成年人犯罪,应当予以特殊保护,这也是我国刑法一直坚持的原则。对于未成年人,可以通过两种方式予以特殊保护:一是一切犯罪均可消灭犯罪记录,没有10年宣告刑的限制,也没有故意与过失的限制;二是在满足时间期限的形式条件下,可以予以适当缩短,但是在良好表现的实质条件上还应当秉持一贯的标准。

第四,在《刑法》中系统规定犯罪记录消灭和封存的条件、范围和法律效果时,要找寻社会公共利益和犯罪人利益的最佳平衡点,既遵循比例原则设置尽量少的限制,又要兼顾社会公共安全的防卫功能的发挥。通过对域外相关规定进行分析可知,要实现犯罪记录的消灭,基本要具备的条件包括形式条件和实质条件。形式上需满足刑罚执行完毕这一时间要求,即犯罪记录的消灭仅仅可能出现在服刑结束后,而在服刑期间不存在犯罪记录消灭的说法。服刑期满是一个关键时点,犯罪记录封存与消灭的程序自此开始启动。这表明,犯罪记录的消灭只是消除犯罪人回归社会的障碍,而并非消灭还在执行的刑罚。并且,在刑罚执行完毕后并不是即刻消灭,而是要经过一定的时间期限。实质上,还要考量行为人的现实表现,是否实施新的犯罪行为,是否具有良好表现等。总体而言,在主体条件、时间条件、悔改条件与限制条件方面都要有所体现[134],综合考量行为的社会危害性与行为人的人身危险性以及再犯可能性,与减刑和假释的相关条件具有类似性。

详言之,立法构建须考量如下内容:(1)法律效果:行为人实施犯罪行为因而被人民法院裁判有罪,从法院的有罪判决生效之日起至犯罪记录消灭之时止,该行为人被认定为有罪之人。在认定累犯和判处刑罚时,应当根据规定考虑其以前的犯罪事实。在犯罪记录消灭后,该行为人被认为无罪,刑法规定的与之有关的一切法律后果归于消灭。(2)消灭与封存范围:故意犯罪被判处10年以上有期徒刑、无期徒刑、死刑的人,犯罪记录不得消灭,但应当根据有关规定在刑罚执行完毕或被赦免后予以封存;故意犯罪被判处10年以下有期徒刑、拘役、管制、附加刑与定罪免刑,以及过失犯罪的人,犯罪记录均可消灭;在刑罚执行完毕或被赦免至犯罪记录消灭期间,应当根据有关规定对其犯罪记录予以封存。(3)形式条件:下列期限经过,行为人未犯新罪,犯罪记录消灭,行为人不再被视为有罪之人:①被判有罪但免除刑罚的人,自判决生效之日过6个月;②单处附加刑的,刑罚执行完毕过1年;③被适用缓刑的人,考验期届满后过1年;④被判处管制、拘役的,刑罚执行完毕过2年;⑤被判处3年以下有期徒刑的人,刑罚执行完毕过3年;⑥被判处3年以上5年以下有期徒刑的人,刑罚执行完毕过5年;⑦被判处5年以上10年以下有期徒刑的人,刑罚执行完毕过10年;⑧过失犯罪被判处10年有期徒刑以上刑罚的人,刑罚执行完毕过15年。(4)限制条件:在上述期限以内又故意犯罪被判处3年有期徒刑以上刑罚的,犯罪记录不得消灭;故意犯罪被判处3年有期徒刑以下刑罚或过失犯罪的,消灭的期限从后罪刑罚执行完毕之日起合并计算。(5)实质条件:如果被判处刑罚的人在刑罚执行完毕后表现突出,法院可以根据有关人员的请求在消灭的期限届满之前撤销犯罪记录。(6)特殊条款:对于未成年犯罪人而言,不需要考虑法定刑的限制,实施一切犯罪与被判任何刑罚,均可适用犯罪记录消灭,同时其时间期限应当相对减少。

第五,在《刑法》《刑事诉讼法》中规定犯罪记录消灭与封存制度之后,还需要适时制定"犯罪记录法",以具体规定犯罪记录记载、存储、查询、封存与消灭的具体程序和内容。如前文所述,当前我国正在积极推进犯罪记录制度的构建,《犯罪记录意见》《查询性侵违法犯罪信息意见》《犯罪记录查询规定》《犯罪记录封存实施办法》等法律文件对此已有明确规定,基本上对犯罪记录制度的初步建立进行了擘画。未来我国在制定"犯罪记录法"时,要注意整合其中的规定,同时对犯罪记录消灭与封存制度进行落实。具体应关注但不限于以下多个方面。

其一,明确犯罪记录的内涵和外延,结合当下社会中需要出具无犯罪记录证明的事实情况,合理划定犯罪记录范围。在我国,犯罪记录一般是指犯罪人员被定罪判刑

---

[134] 参见熊瑛:《构建未成年人前科消灭制度应然与实然的冲突与平衡》,载《法治研究》2010年第10期。

的判决记录。在德国,记载于犯罪登记机关的犯罪记录则包括有关被判刑人的犯罪情况的所有资料,主要包括所有以判决、处罚命令、刑罚决定等形式作出的裁判,此外还有缓刑考验期的批准、要求和撤销,暂时释放,免除刑罚,减轻处罚,剥夺名誉刑的重新赋予等。[135] 在美国,犯罪记录的内容并不限于刑事判决记录,而是涵摄几乎所有同刑事司法系统发生联系而产生的记录,如逮捕记录、搜查记录、执法记录等。非判决的刑事记录同样存在污名化效应,会给行为人升学、就业等带来不利影响。[136] 因此,未来确立犯罪记录内涵划定范围时对此也应予以重视,应兼顾判决记录与非判决记录。对此,《犯罪记录封存实施办法》中关于未成年人犯罪记录封存的范围也可作为参考,其中规定应当封存的未成年人犯罪记录,包括侦查、起诉、审判及刑事执行过程中形成的有关未成年人犯罪或者涉嫌犯罪的全部案卷材料与电子档案信息。不予刑事处罚、不追究刑事责任、不起诉、采取刑事强制措施的记录,以及对涉罪未成年人进行社会调查、帮教考察、心理疏导、司法救助等工作的记录,同样需要进行封存。由此可见,犯罪记录可以区分为实质意义上的犯罪记录,以及与此紧密相关的一些前提性记录与后续性记录,实质意义上的犯罪记录在于确证人民法院是唯一具有定罪量刑权的法定主体,只要被人民法院裁判有罪,即使未判刑,也相应存在犯罪记录。而将实质意义上的犯罪记录进行前后阶段的延展,则也包括与之具有紧密关联的刑事案件各个阶段的立案侦查、刑事强制措施、审查起诉等记录,甚至包括刑罚执行、社区矫正等记录,这些记录虽然并非实质意义上的犯罪记录,但难免引起有犯罪记录的相关联想,因此,在确立犯罪记录消灭或封存范围时,这些记录也应当引起重视并视情况决定是否采取消灭或封存措施。[137]

其二,建立全国统一的犯罪人员信息库,明确建立犯罪人员信息库的主体和内容。根据《犯罪记录意见》,由公安机关、国家安全机关、人民检察院、司法行政机关分别建立有关记录信息库,并实现互联互通,待条件成熟后建立全国统一的犯罪人员信息库。但《犯罪记录查询规定》第3条规定,由公安部建立犯罪人员信息查询平台。查询结果只反映查询时平台录入和存在的信息。未来在建立全国统一的犯罪人员信息库时,应当注意公检法司多主体联动,各自负责犯罪信息的登记管理,实施共建共享共治机制,最终由分散走向统一,实现全国统一的犯罪人员信息库的建立。比如,危害国家安全犯罪的犯罪人员信息库由国家安全机关建立,贪污、贿赂等职务犯罪的犯罪人员信息库由检察机关建立,其他犯罪的信息库由公安机关建立。此外,监狱部门可以建立入监服刑人员的信息库,矫正部门也可以建立矫正人员的信息库。[138] 为此须建立犯罪人员信息通报机制,在案件侦办、起诉、裁判、执行过程中

---

[135] 参见前注〔22〕,第414页。
[136] 参见前注〔82〕。
[137] 参见前注〔65〕。
[138] 参见李玉萍:《〈关于建立犯罪人员犯罪记录制度的意见〉理解与适用》,载《人民检察》2012年第16期。

涉及的主体,要履行相应的信息报告义务,以便犯罪人员信息库的完善。同时对犯罪记录的记载、查询、封存与消灭,以及出具无犯罪记录证明等具体事项分配不同责任主体,其他主体有义务予以协助。比如犯罪记录的记载产生于法院的定罪量刑活动之后,可以由法院牵头,通知其他主体协助办理登记。对于犯罪记录的封存,则须多个主体共同执行,以实现整体封存的理念。对于犯罪记录的查询与出具无犯罪记录证明而言,则可以赋予多个主体办理,以最大限度满足有关机关和单位的公共利益需要和行为人开具无犯罪记录证明的需求。犯罪记录的消灭通常有法定和申请两种方式,由于犯罪记录源于法院的定罪量刑司法活动,理应由法院展开犯罪记录的消灭工作。总体而言,应兼顾公共利益与个人利益,既便利国家机关,又更大限度地保障犯罪人权利,同时考虑到不同工作的性质进行职责分配。内容方面应当包括反映犯罪人员基本情况的个人信息以及关于案件侦查、审查起诉、审判、刑罚执行过程的一系列具体信息。当然以上只是在未形成全国统一的犯罪人员信息库之前的具体操作,未来形成全国统一的犯罪人员信息库之后,则应由主要负责的主体对相关犯罪记录统一进行登记、储存、查询、封存与消灭,其他相关主体则在不同阶段履行相应的协助义务,及时将不同阶段的相关犯罪记录信息通知责任主体,使其能够完成全面的犯罪记录信息登记与汇总,及时掌握犯罪人员犯罪信息,实现犯罪记录的准确查询、及时封存与消灭。

其三,系统规定犯罪记录查询、封存与消灭的程序与内容,明确法律效果。例如,建立犯罪人员信息查询机制,确立可查询的主体范围、审查查询目的的正当性、明确查询的具体方式、设置不同事项的查询权限、规范查询结果出具的格式文本、规定查询信息保密义务等。在犯罪记录查询模式方面,自动开放模式以美国为代表,许可开放模式以英国、法国、德国为典型,这可为我国犯罪记录查询提供借鉴。[139] 我国目前的《犯罪记录查询规定》基本上已经确立了犯罪记录有限查询模式,即许可开放模式,这一模式可以实现社会防卫与人权保护的平衡,符合我国现实需求,未来只需对其进行修正整合进而将其上升为法律即可。再如,细化犯罪记录消灭与封存的实体内容和运作程序,包括法定犯罪记录消灭的实施细节和申请犯罪记录消灭的条件、封存与消灭后各自的法律效果、国家专门机关出具无犯罪记录证明、社会商业机构与媒体应履行的被遗忘权所对应的删除或匿名化义务等。另外,还须确立独立的法律监督主体,对查询、封存与消灭工作进行法律监督,及时对工作中出现的问题提出纠正意见,对此《犯罪记录封存实施办法》第22条规定:"人民检察院对犯罪记录封存工作进行法律监督。对犯罪记录应当封存而未封存,或者封存不当,或者未成年人及其法定代理人提出异议的,人民检察院应当进行审查,对确实存在错误的,应当及时通知有关单位予以纠正。有关单位应当自收到人民检察院的纠正意见后及时审查处理。经审

---

[139] 参见前注 [102]。

查无误的,应当向人民检察院说明理由;经审查确实有误的,应当及时纠正,并将纠正措施与结果告知人民检察院。"这一规定明确了检察院在未成年人犯罪记录封存中的监督主体地位,未来立法时可作考量。

其四,完善犯罪记录被滥用的责任承担与救济路径。包括对记载信息有误的申请更正权利、对查询结果不服的异议与投诉路径,以及消灭与封存后,将犯罪记录作为个人信息予以保护,可以向法院提起侵权之诉等。在法律责任方面进行规定,明确违反犯罪记录记载、查询、封存与消灭义务的法律后果,规定相应的民事、行政与刑事法律责任。注重衔接协调《刑法》与《刑事诉讼法》。一方面,落实《刑法》与《刑事诉讼法》关于犯罪记录的规定;另一方面,《刑法》与《刑事诉讼法》应有对应的罪名设置,以追究违反规定处理犯罪记录的人员的责任,比如侵犯公民个人信息罪的适用等。

其五,系统清理或改变与犯罪记录查询、封存和消灭等制度相抵牾的规定。例如,最高人民法院《关于人民法院在互联网公布裁判文书的规定》虽然在一定程度上考虑了司法信息公开与个人隐私保护之间的平衡,但在公开相关个人信息的范围上仍然值得反思。[140] 现行的裁判文书公开制度下,公开范围过于宽泛,导致犯罪记录无形地被广泛散播,各大商业机构和平台对此进行利用,社会人群也能轻易获取,导致犯罪记录封存与消灭制度的目的丧失,也消解了犯罪记录有限查询模式的价值。因此,在犯罪记录封存与消灭期间,须将裁判文书实名公开制改为匿名公开制。实行裁判文书匿名公开制的国家往往具有完善的犯罪记录制度,反之,实行裁判文书实名公开制的国家,其犯罪记录制度则不健全,因为裁判文书的实名公开会使得犯罪记录消灭制度形同虚设,最终造成犯罪记录制度的不完善。[141] 为实现封存与消灭的效果,裁判文书应设置复制、转载权限,并建立与第三方的数据合作交换机制,以及引导搜索引擎设立便捷删除功能等。[142] 再如,修改农业部办公厅《农业部干部人事档案管理办法》中的相关规定,改变现有的户籍管理制度等,使犯罪记录档案信息统一于全国统一的犯罪人员信息库,其他存储介质不得再收集记载相关信息。[143] 抑或改变人事档案制度,建立专门的犯罪档案记录体系,将犯罪档案从人事档案中抽出。[144] 总而言之,犯罪记录信息不再记入人事档案与户籍等。

---

[140] 参见王华伟:《已公开个人信息的刑法保护》,载《法学研究》2022年第2期。
[141] 参见周予实:《犯罪记录制度与裁判文书公开制度兼容问题的比较研究》,载《西部法学评论》2016年第1期。
[142] 参见徐文进、姚竞燕:《被遗忘权范式下裁判文书上网后撤回机制的检视与优化——基于131份撤回文书及〈个人信息保护法〉的定向分析》,载《法治研究》2022年第1期。
[143] 参见刘计划、陈丽芳:《未成年人犯罪记录封存制度的反思与重构》,载《财经法学》2015年第3期。
[144] 参见刘伟、伍晋:《我国前科消灭制度的构建思考》,载《云南大学学报(法学版)》2015年第2期。

五、结　语

在全面推进依法治国,深化法治领域改革的新时代背景下,刑法积极参与社会治理,轻罪时代悄然来临,法治的文明建设与和谐社会的包容度呼唤犯罪记录制度尤其是犯罪记录消灭制度的建立。构建犯罪记录消灭制度不仅是刑事法在法治领域改革中的体现,也是刑法参与社会治理现代化的必然选择。犯罪记录消灭制度的构建有利于实现犯罪人的再社会化,充分实现对犯罪人的权利保障,这与刑罚的最终目的趋于一致。完备的刑法体系不应该仅仅具有定罪、量刑与行刑制度,还应当具备完善的去罪制度,完善的去罪制度的关键在于消灭已有的犯罪记录。事实上,在法治实践中,犯罪记录制度也在逐步走向深化。未成年人犯罪记录封存制度的从无到有、落地生根、完善成熟,犯罪记录查询制度的出现与实践,以及未来犯罪记录制度的系统成形,都可谓刑事法深入落实法治领域改革的制度措施。

刑事制裁一方面是人类自由的重要保障;另一方面也是人类自由的主要威胁。慎重和人道地使用刑事制裁,它就是人类自由的保障;反之,它就是人类自由的威胁。[145] 犯罪记录的持续存在作为刑事制裁的溢出效应,对自由的影响不亚于刑事制裁本身。在全面依法治国,深化法治改革的当下,通过构建犯罪记录消灭制度,"撕掉"影响行为人生活的犯罪"标签",实现行为人由犯罪人转变为普通人的目标,真正使改过自新的犯罪人重新走上人生的光明大道,参与社会主义和谐社会的建设,这既是犯罪记录制度改革在法治领域改革中的法治意义体现,也是其现实生活意义的真切写照。

---

[145] 参见前注[51],第363页。

[实证研究]

刑事印证的考察与反思
——基于《刑事审判参考》166 个案例的实证分析[*]

江 东[**]

要 目

一、问题的提出
二、实证研究资料的总体情况
三、实证研究资料的具体分析
　（一）印证的对象是证据与证据之间的关系
　（二）印证的前提是证据具备证据能力
　（三）印证的类型化研究
四、有效运用印证方法的建议
　（一）重视"过程证据"对"结果证据"的印证作用
　（二）区分证据能力层面的关联性和证明力层面的关联性
　（三）合理把握隐蔽性证据的印证适用
　（四）谨慎对待证人转述有罪陈述的印证作用
　（五）发挥排除合理怀疑对印证的补充作用
五、结语

摘　要　刑事印证在司法证明过程中的具体应用已然成为理论界与实务界关注的焦点。以《刑事审判参考》中有关印证的 166 个案例为切入点，通过对实证数据的归

---

[*]　本文系 2019 年国家社科基金项目《证据的支撑力和区分力问题研究》（项目编号：19XFX006）、2023 年重庆市教育委员会人文社会科学研究基地项目《落实证人出庭作证制度研究》（项目编号：23SKJD008）、2022 年重庆市研究生科研创新项目《审判中心视野下控方全面移送证据义务研究》（项目编号：CYB22177）的阶段性研究成果。本文曾获得首届全国高校证据科学博士生博士后论坛一等奖。
[**]　西南政法大学法学院 2020 级博士研究生，西南政法大学诉讼法与司法改革研究中心研究人员。

纳统计和具体案例的研读分析,不难发现,印证的对象是证据与证据之间的关系,印证的前提是证据具备证据能力,而我国刑事司法实践逐渐呈现"以言词证据之间相互印证为核心、以实物证据印证言词证据为辅助"的印证适用形态。若以言词证据作为划分依据,可以将有关印证的样本案例分为四种类型。其一,被告人的有罪供述与在案其他证据之间的关系是印证规则的审查重点,即"被告人供述的印证"类型。其二,在被告人先供认后翻供的情形下,被告人供述辩解的内容对比及与其他证据之间的印证关系就成为判断被告人翻供是否合理的关键,即"被告人翻供的印证"类型。其三,在没有被告人供述的共同犯罪案件中,共犯供述之间的相互印证关系可以作为定案根据,即"共犯供述的印证"类型。其四,在既没有被告人供述也没有共犯供述的情况下,应当注意判断被害人陈述/证人证言与在案证据之间的印证关系,即"被害人陈述/证人证言的印证"类型。当然,在具体运用印证这一证明方法的过程中,我们应当秉持"证无定法、证必有法、贵在得法"的正确态度。对于实践中片面理解印证的现象,应对的措施是:重视"过程证据"对"结果证据"的印证作用;区分证据能力层面的关联性和证明力层面的关联性;合理把握隐蔽性证据的印证适用;谨慎对待证人转述有罪陈述的印证作用;发挥排除合理怀疑对印证的补充作用。

关键词 印证 过程证据 关联性 传来口供 排除合理怀疑

一、问题的提出

在现代司法制度下,刑事案件的正确处理,不仅依赖于审判法官的居中裁判和控辩双方的平等对抗,而且还需要刑事诉讼程序的精密设置以及庭审实质化等改革的深入贯彻。毋庸置疑,程序是自由的最后堡垒,没有程序,法治什么都不是[1],而证据则是事实认定的关键。只有在严格把握证据能力、规范证据准入资格的前提下,对证明力进行审慎评估,才能将支离破碎的证据材料组合还原,最终达到法律真实(甚至客观真实)的证明程度。

本文关注的问题,来源于2018年笔者在最高人民法院第四巡回法庭的实习经历。根据笔者的观察,法官对待每一个刑事申诉案件,都会在仔细研读一审、二审裁判文书的基础上,尽可能调阅之前的卷宗材料,并审查申诉人及其律师提交的书面意见。但在实践中,经常会遇到这样的难题:生效裁判宣称案件已达到事实清楚、证据确实充分的证明标准,而申诉人仍然认为定案证据不能相互印证。另外,现实中的案件事实并不是"非黑即白"的。[2] 比如,案卷材料中同时存在证明被告人有罪的证据和证明其无罪的线索,且均能得到部分在案证据的印证。此时,如何正确理解适用印证规则,就成为司法人员审查判断证据过程中不可回避的问题。

---

[1] 参见邓子滨:《刑事诉讼原理》,北京大学出版社2019年版,第7页。
[2] 参见李昌盛:《"剩余疑点"下的审判模式》,载《法律科学(西北政法大学学报)》2017年第2期。

由此,笔者也在思考:印证的基本内涵是什么?印证在司法实践中是如何具体运作的?印证的对象是什么?印证的前提又是什么?在审查证据、认定事实的过程中,印证又应当处于何种地位?印证真的有助于清楚还原案件事实吗?

为了回答上述问题,首先,本文运用实证分析的方法,以《刑事审判参考》中的 166 个案例为样本,全面考察印证在司法实践中的适用规模(第二部分);其次,本文将明确印证的对象和前提,并结合具体案情对印证进行类型化研究(第三部分);最后,本文将深入分析错误印证的刑事案例,进而指出未来刑事印证的总体改革方向及配套改革措施(第四部分),以期为审判实务提供参考。

二、实证研究资料的总体情况

裁判文书是人民法院代表国家行使审判权、依据案件事实和法律所作出的书面结论,既明确了当事人的权利义务,又呈现了诉讼活动的全过程。因此,裁判文书是考察印证具体运用的最佳样本。

初始样本为《刑事审判参考》第 1 集至第 115 集,共包含 1282 个指导案例、数百篇选登的裁判文书及部分实务论文。[3] 检索方式为全文精确检索,关键词为"印证",共检索得出 188 篇。其中 4 篇《如何正确把握有罪与无罪——谈谈刑事诉讼证明标准》《庭审中如何处理以刑讯逼供为理由的翻供》《涉外刑事案件审判中的若干问题》《商业贿赂犯罪刑法适用疑难问题研究》属于实务论文,鉴于其不涉及具体案例的讨论,因此从样本中予以剔除。另外,某些案例虽然提及"印证",但既不是表达证据与证据之间的相互印证,也不是表达证据与案件事实之间的印证证明,如第 383 号指导案例"郭如鳖、张俊琴、赵茹贪污、挪用公款案"中有关"印证"的表述为"《最高人民检察院关于挪用国库券如何定性问题的批复》也可以印证单位国债的公款性质"。此类无效案例共 18 个,均予以排除。最终得到和本文研究主题相关的有效案例共 166 个,其中"印证"一词共出现 482 次。

在这 166 个样本案例中,2019 年案例 6 个,"印证"出现 27 次;2018 年案例 5 个,"印证"出现 9 次;2017 年案例 0 个;2016 年案例 7 个,"印证"出现 14 次;2015 年案例 9 个,"印证"出现 28 次;2014 年案例 16 个,"印证"出现 52 次;2013 年案例 21

---

[3] 从实证统计和归纳分析的角度来看,样本越丰富、数据越充足,得出的结论也就越可靠。但笔者在无讼案例网上检索后发现,以"印证"为关键词的刑事裁判文书接近百万份。由于不同年份、不同地域的文书质量参差不齐,文书内容也未必能全面反映法官内心思考的真实过程,文书数量也远超笔者调研的承受能力,因此本文放弃了直接从裁判文书进行全样本统计的考察方式,转而选择《刑事审判参考》作为实证数据来源。一方面,《刑事审判参考》是最高人民法院于 1999 年创立的具有实务指导意义的书籍系列,包含的案例经过最高人民法院刑事审判庭审核,因此《刑事审判参考》能够大致体现我国刑事司法的实践样貌,具有一定权威性;另一方面,《刑事审判参考》中的案例包括"基本案情""主要问题"和"裁判理由"三个部分,即使撰稿人和审编人对案例作了文字上的修饰或技术上的处理,"裁判理由"这一部分仍然能够详尽地展现司法证明的具体论证过程。

个,"印证"出现 65 次;2012 年案例 14 个,"印证"出现 43 次;2011 年案例 15 个,"印证"出现 58 次;2010 年案例 10 个,"印证"出现 33 次;2009 年案例 13 个,"印证"出现 23 次;2008 年案例 4 个,"印证"出现 13 次;2007 年案例 6 个,"印证"出现 29 次;2006 年案例 4 个,"印证"出现 14 次;2005 年案例 8 个,"印证"出现 13 次;2004 年案例 7 个,"印证"出现 28 次;2003 年案例 6 个,"印证"出现 8 次;2002 年案例 5 个,"印证"出现 9 次;2001 年案例 4 个,"印证"出现 5 次;2000 年案例 2 个,"印证"出现 4 次;1999 年案例 4 个,"印证"出现 7 次。具体如图 1 所示。

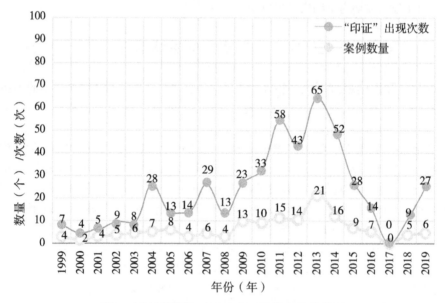

图 1　案例数量及"印证"出现次数变化趋势图

由于 2017 年《刑事审判参考》没有提及"印证"的相关案例,因此在年份的比较中予以略去。在总体变化趋势方面,从 1999 年到 2008 年,提及"印证"的案例数量虽有起伏,但整体上表现出平稳增长的态势,2013 年增长至波峰,在此之后开始逐步缩减。在局部变化方面,相较于 2008 年,2009 年案例数量出现陡增,或许是由于 2008 年最高人民法院提出了《人民法院统一证据规定(司法解释建议稿)》(以下简称《2008 年证据规定建议稿》);2010—2012 年案例数量持续处于平均数以上,可能是由于 2010 年最高人民法院、最高人民检察院、公安部公布了《关于办理死刑案件审查判断证据若干问题的规定》(以下简称《2010 年死刑案件证据规定》)。2013 年,不论是案例数量还是"印证"出现次数均达到峰值,可能是由于 2012 年最高人民法院公布了《关于适用〈中华人民共和国刑事诉讼法〉的解释》(以下简称《2012 年最高法刑诉解释》)。值得注意的是,相较于 2013 年,2016—2018 年的案例数量已略有下降。从某种意义上来说,这一数据变化能够在一定程度上体现出《刑事审判参考》的编审人员对"印证"逐渐保持冷静的态度。

按照罪名分布进行统计,这166个样本案例共涉及故意杀人罪、故意伤害罪、贪污罪、受贿罪、非法持有毒品罪等30多个罪名。需要说明的是,在样本案例中,一个案件涉及多种罪名的情况非常普遍,例如,被告人同时被指控犯故意杀人罪、强奸罪等其他罪名。因此,按照罪名统计可以得知,样本案例中罪名的总频数为200,比有效样本总数166要多。为了便于分析,笔者将走私、贩卖、运输、制造毒品罪,以及非法持有毒品罪等罪名统称为"毒品类犯罪",并将其他出现次数小于5次的罪名(不包括5次)统一归为"其他罪名"。具体如图2所示。

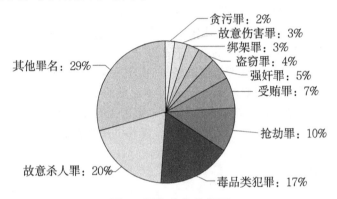

图2 罪名分布比例图

数据显示,在这166个样本案例中,涉及故意杀人罪的有40个案件,占罪名总频数的20%,位居第一;毒品类犯罪有33个案件,约占总频数的17%,位居第二;抢劫罪有20个案件,占总频数的10%,位居第三;受贿罪、强奸罪、盗窃罪、绑架罪、故意伤害罪、贪污罪等罪名紧随其后。

"故意杀人罪"出现"印证"一词的频数最高,一方面是由于故意杀人罪是最古老的自然犯,其恶劣残忍的犯罪行为可能威胁甚至直接剥夺被害人的生命。因此,故意杀人罪的司法认定必须经过严格的证据审查,做到证据之间相互印证。另一方面,在"命案必破"这一口号的影响下,法官选择出罪将会面临更大的释法说理压力。尤其是案件侦查终结后,公安机关对外宣布顺利破案,此时法官多是借助"在案证据无法相互印证"这一说理方式,进而作出无罪判决。

"毒品类犯罪"出现"印证"一词的频数位居第二,这与毒品类犯罪本身的特点有关。一方面,与一般的犯罪活动相比较,毒品类犯罪具有犯罪现场隐蔽、无明确的被害人、犯罪涉及面广、流动性大等特点[4],且暴力武装护毒和隐蔽藏毒运毒是实施毒品

---

[4] 参见薛风雷:《毒品犯罪侦控若干问题研究》,吉林大学2012年博士学位论文。

类犯罪的常用手段,这使得侦查机关很难固定相关物证;另一方面,毒贩的反侦查意识不断增强,客观上会增加被告人供述、证人证言等言词证据的收集难度,给案件的司法裁判制造障碍。正是由于毒品类犯罪案件中,在案证据的数量与种类较少,法官往往需要通过间接证据的印证规则来判断案件事实是否清楚、指控罪名是否成立。

"抢劫罪"出现"印证"一词的频数位居第三,这是由于抢劫罪是财产类犯罪中除盗窃罪外最常见的犯罪,也是财产类犯罪中手段最恶劣的犯罪[5],公安机关的办案经验因此较为丰富。在绝大多数抢劫案中,公安机关提取到的被告人供述与辩解、被害人陈述等言词证据,以及作案凶器、监控录像等实物证据,为"证据之间相互印证"提供了用武之地。

为了回答"印证证明模式能否有效遏制冤假错案的发生"这一问题,我们可以从样本案例的最终结论来分析印证的具体作用。经统计发现,在166个样本案例中,将印证用于入罪(即指控犯罪事实成立)的案例有120个,占样本总数的72.3%;将印证用于出罪(即全部无罪、部分无罪或者量刑减轻)的案例有44个,占样本总数的26.5%;将印证同时用于入罪和出罪的案例有2个,占样本总数的0.01%。上述所称的全部无罪的案例,包括一审法院直接宣告无罪的案件、一审判决有罪二审改判无罪的案件和最高人民法院未予核准死刑后改判无罪的案件。具体如图3所示。

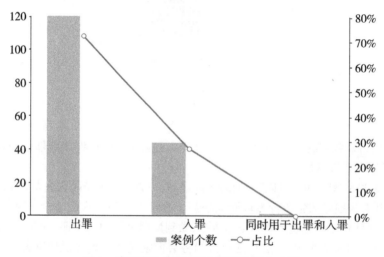

图3　出罪与入罪案例数量及比例分布图

为了更加精准地展现印证在样本案例中的实际运用,笔者对出现"印证"一词5次以上的样本案例(共29个)进行了汇总,对案件基本情况和有关"印证"的主要表述作了简要摘录。具体如表1所示。

---

[5] 参见张明楷:《刑法学》(第5版),法律出版社2016年版,第972页。

表1 出现"印证"一词5次以上的样本案例

案件名 (按照所在集数的 先后顺序排列)	"印证" 出现次数 (次)	关于"印证"的表述摘录 (根据证据种类进行摘录,略去重复的证据种类)	最终案件结论 (入罪或出罪)
1.歹进学挪用公款案[6]	18	该供述与马新喜证明金华机械厂本来准备办成集体后又改成个体及该厂的执照是由其本人伙同歹进学共同办理的证言相印证。该证言与……(证言)证明内容相互印证。工商年检报告与……(证言)印证一致。上述书证与证人证言及歹进学供述相互印证。	出罪
2.孟动、何立康盗窃案[7]	6	实践中,由于电脑终端与电脑用户并不一定一致,尽管电子数据与待证事实有一定的联系,但其仍不能单独证明案件事实。在这种情况下,就需要将其与其他证据相印证。QQ聊天记录能证明被告人已经盗取……但其真实性需进一步印证。黑客程序和文件虽印证了被告人已经盗取,但是否销售不能证明。	入罪
3.余华平、余后成被控故意杀人案[8]	9	两人对作案工具、作案地点、作案方式的供述,始终无法吻合,两人有关杀人行为实施过程的有罪供述也无法与本案的其他证据相互印证。除余华平的供述和指认之外,没有其他证据印证提取的铁丝圈就是凶器。证人未反映当晚有异常情况,无法印证杀人及移尸的供认。	出罪
4.张建国贩卖毒品案[9]	16	各被告人供述之间能印证。刘艺、蒋国栋的供述……得到以下间接证据的印证。通话记录可以印证供述的真实性。钱款汇入原始单据进一步印证了张建国收受毒资的事实。住宿登记单与供述相印证。	入罪
5.杨飞故意杀人案[10]	6	被害人朋友的证人证言与被告人亲属的证言相印证。	入罪

[6] 本文引用的案例以《刑事审判参考》中的原文名称作为案例名。参见中华人民共和国最高人民法院刑事审判第一庭、第二庭编:《刑事审判参考(总第41集)》,法律出版社2005年版,第50—62页。
[7] 参见中华人民共和国最高人民法院刑事审判第一、二、三、四、五庭主办:《刑事审判参考(总第52集)》,法律出版社2007年版,第42—48页。
[8] 参见中华人民共和国最高人民法院刑事审判第一、二、三、四、五庭主办:《刑事审判参考(总第57集)》,法律出版社2007年版,第18—26页。
[9] 参见前注[8],第48—55页。
[10] 参见中华人民共和国最高人民法院刑事审判第一、二、三、四、五庭主办:《刑事审判参考(总第65集)》,法律出版社2009年版,第7—16页。

(续表)

案件名 (按照所在集数的 先后顺序排列)	"印证" 出现次数 (次)	关于"印证"的表述摘录 (根据证据种类进行摘录,略去重复的证据种类)	最终案件结论 (入罪或出罪)
6. 胡元忠运输毒品案[11]	6	抓获事实以及取证过程与证人证言相互印证。民警证言与公安机关实验笔录印证。民警证言得到其他证人证言印证。证人证言与辨认笔录相互印证。	入罪
7. 杨淑敏故意杀人案[12]	12	有罪供述得到其他证据的印证。案件各个环节得到了相关证据的印证。尸体检验鉴定结论印证了被告人的供述。证人证言印证了被告人供述。	入罪
8. 谢怀清等贩卖、运输毒品案[13]	5	二人所供内容详细、自然,能相互印证,并与其他证据吻合,高度可信。之后的有罪供述印证了以往的有罪供述的自愿性和真实性。	入罪
9. 陈亚军故意伤害案[14]	5	当庭证言与其他证言、鉴定意见、勘验检查笔录等证据相印证。其他在场证人的证言也不能印证刘京的证言。	出罪
10. 孙国强等假冒注册商标案[15]	5	孙国强、钱书增二人的供述能与从现场起获的物证相互印证。被告人供述、同案犯供述可以与证人证言相互印证。	入罪
11. 郭永明等绑架案[16]	8	本案一、二审所采信的书证所证明的内容与其他证据不能印证,无法排除合理怀疑。被告人的户籍登记是证明其犯罪时已满18周岁的唯一证据,而在案大量证人证言所证明的内容与该书证恰好相反,所证细节真实可信,且证据间能够相互印证。	出罪

---

[11] 参见中华人民共和国最高人民法院刑事审判第一、二、三、四、五庭主办:《刑事审判参考(总第67集)》,法律出版社2009年版,第137—143页。

[12] 参见中华人民共和国最高人民法院刑事审判第一、二、三、四、五庭主办:《刑事审判参考(总第72集)》,法律出版社2010年版,第20—26页。

[13] 参见上注,第59—66页。

[14] 参见中华人民共和国最高人民法院刑事审判第一、二、三、四、五庭主办:《刑事审判参考(总第77集)》,法律出版社2011年版,第27—34页。

[15] 参见中华人民共和国最高人民法院刑事审判第一、二、三、四、五庭主办:《刑事审判参考(总第78集)》,法律出版社2011年版,第89—95页。

[16] 参见中华人民共和国最高人民法院刑事审判第一、二、三、四、五庭主办:《刑事审判参考(总第79集)》,法律出版社2011年版,第27—39页。

(续表)

案件名 (按照所在集数的先后顺序排列)	"印证"出现次数(次)	关于"印证"的表述摘录 (根据证据种类进行摘录,略去重复的证据种类)	最终案件结论 (入罪或出罪)
12.徐科故意杀人、强奸案[17]	17	被告人徐科的庭前供述……能够与尸检报告、现场勘查笔录、在案隐蔽性很强的物证相互印证,因此能够作为定案的根据使用。公诉机关提供的证据(被害人手机通话清单、徐科肋部损伤照片、抛尸位置、被害人头部损伤原因、摩托车等物证)能够印证被告人庭前认罪供述。	入罪
13.夏志军制造毒品、非法持有枪支案[18]	9	各被告人均供认在何平全邀约和具体组织、指挥下先后4次制造氯胺酮320余千克的犯罪事实,口供相互印证。供述得到王平和其他证人的印证。通过证据间的相互印证来确定被告人夏志军在制毒活动中的地位和作用。	入罪
14.胡建明抢劫案[19]	14	自制尖刀的刀刃有打磨痕迹,刀柄被黑色绝缘胶布缠绕,可印证胡建明所供尖刀系其用铁板自制。被告人翻供后虽拒绝辨认该刀,但仍可认定该刀系胡建明所有。胡建明在侦查阶段的两次详细供述能与其他证据印证。胡建明的供述得到被害人陈述、证人证言的印证,属于先供后证。	入罪
15.李某贩卖毒品案[20]	5	李某交代雇佣其贩卖毒品的农某及与其共同贩卖毒品的许某确有其人,且均系涉毒人员,李某交代的部分受雇贩卖毒品的情节得到在案证据印证。因此李某受他人雇佣贩卖毒品的可能性很大。	出罪
16.渚明剑受贿案[21]	5	入所健康检查登记表、谈话笔录、情况说明与证人证言相互印证,均能证明取证程序合法。证人证言与供述相互印证。	入罪

---

[17] 参见中华人民共和国最高人民法院刑事审判第一、二、三、四、五庭主办:《刑事审判参考(总第82集)》,法律出版社2012年版,第40—49页。

[18] 参见中华人民共和国最高人民法院刑事审判第一、二、三、四、五庭主办:《刑事审判参考(总第83集)》,法律出版社2012年版,第63—72页。

[19] 参见中华人民共和国最高人民法院刑事审判第一、二、三、四、五庭主办:《刑事审判参考(总第86集)》,法律出版社2013年版,第40—47页。

[20] 参见中华人民共和国最高人民法院刑事审判第一、二、三、四、五庭主办:《刑事审判参考(总第89集)》,法律出版社2013年版,第77—83页。

[21] 参见上注,第89—96页。

(续表)

案件名 (按照所在集数的 先后顺序排列)	"印证" 出现次数 (次)	关于"印证"的表述摘录 (根据证据种类进行摘录,略去重复的证据种类)	最终案件结论 (入罪或出罪)
17. 姜青松盗窃案[22]	6	两被害人各自陈述的被盗情况均有其他证据予以印证。姜青松提出的……辩解因无其他证据予以印证,且与被害人陈述存在较大矛盾,再加上前后供述反复变化,存在虚假可能,因此不予采信。	入罪
18. 黄友强贪污案[23]	5	证人是黄友强的亲戚,所作证言不利于黄友强,但主观色彩较少,且证言与有关书证能印证。证人证言能相互印证。证言与存单凭证能够相互印证。	入罪
19. 张文明故意杀人案[24]	6	证人白某与证人石某的证言相印证。张文明所称其将自己的联系方式写在纸上交给被害人的辩解无证据印证。	入罪
20. 曲振武、胡英辉故意杀人案[25]	19	案发现场和出租车上的胡英辉的血迹印证了胡英辉的供述。王某证言印证了胡英辉供述中时间、地点、经过等情节。胡英辉供述中有大量个性化的涉案细节,与曲振武的有罪供述相互印证。	入罪
21. 李刚、李飞贩卖毒品案[26]	6	通话记录与韦可发的指供……仍属于单向证明,没有得到李刚的供述或者在案其他证据的相互印证。并不能必然得出李刚前两次贩卖海洛因的结论。	出罪
22. 王某某强奸案[27]	10	王某某在侦查阶段的供述与多名证人的证言印证。	入罪

---

[22] 参见中华人民共和国最高人民法院刑事审判第一、二、三、四、五庭主办:《刑事审判参考(总第 91 集)》,法律出版社 2014 年版,第 48—54 页。

[23] 参见中华人民共和国最高人民法院刑事审判第一、二、三、四、五庭主办:《刑事审判参考(总第 92 集)》,法律出版社 2014 年版,第 100—107 页。

[24] 参见中华人民共和国最高人民法院刑事审判第一、二、三、四、五庭主办:《刑事审判参考(总第 94 集)》,法律出版社 2014 年版,第 109—116 页。

[25] 参见中华人民共和国最高人民法院刑事审判第一、二、三、四、五庭主办:《刑事审判参考(总第 95 集)》,法律出版社 2014 年版,第 33—41 页。

[26] 参见中华人民共和国最高人民法院刑事审判第一、二、三、四、五庭主办:《刑事审判参考(总第 97 集)》,法律出版社 2014 年版,第 90—96 页。

[27] 参见中华人民共和国最高人民法院刑事审判第一、二、三、四、五庭主办:《刑事审判参考(总第 98 集)》,法律出版社 2014 年版,第 37—41 页。

(续表)

案件名 (按照所在集数的 先后顺序排列)	"印证" 出现次数 (次)	关于"印证"的表述摘录 (根据证据种类进行摘录,略去重复的证据种类)	最终案件结论 (入罪或出罪)
23. 林求平猥亵儿童案[28]	9	被害人江某的就诊病历记录、医生等其他多人的证言与现场勘查笔录能够相互印证。综合考虑幼儿所作陈述的内容与其他证据的印证情况。	入罪
24. 孙连义故意杀人案[29]	5	孙连义在侦查阶段的有罪供述与其他证据可以印证,属于先供后证。被告人供述的隐蔽性细节得到十余天后作出的鉴定意见的印证。	入罪
25. 李万华故意杀人、盗窃案[30]	5	李万华之兄李某某证实案发后见过李万华脸部、手上有伤痕,与供述相印证。DNA 鉴定意见与供述相印证。	出罪
26. 李梦杰、刘辉贩卖毒品案[31]	5	两被告人二审时的当庭供述能够相互印证。公安机关的《情况说明》等材料前后不一,尚有明显疑点无法排除。	入罪
27. 任海玲故意杀人案[32]	10	被告人任海玲的供述、被害人张某某的证言均能够与鉴定意见相印证。任海玲供述提到的咖啡奶茶杯、烟头……等物证均未提取到案,无法印证供述真实性。	出罪
28. 高佑铭抢劫案[33]	5	证人证言、从现场提取的烟蒂、现场勘验检查笔录以及尸体鉴定意见能够与被告人供述印证。	入罪
29. 康文良故意杀人案[34]	14	康文良的有罪供述与证人证言、DNA 鉴定意见和法医鉴定意见等证据相互印证。案件部分重要情节得不到供述的印证。康文良对关键性情节的供述呈现出与已在案证据逐渐印证的特点。	出罪

[28] 参见上注,第 59—65 页。
[29] 参见中华人民共和国最高人民法院刑事审判第一、二、三、四、五庭主办:《刑事审判参考(总第 99 集)》,法律出版社 2015 年版,第 40—46 页。
[30] 参见中华人民共和国最高人民法院刑事审判第一、二、三、四、五庭主办:《刑事审判参考(总第 100 集)》,法律出版社 2015 年版,第 38—42 页。
[31] 参见上注,第 97—102 页。
[32] 参见中华人民共和国最高人民法院刑事审判第一、二、三、四、五庭主办:《刑事审判参考(总第 102 集)》,法律出版社 2016 年版,第 21—31 页。
[33] 参见中华人民共和国最高人民法院刑事审判第一、二、三、四、五庭主办:《刑事审判参考(总第 114 集)》,法律出版社 2019 年版,第 71—77 页。
[34] 参见中华人民共和国最高人民法院刑事审判第一、二、三、四、五庭主办:《刑事审判参考(总第 115 集)》,法律出版社 2019 年版,第 37—43 页。

结合表1可以发现,29个样本案例中有9个出罪案例,占比约31%。综上,不论是166个样本案例,还是29个("印证"一词出现5次以上的)样本案例,将印证用于出罪的案例的占比似乎都可以在一定程度上说明,通过印证审查判断证据能够做到疑罪从无。由此可见,我国刑事诉讼的证明方式确实存在浓厚的印证色彩。不过,上述结论的得出仅是基于实证数据统计,仍然需要进一步归纳印证的实践类型,分析样本案例的具体案情和裁判理由。

三、实证研究资料的具体分析

在对印证进行类型化研究之前,还需从印证的对象和前提等方面对印证的基本内涵作出界定。

(一)印证的对象是证据与证据之间的关系

回顾已有的刑事印证理论不难发现,理论界对于印证的对象、印证证明的对象以及印证与印证证明之间的关系等问题并未形成一致认识,有以下三种代表性观点。其一,有学者认为,印证是指使用证据证明案件事实,从而作出事实判定。[35] 其二,有观点指出,印证证明是指利用不同证据内含信息的同一性来证明待证事实。[36] 其三,有学者认为,印证既包括证据与待证事实之间的关系,也包括证据与证据之间的关系。[37]

对于上述问题,司法实务界也存在理解与运用上的混乱。统计发现,在样本案例中,没有包含"印证证明"一词的表述语句,只有提及"印证"一词的裁判说理内容。一方面,大部分案例将印证的对象定位为证据与证据之间的关系。例如杨飞故意杀人案(第65集512号)[38],"被害人朋友的证人证言能与被告人亲属的证言相互印证";又如夏志军制造毒品、非法持有枪支案(第83集743号)[39],"供述得到王平和其他证人的印证"。另一方面,有个别案例将印证的对象定位为证据与待证事实之间的关系。例如胡元忠运输毒品案(第67集第552号)[40],"抓获事实以及取证过程与证人证言相互印证";又如杨淑敏故意杀人案(第72集第599号)[41],"案件各个环节得到了相关证据的印证"。由此带来的追问是:印证的对象究竟是什么?是证据与证

---

[35] 参见龙宗智:《印证与自由心证——我国刑事诉讼证明模式》,载《法学研究》2004年第2期。
[36] 参见龙宗智:《刑事印证证明新探》,载《法学研究》2017年第2期。
[37] 参见周洪波:《中国刑事印证理论批判》,载《法学研究》2015年第6期;左卫民:《"印证"证明模式反思与重塑:基于中国刑事错案的反思》,载《中国法学》2016年第1期。
[38] 参见前注[10],第7—16页。
[39] 参见前注[18],第63—72页。
[40] 参见前注[11],第137—143页。
[41] 参见前注[12],第20—26页。

据之间的关系还是证据与待证事实的关系？印证证明的对象又是什么呢？印证是否等同于印证证明？

笔者认为，印证不等于印证证明，印证的对象应当明确界定为证据与证据之间的关系，而印证证明的对象则是证据与待证事实之间的关系。理由有以下四点：首先，在司法解释和法律规范层面，不论是最高人民法院、最高人民检察院、海关总署公布的《关于办理走私刑事案件适用法律若干问题的意见》，最高人民检察院公诉厅公布的《毒品犯罪案件公诉证据标准指导意见（试行）》，最高人民检察院公布的《人民检察院审查逮捕质量标准》，最高人民法院、最高人民检察院、公安部公布的《2010年死刑案件证据规定》，还是最高人民法院2017年公布的《人民法院办理刑事案件第一审普通程序法庭调查规程（试行）》，2021年公布的《关于适用〈中华人民共和国刑事诉讼法〉的解释》（以下简称《2021年最高法刑诉解释》），以及《监察法》，都是将印证的对象界定为证人证言、被害人陈述、被告人供述与辩解、勘验检查笔录等证据之间的关系，不包括证据与待证事实之间的关系。其次，从出现时间的先后顺序看，先有印证，后有印证证明。[42] 再次，从印证证明的作用机理看，已经查证属实的证据+证据与证据之间的印证关系=印证证明。因此，印证证明的本质是证明，以证据之间的相互印证为前提。[43] 最后，从语言表述的形式上看，印证既有证据A对证据B的单向印证，也有证据A与证据B的相互印证，而印证证明则仅指证据对待证事实的单向证明。因此，从前文已述的个别案例看，司法实践将印证的对象界定为证据与待证事实之间的关系，实际上混淆了印证与印证证明的界限。

（二）印证的前提是证据具备证据能力

明确印证的对象是证据与证据之间的关系后，亟待回答的问题是：证据需要满足何种条件，才能进入印证的视野？即印证的前提是什么？我们可以从样本案例中找到答案。

例如杨增龙故意杀人案（第108集第1168号）。检察机关指控被告人杨增龙犯故意杀人罪。杨增龙辩称，其有罪供述是侦查人员通过刑讯逼供取得的。一审法院查明：杨增龙与被害人郭某某有不正当男女关系。由于杨增龙想和前妻复婚，于是其在2009年1月13日19时许将郭某某约至村西砖窑，商议分手事宜。之后，二人发生争执，杨增龙打晕郭某某后用刀将其头颅割下，并埋进田野。一审法院认为，杨增龙在侦查阶段作的有罪供述与其悔过书内容相同，看守所体检记录中没有体表有伤的记载，且两位侦查人员均出庭作证称没有刑讯逼供，因此不采纳杨增龙的辩解。基于有

---

[42] 参见王建芳：《印证≠印证证明——对印证、印证证明及其相互关系的反思与重塑》，载《湖南科技大学学报（社会科学版）》2020年第1期。

[43] 参见纵博：《认罪认罚案件中口供判断的若干问题》，载《中国刑事法杂志》2019年第6期。

罪供述能够与其他在案证据相互印证,一审法院最终认定指控罪名成立,判处杨增龙无期徒刑。

被告人杨增龙不服,上诉称存在刑讯逼供,应当排除有罪供述。二审法院查明:首先,讯问录音录像不完整,不是同步录制形成的。其次,讯问录像显示,被告人额头上有伤,与看守所体检记录无法印证。再次,指认现场视频不完整,没有体现案发地点。最后,提讯证存在瑕疵,没有写明提讯时间和事由,也没有提讯人员签名。综上,被告人的有罪供述没有得到其他客观物证的印证,因此改判无罪。[44]

值得肯定的是,在无罪判决率较低的现实背景下[45],该案的二审法院仍然坚持控辩平等、控审分离这一基本原则,没有忽视杨增龙的上诉理由,对有罪供述的讯问录音录像以及杨增龙指认现场的视频进行了细致核查,最终贯彻疑罪从无的司法理念,改判杨增龙无罪。

但需要指出的是,一审和二审法院均未能正确理解印证的前提。梳理上述案情可以发现,该案的裁判过程还存在以下问题:第一,一审法院没有仔细审查讯问录音录像的具体内容,未能从讯问录像中发现杨增龙额头有伤,这表明一审法院对于证据能力的重视程度不够。第二,一审法院认为杨增龙的有罪供述与悔过书内容吻合,相互印证,最终将有罪供述作为定案的根据,此种论证方式属于典型的"印证放合法"。[46] 其背后的逻辑是:该有罪供述能够和悔过书相互印证,那么该有罪供述是真实可信的;既然有罪供述是可信的,那么就不存在刑讯逼供等违法取证行为。第三,二审法院虽然对有罪供述的取证合法性存疑,但却没有明确写明有罪供述不具备证据能力,更没有将有罪供述排除,仅从没有其他客观物证印证有罪供述的角度,对案件作出无罪判决。显然,二审法院的论证方式是将证据的证据能力和证明力捆绑在一起加以分析,未能明确证据能力与证明力的先后顺序。对此,该案的撰稿人和审编人给出了证据审查的正确思路[47],具体如图 4 所示。

---

[44] 为了遵守论文写作规范,同时也为了力求保持案件争议焦点和说理论证过程,本文对《刑事审判参考》中的案例进行必要的表述删减或改写。

[45] 参见高通:《论无罪判决及其消解程序——基于无罪判决率低的实证分析》,载《法制与社会发展》2013年第4期。

[46] 参见易延友:《非法证据排除规则的中国范式——基于1459个刑事案例的分析》,载《中国社会科学》2016年第1期。

[47] 参见中华人民共和国最高人民法院刑事审判第一、二、三、四、五庭主办:《刑事审判参考(总第108集)》,法律出版社2017年版,第26—31页。

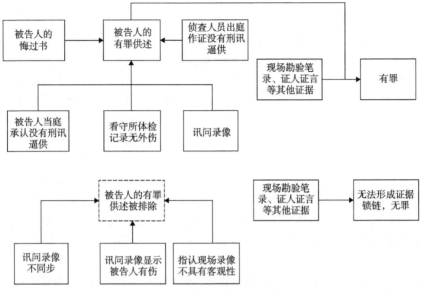

图 4 杨增龙故意杀人案证据推理图

综上所述,若司法人员在评价证明力强弱之前,未能有效排除不具备证据能力的相关证据,将很可能导致错误印证的发生。可以说,一种不重视证据准入资格而片面强调证据之间相互印证的印证规则,对案件事实的查明毫无积极意义,也会损害司法公正。因此,应当明确印证的前提是证据具备证据能力。

(三) 印证的类型化研究

在尝试厘清印证的对象与前提之后,本文将对样本案例中的印证作出类型划分。从这 166 个样本案例看,我国刑事司法实践逐渐呈现出"以言词证据之间相互印证为核心、以实物证据印证言词证据为辅助"的印证适用形态。因此,本文以言词证据作为划分依据,对印证进行类型化研究。首先,被告人的有罪供述与在案其他证据之间的关系是印证规则的审查重点。其次,在被告人先供认后翻供的情形下,被告人供述辩解的内容对比以及与其他证据之间的印证关系就成为判断被告人翻供是否合理的关键。再次,在没有被告人供述的共同犯罪案件中,共犯供述之间的相互印证关系可以作为定案根据。最后,在既没有被告人供述也没有共犯供述的情况下,应当注意判断被害人陈述/证人证言与在案证据之间的印证关系。[48] 分述如下。

---

[48] 《关于办理死刑案件审查判断证据若干问题的规定》第 17 条规定:"对被害人陈述的审查与认定适用前述关于证人证言的有关规定。"本文据此将被害人陈述的印证与证人证言的印证划为一类,称之为"被害人陈述/证人证言的印证"。

1. 被告人供述的印证

有学者指出,在我国刑事诉讼活动中,无论是侦查阶段、审查起诉阶段,还是审判阶段,被告人的供述始终居于证据审查判断的核心地位,因此可以将司法实践对被告人供述的严重依赖概括为"口供中心主义"。[49] 实际上,世界各国都普遍存在过度追求被告人供述的负面倾向。[50] 我国为了摆脱这种口供依赖,也曾在案卷移送制度和非法证据排除规则等方面作出过努力,但都没能改变"无供不录案"的司法惯性。而认罪认罚从宽制度的推进,使得被告人供述仍将长期占有"证据之王"的地位。

具体到本文的样本案例,大部分案例的证据认定均是以被告人的有罪供述为审查重点。可以说,判断有罪供述能否与其他证据形成印证关系,是印证规则的"黄金法则"。因此,"被告人供述的印证"是司法实践中最为常见的印证类型。由于样本案例在事实认定或法律适用方面属于疑难复杂案件,笔者以一个简单案件作为补充。

在马某某交通肇事案[51]中,检察院指控,2018年9月26日中午,被告人马某某驾驶重型普通货车在路上行驶,明知是红灯仍企图通过路口,与被害人苗某相撞致其死亡。案发后,被告人马某某委托他人拨打110和120。庭审中,控方出示了受案登记表,到案经过,供述笔录,证人张某、黄某、李某的证言,现场勘验检查笔录,现场图及现场照片,鉴定意见(尸检报告),事故监控视频等证据。被告人马某某对指控事实和证据无异议。法院认为,在案证据来源合法,证据内容能够相互印证,符合证据的合法性、客观性、关联性,因此被告人马某某的行为构成交通肇事罪。

该案中,现场勘验检查笔录、现场图及现场照片、鉴定意见(尸检报告)、事故监控视频等证据都是非常客观的,上述证据能够与被告人马某某供述笔录中的认罪内容相互印证,可以说该案裁判的最终结果是毋庸置疑的。

2. 被告人翻供的印证

正如前文所述,被告人稳定、真实且已得到其他证据印证的有罪供述,对还原案件过程、发现事实真相至关重要。有学者指出,被告人的有罪供述不仅能够减轻裁判者(陪审团)作出有罪判决的心理压力,规避事实认定过程中的不确定风险,还可以成为庭审时裁判者训斥教化被告人的正当依据。[52] 但并不是所有案件的被告人都会如实、稳定地供述犯罪事实。实践中,法官经常会面临被告人翻供带来的审判难题:原本作出有罪供述的被告人修改自身供述,供述前后反复、内容不尽一致,或者被告人推翻

---

[49] 参见闫召华:《口供中心主义评析》,载《证据科学》2013年第4期。
[50] 参见李训虎:《口供治理与中国刑事司法裁判》,载《中国社会科学》2015年第1期。
[51] 参见安徽省芜湖市鸠江区人民法院(2019)皖0207刑初38号刑事判决书。
[52] 参见前注[50]。

了先前作出的有罪供述,针对部分或全部指控改作无罪辩解。[53] 不论是前者还是后者,都会增加法官在证据审查以及事实认定过程中的裁判难度。从样本案例看,法官大多遵循《2010年死刑案件证据规定》与《2012年最高法刑诉解释》关于被告人翻供问题的处理思路。

例如宋光军运输毒品案(第51集第405号)。2005年1月20日,被告人宋光军与叶红军、杨波欲将毒品从四川运送至福建,公安机关于途中当场查获海洛因900余克。检察院指控宋光军犯运输毒品罪。宋光军庭审时翻供,辩称其包内毒品是由他人放入。一审法院未采纳宋光军的辩解,认为罪名成立并判处死刑。宋光军提出上诉,认为自己并不明知包内携带了毒品。二审法院未采纳上诉理由,维持原判。最高人民法院在死刑复核过程中亦对一审和二审法院所认定的事实部分给予了肯定。

毫无疑问,被告人是否具备明知的犯罪心态属于犯罪主观要件的判断范畴。借鉴将印证分为直接印证与间接印证的理论观点[54],当被告人提出不具备犯罪故意的无罪辩解时,判断指控罪名是否成立的重要标准包括有罪供述之间的直接印证关系和其他证据之间的间接印证关系。

具体到该案,一方面,被告人宋光军在侦查阶段的4份供述中,曾3次供认运送毒品的犯罪事实,因此,供述内容之间的直接印证关系为定案提供了有力依据。另一方面,当场起获的毒品和同案犯供述相互印证,证明毒品是从宋光军的包内提取;抓获经过、同案犯供述与证人证言相互印证,证明宋光军曾有逃避公安例行检查的行为;两名同案犯的供述也能够相互印证,证明宋光军在运输毒品过程中非常谨慎。上述证据虽然不能直接表明宋光军主观明知的故意心态,但在证据信息的指向性方面一致,形成了间接印证关系,均能间接证明指控的犯罪事实确实存在。另外,宋光军的翻供辩解无法得到其他证据的相互印证,因此该案一审和二审法院认为被告人宋光军对其犯罪行为的主观心态属于"明知",并判决运输毒品罪罪名成立,是较为合理的。该案的证据推理过程具体如图5所示。

---

[53] 参见陈瑞华:《论被告人口供规则》,载《法学杂志》2012年第6期。
[54] 参见前注[36]。

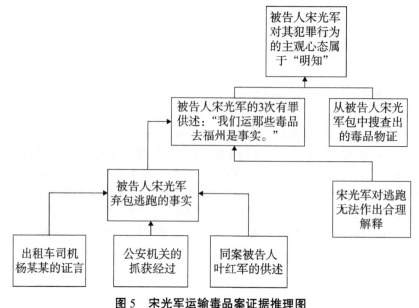

图 5 宋光军运输毒品案证据推理图

3. 共犯供述的印证

在共同犯罪案件中,司法机关经常会面临这样的问题:若案件材料中仅有被告人供述和共犯供述这两类证据,且两者之间满足证据合法性的要求,能够相互印证,是否可以据此定案? 该问题产生的原因在于,应当如何正确理解共犯供述在法定证据种类中的定位。如果认为共犯供述属于"被告人供述",那么,即使在案证据有多名共犯作出的供述,根据现行《刑事诉讼法》第 55 条第 1 款的规定,案件中仅有被告人供述的,不能定案。反之,如果将共犯供述视为"证人证言",则似乎不存在这一障碍。对于共犯供述的证据定位,现行《刑事诉讼法》和相关司法解释都没有给出明确答案,我国理论界也未能形成一致意见,主要存在"肯定说""否定说""区别说""折中说"四种观点。[55]

需要说明的是,在"被告人供述的印证"与"被告人翻供的印证"这两种印证类型中,均可能出现被告人供述与共犯供述的印证对比。[56] 因此,本文所称的"共犯供述

---

[55] "肯定说"认为,共犯供述属于证人证言,可以用于印证对比。"否定说"认为,共犯供述属于被告人供述,不能通过共犯供述与被告人供述的印证关系定案。"区别说"认为,同案共犯供述属于被告人供述,不同案共犯供述属于证人证言。"折中说"认为,在一定条件下,共犯供述可以视为证人证言。参见龙宗智:《相对合理主义》,中国政法大学出版社1999年版,第 459—460 页。

[56] 《2021年最高法刑诉解释》对被告人供述辩解与共犯供述这一问题作出过规定。第 93 条第 1 款规定,"对被告人供述和辩解应当着重审查以下内容:……(九)被告人的供述和辩解与同案被告人的供述和辩解以及其他证据能否相互印证,有无矛盾"。

的印证",特指在被告人对某一指控事实从未作出有罪供述的情形下,通过多名共犯供述之间的印证关系或是共犯供述与其他证据的印证关系,审查判断证据的印证类型。从样本案例中试举一例。

张世明抢劫案(第 71 集第 590 号)。检察院指控被告人张世明犯抢劫罪。指控内容如下:2013 年 11 月 21 日凌晨,被告人张世明与张某 1 等五人(另外四人已另案处理)对被害人朱某某、赵某某(两被害人系夫妻)实施抢劫行为。在被害人打开门后,被告人张世明掐住被害人朱某某脖子。共犯方某某将朱某某双手捆绑,致其死亡。共犯张某 1 掐住被害人赵某某脖子。共犯耿某 1、耿某 2 将赵某某双手捆绑,致其死亡。后五名被告人抢走财物。被告人张世明基本认同检察院指控内容,但辩称是张某 1 掐住朱某某脖子,自己左手残疾,无法实施这一行为。一审法院未采纳张世明的辩解,认定罪名成立并判处死刑,二审法院维持原判,最高人民法院也予以核准。

该案中,虽然被告人张世明曾作过有罪供述,并承认大部分指控内容的真实性,但却对掐住被害人朱某某脖子这一情节予以否认。因此,关于这一情节,既没有被告人的有罪供述,也没有监控视频、证人证言等其他证据,只有其他四名共犯的供述。从案件的最终结论看,最高人民法院似乎更倾向于将共犯供述视为"证人证言"。[57] 事实真的如此么?我们可以从该案的"裁判理由"部分一窥究竟。

该案的撰稿人和审编人指出,不论是英国还是日本,都是将共犯供述视作证人证言。但由于我国与外国在司法制度方面差异较大(例如我国并没有设立严密的传闻证据规则),从应然的角度看,将共犯供述视为被告人供述更适合我国刑事司法实践。按照此逻辑,如果将张某 1 等四名共犯的供述均视为被告人供述,依照《刑事诉讼法》第 55 条第 1 款的规定,该案将无法定罪。审查四名共犯的供述后发现,对四名共犯的讯问是分别进行的,四人没有串供的可能,四名共犯的供述在犯罪事实和具体分工等方面相互印证,且四名共犯没有将全部罪责推卸给被告人张世明,这表明共犯供述的证明力较强。考虑到刑事司法的实际,在一定条件下可以采纳共犯供述。

分析上述观点,我们可以得知该案的裁判逻辑:在缺少客观物证和被告人有罪供述的情形下,原则上应当将共犯供述视作被告人供述,不能仅依靠共犯供述与被告人供述之间的印证关系定案。但当共犯被另案处理,且排除串供诱供的情形时,法官可以将非同案共犯的供述视为证人证言,即共犯供述印证规则的例外。

对于上述结论,笔者并不完全赞同。我们可以借鉴日本律师界的观点,对我国的共犯供述的印证规则作出进一步修正补充:首先,共犯供述必须要有其他证据予以印证。其次,多份共犯供述之间的相互印证不能增强共犯供述的证明力。最后,共犯供

---

[57] 该案的撰稿人是最高人民法院的朱晶晶法官,审编人是最高人民法院的罗国良法官,应当能够代表最高人民法院对于该案的理解。

述与被告人供述的相互印证也不能增强被告人本人供述的证明力。[58]

4. 被害人陈述/证人证言的印证

司法实践中,一些犯罪手段较为隐蔽、犯罪参与人员较少的案件(如强奸案件、盗窃案件、毒品案件、贿赂案件等)往往出现在案证据匮乏、仅有被告人供述与被害人陈述/证人证言的情况。当被害人陈述/证人证言支持控方指控内容,而被告人却从未作出有罪供述时,就形成了有罪证据与无罪证据的"一对一"局面。面对这一困境,日本法院的做法较为大胆,认为可以仅凭被害人陈述定罪量刑。[59] 相比之下,我国司法部门则较为谨慎。以盗窃案件为例,一方面,样本案例中的盗窃案件往往呈现作案次数较多、流窜时间较长的特征,被告人大多属于惯犯,一般不会轻易承认犯罪事实;另一方面,行为人盗窃成功后,往往会挥霍被盗财物或迅速销赃,使得公安侦查人员难以及时追回被盗物品,无法有效固定客观物证。另外,由于盗窃案件具有隐蔽性,难以获得证人证言,此时定案的关键就在于判断被害人陈述与在案其他证据之间的印证关系,即"被害人陈述的印证"类型。强奸案件与盗窃案件情况类似,都可能出现没有证人的情况。与之相反,在贿赂案件与毒品案件中,往往有证人证言而没有被害人陈述,若被告人没有作出有罪供述,则定案的关键在于判断证人证言与在案其他证据之间的印证关系,即"证人证言的印证"类型。被害人在广义上也属于证人[60],因此"被害人陈述的印证"审查规则与"证人证言的印证"审查规则相同。从样本案例中试举一例。

如姜青松盗窃案(第91集第848号)。检察院指控:2007年9月至2010年6月,被告人姜青松在多地盗窃共14次,盗窃金额3万余元,数额巨大。庭审前,姜青松前后供述存在反复。庭审过程中,姜青松承认其实施了这14次犯罪行为,但对第2起和第8起盗窃的犯罪数额予以否认,始终认为盗窃金额应当小于指控内容。关于第2起盗窃有以下证据:①被害人陈华的陈述;②姜青松的供述与辩解;③从现场提取的黑色包;④现场勘验检查笔录、指纹鉴定意见书以及相关照片。关于第8起盗窃有以下证据:①被害人肖方权的陈述;②姜青松的供述与辩解;③肖方权提供的被盗电脑配置清单;④现场勘验检查笔录、指纹鉴定意见书以及相关照片。关于这两起盗窃的犯罪数额,法院最终没有采纳被告人的辩解,并给出了以下三个理由:首先,两名被害人与被告人素不相识,诬告陷害的可能性不大;其次,两名被害人的陈述能够与黑色包、被盗电脑配置清单等证据相互印证;最后,被告人供述内容的不断变化,降低了被告人关于犯罪数额所作辩解的可信度。

通过梳理在案证据可以得知,一方面,该案被告人虽作出过有罪供述,并在庭审时

---

[58] 参见〔日〕秋山贤三:《法官因何错判》,曾玉婷译,法律出版社2019年版,第118页。
[59] 参见上注,第97页。
[60] 参见陈瑞华:《刑事证据法》(第3版),北京大学出版社2018年版,第328页。

基本认可指控事实,但否认其中两起盗窃的犯罪数额;另一方面,公安机关未能获取被盗财物,且现场勘验检查笔录、指纹鉴定意见书以及相关照片等证据只能证明被告人曾去过案发现场,证据内容信息无法反映被盗财物的具体价值。因此,该案属于"被害人陈述/证人证言的印证"类型。

立足于该案的争议焦点,在被告人与被害人对犯罪数额表述不一时,是应当采信被害人关于被盗财物的陈述,还是应当相信被告人在庭审过程中的辩解,抑或对两者存疑进而作出有利于被告人的判决?回答上述问题的关键,在于判断两名被害人的陈述与黑色包、被盗电脑配置清单等其他间接证据之间能否相互印证。具体来说,首先,根据被害人陈华的陈述,黑色包里曾装有已被盗的1万余元现金,这与从案发现场提取的黑色包相印证;其次,被害人肖方权提交的被盗电脑配置清单可以印证其陈述内容;最后,根据两名被害人的陈述内容,两人的职业身份是酒水销售员和财务公司工作人员,没有超出被盗财物的使用性质,做到了合理印证。

四、有效运用印证方法的建议

不可否认,刑事印证理论在司法证明过程中发挥了显著的积极作用,对我国刑事证据规则的构建、证据证明力的评判以及言词证据的采信等方面都具有一定的指导意义。然而,在研读166个样本案例并结合调研访谈后,笔者发现,司法部门对印证的理解过于片面,部分样本案例运用印证的方式也不尽合理。对此,应当充分提炼样本案例中正确适用印证规则的成功经验,尝试提出有效运用印证方法的建议。

(一)重视"过程证据"对"结果证据"的印证作用

值得一提的是,笔者在访谈W市Z法官后发现,实践中,证据的证据能力问题已经得到法官的高度关注。被告人提出非法证据排除申请后,刑事法官虽不见得全部采纳辩方的申请,但至少会在认定案件事实之前对争议证据的证据能力这一程序性问题作出回应,然后再通过印证规则对在案证据的证明力加以评判,最终作出案件的实体裁判。上述观点虽然认可本文"印证的前提是证据具备证据能力"这一结论,但在印证适用阶段的认识上过于局限。上述观点背后的潜台词是:印证只能适用于证据证明力的评价过程,而不能用来审查证据的证据能力。事实真的如此吗?以下从样本案例中试举一例进行说明。

如渚明剑受贿案(第89集第823号)。检察机关指控被告人渚明剑犯受贿罪。被告人辩称,纪委和检察院工作人员对其实施了刑讯逼供等非法取证行为,其在纪委调查期间作出了有罪供述,在检察院侦查阶段又不敢翻供,因此有罪供述属于非法证据,应当予以排除。一审法院未采纳被告人的非法证据排除申请,判决罪名成立。被告人上诉后,二审法院对于有罪供述的取证合法性,即有罪供述的证据能力展开调查。

调查后发现,在案证据(看守所入所健康检查登记表、谈话笔录、情况说明、同监室证人的证言、反贪局侦查人员的证言、被告人在被批捕时的供述笔录)能够相互印证。庭审后,控辩审三方一同观看了侦查阶段讯问全过程的同步录音录像,未发现非法取证行为,进一步印证了有罪供述的证据能力。最终,二审法院不予采纳上诉意见,维持原判。

从该案的审判和论证过程来看,印证这一证明方法可以用于审查证据的证据能力。或许有人会指出,"印证可以用于审查证据能力"的观点没有区分证据能力和证明力的先后顺序,混淆了印证发挥其证明作用的时间阶段,与"印证的前提是证据具备证据能力"的结论相互冲突。笔者认为,上述质疑未能从"过程证据"与"结果证据"的角度对印证予以正确解读,具体理由有以下两个方面。

一方面,根据学者对证据类型的理论分类,立足于侦查人员的取证过程,可以将刑事诉讼中的证据分为"结果证据"与"过程证据"。"结果证据"是指形成于刑事案件发生过程中或发生之后,一般用来证明犯罪构成要件事实的证据,包括物证、书证等证据。而"过程证据"只能形成于刑事案件发生之后,例如勘验检查笔录、证据提取笔录、录音录像,该类证据可以用于证明取证过程的合法性。[61] 具体到该案,从证据获取的时间节点和证明作用来看,看守所入所健康检查登记表、谈话笔录、情况说明、同监室证人的证言、反贪局侦查人员的证言、被告人在被批捕时的供述笔录等证据均属于"过程证据"。通过对比证据信息的具体内容,不难发现,上述"过程证据"能够相互印证,能够对被告人渚明剑有罪供述的证据能力起到印证作用。

另一方面,作为证明"结果证据"具有证据能力的"过程证据",其本身也要具备证据能力。例如,看守所入所健康检查登记表、谈话笔录与情况说明等侦查羁押部门制作的文书类证据,必须满足证据来源合法、制作过程合规等证据能力要求。又如,同监室证人的证言、反贪局侦查人员的证言、被告人在被批捕时的供述笔录等用以说明被告人身上无明显伤痕、侦查工作不存在刑讯逼供的言词证据,必须对其自身排除指供诱供等违法取证的可能。

综上所述,我们可以得出结论:印证适用的时间阶段与印证的前提并不矛盾。在未来的刑事司法实践中,司法部门不仅需要严格把握印证的前提,还应当重视"过程证据"对"结果证据"的印证作用。

(二)区分证据能力层面的关联性和证明力层面的关联性

正如前文所述,印证的对象是证据与证据之间的关系,那么,从证据学角度看,对于证据属性的理解将从根本上影响刑事印证理论的实践效果。有学者统计发现,我国的证据法学教材有关证据属性的界定各不相同,主要存在"两性说""三性说""四性

---

[61] 参见陈瑞华:《论刑事诉讼中的过程证据》,载《法商研究》2015年第1期。

说"等观点。其中,作为证据属性之一的关联性被大多数教材所认可。[62] 理论界通说认为,证据的关联性是指证据与待证事实之间的联系。有学者进一步指出,关联性法则是审查判断证据过程中的首要规则。[63] 值得追问的是,证据的关联性究竟属于证据能力范畴还是证明力范畴? 回答这一问题的意义在于,如果证据的关联性属于证据能力范畴,则证据必须先具备关联性,才可以纳入印证规则的证据范围;反之,如果证据的关联性属于证明力范畴,则不具备关联性的证据也可以用来审查证据与证据之间是否形成印证关系。

对于这一问题,现行《刑事诉讼法》没有作出回答,《2021 年最高法刑诉解释》第 139 条第 2 款的规定也未能从正面直接界定证据的关联性与证据能力、证明力之间的关系,但根据《2012 年最高法刑诉解释》第 104 条第 2 款,关联性是证明力的审查内容之一。[64] 因此从规范层面看,证据的关联性属于证明力范畴。对此,理论界存在不同观点。有学者认为,对于关联性的考察不同于对证明力的评价,关联性是证据能力的要件之一。[65] 与之相反,有学者提出,应当从证据能力和证明力两个层面对证据的关联性进行解读。[66]

笔者赞同后者的观点。一方面,证据能力层面的关联性与证据的合法性类似,都是证据进入法庭审判的准入资格。但两者的区别在于,证据合法性的审查判断必须严格加以把握,对于严重违反合法性的证据应当直接予以排除,对于瑕疵证据应当作出补正或给出合理解释。而证据能力层面的关联性指的是证据与待证事实之间需要具备的最低限度的联系,仅需在形式上将被告人与犯罪事实勾连起来即可。因此,在定案证据方面,证据能力层面的关联性可以为印证规则作出初步筛选。另一方面,证明力层面的关联性是在实质意义上对证据的证明力作出评价,因此可以将刑事印证作为评价手段,判断证据在证明力层面的关联性的强弱大小。试举一样本案例作为说明。

如李刚、李飞贩卖毒品案(第 97 集第 971 号)。一审法院查明:2012 年 3 月 20 日,被告人李刚卖给韦某 20 克海洛因;3 月 28 日,李刚卖给韦某 199.94 克海洛因。4 月 1 日,韦某欲继续购毒,李刚让儿子李飞将毒品送至安徽省临泉县,被公安机关查获 199.7 克海洛因。一审法院对李刚曾三次贩卖毒品的事实予以认定,判处李刚死缓。李刚提出上诉,否认前两起贩毒指控。二审法院采纳了李刚的上诉理由,纠正了一审

---

[62] 参见张保生、阳平:《证据客观性批判》,载《清华法学》2019 年第 6 期。
[63] 参见易延友:《证据法学:原则 规则 案例》,法律出版社 2017 年版,第 101 页。
[64] 《2021 年最高法刑诉解释》第 139 条第 2 款规定:"对证据的证明力,应当根据具体情况,从证据与案件事实的关联程度、证据之间的联系等方面进行审查判断。"
[65] 参见万毅:《论无证据能力的证据——兼评我国的证据能力规则》,载《现代法学》2014 年第 4 期;纵博:《证明力反制证据能力论》,载《中国刑事法杂志》2014 年第 4 期。
[66] 参见奚玮、余茂玉:《论证据能力意义上的关联性——以刑事诉讼为视角的研究》,载《社会科学家》2008 年第 4 期。

判决内容,对前两起贩毒事实不予认定。该案的关键证据有以下四点:其一,同案被告人韦某的供述,证明三笔毒品交易均是通过手机提前联系好李刚之后进行交易的,前两笔交易的毒品已卖给王某。其二,证人王某的证言,证明王某并不知道韦某的上线是李刚。其三,李刚与韦某的通话记录,证明3月8日至4月1日两人通话频繁,但3月28日前后没有通话记录。其四,李刚供述与辩解,其承认第三笔毒品交易,但否认对前两笔毒品交易的指控,并辩称其与韦某是同乡,4月1日之前的通话内容不涉及毒品交易。

实践中,公安机关对于毒品案件的侦破往往强调"人赃并获"。在不能确保一定能获得毒品这一客观物证的情况下,侦查人员一般不会打草惊蛇。具体到该案,由于公安机关未能提取到前两起贩毒事实的毒品物证,而被告人李刚也对前两起事实的指控内容予以否认,导致法官只能以同案被告人韦某的供述为核心进行印证审查。或许有人会提出疑问,既然第三起贩毒事实已经做到证据与证据之间相互印证,能否据此推断前两起贩毒事实的确已发生?答案是否定的。一方面,离开印证规则的推断不具有科学性,极易导致错判的发生;另一方面,对于前两起贩毒事实,我们不能草率地以"证据之间无法相互印证"作为裁判理由,而是应当分别从证据能力层面的关联性和证明力层面的关联性这两个角度,运用印证方法具体分析在案证据。

关于第一起贩毒事实,证人王某的证言不具备证据能力层面的关联性。同案被告人韦某的供述及通话记录具备证据能力层面的关联性,可以从形式上将被告人李刚和指控事实勾连起来,形成最低限度的联系。但由于韦某的供述与通话记录都是对第一起贩毒事实的单向证据,缺乏其他证据的印证,因此从证明力层面的关联性看,上述证据没有与待证事实形成说服力较高的实质关联。

关于第二起贩毒事实,证人王某的证言不具备证据能力层面的关联性。同案被告人韦某的供述与第一起贩毒事实中的一致,同样具备证据能力层面的关联性。而通话记录缺少3月28日前后的相关内容。或许有人会提出,可以根据"韦某的供述与通话记录不能相互印证"这一理由对李刚作出无罪判决。对此,笔者认为,这种论证方式不甚合理,正确的论证过程应当是:由于缺少3月28日前后的通话记录,通话记录这一证据不具备证据能力层面的关联性,没有形成最低限度的联系,无法将被告人李刚和第二起贩毒事实勾连起来。因此,关于第二起贩毒事实,通话记录不具备证据能力,应当予以排除。此时,同案被告人韦某的供述成为"孤证",得不到其他证据的印证,其证明力层面的关联性较弱,无法据此定案。

综上所述,笔者建议,未来的证据规则应当在证据能力和证明力两个层面对证据的关联性作出区分。只有当证据同时具备合法性和证据能力层面的关联性时,才能通过印证方法审查判断证据内容,最终对证明力层面的关联性作出合理评价,这一结论也与本文前述的"印证的前提是证据具备证据能力"相吻合。

(三) 合理把握隐蔽性证据的印证适用

司法实践中,办案人员高度重视在案证据的关键性细节和隐蔽性信息,尤其是当被告人的口供笔录涵盖了与案件有关的隐蔽性细节,而被告人又不认罪时,办案人员经常会质问被告人:"如果你不是真正的作案人,为什么会知道这么多案件细节?"

为了有效解决实务中出现的这一问题,《2010年死刑案件证据规定》第34条对隐蔽性证据的印证规则作出了明确规定,之后出台的《2012年最高法刑诉解释》第106条对前述规定未作太大变动。[67] 从条文的具体表述看,我国的隐蔽性证据印证规则是以被告人供述为核心的证明力规则。一方面,隐蔽性证据印证规则将隐蔽性证据的证据种类限定为物证和书证,将隐蔽性证据与被告人供述的关系界定为"先供后证";另一方面,隐蔽性证据印证规则还要求被告人供述需要具备合法性,即"排除串供、逼供、诱供等可能性"。

实际上,在侦查破案和司法审判等办案过程中,隐蔽性证据发挥着不可替代的印证作用。不过与我国隐蔽性证据印证规则不同,外国司法实务界并未将隐蔽性证据局限于物证和书证这两种证据类型,认为当被告人供述的内容本身就具备一定的隐蔽性信息时,可以将这一言词证据视为隐蔽性证据。[68] 与之类似,有学者对隐蔽性证据作出理论分类,认为隐蔽性证据不仅包括通过被告人供述得到的来源隐蔽的物证、书证,还包括证据内容本身涵盖的隐蔽性信息。[69] 需要注意的是,我国刑事审判实践中也存在对隐蔽性证据印证规则的扩张解读。例如刘金婷非法持有毒品案[70],法官在"本院认为"部分写道,"第三,证人黄某的证言证实其为什么要购买毒品,向谁购买毒品,通过什么方式购买毒品。购买毒品的时间,交易的地点、方式存在诸多非常隐蔽的细节,证人黄某的表述清楚自然,且有辨认笔录辨认出多次向其贩卖毒品的人就是刘金婷,且在案证据未证实侦查机关对黄某有刑讯逼供的行为,黄某证言有其签字、捺印予以确认,故证人黄某的证言应当采信"。从上述裁判理由可以发现,该案并不是通过黄某陈述的内容找到隐蔽性的物证书证,而是认为陈述内容涵盖了隐蔽性的细节信息,最终将黄某证言这一言词证据视为隐蔽性证据予以采信。

笔者认为,上述案件的论证说理实际上突破了《2010年死刑案件证据规定》与

---

[67] 《2010年死刑案件证据规定》第34条规定:"根据被告人的供述、指认提取到了隐蔽性很强的物证、书证,且与其他证明犯罪事实发生的证据互相印证,并排除串供、逼供、诱供等可能性的,可以认定有罪。"《2012年最高法刑诉解释》第106条规定:"根据被告人的供述、指认提取到了隐蔽性很强的物证、书证,且被告人的供述与其他证明犯罪事实发生的证据相互印证,并排除串供、逼供、诱供等可能性的,可以认定被告人有罪。"

[68] 参见秦宗文:《刑事隐蔽性证据规则研究》,载《法学研究》2016年第3期;[美]佛瑞德·E.英鲍等:《刑事审讯与供述》,刘涛等译,中国人民公安大学出版社2015年版,第340页。

[69] 参见万毅:《"隐蔽性证据"规则及其风险防范》,载《检察日报》2012年6月6日,第3版。

[70] 参见四川省成都市中级人民法院(2019)川01刑终376号刑事裁定书。

《2012年最高法刑诉解释》关于隐蔽性证据印证规则的规定,不具有借鉴意义。下文将以样本案例中的隐蔽性证据为例,探讨符合我国规范条文的隐蔽性证据印证方法,并指出具体适用过程中需要注意的问题。先举一例样本案例。

徐科故意杀人、强奸案(第82集第729号)。检察院指控被告人徐科犯故意杀人罪、强奸罪,具体指控内容如下:2008年6月25日晚,被告人欲与被害人鞠某发生性关系。被害人拒绝并拨打110后,被告人将被害人送回家。途经路口时摩托车撞到路桩,导致被害人摔下。此时,被告人欲丢下被害人,于是将被害人带至某风景区,随后产生强奸念头,但被害人强烈反抗。被告人用石头砸死被害人,将尸体抛入沟中,并将被害人的衣服和其他随身物品沿路丢弃至河流上游一侧。被告人辩称,有罪供述是侦查人员刑讯逼供所得,属于非法证据,应当予以排除,且交通事故是被害人死亡的真正原因。一审法院调查后认为该案不存在非法取证的情况,因此判决指控罪名成立,二审法院维持原判,最高人民法院在死刑复核过程中对一审、二审的裁判结论予以肯定。

该案中,关于犯罪构成要件事实的关键证据有以下七点:其一,被害人尸体(被群众发现)。其二,被告人关于被害人死因的辩解与尸体鉴定意见相互冲突,无法印证。其三,手机通话清单,证明被告人与被害人曾有过联系。其四,被告人侦查阶段的10份有罪供述,证明了犯罪行为的详细过程。其五,讯问录音录像,证明有罪供述自然流畅,无异样。其六,被告人指认现场的视频,证明杀人现场、抛尸现场以及逃跑路线的具体位置。其七,被害人的衣服、眼镜、手表等物证(这些物证是侦查人员根据被告人指认的现场,在抛尸现场的河流下游提取获得的)。

该案最终能够给被告人定罪的关键,在于对隐蔽性证据印证规则的正确理解,具体分析如下:第一,上述证据均具有合法性和证据能力层面的关联性,可以进入印证规则的适用视野。第二,被害人的尸体是由群众发现,因此并不属于隐蔽性证据。第三,手机通话清单在证明力层面上的关联性较弱,仅能说明被告人具有一定的作案嫌疑,还需要其他证据对其进行印证补强。第四,被告人指认现场视频是"过程证据",可以用于印证被告人有罪供述这一"结果证据"。第五,被害人的衣服和随身物品是该案最终得以定案的关键证据,其与被告人指认现场的先后关系属于"先供后证",满足隐蔽性证据印证规则的时间条件。另外,被告人供述其将上述物证丢弃在河流上游一侧,而侦查人员是在河流下游提取获得这些物证的,符合生活常理,说明上述物证本身具备隐蔽性的特征,具有较强的证明力层面的关联性。第六,被告人的无罪辩解得不到其他证据的印证。

综上,我们可以发现,办理隐蔽性证据的翻供案件时,不仅需要考查该隐蔽性证据与被告人供述(指认)的先后关系,判断该证据本身是否具有隐蔽性,还需要结合其他证据对被告人的辩解内容加以印证分析。

如果说,出现翻供情形的隐蔽性证据案件会引起办案人员的高度重视,那么,对于隐蔽性证据的认罪案件是否可以草率定案呢？答案自然是否定的。再举一例样本案例。

朱某故意杀人、盗窃案（第 77 集第 655 号）。检察院指控被告人朱某犯故意杀人罪、盗窃罪，具体指控内容如下：2005 年 9 月 6 日，被告人朱某与被害人丛某在一玉米地里见面。被告人掐住被害人的脖子，并用被害人的高跟鞋对其进行击打。被害人死亡后，被告人盗走被害人的手机、两枚戒指以及 500 元现金。离开现场途中，被告人砸碎被害人的手机屏幕、取出手机卡并扔到公路桥下。离开现场后，被告人将一枚戒指送给倪某，并卖掉另一枚戒指，赃款都被其挥霍。

被告人供述了作案前后的全过程，对于上述指控内容基本无异议，但其辩称没有掐过被害人，且公诉人庭审时出示的高跟鞋不是被告人作案时用的高跟鞋。一审法院未采纳被告人的辩解，认定指控罪名成立，判处其死刑。二审法院采纳了该辩解，认为高跟鞋不能作为定案根据，但在案其他证据相互印证，因此维持原判。

除高跟鞋外，一审、二审法院得出有罪结论所依据的主要证据有以下几点：其一，被告人的有罪供述。其二，手机（该物证是侦查人员根据被告人指认的现场，从公路桥下打捞获得）。其三，被害人母亲的辨认笔录，辨认出侦查人员获得的手机是被害人生前所用的手机。其四，手机通话清单，证明被告人与被害人曾有过联系。其五，证人倪某的证言，证明戒指的外观特征以及被告人送戒指的事实，并说明该戒指已被化为金锭。其六，被害人丈夫的证言，说明了被害人生前所戴戒指的特征。其七，尸体、现场勘验检查笔录、鉴定意见。其八，被告人辨认笔录，辨认出被害人。

分析上述证据，我们可以尝试探寻有罪裁判背后的论证过程：首先，上述证据（除高跟鞋外）均具有合法性和证据能力层面的关联性。其次，手机通话清单、尸体、现场勘验检查笔录、鉴定意见、被告人的有罪供述与辨认笔录等证据相互印证，共同增强了彼此证明力层面的关联性。再次，关于戒指的问题。虽然戒指化为金锭，失去了原本的外观特征，但证人倪某的证言与被害人丈夫的证言相互印证，增强了证明力层面的关联性。最后，关于手机的问题。手机是根据被告人的指认提取的，属于"先供后证"，且提取手机的地点较为隐蔽，因此手机属于隐蔽性证据。另外，被害人母亲的辨认笔录也证实该手机是被害人生前所用的手机。综上，我们似乎可以得出证据相互印证的有罪结论。但真相真的如此吗？最高人民法院给出了相反的答案。

在该案的死刑复核阶段，被告人仍选择认罪，承认指控的犯罪事实。最高人民法院认为案件证据存在多处疑点，其中最主要的疑点就是手机。一方面，公安机关没有对该手机作串号对比，不能完全确认该手机就是被害人所有。另一方面，虽然该手机的破碎屏幕与被告人供述中砸碎手机屏幕的内容相互印证，但正因为手机屏幕已被砸碎，被害人母亲在辨认过程中却辨认出了该手机是被害人所有，因此这一辨认结论较为可疑。最终，最高人民法院未核准死刑，并发回重审。

通过分析上述对手机的一系列质疑，不难发现，最高人民法院仍然认可手机属于隐蔽性证据的证据定位。那么,手机这一隐蔽性证据为何会被排除在定案根据之外?或许有人认为,由于公安机关未能做好证据的收集固定工作,且被害人母亲对手机的辨认不太具有说服力,导致该手机不能与被害人之间产生联系,不能将被告人与被害人联系起来,该手机不具备证据能力层面的关联性。但笔者认为,正是由于手机是根据被告人供述获得,属于隐蔽性证据,且手机屏幕破碎与被告人供述内容相互印证,手机已经与案件(被告人)形成了形式上的关联(即已具备证明能力层面的关联性)。而手机不能作为定案根据的真正原因,是其在证明力层面的关联性较弱。

综上,笔者认为,司法人员应合理把握隐蔽性证据的印证适用。首先,应遵守现行司法解释的规定,将隐蔽性证据的证据种类限定为物证和书证。其次,在办理隐蔽性证据的翻供案件时,要注意审查无罪辩解与其他证据的印证关系。最后,在办理隐蔽性证据的认罪案件时,应特别警惕隐蔽性证据的印证定罪倾向。[71] 只有当隐蔽性证据同时具备证据能力层面的关联性和较强的证明力层面的关联性时,才可以考虑将其作为定案根据。

(四)谨慎对待证人转述有罪陈述的印证作用

在对证据进行印证审查的过程中,经常会面临这样的问题:若来源一致的多份证据在内容信息上吻合(或是在证明方向上相同),可否称之为证据之间相互印证?对于这一问题,有人给出肯定回答,将同一主体就同一事实所作的多份证据之间形成的印证关系称为"横向印证"。[72] 实践中也存在类似的做法,例如样本案例中的谢怀清等贩卖、运输毒品案(第72集第605号),谢怀清在进入戒毒所被强制戒毒后,仍作了有罪供述,这也在一定程度上印证其以往有罪供述的自愿性和真实性。

值得注意的是,上述观点并未得到理论界的普遍认同。[73] 实际上,若证据的来源一致,即使证据数量再多,从证据学角度看,也只是一个证据。因此,所谓的"横向印证"其实是在强调对单个证据的内容审查,而不是判断证据与证据之间的印证关系。且从实践效果看,"横向印证"只能起到反向证伪的作用,而不能适用于正向证成。具体而言,若同一来源的多个证据之间存在矛盾,则可以对该组证据存疑;反之,若同一来源的多个证据之间不存在矛盾,则无法得出该组证据都为真的结论。

如果同一主体所作的多份证据属于来源一致的证据,不能用于印证审查,那么,不同的主体所作的证据的来源是否彼此独立?在我国刑事司法实践中,经常出现证人转

---

[71] 关于隐蔽性证据的定罪倾向,参见秦宗文:《刑事隐蔽性证据规则研究》,载《法学研究》2016年第3期。
[72] 该观点认为,同一主体就同一事实所作的多份证据之间的印证也属于刑事印证的范畴,可以称其为"横向印证"。参见张媛:《论刑事证据相互印证的合理限度》,载《湖南警察学院学报》2012年第2期。
[73] 理论界普遍认为,用于印证的证据,必须具备独立的信息来源。参见陈瑞华:《论证据相互印证规则》,载《法商研究》2012年第1期;向燕:《"印证"证明与事实认定——以印证规则与程序机制的互动结构为视角》,载《政法论坛》2017年第6期。

述被告人有罪供述的情况。[74] 此时,如何正确定位证人转述内容的证据种类?是证人证言还是被告人供述?试举一样本案例予以分析:

王某某强奸案(第98集第984号)。检察院指控被告人王某某犯强奸罪,具体指控内容如下:2013年7月8日,被害人王甲(智障幼女)与爷爷王乙到被告人王某某家中。在王乙出去之后,被告人奸淫了被害人。王乙返回时发现房门紧闭,推窗后发现被告人与被害人站在床尾,而被告人正在穿裤子。王乙责骂被告人。路过的余某(被告人的嫂子)听闻此事后也责骂被告人,并将此事告诉丈夫王某1(被告人的哥哥)。当晚,被告人和王某1找到王乙的弟媳刘某(即被害人的叔奶),被告人承认酒后与被害人发生性关系,并赔礼道歉以求私了。两天后,刘某将此事告知自己儿子王丙,王丙告诉被害人父亲王丁。王丁向王乙、刘某求证后报案。

庭审时,被告人辩称,自己仅用生殖器在被害人大腿边摩擦,侦查阶段作出的有罪供述属于非法证据,应当予以排除。一审法院未采纳该辩解内容,认为在案证据可以相互印证,并判决指控罪名成立,二审法院维持原判。一审、二审法院得出有罪结论的主要证据有以下七点:其一,被告人侦查阶段的多份有罪供述。其二,证人王乙的证言,证明其看到被告人穿裤子并责骂被告人。其三,证人余某的证言,证明其与王乙一同责骂被告人。其四,证人刘某的证言,证明被告人与王某1找过刘某,被告人向刘某承认犯罪事实。其五,证人王某1的证言,证明其找过刘某道歉。其六,证人王丙的证言,证明王丙从刘某处得知此事。其七,证人王丁的证言,证明王丁从王丙处得知此事。

分析上述证据,我们可以发现:一方面,该案没有任何客观物证,在案证据均为言词证据;另一方面,直接证据仅有被告人的供述,没有被害人陈述(被害人为智障幼女),而其他多名证人均没有亲眼目击犯罪行为的发生过程,所作出的证言不能直接证明犯罪事实,属于间接证据。因此,判断该案能否定罪的关键,在于被告人供述与证人证言之间能否形成印证关系。具体而言,首先,一审、二审法院通过查看讯问过程的同步录音录像,确认了被告人有罪供述的合法性。其次,被告人的有罪供述与其他多名证人的证言均具备证据能力层面的关联性。最后,在证据的指向性方面,被告人的有罪供述与证人证言指向一致,都属于有罪证据,彼此之间能够相互印证,共同增强了证明力层面的关联性。综上,该案似已符合刑事印证的基本规则。

但笔者认为,该案可能忽视了对证人陈述内容的深入分析,最终的有罪结论也值得进一步商榷。具体理由如下:一方面,多名证人所作出的陈述主要包括犯罪事实发生之后被告人求私了的情节以及被告人向证人承认犯罪的内容。前者是证人亲自经历后所作出的陈述,属于"证人证言"的范畴。而后者(即证人转述被告人的有罪供述)与被告人直接向侦查机关作出的有罪供述来源一致,因此,其本质上是被告人有罪

---

[74] 例如张辉、张高平案中,同监犯袁连芳的证言证明被告人张辉曾告知其强奸杀人的全过程。

供述的变体,属于传来证据(本文称之为"传来口供"[75]),无法起到对有罪供述的印证补强作用。另一方面,在排除转述内容之后,证人陈述的其他内容虽然可以作为"证人证言",且与被告人有罪供述在证明方向上相同,但这些证言只能体现被告人求私了的情节,不能从被告人在犯罪结束之后的行为表现反推出被告人曾实施过犯罪的结论。因此,该案并不能直接得出证人证言与被告人供述相互印证的结论。

综上,笔者建议,在证人转述被告人有罪供述的情况下,应当根据原始证据与传来证据的理论,将证人陈述的内容区分为证人证言与传来口供两种类型。对于传来口供,不能适用于对被告人有罪供述的印证补强;对于证人证言,则必须在判断证据之间的关系之前,谨慎分析证言内容的真实性以及证言对犯罪构成要件事实的证明力。

(五)发挥排除合理怀疑对印证的补充作用

2012年修改的《刑事诉讼法》正式将"排除合理怀疑"作为"案件事实清楚,证据确实、充分"这一刑事证明标准的具体要件。对此,理论界也展开了诸多学术探讨,其中多数的研究成果将"排除合理怀疑"这一命题限定在证明标准的范畴。[76] 也有学者认为,排除合理怀疑不仅是证明标准的要件之一,其本身也是达到该证明标准的证明方法。[77] 笔者赞成后一观点,认为排除合理怀疑与印证都可以成为司法证明的方法与手段。由此带来的疑问是:排除合理怀疑的证明方法是否等同于印证的证明方法?证据之间相互印证是否意味着已经排除合理怀疑?

回答上述问题,首先需要说明的是,"合理怀疑"是一个中性词,既包括有罪的怀疑,也包括无罪的怀疑。在不同的诉讼阶段,怀疑体现为不同的方向:在侦查阶段,怀疑主要体现为侦查人员怀疑犯罪嫌疑人有罪;在审查起诉阶段,由于检察人员负有客观义务,怀疑可能同时包括有罪的怀疑和无罪的怀疑;在审判阶段,法官对案件的合理怀疑是指怀疑被告人可能无罪,通过排除无罪的怀疑,进而得出有罪的结论。[78] 对于刑事审判而言,排除合理怀疑与印证在认识方向上截然相反,后者主要用于积极地搭建犯罪事实,而前者着眼于消极地解构指控内容,因此,排除合理怀疑能够对印证起到一定的补充作用。试举一样本案例予以分析。

---

[75] 有关"传来口供"的详细论述,参见纵博:《第三人转述被告人有罪陈述的证据属性及其使用问题》,载《当代法学》2020年第1期。

[76] 参见陈瑞华:《刑事诉讼中的证明标准》,载《苏州大学学报》2013年第3期;魏晓娜:《"排除合理怀疑"是一个更低的标准吗?》,载《中国刑事法杂志》2013年第9期;樊崇义:《证明标准:相对实体真实——〈刑事诉讼法〉第53条的理解和适用》,载《国家检察官学院学报》2013年第5期;卞建林、张璐:《"排除合理怀疑"之理解与适用》,载《国家检察官学院学报》2015年第1期;杨宇冠、郭旭:《"排除合理怀疑"证明标准在中国适用问题探讨》,载《法律科学(西北政法大学学报)》2015年第1期。

[77] 参见龙宗智:《中国法语境中的"排除合理怀疑"》,载《中外法学》2012年第6期。

[78] 参见栗峥:《合理怀疑的本土类型与法理建构》,载《中国社会科学》2019年第4期。

康文良故意杀人案(第115集第1272号)。检察院指控被告人康文良犯故意杀人罪,具体指控内容如下:2010年9月4日,被告人康文良到被害人徐某某家附近,翻窗进入卧室,并试图与被害人发生性关系。被害人惊醒后与被告人撕扯打斗。被告人用一木质马扎击打被害人的头部和面部,并扼住被害人脖子致其死亡。经鉴定,被害人曾被木质钝器击打头面部,且马扎上存在被告人与被害人两人的DNA。庭审时,被告人辩称自己没有杀人,且侦查阶段作出的有罪供述是刑讯逼供得来的,应当予以排除。一审法院未采纳该辩解内容,认为被告人的有罪供述与DNA鉴定意见以及其他在案证据可以相互印证,判决指控罪名成立。二审法院认为事实不清、证据不足,发回重审。重审后的一审法院仍作出有罪判决,二审维持原判,但最高人民法院并未核准死刑,发回二审法院重审。二审法院再发回一审法院。一审法院第三次作出有罪判决后,二审法院改判无罪。

原审法院得出有罪结论的主要证据有以下六点:其一,被告人在侦查阶段的多份有罪供述。其二,讯问过程的同步录音录像,证明不存在刑讯逼供等违法取证行为。其三,马扎。其四,DNA鉴定意见,证明马扎上同时存在被告人与被害人的DNA,说明被告人曾接触过该马扎。其五,被告人在侦查阶段辩解称,其不知道被害人家有马扎,更没有接触过该马扎。其六,被告人在庭审时辩解称,案发前两个月曾路过并坐在被害人家门口,不知道当时坐的是不是该马扎。

分析上述证据,不难看出该案有罪结论的论证逻辑:首先,讯问录音录像作为"过程证据",可以用于印证被告人有罪供述这一"结果证据"的合法性。其次,马扎作为作案凶器这一客观物证,是该案的关键证据。再次,被告人侦查阶段的有罪供述、DNA鉴定意见与马扎在证明方向上指向一致,彼此相互印证。最后,被告人关于该马扎曾作过两次不同的辩解,虽然都否定了用马扎杀人的指控事实,但这两次辩解在具体内容上存在冲突,无法起到瓦解有罪供述的出罪作用。综上,该案的有罪结论应已满足刑事印证理论的要求。那么,终审法院是基于何种缘故作出无罪改判呢?最高人民法院给出了以下理由。

经调查发现,关于马扎,还存在四处合理怀疑未得到排除:其一,被告人与被害人是邻居,而马扎本是平常之物,无法彻底排除作为邻居的被告人接触该马扎的可能。其二,被告人曾围观过案发现场,且知晓该马扎是作案凶器,无法排除被告人因害怕引祸上身的畏惧心理进而作出(侦查阶段的)辩解。其三,经咨询公安部相关专家后得知,DNA鉴定可以从样本检材中发现几年前附着的DNA,但无法确定混合DNA附着的先后顺序,因此仅能表明被告人曾经接触过该物证,无法否定被告人庭审时作出的辩解。其四,有其他证据证明,案发后至少有三人接触过该马扎,但DNA鉴定意见却仅指向了被告人,无法排除另有真凶的可能。

通过分析上述对马扎的四处怀疑,可以尝试总结"排除合理怀疑"在审判实践中的经验与规律:首先,怀疑应当是有根据的[79],其根据既可以是案件的证据、情节(其他证据证明案发后至少有三人接触过该马扎、被告人与被害人是邻居、被害人曾围观过案发现场),也可以是专家意见(公安部相关专家对 DNA 鉴定意见的解读),还可以是生活常识(马扎是平常之物)。其次,有根据的怀疑仅意味着某种程度的可能性,并不意味着该怀疑要被证实,这也是合理怀疑的应有之义。再次,合理怀疑既可以是针对指控事实的全部内容提出一套完全不同的事件版本,也可以是针对案件局部事实情节(马扎)提出的质疑。最后,排除合理怀疑并不是直接否定已经形成的印证关系,而是通过对指控事实的质疑与追问,逐步消减有罪结论的可靠性。综上,应当重视排除合理怀疑对印证的补充作用。

五、结　语

刑事印证在司法证明过程中的具体应用已然成为理论界与实务界关注的焦点。本文以《刑事审判参考》中有关印证的案例为切入点,通过对实证数据的归纳统计和对具体案例的研读分析,笔者认为印证的对象是证据与证据之间的关系,而印证的前提是证据具备证据能力。同时,笔者以言词证据为划分依据,将有关印证的样本案例分为四种类型,即被告人供述的印证、被告人翻供的印证、共犯供述的印证以及被害人陈述/证人证言的印证,并总结出不同类型案件中的印证适用规律。当然,在具体运用印证这一证明方法的过程中,应当秉持"证无定法,证必有法,贵在得法"的正确态度。为此,本文提出改革建议:重视"过程证据"对"结果证据"的印证作用;区分证据能力层面的关联性和证明力层面的关联性;合理把握隐蔽性证据的印证适用;谨慎对待证人转述有罪陈述的印证作用;发挥排除合理怀疑对印证的补充作用。

当然,在刑事证据规则不断发展的时代背景下,与刑事印证相关的问题远不止于此,未来还需要结合概率论、统计学、认知科学和心理学等学科知识进一步深入研究。

---

[79] 根据"根据论"的观点,合理的怀疑需要具备一定的根据或理由,参见上注。

违法性认识体系地位研究

——基于 1153 份判决书的理论反思[*]

顾洪鑫[**]

要 目

一、问题的提出
二、违法性认识体系地位的理论争鸣
　(一)大陆法系刑法理论的变迁:从故意说到责任说
　(二)我国违法性认识不要说的立场及其相对化
三、实证数据描述与分析
　(一)基本研究方法与思路
　(二)宏观数据分析:违法性认识的不规范适用
　(三)微观数据分析:违法性认识功能单一、体系地位存疑
四、违法性认识体系地位探明:限制故意说的提倡
　(一)限制故意说的基本观点及其合理性
　(二)限制故意说带来的困惑及其解决
五、结语

摘 要 在违法性认识体系地位问题上,国内外刑法学界主要存在违法性认识不要说、故意说与责任说的争议。在理论研究"百家争鸣"的情况下,有必要从实务角度探寻这一问题的答案。将 1153 份涉及违法性认识的判决书作为研究样本,以犯罪论体系中的基本要素作为横坐标,以裁判的理论依据以及判决结果作为纵坐标,可以从宏观和微观两个角度透视违法性认识在刑事审判中的实际适用情况,并洞察实务界对其体系地位的态度。通过分析发现,违法性认识存在不规范适用与功能单一的问题,折射出现有的理论无法与我国司法实践契合的困境。基于这种现状,应当对违法

---

[*] 本文系上海发展战略研究所研究项目"法定犯视野下的企业产权保护问题研究"的阶段性成果。
[**] 华东政法大学 2024 级博士研究生。

性认识不要说、故意说与责任说进行反思,提倡以违法性认识可能性为思维起点、以阻却构成要件故意为法律效果的限制故意说。

关键词 违法性认识　违法性认识可能性　限制故意说　阻却故意

一、问题的提出

在阶层犯罪论语境下,违法性认识体系地位是一个重要且极具争议的课题。围绕这一课题,国外学者展开了旷日持久的争论,违法性认识不要说、故意说、责任说等学说分庭抗礼。而在平面式犯罪论体系的中国,由于违法性认识本身难以被四要件容纳,关于违法性认识体系地位的论战也失去了发展的基础,违法性认识不要说统治了学术界与实务界。但随着法定犯不断增多,以及阶层犯罪论体系在中国的蓬勃发展,违法性认识不要说存在的基础受到动摇,学术界也出现了大量有关违法性认识体系地位的理论争鸣。[1]

尽管学术界对违法性认识的体系地位难以达成一致,但在实务界,缺乏违法性认识(可能性)一直都是一大辩护理由,随之产生的违法性认识体系地位问题也成了困扰法官的一大理论难题。尤其是近年来"王力军非法销售玉米案"[2]"赵春华非法持有枪支案"[3]等引起公众强烈反响的案件不断涌现,司法实践的判决又往往不能与民众朴素的法感情契合,这种法律效果与社会效果的矛盾也促使实务界反思原本违法性认识不要说的立场。实际上,司法实践关于违法性认识体系地位的理解并不统一,其到底是纯粹的量刑情节,还是属于故意的内容,抑或责任要素,都难以达成基本共识。面对这些争议,笔者将首先简要介绍国内外关于违法性认识体系地位的争议,再结合1153份与此相关的判决书,找寻违法性认识适用的现实病症,并借助实证研究的方式探明最能被司法实践接纳的理论,以期将违法性认识体系地位的相关研究推向深入。

二、违法性认识体系地位的理论争鸣

(一)大陆法系刑法理论的变迁:从故意说到责任说

在违法性认识体系地位问题上,大陆法系的刑法理论主要存在故意说与责任说两种观点的争论。故意说认为,违法性认识(可能性)是构成要件故意的要素,如果缺乏

---

[1] 代表性的观点参见陈璇:《责任原则、预防政策与违法性认识》,载《清华法学》2018年第5期;蔡桂生:《违法性认识不宜作为故意的要素——兼对"故意是责任要素说"反思》,载《政治与法律》2020年第6期;崔建:《刑法中违法性认识问题的阶层判断理论之建构》,载《青少年犯罪问题》2022年第3期。
[2] 参见内蒙古自治区巴彦淖尔盟中级人民法院(2017)内08刑再1号刑事判决书。
[3] 参见天津市第一中级人民法院(2017)津01刑终41号刑事判决书。

这种要素会阻却故意的成立。故意说内部又可以分为严格故意说与限制故意说,前者认为,违法性认识是故意与过失的界限,若存在现实的违法性认识,则成立故意犯罪;后者认为,故意的成立不需要考虑现实违法性认识,只要行为人认识到自己的行为可能具有违法性,就可以追究故意犯罪的责任。与此相对应的,责任说认为,违法性认识(可能性)并非成立故意所需要考虑的要素,而是一种故意、过失之外的责任要素,缺乏这一要素就阻却了行为人的罪责,不能对其谴责。

就大陆法系刑法研究的现状来看,学术界对违法性认识体系地位这一问题的答案正经历从故意说到责任说的转化。在德国,已经难觅责任说之外的其他理论学说,这与德国立法变迁有关。在德国刑法理论研究早期,现实的违法性是与故意合为一体的,它被当然地包含在故意之中。例如,费尔巴哈就是故意说的支持者,他认为故意必须要"认识到自己愿望或要求的违法性"[4];李斯特也认为,在误认为自己的行为是被法律允许或者由于法律错误而相信存在合法化事由的情况下,这种认识错误将阻却故意。[5] 然而,1975年德国刑事立法发生了重大变化,《德国刑法典》第16条与第17条分别规定了构成要件错误与禁止错误的不同处理方案,并认为前者的错误阻却构成要件故意,后者在禁止错误不可避免的情况下阻却罪责。换言之,此次立法严格区分了事实认识错误与法律认识错误,认为当行为人对自己的行为发生了无法避免的违法性认识错误时,将会阻却罪责而不是阻却故意,这就从立法层面明确采纳了责任说的观点。在此之后,责任说由于具备了实定法依据,迅速在与故意说的论战中取得优势。因此在当下德国,违法性认识体系地位问题通过立法的方式得到了明确解决,无论是学术界还是实务界,责任说都占据绝对支配地位。

在日本,则出现了限制故意说与责任说的争议。《日本刑法典》第38条第3款规定,即使不知法律,也不能因此认为没有犯罪的故意。但是,可以根据情节减轻处罚。[6] 如果只从字面意思上理解该法条,那么可能会认为日本实定法的立场是违法性认识不要说。但实际上,日本学术界并没有完全贯彻这一主张,而是在违法性认识不要说的基础上,以违法性认识可能性的有无作为判断标准,在限制故意说与责任说之间展开了争论。两种观点都用违法性认识可能性来限定犯罪成立的范围,因此在思维方式与案件处理结果上有一定的相似之处。但由于日本刑法对犯罪故意并没有作出明确的定义,而在阶层犯罪论体系下对构成要件故意作形式化理解是通行的做法,限制故意说将违法性认识可能性纳入了故意的范畴,导致"具有'可能性'就存在故

---

[4] [德]安塞尔姆·里特尔·冯·费尔巴哈:《德国刑法教科书(第14版)》,徐久生译,中国方正出版社2010年版,第58页。
[5] 参见[德]弗兰茨·冯·李斯特:《李斯特德国刑法教科书》,徐久生译,北京大学出版社2021年版,第236—237页。
[6] 参见张凌、于秀峰编译:《日本刑法及特别刑法总览》,人民法院出版社2017年版,第17页。

意"[7],偏离了故意通常的语义,被学术界所批判。因此,近年来责任说的主张越来越被日本学术界与实务界接受,成为了通说。

(二)我国违法性认识不要说的立场及其相对化

在违法性认识体系地位问题上,不同于国外刑法学术界长期活跃的探讨,我国对这一问题的理论研究一度陷入沉寂,违法性认识不要说在相当长的时间里占据了通说地位。这种观点认为,法律上的认识错误对行为人的定罪量刑都不会产生影响,无论行为人对自己行为的违法性认识如何,法官只需要根据刑法的规定进行裁判即可。换言之,违法性认识不要说恪守"不知法不免责"(Ignorantia juris non excusat)的立场,主张违法性认识(可能性)既不影响故意,也不影响罪责,在刑法理论体系中无须对这一问题进行过多着墨。[8]

但随着我国经济体制的转变与1997年《刑法》的颁布,法定犯中的违法性认识问题逐渐被重视,实践中也确实出现了一些行为人难以知晓自己行为具有违法性的案件,而严格适用违法性认识不要说往往会得出不合理的结论。因此,通说对传统违法性认识不要说的观点进行了一定程度的缓和,认为在某些极其特殊的情况下,若行为人有合理依据认为自己行为合法且该合理依据影响到了对社会危害性的评价,则可以作例外出罪处理[9];司法实践也不再绝对地认为违法性认识(可能性)不会对定罪量刑产生任何影响,而是在坚持违法性认识不要说的基础上,将缺乏违法性认识(可能性)作为一种酌定的量刑情节进行考量。由此可见,尽管刑法学术界与实务界仍将违法性认识不要说作为通行观点,但这一立场已经出现了相对化的倾向,这也给后续德日刑法理论进入中国奠定了基础。

我国刑法学术界真正对违法性认识体系地位展开争鸣,始于阶层犯罪论的引入。在阶层犯罪论的语境下,围绕违法性认识(可能性)到底是故意要素还是责任要素的问题,学者们进行了激烈的争论。受日本刑法理论的影响,认为违法性认识(可能性)属于故意要素的学者不在少数,例如陈兴良教授就持故意说,他认为违法性认识首先应当作为犯罪故意的规范评价要素加以讨论[10];刘艳红教授也认为,对实质违法性的认识,即对社会危害性的认识,应该成为故意的认识内容。[11] 与之相对,也有一批学者借鉴德国责任说的理论,在呼吁对我国犯罪论体系进行改良重构的同时,将缺乏违法性认识(可能性)作为一种责任阻却事由。例如王钢教授曾指出,违法性认识是认定犯

---

[7] 〔日〕山口厚:《刑法总论(第3版)》,付立庆译,中国人民大学出版社2018年版,第263页。
[8] 参见苏惠渔主编:《刑法学》(第5版),中国政法大学出版社2012年版,第91—104页。
[9] 参见刘宪权主编:《刑法学》(第5版),上海人民出版社2021年版,第169页。
[10] 参见陈兴良:《违法性认识研究》,载《中国法学》2005年第4期。
[11] 参见刘艳红、万桂荣:《论犯罪故意中的违法性认识》,载《江海学刊》2003年第5期。

罪成立必不可少的责任要素[12];周光权教授也立足于阶层犯罪论,认为故意犯的成立,要求有违法性认识,至少要有违法性认识的可能性,违法性认识是故意、过失之外独立的责任要素[13]。近年来,随着我国学者对阶层犯罪论及德日刑法理论的不断深入研究与探讨,责任说作为德国与日本学术界的通说在我国越来越受到重视,我国在违法性认识不要说立场松动的同时也正经历着从故意说向责任说的转化。

三、实证数据描述与分析

在违法性认识体系地位问题上,我国刑法学术界主要出现了违法性认识不要说、限制故意说、严格故意说与责任说等理论的争议,颇有"百家争鸣"之势。如果要对违法性认识体系地位之争的胜负进行理性评价,恐怕难以像德国或日本一样形成相对一致的意见,这也就奠定了从实务角度对这一问题继续进行进一步讨论的基础。以实证研究的方式探明实务界对违法性认识体系地位问题的立场,既有利于在学术探讨中比较观点之间的优劣,完善违法性认识理论,也能从学理研究角度为司法实践提供恰当的裁判依据,避免出现不合理的实务判决。

(一)基本研究方法与思路

首先,从北大法宝司法案例库中筛选研究案例。在该案例库中,明确与违法性认识相关的司法案例的文书共1288份。但在这1288份司法案例的文书中,有一部分并非正式的裁判文书,而是实务法官撰写的分析意见;有一部分是在判决书正文后,附上了北大法宝法律数据库自行编辑收录的案例评述;还有一部分属于重复案例。这些分析意见、案例评述以及重复案例并非本文的研究对象,经过笔者的细致阅读和归纳,将其排除出数据统计。之后,累计找到一审法院、二审法院、再审法院以及辩护人提出的应当考虑违法性认识(可能性)的判决书总计1153份。[14]

其次,笔者以三阶层犯罪论构造为基本模型,参照刑法的体系,将横坐标划分为犯罪构成论与刑罚裁量论。在犯罪构成论内部,又细分为构成要件该当性、违法性、有责性。同时,笔者在进行数据统计的过程中发现,部分文书在对违法性认识的体系地位无任何说明的情况下,直接得出无罪或罪轻的结论,因此将"无说明"也作为一种独立横坐标项目单列。另外,相当一部分文书认为,违法性认识对犯罪构成与刑罚裁量均无影响,故笔者将"无任何影响"也作为单独要素列出。

最后,笔者统计了每一份判决书在违法性认识体系地位上的理论立场以及最终的

---

[12] 参见王钢:《非法持有枪支罪的司法认定》,载《中国法学》2017年第4期。
[13] 参见周光权:《刑法总论》(第4版),中国人民大学出版社2021年版,第249—250页。
[14] 参见北大法宝司法案例库(https://www.pkulaw.com/case/),访问日期:2021年11月30日。

判决结果,将它们作为纵坐标,与上文的横坐标要素进行对应并归类统计。通过横坐标与纵坐标的对应关系,可以很直观地把握司法实践对于违法性认识体系地位到底持何种见解。

(二)宏观数据分析:违法性认识的不规范适用

经过对 1153 份判决书的逐一统计和分析,笔者得到如下数据(因数据计算采用"四舍五入"的方式,故略有误差):

1. 适用违法性认识进行罪轻或无罪的判决与辩护,但对其体系性地位,甚至对其功能作用无任何说明的共计 170 份,约占总判决书数量的 14.7%。

2. 认为违法性认识属于犯罪构成论的内容,通过影响犯罪构成来进行判决或辩护的共计 339 份,约占总判决书数量的 29.4%。

3. 采相对的违法性认识不要说,认为违法性认识属于量刑要素,将缺乏违法性认识或违法性认识较弱与初犯、偶犯、主观恶性等酌定量刑情节并列的共计 489 份,约占总判决书数量的 42.4%。其中,有 7 份判决书中的裁判理由(或辩护人的辩护意见)认为行为人缺乏违法性认识可能性,因而对其从轻或减轻处罚。

4. 采违法性认识不要说,认为违法性认识对犯罪构成与刑罚裁量无任何影响的共计 155 份,约占总判决书数量的 13.4%。

基于以上数据,制作了违法性认识影响因素统计图,如图 1 所示:

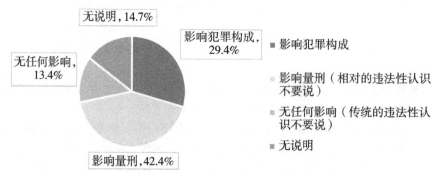

图 1 违法性认识影响因素统计图

从以上数据以及图 1 可以看出,司法实践对违法性认识体系地位的认知比较混乱,并且存在适用不规范的问题。

第一,无论持何种观点,只要辩护人或被告人认为涉及违法性认识问题,法院在裁判时就应当进行一定的说理,哪怕持违法性认识不要说,也不应当不加说明地予以否决。但在笔者收集到的数据中,有 170 份判决书对违法性认识问题语焉不详,甚至还有部分法院在辩护人明确提出违法性认识的辩护意见后,置若罔闻,没有进一步回应。

例如在"周爱梅等运送他人偷越国境案"[15]中,从犯李某雄、李某提出的上诉理由为二人的行为实际上只是在中国境内帮忙运送外国乘客,主观上并没有认识到这种行为具有违法性,但对于二人的上诉意见,该案的判决书仅仅写到,"经查,无违法性认识在本案中不能成为无罪理由"。很显然,即便法院认为二人的上诉意见不能被采纳,也至少应当说明无违法性认识不能影响犯罪构成,或者在该案中行为人实际上是存在违法性认识的,只以一句"经查"就略过了说理,实属不当。当学术研究与刑事立法对这个问题热情不足时,就更需要法院作出有力判决并详细说理来支撑理论发展。但遗憾的是,数量庞大的判决书对这个问题未作出任何说明。法院不是"沉默的金字塔",立法上的沉默更是呼吁着司法上的能动,在实定法规定阙如与法学理论研究不充分的情况下,司法适用者再不进行适当的说理,很容易产生恶性循环,妨碍对违法性认识体系地位的深入研究。

第二,司法实践中存在对"不知法不免责"法谚的滥用,违法性认识不要说正是这句法谚的"代言人"。这种观点基于法律颁布以后,由于公民有知法、守法的义务,就推定其知晓法律,不能因为不知法律而不受处罚,也不能因为不知法律而从轻处罚。[16]例如,在"陈开伟非法收购、运输、出售珍贵、濒危野生动物、珍贵、濒危野生动物制品罪再审申诉案"[17]中,被告人提出的辩解理由之一为其完全不知道自己养殖、贩卖的蟒属于国家一级重点保护野生动物,不存在违法性认识。但法院明确表示,不知蟒为国家一级重点保护野生动物,仅系违法性认识错误,且违法性认识错误不阻却犯罪故意,即所谓的"不知法亦为罪"。这一立场在"蒋书岳、吴大兴徇私枉法、受贿、挪用公款案"[18]中更是明显,被告人蒋书岳曾经向负责保管保证金的办案主管人员询问该账目下的保证金是否属于公款,并得到了否定的答复,据此认为自己没有违法性认识。在法定犯的情况下,蒋书岳的询问无疑是其缺乏违法性认识的佐证之一,至于该询问行为是否阻却犯罪,则是另外一个问题,法院至少要对这种意见予以回应。然而该案的法官面对这一问题时却表示,违法性认识错误不是阻却犯罪构成的事由,因此,无法讨论类似问题,也无法采纳辩护人的意见。这种以违法性认识不要说为由,断然认为"无法讨论"的做法显然值得商榷。

实际上,违法性认识不要说脱胎于1957年《中华人民共和国刑法草案》(修正稿第22稿)第16条,该条规定:"对于不知法律而犯罪的,不能免除刑事责任;但是根据情节,可以从轻或者减轻处罚。"1979年《刑法》虽然没有将该条文纳入,但是它以自然犯占绝对多数的罪名设置、宜粗不宜细的立法理念、稀疏的条文数量以及简单罪状为主的条文内容,成为了对"不知法不免责"的背书。因为有实定法的支持,在相当长的时

---

[15] 参见广西壮族自治区崇左市中级人民法院(2017)桂14刑终34号刑事裁定书。
[16] 参见刘宪权:《刑法学名师讲演录》(第3版),上海人民出版社2021年版,第213页。
[17] 参见海南省高级人民法院(2019)琼刑申39号再审审查与审判监督刑事通知书。
[18] 参见江西省上饶地区(市)中级人民法院(2020)赣11刑终238号刑事判决书。

间里,"违法性认识不是我国司法机关认定犯罪所必须考虑的因素。司法实践中,只要行为人的行为产生危害社会的结果,排除违法阻却事由的影响,无论行为人是否对其行为具有违法性认识,法院一般都会追究行为人的违法责任"[19]。然而,1979年《刑法》颁布已逾40年,支撑违法性认识不要说的时代背景与立法导向早已发生了翻天覆地的变化。尤其是自1997年《刑法》颁布以来,十二部刑法修正案的出台使得法定犯在整部刑法中占到了绝对比重,涉及违法性认识问题的法定犯案件也大量出现,伴之以风险社会的到来以及人权保障意识的增强,再坚持"不知法不免责"的法谚,显然已经不合时宜。与此同时,"民众权利意识的苏醒以及各类社交媒体的监督也给司法实践带来了无形的压力,对一些有较大影响的案件判决的抵触乃至于愤怒正瓦解着司法权威的民意基础"[20]。新媒体的兴起与监督也使得法院在判决中不得不对违法性认识的辩护作出回应,在一定程度上促使实务界修正传统的违法性认识不要说的立场。其实,司法机关之所以仍青睐违法性认识不要说,一个重要的原因就是其说理简单,只要被告人或辩护人提出违法性认识作为出罪或罪轻的理由,无论其论证有多强力,法院都可以抛出违法性认识不要说来进行反驳甚至认为"无法讨论"。在某种意义上,违法性认识不要说已经异化成了法官逃避说理的理论武器,这也与该学说本身的价值取向背道而驰。

第三,违法性认识不要说的泛滥不利于构筑体系化的出罪事由,在变相规避判决说理的同时给司法实践带来了更深层次的隐患。从表面上看,违法性认识不要说似乎有对相关辩护意见作出回应,但实际上只要摆出违法性认识不要说的姿态,任何有力的论证都会被轻易驳倒,颇有"四两拨千斤"的意味。这样的做法很难构筑起司法实践与理论研究的良性互动,更是给我国本就并不发达的出罪体系以极大的冲击。王华伟教授更是一针见血地指出,"这种现象的弊病在于,不仅仅是形式上法律援引错误,更重要的是原有出罪理由被遮蔽,不利于出罪理论在司法实践中的展开,同时也使得判决书的说理性大打折扣"[21]。

在实务界,出罪功能严重不足的四要件理论体系仍占统治地位,在亟须搭建理性的出罪体系的情况下,如此轻易地否定一个重要的出罪依据,实属可惜。近年来,为了弥补违法性认识不要说的不合理之处,法官不得不采取折中立场,将缺乏违法性认识作为一种酌定情节进行考量。但即便如此,被告人出罪的可能性也几乎为零,最乐观的判决结果就是法院适用《刑法》第37条,对被告人定罪不罚。在某些不存在违法性认识可能性的场合,对被告人定罪都难以自圆其说,相对的违法性认识不要说只是"治标不治本"的权宜之计,难以从根本上解决违法性认识不要说"出罪难"的困境。

---

[19] 程凡卿:《行政刑法立法研究》,法律出版社2014年版,第98页。
[20] 陈烨:《法定犯违法性认识必要说:我国现行刑事立法框架下如何坚守》,载《政治与法律》2017年第7期。
[21] 王华伟:《中国刑法第13条但书实证研究——基于120份判决书的理论反思》,载《法学家》2015年第6期。

(三)微观数据分析:违法性认识功能单一、体系地位存疑

以上分析了宏观层面司法实践对违法性认识的不规范适用。然而,如果深入细分犯罪构成论与刑罚裁量论内部的要素并将其与判决书的理论立场与判决结果分别对应,就会发现即便在微观层面,违法性认识的适用也存在功能单一以及体系地位存疑的问题,值得进一步研究。

在统计1153份判决书后,得到如下两组在微观层面上有启发的数据:

第一,辩护人提出被告人因违法性认识而出罪或免予刑事处罚的案例共303个,约占总数的26.3%,在此之中,法院判决有罪且并未采纳辩护意见的有266例;法院判决无罪的有4例,其中有2例法院采纳了辩护人关于违法性认识的辩护意见;法院判决免予刑事处罚的共33例,但法院采纳辩护人关于违法性认识的辩护意见的仅有4例。

第二,在犯罪构成论内部,首先,认为违法性认识属于构成要件阶层的判决书共339份,其中,采严格故意说,认为违法性认识属于故意要素的有213份,属于过失要素的有2份,共计215份,约占判决书总数的18.6%。其次,采限制故意说,认为违法性认识可能性属于故意要素的判决书共89份,占判决书总数的7.8%。再次,认为违法性认识属于违法性阶层的判决书有1份,为保证统计数据的准确性,该项数据不在统计图中体现,仅作为特例分析,该判决书认为违法性认识错误阻却可罚的违法性。最后,采责任说,认为违法性认识(可能性)属于责任阶层的判决书共34份,约占判决书总数的2.9%。

基于以上数据并结合宏观数据分析,在剔除未对违法性认识体系地位以及功能作说明的判决书后,制作图2、图3。

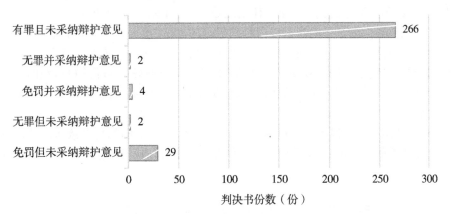

图2 法院对无罪或免予刑事处罚辩护意见的采纳情况

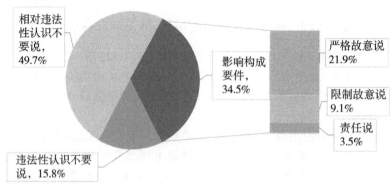

图 3 违法性认识体系地位理论适用案件占比图

从图 2、图 3 可以看出,司法实践对违法性认识的功能与体系地位仍存在较大的适用误区。

首先,违法性认识可能性的功能单一,出罪作用被边缘化。在境外刑事裁判与实定法规定中,缺乏违法性认识可能性一直都是重要的出罪事由。例如在美国1949年宪法判例荣格诉州政府案中,被告人在其再婚前就是否构成重婚先后两次咨询了律师,并都得到了否定答复,但其仍被起诉犯重婚罪。原审法院以不知法不免责为由判处被告人有罪,但美国最高法院认为,被告人在实施行为之前曾做了善意的努力,为了认识和遵守法律,采取了在美国法律体系下最适当的手段,在他相信自己努力的结果而诚实地实施了行为的情形下,将被告人作为犯罪人处罚是明显不公正的,从而推翻了原审法院的判决。[22] 而在大陆法系国家与地区,缺乏违法性认识可能性一直都是法定的出罪理由。例如我国台湾地区"刑法"第 16 条规定,"除有正当理由而无法避免者外,不得因不知法律而免除刑事责任",此处的"正当理由"正是出现了不可避免的禁止错误[23];同属大陆法系的我国澳门特别行政区也在《澳门刑法典》第 16 条规定,如果行为人在行为时并未意识到事实之不法性,而有关错误不可谴责于行为人,其行为无罪过[24]。《德国刑法典》中关于禁止错误的规则更是明确规定了不可避免的禁止错误将阻却罪责:"若当事人实施行为时,未能认识到行为的不法,且该认识错误无法避免,那么,其行为不具有罪责。"[25]

然而,从图 2 可以很明显地看出,在中国法语境下,立法的阙如导致违法性认识可能性出罪功能的边缘化,近半数的判决都只把缺乏违法性认识可能性作为一种罪轻要

---

[22] 参见冯军:《刑事责任论(修订本)》,社会科学文献出版社 2017 年版,第 198 页。
[23] 参见林钰雄:《新刑法总论》(第 8 版),元照出版有限公司 2020 年版,第 342 页。
[24] 参见徐京辉:《澳门刑法总论》,社会科学文献出版社 2017 年版,第 232 页。
[25] 《德国刑法典》,徐久生译,北京大学出版社 2019 年版,第 11 页。

素来考量,完全忽略甚至无视了其可能具有的出罪作用。即便将适用《刑法》第 37 条定罪免罚的案件也计算在内,最终被告人没有受到刑事处罚的也只有寥寥三十余份。至于其中法院采纳辩护人关于违法性认识可能性的辩护理由的,更是少之又少,这也导致司法机关对以违法性认识可能性为基点的限制故意说与责任说关注不足。例如在"钟某非法经营案"[26]中,原审检察机关指控被告人钟某参与实施的宣传卢某公司(该公司的积分返利行为被认定为传销行为,并接受了行政处罚)营销制度,协助吸收、发展会员及组织营销的行为是传销行为,随后按照从旧兼从轻的原则宣判钟某构成非法经营罪。钟某提出的辩解是,其在入职前对卢某的公司进行了细致考察,认为该公司的销售执照、分销机构认可函、产品质量认证书等文件均齐全才接受入职,而该公司的返利销售行为之所以被认定为传销,是因为其没有取得直销牌照。换言之,在该案中,钟某实际上已经尽到了合理的注意义务。基于商业社会的信任,员工在入职前当然地推定合法成立的公司进行的销售行为均为合法,法律不能苛求钟某在入职前了解公司的某一销售行为是否拥有直销牌照,否则在行政许可如此繁多的情况下,商业社会的基本信任将荡然无存。应该说这种缺乏违法性认识可能性的辩解是十分有力的,但原审法院仍坚持认为"非法经营罪为行为犯,不以行为人对其行为有违法性认识为要件"。不论非法经营罪是否真如该院所言是行为犯,这样的理由不但混淆了缺乏违法性认识与缺乏违法性认识可能性,还完全架空了违法性认识可能性的出罪功能,否认了其对定罪的重要作用。虽然钟某最终因证据不足被宣判无罪,但证据角度之外,二审法院未就违法性认识可能性的出罪作用进行考量,实属遗憾。

其次,缺乏违法性认识不宜作为可罚的违法性阻却事由在违法性阶层讨论。在笔者收集的 1153 份判决书中,有一份关于非法吸收公众存款罪的辩护意见为,"上诉人池和朝对涉案交易业务缺乏违法性认识,不具有可罚的违法性"[27]。在违法性阶层讨论违法性认识,并认为缺乏违法性认识阻却可罚的违法性,这是一个全新的观点,值得探讨。但遗憾的是,法院并未采纳,甚至在判决书正文部分完全无视了这一辩护意见,这就要求学理上对该观点进行进一步回应。

笔者认为,缺乏违法性认识不宜作为可罚的违法性阻却事由。"在刑法学上,可罚的违法性,是指具有作为犯罪而科处刑罚程度的违法性。"[28]其作用是基于"法律不理会琐碎之事"的立场,将极其轻微的形式上符合犯罪的行为排除在犯罪圈外,以实现保障人权的目的。判断可罚的违法性的过程,实际上就是判断行为人的实质违法性的过程,在这一层面上,评估可罚的违法性的要素就成为了法益侵害性与行为的社会相当性,同时要将法益侵害性放在首位,以贯彻二元的行为无价值的立场。换言之,"倘若

---

[26] 参见浙江省金华市中级人民法院(2017)浙 07 刑终 1166 号刑事判决书。
[27] 福建省福州市中级人民法院(2018)闽 01 刑终 1195 号刑事判决书。
[28] 彭新林:《"可罚的违法性"如何影响定罪》,载《检察日报》2017 年 8 月 13 日,第 3 版。

被害轻微性极低、接近于零时,即使其逸脱性上并非程度甚低,仍得判断为无违法性;如果逸脱性的无价值判断极为微弱,即使其法益侵害性方面的违法性稍强,就全体判断仍得认为无可罚的违法性"[29]。但显然,缺乏违法性认识并不能当然推导出缺乏法益侵害性或法益侵害性较小这一结论,二者处于完全不同的层面。一般而言,违法性认识是指"认识到自己的行为在法律上是不被允许的或实质上是违法的"[30],这是对违法性认识最基本的定义,它属于行为人主观的认知范畴。围绕违法性认识体系地位的课题,故意说与责任说展开了激烈的争论,但这些争论都是在违法性认识属于主观的不法或责任要素的前提下展开的,理论界已经就违法性认识不属于客观不法的范畴这一点达成了共识。但法益侵害性则不然,它是客观违法性论的重要延伸,只有法益受到了现实侵害或者具有受侵害的危险时,才可能构成犯罪,而只有表现在外部的恶的行为才能实际侵害法益。基于刑法客观主义的立场,法益侵害的判断应当是纯客观的,违法性认识作为主观不法或责任要素,并非判断法益侵害性的素材,将其作为阻却可罚的违法性的事由并不适宜,这是将违法性认识内容中的违法性与可罚的违法性中作为判断要素的实质违法性混淆了。

最后,违法性认识不宜作为故意或过失的判断要素。从图 3 来看,除违法性认识不要说外,故意说中的严格故意说占支配地位。司法实践中有进一步观点认为,在法定犯的情形下,如果行为人对违反行政法规没有违法性认识,那么这种违法性认识错误将阻却故意,成立过失犯罪。[31] 但笔者认为,这一观点有待商榷,其最大的问题在于混淆了故意与过失的界限,并且与我国实定法相背离。严格故意说主张:"不论是自然犯还是行政犯,故意的成立除了要求对犯罪事实的认识外,还应当以现实的违法性认识为必要。因此,如果没有违法性认识,行为人就不可能成立犯罪故意。当行为人的违法性认识错误存在过失时,如果刑法要处罚该过失行为,则按过失犯处罚;否则,不构成犯罪。"[32]刘艳红教授在严格故意说的基础上加入了违法性认识可能性,她认为:"在缺乏违法性认识的场合,阻却故意责任,成立过失犯;在缺乏违法性认识可能性的情况下,阻却过失责任,进而否定犯罪的成立。"[33]这种改良的观点将违法性认识可能性加入考量,固然有相当的合理性,但它并没有给出将违法性认识的有无作为故意与过失分水岭的理由,也无法解释为什么有些过失犯罪也存在违法性认识,难以贯彻到底。过失犯罪中违法性认识的实定法依据主要集中在业务过失犯罪这一类别,包

---

[29] 王彦强:《可罚的违法性论纲》,载《比较法研究》2015 年第 5 期。
[30] 〔日〕松原久利:《未必的违法性认识——关于违法性认识可能性与期待可能性》,赵天琦译,载《南大法学》2021 年第 4 期。
[31] 参见湖南省长沙市中级人民法院(2020)湘 01 刑终 280 号刑事裁定书。
[32] 陈世伟:《三大法系违法性认识比较研究——我国刑法中违法性认识的另一种解读》,载《河北法学》2006 年第 3 期。
[33] 刘艳红:《违法性认识的体系性地位——刑民交叉视野下违法性认识要素的规范分配》,载《扬州大学学报(人文社会科学版)》2015 年第 4 期。

括强令、组织他人违章冒险作业罪中的"明知存在重大事故隐患而不排除"、工程重大安全事故罪中的"降低工程质量标准"、教育设施重大安全事故罪中的"明知校舍或者教育教学设施有危险,而不采取措施或者不及时报告"等。对于以上种种犯罪,立法者都明确将违法性认识要素纳入了行为人的主观进行考量,但上述罪名又无一例外,均属于过失犯罪。[34]

由此可见,无论对违法性认识的内容持何种态度,都不能否认在我国刑法中过失犯罪也可能具有违法性认识,违法性认识的有无不能承担区分故意与过失的功能。实际上,故意与过失的本质区别并非违法性认识的有无,而是对待结果的态度。如果按照严格故意说的观点,前述各个罪名中行为人存在明显的违法性认识,理应构成故意犯罪,但理论与实务界均毫无争议地将行为人的主观认定为过失,究其原因,正是把对危害结果是否持否定态度作为了区分故意与过失的标准。换言之,区分故意与过失的关键在于意志要素,无须在意志要素之外再强加违法性认识作为区分标准,也无须在故意中增添违法性认识作为成立条件以区分过失。

四、违法性认识体系地位探明:限制故意说的提倡

关于违法性认识体系地位的争论已经不再是"理论上的游戏",而是切实地渗入实践层面,反映在刑事裁判上。笔者认为,在当前的中国司法实务环境中,以违法性认识可能性为思维出发点、以阻却构成要件故意为法律效果的限制故意说是值得提倡的。尽管目前实务界对限制故意说的应用并不多,但限制故意说可以合理限定故意成立的范围,相比其他学说也更契合我国实定法的规定与通行的犯罪构成体系,更容易被司法实践接纳。总体而言,对违法性认识体系地位这一问题,限制故意说是一种既有理论合理性,又有实践操作性的解决方案,值得学术界与实务界重视。

(一)限制故意说的基本观点及其合理性

限制故意说与责任说同在违法性认识可能性说的理论框架中,它与责任说一样,都否认违法性认识是故意的要素,并认为应该适用违法性认识可能性限定故意成立的范围。但责任说认为,缺乏违法性认识可能性阻却罪责,在责任阶层出罪;而限制故意说认为,缺乏违法性认识可能性阻却构成要件故意,没有过失的情况下在构成要件阶层出罪。笔者认为,基于以下理由,限制故意说的观点值得在司法实践中提倡。

第一,限制故意说以违法性认识可能性为思维出发点,可以合理限定故意成立的范围。在故意成立的问题上,违法性认识不要说与严格故意说从违法性认识的有无出发,实际上是走向了两个极端:违法性认识不要说过于轻视违法性认识的作用,进而否

---

[34] 参见周光权:《刑法各论》(第4版),中国人民大学出版社2021年版,第226—234页。

认了违法性认识以及违法性认识可能性在定罪中的重要地位,使得故意成立的范围过宽,出现了许多不合理的判决。尽管有相对的违法性认识不要说的观点,将违法性认识纳入了量刑情节考量,在对被告人的最终处罚上作了让步,但依然无法回避故意成立过宽的问题,而且在诸如"卢氏兰草案"[35]"王力军非法销售玉米案"[36]等极端案件中,即便依照相对的违法性认识不要说进行从轻判决,也难言妥当,会面临国家威权主义的批评。而严格故意说则刚好相反,它过于强调违法性认识在故意成立中的功能,甚至将违法性认识作为故意与过失的"分水岭",这就无疑过窄地限制了故意成立的范围,在放纵漠视法律者的同时,走向了过于重视私权保障的另一个极端。

笔者认为,造成这两种学说走向极端的重要原因在于,它们都是以违法性认识的有无作为思维的起点来思考故意成立的问题:前者认为违法性认识的有无完全不影响故意的成立,后者认为有违法性认识就有故意,无违法性认识就没有故意,但可能成立过失。这两种思维逻辑不约而同地把故意成立问题简单化为了行为人是否具有违法性认识的问题,但这种做法使得判断素材完全依赖行为人自身的现实违法性认识,并不妥当。而限制故意说则以违法性认识可能性为思维起点,在消极层面对故意进行判断,能合理限定故意成立的范围。对此,周光权教授正确指出,"没有违法性认识可能性,不能成立故意犯罪。违法性认识可能性说的目的在于谋求刑法适用上的具体妥当性。虽然没有实际的违法性认识,但是行为人处于稍做努力就能够认识它的状态,所以其不认识违法性也值得赋予责任非难"[37]。在故意成立问题上,限制故意说以违法性认识可能性为基本立足点,相对于违法性认识不要说而言,它既吸收了故意原则上不需要违法性认识这一合理要素,又通过违法性认识可能性,对一些极端案件进行出罪化处理,避免走向国家威权主义的极端;相对于严格故意说,它保留了缺乏违法性认识可能性就阻却(故意)犯罪的合理结论,又使得行为人无法以其主观上没有现实的违法性认识为借口逃避法律制裁,在法定犯的场合也能避免因没有过失法定犯的规定而无法处罚的情形,避免了走向只重视人权保障的另一个极端,不失为一种折中的方案。

第二,限制故意说具有中国实定法依据,更容易被司法机关接受。责任说也是以违法性认识可能性作为思维起点,但中国司法实践之所以需要限制故意说而不是责任说,其中最重要的原因在于,限制故意说可以寻找到中国实定法依据。笔者认为,我国《刑法》第16条正是限制故意说的法条依据,司法实践中对于明显缺乏违法性认识可能性的案件,完全可以依据《刑法》第16条的规定,认定行为人具有"不能预见"的原因从而阻却故意。

我国《刑法》第16条规定:"行为在客观上虽然造成了损害结果,但是不是出于故

---

[35] 参见河南省卢氏县人民法院(2018)豫1224刑再1号刑事判决书。
[36] 参见内蒙古自治区巴彦淖尔盟中级人民法院(2017)内08刑再1号刑事判决书。
[37] 周光权:《违法性认识不是故意的要素》,载《中国法学》2006年第1期。

意或者过失,而是由于不能抗拒或者不能预见的原因所引起的,不是犯罪。"一般而言,学术界通行的观点认为,"不能预见"是法律对意外事件的规定,旨在贯彻主客观统一的原则,其成立范围一般限于对损害结果缺乏预见可能性。[38] 但在笔者看来,这样的做法过于狭隘地理解了"不能预见"的内涵。"不能预见"不仅包括因对构成要件结果缺乏预见可能性从而导致出现意外事件的情形,也应当扩展到因缺乏违法性认识可能性,从而阻却构成要件故意或过失的情形。换言之,如果对"不能预见"采事实与规范双层次的理解方式,对《刑法》第16条的意外事件就应当作如下解读:行为在客观上虽然造成了损害结果,但不是出于故意或者过失,而是由于不能预见构成要件结果或者不能预见行为的违法性所引起的,则不是犯罪。按照这样双层次的结构解读意外事件的内涵,不难发现,由于第16条明确将阻却构成要件故意或过失的法律效果赋予了规范层面的"不能预见",限制故意说中思维起点与法律效果的实定法依据都在第16条中得到了解决。相较于责任说在司法实践中面临"无法可依"而只能求助于超法规犯罪阻却事由的困境,采限制故意说的法官就可以在裁判中自由地使用《刑法》第16条作为裁判依据的佐证,拥有了责任说难以具备的实定法优势。

第三,限制故意说的思考方式并不涉及对犯罪构成理论的大规模变动,即便是持传统四要件犯罪构成体系理论的法官也能轻松掌握。限制故意说与责任说的一大区别在于其法律效果,限制故意说认为缺乏违法性认识可能性阻却构成要件故意,责任说则认为缺乏违法性认识可能性阻却责任故意或阻却罪责。二者看似在最终结论上都认为行为人不构成犯罪,但其中具体出罪理由的差异却蕴含了构成要件模式的变动。

显然,在违法性认识体系地位问题上,责任说有非常明显的阶层犯罪论的痕迹,责任阶层、责任故意等概念都带有清晰的阶层思考模式的烙印。而在我国,尽管"当下国内对犯罪论之研究中,'平面耦合'体系虽是传统的通说,但渐有江河日下之迹象,而德日理论的'阶层递进'体系,则有攻城略地、高歌猛进,大有取而代之的势头"[39]。可是,脱离了理论研究的话语环境,切身进入中国司法实践的领域中,四要件的思维模式仍深深地影响着法官,而以阶层犯罪论为底色的责任说必定会天然与实务界存在某种隔阂,其中最明显的问题莫过于,在缺乏违法性认识可能性的情形下,四要件体系根本不存在罪责阶层与罪责的判断,责任说所谓的阻却罪责,实务界往往无法找到合适的术语进行理论转化。"违法认识可能性产生于阶层犯罪论体系,在德日刑法背景下探讨其体系地位问题具有必要性与合理性。但是,我国四要件犯罪论体系与阶层犯罪论体系不同,在我国犯罪论体系下探讨违法认识可能性的体系地位问题,显然具有不同

---

[38] 参见王爱立主编:《中华人民共和国刑法释义:最新修正版·含刑法修正案(十一)》,法律出版社2021年版,第25页。
[39] 庄劲:《递进的犯罪构成体系:不可能之任务》,载《法律科学(西北政法大学学报)》2015年第5期。

于德日犯罪论体系的特征。"[40]面对这种认为责任说不符合目前我国实务界刑法体系的批评,部分持责任说的学者乐观地认为,"如果现有的理论体系本身有问题,不能容纳具有重要影响力的违法性认识要素,就必须对其加以改造"[41]。"即使是习惯于以四要件论办理刑事案件的司法工作人员,也完全可以同时运用阶层论处理刑事案件。"[42]但笔者认为,思维惯性的作用是不容小觑的,四要件理论已在中国深植四十余年,要在短期内打破旧有的犯罪构成理论,构筑起新的犯罪构成模式,或强行让司法机关接纳阶层犯罪论体系,成本无疑是巨大的,还容易造成思维混乱。

平面式犯罪构成模式与阶层犯罪论的争议仍将继续,在相当长的一段时间里,四要件仍然会是司法机关处理案件时通行的犯罪构成模式。因此,与其采纳需要对犯罪构成理论进行"伤筋动骨"的修改的责任说,不如援用较为缓和的限制故意说。按照限制故意说的观点,行为人在缺乏违法性认识可能性时,阻却构成要件故意,这样的结论在四要件犯罪构成模式或者在阶层犯罪论中都是可以被接受的。尽管限制故意说产生于阶层犯罪论,但由于其产生阻却作用的构成要件故意属于犯罪构成理论中的最基本的底层要素,因此持四要件理论的法官也可以毫无障碍地进行理论转换并适用其结论。

依笔者之见,在司法实践中采取限制故意说的理论,既可以避免走向违法性认识不要说与严格故意说的极端,产生失之过宽或失之过严的问题,又可以妥善解决责任说所面临的本土化难题,减少因犯罪构成理论的不同而产生的不必要的争议,值得提倡。

(二) 限制故意说带来的困惑及其解决

限制故意说在刑法理论和实务上都有值得贯彻的理由,但限制故意说本身也面临一些质疑,归纳起来主要有如下几处。

限制故意说受到的最猛烈的批判是,"将违法性认识的可能性这种明显属于过失的要素混于故意之中,有损故意概念的统一性"[43]。"所谓故意是指认识,因而不能以违法性的认识可能性作为其要素。"[44]应该说,这样的批评意见是很有力的,限制故意说必须加以正面回应。笔者认为,上述批判是建立在其他大陆法系国家和地区实定法的基础上,对故意进行形式化理解所得出来的结论,与中国刑法的规定不匹配。在德国,由于实定法对故意的内容这一问题作了明确答复,要将违法性认识可能性完整地解释进故意之中,无疑是十分困难的。在严格区分禁止错误与构成要件错误的德

---

[40] 赵运锋:《违法认识可能性理论的检讨与反思》,载《东方法学》2020年第6期。
[41] 同前注[37]。
[42] 张明楷:《阶层论的司法运用》,载《清华法学》2017年第5期。
[43] 王俊:《法定犯时代下违法性认识的立场转换》,载《现代法学》2020年第6期。
[44] 〔日〕西田典之:《日本刑法总论(第2版)》,刘明祥、王昭武译,法律出版社2013年版,第194页。

国,由于立法明确规定,行为人在行为时对法定构成要件缺乏认识的,不认为是故意犯罪,德国理论通说就不得不对故意作形式化的理解,认为"故意是对构成要件所有客观方面行为情形都拥有认识的情况下所具有的实现某个构成要件的意志"[45]。因此在德国,责任说是通行的见解,而限制故意说并不为学术界所接受。反观限制故意说为有力说的日本,由于其立法仅规定了"没有实施犯罪的意思的行为,不予处罚"[46],而没有给犯罪故意下定义,就给违法性认识可能性留下了适用的空间。

由此可见,实定法对犯罪故意的规定不同会导致责任说与限制故意说的命运不同。笔者认为,既然我国对犯罪故意的概念作出了明确的规定,就应当立足于本国法中犯罪故意的概念对违法性认识可能性问题进行探讨,而不是将其他国家的理论简单移植。我国《刑法》第14条第1款规定:"明知自己的行为会发生危害社会的结果,并且希望或者放任这种结果发生,因而构成犯罪的,是故意犯罪。"而故意概念中的"危害社会"这一表述,给违法性认识可能性留下了一席之地。诚然,认定故意时一般只需要行为人认识到构成要件事实已足,"危害社会"只是代表法院对行为作出的否定性评价,理应不需要行为人对此有所认识。但法院在对"危害社会"这一概念作规范性判断时,必然涉及对违法性认识可能性的判断。这是因为,"只有当行为人根据其认识的内容具有实质违法性认识可能性时,才有形成反对动机的余地,从而控制住自己不去实施导致危害社会结果的行为"[47]。换言之,只有在存在违法性认识可能性的情况下,才能满足"危害社会"所要求的心理要素,进而被评价为犯罪故意。与德国不同,借助我国实定法中"危害社会"这一关键用语,违法性认识可能性找到了进入故意领域的媒介,将故意的内容作实质化理解后,限制故意说可以获得相当的合理性。

同时,限制故意说也可能会在实定法依据上遭到质疑:将《刑法》第16条的"不能预见"理解为不能预见违法性,是否属于类推解释,违背了罪刑法定原则?笔者认为,将违法性认识可能性理解为意外事件的一种情形仍属于扩大解释。

第一,按照《刑法》第16条的字面意思,认定意外事件的标准是"不能预见的原因",在"不能预见"的判定上采用事实和规范双层结构,实际上是把违法性认识可能性加入了"不能预见的内容"之中,这并不意味着对原因的否定,缺乏违法性认识可能性仍没有超出"不能预见的原因"这一范畴。对此,也有学者正确指出,"《刑法》第16条没有规定不能预见的内容,此时对不能预见的内容进行填充,不能称为类推解释,而属于扩大解释"[48]。

第二,即便认为这是一种类推解释,它的法律后果也是有利于被告人出罪,不违背

---

[45] [德]约翰内斯·韦塞尔斯:《德国刑法总论》,李昌珂译,法律出版社2008年版,第120页。
[46] 参见张凌、于秀峰编译:《日本刑法及特别刑法总览》,人民法院出版社2017年版,第17页。
[47] 曾文科:《犯罪故意概念中的"危害社会":规范判断与归责机能》,载《法学研究》2021年第5期。
[48] 柏浪涛:《违法性认识的属性之争:前提、逻辑与法律依据》,载《法律科学(西北政法大学学报)》2020年第6期。

罪刑法定原则。实际上,绝对禁止类推解释的做法仅存在于古典的纯粹形式罪刑法定原则之中,而罪刑法定原则的实质侧面并不禁止对被告人有利的类推解释。例如在非国家工作人员受贿罪中,虽然我国刑法没有明文规定,但非国家工作人员被索贿,没有获取正当利益,可以比照国家工作人员索贿的有关规定处理,这种有利于被告人的类推解释就是合理的。在对意外事件的理解上,如果对"不能预见"作双重理解,被告人就可以在对构成要件没有预见可能性外,援用缺乏违法性认识可能性这一新的出罪事由,这完全符合罪刑法定原则有利于被告人的实质精神。

同时,有观点认为,限制故意说无助于解决刑法理论中的"回旋镖难题"。如果贯彻限制故意说的法律效果,那么就是将故意作为构成要件要素,如果出现容许构成要件错误,会先认为行为人具有构成要件故意,通过构成要件阶层的检验,随后在违法性阶层的判断时再回过头来否认行为人具有构成要件故意,由此造成了犯罪构成体系的紊乱。限制故意说无法应对这一难题,而责任说则由于具有罪责故意这一概念,具有优势。但笔者认为,这并不是限制故意说特有的问题,而是将故意作为构成要件而产生的体系问题。

第一,责任说为了解决容许构成要件错误这一个问题,创造了罪责故意的概念,本身就值得质疑,而不采取罪责故意的概念,将容许构成要件的错误归入事实认识错误进行讨论,就可以合理地解决"回旋镖难题"。限制故意说主要是为了解决在产生违法性认识错误时是否存在故意的问题,而在假想防卫或者假想避险等正当化前提发生错误时,行为人产生的是事实认识错误,按照事实认识错误的处理方案,阻却构成要件故意即可。即便行为人在容许构成要件错误的情况下,坚定地认为自己的行为完全合法,这在实质上也是事实认识错误的延伸,应当在事实认识错误的框架内进行讨论,并不需要考虑违法性认识可能性的判断问题。简而言之,当行为人出现假想防卫等容许构成要件错误时,可以直接认定为事实认识错误而阻却故意,不涉及违法性认识。

第二,在事实认识错误导致行为人出现违法性认识错误的情况下,如果行为人缺乏违法性认识可能性,采限制故意说就可以直接在构成要件阶层出罪,而无须进入责任阶层借助罪责故意的概念出罪,比责任说出罪时间要提前,节约司法资源。总之,责任说所言的优势,其实都可以在限制故意说的理论内部得到体现,而且在认定发生容许构成要件错误而导致意外事件时,限制故意说还能比责任说更早出罪,更好地实现法经济的目标。

五、结　语

司法实践中对违法性认识存在不规范适用与功能单一的问题,其根本原因在于裁判者对违法性认识体系地位的认识不足。现有的违法性认识理论虽都有可取之处,但仍存在故意成立范围不当或无法融入中国司法实践话语体系的弊端。正因如此,有必要转换思维方式,采纳限制故意说来对这一问题作正面回应,以明确违法性认识的功能与体系定位。

在出现违法性认识错误时,从逻辑起点看,应当摒弃违法性认识不要说或严格故意说从违法性认识的有无开始考虑的做法,转而以违法性认识可能性为思维的立足点;从缺乏违法性认识可能性的处理结果看,应当反省难以融入我国实定法体系的责任说,以阻却构成要件故意与过失为法律效果。限制故意说吸收了目前我国司法实践中存在的违法性认识不要说、严格故意说与责任说的妥当之处,克服了它们的缺点,又能以《刑法》第 16 条意外事件作为实定法依据,无论是采阶层犯罪论构造还是四要件犯罪构成体系的司法机关,都能毫无障碍地在各自的理论框架内找到术语转换,不存在难以解决的本土化难题,值得提倡。针对限制故意说的主张,出现了"故意概念混乱""类推解释违反罪刑法定"与"容许构成要件错误导致犯罪论体系紊乱"等批判。但是,如果对故意中的"危害社会"作实质理解,违法性认识可能性完全可以包含于故意的概念之中;意外事件的规定只及于"不能预见的原因",将违法性认识可能性解释为"不能预见"的一种情况,只是增添了不能预见的内容而已,是一种可以被接受的扩张解释。容许的构成要件错误也可以通过事实认识错误的法律效果来解决,无须借助责任说创造的概念,也并不直接涉及违法性认识错误。甚至在行为人应当出罪的情况下,限制故意说可以更早地得出结论,节约司法资源。

"正如晚近的刑法修正案所体现的那样,面对中国社会转型期所出现的种种冲突和危险,刑法在一定意义上已经逐渐从古典时代消极保护法益的最后手段,演变为积极抗制风险的优选工具。"[49] 在风险社会的大背景下,刑法"最后一道防线"的定位必然受到冲击,工具化的倾向也会越来越明显,其表征之一就是实务中大量出现的违法性认识的体系定位问题。理论研究者应跳出纯粹理论思考的"舒适圈",更多地关注司法实践中的真实状况,只有立足本国的法律土壤,才可能做出独特的学术贡献。司法实务工作者也应当充分认识到法定犯的时代已经来临[50],固守旧有的立场可能会面临不可承受的司法风险,也无法做到法律效果与社会效果的统一。在违法性认识体系地位上,只有理论与实务良性互动,才能探寻出一条符合中国法律环境的解决之道。

---

[49]　陈璇:《责任原则、预防政策与违法性认识》,载《清华法学》2018 年第 5 期。
[50]　参见李运平:《储槐植:要正视法定犯时代的到来》,载《检察日报》2007 年 6 月 1 日,第 3 版。

[理论争鸣]

风险社会与刑事法[*]

〔日〕松原芳博[**]文　毛乃纯[***]译

> **要　目**
> 一、犯罪的现状
> 二、刑事立法过程中的变化
> 三、刑事裁判中的变化
> 四、犯罪论中的变化
> 五、刑罚论中的变化
> 六、结论

摘　要　在当今所谓的风险社会中,虽然实际的犯罪数量在持续减少,但是国民的"体感治安"却因为风险的未知性、严重性以及媒体的宣传报道而日益恶化。随着国民参与风险控制活动的诉求不断提高,刑事法逐渐政治化为象征性刑法。在刑事立法方面,政治和舆论的影响力增强;在刑事裁判中导入了裁判员制度和被害人参加制度;在犯罪论中出现了法益概念的危机和责任主义的衰退;在刑罚论中存在显著的重罚化倾向。但是,无论如何,刑事立法都不能被矮化为以消除国民不安为目的的"象征性风险控制",仍然必须坚持比例原则,服从法治社会的平等和正义的要求。

关键词　体感治安　象征刑法　严罚化　责任主义　法益

一、犯罪的现状

随着科学技术的高度化、经济体系的复杂化以及政治、经济、文化的国际化,现代

---

[*]　本文收录于日本法哲学会编:《法哲学年報》,有斐阁2009年版,第78—92页。本文摘要由译者撰写。
[**]　日本早稻田大学法学学术院大学院法务研究科教授,法学博士,日本刑法学会常务理事。
[***]　中国人民大学、日本早稻田大学法学博士,郑州大学法学院讲师。

社会正面临着前所未有的风险。这种风险不可预测、不可防范,甚至可能导致毁灭性的灾害。在当今所谓的风险社会中,相对于财富分配,风险分配成为更加重要的课题。[1] 人们的关注焦点一旦从追求幸福转向避免不幸,就会强烈地意识到犯罪所造成的损害,从而在政治上提出避免或者恢复犯罪损害的诉求。最终的结果是刑事法的"政治化"。

由于现代型风险是潜在且不可视的,因此,主观的不安感较客观的危险性更为严重地威胁着社会。在这个意义上,风险社会也被称为"不安社会"。所以,与实际上是否危险相比,人们是否感受到危险才更加重要。在风险社会中,以预测可能性为基础的合理性思考模式受到动摇,随之而来的是"感情的复权"。"风险社会理论"也成为近代合理主义的对立命题。

最近,刑事法领域也呈现出显著的处罚扩大化和重罚化的倾向。正如"体感治安"一词所体现的那样,这种倾向是以人们的不安感为背景的。但是,实际上日本的犯罪并未增加或者变得凶残,反而一直在减少。[2] 关于杀人罪案发数量的公式统计基本上能够准确地反映犯罪的实际数量,该统计数据在战后持续减少,并且在2009年创造了战后的最少纪录。虽然媒体曾在一定时期宣传犯罪数量有所增加,但是,是因为社会应对变得更加严格从而导致"案件认知数量"增加,例如,媒体对于犯罪的"案件认知数量"和"实际数量"之间存在较大差距的盗窃罪中的扒窃的通报率大幅提升等,并不是"实际数量"增加。性犯罪的"案件认知数量"增加则完全可以归结为告诉率以及警察的应对发生了变化。另外,以少年事件为代表的犯罪报道的增加,同样是由媒体在以不安社会为契机进行的报道活动中宣传犯罪范围扩大所造成的结果。[3] 这里能够发现"不安的扩大再生产"问题。媒体宣传的犯罪现象没有反映实际状况。就杀人罪而言,像流窜歹徒杀人那样具有轰动性的案件被大肆报道,于是给人们造成了这就是典型的杀人案件的印象[4],但是流窜歹徒杀人案件在每年数百起的杀人案件中也不过数起而已。近半数的杀人案件都发生在包括殉情在内的家属之间,其他案件也基本上是以存在密切的人际关系为前提的情形。[5] 由此可见,"体感治安"的恶化是由选择性地介绍不反映实际数量的统计结果和过度报道少数特殊事件所造成的结果。根据问卷调查,对于"你是否感觉到我国的治安在逐渐恶化"的问题,几乎所有人都回答了"是";相反,对于"你是否感觉到自己周围的治安在逐渐恶化"的问题,回答"不是"

---

[1] 参见〔德〕乌尔里希·贝克:《危险社会》,〔日〕东廉、伊藤美登里译,法政大学出版局1998年版,第23页以下。
[2] 参见〔日〕河合干雄:《安全神話崩壊のパラドックス》,岩波书店2004年版,第21页以下。
[3] 参见〔日〕浜井浩一:《日本の治安悪化神話はいかに作られたか》,载《犯罪社会学研究》2004年第29号,第10页以下;〔日〕浜井浩一、芹泽一也:《犯罪不安社会》,光文社2006年版,第51页以下。
[4] 对"流窜歹徒"进行大肆报道,不仅会使人对无过错的被害人形象和异常的加害人形象产生想象,还会造成任何人都可能成为被害人的印象,于是促进了国民对被害人的自我同化。
[5] 参见〔日〕河合干雄:《日本の殺人》,筑摩书房2009年版,第11页以下。

的人占多数。[6] 这说明,体感治安的恶化不是源于自身的体验,而是源于媒体的报道。

对于媒体而言,"危险"信息较"安全"信息具有更高的报道价值,能够提升收视率。所以,强调犯罪增加和治安恶化的数据、略去犯罪减少和治安改善的数据,可以说是媒体的本能。相比较而言,有关食品和汽车的风险信息会因为可能由此受到不利影响的生产者等给的压力而在一定程度上被压制,而强调犯罪风险则不会使某个群体直接受到不利影响。乍看上去,犯罪状况的恶化似乎是由警察和法务省等犯罪统制机关的失策造成的。但是,与经济状况的恶化不同,由于犯罪状况恶化中存在"犯罪人"这一看得见的"责任人",因而不能归咎为警察等的责任。对于犯罪统制机关而言,应当认为犯罪状况的恶化在其权限和预算的扩大方面起到了有利的作用。

犯罪风险与作为风险社会理论前提的现代型风险的性质是不同的。[7] 的确,环境犯罪等是以现代型风险为内容的,网络犯罪和外国人犯罪等也是新出现的犯罪形态。但是,总体而言,犯罪现象在统计上是可预测的,能够将其控制在一定范围之内,对于社会并不具有毁灭性。所以,可以认为最近刑事法的动向与风险社会无关。然而,风险社会导致人们的意识和反应形式发生了变化。应当认为,风险社会的特征不是由风险本身而是由人们的反应形式赋予的。犯罪化和严罚化的刑事法动向,也体现出人们反应形式的变化。

最近,人们开始把自己当作犯罪风险的"被影响者"。特别是由于"关注被害人"而将自己与被害人同化的国民,会认为犯罪随时都可能找上自己。对于个人而言,这种自身面临的犯罪风险是不可预测且具有毁灭性的。而且,根据"自己责任论",必须由自己应对这种风险。但是,犯罪的统制手段是由国家机关掌控的。这样一来,风险的"被影响者"和"决定者"就发生了分离,于是人们就要求"参加"刑事立法、刑事审判、犯罪预防等风险控制活动。然而,这种国民要求的对策与其说是以一定现实效果为目标的"现实的风险控制",不如认为是实现自我满足的"象征性的风险控制"或者在心理上弥补风险控制失败这个意义上的"模拟的风险控制"。

下面,本文拟从刑事立法过程、刑事裁判、犯罪论、刑罚论着手,探讨国民所追求的风险控制的实体。

---

[6] 参见[日]浜井浩一:《厳罰化の犯罪学的評価とPenal Populism》,载《現代思想》2008年第36卷第13号,第227页。

[7] 参见[日]岛田聪一郎:《リスク社会と刑法》,载[日]长谷部恭男编:《法学からみたリスク》,岩波书店2007年版,第24页。

二、刑事立法过程中的变化

刑事立法历来不是国民主要关注的事情,对于政治家而言也与选票无关,所以一直都是由法曹三方*和学者主导的。然而,随着人们安全诉求的提高以及议员立法数量的增加,政治和舆论对于刑事立法的影响力逐渐增强,而专家在法制审议会中的发言力度则有所下降。[8] 这种趋势恰恰体现了作为风险的"被影响者"的国民希望自己成为风险控制的"决定者"的诉求。而且,在交通事故重罚化以及公诉时效的延长、废止等方面,被害人和遗属已经拥有了较大的影响力。这种状况是由被害人要求作为风险的"被影响者"参加风险控制以及一般国民将被害人视为风险的"被影响者"的象征这两个方面形成的。

国民主动地思考犯罪和刑罚当然是件好事,但是,对于刑事法是否与普通立法相同的政治过程相适应的问题,仍然有必要进行检讨。

第一,关于犯罪和刑罚的事实,正确的信息并未传达给国民。人们支持重罚化的前提是犯罪的凶恶化。但是,如前所述,这个前提是错误的。

第二,立法过程中势力的不对称性成为问题。在其他领域,经营者和劳动者之间的势力均衡能够对立法形成一定的制约,但是在刑法中,反对势力并不具有制约作用。在关于导入被害人参加制度的讨论中,被害人团体的代表以"当事人的立场"参加了法制审议会,而作为另一方当事人的被告人团体则无法参加立法过程。另外,在舆论的形成过程或者政治过程中,针对被害人方的要求提出批判性意见几乎是不可能的,因而言论自由在这种情况下无法发挥功效。

第三,刑事法中不存在立场的互换可能性。大多数人都认为自己有可能成为被害人,而不可能成为被告人。于是,就会缺少判断假如自己是被告人或者受刑人则是否能够忍受某种制度的观点,近代普遍主义所预定的理性制动器也因此而失效。

第四,在刑事法中,国民的"意思"和"感情"经常发生混淆。风险社会中的"感情复权"进一步助长了这种倾向。但是,个人行动并非直接源于"感情",而是由包括自觉选择在内的"意思"导出的。主权者的决定中必须包含具有自觉性的"意思"。虽然重罚化通常是基于健全的"国民感情"的理由得到提倡的,但是这种"国民感情"尚不构成具有自觉性的意思决定,因而不应当直接将其视为作为主权者的国民的"意思"。

总之,与其他法律领域相比,刑事法中难以期待在舆论形成过程或者政治过程中进行充分的讨论。

---

* 在日本,"法曹"是指专业从事法律实务工作的人,"法曹三方"是指法官、检察官和律师。——译者注
[8] 参见〔日〕松原芳博:《刑事立法と刑法学》,载《ジュリスト》2008年第1369号,第68页以下。

三、刑事裁判中的变化

刑事裁判中最值得注意的变化,是裁判员制度(2009年导入)和被害人参加制度(2008年导入)。

裁判员制度的背景是参加风险控制的诉求。公民虽然对于亲自参加司法裁判持消极态度,但是对于公民在司法裁判中拥有决定权则是支持的。而且,该制度也象征着公民处于犯罪统制者的立场。在使全体公民共同形成憎恨犯罪的心情这一点上,裁判员制度是有意义的,但是这无疑是将全体公民与犯人对立起来。

被害人参加制度同样体现了风险社会中的参加志向。仅就特定的被害人而言,既然损害已经发生,就意味着风险控制的失败。但是,对于将来的被害人而言,参加诉讼、提出处罚被告人的诉求则能够成为风险控制的手段。由于被害人把自己与将来的被害人重合在一起,因而可以认为诉讼参加制度具有风险控制的意义。这样一来,通过诉讼参加制度这种"模拟的风险控制",可以就风险控制的失败对被害人进行心理上的补偿。

四、犯罪论中的变化

在犯罪论中,立法上的处罚扩大化的现象较为明显。这种犯罪化的第一特征体现为处罚的早期化。[9] 例如,《非法登录禁止法》(1999年)处罚的就不是刺探或者破坏情报等侵害行为本身,而是使用他人的密码登录或者提供他人的密码等先前阶段的行为。另外,支付用磁卡罪(2001年)的处罚对象包括持有伪造磁卡和取得、提供磁卡信息等行为。但是,从磁卡诈骗这一法益侵害行为来看,持有磁卡是"预备",取得、提供信息是"预备的预备",因而其未遂就属于"预备的预备的未遂"。《撬锁防止法》(2003年)将藏带螺丝刀的行为也规定为犯罪;大阪府出台的《创建安全城市条例》(2002年)将在道路上或者公园内携带棒球棍或者高尔夫球杆规定为犯罪。这种处罚的早期化无疑迎合了国民希望防范被害于未然的风险控制的要求。

这些被早期化的处罚对象都是距离法益侵害较远的行为,因而会涉及私人活动或者日常性、中立性的行为,于是就难以根据行为本身的性质为处罚划定界线。特别是持有罪、保管罪将私人领域也纳入处罚对象的范围,这不仅会产生国家介入私人生活的问题,甚至可能出现不得不根据对"人物"的甄别进行检举揭发的问题。例如,携带棒球棍属于日常性、中立性的行为,所以根据行为对处罚对象进行限定是不可能的,只

---

[9] 参见[韩]金尚均:《危険社会と刑法——現代社会における刑法の機能と限界——》,成文堂2001年版,第1页以下。

能根据"人物"决定犯罪是否成立。这样一来,善良市民携带棒球棍不构成犯罪,而"可疑人物"携带棒球棍则构成犯罪。以诱拐女童杀人事件为契机制定的《奈良县儿童安全条例》(2005 年)将堵截儿童或者挑衅儿童的行为规定为犯罪。据此,邻居训斥儿童的行为是受到鼓励的,而陌生人的搭讪行为就可能被判处刑罚。事实上,对于适用携带棒球棍以及挑衅儿童等非常宽泛的构成要件,警察也比较犹豫。由此可见,这些条例的实效性存在疑问,具有强烈的装潢安心、安全的"象征立法"的色彩。在甄别"人物"方面,值得注意的是关于广岛市《暴走族追放条例》的最高裁平成 19 年 9 月 18 日判决(刑集 61 卷 6 号 601 页)。该条例限制举行给他人造成不安的集会。对此,最高裁认为,如果将该条例适用于所有人,就过于广泛;如果仅适用于暴走族或者能够等同于暴走族的团体,就不构成违宪。最高裁的合宪限定解释不是根据行为而是根据"人物"作出的。根据"行为主义",刑法处罚的是行为,不处罚意思或者人格。所以,最近呈现出的根据"人物"甄别处罚对象的倾向违背了法治的平等性以及行为主义。[10]

这种甄别源于将人视为风险源的观点。在风险社会,每个人都将他人当作风险源,但是并不希望自己被视为风险源。所以,人们根据属性对他人进行甄别,将那些与自己属性不同的人视为风险源。近年来对于外国人犯罪的非难的增强就是这种"甄别"的体现。于是,"敌人刑法观"[11]开始在人们的意识中扎根。人们将犯罪人以及被视为其预备队的其他人当作敌人,认为刑法的使命在于保护包括自己在内的"善良市民"免受敌人的侵害。即使不是犯罪人,外国人、流浪汉、失业者等与大多数国民不同的人也被视为风险源。在裁判员制度下,异常杀人案件的科刑比以前更重,因护理身心交瘁而杀害亲属的案件则会被判定为执行犹豫。这就体现了将杀人犯也区分为"善良市民"的"敌人"和"同伴"的观念。在敌人刑法观中,人们倾向于对敌人持有过剩的敌意、反感,对同伴则抱有过剩的共情、信赖。可以认为,最近对于被害人感情的共情就体现了敌人刑法观的一个侧面。另外,裁判员制度的基础也是由对于"善良市民"的极度信赖和相信"市民是善良且贤明的"乐观主义提供的。

上述由敌人刑法观造成的差别和排斥,不仅妨害了犯罪人回归社会,还对社会进行了分割,剥夺了少数人的尊严和生活的手段,逼迫他们逐渐向犯罪靠近。虽然敌人刑法观将控制风险作为目的,但是其反而增加了风险。而且,对敌人和同伴的区别会导致立场交换的可能性彻底丧失,对于被告人和犯人的权利的意识也将变得更加薄弱。把犯罪视为敌人的攻击并致力于排斥作为风险源的敌人,这种做法忽略了社会中存在的犯罪要因,并

---

[10] 将为了投递政治传单进入公寓或者公务员住宅楼的共用部分的行为认定为侵入住宅罪的事件(最高裁平成 20 年 4 月 11 日决定、最高裁平成 21 年 11 月 30 日决定等),都是通过解释、运用既有的构成要件扩大处罚的案例。但是,对于以发放宣传外卖比萨的商业广告为目的进入公寓共用部分的行为,却不追究本罪的刑事责任。由此可见,本罪的处罚对象不是根据"行为"而是根据"人物"和"思想"进行甄别的。

[11] 参见〔日〕松宫孝明:《刑事立法と犯罪体系》,成文堂 2003 年版,第 38 页。

且可能导致根本对策中存在严重的疏漏。无法否认的是,交通事故的严罚化将事故原因矮小化为驾驶者的个人问题,从而掩盖了汽车社会本身存在的问题。

最近的犯罪化的第二特征体现为法益的稀薄化、抽象化。例如,《非法登录禁止法》的保护法益被理解为对于网络系统的信赖。但是,这里的"系统"和"信赖"都是抽象的、观念性的概念,难以判断其是否遭受了现实的侵害。又如,《组织犯罪处罚法》(1999年)和《尾随防止法》(2000年)将"市民生活的平稳"作为保护法益。但是,超越具体的生命、身体、自由的"平稳",归根到底无非就是安全感。再如,《脏器移植法》(1997年)中规定的买卖脏器罪和《克隆规制法》(2000年)中规定的移植人类克隆胚胎罪,都将国民的"感情"和人类的"尊严"作为保护法益。

法益是刑法应当保护的利益的具体化、对象化,其不仅具有价值,而且是一种能够在经验上把握的实在。而且,法益既是被对象化的利益,也是特定人所拥有的利益,因而是与个人相结合的。这种"法益"概念具有判断立法是否适当的功能和判断犯罪是否成立的功能。[12] 但是,最近法益概念的稀薄化、抽象化使得难以在经验上对法益进行把握,同时也削弱了法益与拥有者的关联。

面对这种"法益概念的危机",出现了主张取代法益、将保护"社会系统"本身或者"社会的规范同一性"作为刑法目的的观点。[13] 但是,"规范同一性"的实体和认识方法都是不明确的,难以对其作超法益的把握。如果在现实存在的国民意识中寻求规范同一性,就有可能不加批判地承认舆论的处罚诉求。而且,将系统或者规范作为保护对象,最终会弱化将每个人作为应当保护的对象的观点。

在风险社会中,责任主义也可能出现衰退。一方面,在以对于预测可能性的信赖为基础这一点上,要求对于不可能预测的结果不承担责任的责任主义是近代合理主义的产物;另一方面,在处罚无责任者不具有妥当性的感觉源于立场的交换可能性这一点上,可以认为责任主义是近代普遍主义的归结。[14] 但是,这两个前提在风险社会发生了动摇,具体表现为以过失犯为中心的责任要件逐渐形骸化。2010年4月,对于明石步道桥事件和尼崎脱轨事故,检察院原本以不存在结果预见可能性为由对原明石署副署长和JR西日本历代社长不予起诉,后经检察审查会决定又对他们提起了强制诉讼。在舆论的处罚诉求增强的背景下,我们必须对结果预见可能性的内容的弱化以及逐渐向无过失责任接近的倾向保持警惕。

---

[12] 关于法益的概念,参见〔日〕松原芳博:《刑法の基本原则(その一)》,载《法学セミナー》2009年第653号,第100页。

[13] 参见〔日〕松宫孝明:《「敌味方刑法」(Feindstrafrecht)という概念について》,载《法の科学》2007年第38号,第21页以下。

[14] 关于责任主义的根据和内容,参见〔日〕松原芳博:《刑事责任の意义と限界》,载《法律时报》2004年第76卷第8号,第9页以下;〔日〕松原芳博:《刑法の基本原则(その一)》,载《法学セミナー》2009年第653号,第103页。

五、刑罚论中的变化

在刑罚论中,立法上、量刑上的重刑化倾向显著。

第一,这种倾向可以视为对满足被害人感情的意义上的报应思想[15]和复仇思想的恢复。最近死刑的增加就是由国民对遗属感情的共情的提高引起的。另外,之所以在交通事故的死亡人数持续减少的情况下制定了危险驾驶致死伤罪(2001年),同样是因为遗属的要求和舆论的共鸣。[16] 然而,无论行为是出于故意还是过失,遗属的悲痛并不会有多大差别。于是,要求"刑罚与行为人的责任相适应"的责任主义就被视为满足被害人感情的障碍,正如汽车驾驶过失致死伤罪(2007年)的法定刑上限为7年惩役所体现的那样,特别是过失犯的重罚化被进一步推进。还可以认为,承认被害人"求刑"的被害人参加制度从正面肯定了刑罚的目的在于满足被害人感情。[17] 使量刑反映"市民感觉"的裁判员制度也是朝着这个方向推进的。这种报应思想的高涨,其背景包括感情的复权、国民对被害人的自我同化以及孤立的现代人的共情愿望。

第二,正如饮酒驾驶的法定刑提高(2007年)体现的那样,最近的重罚化也是由威吓思想造成的。威吓思想的意图无疑在于风险控制。但是,根据犯罪学知识,抑止力与刑罚的确定性存在相关关系,但是与刑罚的严重性本身则几乎不存在相关关系。由于与之前的刑罚存在"差别",因而重罚化具有传信效果,这一点是不能否定的。但是,这种效果只具有暂时性,如果对此抱有期待,就必须持续性地每隔数年对法定刑作一定程度的提高。经历数次修改,现在饮酒驾驶罪的刑罚已经达到最初的12倍。而且,重罚化的传信效果还能刺激犯人逃匿或者隐匿证据。例如,对饮酒驾驶和汽车事故的重罚化就存在促使逃逸的方面。

第三,正如性犯罪的法定刑提高(2004年)体现的那样,最近的重罚化还是由隔离思想造成的。近年来,无期刑成为事实上的终身刑,这在很大程度上是受到了对于假释后再犯的担心的影响。这种隔离思想是由将犯罪人的性质区别于市民的敌人刑法观导出的。但是,如果认为包括刑法在内的"法"的目标在于"共生",就应当抵制将刑法作为"斗争"和"排斥"的工具的观点。除终身刑以外,隔离的长期化也会产生使受刑者难以回归社会从而增加再犯风险的反效果。

---

[15] 关于报应思想的多样性,参见〔日〕松原芳博:《刑罰の意義・目的》,载《法学セミナー》2009年第652号,第59页以下。另外,关于刑法目的论的现状,参见〔日〕松原芳博:《刑罰の意義・目的》,载《法学セミナー》2009年第652号,第59页以下;〔日〕松原芳博:《刑事責任の意義と限界》,载《法律時報》2004年第76卷第8号,第6页以下。

[16] 参见〔日〕松原芳博:《被害者保護と「厳罰化」》,载《法律時報》2003年第75卷第2号,第20页以下。

[17] 杀人罪等犯罪的公诉时效的废止以及汽车驾驶过失致死伤罪等犯罪的公诉时效的延长(2010年)都是以遗属感情为理由的,其前提是将刑罚目的理解为满足遗属感情。

第四，最近的重罚化的主要目的在于消除国民的不安、确保国民的安全感。将恢复对法秩序的信赖以及保障规范的稳定作为刑罚目的的"积极的一般预防论"，也可以用这种安全感的确保来代替。例如，虽然《组织犯罪处罚法》提高了有组织的杀人、诈骗等犯罪的法定刑的下限，但是难以认为由此增强了抑止力。刑法总则中惩役、禁锢*的上限的提高（2005年）是为了满足国民的心理需求，其依据不是客观的犯罪形势，而是主观的"体感治安"的恶化。从人们对于上述体现威吓思想和隔离思想的各种立法的实效性越来越不关心的事实来看，或许应当认为这些立法的核心目的在于消除国民的不安。

如前所述，对于犯罪的不安一定程度上是在国民的意识中形成的。相应地，刑罚也发挥着在心理上消除国民意识中的风险的"象征性风险控制"的功能。但是，这种在国民意识内部实现自我完结的刑罚系统不过是国民的自我满足而已。[18] 如果对于犯罪的不安是基于错误认识形成的，宣传正确的信息就是最有效的消除不安的措施；如果对犯罪的不安能够得到正确的事实的证明，不采取具有实效性的措施就无法真正消除不安。象征性风险控制的效果原本就仅存在于国民的幻想之中，一旦国民意识到刑罚只是一种自我满足，它就不可能再发挥消除不安的象征性功能。

在象征性风险控制中，国民意识到的表面的刑罚目的是客观的风险控制，然而其背后的真正的刑罚目的在于消除主观的不安。只有将国民定位于统治对象，才允许存在这种差别。如果将国民作为统治主体，国民就必须自觉地控制国家制度。所以，不允许国民安居于幻想之中，必须消除国民意识到的刑罚目的和真正的刑罚目的之间的差别。

另外，不安的心理状态不具有自觉性，这导致其对象也不具有明确性。所以，由刑罚象征性地消除的不安可能就不仅限于对犯罪的不安。对于社会价值观发生动摇的不安甚至是对于经济生活上的不安均由犯罪这种看得见的现象体现出来，而我们也意图采用处罚这种看得见的形式作出应对，从而获得安心感。[19]

六、结　论

综上所述，第一，《非法登录禁止法》等立法旨在通过抑止犯罪来保护法益，因而可

---

* 在2022年6月17日发布的《刑法等の一部を改正する法律案》中，惩役、禁锢这两种刑罚被统一为"拘禁刑"。——译者注

[18] 参见〔日〕松原芳博：《国民の意識が生み出す犯罪と刑罰》，载《世界》2007年第761号，第59页。

[19] 有观点认为，随着社会的富裕程度和人权意识的提高，犯罪造成的法益侵害也变得更为严重，这就是现代严罚化的正当化根据所在（参见〔日〕田村正博：《問題提起》，载《警察学論集》2008年第61卷第8号，第74页以下）。这种"犯罪感受性"的提高确实是法律制度应当考虑的重要的社会现实，但是生活水平和人权意识的提高也在相同程度上提高了处罚对象的"刑罚感受性"。所以，"犯罪感受性"的提高与"刑罚感受性"的提高相抵消，不会与严罚化联系在一起。自第二次世界大战以后到高速成长期，生活水平和人权意识的提高一直是在缓刑化的方向上发挥作用的。

以赋予其作为"现实的风险控制"的手段的性质。当然,刑事立法的意图不仅限于风险控制,如果其不能成为合理的手段,就不具有正当性。所以,根据比例原则的观点,刑事立法中的禁止和处罚对于保护成为风险对象的法益而言必须具有有效性(适合性)、必要性(补充性)、相当性(狭义的比例性)。而且,刑事立法还必须服从法治下的平等和责任主义等正义的要求。这种观点在欠缺立场交换可能性的刑事法领域必须受到特别的重视。

第二,相较于实现犯罪抑止的效果,以"体感治安的恶化"为根据的重罚化立法正在变为以消除国民的不安感为目的的"象征性风险控制"。在看似属于具有现实性的风险控制手段的立法中,那些缺乏实效性的立法被视为象征性风险控制。关于国家政策的目的、效果,作为主权者的国民必须具有自觉性。然而,象征性风险控制面临的困境是,一旦国民对于刑罚的效果具有了自觉性,刑罚就会丧失其象征性效果。由此可见,只有国民具有非自觉性、非合理性时才能成立的国家制度,与国民主权的理念是不相符的。虽然"国民健全的处罚感情"通常被作为处罚的正当化根据,但是,将满足国民感情作为刑罚目的的观点看似尊重国民,实际上则是将其作为纯粹的被统治者对待,这反而贬低了国民的地位。

第三,被害人参加制度以及为了满足被害人感情的重罚化,都属于"模拟的风险控制",即在心理上对风险控制失败的弥补。这种模拟的风险控制的目标仍然是主观感情层面上的效果。但是,将满足被害人感情或者遗属感情作为刑罚的主要目的是存在困难的。能否允许刑罚因为遗属的有无或者性格而产生较大幅度的差别呢？在亲属间的杀人事件中,加害人同时也是遗属,是否也需要考虑该遗属的感情呢？遗属的感情往往会发生巨大变化,应当以其哪个时间的感情为标准呢？当遗属之间的感情不同时,以谁的感情为根据呢？处罚加害人能够在多大程度上满足被害人或者遗属呢？在对加害人科处刑罚以后,被害人和遗属通常会感觉到空虚。即使对加害人进行处罚,被害人和遗属也会立刻发现这对于恢复已经被剥夺的利益而言完全没有意义,于是处罚也就丧失了满足效果。将保护被害人的要求特定化为严罚化和诉讼参加制度,是最近呈现出来的倾向。但是,认识到即使处罚加害人也未必能够救助被害人,才是救济被害人的真正的出发点。

总之,在"不安社会"中,国民对于消除不安的诉求是最近处罚要求高涨的要因之一。如果国民希望以主权者的身份发挥政策决定方面的影响力,就不能对这种存在于国民方面的要因持不自觉的态度,必须客观地对其进行审视,自觉地对能否判处刑罚、是否应当判处刑罚等问题作出验证。

京特·雅各布斯的共同犯罪理论

王志坤[*]

要 目
一、归责基础
二、两类分工
三、不法判断
四、严格从属
五、回溯禁止
六、具体判断
七、引申思考

摘 要 德国刑法学家京特·雅各布斯的共同犯罪理论是其归责体系的重要组成部分。不同于占通说地位的犯罪支配说,雅各布斯运用社会功能的刑罚理论,坚持一元规范化论证模式,在区分消极义务与积极义务的基础上,解析正犯、教唆犯、帮助犯等参与人的归责基础。其指出共同犯罪是一种连接的分工,分离的分工意味着回溯禁止,这是共同犯罪的外部边界。共同犯罪也是对规范否定的意义表达,构成要件实现(实行行为)是唯一的不法。共同犯罪的不法源于对实行行为的参与,必然要坚持严格的从属性,即以不法、有责的实行行为为前提。实行行为着手之前的贡献是违反负担,构成将后来的实行行为之不法作为前阶段行为人的不法而归属的实质根据。参与人对他人动手实施的实行行为是否共同管辖,取决于其贡献对于实行行为的必要性,而与实行行为人是否知晓无关。实行行为是构成独立的不法还是与其他实行行为共同构成犯罪,取决于社会的理解,而非多人的共同行为决意。广义参与人之间并无质的不同,只存在量差,具体量差在量刑时予以考虑。损害积极义务总是构成正犯。当前的共同犯罪理论并未完成,相关争论亦未终结,引入更多分析视角和理论进路,有助于避免选边站队、非此即彼的轻率与武断。雅各布斯的共同犯罪理论总体上坚持区

---

[*] 北京市人民检察院法律政策研究室主任。

分制,同时将重心放在规范判断共同塑造构成要件的社会意义上,与我国双层区分制(作用分类法+分工分类法)的共同犯罪理论相契合。

关键词 雅各布斯 共同犯罪 社会分工 违反负担 回溯禁止 从属性

共同犯罪理论被学者称为刑法学理论中"最黑暗与最含混不清"的部分,亦被称为"刑法学中的迷宫"和"绝望之节"。[1] 相关论著汗牛充栋,不可计数,同时又众说纷纭。近年来,随着德国刑法学论著译介增多,占据通说位置的犯罪支配说引入我国,丰富了理论资源。尤其是罗克辛的《德国刑法学总论》教科书第二卷约三分之一的篇幅在阐述共同犯罪理论,虽然其享誉学林的《正犯和行为支配》(Täterschaft und Tatherrschaft)未能译为中文,但不妨碍我们通过这本教科书的简要论述了解其学说。雅各布斯与罗克辛同为德国刑法学大师,其也在共同犯罪领域发展出一套独特学说。这些论述散见于他的《德国刑法学总论》(Strafrecht Allgemeiner Teil, 1991)教科书、给他人写的祝寿论文(如 FS Lampe; FS Puppe; FS Yamanaka)以及《刑法归责体系》(System der strafrechtlichen Zurechnung, 2012)之中。《犯罪参与理论》(Theorie der Beteiligung, 2014)一书则荟萃和集成了雅各布斯的共同犯罪理论。[2] 目前译为中文的仅有其《犯罪参与》的专题论文。[3] 鉴于对其学说仅有零星引述[4],下面结合相关文献对雅各布斯的共同犯罪理论作简要介绍。

一、归责基础

雅各布斯的共同犯罪理论不同于 20 世纪下半叶以来占据通说位置的犯罪支配说,主要在于它从一个基础构想出发提出一系列洞见,形成逻辑自洽的体系。这个体系不仅适用于个人实施犯罪的单独犯,也适用于多人实施犯罪,既适用于正犯,也适用于狭义的共犯(包括教唆犯和帮助犯),是一元规范化的体系。一元是指将归责与管辖联系起来,统一于管辖这个规范化概念。在最早全面阐述共同犯罪理论的教科书中,他开宗明义地指出,认定正犯与共犯(或行为人与参与人)在于认定多个人对某个犯罪事件如何相互管辖(Zuständigkeiten)。以具体管辖方式之不同,基于体制的管辖产生了义务犯(Pflichtdelikte),基于组织的管辖产生了支配犯或组织犯(Organisationsdelikte)。其中组织犯类似于犯罪支配,包括传统的直接正犯、间接正犯和共同正犯,在

---

[1] 参见何庆仁:《共同犯罪的归责基础与界限》,中国社会科学出版社 2020 年版,"代自序"第 6 页。另有学者称之为"最混乱和最黑暗"的"绝望之章",参见江溯:《犯罪参与体系研究——以单一正犯体系为视角》,中国人民公安大学出版社 2010 年版,第 2 页。
[2] Vgl. Pawlik (Hrsg.), Günther Jakobs-Strafrechtswissenschaftliche Beiträge, 2017, XV.
[3] 参见〔德〕京特·雅克布斯:《犯罪参与》,赵书鸿译,载赵秉志主编:《走向科学的刑事法学——刑科院建院 10 周年国际合作伙伴祝贺文集》,法律出版社 2015 年版,第 260—274 页。
[4] 参见前注[1],何庆仁书,第 137、199 页以下。

支配形式上,分别为直接实施实行行为(系于构成要件的行为支配)、决定是否实施行为(犯罪决意的支配)、塑造犯罪行为(塑造的支配)。[5]

在雅各布斯看来,刑罚是对规范破坏的反应,通过这个反应来证明"被破坏的规范应予坚持",这意味着,这种证明性反应总是要由"对规范破坏管辖的人"来负担成本。[6] 在此表述中,管辖是一种归属的判断,从自然意义来看,行为人实施了一个行为,但从规范的角度来看,是一个个体违反了自己的管辖[7],因此,要将后果作为他的作品归属(归责)于他。从词源上说,管辖是对某个对象有权管理同时是必须负责的意思,是一个权力与义务相融合的复合概念。[8] 不过,从管辖的下位区分看,似乎可以等同于"义务"或"负责"。这个下位区分就是体制管辖(institutionelle Zuständigkeit)和组织管辖(Organisationszuständigkeit)。这组区分最终发展为雅各布斯基础性的构想:积极义务与消极义务。在这个演变过程中,管辖成为一般性的用语,不再成为主导性的概念[9],大致等同于"负责",所以,雅各布斯也放弃了对它的详细界定。下面,让我们再次回到体制管辖(积极义务)与组织管辖(消极义务)这组基础区分。

在雅各布斯的教科书中,其率先谈到支配犯或组织犯源自行为人与潜在被害人之间的消极关系(也即消极义务),参与犯罪的人应当将组织范围保持在这样的状态,即不得从其组织范围中产出损害他人组织范围的后果。[10] 相比组织管辖,体制管辖涉及一系列对社会存续产生基础意义的制度[11],涉及的相关人,均具有特定身份,他们构成义务犯。在《刑法归责体系》中,雅各布斯从消极义务与积极义务这组关系入手建构自己的归责体系,因为具有普遍意义,当然也适用于共同犯罪理论。消极义务涉及行为自由与后果责任的双向关系,义务人被禁止扩张其组织范围,以免给他人带来损害,如果溢出了这个范围,应当及时回撤。而积极义务则不仅要确保义务人自己的组织范围不会给他人(包括"公众")造成损害,而且还应当关照他人的组织范围,以此使现有状态不变坏或者如此延续下去,在这个意义上,其与受益人一起建构了一个共同的世界。[12] 积极义务的具体表现形式多种多样,但至少包括父母与孩子之间的关系及特殊的信赖(消防员、私人急救医院、共生关系)、国家权力关系,警察对基本安全的关照,以及作为所有法治国基础的依法行政与公正司法

---

[5] Jakobs, Strafrecht Allgemeiner Teil, 2 Aufl., 1991, 21/35.(zit.:AT).
[6] Jakobs, AT, 1/2.
[7] Jakobs, Theorie der Beteiligung, 2014, S. 10.(zit.:Theorie).
[8] 参见许玉秀:《当代刑法思潮》,中国民主法制出版社 2005 年版,第 594 页。
[9] 关于主导性概念的说法,参见 Jakobs, System der strafrechtlichen Zurechnung, 2012, S. 25.(zit.:System)。
[10] Jakobs, AT 21/16. 不得以不利于他人组织范围的方式扩张或任由扩张自己的组织范围。Vgl. Jakobs, Akzessorietät, in: Joren/Schmoller (Hrsg.), Rechtsstaatliches Strafen, Festschrift für Prof. Dr. Dr. h.c. mult. Keiichi Yamanaka zum 70. Geburtstag am 16. März 2017, S.114.(zit.: FS Yamanaka).
[11] Jakobs, AT 23/25; 29/59ff.
[12] Jakobs, System, S. 83; Jakobs, AT 29/58.

受法律拘束的保障。[13] 积极义务的内容是保障制度正常运转以及维护受关照的受益人,因此体现了义务人与权利人之间更为紧密的关系。[14] 履行积极义务,需要义务人达到消极义务的门槛,并在此基础上更直接地提供助益性的关照,所以,必然包括消极义务。这意味着积极义务只与特定身份挂钩,而不能成为普遍性义务,由此决定了义务人不能从这种照顾关系中任意地脱离,他是自己领域内唯一的管辖者和答责者。[15]

二、两类分工

雅各布斯认为,规范、人格体和社会互为前提;社会是规范性相互理解,排除在规范性相互理解之外的东西是社会的环境(即自然)。[16] 在论述过程中,雅各布斯反复回到社会功能的立场上,用社会的、规范的分析建构他的学说。比如他认为,归责不理会社会规范结构以外的内容,只关注可能反对社会的内容。[17] 一个规范是一个精神的、富有意义的构造,因此它只能通过"反意义"来被否定;刑罚不能使因犯罪而遭受损害的利益复生,却能够稳定被危殆的规范效力;由此,规范要求禁止实施侵害其他个体的举动,而从沟通的角度说,犯罪(可归责的侵害他人)所表达的意义是对规范的反向主张:侵害他人是可以的!罪责宣告也是一种沟通,即对规范否定的否定。[18] 通过将犯罪与刑罚解释成"表达"与"回应",理解为围绕社会规范结构所做的沟通,由此归责就进入了社会层面。[19] 要说明行为人是否对犯罪事件管辖,需要先分析社会的语义。[20] 同样,共同犯罪的归责,也无法跳出与社会既有形态的紧密联系。[21] 由于实定法对于共同犯罪只规定了少量的归责规则,这些法定情形对侵害被害人或法益作了明确的禁止,但在其他领域则取决于社会交往的安全标准,这些标准并不针对特定的行为形式,行为的意义随着情境的变化而变化。[22] 因此,刑法的归责解释必须将作为

---

[13] Jakobs, System, S. 83. 稍有不同的说法是:父母关系、司法、公共行政的合法性,有时包括角色同一性以及其他。Vgl. Jakobs, FS Yamanaka, S. 114.
[14] Jakobs, Theorie, S. 62.
[15] Jakobs, Theorie, S. 62.
[16] 参见〔德〕京特·雅科布斯:《规范·人格体·社会——法哲学前思》,冯军译,法律出版社 2001 年版,序言,第 118 页。
[17] Jakobs, Theorie, S. 2.
[18] Jakobs, Theorie, S. 11.
[19] Jakobs, System, S. 14.
[20] Vgl. Jakobs, Beteiliguug, in: Dölling(Hrsg.), Jus humanum. Grundlagen des Rechts und Strafrecht, Festschrift für Emst-Joachim Lampe zum 70. Geburtstag, 2003, S. 562.(zit.:FS Lampe).
[21] Jakobs, Theorie, S. 5.
[22] Vgl. Jakobs, Mittäterschaft als Beteiliguug, in: Paeffgen u.a (Hrsg.), Strafrechtswissenschaft als Analyse und Konstruktion, Festschrift für Ingeborg Puppe zum 70. Geburtstag, 2011, S. 560.(zit.:FS Puppe).

社会结构长期存在的非正式的归责成文法化(在此意义上:正式化)。[23]

对于共同犯罪来说,不能依据诸如心理活动、自己动手等自然主义的概念,而应转向社会分工的类别和方式。[24] 共同犯罪本质上涉及多人在实施犯罪中的分工,分工源自社会,并决定是否构成犯罪。众所周知,社会是在一个分工体系中发生人际联系的整体。当社会想解决它面临的问题时,会选择以某种形式将犯罪分子结合在一起,让他们对犯罪共同承担责任,此时,单个的实行行为就具有相互参与的意义。[25] 雅各布斯认为,存在两类分工模式,一种为连结的分工(verbingdende Arbeitsteilung),另一种为分离的分工(trennende Arbeitsteilung)。为说明这两个概念,他在兰珀(Lampe)祝寿文集中举了一个精彩的例子。一次成功的钢琴协奏曲表演是属于谁的作品呢?人们可能说是作曲者、钢琴家、乐器制作者、调音师,也许还有参与建设音乐厅的声学专家,以及其他人。但肯定不包括独奏演员搭乘飞机的机组人员,不包括以惯常的方式将他送到音乐厅的出租车司机,也不包括音乐厅的建设者,另外也不包括那些来自无限的关系网络但因果地促进了结果发生的人,他们并没有参与分工,只是由于他人的任意而与后果联系在一起,比如税务缉查员,钢琴家为了逃避他的缉查跨州跑到了演奏所在地。显然这些人都与后果的发生有因果关系,但分别占据不同的地位。其中有些是孤立的、基于他人的任意而与后果发生了关系,比如税务缉查员,这种分工是一种分离的分工;另外一种则是与后果紧密联结的分工,即一种连结的分工。在分离的分工中,作出贡献的人只提供了一种固定的贡献,无须担心其对后果的促成(他只对自己的环节负责,与其他环节分离开来[26],而对于他提供的东西,如何使用,则完全是别人的事[27]),即便他可能知道接下来会发生什么,但这些认知不属于其角色所固有,只是一些尚不足以将他与后果联系起来的特别认知[28]。在连结的分工中,则完全是一个共同的作品:任何人,也包括只在某个阶段作出了贡献的人,这部分贡献将与嗣后他人的贡献及犯罪后果结合在一起,即使只有后来的人才获得了该后果。[29]

可见,这两种分工更多地是现象描述而非实质界定,因为无法从这两种指称中得出判断属于何种分工的依据。也就是说,这两种分工是一种归责判断,分离的分工对应回溯禁止(Regressvorbot),前面作出贡献的人无须为后来的后果负责;在连结的分工中,参与人的贡献接续上了他人实行行为的犯罪的意义,因此他要对后来的后果负责

---

[23] Jakobs, Theorie, S. 17.
[24] 参见前注[3],第269页。
[25] Jakobs, Theorie, S. 27. 即一个人的行为成果或多或少成为另一个行为的一部分。
[26] Jakobs, Theorie, S. 29.
[27] Jakobs, System, S. 78.比如债务人向债权人偿还债务,债权人用这笔钱实施违法犯罪行为或做慈善,都与债务人无关。
[28] Jakobs, FS Lampe, S. 563.
[29] Jakobs, Theorie, S. 29.

(至少是帮助犯)。[30] 所以，问题重心又转移到如何判断怎样才算是分离的分工，以及行为人之间何时结成了一个目的共同体。对此，仅凭审视因果关系以及对于构成要件实现的认识可能性，只能揭示出相互影响的网络中那些心理或物理的"范围"，还不足以判断分工及答责，而必须回到"社会联系的语义"之中，去揭示社会秩序[31]；回到"社会交往的通常意义"，其方法与在客观归责领域认定不被容许的举动类似[32]。

三、不法判断

共同犯罪理论回答的问题是，在一个现代的自由的社会中，为什么一个人的犯罪行为会牵扯到另外的人？在《犯罪参与理论》第一章，雅各布斯直接在标题中称共同犯罪是一种归责根据(作为归责根据的参与)。如果把包括预备阶段的参与在内的犯罪事件作为一个整体，那么，共同犯罪归责的前提是首先要有不法的存在，表达出犯罪的意义，然后才涉及追究各个参与人的不同责任。对此，雅各布斯恪守构成要件的边界，认为不法始于实行行为的着手，越过未遂(力图)这个门槛，直至后果发生。[33] 在构成要件实施的预备阶段，多人的共同作用因为缺少外在化，还不构成一种社会扰乱，只构成了将实行行为归属于某个参与人的理由。[34] 单个行为人相当于缩减至一个行为人的犯罪共同体。[35] 所以，在归责原理上，一个人实施犯罪与多人共同实施犯罪没什么区别。犯罪不是不可分割的整体，而是多元化局部行为的管辖的总和，既可以由一个人自始至终实施完毕，也可以拆分为多个部分，由多个人分别实施行为的某个部分。这就意味着，预备阶段的行为贡献可以由参与人提供，也可以由后来的实行者自己提供(自己为自己准备犯罪，预备阶段的自我促成)，如果将预备阶段的举动当作不法的举动对待，那么，构成要件举动的不法将因一个任意向"前"追溯的举动扩展到预备阶段。[36] 这也与认定单个人犯罪时"未着手之前的准备行为不是不法"的论断相冲突。从实质角度理解，犯罪是从着手开始的侵入他人的组织范围的行为，在侵入之前所作的，可能是不法的预备，但还不是不法之本身。[37]

雅各布斯否定实行行为之前的举动构成刑事不法。那么，既然参与人没有违反后

---

[30] Jakobs, System, S. 91.
[31] Jakobs, FS Lampe, S. 567 f.
[32] Jakobs, Theorie, S. 31 f. 区别在于预备阶段的行为还不是不法，也没有违反参与人对被害人免受损害所负的保证人义务。另外可以参见 Jakobs, FS Puppe, S. 559。
[33] Jakobs, Theorie, S. 1, Ⅲ. B. 1, 67.
[34] Jakobs, AT 21/3. 参与促成了他人作品的现实化，vgl. Jakobs, Theorie, S. 2.
[35] Jakobs, FS Lampe, S. 562. 在一个人行动的情形下，没有前期预备的行动甚为罕见，vgl. Jakobs, Theorie, S. 9 f.
[36] Jakobs, Theorie, S. 13.
[37] Jakobs, Theorie, S. 14. 或者说，归属的理由，Jakobs, AT 21/3.

来的实行行为人所破坏的规范,为什么他要承担刑事责任,特别是在他自己的举动不构成不法时,他的罪责又是从哪里来的呢?[38] 对此他指出,第一,在归责理论中,自己动手还是假手他人只是自然意义上的区分,只有基于目的理性在理论上整合在一起时,才具有规范上的意义。[39] 比如,某人捐赠了一所医院,不会因为他自己没有动手施工建设,就说这个医院与他无关。第二,预备阶段的行为本身不是不法,也不会在后来某个时刻产生破坏规范的意义,突然变成了不法(仍是一个社会相当的行为)。但是,如上所述,预备阶段的行为毕竟表达出了一定意义,并非什么也没做。[40] 对此,雅各布斯使用了一个特殊概念,即违反负担(Obliegenheitsverletzung),用它表示行动者在行动的时点上虽然对外(作为不法)无须答责但对内(作为违反负担)尚需答责的状态,行动者因为提供了对于后续不法实现所需的准备,进入了一个未能与嗣后实施的不法撇开干系的情境之中,从而使实行行为的不法同时作为预备阶段参与人的不法(通过他人动手实施的不法)而归属成为可能。[41] 也就是说,预备阶段作出的贡献是一种意义供给(Sinnangebot),经由后来的(答责的但不必然是故意的)实行行为人接续、接收,借用了后来的(答责的但不必然是故意的)富有意义的答责的举动[42],从而将预备阶段参与人的意义供给与后来实行行为人的犯罪意义联系到一起。预备阶段的参与人通过自己的贡献卷入了犯罪实行的流程之中,所以,必须承担未能与实行行为(如果实行行为发生了)撇开干系(nicht distanziert)的不利后果。[43] 通过违反负担,预备阶段的参与人为将来的不法设定了条件,如果他想免受刑事处罚,就必须以合适的方式使他的贡献不再继续发挥作用。[44]

违反负担这个术语让人感到陌生[45],但并非雅各布斯自创,而是保险法中的常见术语[46],它被移植到刑法当中,要归功于赫鲁施卡(Hruschka)。赫鲁施卡认为,违反负担的功能在于为后来的义务违反之可罚性提供一个条件,其中义务为第一级的,职

---

[38] Jakobs, FS Puppe, S. 553.
[39] Jakobs, Theorie, S. 2 f.
[40] 行为人要么是以追求促进实行行为的意义的方式作出贡献,要么该贡献固定地表达出这样的犯罪意义,无论如何,他作出的贡献都不是中性的、社会相当的,而是表现出特定的犯罪关联。Jakobs, FS Lampe, S. 566.
[41] Jakobs, Theorie, S. 18.
[42] Jakobs, System, S. 77.
[43] Jakobs, Theorie, S. 32, 34, 45, 50. 雅各布斯指出,预备阶段的行为所承载的意义,传递给犯罪实行行为,也赋予犯罪形态一定的特征要素,在追溯犯罪的原因时,至少可以将实行行为的某些特征归属于预备行为。由此也体现了连结的分工,预备行为所赋予的特征要素和整个实行行为无法拆分开来。若预备阶段的参与人本来可以撤回行为贡献却没有撤回,就不能推卸被归属的责任。Jakobs, FS Puppe, S. 556.
[44] Jakobs, Theorie, S. 19.
[45] LK-Schünemann/Greco §25 Rdn.19.
[46] 《德国保险合同法》(VVG)第58条规定,违反负担指投保人有职责在签订合同时如实回答所有涉及风险的问题,以及在合同履行期间及时报告风险提高的情况,如果违反负担,保险人免予赔付,投保人也不必承担赔偿责任。违反负担作为违反"不真正义务",不能被强制执行。

责是第二级的,二者之间只有等级上的差别,性质上是一样的,差别在于违反义务具有刑事可罚性,违反负担不可罚。比如,过失犯中的违反注意义务就是违反负担,因为刑法中并没有对不注意予以处罚的规定[47],但当后果发生时,就要整体归责。这个概念一开始用来解决行为时存在瑕疵无法予以刑事归责的情形,但该情形又影响了后来的流程发展。其他学者又将违反负担逐渐发展为一般概念,从过失犯罪、紧急避险、正当防卫、原因自由行为扩展至被害人答责、共同犯罪甚至保安处分领域。[48] 雅各布斯也赞同赫鲁施卡关于违反负担与违反义务属于不同量级的说法,并泛称违反负担在刑法上指一个举动,它可能是不法,也可能不是,但无论如何都构成将嗣后不法或不法之一部分归属于行动者的基础;换言之,它使行动者处于一种无法与嗣后不法撒开干系的状态。[49] 负担通常意味着履行具体义务所需的能力或行为方式,所以,它构成了履行义务的可能条件,可以充当义务的补充标准。相应地,借助违反负担这个概念,可以共同确定所有条件,以便使嗣后发生的义务违反归属于违反负担的前阶段行动者(同时违反负担的举止在嗣后之不法中客观化了),比如,在禁止错误中,行为人努力知悉法律内容是负担,但不知悉并不承担刑事责任,只有当违反管辖的举动以违反义务的方式呈现于外时,对禁止性规定不了解才是可罚的。[50] 最典型的例子是实施终了的力图(未遂),对于不再能施加影响的发展进程,行为人此前可避免地推动了它,所以不能与此后发生的后果撒开干系。[51] 但是由于实施终了的力图与既遂行为在行为实施形态上是一样的,所以,处罚上的区分只能从前者系违反负担中得到说明,实施终了的力图至后果发生后才能处以既遂责任。[52]

四、严格从属

相比单个人实施的犯罪,多人实施的共同犯罪必然涉及对他人动手实施的举动的归属,在复杂社会和大型企业中,对于他人动手的行为后果承担责任的情形俯拾皆是(如国家法中的代表、民法中的代理、公司的代表人),所以,就犯罪来说也没有什么特殊性。之所以引入从属性这个概念,是因为在雅各布斯看来,从属性本身就是一种类型的归责,并且是对通过他人动手实施的举动即实行行为承担责任。[53] 或者说,是描述一个人对于

---

[47] Hruschka, Strafrecht nach logisch-analytischer Methode, 2. Aufl., 1988, S. 415 ff.
[48] Montiel, Obliegenheiten im Strafrecht? in: ZStW 126 (2014), S. 593, 596 f.
[49] Jakobs, FS-Yamanaka, S. 111 fn. 32.
[50] López, Jakobs' Theorie der Beteiligung, S. 597;违反负担而形成错误认知不至于被反事实地归属(追究刑事责任),但其也失去了援引因违反负担而产生的错误判断免除责任的可能。Pawlik, Das Unrecht des Bürgers. Grundlinien der allgemeinen Verbrechenslehre, 2012, S. 311.
[51] Jakobs, FS-Yamanaka, S. 111 fn. 32.
[52] Vgl. Jakobs, System, S. 70.
[53] Jakobs, Theorie, S. 1.

他人的实行行为或部分实行行为答责的条件。对于从属性,理论上有限制从属说与严格从属说之分。限制从属说认为,参与只在故意的实行行为中才是可能的,并不以实行行为有责为前提。严格从属说认为,实行行为必须是故意、违法且有责的。雅各布斯持严格从属说观点,认为实行行为必须是一个犯罪(有责),这与其刑罚理论密切相关。因为犯罪是意义的表达,如果实行行为本身没有表达出犯罪意义,自然也无法被传递到预备阶段,成为预备阶段参与人的不法。如此一来,有责就成了题中之义。借助严格从属说,一方面,可避免间接正犯和共同正犯可能交叉的内在矛盾;另一方面,(直接的、完全答责的)正犯背后的(间接)正犯这一情形,不过是狭义共犯。[54]

从属性是分工社会既有规范结构的概念指称,据此,一个促成他人该当构成要件行为的人,要将该构成要件行为也作为自己实施的行为后果而归属,即便行为是他人动手实施的。[55] 也就是把他人动手实施的实行行为(不法)当成自己的不法来归属,而他在预备阶段作出的贡献还不是不法。为了使这个归属成为可能,一方面要求他在预备阶段作出的贡献成为从属的理由(违反负担),另一方面从属性为将他人的不法归属于他提供归责依据。这也意味着,从属性与违反负担内在连结、相辅相成。从属性是"将他人动手实施的实行行为归属于自己"的形式判断,而违反负担则成了实质判断。由此可以看出,从属性本来就是一种归责判断,是一种牵扯上他人实行行为而为自己确立答责根据的普遍现象。[56] 它不限于预备阶段的行为对实行行为的从属,不仅适用于狭义的参与(教唆犯、帮助犯)对主行为的从属,也适用于共同正犯之间的相互从属。共同正犯同样也是某人要为需要答责的他人实施的未来行为而管辖,而这个未来行为嗣后实际实施了。这种使自己为他人答责行为管辖的现象,不是不法,而是违反负担。[57] 这样,共同正犯也成了一种广义参与。[58] 不管是共同正犯的广义参与,还是教唆犯、帮助犯这些狭义的参与,都指对犯罪塑造管辖的人,也都是参与人,[59] 主角、正犯、配角、帮助犯之间没有质的区分,只存在量差;虽然管辖的依据不同(违反负担还是义务违反),但它们之间只是程度之分。

---

[54] 按严格从属说,参与人参与了一个违法但无责的行为,不能成立共同犯罪(参与),只是间接正犯。如果持限制从属说,两个人在实行阶段共同实施了行为,其中直接实行人存在责任上的归责瑕疵,而这个瑕疵恰好是第二个人所导致的,这样就出现了间接正犯和共同正犯的交叉(内在矛盾)。所以,严格从属说更有优势。López, Jakobs' Theorie der Beteiligung, S. 590 f.

[55] Jakobs, FS Yamanaka, S. 111.

[56] 需注意,从属性不是对他人的罪责承担责任,而是归属"通过他人动手实施的自己的实行行为"。对于实行行为前的行为,是将通过他人动手实施的实行行为作为自己的实行行为而归属;对于实行行为当中的行为,是将他人动手实施的那部分实行行为归属于自己。Jakobs, FS Yamanaka, S. 109 f.

[57] Jakobs, FS Puppe, S. 558.

[58] 雅各布斯认为,实行行为之前的预备阶段的参与行为,不是不法;在实行行为当中的参与行为,在"最后一下"完成之前,不是完整的不法。也就是说,在"最后一下"完成之前,都存在参与,都涉及与后续的不法实施或完整的不法是否撇开干系的问题。Jakobs, FS Yamanaka, S. 111.

[59] Jakobs, FS Lampe, S. 573.

得出这个结论,与雅各布斯认为"实行行为人也可能不是主角"有关,比如,精巧地安装了炸药拟炸毁某个建设物,到底是由爆炸专家还是由可以任意替换的学徒来按下点火按钮,并没有多大区别。这样的实行行为不值得将其视为最严重的犯罪形式(正犯)。正犯与帮助犯的区分是在量刑过程中予以确定不同量级,所以,也没有必要将正犯与实行阶段的参与行为连接起来。[60] 雅各布斯认为,在归属的内部没有分层(只有是否需要负责的问题),归属外部的分层,主要考虑刑事政策的需要,在量刑中有所体现。[61] 某种情形是加大责任还是减轻责任,取决于社会的评价,而不存在一成不变的分层。雅各布斯强调,这与认定不容许的行为所采取的标准一样,依赖于社会交往形式,而且依情境之不同而不同。[62] 简言之,参与确实共同塑造了实行行为,但不能因此决定何者在塑造中一定就是更强的,无论是预备行为还是实行行为。[63] 但是,无论怎样,只从行为支配中推导出答责的幅度,就卡在表面现象上。相比实行行为,在违反义务的程度上,有的预备阶段的行为也不遑多让,预备阶段的参与人也可能成为共同正犯[64],比如,相对于决定性的精神塑造,最后的实行只是"按下按钮"罢了,对这最后一下不能过高评价[65]。

五、回溯禁止

在雅各布斯看来,表面是(广义的)参与,但实际上不是,则构成回溯禁止。此时,"参与人"提供的贡献本身是无害的或是日常的,仅仅借由他人犯罪计划的实施而纳入损害流程。这样的"参与"就是中性的。回溯禁止是一个描述多人行为之间的分离关系的概念,与分离的分工"一体两面"。所谓"回溯"是指某种情形损害流程的作者未能与后果撇开干系;如果"参与人"与后续的实行行为人的构成要件行为无关,构成要件实施则不能

---

[60] Jakobs, FS Lampe, S. 571.
[61] Jakobs, Theorie, S. 50. 不是按对特定行为支配的分量而是按义务违反的量差来确定参与的量差。当然,不是说行为支配作为实行行为中的支配没什么作用,如果它影响义务违反的量差,也非常重要。Jakobs, FS Puppe, S. 558.
[62] Jakobs, FS Puppe, S. 560.
[63] Jakobs, Theorie, S. 52.
[64] Jakobs, FS Puppe, S. 562. 雅各布斯举了一个例子:第一个人查明富人的乡村别墅何时没人在家,然后搞到了房门钥匙,并得到保险箱的组合密码,在此基础上,第二个人"平静地"进了别墅,打开保险箱,扫荡一空,甚至还有余暇舒适地冲了个澡。相对而言,实行行为更像一个附属之举,所以,预备阶段活动的人才是该当构成要件事实的核心角色,显然是在预备阶段活动的人! Jakobs, Theorie, S. 51.
[65] Jakobs, FS Puppe, S. 558. 最后按下按钮的说法来自一个教学案例,A 希望用炸弹暗杀一群高层政客,他什么都准备好了,并向同伙 B 发出了按下按钮的信号,B 在收到信号后按下按钮。B 在整个过程中所做的只是"按下按钮"这一件事。雅各布斯认为,实行行为人甚至可能只是帮助犯,预备阶段的行为明显使最后行动人的行为相形见绌,此时,前行为人表达了对不法侵害的更强联系,而后行为人只发挥了一种工具性作用,比如将前行为人制作的侮辱信件投到邮筒里。参见前注[3],第 270 页。

回溯地对前行为"染色",赋予其犯罪的意义,即使"参与人"的行为被他人利用实施了犯罪。[66] 显然,想查清一个预备阶段的行为对未来的实行行为表达了什么意义,实质上就是在判断该行为的客观归属性,也即是不是容许的风险。如果在回溯禁止之外创设了违反负担,则构成了参与;如果处于回溯禁止之中,则不是参与。[67]

查明参与人是否应该对犯罪负责,即谁因为违反负担而对他人动手实施的实行行为管辖,以及谁撇开了与实行行为的干系(回溯禁止),仅仅依靠"因果关系+故意"不敷足用,而应当在客观归责的框架下,准确界定不容许的举动(禁止的举动)。因此,判断回溯禁止还是要从社会功能的角度解析出行为的社会意义,也即取决于社会是否容许和接受。[68] 一般来说,如果法律对于行为有规定或者赋予了行为人特定义务,判断起来就比较清楚;如果没有明确的规则,则社会交往的意义就成为关键。

在规范论框架下,作为与不作为适用同样的规则。[69] 不予归责的情形有:第一,行为人的举止没有改变他人的组织范围或者变更他人的组织范围在他的权限之内[70],此时,他人的组织领域与行为人的连接是任意的。比如恐怖分子因为其同伙要被司法审判而谋杀一个政治人物,法院的审判不是谋杀的参与。第二,行为人的举止只具有日常生活的通常意义,与接受者打算如何处理行为人的贡献无关,该贡献是中性的,不予归责。比如出租车司机接送客人,这个客人可能实施犯罪。[71] 但该贡献的性质受限于所处的语境,即该语境也必须是相当的才不予归责。比如,听说相邻村镇发生了暴力示威,百货店的老板可以销售刀具和斧头,但如果示威者在百货店门前发生冲突,再销售就应归责。归责的情形有:第一,通常语境下的日常贡献,表明该贡献是中性的,但如果犯罪已经决定了环境,则该贡献就失去中立性。比如在花园里借给邻居一把镰刀,只是一个中立的过程,当邻居勒住了他老婆的脖颈,再借镰刀就不再是中立的了。第二,特别协同他人计划的犯罪、提供相应的贡献,或者配合明显属于犯罪的计划并作出一定贡献,以及创设危险先行为、接管风险等。第三,或许某个行为不甚明显,但多个叠加起来可以显著地表达出违反负担的意义(就像拼图拼成了马赛克),也可能导致归责。[72] 此外,如上所述,积极义务适用自己特殊的规则,违反义务者不管在什么犯罪阶段,都构成正犯,不存在狭义的参与问题。

---

[66] Jakobs, AT 25/15.
[67] Jakobs, FS Puppe, S. 559.
[68] Jakobs, Theorie, S. 29.
[69] 在积极的作为中,责任依据是违反保证人义务的积极组织举动,在不作为的责任依据(在此只是组织管辖)中,是组织范围内的违反保证人义务的状态。所以,不作为并无特殊之处。Jakobs, Theorie, S. 58.
[70] 在不作为的情况下,是没有干预自己组织领域的内在发展,他人因该状态实施了犯罪。如没有阻止其股票的上涨,另外一个妒忌其获利的人因此打了他们共同的财务顾问。Jakobs, Theorie, S. 55.
[71] Jakobs, Theorie, S. 32.
[72] Jakobs, Theorie, S. 34,55.

六、具体判断

基于上述基础性的构想，雅各布斯还有很多具体的创见，不少在结论上异于通说。限于篇幅，下面简要介绍几个主要观点。

第一，正犯的定义。在德国法中，参与分为正犯、教唆犯和帮助犯三种形态。按照流行的犯罪支配说，正犯是实施构成要件行为的核心人物，而（狭义的）参与人是边缘人物。[73] 雅各布斯基于社会分工和功能主义的理论预设，也承认正犯是主角，参与人是配角，但是同时认为正犯与参与人的区分并不占据主导地位，毋宁说只在责任（即管辖）量级上有所不同。也即正犯在整个犯罪事件中扮演的角色更重要，而参与人扮演的角色相对没有那么重要。犯罪行为是包括了预备阶段的整体行为，由此也必须考虑预备阶段行为对实行行为的影响程度。[74] 判断正犯，可以将从开始犯罪计划到实行行为之间的所有贡献都列出来并进行评估：谁以其贡献赋予整个事件以形态，谁又提供了一般性的贡献？前者是该作品的主要人物、正犯，后者是次要人物、帮助犯。[75] 正犯在常规情形下是实行阶段的实行人，但是也不排除预备阶段的人成为犯罪事件的"话事人"（das Sagen）、犯罪的主宰（Tatherr）或核心角色。因为有时——比如"最后一下"的实行行为任何人都可以做——实行行为更像一个附属之举！[76] 此时，实行行为人只可能是帮助犯。从这个意义说，正犯是刑法的一级管辖（最高量级），实际上这一管辖并不只有正犯一个名字，也包括教唆犯（在量刑上同正犯）、智力型作者（同教唆犯）。[77] 在共同正犯中，实行行为人通过自己实施的一部分实行行为同时创设了将别人实施的那些实行行为作为自己的不法归属的理由。这与预备阶段的参与没什么区别。多个实行行为人实施的共同实行行为，在其行为时，每个人既是个体，也是整体的一部分，他自己想与不想或者是否与他人约定都不重要，重要的是社会的理解，社会不允许每个人脱离整体，所以，每一部分贡献都是对整体目的的促成，归属于所有参与人。[78]

第二，关于间接正犯。雅各布斯认为，严格的间接正犯（当犯罪工具不是有责或答责的行为）其实是一个直接正犯[79]，而不是共同犯罪中的参与人。这与雅各布斯

---

[73] Roxin, Strafrecht, Allgemeiner Teil. Bd. 2: Besondere Erscheinungsformen der Straftat, 2003, 25/10.
[74] Jakobs, Theorie, S. 47 f.
[75] 参见前注[3]，第268页。
[76] Jakobs, Theorie, S. 51.
[77] Jakobs, Zur Täterschaft des Angeklagten Alberto Fujimori Fujimori, ZIS 11/2009, S. 573.
[78] Jakobs, Theorie, S. 44.
[79] Jakobs, Theorie, S. 37 f. 间接正犯不仅包括利用行为工具损害第三人，也包括行为工具的自我损害。比如父亲威胁要打16岁的女儿，赶她去理发师那儿修剪一头乱发，理发师也知道前面发生的一切，提供了理发服务。父亲基于违法的强制，构成了故意伤害的间接正犯。此时，女儿就是准正当化的行为工具。Jakobs, System, 75.

持严格从属说是一致的。犯罪工具没有产生犯罪意义,参与人不能促成没有犯罪意义的举动,因此是幕后人自己(假手他人)实施了犯罪。如果"犯罪工具"表达了犯罪意义,就不再是间接正犯了。[80] 比如第一个人欺骗第二个人说,他的对手没有携带武器,于是第二个人就攻击了这个对手;但事实上,这个对手却携带武器,通过必要的防卫,对手把第二个人狠揍了一顿;尽管第二个人存在认识错误,但其行为仍产生了犯罪的意义。[81] 间接正犯是一个伪装的个人犯罪,意味着对它不适用回溯禁止,只适用关于不容许举止的常用规则。[82] 归责的前提是,幕后人是否有义务考虑台前人的归责瑕疵,如果有义务但没考虑,则创设了不容许的风险。[83] 比如女管家想买食盐为主人(东家)的兰花施肥,卖给她食盐的人不是毁坏他人财物的间接正犯,因为他没有义务阻止无知的女管家损害东家。[84] 间接正犯的这种性质也意味着其着手应以间接正犯人的行动为准,即对行为工具影响的结束,意味着成立实施终了的力图(未遂),如果他没有直接影响行为工具,而是创设了一个行为工具所处的行为情境,则该情况创设时就是一个关键节点。[85] 在间接正犯的归责问题上,还涉及身份犯的问题,雅各布斯认为,不存在通过具有特别义务的人实施行为的间接正犯,如果作为行为工具的特别义务人没有罪责,利用他的人也不具有可罚性,也不得按照犯罪参与来证成对没有罪责的特别义务人的刑事处罚(因为无身份资格之人的行为没有表达出意义)。[86] 此外,间接正犯也存在与参与的混合形式。比如幕后人欺骗限制责任能力人即被害人说,其得了不治之症,则构成诱使自杀与间接正犯杀人的混合形式。两种形态的不同责任由被害人与间接正犯人分别承担,最后在量刑中折算。[87]

第三,行为决意的弱化。通说将共同的行为决意作为共同正犯共同性的表征,但是雅各布斯并没有特别强调它的意义。他指出预备阶段的参与并不是通过主体间的共同行为决意而连结在一起的,而是经由参与贡献在犯罪实行当中被接续的意义(有时共同行为决意也表征了这个意义)[88],只要参与人有一个配合他人犯罪计划的贡献

---

[80] 比如,中间人或者行为工具表达了完全的犯罪意义,如行为人利用了他人的犯罪决意,以及利用了实施犯罪的有组织的权力机构等,就不能视之为间接正犯。Jakobs, System, 76; Jakobs, AT 21/63.
[81] Jakobs, System, 75. 关于犯罪工具不产生犯罪意义的论述,Jakobs, System, 74; Jakobs, Theorie, S. 38.
[82] Jakobs, Theorie, S. 39.
[83] Jakobs, AT 21/68. 比如通过谎言、胁迫或暴力创设了行为工具归责瑕疵的特别风险,利用行为工具的自有瑕疵而让其实施某个行为,以及任何人在任何时候都应考虑的归责瑕疵(小孩、精神病人等)。
[84] Jakobs, Theorie, S. 39.
[85] Jakobs, AT, 21/105.
[86] Jakobs, Theorie, S. 37 f.
[87] Jakobs, System, 76 f. 再比如幕后人暗示某种行为是被允许的,行为工具轻率地相信,或者以一种减轻责任的方式听命于幕后人。另外,需要注意的是,混合形式中,未遂的起点有所不同,在间接正犯这一条脉络中,放手让行为工具开展行动是起点,但在参与中,则始于实行行为人的着手。
[88] Jakobs, FS Puppe, S. 562.

就够了(相互配合的决意,Einpassungsentschluss)[89],因为归责来自法律,而不是参与人的意志,参与人是否有将他人的贡献归属于自己这种想法根本不重要[90]。行为主观面限于其对于客观面的判断、指引,也需要相对客观的判断,无须过分考量主观的意愿。如果行为人在着手实行行为之前,放弃犯罪的故意,但其作出的贡献并未撤回,而是继续在实行行为当中发挥作用,则不能阻止成立共同正犯。[91] 由于共同行为决意没有什么重要意义,所以,对于秘密的共同参与,雅各布斯认为可以成立共同正犯,而通说则认为只可能成立帮助犯。比如,知道某个实行行为人要杀死被害人,参与人在未与实行行为人约定的情况下给被害人服用了安眠药,为正犯打开了门,准备好了合适的也被实际使用了的工具,还在实行之前阻止了第三人的扰乱。他如此强地塑造了犯罪事件,以至于实行行为的地点、时间、方式都被其一起决定了,就构成共同正犯。[92]

第四,故意与过失。一般来说,故意地参与故意实施的实行行为是犯罪参与论的"硬核",然而,雅各布斯基于严格从属说,认为实行行为不限于故意行为,只要违法且有责就足以传递出规范否定的意义,而且,从规范的角度去解释构成要件要素,可以认识到实施行为必然包括对行为不法的认知,所以,区分行为故意与不法认知(违法性知识)完全是错误的。[93] 当然,过失的实行行为也能传递出意义来,这就意味着除故意地参与故意实施的实行行为之外还有其他的形态,比如过失地参与故意实施的实行行为、故意地参与过失实施的实行行为、过失地参与过失实施的实行行为。**过失地参与故意实施的实行行为**,长期被认为是回溯禁止,但过失行为同样可以促成实行行为,间接通过他人动手实施的故意行为,"染上犯罪的色彩"。比如,公然将武器挂在衣橱里对于他人实施犯罪本身就是一个极大的诱惑,行为人毫无顾忌地这么做,就是一种过失的帮助;一个夸夸其谈的吹牛者没有注意,他的听众中有一个易受影响的人,把不能当真的奖励宣言当成有约束力的要约,可能构成过失的教唆。**故意地参与过失实施的实行行为**,经常被认为是间接正犯,但可能构成间接正犯与参与的混合形式。比如 A 劝诱 B 朝灌木丛中射击,说后面有一头野兽,实际背后是个采药人,同时,B 的射击行为也违反了狩猎法,也即行为工具很可能负有罪责。**过失地参与过失实施的实行行为**,与故意地参与过失实施的实行行为一样,是过失间接正犯与过失的参与的混合形

---

[89] 相互配合的决意不是参与人之间心理意义上的共同犯罪决意(相互约定),只要能从行为当中解读出配合的意思就已足够。Vgl. Jakobs, AT 21/43. 黄荣坚强调,共同决意指一个行为,而不是犯意联络的纯粹主观状态,参见黄荣坚:《基础刑法学》,元照出版有限公司 2012 年版,第 811 页。
[90] 参见前注[3],第 270 页。
[91] Jakobs, AT 21/45.
[92] Jakobs, AT 21/43. 如果偷偷提供帮助的人所提供的贡献没有实质发挥作用(被其他要素所替代),那么,即便实行行为人实施了犯罪,对于前阶段行为人来说只构成未遂。Jakobs, Theorie, S. 23.
[93] Jakobs, Theorie, S. 36.

式。[94] 但无论怎样，预备阶段的行为也表达了一定的意义（尽管从属于他人的实行行为），参与人对于他人实施的实行行为，要当成实行行为而不是其他无意义的东西去促成，即需要具有完整的主观面。[95]

第五，积极义务人的正犯性。积极义务人是潜在被害人的福祉或公共体制功能运转的保证人，不管采取作为还是不作为的方式，他在违反义务的时候都无法与损害流程撇开干系，所以，损害流程总是直接发生在他的世界之中，由此，他一直是损害的正犯。在参与当中也不例外，比如父亲向他人提供毒药杀死自己的孩子，不是帮助犯，而构成正犯（对于积极义务人，义务犯当中不存在是否从属的问题[96]）；如果父母共同行动，他们就是共同组织的共同正犯，并且是更严重的同时犯（平行正犯）。[97] 值得注意的是，通说将有组织的权力机构（organisatorische Machtapparate）作为间接正犯中意志支配的类型，但雅各布斯认为它不是间接正犯，而是普通的参与，因为实行行为人不是工具，而是答责的人，此时幕后人为承担积极义务的正犯（违反职务上的义务）。[98]

第六，犯罪参与当中的身份资格。雅各布斯认为，借由积极义务保护的体制具有普遍的、不可放弃的社会重要性，它不限于某一个义务人群体，而是涉及每一个人，所有人既不得自己动手腐蚀体制，也不得假手他人腐蚀它。所以，无积极义务身份资格之人（Extraneus）可以参与损害一个积极义务，无论他是帮助还是教唆有身份资格之人（Intraneus），他所实施的行为都具有其贡献被接续成为义务犯罪的意义。比如，一个不是法官的人，可以通过法官构成枉法裁判罪。[99] 在身份是加重处罚要素的普通犯罪当中[100]，具有身份资格之人被加重处罚，身份的特殊要求将一般犯转化成积极义务人，由此产生了一个真正的、纯粹的身份犯，它将没有身份资格之人的举动"染色"，没有身份资格之人对于他所参与的身份犯罪也要承担责任，但在处罚上要有所减轻[101]。举例言之，不是公务员的人参与了公务员实施的伤害行为，构成职务上的伤害罪（《德国刑法典》第 340 条）而不是伤害罪（《德国刑法典》第 223 条）。

---

[94] Jakobs, Theorie, S. 40 ff.
[95] Jakobs, Theorie, S. 18.
[96] Jakobs, Zur Täterschaft des Angeklagten Alberto Fujimori Fujimori, ZIS 11/2009, S. 575.
[97] Jakobs, System, S. 85.
[98] Jakobs, System, S. 85 f; Jakobs, Theorie, S. 42; Jakobs, Zur Täterschaft des Angeklagten Alberto Fujimori Fujimori, ZIS 11/2009.
[99] Jakobs, Theorie, S. 20.
[100] 比如普通人伤害他人适用《德国刑法典》第 223 条，公务员伤害他人适用《德国刑法典》第 340 条（职务上的伤害罪）；普通人构成强制罪（第 240 条），但公务员构成刑讯逼供罪（第 343 条）。
[101] Jakobs, System, S.86 f; Jakobs, Theorie, S. 63 f. 通说认为应当适用《德国刑法典》第 28 条第 2 款，依各自身份定罪。

七、引申思考

共同犯罪或犯罪参与理论是一种对多人实施犯罪的归责模式。多人实施行为,本属常见社会现象,但受罪刑法定原则约束,对集体现象中的个人责任,必须明晰归责的依据及范围,建立具体可行的归责模型。刑法分则以单人实施犯罪为构成要件,扩展到多人的情形,就要考虑:(1)对损害发生有多少贡献才可以归责?例如,只要对后果有原因力就是正犯(扩张行为人,extensiver Täterbegeriff)?还是必须亲手实施构成要件行为的一部分(限制行为人,restriktiver Täterbegeriff)?(2)构成要件对归责的限定意义如何体现?对构成要件只实施一部分甚至只在实行行为之前的预备阶段有所举动,就要被归责?在没有实施整体构成要件的情况下,是否应当承认与他人行为的连结(从属性)?(3)任何人只因其个人罪责而受罚,多人之间的意思联络仅是客观面的判断指引,还是共犯归责不可或缺的部分?(4)如果坚持在多人之间区分不同角色,那么,角色之间是一种质的不同还是仅仅是作用大小(相应的罪责大小)的区分?如果是质的不同,实质区分的标准是什么?如果参与人之间只有量的不同,那么如何构建科学的量刑标准?围绕上述问题有形形色色的学说,以本文的篇幅,既无法系统介绍雅各布斯的共同犯罪理论,也不能以其理论为依据评析其他的共同犯罪学说,只是有限地梳理一些观点和感想。

第一,雅各布斯坚持一元规范化犯罪参与模式,在体系融贯性上有优势。共同犯罪不是对多人协作状态的自然描摹,"也不是一个纯因果关系的事实问题,必须规范性确定其答责范围"[102]。如何归责要根据刑罚目的、刑事政策及社会沟通作出判断。雅各布斯的共同犯罪理论是一元的归责模式,将正犯、教唆犯、帮助犯统一于一个框架之下,各个角色没有质的区别,只有量差。[103] 正犯、教唆犯、帮助犯的指称只有标签意义或形式意义,谈不上实质标准,有时甚至可以脱离行为所处阶段(比如预备阶段的正犯,实施实行行为的帮助犯)。由此,广义的、涵盖正犯的参与人,无非是实施同一犯罪的多个人,其中,正犯是主角,狭义的参与人是配角,参与人的区分标准更多取决于对构成要件实现所起的作用,所以,这种理论类似于作用分类法。亦可以类比我国《刑法》第26条中的主犯以及第27条中的从犯。实际上,我国《刑法》第一编第二章第

---

[102] 同前注[1],何庆仁书,第8页。
[103] 雅各布斯指出,在参与人与实行行为人之间作某种质的区分是不可能的。诚然,实行行为人积极地决定是否实施犯罪行为,通过接管由参与人为如何实施行为提供的准备,由此,参与人也对是否实施行为及如何实施行为共同管辖,而这两个形塑具体犯罪的条件(是否及如何实施行为)并不存在孰先孰后的序差。在共同性内部只有量的分层,所有寻找与生俱来的正犯与帮助犯的努力都是徒劳的。即便是实行行为人的贡献,也可能明显逊色很多,无论如何也没有理由将他归入最严重的类型(正犯)。Vgl. Jakobs, FS Lampe, S. 570 f.

三节"共同犯罪"中最核心的处罚原则就是主犯与从犯之区分,而按照分工分类所作的正犯、组织犯、胁从犯、教唆犯、帮助犯之区分还算不上一成不变的质的区分。

雅各布斯理论的"一元"还表现在以管辖这个规范概念统摄这些区分,从而摆脱犯罪支配说的约束,他的教科书在组织管辖内部区分三种支配形式,但是,在后来的论述中这些区分逐渐淡化,2014年出版的《犯罪参与理论》甚至不再提及。放弃"支配"这个以存在为基础的概念后[104],他将分析重点聚焦在社会分工(连结的分工)、不法(实行行为)、从属性(严格的从属性/违反负担)、回溯禁止(分离的分工)等几个概念上,这几个概念相互嵌套、彼此借力,让人感觉像在兜圈子,最后均指向社会理解,回到基本社会沟通语义之中。雅各布斯指出,刑法中对于参与形式缺乏实定法的规则供给,需要从社会交往实践中提取非正式的归责制度。如何归责依具体情境而不同,富有解释的弹性。[105] 通过雅各布斯频繁举例说明[106]而非直接指出具体明确的归责规则可见一斑。规则不明且过于灵活,会给实践把握带来挑战和难题。

归责不分层、量刑分量差,关键在于对于量化参与人贡献提供一套能够作出区分同时确保法安定性的概念工具。虽然《犯罪参与理论》以此属于量刑论范畴为由而未予处理,但其重要性毋庸置疑。"几乎无限可能地考虑强化归责和弱化责任的方方面面"[107],也不代表不需要提供一个评价手段。沿着雅各布斯的分析理路,他学生的学生洛佩兹(López)提出设计一个在不同情形下均要考虑的参与贡献权重的分类表格,然后列出参与贡献权重的具体示例组,将作为与不作为、积极的与消极的行为方式都折算成一定比重。洛佩兹进一步借助系列类型,提炼出所有可能参与的公约数,比如根据同伙的影响以及对构成要件的影响画出坐标,再引入与这两个维度有关要素的联系强度,逐渐精确化,以此抵消关于违反明确性原则的指责。[108]

第二,雅各布斯的共同犯罪理论没有滑向单一正犯(单一行为人、单一犯罪人)阵营。德国刑法学家许乃曼(Schünemann)和葛雷克(Greco)在《莱比锡刑法典评注》中指责雅各布斯回到被德国立法所抛弃的单一正犯理论。[109] 单一正犯理论放弃了正犯、教唆犯、帮助犯之间的区分,要么将所有对后果有原因力的贡献者都作为无差别的

---

[104] 指责雅各布斯以意义与归属取代了现实与现实构造。Vgl. LK-Schünemann/Greco §25 Rdn.19. 但支配确实也是一个让人捉摸不定的术语。比如一个人让情妇杀害她的丈夫,到底是什么性质的支配?是特殊亲密关系引出的支配吗?参见徐伟群:《通往正犯之路:透视正共犯区分理论的思路》,载陈子平等:《正犯与共犯区分》,元照出版有限公司2018年版,第118页。另外参见黄荣坚:《基础刑法学》,元照出版公司2012年版,第778—779页。

[105] Jakobs, Theorie, S. 16 f.

[106] LK-Schünemann/Greco §25 Rdn.19.

[107] Jakobs, Theorie, S. 50.

[108] López, Jakobs' Theorie der Beteiligung, in: Kindhäuser u.a.(Hrsg.), Strafrecht und Gesellschaft. Ein, ritscher Kommentar zum Werk von Günther Jakobs, 2019, S. 601ff.(zit.:Jakobs' Theorie der Beteiligung).

[109] 以至于有学者批判,以举例替代说理,或以主张替代论证,是循环论证。Vgl. LK-Schünemann/Greco §25 Rdn. 19.

正犯,要么虽然承认参与形式有所不同,但在法律后果上将参与人等置处理(或者允许个别例外)。[110] 但是,雅各布斯没有自我归类到单一正犯理论中,仅认可单一正犯理论在归责时正确地脱离行为贡献作出的时点,但批评它没有澄清何时可归责。实际上,他在教科书中猛烈抨击单一正犯理论,指出单一正犯理论完全否定了从属性,每一个行为人都被当作正犯认定为违法、有责的结果惹起,并且不考虑他人贡献的性质(故意、过失、不可避免,有罪责、无罪责),除因果联系之外也不考虑他人的贡献所处的状态(预备、未遂、既遂);如果采用这一方案并严格适用的话,将导致分则中的概念大幅扩张,并因此违反宪法中的明确性原则(罪刑法定原则)。[111]

雅各布斯认为,正犯、教唆犯、帮助犯没有质的区分,只存在量差,而各参与人的量差情况则在量刑时考虑。这种在归责内部没有分层、在归责之外存在量差的观点,确实与单一正犯理论趋同。但最关键的一点是,雅各布斯将从属性作为犯罪参与理论的核心概念,并恪守构成要件实现为唯一的不法,这决定了预备阶段的行为不是不法,对预备阶段的行为要予以归责,必须认可该行为对实行行为的从属。雅各布斯还为从属性找到了实质的依据,即参与人的违反负担。根据连结的社会分工,预备阶段参与人违反了负担而非违反了义务,由此,他与后来的实行行为没有撇开干系,要将后来的实行行为作为他自己的不法而归属。但是单一正犯理论原则上不承认从属性,认为其没有存在的必要。[112]

在连结的分工中,无论是狭义的参与人还是实行人都要对整个犯罪后果管辖[113],如果不承认从属性,一是没有办法将他人发挥了原因力的后果归属于他(不能只摘出自己发挥原因力的部分行为后果,而要整体归属);二是只以自己的行为为判断对象,会导致预备阶段实施的行为,在实行行为着手之前就具备了不法,他人的实行行为成了客观的处罚条件;三是身份要素只能由行为人自己具备,而无法从属于他人的身份。比如,帮助法官实施枉法裁判的人因为不具有法官的身份,又没有普通犯罪可以适用,只能无罪。对于实行行为人自我答责的自伤,抛开实行行为人的情况,如果仅看因果关系(有人因其行为而受伤),对此提供帮助的参与人可能要承担刑事责任。当然,如果单一正犯理论的某个学说认可了从属性,并规范化地解释了因果关系,那

---

[110] LK-Schünemann/Greco Vor § 25 Rdn. 6.
[111] Jakobs, AT 21/5 f. 通说概括了单一正犯说的三个缺陷:一是违反构成要件的法治功能(脱离构成要件),二是导致可罚性的过度扩张,三是没有带来所预期的简化效果。比较重要的是,它使狭义参与的未遂变成正犯的未遂,使不可罚的变成可罚的;实行行为从着手(力图)前移到预备阶段;甚至使参与脱离因果关系的限定而坠入思想刑法的范围。LK-Schünemann/Greco Vor § 25 Rdn. 8 f.
[112] 参见前注[1],江溯书,第 174、187 页以下。
[113] 实行行为不只是使构成要件实现,而且还将实行行为人与参与人部分实施的构成要件联系起来,只有实行行为人也对后面这部分构成要件实现管辖,他才能对整个犯罪负责。比如 A(参与人)麻醉了被害人,显然期望他人利用被害人这个无助状态来抢东西,如果他人(实行行为人)不对被麻醉人负责的话,则 A 不构成通过他人实施的抢劫。Jakobs, FS Lampe, S. 570.

么,确实可以说二者正相向而行、渐趋融合。

第三,雅各布斯的共同犯罪理论并非共同犯罪理论的终章,在论证上亦有模糊甚至值得商榷之处。

一是一人实施行为与多人实施行为不宜简单类比。雅各布斯在论证预备阶段参与人实施的行为不是不法时,拿单个人实施犯罪预备阶段的行为不构成不法作类比。[114] 共同犯罪之所以成为聚讼纷纭的难题,正是因为他人不等同于工具或自己的手脚,人是一个意志的主体,可以成为归责的对象,其归责受罪责原则的约束,由此才衍生出诸多理论。而且按照雅各布斯的理论,一人实施犯罪在预备阶段总是预备犯,但多人实施犯罪中预备阶段的人却可能成为正犯。

二是违反负担的实质内涵缺乏界定。雅各布斯用违反负担这个概念提供了预备阶段行为人归责的实质依据,以创设的某个状态将嗣后不法归属到预备阶段的参与人身上。违反负担解决了行为时的归责瑕疵与后果发生分离的难题(如原因自由行为),避免了背离责任原则的风险(后果发生时主客观相分离,甚至无责任能力),显然比从属性有更为宽广的适用范围。实际上,雅各布斯没有真正运用从属性来说理,毋宁说,只提出了严格从属性的指称,真正用作分析工具的是违反负担与回溯禁止的双向关系。[115] 但违反负担本身存在不少难题,比如它到底源自法律、法规、惯例还是道德义务?相比违反义务,它要弱一个量级,到底是根据印象还是某个相对可控的准则作出判断?违反负担有无可能构成不法?[116] 等等,均有待进一步澄清。

三是积极义务当中也存在参与。雅格布斯指出,在积极义务领域,不存在参与。即使多个义务人每人都违反了义务,但是每个人均是为自己而行动(相邻正犯或同时正犯)。例如,合议庭的多个法官作出了枉法裁判,则每个法官都实施了自己的枉法裁判犯罪行为。对于积极义务人的过失举止,适用同样的原则。[117] 然而,其中存在的问题与不承认从属性的单一正犯理论类似,没有从属性,义务犯的预备行为将升格为义务违反,导致不法侵入到预备阶段,使着手提前到不可罚的预备行为。比如,丈夫委托杀手杀妻子,如不承认从属性,在委托时就是着手,而实行行为可能在几个月后才发生;如果父母各自向共同的孩子投毒,每个人的剂量都不足以致死,叠加起来却导致了死亡,如果没有从属性,只能对二人处以未遂。[118]

四是构成要件定型的限制作用可能被弱化。雅各布斯说,不法限于构成要件实

---

[114] Jakobs, Theorie, S. 35.
[115] Jakobs, Theorie, S. 32 ff. 相比而言,从属性更像是一个指称,没有揭示共同犯罪的内部结构。
[116] 在《刑法归责体系》中,雅各布斯指出,主行为没有发生的话,(违反负担)就没有发生不法,因此不可归责。Jakobs, System, S. 79;在《山中敬一祝寿文集》中,他又说违反负担可能是不法也可能不是。Jakobs, FS-Yamanaka, S. 111 fn. 32.
[117] Jakobs, Theorie, S. 63.
[118] López, Jakobs' Theorie der Beteiligung, S. 609.

现,始于实行行为之实行,又认为预备阶段的参与人可以成为正犯,在帮派头子这类幕后人的正犯归责中,构成要件作为不法之表征,其实没有发挥限制作用,毋宁说印象或经验成为判断主导。

第四,雅各布斯的理论对我国共同犯罪理论的启发。共同犯罪研究向来强调多人协作这种客观事实,重视自然意义的因果联系,将每个人对后果的原因力作为划定答责范围的依据,或者只看每个行为人在集体现象中的个人贡献、个人不法(单一正犯理论),而忽略多人协作表达的共同社会意义(共同性),以及协作内部分工的连结关系(从属性);或者以显明的,或规范化或自然意义的支配来凸显正犯(区分制中的犯罪支配说),再分析狭义共犯与正犯的关系(从属性),从而满足构成要件明确性、定型性的要求。但是雅各布斯的学说启发我们:可以在坚持区分制的同时,将重心放在规范判断共同塑造构成要件的社会意义上,立足多人协作表达出的规范否定,根据社会交往规则辨析行为贡献对于后果促成的作用强度,继而划定需要答责的主体和答责的范围。这种理论避开了在构成要件内部界定支配犯或者正犯的难题,也不再把正犯作为直接该当构成要件,而狭义共犯作为间接该当构成要件,绕开了自束手脚的形式化判断方法,从而提供了一种虽然概念相互嵌套但又相对清晰简明的解释框架。特别是结合我国刑法当中的双层区分制(作用分类法+分工分类法)的共同犯罪理论,可以在雅各布斯的共同犯罪理论中找到对应,而且其整体归责构成要件的判断方法也与我国的耦合式构成要件理论合拍。事实上已经有学者参考该学说系统分析我国制定法上的共同犯罪规定,试图得出一个融贯自洽的解释[119],这说明这是一个待挖掘的理论富矿。

---

[119] 参见前注[1],何庆仁书,第137、193、206、259页以下。

数故意犯说论据的批判性考察[*]

〔日〕关哲夫[**]文 王兵兵[***]译

> **要 目**
>
> 一、序言
>   (一)法定符合说
>   (二)数故意犯说
>   (三)本文的课题
>   (四)本文的构成
> 二、藤木英雄的问题意识
>   (一)问题提起
>   (二)内容
>   (三)考察
> 三、数故意犯说的论据
>   (一)事实的认识与反规范的心理态度
>   (二)故意的抽象化的界限
>   (三)故意及故意犯的单复数
>   (四)故意责任的质与量
>   (五)想象竞合与责任原则
> 四、结语
>   (一)概括
>   (二)今后的课题

摘 要 在具体的事实错误问题上,存在着法定符合说与具体符合说的争论。在法定符合说内部,尤其在处理方法错误之时,还存在着数故意犯说和一故意犯说的对

---

[*] 本文出处:國學院法學 2020 年 57 卷 4 号 45—91 页。翻译已获得作者授权,摘要和关键词为译者所加。
[**] 日本国学院大学法学部教授。
[***] 东南大学法学院刑法学博士研究生。

立。数故意犯说为论证自身合理性提出了若干论据,如事实的认识与反规范的心理态度、故意的抽象化的界限、故意及故意犯的单复数、故意责任的质与量、想象竞合与责任原则等,但是这些论据都遭到了批判,在众多问题上也难以作出合理回答。在判断故意以及故意犯的存在与否之时,今后的课题应该重视行为人对危险场中危险性的认识与接受,以这一问题意识为前提,以客体错误与方法错误的不同处理为核心,有必要考察"故意的具体化"的根据。

关键词 具体的事实错误 法定符合说 数故意犯说

一、序　言

(一) 法定符合说

众所周知,对于同一犯罪法律要件(犯罪构成要件)内事实错误中的具体的事实错误,特别是方法错误的处理,存在着法定符合说与具体符合说的对立。[1]

法定符合说认为,行为人认识到的犯罪事实与现实发生的犯罪事实之间只要在法定的范围内符合,就可以认可对于所发生的犯罪事实成立故意犯。但是众所周知的是,从犯罪法律要件(犯罪构成要件)[2]中寻求法定符合的范围的见解十分有力。然而,这一见解只是可能存在的见解之一,从罪质、保护法益、行为态样等一个或者多个要素确定法定符合的范围的见解在理论上也是存在的。关于法定符合的范围,现如今还存在着从罪质中寻求的罪质符合说、从法益中寻求的法益符合说,从不法与责任中

---

[1] 当然也有学者主张具体符合说与法定符合说的折中说,如井田良「具体的事実の錯誤」现代刑事法 1 卷 6 号(1999 年)87 頁以下、井田良「故意における客体の特定および『個数』の特定に関する一考察(1)」法学研究(慶應大学)58 卷 9 号(1985 年)33 頁以下、井田良「故意における客体の特定および『個数』の特定に関する一考察(2)」法学研究(慶應大学)58 卷 10 号(1985 年)56 頁以下、井田良「故意における客体の特定および『個数』の特定に関する一考察(3)」法学研究(慶應大学)58 卷 11 号(1985 年)59 頁以下、井田良「故意における客体の特定および『個数』の特定に関する一考察(4・完)」法学研究(慶應大学)58 卷 12 号(1985 年)52 頁以下、井田良「故意における客体の特定および『個数』の特定について」刑法雑誌 27 卷 3 号(1986 年)583 頁以下、井田良「構成要件該当事実の錯誤」阿部純二ほか編『刑法基本講座第 2 卷』(法学書院,1994 年)234 頁以下、鈴木左斗志「故意における客体の特定および『個数』の特定について」金沢法学(金沢大学)37 卷 1 号(1995 年)69 頁以下。从具体符合说的立场对井田良与铃木左斗志的见解展开批判性考察的文献,浅田和茂「因果関係の錯誤」内藤謙ほか編『香川達夫博士古稀祝賀 刑事法学の課題と展望』(成文堂,1996 年)295—298 頁、浅田和茂「教唆犯と具体的事実の錯誤」西原春夫先生古稀祝賀論文集編集委員会編『西原春夫先生古稀祝賀論文集第 2 卷』(成文堂,1998 年)423 頁以下、專田泰孝「具体的事実の錯誤における『新たな解決』について」早稲田法学(早稲田大学)78 卷 3 号(2003 年)67 頁以下参照。

[2] 笔者一直提倡用"(犯罪)法律要件"这一术语而非"(犯罪)构成要件",但本文不打算在这一点上深入,关哲夫『刑法総論』(成文堂,2018 年第 2 版)76 頁以下参照。本文在术语上也选择用"法律要件"而不是"构成要件"。

寻求的不法责任符合说等见解。[3]

从犯罪法律要件出发确定法定符合范围的见解,原本称其为"法律要件符合说(构成要件符合说)"才是适当的,但是依据惯例,本文依旧采"法定符合说"这一称呼,并主要将该说作为考察对象。法定符合说认为,对于具体的事实错误,不论是客体错误抑或方法错误,只要主观的认识事实与客观上所发生的事实在犯罪法律要件的范围内一致,就可以成立故意与故意犯。

(二)数故意犯说

众所周知,在法定符合说内部,在故意与故意犯的个数问题上存在着分歧。有的学者主张数故意犯说[4],认为在故意与故意犯中,只要具备对与客体相关的犯罪结果的认识就足够了,对犯罪结果个数的认识在确定故意与故意犯的个数方面无足轻重。另外也有学者主张一故意犯说[5],在故意与故意犯中,对与客体相关的犯罪结果的认识在确定故意与故意犯的个数之时十分重要,考虑故意与故意犯的个数,从责任原则的贯彻来讲也是不可避免的。[6]

---

[3] 罪质符合说的代表性学者为西原春夫,西原春夫『刑法総論上巻』(成文堂,1998年改訂版)227頁以下参照;法益符合说的代表性学者为林幹人,林幹人『刑法総論』(東京大学出版会,2008年第2版)250頁、263頁(法益関係的法定符合说);不法责任符合说的代表性学者为町野朔,町野朔「法定的符合について(上)」警察研究54巻3号(1983年)3頁以下、町野朔「法定的符合について(下)」警察研究54巻5号(1983年)3頁以下(尤其是第8頁以下)参照。

[4] 采数故意犯说的有,団藤重光『刑法綱要総論』(創文社,1990年第3版)303頁以下、中野次雄『刑法総論概要』(成文堂,1997年第3版補訂版)122頁、林幹人『刑法総論』(東京大学出版会,2008年第2版)257頁、岡野光雄『刑法要説総論』(成文堂,2009年第2版)214頁、高橋則夫『刑法総論』(成文堂,2018年第4版)199頁、井田良『講義刑法学・総論』(有斐閣,2018年第2版)193頁、大谷實『刑法講義総論』(成文堂,2019年新版第5版)168頁、前田雅英『刑法総論講義』(東京大学出版会,2019年第7版)194頁。判例也支持数故意犯说,大審院1933年8月30日判决(大審院刑事判例集12巻1445頁)、最高裁判所1978年7月28日判决(最高裁判所刑事判例集32巻5号1068頁)、「判例時報」900号(1978年)58頁、「判例タイムズ」366号(1978年)165頁参照。前者的判例评释有,平野龍一編『刑法判例百選I総論』(有斐閣,1978年版)122頁以下(町野朔)、平野龍一編『刑法判例百選I総論』(有斐閣,1984年第2版)108頁以下(町野朔)。后者的判例评释有,平野龍一ほか編『刑法判例百選I総論』(有斐閣,1991年第3版)90頁以下(中森喜彦)、松尾浩也ほか編『刑法判例百選I総論』(有斐閣,1997年第4版)88頁以下(中森喜彦)、西田典之ほか編『刑法判例百選I総論』(有斐閣,2003年第5版)80頁以下(長井長信)、山口厚=佐伯仁志編『刑法判例百選I総論』(有斐閣,2008年第6版)82頁以下(石井徹哉)、山口厚=佐伯仁志編『刑法判例百選I総論』(有斐閣,2014年第7版)86頁以下(專田泰孝)参照,同时参考各文中所列文献。

[5] 采一故意犯说的有,香川達夫『刑法講義〔総論〕』(成文堂,1995年第3版)260頁以下、西原春夫『刑法総論上巻』(成文堂,1998年改訂版)229頁、野村稔『刑法総論』(成文堂,1998年補訂版)211頁以下、大塚仁『刑法概説(総論)』(有斐閣,2008年第4版)192頁、斎藤信治『刑法総論』(有斐閣,2008年第6版)133頁、佐久間修『刑法総論』(成文堂,2009年)129頁、福田平『刑法総論』(有斐閣,2011年全訂第5版)121頁、川端博『刑法総論講義』(成文堂,2013年第3版)253頁,等等。

[6] 现如今,"一故意犯说"与"数故意犯说"的分类虽然是普遍做法,但是在错误论中,讨论时应当严格区分故意与故意犯这两个概念,因此按照"一故意·一故意犯说""一故意·数故意犯说"以及"数故意·数故意犯说"来分类较为适当。然而,现在的学说,通常都在错误论中一并讨论故意与故意犯这两个概念,因此严格区分或许有些困难。顺带要说的是,中野次雄的见解,被认为是"一故意·数故意犯说"。

在法定符合说内部关于故意与故意犯个数的问题上,拥护数故意犯说的中野次雄[7]与主张一故意犯说的香川达夫[8]之间有过激烈的争论,又被称为围绕故意与故意犯问题的"中野香川之争"[9]。本文将有意识地对该争论加以考察。

(三) 本文的课题

本文旨在对法定符合说中持数故意犯说的学者所提出的论据进行批判性考察。为了使读者更好地理解本文的主旨,在此想预先说明笔者的问题意识。

在判断事实错误是否成立故意与故意犯之时,笔者认为行为人所认识到的与一定的犯罪事实相关的危险性,与现实发生的犯罪事实相关的危险性是否具体地符合十分重要。并且,规定这种危险性的是与行为相关的客观法律要件所涉及的要件事实,具体而言,包括行为的时期与状况、行为的场所、行为的客体、行为的性质与态样、发生结果以及因果关系等。这些要件事实决定着客观危险性的有无、程度以及范围,正是因为具有这样的性质,可以说是构成危险场——与实行行为危险性相关——的事实。这样一来,在事实错误之中,倘若要承认对现实发生的要件事实的故意,那么主观上认识并接受的要件事实必须与现实发生的要件事实——存在于危险场的危险之中——具体地符合起来。反过来说,决定故意的射程范围的是,行为人对危险场——与行为所具有的危险性的质与量相关联——的主观认识内容与现实所发生的客观的实现内容是否具体地符合。这一见解,在判断故意与故意犯成立与否之时,重视对危险场中危险的认识与接受,因此称之为"具体的危险符合说"或许更为妥当。

具体的危险符合说的具体内容及其归结将另外撰文探讨。倘若这一见解是妥当

---

[7] 中野次雄主张抽象的符合说而非法定的符合说。但是,中野次雄认为,在具体的事实错误的场合,法定符合说与抽象符合说都是"站在同一立场的","法定符合说对此问题的回答,抽象符合说也是能够全盘接受的",因此,"为了说明的便利,以法定符合说为前提展开思考"。中野次雄「方法の錯誤といわゆる故意の個数」同『刑事法と裁判の諸問題』(成文堂,1987年)32頁参照[本文原载于平場安治ほか編『団藤重光博士古稀祝賀論文集(第2巻)』(有斐閣,1984年)201頁以下]。

[8] 与此争论相关的两位学者的文献,按照发表顺序罗列如下:香川達夫「方法の錯誤」研修429号(1984年)3頁以下、中野次雄「方法の錯誤といわゆる故意の個数」平場安治ほか編『団藤重光博士古稀祝賀論文集(第2巻)』(有斐閣,1984年)201頁以下[收录于中野次雄『刑事法と裁判の諸問題』(成文堂,1987年)29頁以下]、香川達夫「数故意犯説批判」研修446号(1985年)3頁以下[收录于香川達夫『刑法解釈学の理論』(有斐閣,1989年)54頁以下]、中野次雄「方法の錯誤——香川達夫教授の批判に答えて——」法学研究(北海学園大学)21巻3号(1986年)281頁以下、香川達夫「一故意犯説——中野判事の批判に答えて——」学習院大学法学部研究年報23号(1988年)1頁以下。

[9] 将此争论称之为"中野香川之争"的文献,西原春夫『刑法総論上巻』(成文堂,1998年改訂版)229頁注4、福田平「方法の錯誤と故意の個数についての覚書」同『刑法解釈学の諸問題』(有斐閣,2007年)42頁[本文原载于東海法学(東海大学)17号(1997年)157頁以下]。另外,关于"中野香川之争"的概要,可参见福田平『刑法解釈学の諸問題』(有斐閣,2007年)41頁以下、香川達夫『新錯誤論』(成文堂,2018年)81頁以下参照。

的,那么判断故意的基准,就是对危险性的射程范围——笔者称之为"危险场"——的认识与接受。危险性的射程范围则是由与犯罪事实相关的危险性,尤其是犯罪实行行为所具有的危险性的有无、程度、方向、范围等决定的。

在现在的学说之中,与这一见解分歧最大的当属法定符合说,尤其是其中的数故意犯说。[10] 笔者期待,通过批判性地检讨持数故意犯说的学者所提出的论据,能够明确问题意识的方向性,即应当将重心放在危险场中危险性的符合上。由于中野次雄在讨论数故意犯说时采取了和其他学者不同的视角,提出了独特的分析性论据,因此对于数故意犯说,届时主要讨论中野次雄所提出的论据。

基于前述的问题意识,本文将对法定符合说中数故意犯说的论据展开批判性考察。因此,本文也可以说是对这一问题的初步研究。

(四)本文的构成

本文旨在考察法定符合说中数故意犯说的论据,大体顺序如下:其一,本文关注围绕故意与故意犯的个数的"中野香川之争",并且对持数故意犯说的学者,特别是中野次雄所提出的论据分项介绍,梳理该论据所遭到的批判,明确争论的情况。其二,将对争论的情况进行若干考察。由此,不仅可以确认数故意犯说的特征及其问题点,也可以明了错误论中应当研究的各个问题。

二、藤木英雄的问题意识

(一)问题提起

20世纪70年代,在学说上是一故意犯说占据优势,当时藤木英雄已经指出数故意犯说的妥当性。在论述数故意犯说学者所提出的论据之前,有必要述及藤木英雄的问题意识。

甲以暴行的故意猛烈撞击丙,丙跟跄倒地后两手擦伤,此时,丙身旁的丁为了避开丙而闪身,但两腿不听使唤而倒地,头部受到撞击而昏迷。对于这种并发事实的案例[11],藤木英雄论述如下:

"打击并未击中原本预想的对象而是击中了别的对象"属于方法错误,与此不同,在甲的"打击击中了预想的对象(丙)的同时,对预想之外的对象(丁)也产生了相同结果的场合","甲不仅对丙施加暴行,而且也因为能够认定对丁也故意地实施了暴

---

[10] 严格来说,与个人见解分歧最大的学说为抽象符合说,但是由于现在此说几无支持者,因此此处不再论及。

[11] 详细的事例,藤木英雄『新版刑法演習講座』(立花書房,1970年)99頁参照。

行,所以对于导致丁昏迷这一该当伤害的事实,甲必须承担伤害罪的责任。另外丙与丁的伤害都是由于甲对丙猛击这一个行为所导致,因此依据刑法第 54 条前段的想象竞合加以处断"。在这个问题上,虽然"处断刑最终是相同的",但是"像本问题那样,在能够认定对丁所致结果更严重的情况下,对属于想象竞合关系的所有行为进行起诉,在刑罚的量定上并非没有意义"。〔12〕

在此,对于伤害结果的并发事实,藤木英雄认为,行为人不仅对于意图的对象(丙)施加了暴行,而且对于一旁的非意图对象(丁)也能够认定是"故意地实施了暴行",因而对非意图对象(丁)所致结果该当于伤害的事实也必须承担责任。对丙的伤害罪与对丁的伤害罪属于想象竞合的关系。

在这一事例中,虽然在意的是行为人是否认识到丁的存在,但是藤木英雄认为,不管行为人有没有认识到丁的存在,"都应该视之为甲通过丙对丁实施了暴行","即使没有直接的暴行行为,也存在间接实施了暴行的事实",因而也能够肯定对于非意图对象(丁)的故意及故意犯。

只是,在藤木英雄的论述之中,并没有明确能够认定行为人复数的故意和故意犯的积极根据。

(二) 内容

因此,本文想在藤木英雄所著的教科书中对这一点加以确认。

"由于行为人的行动偏离本来的意图,朝着意外的方向发展并非例外,因此在社会生活观念上,在该行为的通常射程内,行为人本来的意图发生了偏差,在不同的对象上发生了与行为人的意图具有相同法律性质的损害,以及除本来瞄准的对象之外,对相同法律性质的对象也造成了同样的损害之时,与其将该法益侵害视为类似于偶然性灾难的加害行为,不如将其视为基于行为人的意思必然产生的射程内的结果更为恰当。因此,按照法定符合说,既然对法律上相同性质的对象存在故意,那么承认对于导致的结果也存在故意便是妥当的。"〔13〕具体来说,"为了杀 A 而瞄准射击的时候,在不仅导致 A 死亡,也导致 B 死亡的场合,不仅对 A,对 B 也构成杀人罪"。但是,"在所发生的事实可以视为单纯的偶然性事故之时,对于所致损害,应当将该事件作为另外的情况处理。另外,在瞄准 A 射击,子弹碰到地面引发跳弹,子弹弹射到意外的方向命中犯人视野之外的 B 而致其死亡的情况下,认定为对 A 的杀人未遂与对 B 的过失致死两个罪是妥当的"〔14〕。

---

〔12〕 藤木英雄『新版刑法演習講座』(立花書房,1970 年)108—109 頁参照。
〔13〕 藤木英雄『刑法講義総論』(弘文堂,1976 年)153 頁。
〔14〕 藤木英雄『刑法講義総論』(弘文堂,1976 年)154 頁参照。

(三) 考察

在此,笔者想强调的一点是藤木英雄的如下论述,在与行为人本来意图不同的对象身上发生了损害之时,即便如此,如果是"同一法律性质的损害"("同一法律性质的对象""法律上性质相同的对象"),只要是"在社会生活观念上该行为的通常射程之内",应当视为"基于行为人的意思必然产生的射程内的结果",所以"也能承认对于所发生的结果也存在故意"。在这里,表现为"同一法律性质的损害"的结果,是指在犯罪法律要件(构成要件)上受到相同法律评价的犯罪事实,也就是属于同一犯罪法律要件的结果,所以可以理解为该论述正是为了论证法定符合说的妥当性。

另外,藤木英雄在此设定了"社会生活观念上该行为的通常射程之内"这一界限标准,在射程内的结果可以说是"基于行为人的意思必然产生的射程内的结果",因此"按照法定符合说,既然对法律上性质相同的对象存在故意,那么承认对于导致的结果也存在故意便是妥当的",相反,"通常射程内"没有的结果属于"偶发性灾难""偶然性事故",应当作为"另外的情况"。此外,对于"因跳弹现象而在行为人的视野外发生的事实",不能承认故意及故意犯这一点也是需要注意的。藤木英雄还认为,所谓"社会生活观念上该行为的通常射程之内",指的是"从一般人的经验法则来看是在通常的范围内",也就是在"相当因果关系的范围内",因此,可以说,在藤木英雄看来,法定符合说中故意及故意犯的射程范围的界限,是根据客观的因果关系来划定的。[15]

但是,故意和故意犯的成立范围,为何用犯罪法律要件来设定界限?这样为何是妥当的?另外,为何能成立数故意和数故意犯而不是一故意和一故意犯?还有,由犯罪法律要件来设定界限以及用相当因果关系范围设定界限,两者的关系如何理解?这些问题在藤木英雄的论述中并不清楚。而且,关于主观的故意和故意犯的射程范围,藤木英雄似乎认为以客观的因果关系框架来划定界限就足够了,但是为何故意和故意犯的成立与否这一主观归责问题由因果关系这一客观归属问题来划定界限就足够了呢?这一问题的根据,藤木英雄的论述中也没有说明。

三、数故意犯说的论据

这一部分主要从中野次雄所提出的论据[16]出发,对数故意犯说的论据加以考察。笔者拟将论据分为事实的认识与反规范的心理态度、故意的抽象化的界限、故意及故

---

[15] 在因果关系问题上,藤木英雄支持相当因果关系说中的折中说。藤木英雄『刑法講義総論』(弘文堂,1976年)100頁参照。

[16] 中野次雄「方法の錯誤といわゆる故意の個数」同『刑事法と裁判の諸問題』(成文堂,1987年)29頁以下、中野次雄「方法の錯誤——香川達夫教授の批判に答えて——」法学研究(北海学園大学)21巻3号(1986年)281頁以下、中野次雄『刑法総論概要』(成文堂,1997年第3版補訂版)118頁以下参照。

意犯的单复数、故意责任的质与量、想象竞合与责任原则五个部分,在各部分,先介绍"论据",之后再介绍对论据的"批判",在梳理了争论的总体情况之后,再在"小结"中尝试进行若干考察。

(一)事实的认识与反规范的心理态度

1. 论据

在具体的事实错误问题上,数故意犯说认为,行为人只要认识到受到相同犯罪法律要件评价的犯罪事实,对现实所发生的犯罪事实,行为人便会面临涉及同一犯罪法律要件的规范问题。在这种情况下竟然依旧选择实施犯罪行为,这一点便能表明行为人直接的反规范态度[17],因此当然能够承认对现实所发生犯罪事实存在故意。

在这一点上,持人格责任论的团藤重光一直使用的是"反规范的人格态度"这一用语,并且论述如下:

"在相同的构成要件范围内,即使存在具体的事实错误,由于表现的是受相同构成要件评价的事实,行为人面临着与发生事实相关的规范问题(例如,'是否可以杀人'等)这一点并没有发生改变,可以径直承认行为人具备直接的反规范的人格态度。因此,应该说,在类似的场合,并没有阻却对所发生事实的故意",无论是客体错误、方法错误、因果关系错误,还是其他事实的错误,"只要在相同构成要件的范围内,就应当承认故意的成立"。[18]

中野次雄接受了团藤重光的观点,并且以"违法的意识"为中心进行了如下论述。

"从规范责任论来看,故意责任的核心在于违法的意识。由于事实上的故意是违法意识的发生源,且其只在此具有意义","行为人如果预见到自己的行为导致 A 死亡,那么他当然会意识到该行为是违法的",因此,"便有理由追究其故意责任"。另外,"责任非难是对行为人违反期待做出违法行为的非难,因而非难的对象始终必须是行为本身"。[19]

另外,也有持数故意犯说的学者在"规范的问题"上附加了"基于认识的实行行为的结果"这一要素,并作了如下论述。

倘若"不是单纯地从对客体——作为故意的要件——的认识这种形式的理由出发,而是回到为什么故意要求认识到犯罪事实这一问题上,以寻求故意的认定基准"的

---

[17] 团藤重光因为持人格责任论,所以使用"反规范的人格态度"这一用语。但是,学说中,意思责任的见解比较有力,所以一般使用的是"反规范的心理态度"一词。

[18] 团藤重光『刑法綱要總論』(創文社,1990 年第 3 版)298 頁参照。相同旨趣的还有,高橋则夫『刑法総論』(成文堂,2018 年第 4 版)199 頁参照。

[19] 中野次雄『方法の錯誤といわゆる故意の個数』同『刑事法と裁判の諸問題』(成文堂,1987 年)34—35頁参照。关于事实的故意,中野次雄『刑法總論概要』(成文堂,1997 年第 3 版補訂版)43 頁以下参照。顺带要说的是,中野次雄赞成重视故意与违法性意识之间联系的严格责任说。中野次雄『刑法総論概要』(成文堂,1997 年第 3 版補訂版)40 頁以下参照。

话,那么"其理论基础是,即使在方法错误中,行为人也认识到了应当直面规范问题的具体事实,根据这一认识做出了实行行为,实现了认识到的犯罪,因此,即使行为人导致了意外的结果,这一结果也能够评价为是基于认识的实行行为的结果,这是当然的结论".[20]

显然,数故意犯说所提出的与事实的认识和反规范的心理态度相关的论据,是通过"同一犯罪法律要件该当事实的认识"→"发生事实的规范问题"→"直接的反规范的心理态度"→"故意与故意犯的成立"这样的理论构造来说明的。

对该当于同一犯罪法律要件的犯罪事实,虽然这一论据能够证成故意及故意犯的成立,但是却无法说明成立复数的故意及故意犯。之所以如此说,是因为即使犯罪事实认识的规范问题可以为直接的反规范的心理态度提供依据,说明重故意及重故意犯,但是却无法决定故意及故意犯的个数。从这个意义上,可以将该论据理解为是法定符合说——包含一故意犯说在内——的论据。

2. 批判

数故意犯说所提出的关于事实的认识及反规范的心理态度的论据,遭到了如下质疑。

"'可以杀人吗'这样的规范问题,到底是'可以杀死一般人吗'这样的问题呢,还是'可以杀死 C 吗'这样的问题呢,必须说这一点总归还是不明确的。如果是前者的话,就是'一般性杀人'的问题,如果是后者,至少对 A 来说,不会直接面临'可以杀死 C 吗'这一规范问题。因为倘若没有'杀死 C 的意思',恐怕并不能'认可其直接的反规范的态度'。在这种情况下,也只是面临着'确认 B 或者 C'或者'须注意 B 的旁边还有 C'这种程度的'规范问题'。但到底是哪一个呢?"[21]

虽然提出了这样的疑问,但是持数故意犯说的学者认为,行为人由事实的认识而直面的规范是由犯罪法律要件框定范围的规范,如杀人罪(第 199 条)便是"绝对不能杀人"的规范。"故意的本质在于认识到该当于构成要件要素的事实并实现该事实的意思,因此并不需要具体地认识犯罪事实,只需要认识到由法定的构成要件类型化了的事实即可。举例来说,只需要认识到杀的是'人'就足够了,不需要认识到杀的是'A 这个人'。"[22]从这一论述和前文引用的团藤重光的论述[23],以及持法定符合说的学者所作的下列论述来看,这一点是显而易见的。

"刑法上对杀人罪设置的禁止规范,旨在对想要犯杀人罪之人产生心理抑制的功能。行为人意识到了杀人行为的违法性,却依旧抵抗禁止规范的心理抑制功能,并实施杀害 A 的行为,仅凭此就值得对其施加杀人罪的刑罚。""从构成要件来看,在杀 A

---

[20] 大谷實「法定的符合説弁護」同『刑法解釈論集Ⅰ』(成文堂,1984 年)98—99 頁参照[本文原载于西山富夫ほか编『井上正治博士還暦祝賀・刑事法学の諸相(下)』(有斐閣,1983 年)1 頁以下]。

[21] 内田文昭「法定的符合説について」平場安治ほか编『団藤重光博士古稀祝賀論文集(第 2 巻)』(有斐閣,1984 年)230 頁。

[22] 大谷實『刑法講義総論』(成文堂,2019 年新版第 5 版)166 頁。

[23] 団藤重光『刑法綱要総論』(創文社,1990 年第 3 版)298 頁参照。

的决意之下实施的行为导致 B 死亡,无外乎是在杀人的故意之下致人死亡的结果,因此完全属于杀人罪既遂。"[24]

然而,行为人基于事实的认识所直面的规范,从具体到抽象,可以预想的情况多种多样,法定符合说认为这就是犯罪法律要件所框定范围的规范,但根据并不明确。如果将前文所提到的质疑作上述理解的话,那自然是应当抱有疑问。因为法定符合说将规范的问题扩张到犯罪法律要件去理解,也面临着如下批判。

"在故意犯的场合,刑罚这种制裁针对的仅仅是行为人对已经认识与接受的事实形成的反对动机。""刑法第 38 条第 1 款正是阐明该趣旨的条文。这就意味着,以刑法第 199 条为例,并不是发出了不能杀害一般人这样的命令,而是应当认为是发出了不能杀害作为个别具体的法益主体的 B 或者 C 这样的命令。虽然如此,前述设例中,因为如果没有开枪射击 B 便能够避免 C 的死亡结果出现,所以对 C 可以成立故意犯。认为对 C 的死亡也可以成立故意犯的法理,只能附加产生同种的构成要件结果这一制约条件,如此一来,versari 的法理还是得到了部分的承认。"[25]

但是对于这一批判,持法定符合说的学者也进行了反驳。

"既然 X 认识到了杀甲这个'人',那么存在'反对动机的设定'——必须要存在于杀'人'这一行为之中——便是不容否定的。而且,令人难以理解的是,为何反对动机的设定必须仅限于甲或者乙这样具体的法益主体。"[26]

3. 小结

从争议情况看,虽然提出了由犯罪事实的认识所带来的规范问题,但是并不必然得出法定符合说的见解。亦即,因犯罪事实的认识所需直面的规范,到底是像具体符合说所主张的那样,必须是行为人认识与接受的与个别具体的事实相关的规范,还是像法定符合说所主张的那样,必须是由犯罪法律要件框定范围的规范,又或者像抽象符合说所说的那样,即便罪质并不相同,但只要是与某个犯罪相关的抽象的规范即为已足呢?对此,有重新审视的必要。

这一点引来了如下批判:倘若根据"反对动机设定的可能性"来划定故意的范围,得出抽象符合说的结论是符合逻辑的。[27] 援用规范的问题、反对动机设定的可能性划定故意及故意犯的范围是抽象符合说的逻辑,在具体符合说和法定符合说中援用便会产生破绽。另外,也有见解认为这样的批判并不妥当,"考虑'是否有反对动机设定的可能性'、'是否有直面规范的问题'、'是否有违法性意识的可能性'的见解……之所以

---

[24] 植松正『再訂刑法概論 I 総論』(勁草書房,1974 年)278 頁参照。
[25] 西田典之「共犯の錯誤について」同『共犯理論の展開』(成文堂,2010 年)306 頁参照[本文原载于平場安治ほか編『団藤重光博士古稀祝賀論文集(第 3 巻)』(有斐閣,1984 年)93 頁以下]。
[26] 大谷實「構成要件の符合説について」同志社法学(同志社大学)36 巻 4 号(1984 年)10 頁。
[27] 町野朔「故意論と錯誤論」刑法雑誌 26 巻 2 号(1984 年)340 頁参照。

没有得出抽象符合说的结论,并不是不合乎逻辑,而是像这样将反对动机、规范的问题以及违法性意识的内容当成了问题"[28]。如果将规范、反对动机、违法性意识的内容等当成问题,也能够得出具体符合说和法定符合说的结论。

如果后者的理解是妥当的话,那么重要的并不是提出规范的问题和反对动机设定的可能性,而是所提出的规范的问题以及反对动机设定的可能性的内容本身。然而,所提出的规范的问题、反对动机设定的可能性的内容如果没有逻辑上的必然性,那么其妥当性也只能是相对的,除非能够提出积极的论据,否则恐怕无法论证其妥当性。这一点从先前介绍的论述中也可以看出,由犯罪事实的认识而被提出的规范的问题,为何必须是由犯罪法律要件所框定范围的规范?对此疑问,持法定符合说的学者得出的结论虽然十分明确,但并没有提出有说服力的论据。对此加以批判的持具体符合说的学者,对于规范必须是由具体个别的犯罪事实框定范围这一点,似乎也未能展开令人信服的说理。这一点,笔者拟在后述"故意的抽象化的界限"部分再度论及,对于具体符合说则将另行撰稿研究。

反过来看,即使提出了规范的问题和反对动机设定的可能性,也无法解决下述难题,即没有找到划定故意和故意犯范围的界限标准,从这个意义上来说,规范的问题无法成为决定具体符合说、法定符合说和抽象符合说三者何者妥当的界限标准。如此一来,最终就是学者试图将犯罪事实的认识这一故意的内容以及故意犯的成立与否和直接的反规范的心理态度联系起来,提出规范问题并作为论据。也就是将故意与故意犯的成立与否转换为规范的问题来说明,但不得不说这原本就没有合理性。[29] 这样的话,不是应该将故意论与错误论从规范论中解放出来吗?在这种情况下,倒不如将故意论与错误论和危险论结合起来,考察故意时联系到对实行行为危险性的认识与接受,以此处理错误论不是更为妥当吗?[30]

(二)故意的抽象化的界限

1. 论据

与上述关于事实的认识和反规范的心理态度的论据相关联,在持数故意犯说的学者之中,也有像中野次雄那样,对于将故意的内容在犯罪法律要件的范围内予以抽象化这一点从正面加以承认的学者。[31]

---

[28]　専田泰孝「具体的事実の錯誤――具体的符合説の立場から――」早稲田法学会誌(早稲田大学)48 卷(1998 年)67 頁参照。
[29]　鈴木左斗志「方法の錯誤について」金沢法学(金沢大学)37 卷 1 号(1995 年)112 頁参照。
[30]　在这一点上,有见解主张要在"行为人对于客体上发生结果并不是不能预见"这一框架中予以限定。只木誠「故意の個数と量刑責任――主に判例を素材として――」川端博ほか編『立石二六先生古稀祝賀論文集』(成文堂,2010 年)415 頁参照。
[31]　団藤重光『刑法綱要総論』(創文社,1990 年第 3 版)298 頁。持相同见解的另有大谷實『刑法講義総論』(成文堂,2019 年新版第 5 版)166、168 頁。

关于此点,中野次雄论述如下:

"从法定符合说的论据来看,事实故意的内容只需达到能够产生违法的意识这种程度"就可以,"行为人只需要认识到自己的行为能'致人死亡'就足够了"。"通过将故意的内容抽象化到如此程度,所认识到的与A相关的事实自不必说,没有具体认识到的与B相关的事实也属于'基于杀人的故意而杀人(想杀却未完成)'而该当于杀人罪或者杀人未遂罪的构成要件。"如此,"将客体的时间与地点等特定要素从故意的内容中剥离出去,可以说是持法定符合说学者的共识"。[32]

在此需要注意的是,暂且不论这是否恰当,按照中野次雄的说法,在法定符合说里,将故意的内容在犯罪法律要件内予以抽象化是必然的,是根据事实错误的相关处理从反面具体规定故意内容的。这就意味着,故意论与错误论可以说是表里关系。[33]笔者将这一见解称为"表里关系说"。

但是在故意与事实错误的关系上,在持法定符合说的学者之中,部分学者的主张也不同于中野次雄所提出的表里关系说。因为虽然学者持一故意犯说,但是却论述如下:

"错误论是故意论的例外情况","在没能实现本来的故意,却在预定之外的客体上发生了既遂结果的场合","将此结果归属于故意行为从而肯定故意既遂犯,这是否妥当是错误论的问题","基于杀死一个人的故意,行为导致一个人死亡的结果得以实现","可以评价为充足了'杀人'这一杀人罪的构成要件,成立一个杀人既遂罪","在判断成立何种犯罪时,首先应当做的是判断具体事实该当于何种构成要件,换言之,就是构成要件评价。毫无疑问在那之前不可能存在构成要件该当事实"。[34]

学者在这一论述中指出,之所以将故意的抽象化范围限定在犯罪法律要件的范围之内,是因为错误论是故意论的例外情况,发生的预想之外的结果归属于故意行为是否妥当,需要从犯罪法律要件评价的观点出发去判断、处理。之所以必须这样处理,是因为成立何种犯罪,需要判断具体的事实该当于何种犯罪法律要件。笔者将这一见解称为"例外关系说"。[35]

---

[32] 中野次雄「方法の錯誤といわゆる故意の個数」同『刑事法と裁判の諸問題』(成文堂,1987年)36頁参照。
[33] 在这一点上持相同见解的有井田良『講義刑法学・総論』(有斐閣,2018年第2版)第182页以下参照。另外,前田雅英『刑法総論講義』(東京大学出版会,2019年第7版)166、168頁参照。
[34] 福田平「方法の錯誤に関する覚書」西山富夫ほか編『井上正治博士還暦祝賀・刑事法学の諸相(上)』(有斐閣,1981年)232—234頁以下参照。
[35] 这种例外关系说,以前多被理解为"转用论""故意转用论"。但是最近,持例外关系说的学者倾向于避免使用"转用"一词来说明,因此,在名称上就分为"表里关系说"和"例外关系说"。例如,"错误论是故意论的例外情况。在具体的事实错误之中,在本来的故意没有按照预想的那样实现,反而是在构成要件相同的客体上发生了结果的场合,将发生的结果归属到故意行为上是否妥当便是错误论的问题"[福田平『刑法解釈学の諸問題』(有斐閣,2007年)43頁],以及"故意是在一定的客体上实现自我的意思,也就是实现意思,但这表示的是行为人的主观层面。客观上在不同客体之间实现了结果之时,就会出现主观与客观的龃龉,也就是有错误存在。如何处理便是另外的问题"[高橋則夫『刑法総論』(成文堂,2018年第4版)197—198頁]。在这些论述之中都能看到例外关系说的立场。

另外，在前述中野次雄的论述之中更需注意的是，中野次雄自己也承认，对于故意的抽象化，在规定故意的内容时应舍弃客体的时间和地点等特定要素。也就是说，在规定故意的内容时，行为人对于实行行为所指向的客体的时间性和场所性要素的认识内容是不用考虑的。行为人所认识到的某些犯罪事实，特别是行为人对于实行行为危险性朝着什么样的方向发展、及于何种射程范围的认识内容，对于故意的内容来说根本不重要。这一点与拙见的问题意识并不相同，因此有必要特别说明。

2. 批判

如上所述，不论是在持法定符合说的学者之间，还是在持数故意犯说的学者之间，对于故意的内容与事实错误的关系，在理解上都存在差异。既有学者主张表里关系说，即认为故意的内容与事实错误的关系是同一维度上的表里关系，也有学者主张例外关系说，即认为故意的内容是原则上的基础问题，事实错误是与故意的射程范围相关的例外问题，两者维度并不相同。

根据表里关系说，故意的内容是由错误论从反面加以规定的，但是由于故意属于主观的犯罪法律要件，要服从由犯罪法律要件所限定的刑法评价，所以用犯罪法律要件的范围作为故意的抽象化范围的边界，在某种意义上或许是理所当然的。

但是，针对这一点，例外关系说对表里关系说展开了如下批判：

"试图从所谓的故意的抽象化推导出多个故意犯成立的见解，是将下述两个问题混淆了，一个是作为实现意思的故意是否存在的问题，另一个是故意行为导致预想之外的结果发生之时，将这一结果归属于该故意行为是否妥当的问题。""作为实现意思的故意，是犯罪的主观要件，因为一般认为在具体案例中被认定的行为人指向具体客体的主观意思，是构成要件评价的对象，是对该当于构成要件的具体事实的认识与接受。与此相反，在故意——经过了构成要件评价——支配下的行为导致预想之外结果的场合，将此结果归属于该故意行为是否妥当是错误的问题。对此问题的处理，法定符合说提出了构成要件符合这一标准。"[36]

例外关系说主张，故意是对该当于犯罪法律要件的具体事实的认识和接受，这是存在与否的问题。与此相反，在发生预想之外结果的场合，将发生结果归属于该当于犯罪法律要件的故意行为是否妥当，这是归属的问题。两者的问题设定并不相同。而上述批判正是从例外关系说出发所作的批判。对于故意论与错误论的关系，两种学说存在着理解上的差异，若以此为前提，在某种意义上，这可以说是理所当然的批判。然而，对于表里关系说，有必要追问的是，用犯罪法律要件的范围为故意的抽象化划定界限的理由是否充分，为了设定界限是否没有必要再添加要素。

另外，若采用例外关系说，由于错误论被视为故意论的例外，在处理事实错误

---

[36] 福田平『刑法解釈学の諸問題』（有斐閣，2007年）48—49頁参照。

时,还会再次遇到界限标准的问题,即故意和故意犯的射程能达到什么程度。例外关系说受到了下述批判。

"暂且不论是否恰当,如果认为错误论是故意论的例外,那么此处构成要件的制约就谈不上是解决问题的根本,应该说只有贯彻到抽象符合说,才是一以贯之的。"[37]

这一批判认为,虽然立足于例外关系说,但是并不必然得出应该采取法定符合说的结论,反而是在理论上贯彻到底的话,支持的就是抽象符合说。然而,根据理解方式的不同,这一批判也可以理解为,即使是对例外关系说本身,也要回答用犯罪法律要件的范围为故意的抽象化划定界限的理由是否充分,为了设定界限是否有必要再添加要素这些问题。

3. 小结

如上所述,在故意的内容与如何处理事实错误的关系上,也就是故意论与错误论的关系,存在着争议。表里关系说认为,故意的内容是由如何处理事实错误从反面加以具体规定的,在事实错误的处理中才能明了故意的具体内容。从这个意义上说,故意论与错误论是表里一体的关系。根据表里关系说,错误论直接确定故意的内容、判断故意犯的成立与否,因此,故意论和错误论都明显地表现出作为事实性问题的性质。同时犯罪法律要件这一评价框架也是直接发挥作用的。与此相对,例外关系说则认为,作为故意责任的基础,故意的内容原则上应当由其自身来确定,事实错误则是与故意的射程范围相关的例外问题,亦即能够在多大范围内承认故意。反过来说,就是与故意的归属相关的例外问题,也就是能否将所发生的犯罪事实归属于故意。从这个意义上说,故意论与错误论是原则与例外的关系。根据例外关系说,故意论所要解决的问题,就是确定故意的内容并判断故意犯的成立与否;而错误论所要解决的问题则是划定故意的射程范围并判断故意犯的成立与否。无论在判断的维度上还是在性质上,故意论与错误论都大不相同。因此,故意论可能表现出来的是十分明显的事实性特征,而错误论表现出来的则是强烈的价值性色彩,在错误论中要进行与犯罪法律要件相关的评价性判断与归属判断。

从故意论与错误论关系的争论来看,表里关系说认为,错误论与故意论属于表里关系,在错误论之中,犯罪法律要件这一评价框架直接起作用。与此相对,例外关系说则认为,错误论与故意论属于例外关系,犯罪法律要件这一评价框架在错误论之中发挥着作用。无论哪一种见解,虽然使用的地方不一样,但是都使用了犯罪法律要件这一评价框架。[38]

---

[37] 西田典之「共犯の錯誤について」同『共犯理論の展開』(成文堂,2010年)307頁。另外,洲見光男「具体的事実における方法の錯誤について」法研論集(早稲田大学)35号(1985年)216頁参照。

[38] 虽然都是持法定符合说的立场,但是支持表里关系说的中野次雄选择了数故意犯说,而支持例外关系说的福田平则选择了一故意犯说,乍一看似乎非常奇妙。之所以如此,是因为表里关系说将故意论与错误论一体化处理,把故意和故意犯作为相同维度的概念来把握,人们因此预想表里关系说会支持"一个故意一个故意犯"的一故意犯说,但事实上并非如此。另外,例外关系说将故意论和错误论分别处理,并且把故意和故意犯作为不同维度的概念来把握,人们由此预测例外关系说会支持"即使一个故意也存在数个故意犯"的数故意犯说,但实际上不是这样。这一结果或许也反映了二者在故意的内容及性质上存在不同的理解。

前文提到,"如果认为错误论是故意论的例外,那么此处构成要件的制约就谈不上是解决问题的根本,应该说只有贯彻到抽象符合说,才是一以贯之的"[39]。这一批判是针对例外关系说的。但是,为何应当设定犯罪法律要件的范围这一界限框架?为何做这样的设定是妥当的?当在错误论中面对上述疑问之时,这些疑问并不仅仅针对例外关系说,也是针对法定符合说的。进一步说,应该认为,这些疑问同样针对在抽象的事实错误中部分采用犯罪法律要件范围内这一界限框架的具体符合说。

对这些疑问,持法定符合说的学者作了如下回答。

"通说将事实的故意视为'构成要件故意',即使是构成要件的事实错误,即构成要件事实的'认识'与'结果'之间的不一致问题,也应当在构成要件该当性当中讨论。""作为构成要件要素,其具有显著的定型性和抽象性,并结合了是否适合法律规定的'概念'的观点。在此,法定符合说的理论基础变得清晰。这一见解认为,只要在故意概念的范围内存在一定的事实,就可以说具备了构成要件故意,无须考虑行为人的具体认识与所发生的具体结果是否一致。"[40]

由于故意是主观的犯罪法律要件,处理的是犯罪法律要件故意的问题,在处理事实错误时,既然要判断有无犯罪法律要件的该当性,那么使用犯罪法律要件的范围内这一界限框架来讨论故意的范围在逻辑上就是必然的。倘若认为这就是学者回答的趣旨,则在此只不过是提出了"故意是主观的犯罪法律要件"→"故意的范围由犯罪法律要件划定"这一理论构造,不得不说对前述疑问只是作了一半的回应。

另外,对于前述疑问,持具体符合说的学者则是作了如下回答。

至少在个人法益问题上,刑罚这一制裁方式设定反对动机,针对的是个别具体的法益主体。因此,以杀人罪的场合为例,不得杀害 B 的命令就是 B 的生命受到刑法保护,并不能理解为这可以同样适用于行为人并未认识到的 C。然而在伤害罪的场合,《刑法》第 204 条发出的是不能伤害 B 的身体机能或者身体的完整性这样的命令,也就是说,只要有伤害 B 的身体的意思,具体的对象是右手还是右脚则不是应该考虑的问题。[41]

论者在此提出了如下论据,至少在个人法益上存在个别具体性,禁令和命令也有具体性,之所以如此是因为刑罚设定反对动机针对的是个别具体的法益主体。但是,具体符合说的学者也承认,"针对同一法益主体产生构成要件上同种的法益侵害时,适用法定符合说,也仅仅是在这个限度内采用法定符合说"[42],就此而言,可以认为这一见解在处理错误论时,在犯罪法律要件的框架中又进一步增加了"个别具体的法益主体"这一条件。

---

[39] 西田典之「共犯の錯誤について」同『共犯理論の展開』(成文堂,2010 年)307 頁。
[40] 川端博『刑法総論講義』(成文堂,2013 年第 3 版)250 頁。
[41] 西田典之「共犯の錯誤について」同『共犯理論の展開』(成文堂,2010 年)308 頁。
[42] 西田典之「共犯の錯誤について」同『共犯理論の展開』(成文堂,2010 年)307—308 頁。

如果是这样的话,那么重要的并不是对故意论与错误论关系——故意的存在与否及其范围、故意犯的成立与否及其范围这一问题的基础——的理解,也就是表里关系说妥当还是例外关系说妥当,而是作为其前提的问题,即故意的内容原本该如何规定、到底如何设定故意的抽象化(反过来就是具体化)的界限。在这种情况下,也会面临一些问题,是否仅仅在犯罪法律要件的框架内处理故意论和错误论就足够了? 或者是否应当考虑其他因素,例如,法益主体的个别具体性、法益的人身专属性、行为人对行为危险性的认识和接受以及犯罪结果的预见可能性等。

(三) 故意及故意犯的单复数

1. 论据

作为事实认识的故意、事实上的行为以及成立的故意犯的单复数,对于这些问题,中野次雄论述如下。

在具体的事实错误之中,"在方法错误的场合,通常实行行为只有一个。这一行为是在具备'杀人'这一事实故意的情况下做出的,因而应当追究该行为的故意责任。既然如此,由此所生的不法,当然属于故意犯的范畴。因此,在像杀人罪那样根据客体的个数来决定罪数的犯罪中,如果行为导致两个人死亡,或者产生死亡的危险,即使行为人没有全部认识到,也成立两个杀人罪或者杀人未遂罪。换句话说,之所以实施该行为要承担故意责任,就是因为具备了'杀死 A'这一故意,以行为只有一个这一事实为媒介,对于没有预见到的 B 的死亡也要成立故意犯"[43]。

在此,中野次雄认为,基于一个(事实)故意的一个行为,在像杀人罪那样根据客体的个数来决定罪数的犯罪中,如果实际发生的事实在犯罪法律要件上受到同样评价,该事实的不法应该属于故意犯的范畴,所以即使对于没有认识和预见到的 B 的死亡,也要成立故意犯。也就是说,在中野次雄看来,在具体的事实错误中方法错误的场合,即使作为事实认识的故意只有一个,事实上的行为也只有一个,此时也可能成立复数的故意犯。

本文想更加详细地分析中野次雄关于此点的见解,尝试找出中野次雄是如何解决作为事实认识的故意、事实上的行为、成立的故意犯、该当犯罪法律要件的实行行为以及故意责任的单复数等问题的。

对于数故意犯说,最终是"承认数个故意犯,一个故意变成数个故意,可能会被批判为是不恰当的"。但是,错误的问题"并不是将 A 内容的事实故意转换拟制为 B 内容的事实故意。在错误问题上,原本只存在一个行为,问题在于对于这种行为是追究其故意责任这一重责任非难,还是令其承担过失责任。既然责任非难是针对某一行为而作出的,那么

---

[43] 中野次雄「方法の錯誤といわゆる故意の個数」同『刑事法と裁判の諸問題』(成文堂,1987年)35頁。

对同一行为的责任非难就必须是故意或是过失的其中一个。在这种情况下,由于该行为是在违法意识的支配下实施的,正是应该追究故意责任的行为。其结果是,不仅是对认识到的客体,即使是对没有认识到的客体也要成立故意犯(想象竞合)"[44]。

从中野次雄的这一论述来看,他认为即使基于一个故意、所实施的事实上的行为只有一个的场合,也能够肯定存在数个与故意责任这种重责任非难相结合的故意犯。也就是说,在他看来,即使作为事实认识的故意只有一个,事实上的行为也只有一个,也可能成立多个故意犯,因此,很明显,中野次雄认为多个故意责任存在是完全有可能的。从中野次雄的其他论述中也能看出其承认复数的故意责任。例如,中野次雄将故意、故意犯、故意责任等用语分开使用;认为具体的事实错误中方法错误的问题并不是将A内容的事实故意"转换拟制"为B内容的事实故意的问题,而是到底是施加故意责任的非难还是过失责任的非难的"范畴问题";另外,正如后文所介绍,中野次雄还将错误问题当作故意责任的"质"的问题来把握。这样一来,准确来说,中野次雄的见解是"一故意·数故意犯说",在这一点上该见解也是十分独特的。

在此,中野次雄认为,即使基于一个故意、所实施的事实上的行为也只有一个,此时也能够肯定复数的故意犯,但他也注意到了是否肯定故意犯的"实行行为"也是复数的问题。

对此,中野次雄论述如下:

"需要注意的是,即使在故意的内容里尝试加入'杀死一个人'的认识以及数量的要素,也并不能当然地得出只符合一个故意犯的构成要件这样的结论。在将事实往构成要件——判断犯罪成立的最初阶段——上适用时,涉及的每一个构成要件都需要考虑,就前文所提及的杀人罪的例子来说,杀A和杀B需要分别考察。""在前文的设例之中,由于行为人'基于杀一个人的故意杀A这个人,但却没能完成',因而该当于杀人未遂罪的构成要件。同时,'以杀一个人的故意杀死一个人(B)'也该当于杀人罪的构成要件。既然舍弃了'那个人'这一特性,得出上述结论就是必然的。而且在此还具有法定符合说的特征。"[45]这样一来,"至少在将事实适用于构成要件这一最初的阶段时,就不得不承认数个故意犯的构成要件该当性"[46]。

有一点值得注意,在这一论述中,中野次雄认为,即使在只有一个故意的场合,在适用犯罪法律要件的阶段,也未必能得出只该当一个故意犯的犯罪法律要件的结论,这是因为在判断犯罪法律要件该当性时,必须判断每一个可能涉及的犯罪法律要件的适用。此时,舍弃"那个人"这样的客体个性再考察是法定符合说的特征,也是必然的结论。

---

[44] 中野次雄『刑法総論概要』(成文堂,1997年第3版補訂版)122—123頁参照。
[45] 中野次雄「方法の錯誤といわゆる故意の個数」同『刑事法と裁判の諸問題』(成文堂,1987年)37頁。
[46] 中野次雄「方法の錯誤といわゆる故意の個数」同『刑事法と裁判の諸問題』(成文堂,1987年)38頁。

虽然如此，中野次雄还提到了"一个故意变为数个故意是不妥当的"这一批判，并论述到"作为实行行为的行为通常只有一个"，所以也可能是没有严格区分使用故意与故意犯这两个概念，而是在承认复数的故意犯的前提下承认复数的故意。然而，中野次雄说道："之所以实施该行为要承担故意责任，就是因为具备了'杀死A'这一故意，以行为只有一个这一事实为媒介，对于没有预见到的B的死亡也要成立故意犯。"[47] 另外，他还认为，错误问题并不是将事实故意"转化拟制的问题"，而是到底要追究故意责任还是过失责任的"范畴问题"。[48] 从这些论述也能够看出，中野次雄主张故意的有无是事实问题，能否肯定故意犯与故意责任则是范畴问题，两者在着眼点上是不一样的问题，因此即使基于一个故意、只有一个行为，承认存在数个故意犯的实行行为及故意责任也是没有问题的。

2. 批判

中野次雄所论述的"在方法错误的场合，作为实行行为的行为通常只有一个"，遭到了如下批判：

中野次雄的这一论述，"如果认为其趣旨是实行行为只有一个的话，那么在这一点上，是混淆了自然事实意义上的行为与受到了刑法评价的实行行为（该当于构成要件的行为）"。在所谓的并发事例的场合，"即使在采法定符合说的见解之中，有的也认为对A成立杀人罪，对B成立过失致死罪，这是因为将朝A开枪这一个行为，既评价为杀A的实行行为，也评价为过失致B死亡的实行行为。在方法错误的场合，在逻辑上无法必然得出实行行为只有一个的结论"[49]。

如果说中野次雄认为在事实上的行为只有一个的场合，实行行为也只有一个，那么这样的批判自然是妥当的。但是，如上所述，中野次雄并不认为基于一个故意的行为也只有一个实行行为，因而这样的批判是不妥当的。笔者想强调的是，这是中野次雄见解中极富特色的一点，在他看来，故意和行为的有无是事实问题，而故意犯和故意责任的有无是范畴问题以及法律评价的问题，因此，即使基于一个故意的一个行为，承认存在数个故意犯、实行行为、故意责任也是没有问题的，反而是法定符合说的当然归结。

与此相关联，数故意犯说提出的有关故意与故意犯的单复数的论据，也遭到了如下批判：

"在方法错误的场合，对于行为人没有认识到的客体也肯定故意的法定符合说，轻视实行行为的概念。要么将对意图客体的实行行为挪用到了实际损害客体之上，要么

---

[47] 中野次雄「方法の錯誤といわゆる故意の個数」同『刑事法と裁判の諸問題』（成文堂，1987年）35頁。
[48] 中野次雄「方法の錯誤といわゆる故意の個数」同『刑事法と裁判の諸問題』（成文堂，1987年）35頁以下、中野次雄『刑法総論概要』（成文堂，1997年第3版補訂版）122—123頁参照。
[49] 福田平『刑法解釈学の諸問題』（有斐閣，2007年）45—46頁参照。

在针对意图客体的实行行为不存在时也拟制出对实际损害客体的实行行为……进而认为成立故意的既遂犯。"[50]

这一批判认为,只要法定符合说对没有故意的客体也肯定故意,就是对故意的挪用和拟制,同时也是将对意图客体的实行行为往没有意图客体上的挪用和拟制,是对实行行为概念的轻视。这是法定符合说遭到的一般性批判。

对于这一批判,持数故意犯说的学者也进行了如下反驳:

"例如,在以一发子弹或者用短刀一挥将两个人同时杀死的意思将两人杀害的场合……实行行为虽然只有一个,但是成立两个杀人罪,两者构成想象竞合。如果是用行为人实现犯罪意思的单复数来决定实行行为的个数的话暂且不论,即使从构成要件评价的角度,或者以'在脱离法律评价、舍弃构成要件观点的自然观察之下,行为人的动态在社会的见解上会被评价为一个'作为基础,应该说上述事例中只有一个行为,即使在向甲射击却失手将乙杀死的场合,实行行为也是一个。只要不采用根据法益侵害的个数来决定实行行为的个数这样的前提,不管采取怎样的立场,在方法错误中,都应该认为实行行为只有一个,因此说法定符合说无视实行行为的个数的批判并无道理。"[51]

3. 小结

如上所述,中野次雄的见解认为,故意的有无是事实问题,而能否肯定故意犯和故意责任则是范畴问题,两者着眼点不同,是不同的问题。因此,即使基于一个故意、只有一个行为,承认故意犯中存在多个故意责任也没有问题。而且,中野次雄还认为,该当于犯罪法律要件的实行行为的个数也应当属于范畴问题,因而即使基于一个故意、只有一个行为,承认故意犯中存在数个实行行为也没有问题。也就是说,关于事实的错误,是否恰当另当别论,中野次雄承认"一个故意"→"一个行为"⇨"数个故意犯"→"数个实行行为"→"数个故意责任"这一理论构造,是在"一个行为"⇨"数个故意犯"的思考过程中介入了"范畴问题"这一媒介项,以谋求质的转换。

倘若如此理解中野次雄的观点是恰当的话,便可以理解,他提及"一个故意变为数个故意是不恰当的"这一批判,趣旨在于"一故意犯说和具体符合说以这种表现方式展开了批判"。并不是一个故意变为数个故意,即使在故意只有一个的场合,作为范畴问题,即使承认存在数个故意犯从而为更重的故意责任奠定基础也是没有问题的,这一论述的趣旨也能得到理解。另外,"在方法错误的场合,作为实行行为的行为通常只有一个",对于他的这一论述,并不必然要理解为他是以"行为"而不是"实行行为"为

---

[50] 平野龍一编『刑法判例百選 I 総論』(有斐閣,1984年第2版)111頁(町野朔)。另外,平野龍一编『刑法判例百選 I 総論』(有斐閣,1978年)124頁(町野朔)参照。

[51] 大谷實「法定的符合説弁護」同『刑法解釈論集 I』(成文堂,1984年)101—102頁参照。没有找到证实大谷实变更"实行行为是一个"这一构造的论述。

核心所作的论述，也不是非要将其趣旨理解为"实行行为只有一个"。

由于是值得关注的分析方法，所以笔者想再次强调一下，如果关注中野次雄采取了区分事实问题和范畴问题的思考方法的话，便能知道，他认为，作为事实问题，即使在基于一个事实故意、行为只有一个的场合，作为带有浓厚评价性、价值性判断特点的范畴问题，承认存在多个该当于故意犯（与过失犯）的犯罪法律要件的实行行为、存在多个根据故意犯而得到承认的故意责任也没有问题。这一点，笔者将在后述中再度提及。

然而，事实上，在具体的事实错误中方法错误的问题上，故意、行为、故意犯、实行行为、故意责任的单复数，尤其是关于故意和故意犯的单复数、行为与实行行为的单复数，支持法定符合说的学者并不是都和中野次雄持同样的见解。在持数故意犯说的学者中，从先前引用的学者的论述[52]中也可以明显地看出，在具体的事实错误中方法错误的问题上，在基于一个故意、只有一个行为的场合，认为该当于犯罪法律要件的实行行为只有一个的观点也是能够找到的，也有学者采用了"一个行为"→"一个实行行为"⇒"数个故意"→"数个故意犯与故意责任"这样的理论构造。但是，该学者将事实上的行为与实行行为放在同一个维度上去讨论令人疑问。因为事实上的"行为"，是"在自然观察的视角下、在社会见解上予以理解的行为"，而"实行行为"是"从犯罪法律要件的观点出发、从刑法的评价上予以理解的行为"，故而并不必然要将两者联系在一起。相反，该学者支持的是数故意犯说，也就是即使在基于一个故意、行为也只有一个的场合，承认存在数个故意和故意犯。所以作为经由犯罪法律要件评价的价值判断，认为存在数个该当于故意犯（与过失犯）的犯罪法律要件的实行行为就是自然而然的结果。[53]

无论如何，像前文已引用的学者[54]论述的那样，有不少学者认为，即使在基于一个事实故意、行为只有一个的场合，根据与犯罪法律要件相关的评价性价值判断，有可能存在多个该当于故意犯（及过失犯）犯罪法律要件的实行行为、存在多个根据故意犯而得到承认的故意责任。

（四）故意责任的质与量

1. 论据

关于故意责任的质与量的论据，中野次雄论述如下：

——故意犯说"并不否认在考虑行为人责任程度之时'故意个数'所具有的重要意

---

[52] 大谷實「法定的符合説弁護」同『刑法解釈論集Ⅰ』（成文堂，1984年）101—102頁参照。
[53] "由于犯罪是行为，如果有两个犯罪，应当认为有两个行为。"因此，"如果遵循按照客体构成数罪的罪数论，即使射击一次导致 A 和 B 被杀死，也只不过是对 A 的行为与对 B 的行为碰巧同时被那一次射击所满足"［專田泰孝「具体的事実の錯誤」早稲田法学会誌（早稲田大学）48卷（1998年）76—77頁］。对于这一论述，不得不抱有疑问，即"自然意义上的行为"与"该当于犯罪法律要件的实行行为"的区别是模糊的。
[54] 福田平『刑法解釈学の諸問題』（有斐閣，2007年）45—46頁参照。

义",但是"那终归是故意责任的量的问题,并不是所谓的是否承认故意责任这一质的问题。如前所述,作为故意责任前提的事实故意,只要认识到'杀人'就足够了,在这一点上被杀之人的数量没有重要意义。实际上,在向大量聚集者投掷爆炸物的场合,存在所谓的概括故意,虽然被杀之人的数量并不确定,但还是能够承认具备故意的。这恰恰显示出所谓的'故意个数'对故意来说并不重要"。[55]

中野次雄指出,在错误论中,是否肯定故意犯进而承认故意责任,是"故意责任的质"这一范畴问题,即讨论的是故意责任的存在与否。而故意与故意犯的个数则是"故意责任的量"这一所谓的总量问题。在故意责任的质这一问题上,故意的个数并不重要。故意责任的量这一问题是放在作为科刑的一罪的想象竞合中加以处理的。中野次雄认为故意犯和故意责任的存在与否就是范畴问题,也就是讨论的是故意责任的质。中野次雄对这一点的理论分析极具特色且值得注意。

支持数故意犯说的高桥则夫,接受了中野次雄"故意责任的质与量"的分析,并概括如下：

"是否承认故意责任是'故意责任的质'的问题,在量刑中成为问题的则是'故意责任的量'。"据此,"责任主义可以扩展到罪数论和量刑论"[56]。

在这一论述中也可以清楚地看到,学者主张,是否肯定故意犯进而承认故意责任,是故意责任的质这一范畴问题,讨论的是故意责任的存在与否。因此,故意的个数并不重要。就此而言,不会与责任原则产生抵触。

2. 批判

故意犯与故意责任的存在与否是范畴问题,探讨的是故意责任的质。对此论据,其是否恰当暂且不论,中野次雄提出了别具特色的理论构造,虽然思考方式比较奇特,但却并没有受到太多关注,反倒是"故意责任的量"这一点受到了许多批判。

下述批判也是,相比于"故意责任的质",其矛头更多地指向"故意责任的量"的理论构造。

在中野次雄看来,"违法的故意行为带来的影响会被无止境地放大,并产生相应的效果"。那么,"故意本身在不改变其性质的前提下不断延伸。为此,或者在保证故意的同质性的同时,不得不将单数转化为复数。如果是这样,那么只不过是故意的细胞分裂论了"。如果因为有违法的故意行为,对于意料之外的 B 也要承认故意的话,那么

---

[55] 中野次雄「方法の錯誤といわゆる故意の個数」同『刑事法と裁判の諸問題』(成文堂,1987年)36—37頁。另外,中野次雄『刑法総論概要』(成文堂,1997年第3版補訂版)122—123頁参照。另外,针对一故意犯说,中野次雄批判道："一故意犯说试图通过在这个判断阶段的处理将故意犯限定为一个,但不得不说这无论如何都是没有道理的。这种不合理性还体现在该说作为选择何种一故意犯的基准缺乏一贯性,甚至可以说是恣意的。"[中野次雄「方法の錯誤といわゆる故意の個数」同『刑事法と裁判の諸問題』(成文堂,1987年)40頁]

[56] 高橋則夫『刑法総論』(成文堂,2018年第4版)199頁(正文及同页注19)参照。

通过作为媒介的一个违法的故意行为,这个故意行为可以延伸到哪个行为呢?因为没有理由只限定于设例中的B。是朝着C、D、E无限延伸下去,还是说是有限的呢?而且,假设是有限的话,那么限度又是什么呢?[57]

如果站在数故意犯说的立场上,有可能将故意犯成立的范围无限扩大,对于这一批判,持数故意犯说的学者展开了如下反驳:

"这是客观构成要件该当性也就是因果关系问题"[58],"故意的范围仅限于相当因果关系能够得到承认的范围","对于并发结果能够承认未遂之时,毫无疑问,其结果也只限于能够在客观上承认存在实行行为的范围。关于这一点,藤木博士更为明确地指出,故意的范围仅限于'由行为人的意思所必然导致的在其射程之内的结果'。这意味着,当所认识到的犯罪事实和所发生的结果在构成要件上符合,而且在相当因果关系的范围内符合时,只有在这种情况下,才对所生结果承认故意。乍一看,也可以认为其趣旨在于限定法定符合说的适用,但即使在法定符合说中也不会排斥因果关系理论,所以应当说是理所当然的结论"[59]。

如果该论述的趣旨在于将故意犯的成立范围限定在相当因果关系得到承认的范围之内的话,那么暂且不论其是否妥当,理论上来说大体上是可以理解的反驳。但是,倘若将该论述的趣旨理解为故意犯的成立范围在实行行为和相当因果关系的范围的限定下是没有问题的,那么不得不说这是将两个问题混淆了,一是故意论和故意犯论,即涉及主观法律要件的主观归责问题;二是涉及客观法律要件的实行行为论与因果关系论。

3. 小结

数故意犯说所提出的关于故意责任的质与量的论据,包含以下两个主张:

一个是关于故意责任的质这方面的主张,认为是否在错误论中肯定故意犯从而承认故意责任是与故意责任的质相关的范畴问题,故意的个数对于故意犯的成立与否及故意责任来说并不重要。另一个是关于故意责任的量这方面的主张,认为能否在错误论中承认复数的故意是与故意责任的量相关的总量问题,故意的个数也有其意义。后一个问题,即故意责任的量这方面,与下一部分"想象竞合与责任原则"的论据有关,因此容当后叙。在此,仅以故意责任的质这方面为焦点加以探讨。

如果分析中野次雄关于故意责任的质这一问题的见解,可以发现他认为将故意责任分为质与量两个层面是可能的,故意责任的质的问题与能否认可故意责任,也就是故意责任的存在与否相关,属于范畴问题。在此,对于故意——故意责任存在与否这一问题的前提——来说,只要认识到"杀人"就足够了,被杀人数并没有重要意义。

---

[57] 香川達夫『新錯誤論』(成文堂,2018年)156頁参照。
[58] 大谷實「事実の錯誤と故意の個数」同『刑事責任論の展望』(成文堂,1983年)89頁参照[本文原载于法学セミナー329号(1982年)32頁以下]。
[59] 大谷實「法定的符合説弁護」同『刑法解釈論集1』(成文堂,1984年)100頁参照。

中野次雄的见解有两点遭到了质疑：一个是将故意责任分为质的问题与量的问题；另一个则是认为故意责任的质的问题属于范畴问题，故意的个数并不重要。但是，中野次雄在该见解中提出了"故意责任可以分为存在与否和数量"→"故意责任的存在与否是质的问题"→"故意责任的质的问题属于范畴问题，故意的个数没有重要意义"这样一个整体的理论构造。而且归根结底，为了将其作为将结论——由于故意责任的质的问题是范畴问题，因而不仅不会与责任原则相抵触，而且在故意责任的量的问题上也能实现责任原则的旨趣，故此没有任何问题——正当化的前提揭示出来，有必要不加分割地对这两点加以探讨。

正如中野次雄所说，可以将故意责任分为存在与否的质的问题和数量这一量的问题，对此，没有任何异议。正如在分析实质的违法性时也分质与量两个方面[60]，从这一点也可以明显看出，从质与量两个方面去分析法律概念，在逻辑上讲当然是可能的。但是，故意责任的存在与否是范畴问题（故意责任的质），因此故意的个数没有重要意义，也不会产生与责任原则相抵触的问题。对于这样的主张有很大的疑问。正是因为故意责任的存在与否是范畴问题（故意责任的质），所以必须贯彻责任原则的趣旨，因此故意与故意犯的个数具有重要的意义。即使按照中野次雄的见解，所谓一个故意就是指事实上的一个故意，所谓基于一个故意的一个行为是指基于一个意思活动实施一个行为，虽然基于一个故意实施一个行为也有成立数罪的情况，但是以在基于一个故意只成立一罪的故意犯的场合个数并不重要为由，承认复数故意犯的成立，从责任原则来看是不允许的。[61] 确实，虽然是在罪数论中判断或者在量刑论中考虑故意责任的量的问题，但那是因为采取了如下思考顺序，即先确定成立一个还是数个犯罪，在成立数个犯罪的场合，再判断如何科刑是合理的。从这一点来看，在是否成立故意犯、是否存在故意责任的问题上，不能因为是质的范畴问题就说故意的个数是不重要的。[62] 尽管如此，将故意责任视为范畴性的质的问题，从而认为故意以及故意犯的个数并不重要，是认为这一见解在故意犯的成立与否以及故意责任的有无这一问题上与责任原则并无抵触的缘故。正因如此，不得不说其问题还是很严重的。

（五）想象竞合与责任原则

1. 论据

基于一个故意且只有一个行为时承认存在多个故意犯，对此，团藤重光论述如下：

---

[60] 曽根威彦『刑法總論』（弘文堂，2008 年第 4 版）91 頁、山口厚『刑法総論』（有斐閣，2016 年第 3 版）187 頁、浅田和茂『刑法総論』（成文堂，2019 年第 2 版）183 頁参照。

[61] 平野龍一「具体的法定符合説について」同『犯罪論の諸問題（上）総論』（有斐閣，1982 年）71 頁参照［本文原載于法学教室 1 号（1980 年）56 頁以下］。

[62] 葛原力三「打撃の錯誤と客体の錯誤の区別（2）」法学論集（関西大学）36 巻 2 号（1986 年）122 頁参照。

"虽然有批评谈到,明明只有一罪的意思但却认可数罪的成立,这是不妥当的。但是把想象竞合作为科刑上的一罪,应该认为也是包含这样的宗旨。"[63]

中野次雄接受了团藤重光的这一立场,并论述道:

虽然也有人认为"如果一个故意满足了一个构成要件,那么便不能在其他构成要件上再使用",但是,"我们一般都承认,该当于构成要件要素的一个事实能够满足几个构成要件而被共同使用进而成立数罪。特别是,即使在行为这一最核心的要素中,在想象竞合的场合,数个构成要件共同使用一个行为从而肯定数罪的成立,这一点在如今是任何人都承认的"[64]。而且,"这里所说的方法错误,原本只有一个行为,成立的数罪通常属于想象竞合的关系,由此已经按照一罪处理,且其处断刑也限定在'最重刑'以下","这并不是偶然的,所谓的'一个故意'只有在行为只有一个的情况下才有可能,从这个意义上来说,这里存在着一种必然的关系"[65]。总而言之,"方法错误通常都是想象竞合,无论是按照一罪处理这一点还是处断刑为'最重刑'这一点,必须说已经为通过"一个"故意来限定责任量创造出必要的前提条件"[66]。亦即,虽然也有人批判说"如果承认两个故意犯的话,那就是让行为人承担了超出其预见范围的责任,这是不妥当的",但是,"即使承认两个故意犯,作为故意责任的量,因为将超出预见的结果对行为人加以非难,违反了第38条第2款所规定的责任主义精神,故而在量刑之时,应当将责任的量仅限于所预见的范围(想杀A却导致A和B死亡的场合,只能认为是杀了一个人),如此应当能够得出妥善的结论"[67]。

需要注意的是,在该论述中,中野次雄指出,该当于法律要件的一个犯罪事实,由多个法律要件该当性所共同使用从而成立数罪,这种情况一般是得到承认的。而且,将具体的事实错误中的方法错误视为科刑上的一罪的想象竞合,通过责任原则限定责任量的必要前提条件已经体现在以下两点上:按照一罪处断,且其处断刑也是"最重刑"[68]。

中野次雄关于量刑的思考也是数故意犯说的要点,因此再略作考察。

"责任主义不仅关系到责任的有无,还要求责任的量必须是妥当的","在方法错误

---

[63] 团藤重光『刑法綱要総論』(創文社,1990年第3版)304—305頁。
[64] 中野次雄「方法の錯誤といわゆる故意の個数」同『刑事法と裁判の諸問題』(成文堂,1987年)40頁。
[65] 中野次雄「方法の錯誤といわゆる故意の個数」同『刑事法と裁判の諸問題』(成文堂,1987年)44頁参照。
[66] 中野次雄「方法の錯誤といわゆる故意の個数」同『刑事法と裁判の諸問題』(成文堂,1987年)44頁参照。
[67] 中野次雄『刑法総論概要』(成文堂,1997年第3版補訂版)123頁参照。另外,只木誠「故意の個数と量刑責任——主に判例を素材として——」川端博ほか編『立石二六先生古稀祝賀論文集』(成文堂,2010年)418—419頁参照。
[68] 相同旨趣的还有,高橋則夫『刑法総論』(成文堂,2018年第4版)199頁、大谷實『刑法講義総論』(成文堂,2019年新版第5版)168—169頁参照。

的场合,由于只存在杀害一个人的故意,即使导致两个人死亡,在故意责任方面,根据责任的量,也不允许超出杀害一人的刑罚量刑。也就是说,在这一场合,除通过想象竞合对量刑的制约之外,又加上了通过责任对量刑的制约,只有这样才算是责任主义的全部"。"在数个客体上都发生了一定程度的结果,对其中之一存在故意,对另外一个由于没有预见到结果而被认为具有过失的情况下","行为人责任的量是故意责任与过失责任的总和,因此应当在量刑上选择与之相应的刑"。但这是"在承认构成要件上两个杀人罪属于想象竞合的基础上,像上述那样考虑作为整体的责任。如果单论其过失责任的部分,可以说那是'对故意犯的过失责任'的一种形态"[69]。

中野次雄已经指出,责任原则要求责任的有无必须是妥当的,但到底是追究故意责任还是过失责任,属于质的范畴问题,因此个数并不重要。如此一来,中野次雄所讲的"责任主义不仅关系到责任的有无,还要求责任的量必须是妥当的",其趣旨在于对于一般性的刑事责任的有无,责任原则必须是妥当的,但追究的是故意责任还是过失责任,只不过是个别具体地判断追究哪个范畴的刑事责任而已,因此故意的个数并不是根本性问题。但是,在责任的量上,除通过想象竞合对量刑加以制约之外,还要加上责任原则对量刑的制约。例如,在并发事实的场合,在肯定了两个杀人罪的成立、承认二者属于想象竞合关系的基础上,整体的责任量(对故意犯的故意责任与对故意犯的过失责任)要受到责任原则的制约。

2. 批判

众所周知,对于包含中野次雄所持见解在内的数故意犯说,从责任原则的观点出发,通常会遭到如下批判:

"一个故意指的是一罪的故意","虽然一个行为也能够成立数罪,但是在只有一罪故意的场合,故意犯也只有一个。原本想象竞合不过就是在判断各个罪构成何罪,是故意犯还是过失犯之后,单纯以'科刑上'的一罪来处理而已,并不是通过想象竞合,改变犯罪自身的性质,将没有故意的罪认定为故意犯"。亦即,虽然也有学者认为故意是"构成要件'评价'的问题",但"故意是'有还是没有'的问题,在没有故意之时不能评价为有故意","当然不允许通过利用或者转用,在没有故意之时认定为有故意"[70]。

---

[69] 中野次雄「方法の錯誤といわゆる故意の個数」同『刑事法と裁判の諸問題』(成文堂,1987年)38、45—46頁参照。在持数故意犯说的学者中也有人同意这一见解,如"由于只有杀害一个人的故意,因此不能允许超出杀害一个人的刑罚量刑"[高橋則夫『刑法總論』(成文堂,2018年第4版)199頁注19],再如"杀害二人以上都归于未遂的情况,当然在量刑上会予以评价,但由于是在一个杀人罪的法定刑范围内处罚,因而不会产生特别的不合适"[大谷實『刑法講義總論』(成文堂,2019年新版第5版)169頁]。

[70] 平野龍一「具体的法定符合説について」同『犯罪論の諸問題(上)總論』(有斐閣,1982年)75頁参照。另外,只木誠「故意の個数と量刑責任——主に判例を素材として——」川端博ほか編『立石二六先生古稀祝賀論文集』(成文堂,2010年)419—420頁参照。

除此之外,还有如下疑问:

"想象竞合被视为科刑上的一罪,是以成立数罪为前提的,只是因为成立的数罪是由一个行为所引发,将之作为科刑上的一罪来处理是妥当的。这和故意的成立这一问题毫无关系,因而也就无法说明,为何原本只有一个故意的场合能够承认有数个故意犯成立。"[71]

这些批判的趣旨在于,一个故意指的是一罪的故意,只有一罪故意的场合只能成立一个故意犯。想象竞合是以确定故意犯和过失犯后以数罪的成立为前提的,只不过是由于只有一个行为而作为科刑上的一罪来处理而已,它解决的并不是犯罪成立与否的问题,因此,不能作为将一个故意认定为数个故意犯的根据。与下述同样,这可以说是对数故意犯说的常见批判。

"即使认定为想象竞合,对于一个故意承认成立两个以上的故意犯,应当说违反了责任主义,更具体地说是违反了《刑法》第38条第2款"[72],在这个意义上,"《刑法》第38条第2款对事实错误加以限定的趣旨,不仅及于行为人的认识内容的质,还及于其量"[73]。

但是,对于这一批判,持数故意犯说的学者则展开了如下反驳:

"对于数故意犯说,有批判认为明明只有一个故意,但却成立数个故意犯,是违反责任主义的,但是只有一罪意思的情形,之所以承认数个故意犯成立,是因为将想象竞合视为科刑上的一罪已经包含了该趣旨,并不违反责任主义。责任主义,同样可以作为适用于罪数论和量刑论的原理。"[74]

"想象竞合,就是说即使只有一个行为,也能承认数个犯罪的成立,因此,即使是一个故意,该故意在构成要件上的评价中被数个犯罪共同使用,应该说这是刑法当然预想到的情形。"[75]

3. 小结

中野次雄提出的关于故意责任的质与量的论据,其中还有一个主张,涉及故意责任的量这一侧面,与想象竞合和责任原则的论据有关。而且,将故意责任分为质的问题与量的问题是可能的。故意责任的量的问题是一个总量问题,即以故意的个数为前提能够得到承认的故意责任到底有多少。因此,侵害客体的数量,如死亡人数,对故意犯的数量来说具有重要意义。

---

[71] 福田平「方法の錯誤に関する覚書」西山富夫ほか編『井上正治博士還暦祝賀・刑事法学の諸相(上)』(有斐閣,1981年)223頁。本文所引用的"故意的成否といった犯罪的成立"似乎应该是"故意犯的成否といった犯罪的成立"。
[72] 西田典之「共犯の錯誤について」同『共犯理論の展開』(成文堂,2010年)305頁。
[73] 只木誠「故意の個数と量刑責任——主に判例を素材として——」川端博ほか編『立石二六先生古稀祝賀論文集』(成文堂,2010年)411頁。
[74] 高橋則夫『刑法総論』(成文堂,2018年第4版)199頁。
[75] 大谷實『刑法講義総論』(成文堂,2019年新版第5版)168—169頁参照。

数故意犯说肯定数个故意犯成立是违反责任原则的,对于这一常见的批判,数故意犯说通常会反驳:用罪数论中属于科刑上的一罪的想象竞合来处理是没有问题的。但是这样的反驳,也招致如下批判:

"应该说,仅有杀害一个人的意思与想杀害数个人的想法存在着显著区别,无视这一差别所作的规范性评价欠缺妥当性,而且将这种特殊的、不同性质的情形包含到想象竞合之中也存在疑问。"[76]

但是,在方法错误的场合,中野次雄论述道:"除通过想象竞合对量刑的制约之外,又加上了通过责任对量刑的制约,只有这样才算是责任主义的全部。"[77] 从这一论述能够看出,中野次雄也意识到,即使提出了由罪数论中属于科刑上的一罪的想象竞合来处理的方案,也无法反驳从责任原则的观点出发对数故意犯说所作的批判。这是因为中野次雄认为,将想象竞合归属于科刑上的一罪,是基于罪数处理这一刑事政策性的考虑,"按照最重刑处断"的吸收主义,其直接目的并不是受责任原则制约并将之实现,所以在量刑论中加上通过责任对量刑的制约,最终实现责任主义的要求。换言之,至少,在与责任原则的关系上,即使以罪数论中的想象竞合作为论据,也依旧不够充分,在量刑论中加上通过责任对量刑的制约才能够最终和责任原则相协调。[78]

四、结　语

(一) 概括

由犯罪的实行行为所具备的危险性的有无、程度、方向、范围等划定的危险性的射程范围,笔者称之为危险场,在认定故意时应当以对危险场的认识与接受为基准。基于此问题意识,本文仅仅对此作了初步的研究,对法定符合说中数故意犯说的论据进行了批判性考察。在此笔者略作概括,结束行文。

首先,持数故意犯说的学者提出的与事实的认识及反规范的心理态度相关的论据,遭到了质疑,即基于犯罪事实的认识而面临的规范问题为何必须由犯罪法律要件

---

[76] 斎藤信治『刑法総論』(有斐閣,2008年第6版)133頁。另外,香川達夫「数故意犯説批判」研修446号(1985年)10—11頁参照。

[77] 中野次雄「方法の錯誤といわゆる故意の個数」同『刑事法と裁判の諸問題』(成文堂,1987年)45頁。

[78] 承认中野次雄这一趣旨的裁判例有东京高等裁判所2002年12月25日判决,判例タイムズ1168号(2005年)306頁,对此判决的评释文献包括,小島透「判例セレクト2005〔1〕」法学教室306号別册(2006年)31頁、清水晴生「判批」白鴎法学(白鴎大学)29号(2007年)199頁以下参照。另外,只木誠「故意の個数と量刑責任——主に判例を素材として——」川端博ほか編『立石二六先生古稀祝賀論文集』(成文堂,2010年)409頁以下、城下裕二「数故意犯説と責任主義」同『責任と刑罰の現在』(成文堂,2019年)19頁以下参照,特别是28頁以下。[本文原载于井田良ほか編『山中敬一先生古稀祝賀論文集 上巻』(成文堂,2017年)373頁以下]

来框定范围。对此疑问,持法定符合说的学者并没有给出有说服力的回答。之所以如此是因为,即使提出规范的问题及反对动机设定的可能性,也无法揭示限定故意及故意犯成立范围的界限标准。若真如此,就应当放弃以规范问题为根据判断故意的内容及故意犯是否成立,而是应当将故意论和错误论从规范论中解放出来,从他处另寻界限标准。依照笔者之见,考察故意时,必须考虑对实行行为危险性的认识与接受,以此处理错误问题。

其次,持数故意犯说的学者提出的故意抽象化的界限的论据,也存在疑问,即为何必须要设定犯罪法律要件范围内这一界限框架,为何这样做是妥当的。当对法定符合说重新提出上述问题之时,这一疑问不仅针对法定符合说,而且也针对部分地采用犯罪法律要件这一界限框架的具体符合说。对此疑问或许会有如下回答,犯罪认定首先要进行的是判断是否满足犯罪法律要件,也就是构成要件该当性的判断,由于故意是主观的法律要件,通过犯罪法律要件来限定故意的范围是理所当然的。但这只不过是对问题仅仅回答了一半,仅仅通过犯罪法律要件的框架处理故意论和错误论是否充分这一问题依旧没有得到解决。例如,是否应该考虑行为人对行为危险性的认识与接受、结果的预见可能性等更多要素。

另外,持数故意犯说的学者还提出了故意以及故意犯的单复数的论据,姑且不论其是否妥当。中野次雄提出了"一个故意"→"一个行为"⇨"数个故意犯"→"数个实行行为"→"数个故意责任"的理论构造,在"一个行为"⇨"数个故意犯"的思考过程中,试图以范畴问题这一媒介来谋求质的转换。虽然有不少学者认为,即使在基于一个事实故意、只存在一个行为的情况下,根据与犯罪法律要件相关联的评价性价值判断,存在数个该当于故意犯(过失犯)的犯罪法律要件的实行行为、存在数个基于故意犯而得到承认的故意责任,这种情况是有可能存在的。但是在这一点上持数故意犯说的学者的观点也并不一致。无论如何,这一论据是用于说明数故意犯说妥当性的理论构造,而不是积极为数故意犯说提供依据的论据。

最后,持数故意犯说的学者提出了与故意责任的质与量相关的论据,中野次雄所作的分析是十分有特色的,但是其虽然把故意责任的量的问题放在罪数论中判断、放在量刑论中考虑,那也只是因为采取了先确定犯罪是否成立,再在成立多个犯罪的场合判断如何量刑这样的思考顺序。因此,即使应该在罪数论及量刑论中贯彻责任原则,在是否成立故意犯、是否存在故意责任的问题上,也不能说因为是质的范畴问题而认为故意的个数是不重要的,责任原则是不成问题的。相反,不论是故意责任的质的问题还是量的问题,都应该贯彻责任原则,在故意犯的成立与否问题上不适用责任原则是存在明显疑问的。

此外,对于持数故意犯说的学者提出的与想象竞合和责任原则相关的论据,一般来说争论集中在罪数论上,即作为科刑上的一罪的想象竞合与责任原则是否无矛盾。但从中野次雄的见解来看,他也意识到了即使提出了由罪数论中属于科刑上的一罪的想象竞合来处理的方案,也无法反驳从责任原则的观点出发对数故意犯说所作的批判。因为他把重点放在量刑论上,作为总量问题,谋求与责任原则的协调。

(二) 今后的课题

以上,本文将数故意犯说的论据,尤其是对中野次雄提出的论据进行了批判性的考察。

如果在此基础上探索今后的课题的话,在故意论与错误论之中,对于故意及故意犯的存在与否,应该重视行为人对危险场中危险性的认识与接受,以这一问题意识为前提,以客体错误与方法错误的不同处理为核心,有必要考察"故意的具体化"的根据。之所以这么说,是因为暂且不论其是否恰当,笔者的问题意识在持具体符合说的学者的以下思考中受到了启发。"要成立故意犯,必须存在针对法益侵害结果的行为","如果没有未遂犯,故意既遂犯是不可能成立的。成立故意未遂犯的实行行为,不仅仅是在客观上对具体的法益产生了侵害的危险,主观上行为人也必须有那样的认识"。[79]

---

[79] 平野龍一编『刑法判例百選Ⅰ総論』(有斐閣,1984年第2版)111页以下(町野朔)参照。另外,平野龍一编『刑法判例百選Ⅰ総論』(有斐閣,1978年)124页(町野朔)参照。

等置性重构：以不作为的行为性为核心

龙健宁*

要 目

一、问题的提出
　　(一)作为义务的演变推动等置性理论产生
　　(二)实质的法义务说导致作为义务与等置性的关系陷入混乱
二、作为义务与等置性的关系
　　(一)等置性的内容
　　(二)一体说及其不足之处
　　(三)分离说及其不足之处
　　(四)涵括说及其不足之处
三、涵括说下等置性的重构：以不作为的行为性为核心
　　(一)应该在涵括说下重新建构等置性
　　(二)影响不作为行为性的因素之一：违反作为义务时法益所面临的客观危险
　　(三)影响不作为行为性的因素之二：法益对作为义务人的依赖程度
　　(四)影响不作为行为性的因素之三：作为义务的履行情况
四、以不作为的行为性为核心的等置性理论适用
　　(一)等置性理论的激活：基于危险、依赖、部分履行程度的对应关系
　　(二)等置性理论的适用：以三个交通肇事有关案件为例
五、结语

摘 要 作为义务的演变推动了等置性的产生,作为义务的实质化又使得作为义

---

* 清华大学法学院 2021 级硕士研究生。

务与等置性陷入混乱。作为义务与等置性的关系可以分为一体说、分离说与涵括说。应坚持涵括说,即作为义务的有无仅仅是等置性的判断条件之一,并以不作为的行为性为核心重构涵括说结构下等置性的实质内涵,这既满足了罪刑法定原则的要求,又可以解释"等置不等刑"问题。不作为行为性的判断标准是:第一,违反作为义务时法益所面临的客观危险;第二,法益对作为义务人的依赖程度;第三,作为义务的履行情况。只有当法益面临具有致人重伤死亡的紧迫危险或一般危险,且法益具有脆弱性或义务主体阻碍他人替代履行作为义务时,不作为才能够与重罪中的作为等置。部分履行作为义务程度越高的,不作为越有可能是过失行为。

关键词 行为 不作为 等置性 作为义务 缓和的结果归属 罪刑法定原则

一、问题的提出

等置性是不真正不作为犯(为行文方便,下文将"不真正不作为犯"简称为"不作为犯")中最为重要的概念之一,但其目前面临三个现实问题:①不同于德国,我国刑法总则没有对不作为犯作出规定,立法留白对于我国等置性理论的建构有何意义?②罪名相同时,与作为犯相比,为何不作为犯的量刑普遍偏低?"等置不等刑"现象究竟是司法实务错误适用法律的结果,还是另有理论解释的空间?③以作为义务的有无为核心的理论,既然只能得出"有/无"作为义务的结论,何以能够判断违反相同作为义务的不同行为究竟应该与重罪等置还是与轻罪等置?何以确定违反不同作为义务的行为孰轻孰重?

面对以上现实问题,唯有厘清相关理论脉络,才能正本清源。学说史揭示出,作为义务的演变推动了等置性概念的产生,而作为义务的实质化运动又导致作为义务与等置性关系陷入混乱。只有梳理好不作为犯中等置性与作为义务这两个核心概念之间的关系,才能明晰不作为犯的构成要件,为解答上述疑惑打下坚实基础。

(一)作为义务的演变推动等置性理论产生

我国刑法理论一直把作为义务当作不作为犯的核心问题之一,认为作为义务是决定不作为犯能否产生以及属于何种性质犯罪的主要依据。[1] 作为义务概念经历了从"因果关系说",到"违法性说",再到"构成要件说"的演变过程,而正是作为义务理论的演变促使了等置概念的生成。

自19世纪开始,在很长时间里,人们都认为不需要在与作为相对的意义上另外规定不作为,不作为在法律上没有独立的必要,属于"被伪装的作为",所以作为和不作为都可适用同一构成要件。[2] 在此阶段,有关作为义务在不作为犯中的体系地位的学说有"因果关系说"与"违法性说"。"因果关系说"认为违反作为义务的不作为才被认

---

[1] 参见刘士心:《不纯正不作为犯研究》,人民出版社 2008 年版,第 181 页。
[2] 参见姚诗:《不真正不作为犯德日的差异演进及中国的后发式研究》,载《中外法学》2021 年第 3 期。

为是结果发生的原因。"违法性说"认为作为与不作为在构成要件该当性上是完全相同的,两者相异之处在于,该当构成要件的不作为原则上并不违法,有作为义务时才构成违法。[3] 将作为义务置于因果关系或违法性中讨论的前提是:作为和不作为都可适用同一构成要件。因此,等置性问题并没有被真正提出。

之后,考夫曼对不作为的本质提出了颠覆性观点。他指出,不作为没有必要向作为靠拢,而是属于"本来的不作为"。不作为和作为的本质难以相容,作为义务在不作为犯中的体系地位就转移到了构成要件当中:要将不作为视为作为并以作为犯的构成要件加以处罚,不作为人必须是具有特别法律地位、确保构成要件结果不发生的保证人,此即"构成要件说"或"保证人说"。[4] 为了解决作为犯与不作为犯构成要件分离所导致的在处罚不作为犯时与罪刑法定原则之间的矛盾,1959 年考夫曼第一次提出了等置性概念。亨克尔进一步指出,对于不作为犯的正犯,只有在法律上负有防止法益侵害结果发生义务的人即保证人才可构成;对于保证人,要求其在不法内容上与作为犯具有同等价值。[5] 由此可见,正是由于"作为义务"地位提升到了构成要件中,才推动了等置性要件的出现。

(二)实质的法义务说导致作为义务与等置性的关系陷入混乱

因为"保证人说"在结构与内容上都存在模糊之处,加之在"违法性说"阶段产生的作为义务实质化运动的影响,在"保证人说"之后,不论是"构成要件说""违法性说"还是"因果关系说"都出现了各种实质的法义务说。如从社会内部人与人之间的基础关系入手研究作为义务的"平面社会群体关系说"、按照社会功能区分保护法益与监督危险两类作为义务的"功能说"、以被害人陷入脆弱状态依赖行为人救助为作为义务产生依据的"依赖与信赖关系说"、以对造成结果的原因有支配作为等置性标准的"支配说"、以组织管辖或体制管辖统合作为犯与不作为犯的"组织管辖说"等。[6] 其中,"功能说"由于对德国保证人类型进行了理论化的归纳总结,因此具有理论意义与实践指导价值,为德国刑法理论的通说。此外,围绕"支配说"的讨论也较为热烈。[7]

但作为义务与等置性的关系随着实质的法义务说的繁荣愈发混乱。在"保证人说"当中,作为义务与等置性是一体的,即保证人的效果是作为与不作为的等置性,而要有保证人地位又必须具有等置性。等置性的判断则直接被融入作为义务的建构

---

[3] 参见陈兴良:《刑法适用总论(上卷)》(第 2 版),中国人民大学出版社 2006 年版,第 245 页。
[4] 参见前注[2]。
[5] 参见赵秉志、王鹏祥:《不纯正不作为犯的等价性探析》,载《河北法学》2012 年第 10 期。
[6] 参见前注[1],第 84—90 页。
[7] 围绕支配说展开的讨论可参见黎宏:《排他支配设定:不真正不作为犯论的困境与出路》,载《中外法学》2014 年第 6 期;苏彩霞、肖晶:《作为义务的实质来源:规范支配论之确立与展开》,载《浙江大学学报(人文社会科学版)》2015 年第 4 期;徐万龙:《不作为犯中支配理论的法教义学批判》,载《现代法学》2019 年第 3 期;等等。

中,这使得等置性概念的实质判断内容被作为义务架空,等置性几乎只剩下形式上的与罪刑法定连接的功能,而实质的法义务说则不断吸收其他的判断要件。作为义务实质化客观上导致等置性概念被束之高阁,到了只要能确认行为人违反了所谓"实质的作为义务",就能认定不作为犯成立的程度。[8] 但是否存在义务就能够成立不作为犯？这种认定标准是否过于扩张？如果过于扩张又应该如何限缩处罚范围？要回答这一系列问题,必须先明晰作为义务与等置性的关系。

二、作为义务与等置性的关系

等置性的内容分为整体等置说、因果等置说、行为等置说三类,对此,刑法学理论上存在一定的争议。本部分将论证,有必要坚持行为等置说,并坚持以不作为的行为性作为判断标准。与此同时,作为义务与等置性的关系经历了一个由一体说转向分离说,之后再转向涵括说的过程。一体说认为作为义务与等置性可以直接推导,这导致循环论证、层级不清,并使得等置性除作为义务外缺乏其他必要的判断标准,同时也使得作为义务概念不堪重负。此后出现了分离说。分离说的总体特点是作为义务与等置性之间没有推导与被推导的关系。如支配说认为支配因果流程可直接达成等置性；并列说则将等置性看作与作为义务并列的补充要件；而正犯说直接用作为义务推导可罚性,等置性仅仅用以证明正犯性。但分离说也分别面临各自的问题,特别是我国刑法没对不作为犯作出总则性规定,这使得等置性概念承担起了缓和与罪刑法定原则的硬性冲突的任务,不能绕开等置性构建不作为犯的理论体系。笔者认为,涵括说具有合理性,即作为义务仅仅是等置性项下所包含的要件之一,作为义务的有无与其他要件一起构成了综合判断等置性的标准。

(一)等置性的内容

等置性的内容,也就是对不作为犯与作为犯在何种层面作相同评价,可以分为三大类：第一,"犯罪整体等置说"认为,等置性是犯罪整体上的非价值的相等,当不作为在不法和责任内容上与违反作为构成要件的作为几乎相等时两者即可等置,进而对不作为犯进行处罚。[9] 第二,"犯罪构成事实等置说"认为,等置性是作为与不作为在犯罪构成要件事实层面综合违法价值的相等。[10] 该学说在考虑等置性时否定以有责性为基础,但在违法层面既要考虑行为还要考虑因果关系等要素的等置(下文也称之为"因果等置说")。第三,"行为等置说"则认为,等置性是不纯正不作为与作为在行

---

[8] 参见上注,黎宏文。
[9] 参见前注[2]。
[10] 参见前注[1],第189页。

为事实形态上的等价,而不牵涉其他的构成要件要素。[11]

在等置性的内容问题上,应该坚持"行为等置说",而不必要求在因果关系上或主观要件上等置。

首先,"行为等置说"满足罪刑法定原则的要求。等置性的核心任务是解决处罚不作为犯与罪刑法定原则的冲突,而在罪刑法定原则之下犯罪只有一个特征:就是行为符合刑罚规范的规定。[12] 因此,不作为犯与作为犯的行为等置即可满足罪刑法定的要求,因果关系等方面的差异并不影响罪刑法定原则的适用。有学者质疑,认为在著名的"咖啡馆"的例子中[13],"不在"没有程度的区别,进而推导出在刑法中具有外部特征的不作为是不存在的[14]。在自然意义的存在论上,我们当然不能说某人"不太存在"或是"特别存在"。但刑法中的不作为非为自然论上的客观的事物,而是被社会期待应当实施的行为与不作为人已实施行为之间的落差,因此不作为的行为性具有程度上的差别。[15] 其外部特征可以通过适当的因素加以刻画,因此,只要不作为的行为性与作为的行为性相当,就可以满足行为等置要求,对此下文将详细论述。

其次,"因果等置说"无法真正实现。作为犯对结果具有现实的支配,但不作为犯对于结果仅仅有一种支配可能性,两者在因果关系上的结构性差异无法弥补。如果一定要在不作为犯的因果关系上施加种种限制,使得其无限逼近作为犯,就会不当压缩不作为犯罪的存在空间。而且,由于"因果等置说"无法弥合"现实支配"与"支配可能"两者在"质"上的鸿沟,只好在"量"上层层加码,不断提高对于不作为犯因果流程支配的要求(但是严格地支配因果流程依然不等于支配结果),如要求不作为人不仅要掌握导致结果发生的因果流向,而且还要具体、排他地支配引起法益侵害结果的因果关系发展方向。[16] 但正如山口厚教授指出的,即使在作为犯中,也仅要求行为人发挥设定因果流程的作用,在不作为犯中不能额外要求义务人支配整个因果流程。[17] 由此可见,用"量"弥补"质"的差异,无法达到目的,还反倒加剧了作为犯与不作为犯的差别。

---

[11] 参见前注[5]。
[12] 参见黎宏:《罪刑法定原则下犯罪的概念及其特征——犯罪概念新解》,载《法学评论》2002年第4期。
[13] 参见[法]萨特:《存在与虚无》(修订译本),陈宣良等译,生活·读书·新知三联书店2014年版,第35—36页。萨特与朋友皮埃尔约好在咖啡馆见面,在皮埃尔还没到之前,萨特一个人在咖啡馆中等待,此时,咖啡馆中孩子的打闹声、玻璃餐具的碰撞声交织在一起,人们都在聊着各种各样的话题,这些"存在"相对于"皮埃尔不在"这样的事情而言,完全不具有任何意义。这里,只有"皮埃尔不在"这样的事情才是真正重要的。
[14] 参见[日]小名木明宏:《作为不真正不作为犯的制约根据的真正不作为犯》,丁胜明译,载陈兴良主编:《刑事法评论》(第33卷),北京大学出版社2013年版,第509页。
[15] 参见前注[3],第235页。
[16] 参见前注[7],黎宏文。
[17] 参见[日]山口厚:《从新判例看刑法》(第2版),付立庆、刘隽译,中国人民大学出版社2009年版,第38页。

最后,"犯罪整体等置说"不可取。一方面,在逻辑上,不作为犯与作为犯在主观方面并无结构性差异,并不需要借助等置性要件进行评价。另一方面,在实践上,"犯罪整体等置说"无法解释世界各国的立法与司法实践对于不作为犯从宽处罚这一现象。比如《德国刑法典》第13条明确规定:"(1)对于犯罪构成要件结果之发生,法律上负有防止义务,而不防止,且其不防止与积极行为实现构成要件相当者,罚之。(2)前项情形,得依本法第49条第1项之规定,减轻其刑。"[18]在中国,不作为故意杀人罪的平均量刑为8.88年,远低于故意杀人罪的平均量刑23.75年。[19]

因此,在等置性的内容上,应当采用"行为等置说",即只要在行为上能够对不作为与作为作相同评价,就可以适用现行刑法对不作为犯加以处罚。在因果关系问题上,可以用缓和的结果归属理论将结果归属于不作为。因为不论是在作为犯还是不作为犯中,缓和的结果归属适用的范围都是:行为人对于结果没有现实的支配但是具有潜在支配可能性的情形。比如在丢失枪支不报罪中,丢失枪支导致拾枪者利用该枪支自杀身亡的,属于造成严重后果,丢枪者要对该结果负责,承担丢失枪支不报罪的刑事责任。但丢枪者与该结果并没有现实的支配关系,仅仅有潜在支配可能性,也即如果丢枪者及时报告丢失情况,就有可能在有人持枪作案前找回枪支,进而防止伤亡事故的发生。张明楷教授认为,缓和的结果归属后的刑事责任追究相对缓和,行为人对结果所承担的刑事责任一般轻于基于通常的结果归属所承担的刑事责任。[20] 因此,缓和的结果归属可以解释不作为犯与作为犯在主观方面与客观行为上均无区别时("行为等置说"将两者视为无区别),不作为犯的量刑普遍较轻的问题。

(二)一体说及其不足之处

在作为义务与等置性的关系问题上,一体说最为核心的观点是,可由作为义务直接推导等置性。按照具体内容的不同,一体说又可以分为双向一体说、单向一体说、支配一体说三类:①双向一体说。双向一体说认为作为义务与等置性是可以一体判断的。如陈兴良教授认为,如果把作为义务理解为是形式的作为义务与实质的作为义务的统一,那么,等价值性判断就属于实质的作为义务,因此如果不存在等价值性,则作为义务不存在。[21] ②单向一体说。单向一体说认为可以由作为义务的有无推导等置性。如保证人说认为,保证人的不作为可以视为如同作为一般的实行行为。据此,保证人是作为和不作为等置的关键。冈田朝太郎倡导准因果关系说,主张用作为义务来弥补自然层面原因力的缺乏,从而达到等置性。牧野英一倡导违法性说,主张用作为

---

[18]《德国刑法典》,王士帆等译,元照出版公司2017年版,第16页。
[19] 参见前注[2]。
[20] 参见张明楷:《论缓和的结果归属》,载《中国法学》2019年第3期。
[21] 参见陈兴良:《不作为犯论的生成》,载《中外法学》2012年第4期。

义务来判断因果关系的违法性,从而达到等置性。[22] 在单向一体说中,作为义务是认定等置性的唯一标准,等置性与作为义务的逻辑层次逐渐显现,即等置性是作为义务的上位概念。③支配一体说。支配一体说由仅考虑规范上的作为义务,转化为在作为义务的外观下通过支配因果流程消除因果流向的结构性差异,从而实现等置性。这种做法被黎宏教授称为"明修栈道,暗度陈仓"。[23] 其逻辑结构是:等置性是界定作为义务的上位概念,而作为义务的界定则依赖于弥补作为犯与不作为犯原因力的差异。当作为犯与不作为犯原因力的差异被消除时,就产生作为义务。

具体说来,一体说的不足之处在于:①双向一体说面临循环论证的问题,即要实现等置性就要具有实质的作为义务,而实质的作为义务的判断标准又是等置性,逻辑结构呈现出闭锁的状态。②单向一体说未发展出体系化的实质判断标准,等置性的确定完全依赖于作为义务,这种单通道的逻辑结构使得作为义务收纳了过多超出自己涵摄能力的概念,使得其逻辑结构上存在混乱。③支配一体说虽然考虑到等置性依据需要实质化,但是实质化的方向有误,如前所述,不作为犯与作为犯在因果关系上的鸿沟无法弥补,无论如何不作为犯对于危害结果的发生都没有现实支配,而仅有支配的可能性,这种借用支配推导作为义务,进而推导等置性的做法必定会留下缝隙,这个缝隙是不作为犯本身的定义所决定的。此外,在"支配—作为义务—等置性"的逻辑结构中,"支配"证成等置性需要经由"作为义务的有无"这一判断过程。因此,即便支配有程度区别,也无法直接作用于等置性,而需要经由作为义务"有/无"二元符码处理再推导等置性,在此过程中许多影响程度而不影响定性的细节被裁剪掉了,这使得等置性要件对于案件事实的吸收不充分。

总体来说,一体说最为核心的弊端是直接由作为义务推导等置性。从逻辑上看,直接从作为义务的有无推导出等置性存在思维跳跃的风险。作为义务确实具有锁定主体的功能,但由作为义务直接完成不真正作为犯的归因、归责则缺乏依据。主体具有作为义务不等于主体的不作为引起了危害结果的实现,也不等于应该把危害结果归责于主体。比如,第一,主体负有作为义务但不具备履行作为义务的能力,危害结果的发生就不能归因于主体。而作为义务的概念不能涵摄履行作为义务的能力,否则,就必须承认作为义务的个别化,即作为义务存在与否因人而异,能履行义务就有作为义务,不能履行义务就没有作为义务。当然,若仅用义务代指违反义务而产生的责任,那么没有履行义务的能力就当然没有责任,但是在不作为犯中,作为义务概念具有重要价值,在作为义务的引领下人们选择自己行动的目的与手段,因此,不可以仅根据规范评价的需要来确定规范本身是否存在。第二,作为义务的有无概念本身不能涵摄作为义务已履行的程度,这体现了直接由作为义务推导等置性的结构缺陷。不作为犯

---

[22] 参见前注[2]。
[23] 参见前注[7],黎宏文。

中的危害结果通常是由多股危险流共同导致的,作为义务人可能已经遮断了其中一部分危险流,但剩余未被遮断的危险流依然引起了危害结果的发生。因此,一体说存在逻辑上的缺陷。

(三)分离说及其不足之处

分离说最核心的观点是:作为义务与等置性之间没有推导与被推导的关系。根据具体观点的不同,分离说又可以划分为"支配分离说""并列分离说""可罚、正犯分离说"。①支配分离说。正是由于前述支配一体说存在的种种问题,该学说逐渐转向支配分离说,即"不修栈道,明度陈仓":将不履行作为义务的行为转化为"引起"或者"支配"侵害法益结果的客观事实,以消除作为是引起因果流向,而不作为只是放任因果流向的结构性差异,从而实现二者之间的等价。[24] 如日高义博教授认为,等置性判断与作为义务无关,作为义务不能成为等置性的判断标准,要考虑如何弥补不作为犯因果流程与作为犯的差异。为了等置,为了使不作为犯和作为犯在构成要件方面价值相等,不作为人在实施该不作为以前,必须存在自己设定了向法益方向发展的因果关系的情形。[25] ②并列分离说。并列分离说将等置性看作与作为义务并列的不纯正不作为犯成立的独立要件,也即不纯正不作为犯的成立,除不作为人必须居于保证人地位之外,还必须满足不作为与作为等价值的条件。[26] 这种并列分离说产生的背景是德国刑法明确规定了保证人地位与等置性并列。在德国,由于法条就已经解决了罪刑法定的问题,因此等置性似乎被"闲置"了,等置性要素仅仅是要提醒在定式犯罪类型中,法律适用者在判断不作为犯时,必须注意行为模式以及要素之间的顺序问题。[27] 在中国大陆,有学者支持并进一步发展了该种观点,如郝川、詹惟凯认为,应将等价性与(形式的)作为义务分开讨论,将二者视为成立不作为犯作为义务的两个必备条件,用(形式的)作为义务的有无来检验不作为人是否"应为",用等价性是否具备来决定有罪还是无罪、重罪还是轻罪。[28] ③可罚、正犯分离说。何庆仁教授认为,不作为犯的可罚性在于保证人地位与保证人之有无,具有该地位和义务就具有可罚性,与等价性毫无关系。只有在确定了不作为人具有可罚性的前提之下,才有必要进一步思考该不作为是与作为的正犯还是参与等价,而不是必须先考虑等价性才能决定可罚性。[29]

具体来说,分离说的不足之处在于:①支配分离说忽略作为义务,无助于法秩序规

---

[24] 参见前注[7],黎宏文。
[25] 参见李金明:《不真正不作为犯研究》,中国人民公安大学出版社 2008 年版,第 248—273 页。
[26] 参见前注[18],第 16 页。
[27] 参见蔡圣伟:《不作为犯:第一讲 论故意之不纯正不作为犯(一)》,载《月旦法学教室》2007 年总第 51 期;蔡圣伟:《不作为犯:第二讲 论故意之不纯正不作为犯(二)》,载《月旦法学教室》2007 年总第 53 期。
[28] 参见郝川、詹惟凯:《不真正不作为犯"作为义务二元论"再提倡——兼论作为义务与等价性之关系》,载《社会科学战线》2018 年第 12 期。
[29] 参见何庆仁:《义务犯研究》,中国人民大学出版社 2010 年版,第 102 页。

范的形成,唯有明确的作为义务才能稳定规范性期待,滥用支配概念会适得其反。因为从事实支配直接推导出等置性并得出可处罚的结论,在缺乏作为义务指引的情况下,只能使民众避免一切有风险的支配,而这与处罚不作为犯鼓励作为的立法目的相背离。而且,支配分离说的要求十分严格,比如要求在不作为前就设定了因果关系,这就使得不作为犯无法受到处罚,不当地限制了不作为犯的成立空间。②并列分离说无法适用于中国大陆现有的立法体系,因为现行刑法没有关于不作为犯的总则性规定,要依赖等置性要件缓和不作为犯与罪刑法定原则的冲突。因此,并列分离说在我国面临逻辑结构混乱的问题:不作为犯的成立,除不作为人必须居于保证人地位之外,还必须满足不作为的不法内容与作为等价值的条件;但要使得不作为人居于保证人地位,就是要追求不作为与作为之间的等价值。由此可见,该学说把手段与目的并列,将目的作为手段的补充,存在逻辑上的混乱。而且在该立法模式下,无法停止对于保证人地位的讨论,因为该结构依然没有解决具体的判断标准问题。③可罚、正犯分离说的弊端在于,其论证无必要追求可罚性等价的理由是不作为有减轻处罚的可能,但不作为有减轻处罚的可能问题还有待证明,存在倒果为因的嫌疑。而且,在考虑等价性之前就决定可罚性,无法缓和不作为犯与罪刑法定原则的硬性冲突。更重要的是,从作为义务直接推导出可罚性存在疑问。何庆仁教授认为,在义务犯中,可罚性与正犯性的基础是义务违反,义务违反仅仅是有无的问题,程度问题在构成要件阶段不再重要,只要没有去做应该做的事情,就已经表明行为人违反了义务。[30] 但实际上,违反作为义务不仅是有无的问题,其程度问题也不能被忽视。从实证角度观察,不作为人违反作为义务的方式有三类:第一类是不仅自己不履行作为义务,还阻碍他人替代自己履行作为义务,即不作为人使得作为义务的履行更加不可能,如交通肇事后司机将受伤的被害人隐匿。第二类是单纯地不履行作为义务。第三类是部分履行了自己的作为义务,但是结果依然发生,如丈夫在妻子要走入河水中自杀时下河阻拦,但妻子依然溺死。作为义务的履行程度是评价不作为行为的重要指标,即便最终产生了相同的危害结果,也不可将履行了绝大部分作为义务的行为与丝毫没有履行作为义务的行为画等号,否则就是鼓励人们不作为;也不可将阻碍他人替代履行的行为与单纯不作为画等号,否则会使得法益处于更加不利的地位。

(四)涵括说及其不足之处

涵括说认为,等置性与作为义务之间是上位概念与下位概念的关系,而且等置性除作为义务的有无外,还有其他下位概念。刘士心教授明确指出,确定不作为犯的等价性,固然离不开对作为义务范围的合理圈定。但是必须明确,研究作为义务本身并不是目的,它只是解决等价性问题的一个环节,只有找到不作为犯和作为犯等价的媒

---

[30] 参见上注,第 103 页。

介,才能最终解决不作为犯的处罚问题。[31] 赵秉志教授认为,将不作为犯作为义务的判断视为等置的判断标准,显然混淆了等价性与作为义务之间的关系,作为义务的有无只是等价性判断的一个方面。[32]

形象地看,涵括说搭建了一个金字塔状的逻辑结构,最上位的概念是等置性,而在等置性项下存在包括作为义务的有无在内的多个概念。涵括说的合理之处在于,塔尖的等置性概念符合中国目前立法现状,即刑法总则中并无关于不作为犯的相关法条,因此需要通过等置性概念来缓和不作为犯与罪刑法定原则的硬性冲突。塔基由多元化概念组成,打破了等置性概念的逻辑结构呈现出的闭锁的状态,将作为义务的有无作为其判断标准之一,释放了"作为义务的有无"所吸纳的超出了自己涵摄能力的概念,使得逻辑更加清晰。而且,这种开放结构能够调和现实与规范,具有发展出其他下位具体判断标准的潜力,同时保障了刑法的指引功能与评价功能。

现有涵括说理论虽然在结构上有可取之处,但内容上存在不足:①能履行而不履行作为义务说。刘士心教授认为,不作为行为由作为义务、不履行作为义务和义务履行可能性三个要素构成,其中每个要素的具体内容及样态都直接决定不作为犯的违法程度。[33] ②形式实质判断说。袁国何博士认为,原因设定与危险创设、结果支配、社会相当性这三个标准是考察等置性的关键。前两个标准是并列择一的形式标准,实质上是对于作为义务有无的判断;第三个标准则是从实质角度考察、排除等置性的标准,是对前两者的必要修正。[34]

具体来说,以上两学说的不足之处在于:①在"能履行而不履行作为义务说"中,最终的解决方案并没有从不作为行为性的三个要素出发,而是又转向了对因果流程差异性的弥补,即认为不作为犯对法益的危险性体现在它与可能的危害结果的因果联系上。[35] 但如前文所论述,"因果等置性"无法真正实现,要刻画等置性,还需要直接着眼于对不作为行为性的刻画。②"形式实质判断说"认为,等置性项下除有作为义务外,还有社会相当性要件,旨在使得等置性的判断不违背社会一般观念和朴素法感情。此种模式虽为不作为犯架设了一个勉强出罪的通道,但欠缺正当性,同样也无法回答等置不等刑的问题。并且社会一般观念不断变化且无法证明,基于社会一般观念的社会相当性要件缺乏明确性。因此该学说无法维持等置性概念正常运转。总的来说,现有的涵括说理论虽然意识到作为义务的有无不能独立承担对不作为犯的判断,但是依然没有提出能够有效适用的标准。

---

[31] 参见刘士心:《不纯正不作为犯的等价性问题研究》,载《法商研究》2004 年第 3 期。
[32] 参见前注[5]。
[33] 参见前注[31]。
[34] 参见袁国何:《不纯正不作为犯的等置性问题研究——游走在不纯正不作为犯的边缘》,载陈兴良主编:《刑事法评论》(第 27 卷),北京大学出版社 2010 年版,第 344—345 页。
[35] 参见前注[31]。

三、涵括说下等置性的重构：以不作为的行为性为核心

（一）应该在涵括说下重新建构等置性

分离说与一体说存在诸多不足，在作为义务与等置性的关系上应当坚持涵括说。现有涵括说理论的问题根源在于：忽略了不作为的行为性。不作为的行为性是作为与不作为结构耦合的关键点，要对等置性加以重构，解决等置性标准模糊等问题，就必须刻画不作为的行为性。

《刑法》第3条规定："法律明文规定为犯罪行为的，依照法律定罪处刑……"由此可知，要处罚不作为就必须承认不作为的行为性。为证立不作为的行为性，有的学者辨析了"犯罪不作为"和"不作为犯罪"[36]；有的学者区分了"非刑法规范的立场"与"刑法规范的立场"[37]。这些理论富有启发性地论证了不作为的行为性，为刻画不作为的行为性提供了基础。但不作为的行为性概念不仅仅涉及"存在与否"的问题，还涉及"如何刻画"的问题。行为是一个有大小、程度、方向等区分的概念，如果忽略了对行为特征的刻画，就会混淆此行为与彼行为，甚至会动摇行为存在的基础。在作为犯中，刻画行为的强度较为简单，因为作为本身有物理性的外观可供观察。但不作为犯的物理性外观隐而不显，这使得对于不作为行为性的刻画遭遇了困境。

有学者尝试从不作为的成立条件出发对不作为加以刻画，提出不作为成立应当具备三个条件：行为人负有必须履行某种积极行为的特定法律义务；行为人能够履行所必须履行的特定法律义务；行为人不履行所必须履行的特定法律义务。[38]但严格来说，依照这三个标准依然仅能回答不作为"存在与否"的问题，而无法对不作为加以刻画。因为在此模型中，违反相同作为义务的行为之间没有任何差别，而违反不同作为义务的行为之间又没有可供比较的标准。

缺乏正面刻画不作为行为性的理论框架，却又必须对各式各样的不作为犯作出区分，这种紧张关系引发了两种后果：一是唯结果论，即将结果要素当作不作为行为性的刻画标准，但仅凭结果无法反推具体行为，比如在不作为犯中，同样是造成死亡的结果，既有可能是故意杀人行为，也有可能是故意伤害行为，还有可能是虐待行为，唯结果论在不作为犯中可能引起量刑畸重。二是主观归罪，即将行为人主观罪责当作不作为行为性的评价标准。当行为人"主观恶性"程度高时，就认为其不作为的行为性程度更高，这可能导致罪刑不均衡，还可能加剧非法取证甚至刑讯逼供的风险。

---

[36] 参见欧锦雄：《不作为犯罪的行为性》，载《法学研究》2003年第3期。
[37] 参见李金明：《论不作为的行为性》，载《中国人民公安大学学报（社会科学版）》2008年第5期。
[38] 参见张小虎：《犯罪不作为的行为性探究》，载《广东社会科学》2004年第3期。

那么在结果与主观因素之外应该如何刻画不作为的行为性呢？作为的本质是创设并支配危险流，不作为的本质则是利用危险流。因此，不作为的行为性首先与危险流本身有关，也即要考虑所利用的危险流的种类、强度、持续时间等。此外，危险流之所以能够被作为义务人用以损害法益，是因为法益与作为义务人之间具有依赖关系，好比只有身处泄洪区才会受到水坝开闸放水的影响。法益与作为义务人之间的依赖关系越强，法益所处的位置就越靠近"泄洪区"中心，不作为所"倾泻"的危险流对法益的冲击就越大。而水坝开闸放水，并不仅仅只有"开/关"的区别，还存在"开闸"的程度问题，也即可能存在部分履行了作为义务的情况。据此，笔者设想，可用以下三个基本维度衡量不作为的行为性：一是违反作为义务时法益所面临的客观危险；二是法益对作为义务人的依赖程度；三是作为义务的履行情况。为了检验该猜想，下文将结合实定法与学理观点进行批判反思。

（二）影响不作为行为性的因素之一：违反作为义务时法益所面临的客观危险

第一，以违反作为义务时法益所面临的客观危险衡量不作为的行为性具有实定法上的依据。《刑法》第129条规定："依法配备公务用枪的人员，丢失枪支不及时报告，造成严重后果的，处三年以下有期徒刑或者拘役。"第441条规定："遗失武器装备，不及时报告或者有其他严重情节的，处三年以下有期徒刑或者拘役。"丢失枪支不报罪与遗失武器装备罪的法定刑相同，且两罪都规定了"不及时报告"这一不作为的行为方式，但是在丢失枪支不报罪中，还要求"造成严重后果"，而在遗失武器装备罪中，只要有不及时报告这一不作为行为即可，其原因是，相较于公务用枪，军用武器装备在失去控制后对于法益的危害性更高，也即不报告的不作为行为不法性更强。这表明，在不作为犯罪中，外观相同的不作为行为（都是"不及时报告"）会随着法益面临的客观危险的不同（一个是公务用枪，一个是军用武器装备）而具有不同的行为性（未造成严重后果的丢失武器装备不报告的行为与造成严重后果的丢失枪支不及时报告的行为法定刑相同，说明丢失武器装备不报告的行为不法程度更高）。由此可见，将不履行作为义务时法益面临的客观危险作为影响不作为的行为性的要素之一具有实定法上的依据。

第二，把违反作为义务时法益所面临的客观危险当作衡量不作为行为性的标准具有学理上的依据。正如劳东燕教授所指出的：危害对于刑法体系具有牵一发而动全身的意义。是否存在刑法上的行为需要依赖对造成危害的判断，以解决行为模糊性的问题。刑法上的行为不是中性无色的，单纯的行为不可能进入刑法视野，只有借助危害范畴，人们才能把具有刑法意义的行为筛选出来。是否存在刑法上的行为的判断，实际上是一个由危害到行为的逆向推导过程。随着风险时代的来临，危害的内容不再限于实际的侵害,而是同时包含侵害的危险。[39] 由于在不作为犯中,多是在发生了侵害结果后才被纳入刑罚的处罚范围,所以要对行为性加以区分,需要在侵害结果之外重点关注引起侵害结果的危险。

既然将违反作为义务时法益所面临的客观危险作为不作为的行为性的判断标准具有正当性,具体又应该如何对客观危险加以刻画呢?笔者认为不作为行为性中的危险要素可从三个维度加以展开:危险的强度、危险的可阻断性、危险的通常性。

(1)危险的强度。危险所导致的预期后果的严重程度越大强度越大,危险引发侵害后果的概率越高强度越大,危险引发危害结果的时间越短强度越大。如溺水窒息几分钟即可导致死亡结果,危险强度大。只有当违反作为义务时法益面临的客观危险有导致重伤死亡的紧迫危险与现实可能时,不作为才具有高度的行为性,进而才能够被评价为与故意杀人罪等严重犯罪相等置。

(2)危险的可阻断性。介入危险流程能够阻止结果发生的可能性越大可阻断性越高,阻止结果发生的难度越小可阻断性越高,如在法益主体面临遭受交通事故的危险时,将被害人转移至安全地带、设置路障、报警求助等阻止结果发生行为的难度较小,且避免被害人遭受二次碾压能够有效避免死亡结果的发生,危险的可阻断性较高。只有当违反作为义务时法益面临的客观危险有较高的可阻断性时,不作为才具有高度的行为性,进而才能够被评价为与故意杀人罪等严重犯罪相等置。

(3)危险的通常性。危险类型普遍化程度越高通常性越高,危险特征暴露于外的程度越高通常性越高。当客观危险罕见,难以类型化地被人所认知时,即使危险具有较高的强度与可阻断性,但因难以认定主观上具有故意,违反作为义务的不作为的行为性也将大幅下降,难以与重罪等置。比如保姆受雇照看小孩,小孩趴在窗台上向外探身,却被楼顶跳楼自杀的人击中导致身亡。虽然小孩在窗台上探身具有一定程度的客观危险性,而且保姆认真履职也能够避免这种客观危险的发生,但是由于导致侵害结果的危险与小孩探身后自然坠落的危险不同,不具有通常性,因此保姆的不作为不存在不作为犯意义上的行为性,无法与作为犯等置,只能被评价为意外事件。

值得注意的是,对危险的判断应当采用抽象与具体相结合的方式。被纳入不作为犯评价范围中的案件,绝大部分都已发生了严重的法益侵害后果,所以对违反作为义务时法益面临的客观危险进行评价时,要注意避免唯结果论与主观归罪,而应当立足于案发时所处情境,按照社会公众的一般认知作出判断。具体而言,在对具体案件中的客观危险进行评价时,要特别注意采用一般类型化的考察与案情具体分析相互结合的方式。下面举一实例结合危险的可阻断性判断加以说明:

---

[39] 参见高鸿钧等主编:《英美法原论》(上),北京大学出版社2013年版,第561—562、568页。

【案例1】2017年11月27日,孙某与沈某、邹某等人打牌。后孙某认为沈某、邹某诈赌,孙某在上午11时17分用手机进行报警,并对欲离开的沈某采用拉拽推搡等方式进行阻止,迫使沈某回到屋内。沈某于上午11时20分回屋入座后,出现了以头部撞击墙面、倒地、小便失禁等状况。被告人孙某见状,对倒于地上的沈某恶言相向,未进行施救。后在他人施救时,拒绝施以援手。沈某于上午11时34分被送往当地医院,抢救无效死亡。经鉴定,沈某因冠状动脉粥样硬化性心脏病死亡。法院认定被告人孙某对被害人负有因先行行为产生的阻止损害结果发生的义务,但孙某未施救,最终导致被害人死亡的危害结果。孙某犯过失致人死亡罪,判处有期徒刑3年。[40]

在案例1中,危险的可阻断性应分为两个层面加以讨论:第一个层面是抽象判断在一般的类型化的案情中危险的可阻断性,即要类型化地判断在心脏病发作时的危险是否具有可阻断性。《实用心脑血管病急诊抢救指南》中明确:"急性心肌梗塞起病1小时内死亡者绝大多数死于室颤。如在起病4分钟内开始抢救,心脏停搏8分钟内除颤,85%可除颤成功,40%病人可痊愈。"[41]因此,若抽象地、类型化地判断,急性心肌梗塞发作时的危险具有一定的可阻断性。第二个层面是具体结合案情判断危险的可阻断性,即需要结合案情进行具体化的判断:如果孙某履行了作为义务,是否能够缩短从发病到救治的时间?具体分析后发现:发病现场有第三人在,第三人可能已在第一时间拨打急救电话或将被害人送医,救助具有相当的及时性,因此从沈某发病到将其送往当地医院抢救无效死亡仅过去14分钟。所以该案中,极有可能孙某即便履行了作为义务也无法以更短的时间将沈某送医,若如此,则无法证明心脏病发作时的危险具有可阻断性,作为义务人的不作为不具有行为性,无法被评价为与过失杀人罪等置。

此外,应当注重危险发展变化的过程。危险流经过从无到有、从小到大的演变过程,不作为的行为性也会随着危险流的变化而变化。当作为义务人开始有效并持续不断地履行自己的作为义务时,应当终止评价不作为的行为性。当作为义务人不再具有履行作为义务的能力时,危险的发展就不再引起不作为行为性的变化,当作为义务人对于危险不具备认识可能性时,作为义务人的不作为行为就不再具备有责性。

(三)影响不作为行为性的因素之二:法益对作为义务人的依赖程度

将违反作为义务时法益对作为义务人的依赖程度作为衡量不作为的行为性的标准具有法律与学理依据。《宪法》第51条规定:"中华人民共和国公民在行使自由和权

---

[40] 参见安吉县人民法院(2018)浙0523刑初233号刑事判决书。
[41] 韩瑞丰等:《实用心脑血管病急诊抢救指南》,黄河出版社1996年版,第42—60页。根据第42页:心肌梗塞的基本原因是冠状动脉粥样硬化造成管腔狭窄导致心肌供血不足,沈某死因符合冠状动脉粥样硬化性心脏病死亡的特征,即心肌梗塞致死。

利的时候,不得损害国家的、社会的、集体的利益和其他公民的合法的自由和权利。"宪法学界的通说是《宪法》第 51 条构成了对于公民行使基本权利与自由的"总的限制"或"合理限制"。[42] 自由意味着始终存在着一个人按其自己的决定和计划行事的可能性。[43] 假定有不受限制的自由,个人自然可以在任何时候都保持消极不作为的状态,从而谈不上对于不作为犯的惩罚。但是宪法规定的对于个人自由的合理限制,即可为处罚不作为犯提供宪法性基础,因为不作为犯在行使个人的消极自由时侵害了他人权利或公共利益,这种自由必须受到限制,这种限制的具体表现就是社会期待。不作为犯的本质是"期待—辜负期待",作为义务的有无仅仅决定了是否存在社会期待,依赖程度则决定了期待程度的高低,期待程度越高,辜负期待所表征的行为性就越高。因此不作为犯中的"依赖"存在宪法性基础。

而刑法也明确地将法益对作为义务人的依赖规定为不作为犯的认定标准。最高人民法院《关于审理交通肇事刑事案件具体应用法律若干问题的解释》第 6 条规定:"行为人在交通肇事后为逃避法律追究,将被害人带离事故现场后隐藏或者遗弃,致使被害人无法得到救助而死亡或者严重残疾的,应当……以故意杀人罪或者故意伤害罪定罪处罚。"该解释背后所蕴含的逻辑是,当行为人将被害人带离事故现场时,被害人受到其他人救助的可能性降低,而对于行为人的依赖程度升高,行为人不作为的行为性就会提高,从而更有可能与故意杀人罪等重罪等置。最高人民法院、最高人民检察院、公安部、司法部《关于依法办理家庭暴力犯罪案件的意见》第 17 条规定,"准确区分遗弃罪与故意杀人罪的界限,要根据……被害人对被告人的依赖程度等进行综合判断"。该条明确指出,需要在区分轻罪与重罪罪名时考虑依赖程度。由此可见,将法益对作为义务人的依赖程度作为衡量不作为的行为性的标准具有实定法上的依据。

法益对义务主体的依赖可以以主体为线索进行展开。从法益主体的角度:①法益本身脆弱性越高,依赖程度越高。如刚出生的婴儿生命极其脆弱,婴儿的生命法益对父母具有高度依赖性,父母的不作为行为性升高。②法益主体若实施主动放弃法益或者自愿实施具有高度危险性的行为,则法益对作为义务人的依赖程度降低,前提是法益主体对于放弃法益的行为或实施具有高度危险性的行为的后果、意义等具有理解能力。如成年人实施自杀行为,表明其对于义务主体的依赖程度降低,不作为的行为性应该有所降低,虽然实务中依然多将与自杀危险有关的不真正不作为定性为故意杀人罪,但量刑明显轻于平均水平。

从义务主体的角度:①义务主体如果实施了阻碍他人替代履行作为义务的行为,则应该被视为增加了法益对自己的依赖。比如在交通肇事后将被害人藏匿至人迹

---

[42] 参见石文龙:《我国宪法第 51 条研究》,载许崇德、韩大元主编:《中国宪法年刊》(2011),法律出版社 2013 年版,第 38—45 页。
[43] 参见〔英〕弗里德利希·冯·哈耶克:《自由秩序原理》,邓正来译,生活·读书·新知三联书店 1997 年版,第 4 页。

罕至之处,此时依赖程度上升,不作为的行为性上升,可能被视为与故意杀人等重罪等置。②行为人故意在密闭空间或在人迹罕至处等实施先行行为,先行行为引发作为义务的,应当被视为通过对先行行为实施场所的选择阻碍了他人替代履行作为义务,同样可以导致依赖程度上升进而提升不作为的行为性。在司法实践中,被判死刑的两例不作为案件,分别是行为人在自家便利店对被害人实施了殴打、行为人在桥洞处对被害人实施了强奸等先行行为,产生救助义务后却不履行,进而导致被害人死亡。[44]③阻碍他人替代自己履行义务的行为不仅可以采取物理性地隐藏、转移被害人的方式,还可以采用控制关键信息的方式,也即隐瞒或谎报关键信息,使得他人无法有效替代履行作为义务。举一实例加以说明:

【案例2】2012年10月26日上午10点钟左右,姚某某陪同其妻子宋某某前往诊所治疗宋某某因脑梗塞引发的偏瘫,后两人因琐事发生争吵,宋某某遂产生轻生的念头,拿起农药瓶喝了一口,姚某某见后上去将农药瓶打掉。姚某某发现宋某某喝农药以后,没有及时拨打120急救电话,而是将宋某某带回诊所治疗脑梗塞。随后,宋某某出现呕吐、嘴唇发紫等症状,在旁人多次催促下,姚某某给其岳母打电话,隐瞒宋某某喝农药的情况,称宋某某脑梗塞发作,要其岳母喊救护车。直到中午12点钟左右宋某某才被送往湘西州人民医院抢救。经抢救医生两次询问,姚某某仍然称宋某某只是脑梗塞发作,没有将宋某某喝农药的事实告诉抢救医生。直到下午4点,经化验,医生最终确诊宋某某系农药中毒,并采取对应的救治措施。最终宋某某于2012年10月30日在医院因身体多处器官衰竭死亡。法院认定被告人姚某某犯故意杀人罪,判处有期徒刑3年。[45]

在该案中,被告人姚某某虽然拨打了电话请他人叫救护车,并将宋某某送往医院进行抢救,但是在此过程中,一直隐瞒宋某某喝农药这一关键信息,在医生两次询问下依然称宋某某系脑梗塞发作,这使得医生无法在第一时间进行有效救治。被告人姚某某隐瞒信息的行为阻碍了他人替代自己履行作为义务,提升了法益对自己的依赖程度,其不作为具有更高的行为性。

(四)影响不作为行为性的因素之三:作为义务的履行情况

刑法对于作为义务人履行作为义务持鼓励态度。如不履行法律、行政法规规定的信息网络安全管理义务的网络服务提供者,经监管部门责令采取改正措施后改正的,就不构成拒不履行信息网络安全管理义务罪;再如,行为人实施了《刑法》第201条

---

[44] 参见柳华颖:《丈夫殴打妻子后不予救助致其死亡的定性》,载《人民法院报》2012年3月22日,第7版;江苏省高级人民法院(2012)苏刑一复字第0031号刑事裁定书。

[45] 参见湖南省吉首市人民法院(2013)吉刑初字第66号刑事判决书。

第 1 款规定的行为,但经税务机关依法下达追缴通知后,补缴应纳税款,缴纳滞纳金,已受行政处罚的,不予追究刑事责任。由此可见,当作为义务人涉嫌不作为犯罪时,刑法有时会给作为义务人履行义务的机会,如果作为义务人履行了作为义务,可以直接阻却犯罪的成立。即便是在犯罪既遂之后,履行作为义务也会受到刑法的鼓励。如最高人民法院《关于审理拒不执行判决、裁定刑事案件适用法律若干问题的解释》第 6 条规定:"拒不执行判决、裁定的被告人在一审宣告判决前,履行全部或部分执行义务的,可以酌情从宽处罚。"由此可见,履行作为义务对相关案件的定性有重要影响,而且司法实务中也承认义务的部分履行。

在不作为犯中,也应当承认义务部分履行的重要意义。虽然在主观罪过问题上,作为犯与不作为犯没有本质区别,但不作为犯中的故意与过失的区分向来较为模糊。要对两者作出区分,有赖于对犯罪行为的判断。行为人部分履行作为义务的程度越高,越有可能被评价为是过失犯罪。但由于不作为犯中的作为义务没有被法律所明确规定,所以判断作为义务人部分履行义务的标准需要予以明确。影响不作为行为性的义务部分履行有如下要求:①主体条件:履行义务的主体必须是作为义务人,与作为义务人无关的第三人实施救助法益行为的,不能视为作为义务人部分履行了作为义务。但义务主体主动将义务转移给第三人的除外(如报警或将作为义务托付于第三人,第三人实施法益救助行为的,可以视为作为义务人部分履行作为义务)。②时间条件:作为义务人部分履行作为义务必须是在危险引发侵害结果之前,在侵害结果发生之后履行作为义务虽然可能影响量刑,但不再对不作为的行为性产生影响。③实质改善:作为义务人部分履行作为义务必须使得法益的处境具有实质改善的可能性。对于法益处境不可能产生任何实质性改变的行为不应被视为部分履行了作为义务(比如开车撞人后在被害人大出血的伤口上丢了几张卫生纸)。部分履行作为义务,使得法益整体处境改善可能性越大的,部分履行义务的程度就越大,越有可能被评价为是过失犯罪。现举一实例加以说明:

【案例 3】负责维修的机械工杜某在征得机器所在的某商贸有限公司的厂区负责人童某同意后,离开正在维修的机器,与童某一同前往新厂区调试其他设备。在离开前,杜某让童某打开机器让滚筒升温,并在温控表上设定了 235 度,并安排该公司工人高某临时看管正在整定过程中的机器。其后童某提前返回,发现整定过程中的机器温度异常并引发导热油溢出的情况,数次打电话请示杜某如何处置,杜某通过电话指挥捣通油箱等,后发生火灾,造成 900 余万元的经济损失。检察院指控杜某犯失火罪,法院认定被告人杜某犯重大责任事故罪,判处有期徒刑 3 年。[46]

---

[46] 参见江苏省扬州市中级人民法院(2018)苏 10 刑终 206 号刑事裁定书。

该案中存在典型的部分履行作为义务的情况。从案情来看,杜某虽然确实在物理意义上离开了正在整修的机器,但其已经部分履行了安全管理义务:第一,杜某在临走前在机器的温控表上设定了温度。第二,杜某找了其他人帮忙照管机器,并对工作任务作出了清晰的交代。第三,在遇到油温异常、无法放油等问题时,杜某通过电话指挥他人照管机器。因此,该案中杜某虽然没有完全履行对机器的安全管理义务,但应当被视为已经部分履行作为义务,其设定温度、安排任务、电话指挥等部分履行作为义务的行为,具有使得法益处境整体改善的可能性。不能与故意犯罪等置,而只能与失火罪或重大责任事故罪等置。

四、以不作为的行为性为核心的等置性理论适用

(一)等置性理论的激活:基于危险、依赖、部分履行程度的对应关系

如前文所述,影响不作为行为性的因素分别是:①违反作为义务时法益所面临的客观危险。②法益对作为义务人的依赖程度。③作为义务的履行情况。那么以上三个因素应该如何刻画某一不作为是与重罪行为等置还是与轻罪行为等置呢?概括而言,只有当法益既面临强烈的危险,又与作为义务人有实质的依赖关系时,作为义务人的不作为才能够与重罪的行为等置;作为义务人部分履行作为义务的程度越高,其不作为越有可能是过失行为。具体阐释如下:

第一,违反作为义务时法益所面临的客观危险可划分为三个指标:①是否可被阻断;②是否具有通常性;③危险的强度。对危险强度的判断建立在危险既可以被阻断,又具有通常性的基础之上。根据危险由高到低的强度,可以将危险划分为"高度危险""中度危险""低度危险"三个等级:①"高度危险"是指具有致人重伤死亡的紧迫危险;②"中度危险"是指具有致人重伤死亡的一般危险;③"低度危险"是指不具有致人重伤死亡可能性的危险。

第二,法益对作为义务人的依赖程度可划分为四个指标:①法益主体的脆弱性(增加依赖程度),除了无行为能力人的法益脆弱性仅仅凭其无民事行为的事实本身就能确定,其他法益的脆弱性需要通过法益主体与作为义务主体的双方同意才能产生刑事责任认定上的影响,如危险共同体的共同冒险行为等;②法益主体自愿脱离依赖关系(减少依赖程度);③义务主体阻碍他人替代履行作为义务(增加依赖程度);④义务主体不阻碍他人替代履行作为义务(无影响)。依赖程度由高到低,可以划分为"高度依赖""中度依赖""低度依赖"三个等级:①"高度依赖"的情形是法益主体具有脆弱性,并且义务主体实施了阻碍他人替代履行作为义务的行为;②"中度依赖"的情形是法益主体具有脆弱性,或者义务主体实施了阻碍他人替代履行作为义务的行为;③"低度依赖"的情形是在法益主体不具有脆弱性的同时义务主体也没有实施阻碍他人救助

的行为,或者法益主体自愿脱离依赖关系。[47]

将危险强度与依赖程度两项指标结合,可以得到表1:

表1 危险/依赖程度与罪行严重程度的对应关系

危险/依赖	高度依赖	中度依赖	低度依赖
高度危险	重罪	重罪	轻罪
中度危险	重罪	重罪	轻罪
低度危险	轻罪	轻罪	无罪

如表1所示,只有当法益面临具有致人重伤死亡的紧迫危险或一般危险,法益主体具有脆弱性或义务主体实施了阻碍他人替代履行作为义务的行为时,不作为才能与重罪中的作为等置。当危险不具有致人重伤死亡的可能性,或者法益主体不具有脆弱性同时义务主体也没有实施阻碍他人救助的行为,或者法益主体自愿脱离依赖关系时,不作为只能与轻罪中的作为等置或者无法与任何犯罪中的作为等置。

第三,如前述,考虑作为义务的履行情况,首先要确认是否满足主体条件与时间条件,之后再判断作为义务的部分履行的程度,判断标准是使得法益的处境具有实质改善的可能性,实质改善的可能性越大,部分履行的程度越高。这不仅仅与履行作为义务的动作数量多少有关,更与履行作为义务的实际效果有关,还要充分考虑义务履行行为开始早晚、持续时间等诸多因素。作为义务的部分履行程度越高,不作为行为就越有可能被评价为过失行为。

(二)等置性理论的适用:以三个交通肇事有关案件为例

【案例4】2017年3月14日22时许,被告人闫某无证驾驶已报废的重型厢式货车,沿203线公路自东向西行驶至394KM+750M处,此时被害人耿某(殁年32岁)醉酒后驾驶的北京吉普车追尾被告人驾驶的厢式货车。闫某看见吉普车与货车仍然挂在一起,随后驾驶货车拖拽该吉普车逃逸1000米,直至厢式货车无法继续行驶。此时,闫某下车查看追尾的吉普车,发现吉普车已冒烟,驾驶员靠在主驾驶座椅靠背上,闫某拉拽主驾驶座位车门,没有拽开。当发现追尾的吉普车已经起火后,闫某没有及时报警也未救助吉普车司

---

[47] 本来按照逻辑,依赖程度的指标组合还应存在其他情形:如"法益具有脆弱性,且法益主体自愿脱离依赖",但当法益具有脆弱性时,法益主体不具有脱离依赖关系的能力,无法自愿脱离。还有"法益主体自愿脱离依赖,义务主体实施了阻碍他人替代履行作为义务的行为",但当义务主体阻碍他人替代履行作为义务的行为时,法益主体的脱离也丧失了自愿性,因为其没有能够与他人重新建立依赖关系的机会,因此这些情形无法实际存在。

机,而是逃离现场。后经鉴定,被害人耿某系因高温死亡。当晚被告人闫某主动向公安机关投案。法院认定被告人闫某犯故意杀人罪,判处有期徒刑5年。[48]

在该案中,从客观危险的角度考虑,在强度上,经被告人闫某驾驶的大货车拖拽后,耿某所驾驶的吉普车起火,车辆空间密闭狭小,汽车起火具有致人重伤死亡的急迫危险。在通常性上,在交通事故发生后,车辆由于燃料系统受损等原因可能会着火,该种危险具有通常性。在可避免性上,如果不强行拖拽受损车辆,可能不会导致起火,危险具有可避免性。因此,危险的强度大,不作为的行为性程度高。从依赖程度方面分析,被告人闫某强行拖拽吉普车向前行驶1公里并致使车辆起火的行为,可以视为被告人通过在密闭空间故意实施先行行为而排除了他人救助被害人的可能性,因此,法益对作为义务人的依赖程度高,不作为的行为性程度高。从作为义务的部分履行程度分析,被告人闫某虽然在停车后实施了用手拉拽吉普车车门的行为,但是没有拉开,在发现车辆冒烟起火后,被告人也没有灭火或者报警,最终导致被害人死于高温。由此可见,其拉车门的行为并不具有使法益整体处境得到实质改善的可能性,不能被视为履行了部分作为义务。综上,法益面临致人重伤死亡的急迫危险,且义务主体实施了阻碍他人替代履行作为义务的行为,因此,被告人的不作为行为能够与杀人的重罪行为等置。且该案中,被告人没有实施任何履行作为义务的行为,其不作为应该被认定为与故意杀人罪等置。

【案例5】2018年12月5日上午10时左右,被告人吴某某驾驶小双排货车到某马场看望其雇佣的羊倌刘某某,吴某某在驾车离开时倒车将刘某某轧伤,当日10时许,吴某某将刘某某送至马场医院,医生诊断刘某某右胸胸骨骨折须转院治疗,但医生并未告知吴某某刘某某的生命处于垂危的状态。当日10时33分,吴某某搀扶着刘某某离开马场医院。后吴某某没有送刘某某转院治疗,而是向保险公司报案,并将刘某某开车拉回案发地。当保险公司员工在案发地对吴某某询问时,吴某某说他当时撞到人后车往前动了一下,未提曾去过医院的事情。当马场医院医生于13时许赶到案发现场时,刘某某已无生命体征。后查明死者因严重血气胸、肺淤血致呼吸循环衰竭死亡。检察院指控吴某某犯故意杀人罪,建议对其判处有期徒刑10年至12年。法院认定被告人吴某某犯过失致人死亡罪,判处有期徒刑6年零6个月。[49]

在该案中,从客观危险的角度考虑,倒车将人胸部压伤所产生的危险,即便不是在几分钟内就能致人死亡的极为急迫的危险,但至少有致人重伤死亡的一般危险,且这

---

[48] 参见吉林省松原市中级人民法院(2018)吉07刑初44号刑事判决书。
[49] 参见科尔沁右翼前旗人民法院(2019)内2221刑初262号刑事判决书。

种危险具有通常性,吴某某将被害人送往医院就是其意识到了存在的危险。此外,这种危险具有可避免性,医院的医生要求抓紧时间转院,说明在医疗条件较好的医院可以避免死亡结果的出现。而该案中,吴某某虽然在碾压被害人后第一时间将被害人送往马场医院,但之后没有按照医生的指示将被害人转送大医院,而是将被害人送回案发现场,并且向保险公司工作人员隐瞒了医生要求马上转院的事实。在此过程中,被告人将受伤的被害人置于车内等密闭场所以及马场等人迹罕至处,并向他人隐瞒关键信息,通过多种手段阻碍了他人替代履行义务,极大地提高了法益对作为义务人的依赖程度。综上,法益至少面临致人重伤死亡的一般危险,而且义务主体实施了阻碍他人替代履行作为义务的行为,因此,在客观行为上,被告人的不作为的行为能够与杀人的重罪行为等置(而不是与遗弃等轻罪行为等置)。在主观罪过上,由于吴某某在碾压被害人后第一时间将被害人送往马场医院,且虽然将被害人拉回马场,但是之后也报警让医生赶往现场,部分履行了作为义务,而且这些义务的履行有使得法益整体处境得到实质改善的较高可能性,因此应该认定被告人在主观上是过失,构成过失致人死亡罪。

【案例6】司机唐某于2018年1月9日早上7时许,驾车行至安岳县龙桥乡S206线79KM+200M处时将行人石某某(女)撞伤,致石某某当场昏迷。唐某在驾车撞倒被害人后,将被害人石某某扶上车并载至周礼镇转盘邮局对面公路边的电线杆处,并向村民借钱300元放在被害人身上,后驾车离开,当日13时许,经群众发现并报案,被害人石某某被送往医院救治,后因抢救无效于2018年1月18日死亡。法院认定唐某犯故意杀人罪,判处有期徒刑5年。[50]

在该案中,从客观危险的角度考虑,在道路上将被害人撞伤并导致昏迷,说明撞击的强度较大,至少有致人重伤死亡的一般危险。而且此种危险具有可避免性与通常性。从依赖性的程度考虑,虽然该案中被告人唐某实施了将被害人扶上车又将被害人遗弃的行为,但是不能认定其阻碍了他人替代履行义务,理由如下:①被告人是将被害人从公路中间转移到了靠近镇上公路边的电线杆处,一般来说,靠近城镇的交通枢纽处,人流量较大,因此没有在物理上排除他人救助被害人的可能,不属于将被害人藏匿、隐藏的行为。②被告人向村民借钱,并将钱放在被害人身上的行为,客观上能够为其他人救助被害人创造心理动机或提供经济上的帮助,增大了被害人受到其他人救助的可能性。因此,在该案中,法益面临致人重伤死亡的一般危险,但法益对于作为义务主体仅仅是低度依赖。被告人的不作为不能与杀人等重罪等置,只能与轻罪行为等置。此外,从被告人部分履行作为义务的角度考虑,被害人从马路中间被转移到了马

---

[50] 参见四川省资阳市中级人民法院(2018)川20刑终67号刑事判决书。

路边的电线杆处,这降低了被害人受到后车二次碾压的可能性,使法益面临的整体处境得到了实质性的改善,因此更有可能将被告人的行为评价为过失行为。综上,应该对被告人的交通肇事与之后的不作为作整体评价,构成交通肇事罪逃逸致人死亡。

五、结　语

　　作为义务的演变推动了等置性的产生,作为义务的实质化又使得作为义务与等置性陷入混乱。作为义务与等置性的关系可以分为一体说、分离说与涵括说。既不能由作为义务的有无直接推导等置性,又不能绕开等置性建构不作为犯的理论体系,因此一体说与分离说都面临诸多问题,应坚持涵括说,即作为义务的有无仅仅是等置性判断的条件之一。但现有涵括说的具体内容存在问题,要么将等置标准设定为无法达到的因果等置性,要么将限缩功能寄托于模糊的社会相当性,难以为以涵括说为框架的等置性理论注入有效的实质内涵,应该以不作为的行为性为核心重构涵括说结构下等置性的实质内涵。以行为性作为等置性的内容,一方面可以解释不作为犯量刑普遍偏低的原因,即不作为犯的因果结构与作为犯存在差异,只能通过缓和的结果归属将结果归属于不作为;另一方面也能够满足罪刑法定原则的要求。不作为的行为性的判断标准是:①违反作为义务时法益所面临的客观危险。危险的程度应该从强度、可避免性、通常性三个方面加以判断。②法益对作为义务人的依赖程度。依赖程度可以从法益的脆弱性、法益主体的自我答责、作为义务人阻碍他人替代履行义务等维度展开。③作为义务的履行情况。义务的履行情况主要的判断标准是使得法益的处境具有实质改善的可能性。在确定了不作为的行为性程度之后,就可以以此来判断应该与重罪行为等置还是与轻罪行为等置:只有当法益主体面临具有致人重伤死亡的紧迫危险或一般危险,法益主体具有脆弱性或义务主体实施了阻碍他人替代履行作为义务的行为时,不作为才能与重罪中的作为等置。当危险不具有致人重伤死亡的可能性,或者法益主体不具有脆弱性,同时义务主体也没有实施阻碍他人救助的行为,或者法益主体自愿脱离依赖关系时,不作为只能与轻罪中的作为等置或者无法等置。部分履行作为义务程度越高的,其不作为越有可能是过失行为。

　　在涵括说的结构下,以不作为的行为性为核心内容重构等置性能回应文章开头提出的三个现实问题:

　　(1)立法的留白对等置性理论的建构具有限制作用。我国刑法总则没有明文规定不作为犯,这就要求等置性概念不能仅承担对定式案件的辅助判断功能,还需要在每一个不作为犯案件中解决与罪刑法定原则的冲突问题。因此,可罚性只能通过等置性得出,等置性必须是作为义务的上位概念,用作为义务直接推导可罚性的做法不可取。等置性必须包含作为义务,等置性采用的涵括性框架具有合理性。

　　(2)"等置不等刑"问题的根源是因果关系的结构性差异。行为等置性理论承认了不作为犯与作为犯之间因果关系上的结构性差异,也即不作为犯对结果只有支配可能性,但是作为犯对结果具有现实的支配。在不作为犯中,应该引入缓和的结果归属理论来处理因果关系问题,这可以解释为何对不作为犯的处罚较轻。而且由于罪刑法定原则中的罪是指犯罪行为,不包括因果流程,因此行为等置性也符合罪刑法定原则的要求。

(3)与重罪等置还是与轻罪等置的问题可以通过行为性解决。以作为义务的有无为中心的等置性理论只能得出"等置/不等置"的结论,欠缺对案情的刻画能力,而且无法回答一个不作为行为究竟应该与重罪等置还是应该与轻罪等置的问题。而以不作为行为性为核心的等置性理论引入了"危险""依赖""义务部分履行"的概念,三个概念均可以进行程度区分(而不仅仅是进行有无的判断)。这不仅使得对于案情的刻画更为细腻,还为判断等置于何种严重程度的作为提供了统一的参照系与具有可操作性的标准。

经济犯罪中的"重大损失"及其重构[*]

石聚航[**]

要 目

一、问题的提出
二、"重大损失"的立法类型与要素模式
　（一）"重大损失"的立法类型
　（二）"重大损失"的要素模式
三、"重大损失"司法认定的困局
　（一）"重大损失"文本表述的差异引发的认定困难
　（二）"重大损失"与其他罪量要素关系的混乱
　（三）违法所得或非法牟利要素作为"重大损失"内容的问题
四、"重大损失"的重新厘定
　（一）与权利人经营或生产活动无关的损失不宜被评价为"重大损失"
　（二）行为人获利数额不是"重大损失"的要素
　（三）经济犯罪特质对于认定"重大损失"的制约
　（四）区分直接损失与概括损失的认定规则
　（五）"重大损失"的认定应适度考虑行为人的履约能力
五、结论

摘 要 经济犯罪中的"重大损失",在立法上可归纳为单独罪量模式和复合罪量模式。以要素为标准,可归纳为损失数额型、非法牟利数额型、非数额的财产损失型等类型。司法解释关于经济犯罪中"重大损失"的表述容易导致"重大损失"与其他罪量关系的混乱、"重大损失"认定范围的差异和认定方法的不统一等问题。在重新厘定经

---

[*] 本文系2019年度国家社会科学基金后期资助项目"刑法交互解释研究"（19FFXB037）的阶段性成果。
[**] 华中师范大学法学院副教授,法学博士。

济犯罪的"重大损失"时,应否定违法所得及非法牟利的要素,在刑法将违法所得或非法牟利与"重大损失"均作为罪量要素时,应基于体系的均衡性,重新设定两者的数额差异。在认定"重大损失"时,应重视经济犯罪的罪质对于"重大损失"认定的制约功能,区分直接损失与概括损失的认定规则,适度考虑行为人的履约能力对"重大损失"认定的影响。

关键词 经济犯罪 重大损失 类型归纳 认定规则

一、问题的提出

"重大损失"是刑法中的高频词,我国《刑法》中存在56处关于"重大损失"(含"特别重大损失")的规定,分散在危害公共安全犯罪、经济犯罪[1]、妨害社会管理秩序罪、贪污贿赂罪、渎职罪、军人违反职责罪等中。其中,经济犯罪中的"重大损失"所占数目最多,高达26处(含"特别重大损失"),足见刑法立法高度关注"重大损失"在经济犯罪中的地位,个中缘由大概是经济犯罪通常会导致被害人经济利益受损。在经济犯罪中,除却"特别重大损失"作为个罪中的加重处罚要素[2],绝大多数经济犯罪中的"重大损失"为基本犯的罪量标准[3]。由于不同种类犯罪的罪质差异较大,刑法不可能对所有经济犯罪中的"重大损失"作出明确的规定,关于"重大损失"的内容及其认定交由司法解释和追诉标准予以明确规定。从文义解释角度看,"重大损失"可理解为犯罪行为造成的物质性损失,似乎并无多大的研究空间。然而在具体内容和认定方式上,仍然存在诸多亟待澄清的问题。例如,除物质性损失外,"重大损失"还包括哪些情形?"重大损失"与其他罪量要素的关系如何厘清等,均须在学理上仔细考究。尽管理论界对部分经济犯罪中的罪量要素进行了一定的研究,例如,《刑法修正案(十一)》出台之前,关于侵犯商业秘密罪"重大损失"的研究,文献数量并不少。[4] 然而,从体系的角度看,仅仅关注侵犯商业秘密罪中的"重大损失"尚无法全面反映经济犯罪中"重大损失"的全部样态。况且,在《刑法修正案(十一)》对侵犯商业秘密罪修改之后,尽管"重大损失"毫无疑问仍然是"情节严重"的内在要素,但是相应的罪量要素和罪量标准将

---

[1] 本文所讨论的经济犯罪是指我国《刑法》分则第三章"破坏社会主义市场经济秩序罪"。早在20世纪90年代,顾肖荣教授就曾系统反思我国经济犯罪的范围,认为我国目前经济犯罪的概念比较模糊,不够明确,应当以《刑法》分则第三章"破坏社会主义市场经济秩序罪"为基础,修改或补充经济犯罪的罪名。参见顾肖荣:《经济刑法论衡》,北京大学出版社2017年版,第6页。

[2] 如《刑法》第147条规定的生产、销售伪劣农药、兽药、化肥、种子罪,本罪基本犯的罪量要素是"使生产遭受较大损失","使生产遭受重大损失"和"使生产遭受特别重大损失"是本罪的加重要素。

[3] 囿于选题,本文不讨论罪量的体系位置,相关论述请参见陈兴良:《作为犯罪构成要件的罪量要素——立足于中国刑法的探讨》,载《环球法律评论》2003年第3期。

[4] 代表性的如周光权:《侵犯商业秘密罪疑难问题研究》,载《清华大学学报(哲学社会科学版)》2003年第5期;刘蔚文:《侵犯商业秘密罪中"重大损失"司法认定的实证研究》,载《法商研究》2009年第1期;王文静:《论侵犯商业秘密罪中"重大损失"的认定原则》,载《法学评论》2020年第6期。

会呈现综合性的特点。因此,有必要将视野适度拓宽到作为类罪的经济犯罪,以期从整体上把握经济犯罪中"重大损失"认定的一般原理。

基于上述理由,本文拟通过对经济犯罪"重大损失"的类型予以梳理,在此基础上评析经济犯罪"重大损失"的立法模式与司法困局,结合"重大损失"与其他罪量要素的关系,厘定经济犯罪中"重大损失"的应有要素,同时结合经济犯罪的自身特性,强化罪质对于"重大损失"认定的制约作用,以期形成系统的认定规则。

二、"重大损失"的立法类型与要素模式

(一)"重大损失"的立法类型

1. 单独罪量模式

单独罪量模式,是指"重大损失"作为个罪构成要件中的唯一罪量要素。例如,为亲友非法牟利罪和签订、履行合同失职被骗罪就是此种类型。根据《刑法》第166条的规定,国有公司、企业、事业单位的工作人员,利用职务便利,将本单位的盈利业务交由自己的亲友进行经营;以明显高于市场的价格从自己的亲友经营管理的单位采购商品、接受服务或者以明显低于市场的价格向自己的亲友经营管理的单位销售商品、提供服务;从自己的亲友经营管理的单位采购、接受不合格商品、服务,致使国家利益遭受重大损失的,构成为亲友非法牟利罪。其他公司、企业的工作人员违反法律、行政法规规定,实施上述行为,致使公司、企业利益遭受重大损失的,也构成为亲友非法牟利罪。根据《刑法》第167条的规定,国有公司、企业、事业单位直接负责的主管人员,在签订、履行合同过程中,因严重不负责任被诈骗,只有致使国家利益遭受重大损失的,才成立签订、履行合同失职被骗罪。

单独罪量模式由于为司法认定具体犯罪提供了较为明确的方式,在直观上更符合罪刑法定原则的明确性要求。[5] 在常见的传统经济犯罪认定中,单独罪量模式基本上能够有效地为司法提供知识供给,满足刑事司法惩戒经济犯罪的需求。然而,随着社会的变化,法定犯的类型日益呈现复杂性的特征[6],人们关于法定犯法益侵害的认识也在逐渐发生变化,过度关注实际的损失可能会导致刑法在应对不断翻新的经济犯罪类型时,以单独罪量为中轴的评价模式捉襟见肘。例如,《刑法修正案(十一)》将侵犯商业秘密罪的入罪门槛从原先的"给商业秘密的权利人造成重大损失的"修改为"情节严重",从表面上看,其立法动因是进一步实现《刑法》与《反不正当竞争法》的协调,但内在原因是侵犯商业秘密罪的法益侵害程度已经远非通过权利人损失的具体数

---

[5] 参见张明楷:《明确性原则在刑事司法中的贯彻》,载《吉林大学社会科学学报》2015年第4期。

[6] 参见陈兴良:《法定犯的性质和界定》,载《中外法学》2020年第6期。

额可以评估的。例如,实践中窃取他人商业秘密但并未导致商业秘密权利人产品销售总量下滑,这显然无法通过单独罪量型的"重大损失"予以认定。

2. 复合罪量模式

复合罪量模式,即"重大损失"与其他严重情节、数额等要素选择性地作为罪量要素的模式。

以"重大损失或者有其他严重情节"作为罪量要素的罪名,如损害商业信誉、商品声誉罪。《刑法》第221条规定:"捏造并散布虚伪事实,损害他人的商业信誉、商品声誉,给他人造成重大损失或者有其他严重情节的,处二年以下有期徒刑或者拘役,并处或者单处罚金。"据此,行为人损害他人商业信誉、商品声誉尽管没有给他人造成重大损失,但是达到了其他严重情节的标准,仍然可以构成本罪。

以"数额"或者"重大损失"作为罪量要素的罪名,如违法发放贷款罪。《刑法》第186条第1款规定:"银行或者其他金融机构的工作人员违反国家规定发放贷款,数额巨大或者造成重大损失的,处五年以下有期徒刑或者拘役,并处一万元以上十万元以下罚金;数额特别巨大或者造成特别重大损失的,处五年以上有期徒刑,并处二万元以上二十万元以下罚金。"从逻辑上看,违法发放贷款数额巨大,未必会给银行或者其他金融机构带来重大损失,但是存在金融资金的安全隐患,可能危及金融安全。因此,基于对金融安全的刑法保护,防范违法发放贷款导致金融机构的信贷资金陷入呆账、死账等情况,刑法将数额巨大也纳入本罪的罪量要素[7],这也是《刑法修正案(六)》将本罪的入罪标准由原先的"造成较大损失"修改为"数额巨大或者造成重大损失"的现实原因。

复合罪量模式的最大优势在于拓展了个罪罪量要素的类型,可以适度地弥补单独罪量模式的机械性与不周延。有观点将之称为混合性规定,即"在刑法分则中,还有一些规定罪量因素的犯罪,并非以单纯的数额、情节或者后果等单一形式呈现,而是采取混合式的规定,即采取数额、情节、后果择一或者同时具备的形式来体现此类犯罪成立的罪量要求"[8]。

值得注意的是,在现行刑法中,并不存在将"重大损失"与其他要素并列作为定罪要素的模式。可能的理由是,并列模式会不当地限缩刑法的处罚范围,不利于对法益的周全保护。就立法而言,复合罪量模式反映了刑法在罪量标准设定中多元化的趋势。结合当下热议的积极主义刑法观,罪量模式的扩张其实也在一定程度上契合了上述刑法观。[9] 支持积极主义刑法观的学者大多数从增设新罪的角度予以肯定性论证[10],但其实即便罪名没有发生变化,罪量标准从单一转变为多元,刑法积极干预经

---

[7] 参见周光权主编:《刑法历次修正案权威解读》,中国人民大学出版社2011年版,第180页。
[8] 王彦强:《犯罪成立罪量因素研究》,中国法制出版社2018年版,第159页。
[9] 参见付立庆:《论积极主义刑法观》,载《政法论坛》2019年第1期。
[10] 参见张明楷:《增设新罪的观念——对积极刑法观的支持》,载《现代法学》2020年第5期。

济犯罪的边界也会扩大。从最新的司法解释看,最高司法机关对于部分犯罪罪量模式的认定也开始逐步改变单纯数额型的认定做法。例如,2021年4月15日施行的最高人民法院《关于修改〈关于审理掩饰、隐瞒犯罪所得、犯罪所得收益刑事案件适用法律若干问题的解释〉的决定》(法释〔2021〕8号)规定,"《关于审理掩饰、隐瞒犯罪所得、犯罪所得收益刑事案件适用法律若干问题的解释》(法释〔2015〕11号)第一条第一款第(一)项、第二款和第二条第二款规定的掩饰、隐瞒犯罪所得、犯罪所得收益罪的数额标准不再适用。人民法院审理掩饰、隐瞒犯罪所得、犯罪所得收益刑事案件,应综合考虑上游犯罪的性质、掩饰、隐瞒犯罪所得及其收益的情节、后果及社会危害程度等,依法定罪处罚"。通过上述修改,本罪的罪量标准已经实质地改为不唯数额论的综合标准。

从长远看,复合罪量模式似乎正在成为立法和司法青睐的类型,然而,复合罪量尽管最大限度地网罗了不法的类型,但也并非无可指摘,突出的问题是当"重大损失"与"情节严重"作为选择性要素时,"情节严重"的判断由于没有明确的标准,可能导致司法裁判在罪量标准认定上的模糊甚至随意。基于同类解释的原则,既然"重大损失"与"情节严重"择一地作为个罪罪量的选择要素,"情节严重"的认定至少应当与"重大损失"所反映的法益侵害具有相当性。因此,即便在诸如侵犯商业秘密罪中,立法将罪量标准从"重大损失"修改为"情节严重","重大损失"的界定也不可能因立法修改而被搁置,在界定"情节严重"时,"重大损失"仍然具有重要的参考价值,同时对于其他罪量要素的确定也有一定的制约意义。

(二)"重大损失"的要素模式

如果说经济犯罪中"重大损失"的立法类型相对而言较为明晰,那么,"重大损失"的具体内容则要复杂得多。[11] 通过梳理发现,相关司法解释和追诉标准关于"重大损失"的要素有如下几种类型:

1. 损失数额型

在现行司法解释中,经济犯罪中"重大损失"的内涵中几乎都包括了损失数额。之所以强调数额的重要性,是因为损失数额的客观性有利于避免司法裁量中的差异性,统一司法认定的标准。但实践中的问题常常是,倘若无法计算损失数额,单纯以数额为标准的"重大损失"罪量模式就会陷入尴尬境地。例如,在侵犯商业秘密罪中,行为人窃取商业秘密,但是尚未使用该商业秘密,此时,权利人实际上并没有完全丧失商

---

[11] 刑法理论中有观点主张,我国应当放弃立法定量,实行司法定量,并构建轻罪处理机制。参见沈海平:《犯罪定量模式检讨》,载《法学家》2015年第1期。笔者认为,尽管近些年刑法立法在个罪中增设了部分危险犯,但并不意味着立法完全放弃了定量模式,只要《刑法》第13条关于犯罪概念的立法例不发生变化,就不可能在个罪的立法中完全放弃定量模式。

业秘密,甚至商业利益并未受到明显的影响。然而,根据《刑法修正案(十一)》出台之前关于侵犯商业秘密罪的规定,只有给商业秘密的权利人造成重大损失的,才构成侵犯商业秘密罪。因此,在上述情况下,实际上以数额为损失标准的定罪模式就难以适用。有鉴于此,经济犯罪中"重大损失"的要素尽管强调数额的重要性,但与此同时,也根据不同的犯罪类型适度增加了其他要素作为判断"重大损失"的标准,以避免损失数额在司法认定中的困窘。

2. 非法牟利数额型

在无法判断被害人具体损失数额时,司法实践也将行为人非法牟利或者因行为导致其他人非法获利的,作为认定"重大损失"的标准。例如,根据 2010 年 5 月 7 日公布的最高人民检察院、公安部《关于公安机关管辖的刑事案件立案追诉标准的规定(二)》(公通字〔2010〕23 号)(已失效,以下简称《追诉标准(二)》)(该规定虽然已于 2022 年 4 月 6 日修订,但修订后的规定保留了为亲友非法牟利罪的追诉标准)第 13 条的规定,国有公司、企业、事业单位的工作人员,利用职务便利,为亲友非法牟利,使其亲友非法获利数额在 20 万元以上的,构成为亲友非法牟利罪。

肯定非法牟利是"重大损失"要素的优势在于可以弥补以纯粹的损失数额作为罪量要素的局限性,这可能是由经济犯罪与财产犯罪的原理差异导致的。在财产犯罪中,行为人获取财物通常伴随着所有人或占有人对财物的丧失。但是,在经济犯罪中,却并不完全如此。一是在行为人未获利时,也可能存在被害人财产的损失。例如,甲作为国有公司的主管人员,在履职对外签订合同的过程中,因疏忽大意没有谨慎地审查合同,导致本单位财物被骗 100 万元,但是甲可能分文未得。然而,根据刑法的规定,甲仍然构成签订、履行合同失职被骗罪。对此,《最高人民法院公报》刊载的相关案例中曾有明确的论述,如在赵晨签订合同失职被骗案中,法院认为,在签订合同过程中国有企业的主管人员有没有捞取私利,并不影响犯罪构成。[12] 二是行为人获取了一定的非法利益,但是权利人的经济损失此时难以计算。例如,在《刑法修正案(十一)》出台之前,乙非法窃取丁公司的商业秘密后,又私自转让给丙,丙支付 50 万元作为非法转让的对价。但是,丁公司的年利润并未发生下降。此时,无法合理地计算丁公司的经济损失。退而求其次,可以将乙非法获利的数额作为认定"重大损失"的标准。

然而,非法牟利数额型模式也并非没有问题。在《刑法修正案(十一)》出台之前,有观点认为,以违法所得作为判断"重大损失"的标准,明显违反了《刑法》第 219 条的规定,据此,上述案例中乙侵犯商业秘密获利的行为不应当按照侵犯商业秘密罪论处。[13] 换言之,以非法牟利作为判断"重大损失"的标准,实际上误把牟利等同于损

---

[12] 参见沈德咏主编:《最高人民法院公报案例汇编·刑事卷(1985—2015 年)》,人民法院出版社 2016 年版,第 104 页。
[13] 参见张明楷:《刑法学(下)》(第 5 版),法律出版社 2016 年版,第 828 页。

失。进一步讲,非法牟利与"重大损失"的主体本身存在不同,且不具有对称性。行为人非法牟利的数额可能大于也可能小于被害人的损失数额。将两种不对称且性质不同的要素强行认定为一种要素,难免有些牵强。

3. 非数额的财产损失型

此种类型主要体现在行为人的不法行为造成有关单位破产及停业、停产等情况。在此情形下,行为显然对被害人造成了"重大损失",但在这种情况下,已然无法按照损失数额来认定"重大损失"。

此种模式在刑法解释论上具有足够的支撑理由。根据当然解释的原理,造成经济损失达到一定数额的可以认定为"重大损失",那么,造成有关单位破产或停业、停产6个月以上,或者被吊销许可证和营业执照,责令关闭、撤销、解散的,通常比一定数额的经济损失危害程度更重,根据"举轻以明重"的原理[14],可以认定为"重大损失"。

然而,在具体的表述中,非数额的财产损失型模式也并非尽善尽美。例如,根据《刑法》第167条的规定,国有公司、企业、事业单位直接负责的主管人员,在签订、履行合同过程中,因严重不负责任被诈骗,致使国家利益遭受重大损失的,构成签订、履行合同失职被骗罪。《追诉标准(二)》将"重大损失"解释为:"(一)造成国家直接经济损失数额在五十万元以上的;(二)造成有关单位破产,停业、停产六个月以上,或者被吊销许可证和营业执照、责令关闭、撤销、解散的;(三)其他致使国家利益遭受重大损失的情形。"问题是,上述规定的"有关单位"应当如何界定?实践中,国有公司、企业、事业单位直接负责的主管人员通常会代表上述单位签订合同,因此,这类单位可以被解释为有关单位。但是,也不乏在国有单位参股的混合所有制企业中,上述人员因签订、履行合同失职被骗导致混合所有制企业破产,而国家直接经济损失没有达到50万元以上标准的情况,该情况是否也构成签订、履行合同失职被骗罪,在解释论上不免陷入难题。倘若持肯定的立场,则与本罪的客体存在抵牾。理论界和实务界的通常见解是,"本罪侵犯的客体是国有公司、企业、事业单位的正常经营活动"[15]。倘若持否定的立场,则会导致对于国有资产刑法保护的不力。

三、"重大损失"司法认定的困局

(一)"重大损失"文本表述的差异引发的认定困难

在刑法及相关司法解释和追诉标准中,关于"重大损失",有的表述为"造成直接经济损失",如国有公司、企业、事业单位人员失职罪的追诉标准之一是"造成国家直接经

---

[14] 参见张明楷:《刑法学中的当然解释》,载《现代法学》2012年第4期。
[15] 张述元主编:《刑法条文理解适用与司法实务全书》(第3卷),中国法制出版社2018年版,第1777页。

济损失数额在五十万元以上的";有的表述为生产损失,如《刑法》第147条规定,生产、销售假农药、假兽药、假化肥、假种子,使生产遭受重大损失的,处3年以上7年以下有期徒刑,并处销售金额50%以上2倍以下罚金。

上述关于"重大损失"文本不同的表述可能导致实践认定的困难。例如,甲是国有公司工作人员,因失职导致企业减产,在认定直接经济损失时,是否包括企业为了防止损失进一步扩大而采取的补救措施产生的费用,就不无疑问。一种方案是,直接经济损失应当是行为人导致的损失,企业采取补救措施产生的费用不能计入在内,否则会突破"重大损失"文义的范围。另外一种方案是,采取补救措施产生的费用仍然可以计算在直接经济损失范围内,且有现行司法解释依据。例如,2018年9月28日公布的最高人民法院、最高人民检察院、公安部《关于办理盗窃油气、破坏油气设备等刑事案件适用法律若干问题的意见》(法发〔2018〕18号)第6条第1款指出:"《最高人民法院、最高人民检察院关于办理盗窃油气、破坏油气设备等刑事案件具体应用法律若干问题的解释》第二条第三项规定的'直接经济损失'包括因实施盗窃油气等行为直接造成的油气损失以及采取抢修堵漏等措施所产生的费用。"进一步地,企业为了确定损失数额聘请第三方鉴定产生的费用能否认定为直接经济损失,也不无疑问。凡此问题,都加大了司法认定的难度。

倘若从文义解释出发,直接经济损失与"重大损失"应当有所不同,"重大损失"的范围应当既包括直接经济损失,也包括间接经济损失。然而,立法对于同是经济犯罪的罪名采取不同的表述模式,着实令人费解。

实际上,在有的裁判文书中,正是基于对损失的金额难以计算,法院干脆直接回避关于损失计算的问题,另选其他罪名予以规制。例如,在丁国兵、陈国良等生产、销售伪劣农药、兽药、化肥、种子案中,被告人丁国兵、陈国良违反《农药管理条例》的规定,在未取得农药登记证或者农药临时登记证的情况下,合谋非法生产不合格农药,冒充合格农药予以销售,销售金额达12万余元,此次药害造成经济损失共计人民币2739862.88元。一审法院认为,被告人丁国兵、陈国良违反国家规定,在既未取得农药生产资质,又无农药生产技术和条件的情况下,擅自生产、销售伪劣农药,使生产遭受特别重大损失,其行为均已构成生产、销售伪劣农药罪,且系共同犯罪,依法应分别予以惩处。判决后,被告人不服一审判决,提起上诉。二审法院认为,鉴于涉案农药造成的经济损失数额存疑,依法予以纠正。上诉人同时构成生产、销售伪劣产品罪和非法经营罪,且系共同犯罪,根据择一重罪处罚的法律原则,均应当以非法经营罪予以惩处。[16] 可见,由于对数额认定存在争议,二审法院在判决时直接回避了《刑法》第147条中的使生产遭受重大损失的认定问题,转而按照生产、销售伪劣产品罪和非法经营罪竞合论处。然而这并未从根本上解决问题,如果行为人经过许可后实施了上述销售

---

[16] 参见江苏省泰州市中级人民法院(2015)泰中刑二终字第00101号刑事判决书。

伪劣农药的行为,此时由于不存在非法经营罪成立的空间,数额的认定仍然是司法不可回避的问题。上述问题的症结是"重大损失"的范围没有得到合理的界定,由于最高人民检察院、公安部《关于公安机关管辖的刑事案件立案追诉标准的规定(一)》第23条只是规定了本罪的追诉标准,即使生产遭受损失2万元以上或其他使生产遭受较大损失的情形,但是相关司法解释并未明确损失数额的具体认定方法及其范围,导致司法在审理个案时只能另起炉灶,选用其他罪名。

(二)"重大损失"与其他罪量要素关系的混乱

在司法解释中,存在将同一罪量要素置于不同体系的规定中的情形。以导致单位破产、停业等要素为例,在签订、履行合同失职被骗罪中,导致单位破产、停业等要素被作为"重大损失"予以规定;而在损害商业信誉、商品声誉罪中却被作为"其他严重情节"予以规定。《追诉标准(二)》第74条规定:"捏造并散布虚伪事实,损害他人的商业信誉、商品声誉,涉嫌下列情形之一的,应予立案追诉:(一)给他人造成直接经济损失数额在五十万元以上的;(二)虽未达到上述数额标准,但具有下列情形之一的:1.利用互联网或者其他媒体公开损害他人商业信誉、商品声誉的;2.造成公司、企业等单位停业、停产六个月以上,或者破产的。(三)其他给他人造成重大损失或者有其他严重情节的情形。"根据体系解释的原理,《追诉标准(二)》第74条第(二)项的规定显然不是"重大损失"的内容,而是"其他严重情节"的内容。由此带来的问题是,内容完全相同的罪量要素,在不同的犯罪中体系地位存在明显的差异。进一步分析,也可以发现,在损害商业信誉、商品声誉罪的罪量标准中,不同类型的罪量标准也不具有等价性,如利用信息网络损害商业信誉、商品声誉的,很难与作为"重大损失"的直接经济损失50万元相提并论。

或许,批评的观点认为,上述企业破产等要素无论是纳入"重大损失"还是"其他严重情节"范围,在定性上并无不同。但是,笔者认为,二者有本质的区别。具体而言,根据《追诉标准(二)》的规定,"重大损失"是指给他人造成直接经济损失50万元以上,此金额的认定需要行为与经济损失具有直接的因果关系。但是,在其他严重情节的认定中,这种直接的因果关系并不需要直接性的判断,因果关系的链条要比直接因果关系链条长得多。例如,行为人利用互联网公开损害他人商品声誉,此后该信息又被多人转发,后续转发行为未必与他人商业信誉、商品声誉的损害具有直接的因果关系,但仍然可以被认定为"情节严重"。换言之,二者在因果关系的归属上并不相同,因此,在诉讼证明标准上也存在较大的差异。

(三)违法所得或非法牟利要素作为"重大损失"内容的问题

如前所述,部分犯罪中的"重大损失"包括违法所得或者非法牟利要素。例如,2020年9月17日发布的最高人民检察院、公安部《关于修改侵犯商业秘密刑事案件立案追诉标准的决定》对侵犯商业秘密罪的追诉标准作出了重大修改:"侵犯商业秘密,涉嫌下列情形之一的,应予立案追诉:(一)给商业秘密权利人造成损失数额在三十万元以上的;(二)因侵犯商业秘密违法所得数额在三十万元以上的;(三)直接导致商业秘密的权利人因重大经营困难而破产、倒闭的;(四)其他给商业秘密权利人造成重大损失的情形。"上述决定是在《刑法修正案(十一)》出台前作出的,因此,其实际上是将违法所得评价为"重大损失"。在《刑法修正案(十一)》通过后,尽管"重大损失"被修改为"情节严重",但是,今后出台的司法解释在认定侵犯商业秘密罪"情节严重"时极有可能将违法所得数额纳入其中,否则会与司法解释历来评价侵犯商业秘密罪违法性的立场冲突。然而,将违法所得或者非法牟利作为认定"重大损失"的要素,存在体系上的重大瑕疵。

首先,"重大损失"与违法所得反映的是不同的法益类型,违法所得强调的是行为人通过违法行为获利的程度,"重大损失"反映的则是违法行为对被害人造成的危害及其程度,二者在归属的主体上存在明显的差别。在有的案件中,也可能存在行为人客观上获取了非法利益,但是却未必对被害人造成损失的情况。例如,国有公司、企业、事业单位的工作人员,利用职务便利为亲友非法牟利,使其亲友非法获利数额在 20 万元以上的,构成为亲友非法牟利罪"重大损失"的标准。但实际上,完全可能存在为亲友牟利但是国家利益并未受到损失的情况。例如,行为人将本单位的盈利业务交由自己的亲友进行经营,由于亲友经营有道,使原本负有债务的企业扭亏为盈。此时,尽管亲友非法获利数额达到 20 万元以上,但是国家的利益并没有遭受损失,行为人的行为虽然是违法行为,但是并没有对《刑法》第 166 条第 1 款规定的为亲友非法牟利罪的保护法益构成侵害。将此种行为认定为本罪,实际上会导致将没有对法益造成侵害的行为也认定为本罪,明显不当。至于能否构成其他犯罪,另当别论。

其次,上述决定将违法所得与"重大损失"的数额作同等处理,也不合理。由于违法所得表征行为人具有非法牟利的主观目的,因此该行为的违法程度应当比单纯造成被害人损失的行为的违法程度更高。既然如此,如果违法所得或者非法牟利与"重大损失"均为某罪的构成要素,那么,司法解释在设定具体数额时,违法所得或者非法牟利的数额标准要比"重大损失"的数额标准低,唯有如此才能大体保证罪刑均衡。对此,可以从假冒专利罪的罪量标准中得以印证。《刑法》第 216 条规定:"假冒他人专利,情节严重的,处三年以下有期徒刑或者拘役,并处或者单处罚金。"关于"情节严重"的标准,2004 年 12 月 8 日公布的最高人民法院、最高人民检察院《关于办理侵犯知识产权刑事案件具体应用法律若干问题的解释》(法释〔2004〕19 号)第 4 条规定:"假冒他人专利,具有下列情形之一的,属于刑法第二百一十六条规定的'情节严重',应当以假冒专利罪判处三年以下有期徒刑或者拘役,并处或者单处罚金:(一)非法经营数额在二十万元以上或者违法所得数额在十万元以上的;(二)给专利权人造成直接经济损失五十万元以上的;(三)假冒两项以上他人专利,非法经营数额在十万元以上或者违法所得数额在五万元以上的;(四)其他情节严重的情形。"根据上述司法解释的规定,非法经营数额或者违法所得数额与经济损失数额均是假冒专利罪"情节严重"的罪量要素,但是在具体数额设定上却存在明显的差别。直接经济损失的数额远远高于非法经营数额或者违法所得数额,其中内涵的法理就是在罪量要素的性质上,直接经济损失的违法程度要低于违法所得或者非法经营的违法程度,通过数额上的差别规定,才可能使上述罪量要素在整体上保持平衡,进而维持不同罪量要素违法判断的均衡性。

基于上述分析,非法获利数额高于被害人损失数额的情形同样欠缺合理性。《追诉标准(二)》第13条关于为亲友非法牟利罪的立案标准规定:"国有公司、企业、事业单位的工作人员,利用职务便利,为亲友非法牟利,涉嫌下列情形之一的,应予立案追诉:(一)造成国家直接经济损失数额在十万元以上的;(二)使其亲友非法获利数额在二十万元以上的……"上述规定的问题除了前文述及的强行嫁接"重大损失"与非法获利数额的关系,还存在非法牟利数额远远高于造成国家直接经济损失数额的情况,如此处理将导致违法程度高的要素入罪门槛高、违法程度低的要素入罪门槛反而更低的倒挂现象。

最后,倘若采取行为人违法所得标准,则无法回避的问题是,行为人获利是否要扣除成本。司法实践在处理数额这一问题时根据不同犯罪的性质和具体手段区别对待。如在电信诈骗案件中,2018年11月9日最高人民检察院发布的《检察机关办理电信网络诈骗案件指引》(高检发侦监字〔2018〕12号)指出,"犯罪嫌疑人为实施犯罪购买作案工具、伪装道具、租用场地、交通工具甚至雇佣他人等诈骗成本不能从诈骗数额中扣除。对通过向被害人交付一定货币,进而骗取其信任并实施诈骗的,由于货币具有流通性和经济价值,该部分货币可以从诈骗数额中扣除"。上述规定实际上采取的是区分的立场,即针对以"金钱为诱饵"的诈骗,扣除交付的货币。但是如果采取的是"硬件诈骗",则不扣除成本。在经济犯罪中,通常采取的方法是在认定违法所得数额时扣除合理的成本。例如,最高人民检察院2020年4月25日发布的《2019年度检察机关保护知识产权典型案例》之案例十七——"浙江金某某侵犯商业秘密案"指出,"在被害人无法对损失举证、无法核算研发成本的情况下,检察机关确定以侵权人违法所得,即已经获得或应得的非法收入来认定犯罪数额。同时,考虑到被告人在生产、销售中支出的合理成本,在销售金额中对该部分予以扣减,即违法所得=销售毛利=产品销售金额-产品销售成本(材料、工资、制造费用、电费)。而公司管理人员工资、社保、福利费、房租、固定资产折旧费等管理费用,即便没有生产侵权产品也需要支出,系公司的整体经营成本,而非因侵权行为产生的必要成本,不予扣减"。值得讨论的问题是,倘若行为人成立公司就是为了侵犯商业秘密或者实施其他经济犯罪,此时一概扣除成本显然不合理,由此导致在处理经济犯罪时违法所得是否扣除成本的两难境地。

综上,关于经济犯罪中"重大损失"的司法实践之所以存在诸多问题,是因为司法实践对"重大损失"的基本属性及其内涵存在分歧。为此,有必要在理论上重新厘定。

四、"重大损失"的重新厘定

在文义解释上,"重大损失"只能被理解为权利人遭受的损失,其表明的是由行为人不法行为引发的后果。在明确经济犯罪"重大损失"的认定标准时,应当紧扣上述要义。

(一)与权利人经营或生产活动无关的损失不宜被评价为"重大损失"

在签订、履行合同失职被骗罪中,如果有关单位并非行为人任职的或者履行职务的单位,即便该单位遭受了损失,也不应当认定为本罪的"重大损失"。如甲作为混合所有制企业中的国有股份的负责人,在履行合同中不负责导致混合所有制企业破产,经查,国有股份的经济损失为30万元。如前所述,因本罪保护的是国有企业的正常经营,且未达到"重大损失"50万元的标准,此时,不应当将混合所有制企业的破产认定为签订、履行合同失职被骗罪的"重大损失"。当然,如果认为本罪保护的法益不限于国有经济,则另当别论。

权利人先期付出的投入尽管与经营活动有关联,但由于不是经营活动,也不应当纳入"重大损失"的范畴。例如,在侵犯商业秘密罪中,商业秘密的开发或者研发,均不是经营活动,即便商业秘密被窃取,但如果行为人根本没有利用此商业秘密开发产品或者将其披露给他人,则无法认定为侵犯商业秘密罪的"重大损失",在《刑法修正案(十一)》通过后,可以作为"情节严重"予以追责。

在有第三人介入因素的情况下,需要判断行为人的行为与被害人的损失之间是否具有因果关系。基本的判断是,如果介入的因素是合法的经营行为,则不阻断因果关系的成立。例如,行为人将伪劣的种子销售给供销社等合法经营的第三人,第三人在不明知的情况下销售上述伪劣种子,进而给农民造成重大损失的,仍然应当将农民的损失纳入"重大损失"。在"刘兆斌销售假种子案"中,法院认为,被告人刘兆斌销售假种子,虽然中间介入了如皋经营部的销售行为,但是行为人销售假种子与如皋地区生产遭受的重大损失之间具有明显的因果关系,行为人的行为符合销售伪劣种子罪的构成要件。[17]

在刑法明确规定"重大损失"仅限于直接损失的情况下,直接按照当时的损失数额认定即可,而不能过度地去考虑市场因素等其他内容。有观点认为,侵犯商业秘密给

---

[17] 参见国家法官学院、中国人民大学法学院编:《中国审判案例要览(2005年刑事审判案例卷)》,人民法院出版社、中国人民大学出版社2006年版,第124页。

权利人造成的损失,既可以是由行为人泄露、公开商业秘密造成的,也可以是由行为人使用或者允许他人使用造成的;可以是有形的损失,也可以是无形的损失。在确定侵犯商业秘密行为造成的损失时,应当综合考虑商业秘密市场占有额的大小、商业秘密的利用周期、商业秘密权利人的数量、侵权人的生产能力、被侵犯的商业秘密权利人目前的产品销售情况等因素。对损失额的计算,要首先考虑权利人的直接损失,同时适当估算侵权人非法获利数额的大小。[18] 裁判实践中,也有持类似立场的裁判,在海欣公司等侵犯商业秘密案中,法院认为,侵犯商业秘密罪所侵犯的客体不仅仅是权利人的经济利益,也包括由商业秘密形成的竞争优势以及国家所保护的产业竞争力,故侵犯商业秘密行为造成的损失包括权利人的竞争优势以及这种优势所带来的经济利益。所谓对竞争优势的损害在经济上体现为三个部分:开发成本、现实的优势和未来的优势。虽然该案中海欣公司生产的维生素E部分已经销售出去,然而海欣公司尚未获得现实的利益,但其侵犯商业秘密的行为已经削弱了权利人的竞争优势,降低了权利人对未来利润的预期。[19]

然而,这种观点未必可取。理由为,商业秘密利用周期、商业秘密市场占有额的大小等要素不仅无法具体客观化,更可能因为在不同的市场环境下,认定标准不一致。企业的竞争优势、现实的优势和未来的优势,也并不容易量化与判断。笼统将各种因素纳入"重大损失"中,会导致原本较为清晰的"重大损失",因过多地考虑到不确定的市场因素而变得扑朔迷离。在《刑法修正案(十一)》出台之后,上述情形能否认定为情节严重,值得另行讨论。

(二)行为人获利数额不是"重大损失"的要素

之所以否定行为人获利数额是"重大损失",一是行为人获利与权利人受损未必等同,完全可能存在行为人与权利人同时获利的情形;二是行为人获利与权利人受损是两个不同的范畴,所指向的内容不尽相同;三是在权利人受损的情况下,行为人获利的数额也未必完全等同于权利人受损的数额。如果行为人获利数额高于权利人受损数额,以行为人获利数额作为认定"重大损失"的标准,对于行为人而言并不公允。反过来,如果权利人受损的数额高于行为人的获利数额,以行为人获利数额作为认定"重大损失"的标准,对于权利人缺乏有效的保护。

此外,在行为人违法所得数额与"重大损失"选择性地作为个罪的罪量标准时,也应当通过比较违法程度,确立二者之间的数额关系。基本的方法是,"重大损失"数额应当低于违法所得的标准。具体比例可结合具体犯罪的特征设定,但应当低于单位犯罪与自然人犯罪的比例,在我国现行的司法实务中,单位犯罪的数额通常要数倍于自

---

[18] 参见周光权:《刑法各论》(第3版),中国人民大学出版社2016年版,第310—311页。
[19] 参见浙江省绍兴市中级人民法院(2015)浙绍刑终字第874号刑事判决书。

然人犯罪的数额,典型的是两倍制与五倍制。

两倍制的做法如走私普通货物、物品罪的数额标准,2014年8月12日最高人民法院、最高人民检察院《关于办理走私刑事案件适用法律若干问题的解释》(法释〔2014〕10号)第16条规定,自然人"走私普通货物、物品,偷逃应缴税额在十万元以上不满五十万元的,应当认定为刑法第一百五十三条第一款规定的'偷逃应缴税额较大'"。第24条第2款规定:"单位犯走私普通货物、物品罪,偷逃应缴税额在二十万元以上不满一百万元的,应当依照刑法第一百五十三条第二款的规定,对单位判处罚金,并对其直接负责的主管人员和其他直接责任人员,处三年以下有期徒刑或者拘役……"

五倍制的做法如非法吸收公众存款罪的数额标准,根据最高人民法院2001年1月21日发布的《全国法院审理金融犯罪案件工作座谈会纪要》的规定,个人非法吸收或者变相吸收公众存款20万元以上的,单位非法吸收或者变相吸收公众存款100万元以上的,应当依法追究刑事责任。值得注意的是,2022年修正的最高人民法院《关于审理非法集资刑事案件具体应用法律若干问题的解释》不再区分自然人犯罪和单位犯罪处罚标准,"以体现对单位犯罪从严惩处的精神"[20]。然而,这种修改未必成功,我国刑法中的经济犯罪存在大量的单位犯罪与自然人犯罪的二元追诉模式,意味着二者的归责机制明显不同,统一二者罪量标准无异于否认现有立法模式的区分立场。况且,以从严处罚单位为由,统一非法吸收公众存款罪中的自然人犯罪和单位犯罪的定罪标准并不合理,倘若如此,司法解释也应当在走私犯罪等其他经济犯罪中一并作出规定,缘何只是在非法集资犯罪中作出特殊例外规定。可见,司法解释的这种修改不仅站不住脚,也无法对接其他经济犯罪的既有规定。

笔者认为,应当采取不高于两倍制的做法。理由为,单位犯罪本身是一种组织体犯罪[21],其利用的是单位自身的组织性特点,相较自然人犯罪而言,单位的组织性意味着行为更容易实施。然而,行为人获利要素与"重大损失"要素相比,差别仅仅是行为人的主观目的,二者的载体都是行为人的行为,即同一行为既是行为人的非法获利行为,同时也可能是给被害人造成"重大损失"的行为。基于此,其差别应当要比单位犯罪和自然人犯罪的数额差别有所削弱。因此,在设置比例时不宜高于单位犯罪与自然人犯罪数额的最低比例。《追诉标准(二)》中逆向地反映了这一点,如前文所述的为亲友非法牟利罪,追诉标准在数额上是"造成国家直接经济损失数额在十万元以上的","使其亲友非法获利数额在二十万元以上的",从数额的比例设定上看也是两倍,只不过由于最高司法机关没有注意到违法性程度的关联性对比,才导致前述有些犯罪罪量逆向设定的不合理。

---

[20] 孙航:《最高法发布新修改的非法集资刑事司法解释》,载《人民法院报》2022年2月25日,第1版。

[21] 参见黎宏:《组织体刑事责任论及其应用》,载《法学研究》2020年第2期。

(三)经济犯罪特质对于认定"重大损失"的制约

界定经济犯罪中的"重大损失",需要以具体犯罪的法益为指导。按照传统刑法理论,经济犯罪的法益是经济秩序。[22] 然而,这种理解未必合理。其一,在相当多的经济犯罪中,经济秩序只是一种附带性的法益,倘若没有对具体个体法益造成侵害,整体的经济秩序也不会受到侵害。其二,过度考虑经济秩序的损害可能带来的后果是,对经济犯罪的评价倾向于秩序维护优先的立场,进而在追诉标准或者相关的司法解释中不当降低经济犯罪的构罪标准。[23] 其三,即便承认经济秩序是超个体的集体法益或者社会法益,但是在逻辑上并不意味着经济秩序具有优先性。"如果只注重对社会法益的保护,就会导致个人法益的丧失。因为在这种情况下,会将个人作为保护社会利益的手段,从而牺牲个人法益。"[24] 其四,司法实践关于"重大损失"的认定也应当遵循"先个体后整体""先具体后抽象"的判断思维,就此而言,"重大损失"的认定应当紧扣个体法益,遵循以个体受损为核心,以经济秩序为辅助的双层次判断逻辑。

此外,应当将地方司法文件中规定的诸如"造成恶劣影响"或"造成特别恶劣影响"从"重大损失"或"特别重大损失"的因素中排除出去。例如,2008年6月24日发布的上海市人民检察院《关于本市办理部分刑事犯罪案件标准的意见》在界定为亲友非法牟利罪的"特别重大损失"时指出,具有下列情形之一的,属于"致使国家利益遭受特别重大损失":(1)造成国家直接经济损失数额在50万元以上的;(2)造成国家直接经济损失数额不满50万元,同时致使有关单位停产、破产的;(3)致使3家以上有关单位停产、破产的;(4)造成特别恶劣影响的。笔者认为,作为兜底的"造成特别恶劣影响"不仅导致"特别重大损失"的认定标准为司法留下了无限的弹性,还可能导致司法机关在处理类似案件时陷入被动。倘若案件本身的危害程度没有达到前述三种具体列举的情形,但是案件本身又受到社会的广泛关注,成为舆论热点,则法院在审理时势必会骑虎难下。况且实践中尚没有只根据造成恶劣影响来认定"重大损失"的判例。既然如此,上述规范性文件就没有必要规定如此模糊不清的概念,实属无益之举。

倘若行为人并未从事经济活动,即便此时造成的损失达到了追诉标准,也不能认定为"重大损失"。例如,甲系某国有公司的主管人员,公司在装修的过程中,与乙签订了装修合同,但乙实际上并无任何装修资质,公司由此支付乙装修费用50万元。此时,甲的行为也不应当被认定为签订、履行合同失职被骗罪。理由为,签订、履行合同失职被骗罪作为经济犯罪的一种类型,合同应当具有经济合同的性质,亦即此时的合

---

[22] 参见贾宇主编:《刑法学(下)》,高等教育出版社2019年版,第62页。
[23] 参见孙国祥:《集体法益的刑法保护及其边界》,载《法学研究》2018年第6期。
[24] 张明楷:《论以危险方法危害公共安全罪——扩大适用的成因与限制适用的规则》,载《国家检察官学院学报》2012年第4期。

同应当是与国有公司、企业的经营业务具有联系的合同。

在上例中，甲所在的公司与乙签订的装修合同尽管形式上具有合同的性质，但是该合同与甲所在公司的业务不具有关联性，而是在业务之外签订的合同。对此，实践中，尽管没有明确指出，但是裁判文书中基本上都将合同限定在与国有单位有关联的业务范围内。例如，在何红签订、履行合同失职被骗案中，被告人何红在担任中国商业对外经济技术合作公司进出口部经理，为北京侨佳鑫经贸有限公司代理进口业务过程中，违反外贸进口代理规定，工作严重不负责任，造成国家外汇美元5800余万元、港币672余万元被骗购。法院认为，被告人何红作为国有公司工作人员，在直接负责主管履行合同过程中，违反有关进口业务代理规定，工作严重不负责任，致使国家利益遭受特别重大损失，其行为已构成签订、履行合同失职被骗罪。[25]

采取对合同的限缩性解释，也有其他相关的论据作为支撑。刑法并不是对违反其他法律的行为直接给予刑事制裁，而是根据特定目的评价、判断对某种行为是否需要给予刑事制裁。[26] 例如，在界定合同诈骗罪时，刑法理论界和司法实务界的共识立场是，广义上，合同是民事主体之间设立、变更、终止民事法律关系的协议。但根据合同诈骗罪的立法意旨，合同诈骗罪中的"合同"应作限缩解释。虽然合同诈骗罪中的合同形式多样，但其必须存在于合同诈骗罪所保护的客体范围内，能够体现一定的市场秩序。换言之，合同诈骗罪中的合同在内容上应该具有经济合同的性质，是市场主体在经营活动中产生的合同。在日常生活中签订的合同（如个人之间的借款合同），既不是在经营活动中产生的，也不会影响到正常的市场秩序，因此不宜认定为合同诈骗罪中的合同。[27] 基于此，倘若将经济领域中的合同作过度扩大解释，使其包括所有形式的合同，势必会不当扩大签订、履行合同失职被骗罪的范围，甚至会得出只要国有公司、企事业单位的财产被骗，就可按照本罪处理的不合理结论。

（四）区分直接损失与概括损失的认定规则

在认定"重大损失"时，现行司法解释和追诉标准对经济犯罪的表述不尽一致，有的规定为直接经济损失，有的规定为损失（本文将之称为"概括损失"）。文本表述的差异，意味着需要进一步结合具体犯罪的罪质作区分处理，亦即二者在认定机制上存在一定的差异。在认定直接经济损失时，应当将损失限定为由行为人的行为导致的被害人现实的损失。例如，国有公司工作人员在签订、履行合同的过程中，由于没有认真审查合同，导致国有公司向他人支付了50万元，但是国有公司没有收到任何对价性的物品或者服务，50万元可以认定为直接损失，此时行为人当然构成签订、履行合同失职被

---

[25] 参见北京市第一中级人民法院（2000）一中刑初字第168号刑事判决书；北京市高级人民法院（2000）高刑终字第210号刑事裁定书。
[26] 参见张明楷：《正确适用空白刑法的补充规范》，载《人民法院报》2019年8月8日，第5版。
[27] 参见孙国祥：《冒名转租他人房屋行为的罪刑界限》，载《人民检察》2020年第10期。

骗罪。但是,如果合同的相对人向国有公司提供了部分货物,甚至货物的质量存在瑕疵,那么在认定"重大损失"时,就需要对国有公司收到的物品或服务进行价值评估,将扣除上述物品或服务价值后的数额作为"重大损失"的数额。当然,倘若对方当事人所交付的货物有一定价值,但是与国有公司的业务没有任何联系,物品没有任何使用价值,此时,可以将国有公司支付的金额作为"重大损失"的认定标准。

在司法解释只是概括地规定了损失的情形时,损失的范围应当明显大于直接经济损失。具体如下:损失应当既包括直接损失也包括间接损失。例如,在生产、销售伪劣农药、兽药、化肥、种子罪中,2001年4月9日发布的最高人民法院、最高人民检察院《关于办理生产、销售伪劣商品刑事案件具体应用法律若干问题的解释》(法释〔2001〕10号)第7条规定:"刑法第一百四十七条规定的生产、销售伪劣农药、兽药、化肥、种子罪中'使生产遭受较大损失',一般以二万元为起点;'重大损失',一般以十万元为起点;'特别重大损失',一般以五十万元为起点。"[28]在认定损失时,应当考虑购买伪劣化肥、种子的被害人的投入,具体应当包括购买的费用以及从事正常生产的其他费用。例如,甲销售伪劣种子给乙,乙以1万元价格购买后,雇佣他人播种,雇佣费用为1万元,导致农业减产8万元。此时在认定"重大损失"时,应当包括乙购买种子的费用、雇佣他人从事生产的费用以及农业减产的损失,综合计算,乙的经济损失为10万元,甲的行为构成销售伪劣种子罪,应当处"三年以上七年以下有期徒刑,并处销售金额百分之五十以上二倍以下罚金"。同样,在认定生产、销售伪劣化肥案的损失时,除了考虑上述因素,倘若农户使用伪劣化肥导致盐碱地无法种植农作物,此时土地的受损也应当结合上年度的生产能力作为"重大损失"的要素。

"重大损失"表明的是行为造成的客观损害,对此,司法实践对于"重大损失"通常采取推定的方式。[29]然而,倘若有证据证明由于第三人的不当行为导致损失扩大的,则在认定"重大损失"时应当扣除由于第三人导致损失扩大的部分。但是,如果被害人为了避免或者减少损失而采取救济措施,因此产生的费用应当认定为在"重大损失"的范围内。

(五)"重大损失"的认定应适度考虑行为人的履约能力

如前所述,现行司法解释和追诉标准在认定经济犯罪的"重大损失"时,通常采取较为简洁的表述。但是,倘若行为人具有足够的经济能力并且及时还款的,此时是否

---

[28] 值得注意的是,此处司法解释的规定与相关追诉标准的规定不尽一致。《关于公安机关管辖的刑事案件立案追诉标准的规定(一)》第23条规定:"生产假农药、假兽药、假化肥,销售明知是假的或者失去使用效能的农药、兽药、化肥、种子,或者生产者、销售者以不合格的农药、兽药、化肥、种子冒充合格的农药、兽药、化肥、种子,涉嫌下列情形之一的,应予立案追诉:(一)使生产遭受损失二万元以上的;(二)其他使生产遭受较大损失的情形。"

[29] 参见贺志军:《侵犯商业秘密罪"重大损失"之辩护及释法完善》,载《政治与法律》2020年第10期。

仍然认定为"重大损失"？笔者认为,行为人的履约能力关系到经济犯罪法益是否受到实质性侵害,因此,在认定"重大损失"时,需要将履约能力作为认定"重大损失"的重要参考,详言之,如果行为人有足够的履约能力并及时清偿的,即便客观上造成的损失达到了司法解释规定的标准,也不宜认定为"重大损失"。

经济犯罪的结构体现为行为人与被害人之间的经济交易性,但是对于财产损失不宜采取静态的理解,不能认为只要造成损失,就应当按照相应的经济犯罪处理。经济犯罪不同于财产犯罪,经济犯罪的刑事政策应当与传统的财产犯罪的刑事政策具有本质的区别。[30] 财产犯罪具有较强的伦理性,盗窃他人财物即便事后赔偿的,也不影响盗窃罪的成立。但经济犯罪的法定犯色彩较浓,经济犯罪系基于国家对于经济秩序的维控而衍生出的犯罪。近年来,理论界有观点倡导用法益可恢复性方案限缩处罚范围。该观点认为,"法益恢复"刑法从宽评价的模式选择,应在"罪"之判断之后的"责"之领域进行实质化分析。"法益恢复"刑法评价的科学模式,可以描述为罪之判断完成以后的"刑事责任熔断",从而整体性地完成对行为人罪责刑的综合评价。[31] 按照法益可恢复性的立场,行为人采取补救措施及时避免损失的,则可以因责任熔断而免除刑罚处罚。[32]

从整体犯罪认定的流程上看,法益可恢复性方案对于限定经济犯罪乃至财产犯罪的处罚范围有一定的意义,法益可恢复性方案在本质上评价的是行为人的可谴责性程度。进一步而言,行为人积极足额赔偿的,则被侵犯的法益因行为人的努力而被恢复,故可作免责处理。然而,笔者认为,应当将行为人的履约能力作为判断"重大损失"的要素。与法益恢复说相比,这种处理方案有如下几个优势：

其一,行为人积极赔偿固然反映了其可谴责性程度降低,但前提仍然是行为构成犯罪,只是由于在责任认定中采取了熔断机制,才免予刑罚处罚。然而,如果在认定"重大损失"时就考虑到行为人的履约能力,如行为人有足够的赔偿能力,则意味着行为对于经济秩序的侵害程度仍然较弱甚至无须动用刑罚进行处罚。实际上,在我国司法解释中,存在以无能力赔偿数额作为定罪依据的规定。例如,在交通肇事罪中,行为人造成公私财产直接损失无能力赔偿30万元以上的,可构成交通肇事罪。言外之意是,倘若行为人有能力赔偿则无罪。尽管此司法解释以事后的赔偿能力作为出入罪的标准不尽合理,有违刑法平等原则[33],但其实问题的症结是司法解释的错位规定,在危害公共安全罪中,公共安全是刑法中的重大法益,行为人交通肇事侵犯不特定人的生命、健康权利是本罪的核心特质,以财产赔偿作为认定交通肇事罪的追诉标准,不契

---

[30] 参见蔡道通：《特别法条优于普通法条适用——以金融诈骗罪行为类型的意义为分析视角》,载《法学家》2015年第5期。
[31] 参见庄绪龙：《"法益恢复"刑法评价的模式比较》,载《环球法律评论》2021年第5期。
[32] 参见庄绪龙：《"法益可恢复性犯罪"概念之提倡》,载《中外法学》2017年第4期。
[33] 参见石聚航：《司法解释中的出罪事由及其改进逻辑》,载《环球法律评论》2020年第3期。

合本罪的罪质。然而,经济犯罪通常不会涉及危及人身、健康等法益的评价,故应当考虑行为人的履行能力,据此,"重大损失"应被理解为权利人不可逆、无法弥补的财产损失。

其二,法益可恢复性方案在性质上属于对责任程度的判断,责任判断具有明显的事后性,但是在认定经济犯罪的"重大损失"时,考虑行为人的履约能力,则是对不法的整体判断,在顺序上先于对责任的判断。实际上,只要坚持"重大损失"的认定不是机械的静态判断,就不能否认行为人履约能力大小对于"重大损失"的影响,将行为人履约能力作为认定"重大损失"的要素相对于责任判断而言是一种提前判断,更有助于限缩经济犯罪的范围。

其三,即便肯定经济犯罪的法益是经济秩序或经济安全,但是仍须作具体的判断,换言之,经济秩序或经济安全是个相对的概念,一刀切地采取整体性、静态性的判断思维,不仅会因司法认定的机械导致经济犯罪处罚范围过宽,而且也无法真正区分一般经济违法和经济犯罪。以骗取贷款、票据承兑、金融票证罪为例,在《刑法修正案(十一)》取消了骗取贷款罪"其他严重情节"的罪量标准后,"重大损失"成为认定本罪基本犯的唯一要素。但即便如此,在认定"重大损失"时,也应当实质性地理解银行信贷资金的安全,倘若行为人有足够的能力偿还信贷资金,则不宜认为银行的信贷资金安全受到实质威胁。对此,有的地方性司法文件已经意识到这一点,例如,2015年8月26日发布的浙江省高级人民法院、浙江省人民检察院、浙江省公安厅《关于办理骗取贷款、票据承兑、金融票证罪有关法律适用问题的会议纪要》规定,"行为人以欺骗手段取得银行或者其他金融机构贷款、票据承兑、金融票证,数额超过人民币一百万元不满五百万元,但在侦查机关立案前已偿还信贷资金,未给银行或者其他金融机构造成直接经济损失的,或者行为人以自有财产提供担保且担保物足以偿还贷款本息的,可认定为刑法第十三条的'情节显著轻微危害不大',不作为犯罪处理"。

值得讨论的问题是,倘若行为人进行抵押时抵押物的价值足够偿付信贷资金,但是由于市场风险原因导致还款时抵押物价值贬损的,此时是否应当认定为信贷资金受到威胁?笔者持否定意见,理由为,金融市场本身就充满了不确定风险,既存在抵押物本身价值贬损的情形,也存在抵押物升值的情形。即便行为人在申请贷款时采取了欺骗的手段,也不宜将所有风险归因于行为人。倘若由于抵押物价值贬损而导致行为人还款能力受到影响,进而将未能归还的资金认定为"重大损失",则意味着金融机构在整个金融系统中无须对任何的风险承担责任,这对于行为人而言有失公允。实践中,金融机构不断推出新的理财产品,如2015年9月23日最高人民检察院发布6起依法查处金融犯罪典型案例之四"某酒业有限公司、彭某骗取贷款案"的"典型意义"部分指出,"一方面,由于金融行业的竞争日趋激烈,促使各金融机构不断推出金融创新产品;另一方面,我国资本市场尚不发达,企业融资途径有限,小微企业融资尤其困难。在此背景下,作为传统的金融机构,银行推出了名称各异的各种新型信用卡业务,但金融创新在为小微企业提供融资便利的同时,也易诱发金融风险和金融犯罪"。就此而言,在抵押物价值发生贬损时,银行完全可以要求行为人提供足额抵押。对此,《民法典》第 408 条规定:"抵押人的行为足以使抵押财产价值减少的,抵押权人有权请求抵押人停止其行为;抵押财产价值减少的,抵押权人有权请求恢复抵押财产的价值,或者提供与减少的价值相应的担保。抵押人不恢复抵押财产的价值,也不提供担保的,抵押权人有权请求债务人提前清偿债务。"倘若银行在此过程中没有积极履行此义务,银行对于风险应当承担部分自负的责任,如此,也有助于促使银行及时履行抵押资产保值的义务,降低金融资金的信贷风险。

五、结 论

鉴于个罪自身的特殊性,经济犯罪中"重大损失"的立法模式存在单独罪量模式和复合罪量模式两种不同的立法例,且不同犯罪中"重大损失"的内在要素也因个罪的差异呈现出不同的特点,然而,在认定"重大损失"时,仍然需要恪守经济犯罪的一般规律,以符合经济犯罪的罪质,罪量要素之间的性质差异不能违背经济犯罪的基本法理。在立法明确"重大损失"是经济犯罪的罪量要素时,应遵循"重大损失"的语词本质,不宜将违法所得或非法牟利认定为"重大损失"。在立法将"重大损失"与其他严重情节共同作为个罪的罪量要素,以及"重大损失"作为个罪"情节严重"的罪量时,应当基于体系解释的立场,在肯定"重大损失"与违法所得的违法程度差异的基础上,适度调整二者之间的关系,以维持经济犯罪的罪刑均衡。同时,需要鉴别个罪中行为与损害结果之间的因果关系,并适度考虑行为人的履约能力,以合理框定"重大损失"的范围。

紧急医疗中近亲属推定同意的认定[*]

张贵湘[**]

要 目

一、紧急医疗行为的正当化根据：推定同意
二、紧急医疗行为的适用规则：符合最佳利益原则
　（一）最佳利益原则的内涵
　（二）患者最佳利益的判断标准
三、近亲属推定同意的认定
　（一）近亲属推定同意权限的界定
　（二）患者先前拒绝手术的意愿的效力
　（三）拒绝治疗场合刑事责任的认定
　（四）享有同意权的近亲属之间意见分歧的处理
四、结论

摘　要　紧急医疗行为具有专断医疗行为的外观，但因病情紧急，且是为拯救患者的重大身体利益，因而可以适用推定同意阻却行为的违法性，同时还蕴含了应当符合患者最佳利益的要求。关于紧急医疗中近亲属推定同意的认定，本文主要探讨并解决了如下争议：近亲属推定同意的界限、患者先前拒绝手术意愿的效力、拒绝治疗场合各方主体刑事责任的认定、享有同意权的近亲属之间意见分歧的处理。

关键词　紧急医疗　推定同意　最佳利益　近亲属

"紧急治疗，是指患者由于突发状况或者其他原因陷入无意识状态，病情十分危急，医生在无法征求其意见的情况下所采取的必要救治措施。"[1]一般情况下，医生需

---

[*] 本文系 2023 年度国家社会科学基金青年项目"阶梯式临终医疗法律保障体系研究"（23CFX046）的阶段性成果。
[**] 贵州大学法学院讲师，法学博士。
[1] 钱叶六：《医疗行为的正当化根据与紧急治疗、专断治疗的刑法评价》，载《政法论坛》2019 年第 1 期。

要在取得患者同意后实施医疗行为,否则就会因侵犯患者的自我决定权而构成专断医疗,承担相应责任。但在诸多急诊案例中,难以及时取得患者及其家属的同意才是医疗常态,为保护患者的生命安全与重大身体健康,需要立即实施相应的紧急医疗行为,这一类行为客观上具备了专断医疗行为的形式要件,但因情况紧急,又是为了拯救患者的重大身体利益,因而具有正当性。[2] 具而言之,并非所有的医疗行为都必须取得患者同意,当情况紧急时,未获患者同意的紧急医疗行为仍然可以被正当化。那么,紧急医疗行为得以正当化的根据是什么?具体的适用规则何在?如何对近亲属的医疗决定权限予以适当限制?这都是下文将要探讨并解决的问题。

一、紧急医疗行为的正当化根据:推定同意

紧急情况下实施的医疗行为,毋庸置疑,必然具备正当性。但基于行为时并未取得患者本人的现实同意,自然也就无法援引"患者的同意"来实现正当化,需要另谋出路。

关于紧急医疗行为的正当化根据,学界主要存在紧急避险说与推定同意说两种对立观点。其中,紧急避险说为英美法系国家的论者所普遍支持,主张医疗行为在紧急情况下能够不经患者同意而实施,紧急避险是其得以正当化的根据所在。[3] 我国台湾地区有学者同样持紧急避险说,认为在紧急治疗的场合,即便医生未对治疗行为加以详细说明,或未得患者同意乃至违背患者的真实意愿,只要医疗行为保全了患者的生命与健康,就可以根据"紧急避险"阻却犯罪的成立。[4] 具而言之,紧急医疗行为属于紧急避险,依据紧急避险原理,法益的优越性是其正当化原理。也就是说,在特定场合,牺牲较低位阶的利益而保全较高位阶的利益是合乎情理的,能够阻却犯罪的成立。紧急避险成立的前提要件是紧迫危险的存在,在紧急医疗的场合,患者自身的重大疾病就是"正在发生的危险"。当然,"正在发生的危险"并不必然是指危难即刻就要发生,危险如果持续进行下去势必造成重大损害的,仍然属于"正在发生的危险"。例如,医生在患者怀孕初期发现其子宫内有恶性肿瘤,如若任由胎儿生长,胎儿在出生之时必将危及孕妇生命,则可以对孕妇进行堕胎手术。虽然距离胎儿出生尚有时日,但堕胎行为仍然属于紧急避险。如果患者明确拒绝,医生仍然可以依据紧急避险对其实施医疗行为,紧急避险原本就无须取得被害人同意,只要医生客观上保护了患者更为重要的法益即可。[5] 诚然,从形式上观之,紧急医疗行为旨在情势紧急之时拯救患者

---

[2] 参见杨柳:《专断性医疗行为刑法处遇问题研究》,东南大学出版社2015年版,第50页。
[3] See Andrew Hockton, The Law of Consent to Medical Treatment, Sweet & Maxwell Ltd., 2001, p. 10.
[4] 参见陈聪富:《医疗行为与犯罪行为(下)——告知后同意的刑法上效果》,载《月旦法学教室》2008年总第70期;王皇玉:《强制治疗与紧急避难》,载《月旦法学杂志》2007年总第151期。
[5] 参见前注[2],第51页。

更为重要的生命与重大身体健康利益,因而具有紧急避险的外观。但是,紧急医疗行为中被保全法益和牺牲法益的主体同为患者一人,使得不能无视患者本人的真实意愿直接遵循客观利益权衡的准则。[6] 因此,从这一层面言之,若仅仅凭借紧急避险作为紧急医疗行为的正当化根据,显然有害于患者自我决定权的行使,并不妥当。也就是说,在紧急避险中因获利方与利损方分别归属于不同的主体,基于连带的社会互助义务,可以无视利损方的主观意愿,强制要求其牺牲自己较小的利益以保全他人更大的利益,以换取将来自己陷入紧迫危难之际他人同样愿意牺牲较小利益以保全自己的更大利益。但是,在紧急医疗的场合,获利方与利损方同为患者一人,因而患者享有高度的自主决定权,可以在自己有权处分的法益范围内完全遵循自己的价值取向和主观偏好作出选择。此时,患者作出的选择,既可能符合对客观利益的权衡,也可能并不符合,甚至可能给患者本人带来更大的损害,但医方对于患者的主观意愿,只要是明确知悉或是推测可知的,都应当予以尊重。因此,只有在紧急医疗行为所保护的法益与推定的患者意愿相一致的场合,紧急医疗行为才能够得以正当化。[7]

德日刑法学界关于紧急医疗行为主要持推定同意说。推定同意,是指并不存在被害人真实的同意,但可以合理信赖被害人知悉全部事实真相后当然会予以同意。例如,外出旅游的邻居家中发生火灾,为避免遭受更大的财产损失,行为人擅自撬开邻居家大门进入屋内灭火,就属于推定同意的行为,可以阻却行为的违法性。具体到医疗领域,就是指在患者病情紧急的场合,又难以及时取得患方的同意,由医方推定患者在此情形下是否会同意该医疗行为。也就是说,在具备采取紧急医疗措施必要性的场合,病人陷入昏迷或者不具备同意的能力,使得客观上无法及时获知病人的主观意愿,则医生可以通过病人之前透露的信息,例如预立遗嘱、病人意愿书、问诊时病人表达的意愿或是顾虑以及其他一些客观情况,推定病人的主观真意。简而言之,推定同意仍然是以尊重病人的自主决定权为基础,不能违背病人明显可知或者推测可知的主观意愿。[8] 正如德国学者罗克辛教授所言,如果适法的医疗行为遵循了患者的最佳利益原则,那么,就可以推定患者在具有同意能力的情况下会作出同意的决定。至于紧急医疗行为能否正当化,应当取决于患者可能的主观意愿,而非对客观利益的权衡。[9] 日本学者町野朔也认为:"在紧急的情况下,应一律承认紧急治疗符合患者的推定意思而否定医师的刑事责任。"[10] 此外,基于推定同意是事前进行的一种盖然性判断,假设被害人在场知悉全部事实真相也必然会作出相同决定,即便事后发现违背

---

[6] 参见〔日〕山口厚:《刑法总论》(第 3 版),付立庆译,中国人民大学出版社 2018 年版,第 175 页。
[7] 参见前注[1]。
[8] 参见王皇玉:《德国医疗刑法论述概说》,载《月旦法学杂志》2009 年总第 170 期。
[9] 参见〔德〕克劳斯·罗克辛:《德国刑法学总论(第 1 卷)——犯罪原理的基础构造》,王世洲译,法律出版社 2005 年版,第 497 页。
[10] 〔日〕町野朔:《患者的自己决定权与法》,东京大学出版会 1986 年版,第 217 页。

被害人意愿的,亦不影响推定同意的效力。正是如此,才要求对于推定同意适用的时机加以严格限制,只有当客观上确实难以及时取得病人同意而医疗行为又刻不容缓之时,才允许适用。如果能够等到患者清醒之后再行手术,则必须严格维护和尊重患者的自主决定权,不得以推定同意取代病人的真实同意。[11]

综而述之,作为紧急医疗行为正当化根据的紧急避险说和推定同意说,"紧急情况"是二者的成立前提,但二者在理论构造和法益权衡上存在本质差异。[12] 笔者认为,推定同意才是使紧急医疗行为正当化的核心根据。首先,紧急医疗行为是为保全患者的重大利益而牺牲其较小利益,获利方和利损方均为同一主体,契合推定同意的理论构造,但紧急避险中的获利方与利损方则为不同主体。其次,紧急医疗行为中,保全患者的生命安全与重大身体健康是最终目的,对于患者自主决定权的侵犯仅仅是实现目的的手段而已,对于专属于患者自治领域的这两项权利,难以依据客观利益权衡来判断二者孰更优越,只能取决于患者本人的主观真意,推定同意中亦是如此,但客观利益的权衡却是紧急避险中不可替代的判断准则。最后,在紧急医疗中适用推定同意理论作为正当化根据,与普通医疗中的患者同意具有异曲同工之妙,本质上是一脉相承的,更趋近于医疗行为的内核,有利于在医疗行为中更好地维护患者的"最佳利益",并为例外情况下放弃紧急医疗行为提供合理解释。[13]

需要注意的是,推定同意是行为人对患者主观真意的一种第三方推测,假设被害人在场并知悉全部事实真相,同样会表示同意。推定同意是基于行为去推测权利人的真实意愿,是一种事前盖然性的判断,核心根据在于权利人的个人利益、主观偏好和价值取向。客观利益的权衡仅仅是辅助查明权利人主观意愿的手段之一,只有当确实无法获知或推知权利人的主观意愿时,方可采用客观利益权衡的标准。[14] 据此可以推知,如果事发当时有足够的信息可以证实患者会拒绝接受紧急医疗行为,那么,就应当尊重患者的主观意愿,即便当时具备采取紧急医疗行为的所有条件也不例外。但是,如果情况紧急,又无法确定患者是否会同意接受紧急医疗行为,就应当转而立于一般理性人的视角,依据客观利益权衡的标准,判断处于该场合之下的理性人是否会作出同意的决定,并据此推定得出患者的主观意愿。"当本人意愿不明时,在生死之间,医生必须首先推定本人的意愿为生。"[15]也就是说,当事实存疑之时,应当以保护生命为最佳利益。"简言之,事实有怀疑,只能尽力抢救,不能推测可能有放弃急救的承诺而有所松懈。"[16]

---

[11] 参见前注[8]。
[12] 参见杨丹:《医疗行为的正当化研究》,载《社会科学》2009年第12期。
[13] 参见上注。
[14] 参见林钰雄:《新刑法总则》,元照出版有限公司2014年版,第286—287页。
[15] 车浩:《论推定的被害人同意》,载《法学评论》2010年第1期。
[16] 林东茂:《医疗上病患同意或承诺的刑法问题》,载《中外法学》2008年第5期。

二、紧急医疗行为的适用规则：符合最佳利益原则

(一) 最佳利益原则的内涵

医疗救助活动常常会面临情势紧急或者其他特殊情形，患者原则上享有知情同意权，应当由其本人作出医疗决定。但当情势紧急或者有其他特殊情形时，常常无法及时获得患者及其近亲属的同意，因而必须建构一套规则以确保患者优越利益的实现，此为最佳利益原则。[17]

患者最佳利益原则（the Principle of Best Interests），肇始于家庭法中的"子女最佳利益原则"或称为"儿童最佳利益原则"，旨在保护儿童的利益以实现社会利益的最大化。为进一步保护社会中的其他类似群体，最佳利益原则的适用范围逐渐向外扩展。具体到医疗领域，可以解释为代理人应当综合全面地考量各种医疗决定可能给患者带来的利益与风险，并从中选择最有利于患者的医疗决定。以世界医学会（World Medical Association，WMA）于1981年提出的旨在捍卫病人权利的宣言为例，也就是著名的《里斯本病人权利宣言》（Declaration of Lisbon on the Rights of the Patient），其中第5条"法定失能的患者"之c款规定："如果病人的代理人作出违反病人最佳利益的决定，医师有义务在相关的法律机构挑战这项决定；如在危急时则以病人的最佳利益实施医疗行为。"[18]显然，医生应当始终捍卫患者的最佳利益，如果代理人作出的医疗决定背离了患者最佳利益，医生应当不予遵守，紧急情况下甚至可以直接依据患者的最佳利益进行医疗活动。《里斯本病人权利宣言》的序言部分还强调，"医生应当始终遵循良知，维护患者的最佳利益，但也必须同样努力确保患者的自主权和公正待遇"，同时，第1条"得到优质医疗服务的权利"之c款规定，"医生应当始终依据患者的最佳利益为其提供医疗服务，具体实施的医疗行为也应当符合普遍认可的医疗原则"。简言之，在医疗关系中，医生对于患者负有善良管理的注意义务，应始终以维护患者的最佳利益为一切医疗行为的准则。[19]

最佳利益原则在英美国家的医疗决策中具有至关重要的作用，在代表患者作出决定时，该原则被认为是最合理正当的。[20] 在英国等国家，患者最佳利益原则是医患关

---

[17] 参见赵敏：《医事法基本原则论要》，载《中国卫生法制》2021年第1期。
[18] 2005年修改后的版本原文为："If the patient's legally entitled representative, or a person authorized by the patient, forbids treatment which is, in the opinion of the physician, in the patient's best interest, the physician should challenge this decision in the relevant legal or other institution. In case of emergency, the physician will act in the patient's best interest."
[19] 参见刘兰秋：《韩国延命医疗中断立法之评介》，载《河北法学》2018年第11期。
[20] 参见前注[17]。

系的核心,亦为医学的终极追求所在,也是对无同意能力患者进行诊疗时必须遵循的法律准则。[21] 患者最佳利益原则是对患者知情同意原则的补充,二者都旨在保护患者的利益。一般情况下,患者知情同意原则与患者最佳利益原则是保持一致的,绝大多数具备同意能力的患者都是理性而趋利的,作出的医疗决定往往都保护了自己的最佳利益,毕竟每个人都是自己利益的最佳管理者。在患者不能决定、不能理性决定或者关涉他人利益的特殊场合,遵循患者最佳利益原则就能够合理解决私益与公益之间的冲突与矛盾。[22] 患者最佳利益原则对于解决医患纠纷、协调医患关系不可或缺,理应赋予其医事法律规范上的正当性。[23]

但是,很难予以"患者最佳利益原则"一个确切的定义。患者最佳利益原则本质上是一种规范的行为指引,如果以一个狭隘的概念一语概之,必将会导致不必要的制约与困扰。[24] 英国《心智能力法案》(Mental Capacity Act)以及随后颁布的操作规则(Code of Practice)都没有对最佳利益本身作出明确定义,但却提供了具体应当如何判断的指引。《心智能力法案》规定,关于个人最佳利益,不能单纯凭借年龄(Age)、外表(Appearance)、身体状况(Condition)或者行为举止(Behavior)等就加以评判,而是应当综合所有与患者相关的情况,当个人享有作出特定决定的机会时,应当尽一切努力帮助和鼓励丧失同意能力的主体作出决定,且只有在这一情况下才应将"情况是否紧急"这一因素一并纳入考量。[25] 除却《心智能力法案》,英国还设立了独立的精神健康辩护人制度(Independent Mental Health Advocates, IMHA)。这类辩护人与丧失同意能力的患者之间是相互独立的关系,设置该辩护人的目的在于服务患者,确保其最佳利益的实现,具体表现为代表患者参与到医疗决策过程中,对医方提供的医疗方案是否符合患者最佳利益进行判断,并提供一切信息帮助确认患者最佳利益之所在。同时,质疑与挑战非基于患者最佳利益作出的医疗决定。简而言之,精神健康辩护人的职责就是守卫与实现患者的最佳利益。因而无论患者是否具备同意能力,精神健康辩护人都有权在合理范围内查看任何医院与单位记录的有利于患者的所有相关医疗信息,医疗信息的持有者也应当提供前述医疗信息。精神健康辩护人有权私下会见患者,以及访问任何一位了解患者病情的专家。[26] 我国当前虽未设立该制度,但可以借鉴英国的做法,赋予一定组织或机构对于监护人的监督权。具而言之,当患者丧失同意能力之时,近亲属代为作出的医疗决定是否符合患者的最佳利益,可以由居民委员会或村民

---

[21] 参见前注[17]。
[22] 参见前注[17]。
[23] 参见祝彬:《论患者最佳利益原则》,载《医学与哲学(人文社会医学版)》2009年第5期。
[24] 参见李生峰:《关于"医疗公证"的理性思考》,载《医学与哲学》2003年第10期。
[25] See Mental Capacity Act para.5.16-5.28(2005).
[26] See Explanatory Notes of Mental Health Act 2007, Grafana(27 May 2023), http://www.legislation.gov.uk/ukpga/2007/12/pdfs/ukpgaen_20070012_en.pdf.

委员会等组织加以监督和审查；如果患者没有近亲属，则由居民委员会或村民委员会代为作出医疗决定，那么，关于其是否符合最佳利益原则的考察就可以由法院组织相关人员进行。[27]

(二) 患者最佳利益的判断标准

在个体自主决定权备受关注与推崇的当下，患者最佳利益的实现必然与患者的价值取向与利益偏好息息相关，医生的专业判断反而被大幅度削弱。医疗行为毕竟是直接针对患者自身实施的"伤害行为"，患者本人对专属于自己的生命与健康法益自然应当享有绝对的自主权。因此，在判断是否符合患者最佳利益之时，维护患者的自主决定权是必须始终贯彻的核心要义，在此基础上，才能够有效确认患者的最佳利益之所在。

1. 患者具有相应行为能力时

英美等国家设立患者最佳利益原则的初衷是保护缺乏相应行为能力的弱势患者。但是，具有相应行为能力的患者，同样适用最佳利益原则。[28] 普遍认为，如果患者具备相应行为能力，且能够依据医师提供的医疗信息作出真实自愿的医疗决定，此为患者行使自主决定权的表现，应当予以尊重与维护。在这一场合，患者自主决定权的亲自行使就表征了患者最佳利益的实现，无论是否符合客观利益权衡的标准，只要是患者内心真意的自主表达即可。原因在于每一个人都是自己利益的最佳裁定者，其有权根据自己的主观偏好和价值取向自由处分自己的个人利益，我们也都应当予以尊重。同时，基于医患之间信息不对称的情况，医生必须尽到详尽周全的说明义务，确保患者能够在全面客观了解病情的基础上，真实自主地表达出自己的内心意愿。事实上，此处说明义务就已经彰显了医生对于患者最佳利益的认可与维护。

2. 患者不具有相应行为能力时

如果患者不具有相应行为能力，无法基于医生提供的信息作出真实自主的医疗决定，那么，应当由谁代为决定？如何践行患者最佳利益原则？

当患者缺乏相应行为能力时，关于其最佳利益的判断可以依据两个标准进行：一是"医学意义上的最佳利益标准"（Medical Best Interests Standard）；二是"延伸意义上的最佳利益标准"（Expanded Best Interests Standard）。[29] 其中，医学意义上的最佳利益标准是指在患者无相应行为能力，也没有预立医疗决定，且情况紧急无法及时获得患者同意，患者近亲属亦无充分证据证实患者内心真意的场合，医生可以凭借自己的专业素养，遵循医学标准作出符合患者最佳利益的医疗决定。至于延伸意义上的最佳

---

[27] 参见王丽莎：《精神障碍患者自我决定权于民法上之保护》，载《月旦医事法报告》2018年第20期。
[28] 参见前注[23]。
[29] 参见前注[23]。

利益标准则是指虽然患者无相应行为能力,但病情并不十分紧急,尚有时间去确认患者内心真意,此时应当努力探寻患者的真实意愿,不能再仅仅依据医学上的标准加以判断,还应当综合考量患者个人的信仰、情感、生活习惯、长远利益等各种因素来确认患者的最佳利益之所在。

英国《心智能力法案》不仅确认了患者最佳利益原则是一项基本原则,而且从法律上为患者最佳利益的判断提供了具体操作参考。依据《心智能力法案》的规定,在判断患者最佳利益时,整体上要求必须遵循如下几个规则:①原则上16周岁以上的患者应当具有行为能力,除非有相反证据足以推翻;②应当充分、合理地支持和帮助患者作出医疗决定;③任何人不得以患者的决定不正确为由阻止具有行为能力的患者作出医疗决定;④针对缺乏相应行为能力作出医疗决定的患者,医生应当依据患者最佳利益原则作出医疗决定;⑤医生在代表无行为能力患者作出医疗决定时,应当尽可能选择对患者自由和权利不利影响最小的方案。其中,第4(6)条明确规定,代理人在依据患者最佳利益作出决定时,必须考虑如下因素:其一,患者现在或者过去的愿望与感受,特别是在患者具有行为能力时所作出的任何相关书面陈述;其二,在其具有同意能力时,可能会影响其医疗决定的主观偏好和价值取向;其三,在其具有同意能力时可能会作出怎样的选择。

再如美国纽约州《公共卫生法》也明确规定,"对患者最佳利益的评判应当综合考量如下要素:个人尊严和个性;拯救患者生命的可能与程度;维护、改善或保护患者身体健康与机能;缓解患者痛苦;任何医疗状况以及其他关切与价值"[30]。此外,部分司法判决也就患者最佳利益的判断提出了需要考量的因素。以 In re Phillip B. 案为例,这是一起关涉婴儿最佳利益判断的医疗案件,判决指出:是否遵循父母拒绝治疗的意愿,国家应当在综合审查以下因素之后作出决定:一是孩子病情的严重性或者未来病情严重的实际可能;二是医疗行为对于孩子实际存在或者可能造成的风险;三是医学专业人士对于医疗行为的权威评价。当然,一切审查都旨在确保孩子最佳利益与福利的实现。[31]

前述立法实践与司法判例中关于患者最佳利益的判断为我们提供了启示,尽管无法明确界定最佳利益的概念,但综合国外实践与我国实情,在判断患者最佳利益时应当考虑如下因素:其一,尊重患者的主观真意,具体是指在患者具有同意能力,且能够准确认知和理解自己病情的场合,应当遵循其自主作出的医疗决定;其二,努力探寻患者的主观真意,具体是指在患者原本具有同意能力又丧失同意能力的场合,应当综合患者的主观偏好、价值取向、预立医疗决定、近亲属建议等因素来确认患者可能会作出的医疗决定;其三,如果患者自始不具有同意能力的,则应当基于维护患者长远利益的视角,优先保护患者的生命安全与身体健康,在尊重近亲属意见的同时,也要注意避免

---

[30] New York Public Health Law § 2994-d(1987).
[31] See In re Phillip B, 92 Cal. App. 3d 796, 802 (1979).

近亲属权利的滥用;其四,全力维护患者的长远利益,具体是指在具备多种可供选择医疗方案的场合,尽可能选择对患者未来生活不利影响最小的医疗方案;其五,建立关于患者最佳利益的纠纷解决机制,因为对患者最佳利益的判断是综合考量一系列可能影响因素后得出的结论,当患者的近亲属之间、近亲属与医务人员之间难以达成一致意见时,为保障患者最佳利益的实现,应当建立一套快速有效的纠纷解决机制。整体上的解决思路是:在患者不具有同意能力且病情紧急的场合,如果近亲属的医疗决定明显有悖于患者的最佳利益,经过法定程序和认定,医生有权拒绝,并可以基于医学专业精神,结合医学标准以及患者可能的主观意愿等,选择实施其认为最符合患者最佳利益的医疗行为。[32]

三、近亲属推定同意的认定

医疗行为关涉专属于患者个人自治领域的生命安全与身体健康,原则上只能由患者本人自主决定,而有效的同意必须是患者在意识清晰完整且具有成熟的认识能力与判断能力情形下作出的。也就是说,患者应当具有完整且无瑕疵的同意能力。关于同意能力有无的判断,学界并未形成一致意见,大多认为并不必然要求以 18 周岁为限,或者以具有完全民事行为能力为标准。而是要求具体问题具体分析,从实际情况去判断被害人是否具有完整的智识,对于所放弃的法益是否具有全面的了解,以及能否理性判断法益侵害的本质、效果与影响。[33] 因此,一个十六七岁的未成年人患者,如果其本人完全能够理解医疗行为的意义、风险、后果与利弊得失,那么,就应当尊重患者本人的意见,而不是优先遵循法定监护人作出的医疗决定。[34] 相应地,即便患者已成年,但其对于事物的认识能力与判断能力不健全,或者因一时的创伤、疾病陷入昏迷,那么患者本人的同意就会因为存有瑕疵而无效,或者根本就无法作出同意的决定,此时,应当认可患者近亲属推定同意的效力。此外,纵使患者本人意见与法定代理人的意见相左,只要患者本人意识清醒,有能力准确、全面地认识医疗行为的利弊得失,且具有同意能力,医生就应当尊重患者本人的意见。

近亲属签字同意制度在我国早已形成,例如,《基本医疗卫生与健康促进法》第 32 条[35]中规定,患者在接受医疗行为时享有知情同意权,当患者无法作出同意决定或者

---

[32] 参见前注[17]。
[33] 参见前注[4],王皇玉文。
[34] Vgl. Wessels/Beulke, Strafrecht Allgemeiner Teil, 34. Aufl., 2004, §9 Rn. 378.
[35] 《基本医疗卫生与健康促进法》第 32 条规定:"公民接受医疗卫生服务,对病情、诊疗方案、医疗风险、医疗费用等事项依法享有知情同意的权利。需要实施手术、特殊检查、特殊治疗的,医疗卫生人员应当及时向患者说明医疗风险、替代医疗方案等情况,并取得其同意;不能或者不宜向患者说明的,应当向患者的近亲属说明,并取得其同意。法律另有规定的,依照其规定。开展药物、医疗器械临床试验和其他医学研究应当遵守医学伦理规范,依法通过伦理审查,取得知情同意。"

不宜由患者本人作出同意决定时,应当由患者的近亲属作出同意决定。《民法典》第1219条[36]也对此作出了相同规定。可见,我国同样十分重视征求患者近亲属的医疗意见,原因在于近亲属与患者之间存在特别亲密关系,通常是最为了解患者主观偏好和价值取向的群体,自然比一般人更加了解患者对于医疗行为可能作出的决定,同理,近亲属对于紧急医疗行为的决定自然更能够代表患者的主观意愿与最佳利益。[37]从这个层面观之,紧急医疗场合近亲属推定同意的成立,与患者的真实同意一样,都旨在维护患者的自主决定权。但近亲属的决定毕竟是区别于患者自我决定的一种独立的意思表示,它是对患者内心真意的一种尝试性接近,并不能完全等同与替代。因此,对近亲属医疗决定权限如何予以适当限制就成为问题所在。[38] 医疗实践中,关于近亲属的推定同意这一议题,主要面临以下困扰:其一,紧急医疗中近亲属的推定同意明显有悖于患者最佳利益的,如何处理?其二,紧急医疗中患者先前存在拒绝手术意愿的,效力如何?其三,紧急医疗中近亲属拒绝同意治疗导致患者死亡的,如何追责?其四,紧急医疗中享有同意权的近亲属之间存有意见分歧的,如何解决?

(一)近亲属推定同意权限的界定

依据现有医疗相关法律规范的规定,患者本人同意是实施医疗行为的原则性要求,即便患者丧失同意能力,如果手术延迟没有损害,医生就必须等到患者恢复意识,并征求患者本人意见之后再行决定是否手术,此时推定同意是不被允许的。与此同时,患者在丧失意识之前,清楚全面地了解手术行为与意义之后保持沉默的,也应当排除推定同意的适用,因为患者的意愿很明了(即默示同意),不存在推定的余地。如果是情况紧急且患者丧失同意能力的场合,则可以依据推定的同意,将保护无法表达自己意愿的患者的生命安全和重大身体健康的手术行为正当化。[39] 此时推定同意可以由法定监护人、意定监护人、医疗机构负责人等主体作出。尽管现有法律规范对于紧急医疗中的有权推定同意主体给出了清晰答案,但通过典型的"肖志军拒签案"[40]可以发现,还是存在诸多疑难之处需要解决。在这一事件中,患者李丽云的同居男友肖志军拒绝在手术同意书上签字,医院被迫放弃医疗行为,最终导致患者李丽云不治

---

[36] 《民法典》第1219条规定:"医务人员在诊疗活动中应当向患者说明病情和医疗措施。需要实施手术、特殊检查、特殊治疗的,医务人员应当及时向患者具体说明医疗风险、替代医疗方案等情况,并取得其明确同意;不能或者不宜向患者说明的,应当向患者的近亲属说明,并取得其明确同意。医务人员未尽到前款义务,造成患者损害的,医疗机构应当承担赔偿责任。"
[37] 参见前注[1]。
[38] 参见曹菲:《医事刑法基本问题研究》,载刘建利主编:《医事刑法重点问题研究》,东南大学出版社2017年版,第20页。
[39] 参见前注[9],第538页。
[40] 参见李小娥等诉首都医科大学附属北京朝阳医院医疗损害赔偿案,北京市第二中级人民法院(2010)二中民终字05230号民事判决书。

身亡,胎死腹中。那么,要求医院在获得近亲属签字同意后才实施手术行为的规定是否合理?究竟由谁为李丽云及其腹中胎儿的死亡负责?在该案中,医生实施手术面临以下现实障碍:一是肖志军作为患者唯一在场的近亲属始终拒绝同意手术;二是据医院和其他患者证实,患者本人也曾明确表达拒绝手术的意愿。在这一场合,医生是否可以根据推定同意而实施手术?下文将以"肖志军拒签案"为分析样本,试图对相关疑难问题作出解答。

医生的说明义务与患者的知情权利都服务于患者的"同意",医疗行为直接关系到患者的生命安全和身体健康,患者又是医疗行为的直接承受者,自然是有权作出医疗决定的主体。但是,患者只有在具有同意能力时,才能够成为同意主体。"所谓同意能力,是指能够理解医疗行为的性质并且接受相应后果的能力。"[41]然而,医疗实践中的患者并不总是能够具有同意能力,当患者没有同意能力时,患者的近亲属将成为有权同意的主体。那么,近亲属推定同意的界限何在?具而言之,如果唯一在场的近亲属拒绝就合理、必要且紧急的医疗决定作出同意的,应当如何处理?对此,可以更进一步地划分为两个问题:其一,患方没有同意的,医方是否可以凭借专业判断,未经同意而直接实施手术?其二,患者近亲属拒绝同意并导致危害后果发生的,由谁承担责任?

在紧急医疗的场合,因患者无法自己作出同意,所以只能由其在场的近亲属代为同意,但近亲属拒绝同意,而患者又处于亟须救助的紧急状态,如何处理?尽管《民法典》《医疗机构管理条例》《医院工作制度》《病历书写基本规范》等与此相关的条文都明确规定当患者病情紧急且无法取得患者本人同意时,应当取得患者近亲属或者其他有权主体的同意才能够进行手术,但是并未规定如果患者近亲属拒绝同意的,应当如何处置。尤其是患者近亲属具有完全同意能力,在意识清晰且理性的情况下坚决拒绝同意的,将更难解决。在这一情形下,医方和患者近亲属之间关于医疗决定的意见对立,这也使得医疗行为难以实施。笔者认为,在患者本人无法作出有效同意的情况下,医方与患者近亲属之间医疗决定对立矛盾的解决,应当遵循患者最佳利益原则,并尽可能符合患者可能的内心真意。在"肖志军拒签案"中,患者李丽云的病情处于需要立即实施手术的紧迫情况,但其唯一在场并具有完全同意能力的近亲属肖志军却坚决拒绝同意手术,这一拒绝同意的行为严重危及患者李丽云和腹中胎儿的生命安全,明显有损于患者李丽云的最佳利益,应视为无效的拒绝。也就是说,此时近亲属肖志军的推定同意是不能够成立的。"我们很难想象一个国家可以非常重视财产行为代理的制度构建,而在医疗决定的一端却可以坐视无能力患者的生命健康权任由他人来决定而没有法律规范。"[42]那么,在紧急医疗情况下,符合什么条件的推定同意才能够有效

---

[41] 冯军:《病患的知情同意与违法——兼与梁根林教授商榷》,载刘建利主编:《医事刑法重点问题研究》,东南大学出版社2017年版,第60页。
[42] 孙也龙:《医疗决定代理的法律规制》,载《法商研究》2018年第6期。

成立?

推定同意的法理基础在于尊重被害人的主观意愿,尤其在关涉被害人人格性法益的场合。但就具体的操作而言,除却外观上可认知的关于被害人利害关系的考量,一般很难凭借其他任何因素来准确判断被害人是否会作出同意的决定。[43] 因此,有学者进而提出一些看似具备操作可能性的外部标准,例如,与被害人有亲密关系、被害人此前曾对同种行为表达过同意、纯粹是为了保护被害人利益、依一般理性人观点判断被害人应当会作出同意以及民法规定的夫妻在日常家务中互为代理人等。[44] 但是,与被害人有亲密关系或者被害人此前曾对同种行为表达过同意,只能作为参考依据,并不能直接作为决定性因素;而依一般理性人观点判断被害人应当会作出同意的标准,则过于抽象和模糊,本身就缺乏明确的指向;再者,一般理性人的观点并不必然与被害人的主观意愿相契合,在推定同意理论中,即便被害人的主观意愿是非理性的,也应当予以尊重和维护。至于民法规定的夫妻在日常家务中互为代理这一标准,其立法重点原本在于确认对第三方的法律效力关系,在推定同意的场合,夫妻关系只能作为判断推定同意是否有效的参考事实,而不可能是主导标准。基于此,不难得出以下结论:患者近亲属是否同意手术,不能够作为决定是否手术的关键因素。在医疗关系中,患者近亲属并非处于主体地位,也并不享有最终医疗决定权。在无法获知患者意愿的紧急医疗场合,应当赋予医方一定的自由裁量权,如果患者近亲属的意见明显有悖于患者重大利益,医方有权拒绝遵循。[45] 也就是说,当患者已经丧失同意能力,无法作出有效决定时,近亲属的意见只能作为推定患者内心真意的重要参考依据,但并不能完全取代患者的自主决定权。[46] 进而言之,当患者本人无法作出有效同意时,医生应当通过患者先前表露的信息与行为举止,例如遗嘱、预立医疗决定和问诊时表达的意愿、其他考量的因素等,或者探寻近亲属对于患者本人的了解,去"推定"患者可能的主观意愿,并遵循最佳利益原则来推定患者可能的真实想法,据此作出符合医疗伦理的决定。也就是说,近亲属的意见只能作为医生进行"推定同意"时的参考材料之一,并不能完全取代患者本人的真实同意,仅仅发挥辅助和补充的作用。如此,才可避免近亲属"滥用同意权"的情形,医疗实践中常见的"应医而不医"(例如,及时实施紧急医疗行为患者的存活率很高,近亲属却坚决拒绝同意手术)或"不应医而医"(例如,近亲属为了争夺遗产而无视患者是否难以承受剧烈病痛,一再要求医生不能让患者过早断气)情形,始有可能得以避免。[47]

---

[43] 参见前注[15]。
[44] 参见蔡墩铭:《刑法精义》,五南图书出版公司1999年版,第197页。
[45] 参见最高人民法院侵权责任法研究小组编著:《〈中华人民共和国侵权责任法〉条文理解与适用》,人民法院出版社2010年版,第404页。
[46] 参见前注[4],王皇玉文。
[47] Vgl. Klaus Ulsenheimer, Arztstrafrecht in der Praxis, 3. Aufl., C. F. Müller, 2003, S. 135.

肖志军拒签案就是手术签字同意制度僵化适用的现实佐证，其背后的根源在于对"推定同意"的误读。当患者李丽云病情紧迫，稍有延迟将可能面临死亡危险之时，患者的生死是否可由近亲属肖志军签字决定？一系列新闻报道证实近亲属肖志军性格古怪、医疗知识匮乏，又极不信任医院，在医院竭力对其劝说三个多小时以后仍然固执己见，拒不签字。[48] 在这一场合，近亲属肖志军的医疗决定明显违背了患者李丽云的最佳利益，若坚持将患者的生死交由其决定显然是不妥当的。正如德国学者罗克辛教授所言，密切涉及人格核心的决定是任何人都不可能代表的。[49] 作为患者近亲属的肖志军，其对于患者作出的医疗意见仅仅是辅助查明患者意愿的材料，并不能完全取代患者意愿，当他的意见有悖于患者的最佳利益和可能意愿时，医生无须遵从。也就是说，紧急情况下的医疗决定，患者近亲属的意见仅供参考，并不能发挥决定性作用，最终起到决定性作用的是患者的最佳利益和可能的内心真意。该主张并不限于被德国理论界的主流观点所持有，在很多国家的医院中也已经是明文规定的准则。依据日本 NICU 建构的临床指引可知，最佳利益的核心依据在于临床医疗的专业判断，也就是说，最终的医疗决定还是要由专业人士作出，而非代理人独断决定。同样，在美国的医院中，手术前只要求尽到告知义务，无须签字。如果遇到需要紧急救治的情况，如患者大出血、休克或是意识不清，医生享有医疗决定权，而非由患者家属或其他第三人决定，由 3 名以上主治医生立即会诊，商讨确定是否需要手术，医生作出判断后，只须告知家属病情和急救措施即可。在紧急情况下，因家属拒绝手术而导致患者死亡的，医院将承担连带责任。[50] 综上，紧急医疗中，患者近亲属的医疗决定权的成立是有严格限制的，只有同时符合患者的最佳利益原则和可能的内心真意才能够被遵循。医生为保护患者的最佳利益而实施医疗行为的，即便违背近亲属的意愿，也无须承担损害赔偿责任。[51] 当然，如果事先存在患者具有法律效力的预立医疗决定或者书面意思表示，无论是否符合客观利益权衡的原理，都应当尊重患者的自主决定。如果事前只是存在患者的一些口头表示，则还是应当遵循患者最佳利益原则。

（二）患者先前拒绝手术的意愿的效力

在确定患者近亲属的医疗决定权限之后，对于患者李丽云此前拒绝手术的意思表示，应当如何处理？如果事实正如医院和其他患者所言，患者李丽云在意识清醒的时候同样认为自己只是感冒，又担心无力支付手术费用，曾口头表达拒绝手术的意愿，那么，医生是否可以据此不实施手术？

---

[48] 参见前注［40］。
[49] 参见前注［9］，第 375 页。
[50] 参见《美国医生：遇紧急情况手术决定权在医生》，载新浪网（https://news.sina.com.cn/s/2007-11-25/022512963422s.shtml），访问日期：2023 年 3 月 13 日。
[51] 参见萧奕弘：《欠缺识别能力时的病人自主决定权》，载《月旦医事法报告》2018 年第 25 期。

德国学者罗克辛教授坚定地主张,在生死存亡之际,权利人先前的意愿不得作为医生不实施手术的理由。因为人们无从知晓自己在真正面临死亡之时,将会如何决定。在死亡真正临近的时候,很多人是会改变自己以前的想法而想要继续活下去的,这种事发当时才产生的决定是关系人通过理性思考所不能预测的。[52] 因此,在紧急医疗的场合,赋予医生及时抢救生命的权利,而不必考虑患者事前是否作出过拒绝治疗的意思表示,也无须顾虑患者事后是否会同意抢救行为,这其实是为患者事后作出决定甚至是选择死亡保留了机会,是对患者自治最好的尊重和维护。因此,紧急医疗中的推定同意是能够得以正当化的,即便患者事后拒绝作出同意的决定也不会影响推定同意的生效,因为医疗行为的实施是为了保护更为优越的利益,理应得到允许。同时,推定同意毕竟不是患者本人作出的真实同意,阻却违法性的效果较之于真实的同意稍弱,因而仅限于在无法获得患者真实同意时才可适用,即推定同意具有补充性和辅助性。[53] 这也对监护人、近亲属以及医疗机构等有权主体在紧急医疗场合代理医疗决定的权限作出了限制,要求有权代为同意的主体,在缺乏患者具有法律效力的意思表示的情况下,不得擅自作出有损于患者最佳利益的医疗决定,应当尽可能维护患者的最佳利益,为其日后自主决定权的行使保留机会,而生命利益与重大身体健康就是患者的最佳利益。

台湾地区学者黄荣坚对于这一问题则持相对缓和的观点,认为答案不是绝对的,判断核心在于当事人主观价值取向偏离一般理性人观点的程度大小,应当具体问题具体分析。对于一个因失恋而短时间内多次自杀的患者,毫无疑问,医生仍然应当竭力救助;至于一个长期处于植物人状态的患者,医生和近亲属选择拔管放弃治疗的,也应当赋予正当化根据,预留一些现实上的出路。[54] 就肖志军一案而言,院方和其他患者均证实患者本人在失去意识之前曾明确表达拒绝手术的意愿,认为自己仅仅是感冒,无须手术。但这并不能成为医生不进行手术的正当理由,反而证实患者李丽云拒绝手术的决定是在误解病情和低估后果的错误认识下作出的,意思表示存在重大瑕疵,并非自我决定权真正意义上的行使,更不能表明患者宁死毋医的信念。[55] 显然,患者李丽云并未一心求死,不过是出于对病情的误解和医疗费用的考量而拒绝手术,医院对此也处于明知的状态,但仍然僵硬地遵从手术签字同意制度而未实施手术。诚然,手术事关患者的核心人格利益,患者享有绝对的自主决定权,即便是非理性的。但是,该案中并不存在真正意义上的患者自治,在真正面临死亡之时,患者李丽云已经陷入昏迷状态,暂时丧失了同意能力,而唯一在场的近亲属肖志军的意见又明显有损于患者的最佳利益。此时,如果要真正意义上实现对患者自主决定权的维护,医院就

---

[52] 参见前注[9],第539页。
[53] 参见刘建利:《民法典编纂对医疗代理决定刑法效力的影响》,载《浙江工商大学学报》2019年第6期。
[54] 参见黄荣坚:《基础刑法学》(上),元照出版有限公司2012年版,第334页。
[55] 参见前注[15]。

应当立即采取措施竭力拯救患者生命,为其日后"自治"保留机会,而不是一味坚持形式上的被害人真实意思表示,这并不是对患者自主决定权的重视,反而是对患者同意权的僵化解读和错误适用。真正的"自治"并不是一个绝对化的概念,也不存在绝对统一的划分标准,在认定是否构成真正的"自治"之时,必须综合考量信息是否对称、理解能力是否正常等因素,如此才是实质意义上的尊重个人自治。

赋予医生在紧急医疗场合享有推定同意权利的同时,也对医生的专业素养与伦理道德提出了更高要求。在紧急医疗的场合,尽管患者并不能表达自己的意愿,即便其此前明确表达过拒绝手术的意思,但在生死存亡之际,我们都应当假定患者的主观意愿为"生",竭力抢救。生命只有一次,谁也无法预料患者在生死关头内心究竟是如何抉择的。"在生死的问题上,只有自己能够签字。当本人意愿不明时,在生死之间,医生必须首先推定本人的意愿为生。尊重生命的价值,这个观念本身就是最好的签名。"[56]

(三) 拒绝治疗场合刑事责任的认定

在肖志军拒签案中,医方遵从了近亲属肖志军的决定而未对患者李丽云进行手术,最终导致患者李丽云及其腹中胎儿死亡,应由何方承担责任?

医方认为应当由患者家属承担责任,原因在于法律明文规定医疗行为需事先取得患方的同意才能够正当化。当患者本人丧失同意能力时,由患者的近亲属代为决定。考虑到近亲属一般是最为了解患者的主体,较之于一般人更能够准确推定患者对于医疗行为的态度,由其代为作出的决定应当是最接近患者内心真意的。但是,如果近亲属的决定明显有悖于患者的最佳医疗利益,就属于对亲权的滥用,自然不能再视为推定同意,此时,医生将不再受近亲属意见的约束。[57] 再者,如果没有监护人、近亲属的同意就无法展开治疗,那么,没有监护人、近亲属的未成年人或者精神病患者将无法获得有效治疗,如此必然会滋生虐待儿童或过早放弃重症患者等问题。因此,在紧急医疗中,近亲属的同意并不必然处于优先顺位或是唯一选择,也就是说,代为同意并非专属于监护人或近亲属的特权,应当始终将推定的患者意愿作为判断核心。如果患者事先立有具有法律效力的预立医疗决定、书面遗嘱或作出其他意思表示,符合特定条件的,应当优先遵循。

在肖志军一案中,客观医疗利益的权衡显然更符合患者的最佳利益和可能的内心真意,无须取得近亲属肖志军的签字同意,医生就可以履行救治义务。原因在于当患者病情紧急,若不立即采取治疗措施将会危及生命或者带来不可逆的重大身体伤害之时,无论患者的近亲属是否同意,医方都应当及时救治。患者原本就在医院接受治疗

---

[56] 同前注[15]。
[57] 参见前注[53]。

的情况无须赘言,患者在失去意识之后才被送入医院抢救的情形亦然,自患者被医院接收并治疗的那一刻起,医院和医生就应当对患者的生命负责。无论患者的监护人、近亲属是否同意治疗,医生作为保证人的责任和义务都不会发生改变。[58] 但是,该案中医方为抢救患者已经竭尽所能地履行了自己的职责,至少做到了以下四个方面的努力:一是及时诊断并做好随时手术的准备,且在患者病情加重不能手术的情况下以各种非手术方式抢救患者;二是及时向患者及其近亲属履行告知义务,便于其知情并作出医疗决定;三是多次积极与患者和肖志军沟通并试图取得签字同意;四是在肖志军拒签后,找来精神科医生对其精神状态进行鉴定,积极请示上级主管机关(但被通知家属拒不签字同意的,不得擅自手术),并通过警方努力查找患者的其他亲属。[59] "显而易见,医方的行为不仅符合相关法律,而且符合医学伦理,包括对患方意思自治的尊重与维护。"[60] 因此,医生对于其未予救治的行为缺乏违法性认识,不具备期待可能性,并不构成犯罪。

肖志军一案表明,如果是患者本人坚决拒绝手术,纵使关乎生命安全或是重大身体健康,医生也不再负有积极救治的义务,继而也就无须对这一场合的不予救助行为承担任何刑事责任。如果是患者近亲属拒绝同意手术,并由此导致患者死亡的,需要区分两种情形分别处理:其一,如果经鉴定即便及时实施手术,患者死亡仍然不可避免,此时就会因为不具备结果回避可能性而切断患者近亲属的拒绝医疗行为与患者死亡结果之间的因果关系,因而无须担责;其二,如果经鉴定及时手术将能有效避免死亡结果的发生,那么,就要具体考察患者近亲属对于患者面临死亡危险的认识程度,以及对自己拒绝同意手术可能导致的危害后果主观上是何种态度,据此确定是否追究刑事责任,如果构成犯罪的,应当如何定罪处罚。[61]

(四)享有同意权的近亲属之间意见分歧的处理

这是患者不具有同意能力之紧急医疗场合的另一难题。虽然与肖志军一案没有直接关联,但仍然可以该案为样本探讨相关问题。原则上当患者为未成年人、精神病人,或是陷入昏迷而丧失同意能力时,由患者的监护人或是近亲属代为同意。在紧急医疗的场合,对于丧失同意能力患者具体医疗方案的选择,具有同意权的近亲属之间常常不可避免地会出现意见分歧,有些近亲属认为应当手术,有些近亲属却拒绝手术;有些近亲属认为应当选择A方案,有些近亲属却认为应当选择B方案。此时,应当如何妥善处理?笔者认为应当遵循以下处理规则:

第一,依据亲属关系的远近,关系越近的亲属关于医疗决定的推定同意越可能成

---

[58] 参见刘明祥、曹菲、侯艳芳:《医学进步带来的刑法问题思考》,北京大学出版社2014年版,第184页。
[59] 参见王骞:《孕妇李丽云的最后人生》,载《南方周末》2007年12月6日,第A7版。
[60] 苏力:《医疗的知情同意与个人自由和责任——从肖志军拒签事件切入》,载《中国法学》2008年第2期。
[61] 参见前注[58],第185页。

立。患者亲属依据亲属关系的远近可以划分为近亲属和(一般)亲属,以我国《民法典》第 1045 条[62]为例,该条规定亲属包括配偶、血亲和姻亲,近亲属则仅仅特指配偶、父母、子女、兄弟姐妹、祖父母、外祖父母、孙子女、外孙子女。显而易见,近亲属的范围要远远窄于亲属,由此可知,立法者对于亲属关系的认定也持区别远近的态度。[63]《刑事诉讼法》第 108 条第(六)项和最高人民法院《关于适用〈中华人民共和国行政诉讼法〉的解释》第 14 条都对近亲属的范围作出明确限定,前述法律规范之间基于立法目的和调整社会关系方式的不同,虽关于近亲属的认定有所不同,但整体上远远窄于亲属范畴。可见,我国法秩序整体上对亲属关系是有远近之分的。在紧急医疗的场合,依据与医疗相关法律法规的规定可知,当患者本人丧失同意能力时,原则上所有亲属都有权代为作出医疗决定。但依据立法规定和司法实践观之,医院往往会优先遵循近亲属的意见。也就是说,当近亲属与一般亲属的医疗意见发生分歧之时,近亲属的意见通常更容易被采纳。虽然各个法律规范关于近亲属的规定不尽相同,但结合现有法律规定和医疗实务,笔者建议将近亲属的远近作出如下等级划分,依据亲属关系等级的从近到远,对应主体代为作出医疗决定的重要性程度也依次递减:第一等级,配偶、父母、子女;第二等级,兄弟姐妹、祖父母、外祖父母、孙子女、外孙子女;第三等级,其他具有扶养、赡养关系的亲属。此外,若不具有同意能力的患者为未成年人或是精神病人,则其监护人应属于第一等级的近亲属。因此,在紧急医疗的场合,若不同等级近亲属之间的医疗决定存在分歧,应当优先遵循高等级亲属的医疗意见。

第二,如果同一等级内部亲属之间关于医疗决定存在冲突,应当具体情况具体处理。一是如果医方建议应当及时手术,但部分亲属同意手术,部分亲属拒绝同意的,则应当进行手术。因为当医方提出实施手术的医疗建议时,表明医方认为在这一场合及时采取医疗行为是有利于患者生命安全和身体健康的,符合患者最佳利益。若部分亲属基于各种原因拒绝手术的,只要不能出具类似患者预立医疗决定、书面同意等相关具有法律效力的证据证实患者确实主观上不愿意手术,就可以推定其拒绝同意医疗手术的行为有损患者的最佳利益,医方就无须遵从,直接获取同意手术亲属的签字同意实施手术即可。此时,医方实施手术的行为依据推定同意的原理阻却违法性成立,实现正当化。二是如果医方建议应当及时采取手术,患者亲属也同意手术,但不同亲属之间对于应当具体采取何种手术存在意见分歧,那么,应当优先遵循医生意见。尽管医生会向患者及其亲属履行告知义务,详细周全地告知患者亲属各种手术方案的利

---

[62] 《民法典》第 1045 条规定:"亲属包括配偶、血亲和姻亲。配偶、父母、子女、兄弟姐妹、祖父母、外祖父母、孙子女、外孙子女为近亲属。配偶、父母、子女和其他共同生活的近亲属为家庭成员。"
[63] 《刑事诉讼法》第 108 条第(六)项规定,"近亲属"是指夫、妻、父、母、子、女、同胞兄弟姐妹;最高人民法院《关于适用〈中华人民共和国行政诉讼法〉的解释》第 14 条规定,《行政诉讼法》第 25 条第 2 款规定的"近亲属",包括配偶、父母、子女、兄弟姐妹、祖父母、外祖父母、孙子女、外孙子女和其他具有扶养、赡养关系的亲属。

弊，但较之于专业人士医生而言，作为非专业人士的患者亲属对于具体应该采取何种医疗方案更符合患者的最佳利益，往往缺乏专业的识别和判断能力，因而由医生依据专业判断作出最终医疗决定，会更能够符合患者的最佳利益。[64] 三是如果医方建议不应当对患者采取手术措施，部分患者亲属认可医生意见，但部分患者亲属坚持要求手术，那么，医生就应当不实施手术行为。因为医生是作为专业人士给出的专业意见，其给出的医疗建议较之于作为业外人士的家属，原则上更加符合患者的最佳利益。简而言之，此时让医生对医疗决定享有实质性的推定同意权将更有利于保护患者利益。

四、结　论

综上，在患者丧失同意能力的紧急医疗场合，无论是由近亲属还是医生对患者意愿进行推定，都应当谨遵患者最佳利益原则，并尽可能符合可明知或可推知的患者主观真意。也就是说，此时是否采取医疗行为，具体采取何种医疗行为，都应当遵循患者最佳利益原则并符合患者可能的主观意愿，如此才能够具备正当化根据，为法律所容许。当患者近亲属之间就是否采取医疗行为、具体采取何种医疗行为存在意见分歧时，应当将实质决定权赋予医生，由其基于专业知识判断何者的意见更符合患者最佳利益和可能的主观意愿，谁更符合就遵循谁的医疗意见。若近亲属意见都不符合患者最佳利益和可能的主观意愿，应当赋予医方拒绝的权利。

---

[64] 参见前注[2]，第108页。

负有照护职责人员性侵罪的入罪机理与法益厘清[*]

陈俊秀[**]

要 目

一、负有照护职责人员性侵罪之学理争议
　　(一)本罪保护法益之学说聚讼
　　(二)本罪的增设与性同意年龄
二、负有照护职责人员性侵罪的可罚性根据
　　(一)性行为使被照护的未成年女性的利益受到严重损害
　　(二)被照护的未成年女性不存在有效的性同意
　　(三)负有照护职责人员获得不正当的性利益
三、负有照护职责人员性侵罪保护的法益
　　(一)身心健康权说之否定
　　(二)性自主权说之再阐释
四、结语

摘 要 《刑法修正案(十一)》对负有照护职责人员性侵罪的增设打破了传统的性同意年龄"二分法"的桎梏，形成了更为精细合理的"三分法"。负有照护职责人员性侵罪的不法内涵为照护关系中的性伦理禁忌以及强者对弱者的性剥削。传统理论将未成年人身心健康作为涉未成年被害人性侵犯罪的法益，具有无可比拟的宣示性功能，然而，这一观点在负有照护职责人员性侵罪的法教义学证立上尚无法自圆其说。作为本罪的保护法益，性自主权在体系融贯、法定刑配置、罪名表述等方面具有更强的说服力和解

---

[*] 本文系福建省习近平新时代中国特色社会主义思想研究中心福州大学研究基地专项(22FZUJDC04)的阶段性成果。
[**] 福州大学法学院副教授、硕士生导师，法学博士，中国社会科学院法学研究所暨贵州省社会科学院联合培养博士后。

释力。未成年女性身心健康权是本罪的附随法益,是侵害未成年女性之性自主权的一个盖然性结果,具有一定的或然性,而并非所有负有照护职责人员性侵罪均会侵犯未成年女性的身心健康。立法者推定,在照护关系中,行为人所实施的性侵行为利用了特殊职责的身份(地位)优势或被害人对"特殊职责"身份之信赖,该推定属于"可推翻的推定",其成立的前提条件是没有其他证据与被推定的事实相冲突。当发生的性行为并未涉及"特殊职责"关系之信赖或未实际利用其照护职责关系时,那么这种性自由则不应当受到限制或剥夺,即不能以负有照护职责人员性侵罪论处。

关键词 《刑法修正案(十一)》 负有照护职责人员性侵罪 性自主权 法益

《刑法修正案(十一)》颁布前,侵犯性自主权法益的犯罪包括两种情形:一种是违背妇女意志,使用暴力、胁迫或者其他手段,使妇女处于不能反抗、不敢反抗、不知反抗状态或利用妇女处于不知、无法反抗的状态而实行奸淫的行为;另一种是针对不满14周岁的幼女,即使女性自愿发生性关系,也认定为强奸罪。然而,已满14周岁的未成年女性自愿与他人发生性关系的行为在刑法规制上尚处于空白状态。为了加强对未成年女性的特殊保护,最高人民法院、最高人民检察院等部门提出立法议案,在《刑法修正案(十一)》中增设"负有照护职责人员性侵罪",作为《刑法》第236条之一。这一罪名的增设打破了传统的性同意年龄"二分法"的桎梏[1],将性同意年龄修订为更为精细合理的"三分法"[2]。负有照护职责人员性侵罪是指对已满14周岁不满16周岁的未成年女性负有监护、收养、看护、教育、医疗等特殊职责的人员,与该未成年女性发生性关系的行为。

一、负有照护职责人员性侵罪之学理争议

负有照护职责人员性侵罪作为一个新设罪名,其法益界定在学理上尚未达成共识,这势必会导致司法实践中本罪的具体适用存在分歧。同时,与其保护法益紧密关联的是,本罪的增设与性同意年龄之间的关系也成为学界聚焦的问题。

(一)本罪保护法益之学说聚讼

关于负有照护职责人员性侵罪的保护法益,当前学界大致存在两种学说,即"身心健康权说"和"性自主权说"。

---

[1] 《刑法修正案(十一)》颁布之前对未成年女性的性同意能力主要采取"二分法",即以14周岁为界限将性同意能力刚性地划分为绝对无性同意能力(14周岁以下)和绝对有性同意能力(14周岁以上)。
[2] 性同意年龄"三分法",即未满14周岁,无性同意能力;已满14周岁未满16周岁,相对有性同意能力,在特定情况下(照护关系中)视为无性同意能力;已满16周岁,完全具有性同意能力。

1. 已满 14 周岁不满 16 周岁未成年女性的身心健康权

有学者认为,本罪的保护法益是已满 14 周岁不满 16 周岁的未成年女性的身心健康权。[3] 在负有照护职责的关系中,将未成年女性的性承诺年龄提高到 16 周岁,意味着未达到性同意年龄的女性不享有性自主权(die sexuelle Selbstbestimmung),其同意发生性行为不属于真实有效的意思表示,不发生刑法上同意的效力。域外关于未成年人性犯罪的立法均涉及性同意年龄。未达到性同意年龄之人不具备决定性行为的能力,即使该未成年人出于自愿发生性关系,法律也强行否定其同意的效力。与身心健康权说类似的是性发展权说(sexuelle Entwicklung),德国刑法理论界与实务界通说观点认为,本罪保护法益为 14～16 周岁的未成年女性在特定从属关系中"不受妨害之性发展权",即保护未成年女性免受性行为对其成长的损害。[4]

2. 已满 14 周岁不满 16 周岁未成年女性的性自主权

性自主权既包括发生性行为的积极自由,也包括拒绝发生性行为的消极自由。主张性自主权说的论者认为,与强奸罪(包括奸淫幼女)侵犯的法益相融贯,负有照护职责人员性侵罪保护的法益是已满 14 周岁不满 16 周岁未成年女性的性自主权。[5] 穆勒的自由主义作为刑法惩罚理论的哲学基础,认为人是具有独立意志的性行为主体,只要没有侵害法益,就不得干预。自我决定权指公民按照个人意愿对个人自身利益进行自由支配的权利,不受国家、社会以及他人等外界因素的干涉。性自主权作为自我决定权的延伸,是公民个人对自己性权利的自由支配权。唯有区别的是,本罪所侵犯的性自主权法益是基于立法之推定。立法者推定被照护的未成年女性在特定照护关系中处于不平等的弱势地位,难以真正实现性的自主决定权。因此,即使被照护的未成年女性完全出于自愿与负有特殊职责的人员发生性关系,也构成本罪的不法。

反对者认为,"未成年女性的性自主权说"与"性同意年龄部分提高说"在逻辑上无法自圆其说。[6] 享有性自主权的前提是行为人具有性同意能力,若女性尚未达到性同意年龄,那么其当然不享有性自主权。按照性同意年龄"三分法",在特定的照护关系中,被照护的未成年女性无性同意能力,即无性自主权适用之空间。

(二)本罪的增设与性同意年龄

刑法将未满 14 周岁(性同意年龄)的女性规定为幼女,其区分至少具有三个特殊意义:其一,与不满 14 周岁的幼女发生性关系的,无论幼女是否自愿,一律认定为强奸

---

[3] 参见许永安主编:《中华人民共和国刑法修正案(十一)解读》,中国法制出版社 2021 年版,第 249 页;王爱立主编:《中华人民共和国刑法释义》,法律出版社 2021 年版,第 501 页。
[4] Vgl. BGHSt 29, 336 (340).
[5] 参见李立众:《负有照护职责人员性侵罪的教义学研究》,载《政法论坛》2021 年第 4 期。
[6] 参见付立庆:《负有照护职责人员性侵罪的保护法益与犯罪类型》,载《清华法学》2021 年第 4 期。

罪。而被害人已满 14 周岁的,认定强奸罪时应当判断是否违背妇女意志等因素。其二,对幼女实施的强奸罪的既遂标准,采取性器官的"接触说"。其三,奸淫不满 14 周岁的幼女的,按照强奸罪从重处罚。

1. 性同意年龄部分提高说

学界多数学者主张"性同意年龄部分提高说"[7],持该论者认为,《刑法修正案(十一)》颁布前刑法对于性同意年龄采取"二分法",将 14 周岁以下的幼女推定为无性同意能力;而《刑法修正案(十一)》将照护关系中被照护的未成年女性之性同意年龄提高到 16 周岁。与世界其他国家及地区的性同意年龄相比较,我国大陆未成年人的性同意年龄偏低。[8] 英国、俄罗斯等国以及我国港澳台地区的性同意年龄均为 16 岁,美国各州均不低于 16 岁,印度在 2012 年将性同意年龄从 16 岁提高到 18 岁。1979 年《刑法》将性同意年龄规定为 14 周岁。总体上看,《刑法》规定的性同意年龄偏低,导致大量的性侵已满 14 周岁未成年女性的行为难以纳入犯罪圈。相较于对幼女性侵犯罪被害人的强力保护而言,对于已满 14 周岁未成年女性被害人的保护付之阙如,只要其同意发生性关系,便难以认定行为人构成犯罪。实践中,在被害人群体在 14~16 周岁之间,与行为人又有特定关系的性侵案件中,行为人往往辩解对方是自愿的或者对方已同意。尤其是近年来,负有特殊职责的人员对未成年女性实施性侵行为的事件屡屡见诸报端,立法者对于性同意年龄划分标准的既有共识有所松动,《刑法修正案(十一)》将性同意年龄提高到 16 周岁。

2. 传统性同意年龄维持说

部分学者坚持认为,《刑法修正案(十一)》并未上调未成年女性的性同意年龄。[9] 付立庆教授从本罪法益的规范理解、刑法修正的体系性考量、法律实施的实际效果等方面质疑了"性同意年龄部分提高说"的正当性。[10]"传统性同意年龄维持说"阵营的学者主张,负有照护职责人员性侵罪的增设意旨是通过"强制手段非必要"的入罪路径,纾解性侵犯罪证明标准上的困境。司法实践中,性侵未成年人案件普遍存在客观证据不足等证明上的难题,公安机关在侦办性侵未成年被害人案件过程中,关于未成年女性是否同意发生性关系的事实存在取证难、定性难的困境,未成年被害人作为特殊的受害群体,在遭受负有照护职责人员性侵时往往不知所措,缺乏收集

---

[7] 参见周光权:《刑事立法进展与司法展望——〈刑法修正案(十一)〉总置评》,载《法学》2021 年第 1 期;杨万明主编:《〈刑法修正案(十一)〉条文及配套〈罪名补充规定(七)〉理解与适用》,人民法院出版社 2021 年版,第 247 页;孙万怀:《刑法修正的道德诉求》,载《东方法学》2021 年第 1 期。

[8] 学者统计的 200 多个国家和地区中,性同意年龄为 16 岁以上的有 154 个,性同意年龄在 14~15 岁之间的有 41 个,性同意年龄在 12~13 岁之间的有 12 个。参见苏力:《司法解释、公共政策和最高法院——从最高法院有关"奸淫幼女"的司法解释切入》,载《法学》2003 年第 8 期。

[9] 参见前注[5]。

[10] 参见前注[6]。

证据的意识和能力,致使未成年被害人的合法权利无法得到保护。而"强制手段非必要"规制路径不仅能够避免将轻罪行为重判,同时也有助于弥补重罪无法适用之缺憾,实现对性侵未成年人行为的规制。《刑法修正案(十一)》颁布之前,与被照护的未成年女性发生性关系的行为面临法网宽疏之窘境:一旦入罪,按照强奸罪定罪处罚则刑罚过重;一旦出罪,则无法实现对特定未成年女性之性利益的保护。负有照护职责人员性侵罪在犯罪构成要件上并不要求采取暴力、胁迫或其他手段,也不要求行为人违背被害人的意志与之发生性关系,这种构成要件"简约化"的入罪模式对于提升司法效率、降低司法机关的证明难度无疑具有重要作用。

然而,"传统性同意年龄维持说"在论证的过程中仍然面临逻辑上的诘问。该说认为,"承认14～16周岁未成年女性享有性自主权,目的是要求他人尊重未成年女性的性自主权,不得侵犯该权利,否则应受刑罚惩罚"[11]。这一观点在逻辑上难以自洽。若未成年女性尚未达到性同意年龄(无性同意能力),那么,他人与其发生性关系的,无论女性是否自愿,都一律认定为性犯罪。反之,享有性自主权在逻辑上即意味着权利主体有权决定是否发生性关系、与谁发生性关系、如何发生性关系等事项,而不应当在承认其享有性自主权的同时,在刑罚上又将双方自愿发生性关系的行为入罪。这面临着逻辑上的自我矛盾:在承认14～16周岁未成年女性具有性同意能力、性自主权的同时,无形中又否定了性同意年龄存在的意义。

二、负有照护职责人员性侵罪的可罚性根据

在现代刑事立法中,刑法规范呈现不断扩张的趋势,立法者要创制一个新罪名并非难事,而刑法规范背后的可罚性根据有必要予以阐明。于刑法教义学而言,规范的证立性任务不仅能够赋予刑法规范命题以社会普遍可接受性,增进刑法的司法公信力,还有助于指引具体法益的厘清以及犯罪构成要件的解释,甚至能够对行为是否该当谴责予以教义学反思。本罪的增设无疑会导致该阶段未成年女性积极的性自由受到限制。[12] 因此,在罪名设立之初有必要对其背后的可罚性根据予以阐释,厘清上述负有照护职责人员性侵罪之学理争议。

根据损害原则,是否通过刑事立法限制负有照护职责人员对已满14周岁不满16周岁的未成年女性实施性行为的自由,使刑罚正当化,主要涉及以下与行为"社会危害"相关因素的考量:行为对象的利益是否受损及其受损程度如何?行为对象是否同意接受损害(性行为)?行为主体是否因该行为不当获利?

---

[11] 同前注[5]。
[12] 性自由可以划分为积极的发生性行为的自由和消极的不发生性行为的自由。

(一)性行为使被照护的未成年女性的利益受到严重损害

如法谚所云,"法律不理会琐细之事"(De minimis non curat lex)。损害原则将对利益的轻微损害排除在法律保护的范围之外。关于与未成年人发生性行为的问题,福柯认为,由于其生理和心理上的特殊性,一旦在性方面受到成年人支配,这种性支配对她们而言是陌生的,会对其构成永久的伤害。[13] 研究表明,未成年时期遭受性侵害的受害者,其大脑的生长发育很有可能被改变,并最终影响成年后的行为习惯。[14] 在心理上,遭受性侵害的未成年女性短期内会出现恐惧、震惊、绝望、耻辱、悲痛、愤怒、焦虑、紧张等强烈的情绪反应,若长期遭受性侵害则会出现冷漠、报复情绪、自卑、抑郁等心理阴影。[15] 在生理上,性侵害有可能引起性病感染、怀孕、流产等。在监护、收养、看护、教育、医疗等特殊场合,双方主体处于不平等地位,被照护的未成年女性在生活、学习等方面与监护人、收养人、看护人等负有特殊职责的人员存在一定服从、依赖关系。这种不平等地位极易导致性关系的同意建立在强者对弱者的剥削之上。[16] 一旦受到性侵害,被害人所受到的伤害往往是长久性的。诚如罗兰夫人所言,"自由,多少罪恶假汝之名以行"。在不平等的权力关系下,自由可能沦为强者对弱者的剥削工具。损害原则进一步认为,刑法的强制性介入不仅需要考虑对被害人可能造成的损害"分量",还需要考量损害发生的"可能性"。在2016年明确表述为熟人作案的300起性侵未成年人案件中,教师作为加害人的占27.33%、邻居作为加害人的占24.33%、家庭成员和亲戚作为加害人的占22%。在2017年明确人际关系的209起熟人性侵未成年人案件中,师生关系占比34.45%,家庭成员和亲戚占比20.01%。[17] 犯罪现象学视角的经验观察,有助于明确惩治和防范的重点,为刑事立法以及刑事政策的制定提供重要的实证支撑。

因此,负有照护职责人员对其照护的已满14周岁不满16周岁的未成年女性实施性行为,无论被害人是否作出有效同意,都会对其造成损害或使其处于遭受损害的危

---

[13] 参见孙运梁:《福柯刑事法思想研究——监狱、刑罚、犯罪、刑法知识的权力分析》,中国人民公安大学出版社2009年版,第152页。

[14] 参见〔美〕西蒙·欣顿:《儿童性犯罪行为追诉期限废除论》,王瀚、张浩泽,载《青少年犯罪问题》2018年第3期。

[15] See Ann Wolbert Burgess and Lynda Lytle Holmstrom, "Rape Trauma Syndrome", American Journal of Psychiatry, Vol. 131, No. 9, 1974, p. 982. 转引自兰跃军:《性侵未成年被害人的立法与司法保护》,载《贵州民族大学学报(哲学社会科学版)》2019年第4期。

[16] 剥削行为通常是指行为人具有优势地位,利用对方的某些特性或境况(利用对方因陷入绝望的境地而产生的轻信),使得对方作出并非出于充分自愿的同意,进而获得利益。这种特性包括涉己或涉他的优点(善意、良知、信任等)和弱点(贪婪、轻率、邪恶、嫉妒等)。剥削既可以是强制性的,也可以是非强制性的。

[17] 以2016—2017年公开报道的明确表述为熟人作案的509起性侵未成年人案件为统计样本。参见前注〔15〕,兰跃军文。

险之中。按照福柯所主张的关于性犯罪立法的基本原则,性在任何一种情况下都不应当成为任何立法的惩罚对象,除非涉及两个领域:一个是强奸;另一个是涉及儿童。[18]从当下来看,这一观点虽然稍显激进,但着实也印证了刑事立法对涉及儿童的性行为予以规制的必要性。因此,行为人利用特殊职责所形成的不对等地位与14~16周岁的未成年女性发生性关系,即使没有违背其意志,也具有不法性。

(二) 被照护的未成年女性不存在有效的性同意

按照密尔的伤害原则,没有人能够正当地干涉一个理性的成年人自愿实施仅损害其本人的行为(因为这一损害并非"不法"),同时,在相对人意志自由且知情的情况下,若其同意且自愿承担损害自己的风险,也无法正当地阻止行为人实施损害相对人的行为。但如果被同意行为本身具有公然损害性,以致正常的理性人不会同意这一损害,为保护特定照护关系下的未成年女性免受"不真实反映其意志的危险选择"之危害,[19]此时立法者合理地假定其同意是无效的。[20]

刑法上同意的有效性建立在相对人具备足够的意思表示能力,而且意思表示是真实的基础上。刑法弱家长主义理论认为,当某一涉己(self-regarding)损害行为并非基于"真实的自愿"时,刑法基于弱家长主义可以对该涉己行为予以限制。[21]性自主权实现的前提是行为人能够作出成熟理性的选择,即具有同意能力。根据"有限理性决策模式"理论,一方面,14~16周岁的未成年女性作为决策者,在进行决策时对相关利害因素的掌握尚不完备。"按照理性的要求,行为主体应具备关于每种抉择的后果的完备知识和预见。而事实上,对后果的了解总是零碎的。"[22]另一方面,即使获得了完备的信息,行为主体充分处理信息的能力仍具有局限性。14~16周岁的未成年人心智发育不成熟,认知能力和自我保护能力较弱,容易受到外界诱惑,这也决定了其对性行为之"自我决定"难免存在冲动性、非理性等瑕疵。正是基于未成年人认识能力和意志能力的有限性,未成年女性的决策难以实现"客观理性",即使被害人作出同意之意思表示,但相应的意思表示之形成过程却存在瑕疵,而并非真实自愿。为了周延保护未

---

[18] 参见〔法〕米歇尔·福柯:《权力的眼睛——福柯访谈录》,严锋译,上海人民出版社1997年版,第75页。

[19] 参见〔美〕乔尔·范伯格:《刑法的道德界限(第三卷):对自己的损害》,方泉译,商务印书馆2015年版,第27页。

[20] 参见〔美〕乔尔·范伯格:《刑法的道德界限(第一卷):对他人的损害》,方泉译,商务印书馆2013年版,第127页。

[21] See Thaddeus Mason Pope, Counting the Dragon's Teeth and Claws: The Definition of Hard Paternalism, Georgia State University Law Review, Vol. 20, No. 3, 2004, p. 661. 与刑法弱家长主义相对,刑法硬家长主义主张,即便涉己行为是基于真实的自愿,但仍然可以对其予以限制。参见张梓弦:《积极预防性刑法观于性犯罪中的体现——我国〈刑法〉第236条之一的法教义学解读》,载《政治与法律》2021年第7期。

[22] 〔美〕赫伯特·西蒙:《管理行为——管理组织决策过程的研究》,杨砾等译,北京经济学院出版社1988年版,第74页。

成年女性的性自主权,防止成年照护者基于认知、意志、身体上的优势对未成年女性的性自主权进行降维打击,攫取未成年女性的性利益,刑事立法对此类性行为的自愿性、公平性进行一般性、概括性的否定评价。因此,有必要对被照护的未成年女性的性自主权予以限制。

(三) 负有照护职责人员获得不正当的性利益

从照护关系的法理上看,在照护关系中,照护者应当按照有利于被照护者的原则履行照护职责,保护被照护者的人身权利和财产权利以及其他利益。照护者与被照护者之间形成了特殊的信赖关系:照护者不会损害被照护者的利益。未成年女性作为被照护者,基于对照护者的信赖和依赖,在面对性行为时往往不知所措,在心理上形成顺从之惯性,即使违背了自己内心的真实意愿。因此,一旦负有照护职责的人员滥用照护职责所形成的信赖关系,攫取未成年女性之性利益,即构成负有照护职责人员性侵罪。这种性利益之不正当性主要体现在两个方面:一方面体现为照护关系中的性伦理禁忌;另一方面体现为强者对弱者的性剥削,即行为人对被害者人行为的隐性强制。

1. 照护关系中的性伦理秩序考量

伦理乃是最基本的道德,性伦理关涉性犯罪刑法立法和刑事司法的重要根基。负有照护职责人员与被照护的未成年女性发生性关系,不仅违背其职责本身的要求,也严重挑战了社会基本的性伦理道德。法秩序作为显性的秩序,应当吸收伦理道德这一隐性秩序的价值判断,使刑事立法符合民众的法感情,进而使刑法规范获得公众的社会认同。从性伦理秩序上看,人类社会中存在两种性禁忌:一是乱伦禁忌[23],二是恋童禁忌[24]。负有照护职责人员与被照护的未成年女性发生性关系处于二者的临界地带,其可罚性在于挑战了传统的性伦理秩序。负有照护职责人员对被照护的未成年女性实施性侵害,本身就违背了其应负的职责,并辜负了被照护者对照护者的信赖,严重挑战了社会的道德伦理底线。司法实践中,近七成性侵未成年人案件的被害人与加害人是"熟人"关系(包括亲属、邻里、师生、朋友等)。概言之,由于监护等特殊职责状态的存在,监护人、教师、保姆、医生、救助人等对未成年女性负有特殊职责的人员对未成年女性实施性侵犯罪,不仅违背其职责本身的要求,且这种"监护异化"现象也严重挑战了社会基本的性伦理秩序。

有质疑者认为,通过刑法保护性伦理秩序将导致"法律与道德的界限"被混

---

[23] 参见方刚:《"性自愿"与"性禁忌"——关于乱伦禁忌的现代思考》,载《青年探索》1996年第6期。
[24] 参见周详、孟竹:《隐性强制与伦理禁忌:"负有照护职责人员性侵罪"的理据》,载《南通大学学报(社会科学版)》2021年第2期。

淆[25],性伦理禁忌不足以纳入刑法规制。笔者认为,违背性伦理禁忌的行为并不一定具有严重的社会危险性,但应当视为犯罪化与否的参照根据。在照护关系中存在不同程度的伦理关系,例如,收养、教育关系中的父女伦理和师生伦理[26],即使未成年女性出于真实的自愿,仍然会对当下社会的性伦理禁忌造成挑战,这也是《刑法修正案(十一)》将该行为入罪的内在考量。当然,刑罚的轻重应当根据特定的伦理禁忌程度在量刑中予以区别。

2. 基于强者对弱者的性剥削

负有照护职责人员性侵罪设立的核心逻辑是基于对弱势未成年女性的保护,使其免受负有照护职责人员的性剥削。在照护关系中,双方之间的强弱关系是导致行为人剥削被害人的核心因素,具体体现为年龄和地位上的不平等。一方面,14～16周岁年龄段的未成年人虽然在生理上已经初步发育成熟,但心理上的认知仍相对欠缺,世界观、人生观、价值观尚未健全,辨别是非、区分良莠的能力不足,对性行为的性质缺乏全面认知,自我保护意识和自我保护能力都较差,性侵之被害性突出。另一方面,负有照护职责的特殊群体与被照护的未成年女性之间地位关系的不对等,加剧了行为人与被害人之间的强弱关系。被照护的未成年女性对于性行为要么存在"重大误解"(对性侵行为的性质缺乏全面认知,无法理解性行为的意义和后果),要么构成"显失公平"(负有照护职责人员利用对方弱势地位、无经验、缺乏判断能力或意志薄弱等),要么是基于"欺诈、胁迫的手段或乘人之危"(未达到彻底压制对方反抗程度的威逼利诱等)。行为人所具有的特殊身份(职责)会影响被照护的未成年女性作出性同意的自由意志,当性行为并非出于被照护的未成年女性真实的自由意志,而是被强势一方所操纵的"涉己损害行为"时,极易使未成年女性的性利益受到剥削。为了防止负有教育、保护等特殊职责的人员利用未成年女性的信赖对其实施性剥削,立法者将14～16周岁未成年女性对照护人员所作出的性同意推定为"无效的同意"。

当然,强者与弱者的划分仅仅针对特定对象、特定领域才具有意义。特定群体在某一领域处于弱势地位,也完全有可能在另一领域处于强势地位。在社会中几乎不存在绝对的强者与绝对的弱者。但在负有照护职责人员与被照护的未成年女性之间,后者显然处于弱势地位,拒绝或反抗意味着作为弱者的未成年女性向身为强者的负有照护职责人员发起挑战。

---

[25] 参见前注[6]。
[26] 师生伦理包括禁止教师和学生发生任何不正当关系。参见2018年教育部发布的《新时代高校教师职业行为十项准则》《新时代中小学教师职业行为十项准则》及2019年教育部等七部门印发的《关于加强和改进新时代师德师风建设的意见》。

三、负有照护职责人员性侵罪保护的法益

法益理论作为刑法教义学理论大厦建构的基石,其与犯罪论体系、刑罚论体系具有紧密的内在逻辑联系。如前所述,学界对本罪的法益争议主要纠结于性自主权说与身心健康权说。笔者认为,相对于身心健康权说,性自主权说具有更强的说服力和解释力。

(一)身心健康权说之否定

不可否认的是,将"未成年女性身心健康"作为负有照护职责人员性侵罪等涉未成年被害人性侵犯罪的法益,具有无可比拟的宣示性功能,旨在期许负有照护职责人员将保护被照护的未成年女性的身心健康作为其应尽的义务,其正当性似乎不言自明。未成年女性身心健康权说所具有的倡导性、号召性、宣示性功能使得其在刑法学界获得了众多拥趸,然而,这一观点在刑法教义学的证立上尚无法自圆其说。

首先,身心健康权说无法解释,同样是侵犯身心健康权,性侵14周岁以下的幼女与性侵14~16周岁的未成年女性,在罪刑方面为何会存在如此巨大的差异。就未成年女性之身心健康权而言,幼女受害与14~16周岁未成年女性受害并不存在明显差异。其次,未成年女性身心健康权说无法回答为何立法者不将任何主体与14~16周岁未成年女性发生性关系的行为全部予以入罪,而将该罪主体限于负有特殊职责的人员。[27]最后,身心健康权说并不完全符合实践中的客观情况。实践中不乏如下情形:14~16周岁未成年女性与照护者谈恋爱,出于完全自愿发生性行为,该行为并未侵害被照护的未成年女性的身心健康。在完全自愿的前提下,甚至有未成年女性主动与负有特殊职责的人员发生性行为的情形,主张未成年女性的身心健康权受到侵害不仅在理论上难以证成,也缺乏实证上的经验支撑。

实际上,未成年女性身心健康权是本罪的附随法益,侵害未成年女性身心健康是侵犯14~16周岁未成年女性之性自主权的一个盖然性结果,属于侵犯性自主权的派生危害,具有一定的或然性,而并非所有负有照护职责人员性侵罪均会侵犯未成年女性的身心健康。

(二)性自主权说之再阐释

1. 性自主权的不同维度

性自主权存在应然与实然的不同维度。从应然层面看,所有女性都应当享有性自

---

[27] 这一问题在立法的过程中也被提出过,但最终未被回应。参见前注[3],许永安主编,第246页。

主权;而从实然层面看,享有性自主权的前提是女性具有成熟理性的决定能力,但并非所有女性均能够独立行使性自主权。前者属于权利能力的范畴,始于出生,终于死亡;而后者属于行为能力的范畴。按照年龄段的不同,从14周岁以下的幼女阶段到14～16周岁,再到16周岁以上,性决定能力处于渐次增长的过程,具体划分为三类:绝对无性自主权、限制性自主权和完全性自主权。与之相对应,性同意能力也可以划分为无性同意能力、限制性同意能力和完全性同意能力三种形态。刑法上对性自主权法益的保护属于应然维度上的探讨,即从权利能力的意义出发保障未成年人性自主权法益。

2. 性自主权的法理证成

从域外刑法的体系上看,大多数国家和地区的刑事立法倾向于性自主权说。《德国刑法典》第174条"对于受保护者之性侵害"(Sexueller Mifbrauch von Schutzbefohlenen)规定于第十三章"妨害性自主之犯罪"(Straftaten gegen die sexuelle Selbstbestimmung)中,从体系融贯上看,对特定未成年女性之特殊保护仍未超出性自主权之范畴。《意大利刑法典》第609条之4将负有照护职责人员性侵行为与性侵不满14岁的未成年人行为予以并列规定,置于刑法分则"侵犯人身自由的犯罪"项下,亦可推断出侵犯"性自主权"之法益蕴涵。[28]《日本刑法典》第301条"奸淫被保护者"规定在第三十章"奸淫罪"之中。[29]《俄罗斯联邦刑法典》第134条"与未满16岁的人实施性交或其他性行为"同样规定于第十八章"侵犯性不受侵犯权和个人性自由的犯罪"中。[30] 美国各州关于"法定强奸罪"(statutory rape)的被害人的年龄界限并不统一,从12岁至18岁(如俄克拉何马州)不等,但多数州规定为14岁,若被害人的年龄尚未达到法定承诺年龄,则法律推定为欠缺自由表达意志的能力,所以只要与之发生性关系即构成强奸罪。[31] 从我国性犯罪的法益体系上看,将本罪保护的法益界定为14～16周岁未成年女性的性自主权,亦有助于维持性犯罪法益的体系融贯性。在性侵未成年人犯罪的刑事规制上,立法者基于对认知能力、意志能力和行为能力的考量,对于年龄越小的未

---

[28] 《意大利刑法典》第609条之4规定:除第609条之2规定(性暴力)的情况外,与行为实施时处于下列状态之一的人发生性行为的,处以该条规定的同样刑罚:(1)不满14岁的;(2)不满16岁的,如果犯罪人是该未成年人的直系尊亲属、父亲、养父或上述人员的共同生活人、监护人或者由于照顾、教育、培养、监督或看管等原因而受托照管未成年人或者与其有共同生活关系的其他人。除609条之2规定的情况外,直系尊亲属、父亲、养父或上述人员的共同生活人、监护人,滥用与其地位相关的权力,与已满16岁的未成年人发生性行为的,处以3年至6年有期徒刑。参见黄风译注:《最新意大利刑法典》,法律出版社2007年版,第210页。

[29] 《日本刑法典》第301条规定:对于基于身份、雇佣、业务或其他关系由自己所保护或者监督的不满18岁的女子,使用诡计或者武力进行奸淫的,处5年以下惩役。保护者或监督处于精神障碍状态的女子的人,利用其地位奸淫该女子的,与前项同。参见张明楷译:《日本刑法典》(第2版),法律出版社2006年版,第198页。

[30] 参见黄道秀译:《俄罗斯联邦刑法典》,北京大学出版社2008年版,第62页。

[31] 参见储槐植、江溯:《美国刑法》(第4版),北京大学出版社2012年版,第193页。

成年女性,刑法保护的力度越大,相应配置的刑罚也越重。对于越接近成年的女性,刑法家长主义介入的空间也越有限,保护的力度也逐渐减弱。通过对中国女性通常的生理与心理发育程度的评估,立法者认为幼女无论是在生理上还是在智力与心理上均未成熟,难以认识性行为的性质与意义[32],故在实然层面上推定幼女无性同意能力、无性自主权(行为能力的范畴)。行为人与幼女发生性行为当然侵犯其应然层面的性自主权(权利能力的范畴)。而就14~16周岁未成年女性而言,可以基于限制性同意能力这一概念,推定14~16周岁未成年女性的性自主权受到侵害。已满14周岁不满16周岁的未成年女性多为处于初中义务教育阶段到高中阶段的未成年人,身心发育尚未健全,虽然比幼女的认知、判断能力有所增强,但从整体上看,这一年龄段的未成年人社会化程度显著弱于成年人,对于性行为的社会意义难以作出正确的判断。14~16周岁未成年女性在行使性自主权时仍不具备充分的认知能力、意志能力和行为能力,尤其在面对负有照护职责人员的性侵时,其生理上和心理上往往猝不及防,其性自由意志、性决定能力和性防卫能力受到严重影响,甚至在一定程度上陷入"不知反抗、不敢反抗、不能反抗"的境地,而行为人利用被照护者无法形成或表达反对的意思,或利用其不敢拒绝以及若拒绝会导致自身陷入不利境地的顾虑,与被照护者发生性关系。即使被害未成年女性同意发生性行为,其性自主权也难以得到完整有效的保障。[33] 在照护关系下,这种有瑕疵的性自主权即属于限制性自主权。

从负有照护职责人员性侵罪的法定刑配置上看,立法者对已满14周岁不满16周岁的未成年女性之性同意能力更倾向于采取"刑法软家长主义"立场。通常情形下,与不满14周岁的幼女发生性关系,即使不违背幼女的意志,也应当基于"刑法硬家长主义"立场,按照强奸罪(基础法定刑为3年以上10年以下有期徒刑)从重处罚。而对已满14周岁不满16周岁的未成年女性之性同意能力进行限制是基于"刑法软家长主义"立场,本罪基础法定刑为3年以下有期徒刑,显著低于与不满14周岁的幼女发生性关系的刑罚配置。据此可以得出,已满14周岁不满16周岁的未成年女性的性同意并非完全无效,而是效力存在瑕疵。

从负有照护职责人员性侵罪的罪名表述上看,立法者采取"性侵"的表述。"性侵"一词的通常理解是"违反他人可得辨识之意思而对其为性行为"[34],相较于"强奸"一词而言,"性侵"的外延更广,不仅能够包含"强奸"行为的显性强制,也能够涵盖特殊关系中的隐性强制。无论是完全违背女性意志的显性强制,还是在特殊关系中的隐性强制,均侵犯了女性的性自主权。这也印证了立法者的观点,负有照护职责人员与

---

[32] 参见劳东燕:《强奸罪与嫖宿幼女罪的关系新论》,载《清华法学》2011年第2期。
[33] 人的理性总是驱使人们作出趋利避害的行为选择,而在特殊的条件下,人很可能陷入不理智的状态,在冲动之下作出令其事后追悔莫及的行为。
[34] 林东茂:《德国刑法翻译与解析》,五南图书出版公司2018年版,第400页。

14~16周岁未成年女性发生性关系,被害人所作出的"性同意"存在瑕疵,其同意无效,构成对未成年女性性自主权法益的侵害。

3. 限制性自主权的事实根基

如前所述,负有照护职责人员利用已满14周岁不满16周岁未成年女性性自主权存在的瑕疵,与之发生性行为,构成对未成年女性性自主权法益的侵害。立法者基于对限制性同意能力与限制性自主权的考量,推定14~16周岁未成年女性的性自主权受到侵害。在负有照护职责人员性侵罪中,立法者之所以将14~16周岁未成年女性的性自主权视为限制性自主权,是基于两个事实推定:其一,14~16周岁未成年女性的性同意能力较弱,在行使性自主权时仍未具备充分的认知能力、意志能力和行为能力;其二,在照护关系中存在强势与弱势的地位关系,且行为人所实施的性侵行为利用了其特殊职责的身份(地位)优势或被害人对"特殊职责"身份之信赖。在这两个推定的事实中,前者属于"不可推翻的推定",即推定的事实一旦确立,便成为"确定的推定",不可通过相反事实推翻。立法者基于对中国女性通常的生理与心理发育程度的事实评估,并结合民事行为能力(不满16周岁的自然人视为限制民事行为能力人)和刑事责任年龄(14~16周岁相对负刑事责任)的相关规定,对14~16周岁未成年女性予以特殊保护,推定其性同意能力较弱。这一推定不可推翻,即便出现相反的特例,例如某个15周岁的未成年人具有超出同龄人的认知能力、意志能力和行为能力,能够充分理解性行为的意义,也不能将此作为出罪事由进行正当性辩护。而后者属于"可推翻的推定",其成立的前提条件是没有其他证据与被推定的事实相冲突。若存在相反的事实,则该推定事实可被推翻。如前所述,负有照护职责人员与被照护人员在交往中呈现强势与弱势的地位关系。一方面,这种弱势地位源自被照护者社会化程度不足、认知辨认能力有限。另一方面,在照护关系中,被照护者往往处于没有独立生活能力、精神依赖性较强的弱势状态。鉴于双方的不平等地位,被照护者意志的真实性、行动的自由与理性程度难免受到影响,容易在自愿的状态下遭受性侵害。立法者将处于被照护状态的14~16周岁未成年女性视为限制性自主权人。行为人实施性行为时利用了其"特殊职责"身份所形成的地位,即利用被害人对行为人之信赖,否则也不具有可罚性。换言之,只有特殊职责的身份(地位)和性侵行为之间具有关联性,且这种关联达到足以影响被害人意志的程度时,行为才具有可罚性,追究行为人负有照护职责人员性侵罪的刑事责任才合乎本罪设立的规范保护目的。

负有照护职责人员性侵罪设立的目的在于保护该群体的利益不受负有"特殊职责"的人员的掠夺。刑法家长主义担心有人会利用被害人对"特殊职责"关系之信赖而侵害其性自主权。因此,若发生的性行为并未涉及对"特殊职责"关系之信赖,则这种性自由不应当受到限制或剥夺。

四、结　语

　　负有照护职责人员性侵罪正是典型的刑法家长主义在刑事立法中的体现。刑法家长主义与个人自由主义立场相对,为刑事禁止提供正当性依据。一方面,当被害人基于自我决定与行为人发生性行为时,根据自我答责原理,刑法无介入之空间;另一方面,刑法又应当基于家长的身份,出于对未成年女性的保护,对其性自主权的范围进行限定。刑法家长主义旨在保护权利人的利益免受侵犯,但并非完全禁锢公民的自主决定权。鉴于未成年女性身心发育尚未成熟,认识能力和意志能力受限,应当贯彻对其进行特殊保护的原则。同时,在依法保护未成年女性的合法权益时,也要适度保障其性自由。只有在规范保护目的范围内的限制才具有正当性根据,否则便会导致打着"保护"旗号对公民性权利的不当剥夺。

侵害英雄烈士名誉、荣誉罪的保护法益及具体适用

李高伦[*]

> **要 目**
>
> 一、问题的提出
> 二、内容述评和功能检讨：本罪保护法益观点分析
> （一）基础失格和功能欠缺："崇敬感情说"的不足
> （二）立场矛盾和过度限缩："死者人格利益和公共利益结合说"的不当
> 三、国家存在基础：本罪保护法益的应然界定
> （一）概念和功能框架：本罪法益界定的方向启示
> （二）保护国家存在基础：刑法规范保护的适格对象
> （三）保护国家存在基础：本罪规范保护的实然结论
> 四、以保护国家存在基础为目的：本罪解释适用的具体展开
> （一）对本罪保护对象的理解和判断
> （二）对本罪行为类型的理解和判断
> （三）对本罪罪量要素的理解和判断
> 五、结语

摘 要 针对侵害英雄烈士名誉、荣誉罪保护法益的界定，"崇敬感情说"和"死者人格利益和公共利益结合说"的理论内容存在问题，不能发挥法益的立法批判和解释机能。对本罪保护法益的界定应当从集体法益保护、满足法益功能和概念本体要求的方向上展开。侵害英雄烈士名誉、荣誉的行为通过损害英雄烈士事迹、精神作为共同历史记忆的本体和功能，进而损害作为以国家认同为内容的国家存在基础法益。该法益具有作为刑法保护法益的适格性，也是本罪的规范保护目的。"英雄"是否健在与本

---
[*] 最高人民检察院检察理论研究所助理研究员，法学博士。

罪保护的公共利益无涉，不影响本罪的适用结论，因此"英雄烈士"包括在世的英雄和逝世的烈士；"名誉、荣誉"专指英雄烈士因其事迹、精神而应得的社会评价；本罪的行为方式应当具有公然性，足以削弱英雄烈士事迹、精神作为共同历史记忆的效能的特点，正当的科学历史研究行为不应受到处罚；本罪的"情节严重"应被理解为是对行为客观法益侵害性程度的要求。

关键词　《刑法修正案（十一）》　侵害英雄烈士名誉、荣誉罪　崇敬感情　死者人格利益　国家存在基础

一、问题的提出

《刑法修正案（十一）》新增侵害英雄烈士名誉、荣誉罪作为《刑法》第 299 条之一。该条规定，侮辱、诽谤或者以其他方式侵害英雄烈士的名誉、荣誉，损害社会公共利益，情节严重的，处 3 年以下有期徒刑、拘役、管制或者剥夺政治权利。本罪增设后得到了司法方面的积极适用。最高人民检察院发布的第 34 批指导性案例中的检例第 136 号"仇某侵害英雄烈士名誉、荣誉案"，就是本罪在司法实践中适用的代表。

作为新增罪名，最高人民检察院通过指导性案例对本罪核心构成要件的"英雄烈士"的内涵界定、"情节严重"的标准把握作出了一定的解释，表达了实务界的意见和态度。[1] 同时，理论上也有必要通过对本罪侵害本质的分析，进一步明晰本罪的正当依据及适用。作为当前理论上对犯罪本质的共识性认识，对法益的界定是对本罪展开解释的基础。"认清构成要件所包涵的法益……是最重要且应优先处理的刑分各法条法律解释的问题……法益及依附其上的犯罪之研究，必须透过法律解释方法而贯穿整个禁止内容。"[2] 同时，法益具有的批判立法机能，也是理论为刑事立法提供的重要工具和标准。因此，有必要通过对本罪保护法益的界定证立本罪设立的正当性，并展开对本罪构成要件的具体解释，从而为本罪的理论研究和实践适用提供思路。

二、内容述评和功能检讨：本罪保护法益观点分析

（一）基础失格和功能欠缺："崇敬感情说"的不足

有学者认为，本罪的保护法益是公众对英雄烈士的崇敬感情。[3] 该观点将本罪

---

〔1〕 参见陈国庆：《利用信息网络侵犯公民人格权行为的刑法规制——最高人民检察院第 34 批指导性案例述评》，载《中国刑事法杂志》2022 年第 2 期。
〔2〕 许玉秀、陈志辉合编：《不移不惑献身法与正义——许乃曼教授刑事法论文选辑》，新学林出版股份有限公司 2006 年版，第 228—229 页。
〔3〕 参见张明楷：《刑法学》（第 6 版），法律出版社 2021 年版，第 1411 页。

行为的法益侵害本质理解为对死者虔敬感情的负向变更,是一种将个人或公众主观感情的意识状态作为刑法保护法益的感情法益观。[4]

将本罪保护法益理解为对死者的崇敬感情,受到域外刑法理论对相关犯罪保护法益理解的影响。如有观点认为,《德国刑法典》第 189 条"诋毁对死者之纪念罪"所保护的法益,是"虔敬感"(Pietätsgefühl)。其中有观点认为,该罪保护的是遗族的虔敬感,也有观点认为该罪同时保护了家属和公众对于死者的虔敬感。[5] 我国台湾地区亦有观点认为,台湾地区"刑法"第 312 条"侮辱诽谤死者罪"保护的法益是遗族的虔敬感情或尊敬感受[6],即侮辱和诽谤死者,是在"妨害其遗族对死者慎终追远之虔敬感情"[7]。理由在于,在风俗习惯上,遗族对先人具有特殊的情感,祖先名誉受辱则视同己身受辱。[8]

笔者认为,不宜将本罪保护法益理解为对英雄烈士的崇敬感情。一方面,作为该观点理论基础的感情法益观本身存在问题。感情法益作为法益的适格性存在疑问。某种感情如何可以被视为共同生活的前提从而成为刑法的适格保护法益,感情法益观并不能提出充分的依据。反而因感情法益对犯罪行为侵害性的简单理解,实质上有抛弃法益保护立场,将刑法作为道德维护法的危险。感情作为一种"状态",确实可以因为客观的行为而发生"负向变动",从而产生"法益侵害"的结果。但是感情法益观并不能对感情法益范围的划定提出明确标准。以感情法益观的逻辑,若犯罪的法益侵害性可以归结为对某种感情的侵害,那么"任何一种事态只要进入人的感官接受范围,都可以透过人从某个角度所建立的评价观点被表述为利益或不利益,即使是意识形态、道德、宗教或社会禁忌"[9],从而导致感情法益的实际范围与民众的"不接受"或"不认同"直接关联,任何与当下被广泛接受的生活方式不同的行为,都会被视为导致民众已建立的、依照既成观念实施行为的期待落空,并造成社会心理层面的负面影响。诸如"性伦理感情的侵害""宗教感情的侵害"等行为也有纳入犯罪圈的可能。既然对民众感情的负面影响可以称为法益侵害,那么只要是民众在主观上"不接受"的行为,就具有犯罪化的正当性依据。如此,"法益侵害"作为限制犯罪理论工具的作用就基本无法实现。若立足法益保护的立场,当行为仅仅涉及伦理的或者情绪性的感受时,就不应受到刑法上的非难,否则只是强化一般社会大众的良知价值而已。[10] "'情感保护'

---

[4] 参见张梓弦:《感情法益:谱系考察、方法论审视及本土化检验》,载《比较法研究》2022 年第 1 期。
[5] Vgl. Eric Hilgendorf, in: Leipziger Kommentar StGB, Band 6, 12. Aufl., 2009, §189, Rn. 1; Regge/Pegel, in: Münchener Kommentar StGB, Band 4, 4. Aufl., 2021, §189, Rn. 4.
[6] 参见许泽天:《刑法分则》(下),新学林出版股份有限公司 2020 年版,第 263 页。
[7] 卢映洁:《刑法分则新论》(修订 13 版),新学林出版股份有限公司 2018 年版,第 624 页。
[8] 参见陈子平:《刑法各论》(上册),元照出版有限公司 2022 年版,第 382 页。
[9] 周漾沂:《从实质法概念重新定义法益:以法主体论论述为基础》,载《台大法学论丛》2012 年第 41 卷第 3 期。
[10] 参见古承宗:《刑法的象征化与规制理性》,元照出版有限公司 2019 年版,第 131 页。

（Gefühlsschutz）不能成为刑法的任务"[11]，同样的，"使公民远离负面情绪原则上不能作为刑法的任务"[12]。若不问民众感情变化的实质缘由，也不考量这种感情变化的合理性，总之只要行为引起民众激愤、破坏当前社会宁静氛围，便动辄以刑处罚，实际上是将刑法作为秩序维护法或道德维护法，刑法自身的边界便荡然无存。

另一方面，作为感情法益观的产物，"崇敬感情说"的法益内容并不明确，使得该法益的侵害性判断标准模糊，从而无法发挥法益的解释机能。将本罪保护法益归结为个人抑或公众对英烈的崇敬感情，终归是将一种主体的主观感受、意识状态作为刑法的保护法益。而若将感情作为保护法益，便需要面临如何证实感情法益的侵害的问题。该种类的法益对民众之社会生活的影响虽甚为深刻，但在概念上颇为抽象与暧昧[13]，"所谓公众的虔敬感纯属虚构"[14]。作为一种主观的感受，"崇敬感情"是否遭到侵害、受到侵害的程度的认定难以建立明确的标准，毕竟所谓"感情""感受"是个人、主体的心理和主观状态，司法实践中难以建立明确的判断和衡量标准，具体个案中法益的损害状况难以得到证明和衡量，是否要求公诉方就"感情受损"提出证明、如何证明也难以获解。甚至以此种法益观，只有当行为侵害英雄烈士的名誉、荣誉，并且引发明显的群情激愤事件时，才能表现出对崇敬感情的侵害。而行为是否引发群情激愤、出现群体性事件本身受众多其他因素影响，如信息传播、媒体舆论引导、英烈的特定类型等，事件结果是否能当然归责于行为本身也存在疑问。种种障碍，会导致实际适用中"法益侵害"与"规范违反"几乎等值：只要实施了构成要件的行为，便推定对"崇敬感情"造成侵害，至于侵害程度的判断，则依赖于对行为本身某种属性的判断，而无法从对法益的理解中获取清晰可据的判断标准，犯罪处罚范围无法根据对法益的理解进行划定。

有观点指出，当前所讨论的涉感情保护罪名，实际包括"不真正感情保护犯"和"真正感情保护犯"两种。前者所保护的实际是隐含于感情背后的人格体权利，因而具有一定正当性；后者则只具有感情保护效果，不应纳入刑法范畴。[15] 可见，将犯罪罪质归结为是对感情法益的保护只是对犯罪罪质的表象理解甚至误读，感情法益观的结论实际是未对犯罪罪质、行为真实侵害性予以深思的结果。如若将本罪的侵害本质理解为对民众感情的损害，那么刑法适用和刑罚施加的目的不外乎是平复民众的愤怒、不快等负面情绪，这已然具有将刑法作为"自始即不追求事实上的有效性而是以其颁布实现其他社会效果"[16]的象征刑法的意味。应当认识到，负面感情的产生只是特定利

---

[11] Regge/Pegel(Fn. 5), §185, Rn. 4.
[12] Roxin, Strafrecht. AT. 1, 4. Aufl., München: C.H.Beck Verlag, 2006, §2, Rn. 26.
[13] 参见甘添贵：《刑法各论》（下），三民书局2015年版，第323页。
[14] Eric Hilgendorf(Fn. 5), §188, Rn. 1.
[15] 参见前注[4]。
[16] 陈金林：《象征性刑事立法：概念、范围及其应对》，载《苏州大学学报（法学版）》2021年第4期。

益受损的附随后果,负面感情的平复也只是法益保护的反射效果。若依照感情法益观的观点将本罪的保护法益理解为是社会公众的崇敬感情,实际是遮蔽了本罪真实的法益侵害性,既为刑法的无节制扩张留下理论依据的隐患,也不能发挥罪质理解的实践功能。因此,仍然应当继续探明本罪保护法益的真实的、普遍的、客观的利益为何。

(二) 立场矛盾和过度限缩:"死者人格利益和公共利益结合说"的不当

有学者认为,本罪"规定的实行行为直接侵害英雄烈士名誉、荣誉并至少间接地危及社会公共利益"[17]。英雄烈士的名誉、荣誉是死者的人格利益,该利益是人的尊严和人格权的衍生物,理由在于人们能够怀有对死后尊严不受侵害的期望。社会公共利益是社会共同价值观念及社会秩序的安宁稳定,从《宪法》第38条对人格尊严的保护、第24条对社会主义核心价值观的保护,及第28条对社会秩序的保护的条文意涵中可以确定前述法益受保护的正当性。该观点从宪法中寻找刑法保护法益的合理依据,是通过对具体罪名保护法益目的正当性、适当性与必要性、均衡性等合宪性的审查来限制刑法保护法益的范畴,提出"唯有在对无法律保留的基本权利的限制旨在追求其他同样具有宪法价值的重要利益时,才能肯定这种基本权利限制的目的正当性"[18],为刑法罪名保护法益的正当性判断提供了合宪性的判断标准和思路。

将对死者人格利益的辐射保护作为本罪保护法益受到德国相关理论的影响。德国司法和刑法理论的主流观点认为,《德国刑法典》第189条"诋毁对死者之纪念罪"的保护法益是"人格保护的遗留结果"(Nachwirkung des Schutzes der Persönlichkeit)。[19] 其理由在于,根据德国《基本法》第1条的价值理念,生命的形象和荣誉不能因死亡而不受保护。法律应当满足人们对死后形象和名誉不受贬损或扭曲的期待,这才是对人格尊严和自由发展的充分保障。[20] 该法律利益不同于生者的荣誉,而是"与荣誉相比受到限制并发生改变的权利,是对构成和塑造死者生命核心领域的尊重"[21],是一种特殊的死者人格利益。德国民法理论也认为,在权利人死后,对于由一般人格权所保护的法益也应当予以尊重,否则《基本法》的价值取向就不可能发挥其应有的作用。[22]

人格利益的辐射保护具有宪法正当性,但是该法益本身不能起到解释本罪构成要件的作用。人格利益的辐射保护本身仍然是归属于个人的利益,并非集体法益,不能妥当解释本罪位于《刑法》分则第六章"妨害社会管理秩序罪"的体系定位。因而,相关

---

[17] 王钢:《刑法新增罪名的合宪性审查——以侵害英雄烈士名誉、荣誉罪为例》,载《比较法研究》2021年第4期。

[18] 同上注。

[19] Vgl. Eric Hilgendorf (Fn. 5), §189, Rn. 2; Regge/Pegel (Fn. 5), §189, Rn. 12.

[20] Vgl. Eric Hilgendorf (Fn. 5), §189, Rn. 2.

[21] Eisele/Schittenhelm, in: Schönke/Schröder StGB, 30. Aufl., 2019, §189 Rn. 2.

[22] 参见〔德〕马克西米利安·福克斯:《侵权行为法》,齐晓琨译,法律出版社2006年版,第67页。

论者构建出"死者人格利益和公共利益结合说"的"双重法益保护"观点。但在该观点中，真正起到说明本罪正当性、划定本罪处罚范畴并起到犯罪解释目的作用的法益实际上是"社会公共利益"，否则便无法解释本罪将保护对象限定为特定主体的缘由。

本罪所保护的社会公共利益内容为何，理论上的阐释包括"社会公众的历史记忆、共同情感和民族精神以及由此组成的社会主义核心价值观"[23]以及"维系社会共同体不可或缺的文化价值观念""社会集体情感""社会秩序的安宁和稳定"[24]。前一类阐释实际以"社会主义核心价值观"作为社会公共利益的内容；后一类阐释以"社会主义核心价值观和社会秩序的安宁稳定"作为社会公共利益的内容。笔者认为，上述观点并未恰当阐释本罪的法益保护内容，尚有一定不足。

将社会主义核心价值观作为本罪保护法益混淆了行为无价值、结果无价值和道德保护、法益保护的关系，背离了法益保护的立场，其结论不能发挥法益的批判和解释机能。有观点认为，立足犯罪本质问题采取以法益侵害说为主兼顾规范违反说的立场，在违法性的本质上以结果无价值为基础，兼顾行为无价值，就能够为制裁违背道德的法益侵害行为提供合理依据。从而能够说明，本罪的行为违背了社会主义核心价值观，违反了规范，具有行为无价值，侵害了社会公共利益，具有结果无价值，因而符合刑法的目的和任务。[25]需要注意的是：第一，将伦理道德违反作为违法本质的行为无价值观点已经被以法益侵害和规范违反为基底的行为无价值二元论所更迭。传统德国刑法理论的行为无价值论，将伦理规范违反作为违法性的实质，如韦尔策尔认为，刑法具有维持社会伦理的机能，刑法的本质任务不是法益保护，法益保护包含在对社会伦理的心情价值的保护中。[26]但是当前德国刑法学通说的二元论中的行为无价值理论却不再以单纯的社会伦理为基础，而是受到了法益侵害的渗透和影响。"尽管所有刑法上的行为无价值同时也是道德上的行为无价值，但是反之并不成立。"[27]日本刑法理论的行为无价值二元论"虽然主张刑法的本质机能是规制机能、秩序维持机能，但对于实质的违法性概念，则倾向于强调其违反了抹掉伦理色彩的规范"[28]。我国的行为无价值二元论也认为，行为无价值的本质强调的是违反刑法规范而非社会伦理或道德规范，"行为无价值论与道德的结盟并不是理论上刻意追求的结果，在很多时候'纯属巧合'"[29]。在接纳了法益理论后，即便是行为无价值二元论也会与道德维护的任务

---

[23] 王政勋：《论侵害英雄烈士名誉、荣誉罪的保护法益》，载《法治现代化研究》2021年第5期。
[24] 同前注[17]。
[25] 参见前注[23]。
[26] 参见张明楷：《行为无价值与结果无价值》，北京大学出版社2012年版，第25页。
[27] 陈璇：《德国刑法学中的结果无价值与行为无价值二元论及其启示》，载《法学评论》2011年第5期。
[28] 〔日〕关哲夫：《结果无价值论与行为无价值论的对立及其趋向——以围绕基本立场的对立为视角》，王充译，载《吉林大学社会科学学报》2016年第5期。
[29] 周光权：《违法性判断的基准与行为无价值论——兼论当代中国刑法学的立场问题》，载《中国社会科学》2008年第4期。

设定渐行渐远,从而确定刑法规范本身亦是为了保护一定利益才能合理化的立场。伦理规范内容与刑法规范内容相似只是因为二者的保护对象具有共通之处,而这一保护对象正是作为生活利益的法益。第二,道德本身不是刑法保护的对象,道德规范与刑法规范都是保护人类生活利益的规范。这一立场并不是将刑法规范与社会伦理道德彻底脱钩,而是立足刑法客观主义和刑法明确性要求,承认道德的参考和指引价值,否认将道德作为犯罪的本质根据。道德规范是一套具体内容并不明确的价值判断标准,道德规范本身是方向性而非具体性、指引性而非裁判性的规范,对构成要件的解释无法起到指向作用,无法划定刑法处罚的界限,也无法证立刑罚适用的正当性。虽然社会主义核心价值观是应予以维护的我国社会共同价值观念,但是其内容同样是丰富的、抽象的、理想的,不能据此对行为作出唯一的判断结论。不能因为行为违背了社会主义核心价值观,而认为其具有刑法处罚的必要性。第三,社会主义核心价值观并非"法益"。"违背社会主义核心价值观"不等于"侵害社会主义核心价值观",法益不能被"违背",只能被"侵害",只有规范才会被"违背"。将违背社会主义核心价值观作为行为违法性的依据之一,本身不是法益保护立场的内容阐释,而是规范保护立场的表达。这一观点一方面导致行为违法性的判断不明确,另一方面导致违法性判断等同于道德性判断,有使刑法范围无限扩张至处罚所有道德违背行为的危险。社会主义核心价值观并非作为刑法保护对象的法益,而是刑法规范的道德基础。立法者在制定法律规范时,会存在某种道德前见[30],对立法时的利益进行衡量时,也会求助于道德评价[31]。刑法规范可以认为是社会主义核心价值观的法律规范体现,其适用能够起到维护、促进社会主义核心价值观的作用,但维护社会主义核心价值观同样是为了保护一种具有重要价值的生活利益——法益,因此,应当将本罪保护的生活利益作为法益,而不能将本罪的道德基础作为保护法益。

将社会秩序的安宁稳定作为本罪保护法益实际建立在感情法益观的基础上,会不当提升本罪的入罪门槛,缩小本罪的保护范围。有学者提出,英雄烈士是社会共同价值观念的象征和社会集体情感的符号,是整合社会秩序不可或缺的文化力量,对这种文化价值观念的公然蔑视会冲击国民道德情感,构成对国民的严重冒犯,进而激起国民的激烈反应,损害社会秩序的安宁和稳定。[32] 该观点认为,本罪行为通过"冲击道德情感,冒犯国民——激起国民冲突性反馈——损害社会秩序"的流程实现对法益的侵害,将对国民的感情侵害作为行为法益侵害性的诱发起因,以国民的冲突性反馈作为本罪的侵害实相。该观点一方面具有将道德和感情作为刑法保护对象,从而带来刑法保护范围不明确的缺憾;另一方面将实际损害社会秩序的安宁稳定作为表征本罪法

---

[30] 参见郭忠:《法律秩序和道德秩序的相互转化——道德的法律化和法律的道德化问题研究》,中国政法大学出版社2012年版,第12页。
[31] 参见〔美〕罗斯科·庞德:《法律与道德》,陈林琳译,商务印书馆2015年版,第83页。
[32] 参见前注[17]。

益侵害的必要内容,实际上提高了本罪的入罪门槛,也无法与论者以"损害国家形象、严重危害国家利益""造成恶劣国际影响"作为本罪入罪情节的结论相洽。也有学者批判到,由第三人实施的损害社会秩序行为,究竟通过何种路径归责于行为人,是否在行为人答责范围内也存在问题。[33]

三、国家存在基础:本罪保护法益的应然界定

(一)概念和功能框架:本罪法益界定的方向启示

从前文对现有本罪保护法益观点的分析中,可以得出以下对本罪保护法益界定的方法启示和基本方向:

第一,应当注重本罪的体系定位,确定本罪保护集体法益的基本方向。本罪保护的法益是集体法益而非个人法益。法益可以根据其持有者和处分权区分为个人的法益和"整体"(国家、社会)的法益,即个人法益和集体法益。[34] 本罪的体系位置表明本罪并非保护公民人身权利,而是保护社会公共秩序。"以公共利益为内涵的社会公共秩序是本罪的法益"[35],因此,无论是个人的虔敬感情,还是死者人格利益的辐射保护,都是以个人作为法益主体的个人法益结论,不能成为本罪的规范保护目的。本罪保护的是社会公共利益,应当从本罪保护的公众、社会或国家的社会生活利益角度考虑本罪法益的内容。

第二,对本罪法益的界定,应当满足法益的功能要求。对个罪法益的界定本身应当发挥立法批判和解释目的的双重功能:一方面,法益要"告诉立法者合法刑罚处罚的界限"[36],从而据此评价立法是否存在正当性依据,提出将不具有法益侵害性的罪名废止、要求立法应当满足法益侵害原则的主张,为刑法规范提供正当性依据和据此进行立法批判是法益立法批判机能的一体两面。另一方面,法益是规范的保护目的,是刑事立法者意欲通过刑法规范保护的实在对象,是立法者对个别条文目的的"最精简的缩语"[37],是犯罪构成要件的解释目标和保护目的[38]。因此,法益应当是"规范保护的合法目的"[39],是兼具形式和实质内容的概念,如鲁道菲(Rudolphi)所说,应当得出一个虽是

---

[33] 参见前注[4]。
[34] Vgl. Kindhäuser/Neumann/Paeffgen, Strafgesetzbuch, 5. Aufl., 2017, §1, Rn. 126.
[35] 刘艳红:《法秩序统一原理下侵害英雄烈士名誉、荣誉罪的保护对象研究》,载《法律科学(西北政法大学学报)》2021年第5期。
[36] [德]克劳斯·罗克信:《刑法的任务不是法益保护吗?》,樊文译,载陈兴良主编:《刑事法评论》(第19卷),北京大学出版社2007年版,第152页。
[37] 参见钟宏彬:《法益理论的宪法基础》,元照出版有限公司2012年版,第75页。
[38] 参见张明楷:《法益初论》,商务印书馆2021年版,第262页。
[39] 同前注[36],第151页。

以先于刑事立法的价值观为基础,但又对立法者具有拘束力,还可用于诠释实证法的法益概念。[40]

第三,对本罪法益的界定,应当满足法益形式面的要求。法益是被创设来诠释犯罪侵害的客体和结果的概念,是刑法规范的保护对象,是一种可被行为改变和侵害的"有利益的存在"。因此,规范内容本身和规范效力不是规范保护的"对象",不符合法益形式面的定义要求。[41] 如果对法益的界定是在重复刑法规范的内容,或将规范被遵守的效力本身作为规范保护目的,是将规范本身作为规范保护对象,不符合法益形式面的要求。只要有刑法规范存在,就能概括出规范的内容和规范被遵守的状态,因而此种界定不能发挥法益立法批判和构成要件解释的功能。同时,法益是具体刑法规范的保护目的,是由刑法规范保护的具有特定利益的状态,因此,具体刑法规范的设立必须能够起到保护特定法益的效果。

第四,对本罪法益的界定,应当满足法益实质面的要求。法益是值得刑法保护的生活利益,并非所有刑法规范的效力对象都具有法益保护的适格性。法益的价值面与国家理念紧密相连。战后的德国刑法理论认为,基于《基本法》将对人性尊严的尊重与保护设定为国家行为的唯一正当性基础的实质法治国理念[42],法益是"一种条件,在满足了该条件的情况下,人类在一个社会公正的秩序中,能够衣食无忧地自由发展自我"[43],因此,为了满足刑法是人民民主专政国家制度保证的任务要求,坚持人民当家作主的主体地位,实现对人权的尊重和保障,应当将刑法的任务限定为对人民必要共同生活条件的保护和最大限度地实现个人的人格自由发展。这意味着应当以宪法价值作为刑法法益的价值框架,使刑法法益内容通过宪法价值的限定和检视,获得宪法价值的正当性和立足点,从而发挥法益对已有立法进行正当性评价、对未来立法的变更提供正当性依据的功能和作用。

(二)保护国家存在基础:刑法规范保护的适格对象

集体法益是相对于个人法益而言的,是不直接归属于个人而归属于国家、社会集体的利益。罗克辛认为,集体法益是"以个人自由发展、个人基本权利实现的目的为基础的国家系统正常运作所必要的现实或设定目标"[44]。赫芬德尔(Hefendehl)根据法益的功能性分类,将集体法益分为为个人创造自由空间的法益和保护国家架构条件的

---

[40] 参见前注[37],第148页。
[41] 参见前注[37],第296页。
[42] 参见前注[37],第177、298页。
[43] 〔德〕乌尔斯·金德霍伊泽尔:《法益保护与规范效力的保障——论刑法的目的》,陈璇译,载《中外法学》2015年第2期。
[44] Roxin, Strafrecht. AT. 1, 4. Aufl., München: C. H. Beck Verlag, 2006, § 2, Rn. 7. 转引自马春晓:《经济刑法的法益研究》,中国社会科学出版社2020年版,第75页。

法益,其中国家存在基础作为国家运作的前提具有法益保护的适格性。[45]

国家存在基础满足刑法保护法益的实质性要求。德国刑法理论认为,根据《德国基本法》的内容,可以认为国家的任务是保障人民自由发展,这一任务的实现以保护国家具有基本的架构条件、确保国家自身存在运作能力为基础,因此国家存续本身、国家存在的基础是应当予以保护的法益。[46] 我国《宪法》第1条规定了我国是人民民主专政的社会主义国家;第2条第1款规定了国家的一切权力属于人民;第38条规定了公民的人格尊严不受侵犯。在人民主权国家,是公民的权利确定了国家的权力[47],保障人权是国家存在的价值所在和行使国家权力的合法性基础[48]。这也意味着,只有确保国家的基本存在及其运作能力,才能实现和完成对公民权利的保护目的和任务。因而,国家本身的存续及其基础内容是实现个人自由发展和个人基本权利的前提基础,对其保护具有宪法价值的正当性。

国家存在基础满足刑法保护法益的形式性要求。富有争议的是,究竟何为作为保护对象的国家存在基础,该法益是否可以为被侵害的对象。国家存在基础的内容,与对国家本质的理解息息相关。被普遍接受的"国家要素"学说,认为国家由领土、人民、主权构成[49];政治学理论认为,现代国家是"通过一套制度体制将一定区域的人民整合为一个能够共享制度安排的统一共同体"[50];马克思主义的"阶级国家观"则认为,国家是实行阶级统治的社会公共权力组织[51];"国家法人说"作为法学的国家观之一,认为国家是拥有独立的意志和行为能力的法人,从而赋予国家权力主体,表达权利归属[52]。以上学说的不同,在于以不同的学科思维方法对国家进行描述和定义,而作为法学研究的对象,应当提倡的是"法学国家观"。结合国家学说和赫芬德尔对国家法益的功能分类,可以证成国家法益的存在根基和类型。第一,国家本身存在是国家作为法人行使权利,保护公民安全与自由的根基。其存在基础内容包括作为国家基础构成要素的领土疆域、国体、政体、国家作为有组织的整体的统合体等。如我国《刑法》分则第一章规定的直接侵害我国国家主权、领土完整、政权等危害国家安全的犯罪行为,能够引起国家作为政治统一体存在本身的变动,属于对国家本身存在基础的侵害,也是对国家本身存在的侵害。第二,国家重要宪法机关的运作及其意志形成、意志行使是国家形成统一意志的前提,具体包括立法机关、行政机关、审判机关、检察机关

---

[45] Vgl. Hefendehl, Kollektive Rechtsgüter im Strafrecht, Carl Heymanns Verlag KG, 2002, S. 119 ff. 转引自前注[37],第259—286页。
[46] 参见前注[37],第259页。
[47] 参见陈醇:《论国家的义务》,载《法学》2002年第8期。
[48] 参见郭道晖:《人权的国家保障义务》,载《河北法学》2009年第8期。
[49] 参见杨益诚:《法学基础理论》,瑞兴图书股份有限公司2011年版,第401页。
[50] 林尚立:《现代国家认同建构的政治逻辑》,载《中国社会科学》2013年第8期。
[51] 参见王天华:《国家法人说的兴衰及其法学遗产》,载《法学研究》2012年第5期。
[52] 参见《马克思恩格斯选集(第3卷)》(第2版),人民出版社1995年版,第13页。

等国家机关的意志形成和具体运作。如我国《刑法》第 256 条规定的"破坏选举罪"、第 290 条第 2 款规定的"聚众冲击国家机关罪"等。其行为能够引起作为国家意志形成和实施前提基础的基本宪法机关的变动,从而导致国家无法形成和行使意志,属于对国家运作条件的侵害。第三,国家具体活动自由是国家实施国家行为的外部前提,是国家得以实现具体运作的基础。具体包括行使国家各项立法、行政、司法权力的公务行为不受干扰。如我国《刑法》第 277 条第 1 款规定的"妨害公务罪"、第 278 条规定的"煽动暴力抗拒法律实施罪"等,能够阻碍国家权力行为的行使自由,属于对国家运作资源条件的侵害。

(三)保护国家存在基础:本罪规范保护的实然结论

在检验"国家存在基础"作为本罪保护法益的适格性后,更重要的是检验本罪的规范保护目的是否为"国家存在基础",以及本罪行为所侵害的国家存在基础的内容、究竟如何实现对保护法益的侵害。相较于抽象宏观的"国家存在基础",明晰行为对法益侵害的类型和实现路径,是确证本罪正当性和划定处罚范围的关键。

从立法背景看,本罪的规范保护目的是实现对我国社会主义国家存在基础的保护。第一,本罪是国家保护英雄、烈士法律体系的有机组成部分,可以根据《英雄烈士保护法》和《民法典》的保护目的诠释本罪的保护目的。《英雄烈士保护法》第 1 条指出,该法的制定是"为了加强对英雄烈士的保护,维护社会公共利益,传承和弘扬英雄烈士精神、爱国主义精神,培育和践行社会主义核心价值观,激发实现中华民族伟大复兴中国梦的强大精神力量";第 3 条第 1 款指出:"英雄烈士事迹和精神是中华民族的共同历史记忆和社会主义核心价值观的重要体现。"《民法典》第 185 条规定:"侵害英雄烈士等的姓名、肖像、名誉、荣誉,损害社会公共利益的,应当承担民事责任。"我国民法学者认为,民法典中英雄烈士保护条款,"以这一英雄群体在我国当代史上发挥的作用为依据"[53]。英雄烈士事迹、精神具有的客观的公共影响和效能,构成对英雄烈士构建系统保护的逻辑起点和价值追求,国家对英雄烈士名誉、荣誉、事迹、精神的保护,意欲实现的是对我国社会主义制度的保护,根据《宪法》第 1 条的规定,社会主义制度是中华人民共和国的根本制度。因此,从法律体系可以看出,国家对英雄烈士名誉、荣誉的保护是为了实现对我国作为社会主义国家存在基础的保护。第二,根据刑事立法的相关释义材料,本罪的规范保护目的在于保护我国作为社会主义国家的存在基础。全国人大常委会法工委工作人员在对本罪的释义中强调,"侮辱、诽谤英雄烈士的实质目的是动摇中国共产党的执政根基和否定中国特色社会主义制度"[54]。可以看

---

[53] 罗斌:《传播侵害公共利益维度下的"英烈条款"——〈民法总则〉第一百八十五条的理解与适用》,载《学术论坛》2018 年第 1 期。

[54] 王爱立主编:《中华人民共和国刑法释义》,法律出版社 2021 年版,第 666 页。

出,立法者是基于本罪行为对社会主义制度本身具有的侵害性设立本罪,因此本罪的设立目的是实现对我国作为社会主义国家存在基础的保护。

需要注意的是,作为立法者主观立法目的的体现,对立法背景的分析仅具有参考意义而不具有本罪规范保护目的确认的决定效果。一方面,立法背景亦强调本罪对英雄烈士人格利益、近亲属合法利益的侵害,根据立法者的主观表述无法明确本罪保护法益和法益保护的附随效果;另一方面,刑法规范的内容本身是否具有规范保护效果,即客观意义的规范保护目的的内容,必须通过对规范内容的进一步分析,探明本罪行为实现法益侵害的具体方式和路径,建构本罪行为和法益侵害之间的规范关联,才能证立国家存在基础作为本罪规范保护目的的正当性。

从规范内容看,本罪的规范保护目的是保护对我国作为社会主义国家的国家认同基础。本罪的保护对象是公民因为国家、人民和民族作出的牺牲和贡献的事迹和精神而获得的社会评价,通过对其的保护能够实现对国家本身存在的认同基础的保护。英雄烈士的名誉、荣誉是社会规范性概念,是英雄烈士因事迹、精神而应获得的社会评价。作为侮辱、诽谤自然人犯罪(如我国《刑法》第246条规定的侮辱罪、诽谤罪)的保护法益,"名誉"的概念本身争议颇大。事实性的名誉概念认为,名誉保护的是个人主观上的名誉感情(主观事实名誉说)或者客观上现实存在的良好声誉(客观事实名誉说),前者被认为无法涵盖幼儿、精神病人等主体,并且其损害在事实上无法证实,无法形成周延公平的保护;后者被认为将事实的声望作为保护对象,包括对不应有的"虚名"的保护。[55] 因此,对名誉的解释一般采取规范的名誉概念,包括认为名誉是作为个人尊严固有属性的人身规范性概念和认为名誉是在社会生活中个人应得或期望应受到尊重的社会规范性概念。[56] 本罪保护的对象是"英雄、烈士的名誉、荣誉",尽管"英雄烈士"的范围仍待进一步界定,但是本罪保护对象毫无疑问地包括已经逝世的烈士的"名誉、荣誉"。这意味着无论保护对象是否涵盖了在世的英雄烈士,本罪的"名誉、荣誉"内容都是超越了个人生死的独立存在,不依靠个人生命存续,具有与人身分离的独立性。因而人身规范性名誉概念并不适用,应从社会规范性概念角度理解英雄烈士的名誉概念。刑法之所以选取英雄烈士的名誉、荣誉进行特殊保护,是因为其作为"英雄烈士"的特殊身份,具有身份依附性。根据《英雄烈士保护法》第2条、第3条的规定,英雄烈士为国家、人民和民族作出牺牲和贡献是对英雄烈士保护的逻辑起点,英雄烈士的事迹和精神是获得英雄烈士身份评价的事实依据。因此,本罪保护对象应被理解为公民因为国家、人民和民族作出牺牲和贡献的事迹和精神而应得到的社会评价。

---

[55] 参见王钢:《德国判例刑法(分则)》,北京大学出版社2016年版,第120—121页。
[56] 参见〔葡〕乔治·德·菲格雷多·迪亚士:《刑法典评注[Ⅰ]》,邓志强译,澳门大学法学院2015年版,第515—517页。

通过对英雄烈士的名誉、荣誉的保护能够实现对作为国家本身存在基础——国家认同的保护。德国学者在论证《德国刑法典》第86a条对使用纳粹标识行为进行处罚的理由时提出,"一个国家的建国神话(Gründungsmythos)构成现代国家的一般自我形象,它是一个国家文化记忆的重要组成部分,使政治共同体合法化或稳定化"[57]。该观点强调,以国家来源为内容的国家共同历史记忆,能够形塑作为国家存在基础的国家认同。"认同"是在人与人、群体与群体的交往中所发现的差异、特征及其归属感[58],"国家认同"是归属于何种国家范畴或者组织的认识[59]。法国社会学家哈布瓦赫(Halbwachs)在涂尔干(Durkheim)"集体意识""集体欢腾"概念的基础上提出了"集体记忆"概念,认为个人是在社会中获得了记忆,存在一个所谓的集体记忆和记忆的社会框架。[60]哈氏集体记忆概念是对社会观念的另一种表述,其将社会思想的本质理解为由集体记忆构成,可以认为其承认存在一种以过去的事件、认识为要素的群体的同一性认识。保罗·康纳顿(Paul Connerton)提出,记忆不仅是个体的官能,也存在一种集体或社会的记忆。[61]我国台湾地区学者王明珂进一步提出,"集体记忆"是指经常在社会中被集体回忆,而成为社会成员间或某次群体成员间分享之共同记忆。"历史记忆"表现为集体记忆中该社会认定"历史"形态,能够支持和合理化当前族群的区分。[62]这意味着,国家共同历史记忆是对现代国家起源建立和发展建设过程的认知,是现代国家共同体对国家身份的客观认知,是现代国家国民精神认知的外部框架,影响个体对国家政治制度系统的归属、肯定、服从、赞同、支持的心理事实和外部行为,能够使政治共同体合法化、稳定化。

英雄烈士是为国家、人民和民族作出牺牲和贡献的个体,其为国家、人民、民族作出牺牲和贡献的事迹、精神是国家共同的历史记忆财富,能够形塑国家认同。从本体上看,英雄烈士的事迹、精神因内容而成为国家共同历史记忆。英雄烈士的事迹、精神是关于国家的起源和建设的内容。根据《烈士褒扬条例》第2条的规定,公民在保卫祖国和社会主义建设事业中牺牲,具有该条例第8条情形的,被评定为烈士。因而,烈士身份的核心在于以生命保卫国家、人民、民族的利益。这样的事迹、精神,是我国国家、人民、民族的来源和发展的记忆内容,是我国国家及基本政治制度的历史内容。从功能上看,英雄烈士的事迹、精神是国家共同历史记忆,能够形塑和稳固国家认同。国家共同历史记忆的功能是根据对过去事件的共同记忆建构对当前国家政治共同体正当

---

[57] Kett-Straub: Das Verwenden nationalsozialistischer Kennzeichen – § 86a StGB im Spannungsfeld zwischen symbolischem Strafrecht, Gefühls-und echtem Rechtsgüterschutz, NStZ 2011, 601.
[58] 参见贺金瑞、燕继荣:《论从民族认同到国家认同》,载《中央民族大学学报(哲学社会科学版)》2008年第3期。
[59] 参见金太军、姚虎:《国家认同:全球化视野下的结构性分析》,载《中国社会科学》2014年第6期。
[60] 参见[法]莫里斯·哈布瓦赫:《论集体记忆》,毕然、郭金华译,上海人民出版社2002年版,第68—69页。
[61] 参见[美]保罗·康纳顿:《社会如何记忆》,纳日碧力戈译,上海人民出版社2000年版,第1页。
[62] 参见王明珂:《历史事实、历史记忆与历史心性》,载《历史研究》2001年第5期。

性的认同,英雄烈士的事迹、精神是我国国家政治共同体正当性的体现。如对在保卫国家领土过程中牺牲或堪为楷模的公民的记忆和认识,能够建构对当前国家领土正当性的认同;对献身社会主义政治、经济、文化等事业建设,作出巨大牺牲和贡献的公民的记忆和认识,能够建构对当前我国社会主义事业正当性的认同;对在社会生活中,为人民利益舍身忘我、作出巨大牺牲和贡献的公民的记忆和认识,能够建构对当前我国人民民主专政、人民主体地位的国家基本政治制度正当性的认同。

侵害英雄烈士名誉、荣誉的行为通过贬损和污蔑英雄烈士的事迹、精神,损害后者作为共同历史记忆的本体及阻碍功能发挥,进而造成对国家认同的损害。侵害英雄烈士的名誉、荣誉的行为损害英雄烈士事迹、精神作为共同历史记忆的本体和功能。否定为国家、人民、民族牺牲和贡献行为的价值,将为国家、人民、民族牺牲和贡献的行为认定为不光彩的、错误的,传达出一种国家、人民、民族的利益不值得保护的印象,削弱英雄烈士的事迹、精神作为共同历史记忆的效能,从而具有动摇国民对国家及基本政治制度认同的可能;将为国家、人民、民族牺牲和贡献的行为评价为对当下国家共同体无关紧要的行为,传达出一种英雄烈士的事迹、精神是虚假的、不值得记忆和认同的印象,消减国民对国家共同体来源的历史记忆本体,削弱国民对当下国家共同体正当性来源的认识,从而具有削弱国民对当下国家共同体正当性认同的效果。这种对共同历史记忆的损害既可以通过传播直接的贬低评价实现,也可以通过编造虚假的指控实现。

从本罪行为实现法益侵害的过程和方式来看,本罪是累积犯(Kumulationsdelikte)。累积犯,是指犯罪行为不具备对法益造成实害的能力,甚至不具备造成法益侵害的具体危险和抽象危险,但大量同类行为的实施会导致法益受损的犯罪类型。[63] 单一对英雄烈士名誉、荣誉的侵害行为不会导致国民对国家认同态度的直接转变或者导致国家认同状态的颠覆,但是会通过对国家共同历史记忆本体和功能的累积性的侵害,最终造成国家认同受损。而立法前的现实情况,也说明侵害英雄烈士名誉、荣誉的行为具有蔓延的真实可能,因此存在真实的累积危险。[64] 需要注意的是,国家认同是复杂的系统工程,具有自发性和建构性、政治性和文化性,需要通过制度、利益、文化、共同体建设实现。[65] 现代国家的国家认同,尤其依赖国家制度健全、国家结构体系优化促进国民的自主选择[66],国家共同历史记忆是形塑国家认同的重要却非唯一要素。但是形塑国家认同的诸要素之间并非此消彼长的关系。作为复杂而内部牵连的系统,任何一个要素的真实变动都会造成国家认同的改变。这也意味着"形塑国家认同"和"保

---

[63] 参见王永茜:《论现代刑法扩张的新手段——法益保护的提前化和刑事处罚的前置化》,载《法学杂志》2013年第6期。
[64] 参见前注[54],第666—669页。
[65] 参见王卓君、何华玲:《全球化时代的国家认同:危机与重构》,载《中国社会科学》2013年第9期。
[66] 参见前注[50]。

护国家认同"具有不同的面向,后者需通过保证国家认同要素的稳定实现。因此,不能因为国家认同并非由共同历史记忆唯一塑造,"认同感毋宁来自国家的强大和人民的幸福"[67]而否定处罚侵害国家认同要素行为的必要性。

综上,侵害英雄烈士名誉、荣誉的行为通过侵害国民共同历史记忆的本体和功能,对国家存在基础的国家认同造成累积性损害,因而本罪的规范保护目的可以理解为保护以国家认同为内容的国家存在基础法益。

四、以保护国家存在基础为目的:本罪解释适用的具体展开

(一)对本罪保护对象的理解和判断

本罪的行为对象是"英雄烈士的名誉、荣誉",对行为对象的保护范围应当根据对本罪保护法益的理解进行实质的目的解释。

本罪的保护对象包括逝世的烈士和在世、逝世的英雄。有学者认为,根据法秩序统一原理,本罪保护对象是"故去的英烈","英雄烈士"是指"英雄的烈士",因此在世的英雄模范或未被评定为烈士的英雄模范不属于本罪保护对象。[68]该观点无法合理解释最高人民检察院检例第136号指导性案例中将在世的英雄模范纳入本罪保护范围的实践观点。根据本文对本罪保护法益的理解,本罪的保护法益是以国家认同为内容的国家存在基础。无论是在世的英雄模范,还是故去的英雄烈士,其事迹、精神都是国家共同历史记忆的体现,是形塑国家认同的重要内容。本罪保护的并非具有人身依附性的人格利益,而是英雄烈士事迹、精神作为共同历史记忆发挥作用的公共利益,英雄烈士是否在世不影响其事迹、精神的公共效能。无论英雄烈士是否通过《烈士褒扬条例》获得烈士身份,都不影响其根据事迹、精神成为本罪的保护对象。

对"烈士"的认定原则上应当依照有关行政规范进行,"英雄"是指"为国家、人民、民族利益作出突出贡献,其事迹和精神具有公共楷模作用的公民"。"烈士"本身是兼具事实性和规范性的概念,是经过法定程序评定的荣誉身份。《烈士褒扬条例》《军人抚恤优待条例》等规范性文件对烈士的褒扬作出了具体规定,符合评定条件,被评定为烈士的个体,其事迹和精神本身也符合作为国家共同历史记忆的体现、具有形塑国家认同作用的要求。同时,规范性文件毕竟具有明确性和较强的说服力,因此"烈士"原则上指按照相关规范性文件被评定为烈士的个体。"英雄"的范围欠缺规范性文件的直接参照,应当按照本罪的规范保护目的实质认定为"为国家、人民、民族利益作出突

---

[67] 同前注[37],第287页。
[68] 参见前注[35]。

出贡献,其事迹和精神具有公共楷模作用的公民"。根据本罪的规范保护目的,只有满足该条件的公民,对其名誉、荣誉的侵害才具有损害国家认同的累积性危险。在具体实践中,为国家、人民、民族利益作出重要、突出贡献,根据《国家勋章和国家荣誉称号法》的规定获得国家荣誉和国家勋章的公民,其中,为国家、人民、民族利益作出突出贡献,赢得国民普遍认同的公民,属于本罪规定的"英雄";获得国家级、省级等各级"道德模范""劳动模范""三八红旗手"称号的公民,如果其事迹和精神与国家、人民、民族利益有重要关联,获得国民普遍认同,则属于本罪规定的"英雄"。

本罪保护的"名誉、荣誉"是英雄烈士因其事迹、精神而应得的社会评价,不包括与英雄烈士事迹、精神无关的名誉、荣誉,也不包括"虚名"。本罪的规范保护目的并非对英雄烈士人格利益的特殊保护,而是对公共利益的保护,即保护国家共同历史记忆形成的国家认同。侵害英雄烈士与其事迹、精神无关的名誉、荣誉,是对其个人人格尊严的侵害,不会造成对英雄烈士事迹、精神价值的评价的损害,相关行为构成犯罪的,应当以侮辱罪、诽谤罪定罪处罚。若英雄已经逝世,则在我国并未设立保护一般死者人格利益犯罪的背景下,不能作为犯罪处罚,应当通过民事、行政手段予以救济和处罚,从而体现"法律面前人人平等"的基本原则。所谓"虚名",是指由主体事实享有,但依据规范目的不应得到的社会评价。英雄烈士的"虚名"是指英雄烈士根据虚构的事迹、精神获得的社会评价。若将本罪保护法益界定为崇敬感情,则有将英雄烈士事实上已经获得的名誉纳入本罪保护范围的可能。在规范的名誉概念下,刑法不应支持对"虚名"的保护。[69] 即便该"虚名"已经受到民众认同,从而使英雄烈士和其事迹、精神获得了民众的崇敬,也因对此类"虚名"的保护无助于实现本罪的规范保护目的,不应作为本罪的保护对象。

(二)对本罪行为类型的理解和判断

本罪处罚的侵害英雄烈士名誉、荣誉的行为应当具有公然性。尽管《刑法》第246条将侮辱罪、诽谤罪的行为方式限定在"公然"类型,而对本罪并无规定,但根据对本罪保护法益的理解,本罪行为也应当具有"公然性",同时应当具有使多数人知悉的可能。本罪行为通过对国民共同历史记忆本体和功能的侵害,损害国家认同基础,国民共同历史记忆本身经历了从个体记忆到集体记忆的过程,只有当侮辱、诽谤行为具有使多数人知悉的可能时,才具有将该记忆上升为共同记忆的可能,才能实现对共同记忆和国家认同的影响。本罪行为的"公然性"包括行为的公然和结果的公然。[70] 实践中,行为人在公共场所、公共网络空间发表侵害英雄烈士名誉、荣誉的言论,或将侵害英雄烈士名誉、荣誉的言论群发给多个人的行为,均符合本罪行为类型的要求。"公然

---

[69] 参见张梓弦:《民法典编纂对侵害名誉类犯罪的教义学启示》,载《现代法学》2020年第4期。
[70] 参见马克昌主编:《百罪通论》(上卷),北京大学出版社2014年版,第621页。

性"的判断根据是行为人的行为,不能将第三人的后续传播行为作为判断是否具有"公然性"的依据。如果第三人将行为人私下发表的侵害英雄烈士名誉、荣誉的言论予以扩散,则对法益的侵害并非由行为人实现,不能以此判断行为的"公然性"。

本罪处罚的是对英雄烈士的事迹、精神作出侮辱性价值判断,以及通过散布虚假事实贬低英雄烈士的事迹、精神价值的行为。行为在一般社会意义上足以传达出对英雄烈士事迹、精神的侮辱性和贬低性价值判断,或虚构的事实足以使一般人从中得出英雄烈士的事迹、精神是虚假的这一结论,使一般人产生英雄烈士的事迹、精神不值得、不应该被记忆、被崇敬的印象时,行为就削弱了英雄烈士的事迹、精神作为共同历史记忆的效能,具有损害国家认同基础的法益侵害性。以其他方式侵害英雄烈士的名誉、荣誉,具有贬损英雄烈士事迹、精神的效果,传达贬低、诋毁英雄烈士事迹、精神印象的,也构成本罪。但这并不意味着所有仅是"不够尊重"英雄烈士纪念建筑或纪念活动的行为都构成本罪。如在烈士陵园穿戴奇装异服合影、在烈士墓碑或牺牲地前合影、在公开纪念活动中大声喧哗吵闹的行为,虽然也未能按照《英雄烈士保护法》的规定对英雄烈士予以充分的尊重,但并不足以直接削弱英雄烈士事迹、精神的认同效力,不具备侮辱、贬低英雄烈士事迹、精神的效果。

对英雄烈士事迹、精神的正当科学、历史研究行为,不会侵害本罪保护法益,不构成本罪。公共历史记忆是立足当下根据事实资料对过去的建构,随着资料的丰富和学科研究方法的创新,以及社会的发展,对历史事实的认识、评价会发生改变。正当的科学研究和历史研究是建构公共历史记忆、形成国家认同的应然路径。有学者指出:"历史学最基本的价值,就在于提供错误,即失败的教训……一个沉思着的民族往往要比兴奋中的民族更有力量……一个民族对自己历史的自我批判,正是它避免重蹈历史覆辙的坚实保证。"[71] 因此,即便对英雄烈士事迹、精神的正当科学、历史研究行为客观上造成了对英雄烈士事迹、精神评价的降低,对其处罚也无助于实现本罪的规范保护目的,该种行为不应纳入本罪处罚范畴。

但是需要注意,实践中应当区分不具有法益侵害性的科学研究行为和侵害本罪保护法益的侮辱、诽谤行为,后者对本罪保护法益具有侵害性,需要进行处罚。以"学术自由""还原历史""探究细节"为名对英雄烈士事迹、精神进行侮辱、诽谤的行为,并非正当的利益维护行为。在进行具体判断时,应先判断行为客观的法益侵害性,再根据行为人主观内容进行判断,后者对行为法益侵害性的判断仅具有印证作用而不具有决定作用。在实践中,以下四种类型的行为可以从客观方面认定其具有法益侵害性:①虚构并公开发表、散布足以贬损英雄烈士事迹、精神价值的事实的;②公开发表、散布足以贬损英雄烈士事迹、精神价值的事实,不能证明该事实为真实的;③公开发表、散布对英雄烈士事迹、精神的质疑、否定或足以贬损其价值的言论,无合理的根据和理

---

[71] 茅海建:《天朝的崩溃:鸦片战争再研究》,读书·生活·新知三联书店2017年版,第22页。

由,没有历史反思和科学研究价值的;④公开发表、散布丑化英雄烈士事迹、精神的言论或实施丑化英雄烈士事迹、精神行为的。

对英雄烈士事迹、精神的历史、科学研究属于具有专业知识的内容,其内容是否贬损英雄烈士事迹、精神的价值,是否具有合理的根据和理由,是否具有历史反思和科学研究价值,需要进行必要的司法鉴定。最高人民法院《关于认真学习宣传贯彻〈中华人民共和国英雄烈士保护法〉的通知》中指出,审理涉及英烈保护案件,要主动加强与地方党委、有关部门、媒体和学术研究机构的沟通、协调,切实提高司法应对工作的自觉性、创造性。这意味着对专业研究价值的鉴定和据此对行为法益侵害性的认定,应当采纳涉英烈保护、历史科学研究机构的意见,慎重认定行为的侵害性,不宜以一般人的认知标准进行简单判断。

(三) 对本罪罪量要素的理解和判断

本罪条文设置了"损害社会公共利益,情节严重"的罪量要求,属于在具体罪名条文中规定了对法益侵害程度要求的情节犯。[72] 有学者认为,基于限缩解释及满足不至于过度限制公民基本权利的目的,本罪只有在满足《刑法》第246条第2款规定的"严重危害社会秩序和国家利益"的情形,具有最高人民法院、最高人民检察院《关于办理利用信息网络实施诽谤等刑事案件适用法律若干问题的解释》第3条[73]规定的情节时,才能成立。[74]

笔者认为,不应将本罪的罪量要素理解为必须满足"严重危害社会秩序和国家利益"的情节要求。第一,即便不作此理解,也可以通过对其他构成要件的实质解释和限制实现限缩解释,满足不至于过度限制公民基本权利的目的。第二,"损害社会公共利益"并不具备独立的构成要件意义。从立法背景上看,"损害社会公共利益"是从《民法典》第185条中直接引用的表述,不意味着立法者为该罪状赋予了刑法意义上的独立机能。从内容上看,"损害社会公共利益"本身可以通过其他构成要件的实质解释实现,在法益侵害的罪质观下,对犯罪构成要件的解释本身就应当实现对法益侵害方式的诠释。换言之,"损害社会公共利益"只是提示应当对本罪构成要件进行以保护集体利益为目的的实质解释。第三,正如学者所提出的,"严重危害社会秩序和国家利益"的内容是否能够归责于《刑法》第246条的侮辱、诽谤行为,本身存疑,因此该情形只是"受限亲告罪"中限制国家刑罚权发动的诉讼条件规则,与犯罪成立条件无关。[75] 第

---

[72] 参见陈兴良:《规范刑法学》(第4版),中国人民大学出版社2017年版,第193页。
[73] 具体包括:(1) 引发群体性事件的;(2) 引发公共秩序混乱的;(3) 引发民族、宗教冲突的;(4) 诽谤多人,造成恶劣社会影响的;(5) 损害国家形象,严重危害国家利益的;(6) 造成恶劣国际影响的;(7) 其他严重危害社会秩序和国家利益的情形。
[74] 参见前注[17]。
[75] 参见前注[4]。

四,该理解具有语义解释的矛盾。在罪状表述上,"情节严重"位于"损害社会公共利益"之后,若将"损害社会公共利益"理解为具有单独罪量要素的内容,则"情节严重"应当具有进一步说明、限定"损害社会公共利益"的功能和作用。但从内容上看,根据《关于依法惩治侵害英雄烈士名誉、荣誉违法犯罪的意见》的规定,"情节严重"的认定主要是指行为方式,涉及英雄烈士的人数,相关信息的数量、传播方式、传播范围、传播持续时间,相关信息实际被点击、浏览、转发次数,引发的社会影响、危害后果以及行为人前科情况等情形,从语义上不具有进一步说明和限缩论者对"损害社会公共利益"内容的理解的作用。

因此,"损害社会公共利益"只是不具备单独机能的提示性罪状,对本罪罪量要素理解的关键在于"情节严重"。作为在刑法具体条文中规定的定罪情节,"情节严重"应当理解为是对本罪行为所保护法益客观上具有侵害程度的要求,而不包括不可归责于行为人的情节、一般预防刑情节、特殊预防刑情节等与违法性无关的其他刑罚发动事由。[76] 因此,本罪的"情节严重"是指行为对国家认同具有较高的累积性侵害。行为侵害的英雄烈士的人数,英雄烈士事迹、精神的重要程度和受认知程度,相关信息的数量、传播方式、传播范围、传播持续时间,相关信息实际被点击、浏览、转发次数等都能够说明对本罪保护法益的累积性侵害程度,应当作为"情节严重"的判断依据,具体的数量要求可以参照《关于办理利用信息网络实施诽谤等刑事案件适用法律若干问题的解释》第2条[77]的规定,或由后续司法解释进一步明晰。对于"引发的社会影响"和"危害后果",则不宜将其中不可归责于行为人的后果作为"情节严重"的判断依据。"行为人前科"因不能说明行为的违法性程度,也不应当作为"情节严重"的判断依据,但是应当将行为人在一定时间范围内实施的、未被处罚的行为作为"情节严重"的判断依据。另外,这一认识也不排斥在今后的司法解释中,为本罪继续添加与违法性无关的刑罚发动事由,发挥在行为具有值得处罚的法益侵害性的前提下进一步限缩刑罚发动的作用,从而保护公民合法利益,在具体案件中实现法律效果与社会效果的统一。

五、结　语

《刑法修正案(十一)》增设独立罪名对侵害英雄烈士名誉、荣誉的行为进行规制,产生了本罪的解释与适用问题。通过对侵害英雄烈士名誉、荣誉罪主流保护法益学说的梳理,发现"崇敬感情说"和"死者人格利益和公共利益结合说"主张的法益适格性存在疑问,法益内容较为模糊不清,未能给本罪的解释和适用提供足够明确的评价

---

[76] 参见陈洪兵:《"情节严重"司法解释的纰缪及规范性重构》,载《东方法学》2019年第4期。
[77] 即"同一诽谤信息实际被点击、浏览次数达到五千次以上,或者被转发次数达到五百次以上"。

标准,也具有将本罪罪质的理解从"法益侵害"置换为"规范违反"或"道德违背"的危险,故均非对本罪保护法益的理性、合理诠释。深入探究本罪规范背后所意欲保护的真实公共利益,从法益适格性、立法背景、规范内容等方面考察,本文将本罪的保护法益界定为以国家认同为内容的国家存在基础法益。具体而言,侵害英雄烈士名誉、荣誉行为实质上是对英雄烈士的事迹、精神的贬损和污蔑,损害共同历史记忆的本体及功能,造成对国家认同的累积性损害。在此立场下,本文对本罪的适用和解释问题进行了说明。随着现代社会的发展,刑事立法进入活跃化时代。理论上对此既不应当一概否定,以最大限度地阻止犯罪化进程为目标;也不应当一概赞同,仅以达成形式上的解释结论为满足。在坚守理性的刑事治理模式和实质法治国理念的立场下,对待新增罪名,应当在明确其正当性与合理性的基础上确定其保护法益,为刑事处罚划定必要的、相对明确的界限,以在法益保护和人权保障之间达成平衡。在对个罪保护法益进行确定时,不能遗忘法益概念本身应当具有的解释与批判双重机能,否则就有将法益作为无限扩张刑法处罚范围的工具的危险,也带来对法益理论本身正当性的质疑。

[名家实录]

刑法教科书与刑法发展*

陈兴良**、车 浩***

<table>
<tr><td align="center">要 目</td></tr>
<tr><td>一、刑法教科书的独特文体
二、刑法教科书和刑法立法
三、刑法教科书和刑法司法
四、刑法教科书和刑法理论</td></tr>
</table>

摘 要 刑法教科书是刑法知识的体系性展示,也称为刑法体系书。我国的刑法教科书经历了曲折的发展过程。在1980年代初期,我国刑法学科草创初期,为适应刑法教学的需要,统编制的刑法教科书应运而生。其中高铭暄教授主编的统编教材《刑法学》以其完整的体系、充实的内容和丰富的知识在刑法教学科研和司法实践中起到了重要作用。在1990年代中期,随着刑法知识的扩容和司法经验的积累,我国出现了个人独著的刑法教科书。刑法教科书对刑法立法和刑法司法起到了重要的参考作用,同时刑法立法和刑法司法的发展又推动了刑法教科书水平的提升,两者相得益彰。刑法教科书是刑法理论的载体,前沿性的刑法知识不断被吸收进刑法教科书,成为刑法教科书的源头活水。

关键词 刑法教科书 刑法立法 刑法司法 刑法理论

车浩:各位朋友,大家晚上好。

最近中国人民大学出版社隆重推出了陈兴良老师的《规范刑法学》第5版,这本刑法教科书在我国法学院校的教学科研活动中,已经成为很多教师和学生手头的必备

---
* 本文根据中国人民大学出版社2023年1月5日举办的同名讲座内容整理而成。
** 北京大学博雅讲席教授,博士生导师。
*** 北京大学法学院教授,博士生导师。

书。这部刑法教科书第5版的出版,引起了众多读者朋友的关注。今天,中国人民大学出版社邀请陈兴良老师和我围绕刑法教科书与刑法发展这个主题和各位朋友进行交流。今晚借着陈兴良老师的刑法教科书《规范刑法学》第5版出版这个由头,我们来聊一聊我国刑法教科书的这些事儿。

一、刑法教科书的独特文体

首先我想问陈老师,教科书作为一种特殊的文体与其他作品,例如论文、专著之间有什么差别?从一个学者和教师的角度,您如何看待刑法教科书这样一种特殊文体?

陈兴良:好。我非常高兴和大家聊一聊刑法教科书与刑法发展这个题目。

刑法教科书在刑法学术著述中是一个十分独特的存在。法律教科书在古罗马时期就是一种独立的著述类型。例如,徐国栋教授曾经把罗马法学家的著述类型分为四种:一是评注作品,是对前人立法的整理和对前人法律经验的积累。二是决疑作品,是对活生生的法律生活的开掘。三是专著,是对法学制高点的攀登。四是教科书,是对上述三者的精华的进一步提取——当然,只有最精华的部分才能收入教科书。[1] 因此,罗马法学家认为法律教科书具有不同于其他三种著述类型的崇高地位。尽管现在法律教科书的地位不再崇高,但它的重要性和独特性还是不可否认的。

刑法教科书是和刑法教学紧密联系在一起的,它的主要功能就是为刑法教学提供讲授文本。通过刑法教科书,法科学生可以接触到刑法学科的基本知识。刑法教科书在刑法学术成果中和刑法学科的其他论文、专著等学术成果存在较大差别,我认为这种差别主要表现在以下三个方面:

第一,刑法教科书的基础性与论文、专著的前沿性。

刑法教科书不同于论文、专著的第一点是知识内容的性质。通常来说,教科书的知识是该学科中较为成熟、达成共识的基础知识,这种知识具有稳定性与保守性,能够反映某个学科的理论现状。刑法教科书也是如此,它所展示的是刑法学科中最为基本的专业知识。论文、专著则与之不同。论文被认为是某个学科最新研究成果的载体,因此前沿性应该是论文的主要特征。专著则被认为是某个学科最为深入的研究成果的载体,因为它是对某个学科的重要专题进行深度研究的学术产物,因此专著本身具有较高的学术含量,深刻性是专著的基本要求。当然,论文和专著也是不同的。和专著相比,论文的篇幅要小一些。从篇幅上说,如果把专著比喻为长篇小说,那么论文基本上就是短篇小说或者中篇小说。如果说专著的题目是教科书的三级或者四级标题,那么,论文的题目基本上是教科书的五级甚至六级标题。无论是论文还是专著,都有一个共同特点,即都是对刑法学科中或大或小的某个专题展开的深入论述。因

---

[1] 参见〔意〕桑德罗·斯奇巴尼选编:《法律行为》,徐国栋译,中国政法大学出版社1998年版,第184页。

此,虽然教科书往往从论文、专著中汲取知识,但不能把教科书与论文、专著混为一谈。当我们说某部专著写得像教科书一样的时候,实际上我们是在贬低这部专著,说它缺乏专著的前沿性和深刻性,而是像教科书那样面面俱到。

第二,刑法教科书的体系性与论文、专著的专题性。

刑法教科书在日本刑法学界又称为刑法体系书,刑法教科书的特点是将刑法学科知识体系性地展示出来,所以刑法教科书的最大特点就是全面反映刑法学科的知识,也就是所谓的面面俱到,正是因为这个特征,刑法教科书适应了刑法教学的需求。法科学生进入刑法学科的时候,最先接触到的就是刑法教科书。通过刑法教科书,学生可以了解刑法学科的基本知识,在这个意义上说,刑法教科书是刑法知识集大成的作品。正因为刑法教科书是对刑法学科知识的体系性叙述,因此它的篇幅较大,内容较为完整。刑法法条本身就有 500 多条[2],仅仅法的字数就将近 10 万字,再加上一些必不可少的司法解释,刑法法条和司法解释的字数加起来可能达到 20 多万字。在这种情况下,刑法教科书的篇幅也就越来越大。现在刑法教科书的篇幅,总则与分则两部分内容加起来,要 100 万字以上,如此大的篇幅才能将刑法知识体系性地展示出来。这就出现一个问题,刑法教科书知识容量较大,但大学本科教育中刑法教学课时较少,两者之间不对称,在既定的刑法课时之内,刑法授课老师很难把全部知识通讲一遍。因此,刑法是一门需要占用课外时间的课程。也就是说,除了课堂讲授,学生还需要通过课外的自学才能完成刑法课程的学习。在这种情况下,老师在课堂上只能选择较为重要的部分给学生讲授。因此刑法教科书和刑法讲义或者刑法教材不能直接画等号。刑法教科书除了提供课堂讲授内容的功能,还有一个附加功能,就是为学生在课堂之外系统了解刑法学科知识提供文本。

刑法论文、专著都是对刑法学科中某个专题的论述,因而不具有体系性的特征,而是一种专题性的论述。专题研究的特点是对某个问题研究得较为深入,尤其是专著,在刑法教科书中只有寥寥数页,甚至只需只言片语就能论述的一个问题,却要以数十万字加以展开,以小见大,充分展示了专著论述深入性的特征。论文的字数虽然要比专著少,但通常来说题目要比专著小,因此论述也要比刑法教科书深入得多。在某些情况下,有些专著本身就是在具有内在逻辑关系的系列论文的基础上形成的。因此,论文、专著内容的专题性特征决定了这两种文体在理论深度上远远超过刑法教科书。

第三,刑法教科书的叙述性与论文、专著的论述性。

刑法教科书和论文、专著的区别还表现在文体上,教科书具有叙述性,论文、专著则具有论述性。论文、专著要把关于某个问题的不同观点都罗列出来,并且从不同角

---

[2] 在《刑法修正案(十二)》发布之前,1997 年修订的《刑法》共计 452 条,加上立法机关以决定和刑法修正案形式增设的 54 条,总计 506 条。另有 1 条被废除,因此有效条文共计 505 条。

度进行辩驳。在论证过程中,作者会引用不同的资料和数据作为论据,最后得出结论。与之不同,刑法教科书以叙述为主,所叙述的是刑法领域的通说知识,介绍的是刑法学科中较为成熟的、为所有刑法学者所公认的刑法知识点。因此,刑法教科书在写法上也与刑法论文、专著有所不同,两者存在文体上的差异。

这里还需要指出,我国法学界前些年提出了一个概念,那就是学术型教科书。这个概念隐含的一个前提是教科书本身通常不具有学术性或者学术含量较低,但是学术型教科书概念的提倡者们认为,教科书应当追求学术性。教科书追求一定的学术性,这是值得肯定的,但如果将教科书界定为对某个学科通识性知识的叙述,则这种学术性追求还是具有一定限度的。我在前面说专著不能写成教科书,反过来也一样,教科书不能写成专著。当然,我们也看到某些学者的体系书,实际上是其个人独特的学术观点的体系性叙述,例如德国学者罗克辛的《德国刑法学总论》,篇幅达到200多万字,书中表述的都是其个人的学术见解。在这种情况下,该书究竟是教科书还是体系性著作,其界限已经难以区分。

车浩：刚才听了陈老师介绍,特别是陈老师拿刑法教科书和论文、专著作了一个参照对比,让我们全方位了解了刑法教科书这种文体的特点,体会到刑法教科书是对整个刑法学科知识进行体系性叙述的一种大篇幅、大部头的作品。刑法教科书的这种体系性尤其区别于论文、专著那种专题性的著述,而且刑法教科书在写作风格上的这种叙述性也完全区别于刑法论文、专著的论述性。

同时陈老师提到的一点很有启发性,就是我们有时候容易把刑法教科书看作课堂刑法讲义的书面化,但陈老师提到,刑法教科书与刑法讲义还是不同的,我认为这是很有道理的。因为刑法讲义是反映教师课堂教学活动的一种文字载体,相对于刑法讲义来说,刑法教科书是对刑法知识的一种全面性展示,学生可以对课堂上老师没有讲授的部分,在课下通过刑法教科书进行学习和补强。我认为,这应该是对教科书的正确理解。

我国刑法教科书和我国刑法学科一路相伴,并且密切相关,我国刑法教科书伴随着我国法治发展,这么多年一路走过来,有过高峰,也有过低谷,可以说是一段跌宕起伏的发展历史。陈老师是1977年高考恢复以后第一批考上大学的法科学生,那个时候您是教科书的学习者,后来当大学老师又成为教科书的写作者,作为这段历史的亲历者和见证者,您如何评价我国刑法教科书的演进历程?

陈兴良：应该说,刑法教科书不仅和刑法教学活动紧密联系,它还和一个国家的刑法立法和司法活动紧密联系,刑法教科书在某种程度上可以说是国家法治发达程度的标尺。

我在1977年考取北京大学法律系,1978年3月入学,在完成基础课的学习以后,从1979年9月开始学习刑法专业课。我国《刑法》是1979年7月1日通过、1980年1月1日实施的。在我学习刑法课程的时候,我国刑法刚刚颁布两个月,还没有开始实施,当时不可能有刑法教科书。因此,在我上大学的时候,可以说是在没有刑法教科书的背景下开始学习刑法的。不仅没有刑法教科书,而且所有部门法教科书都没有,因为刑法是我国颁布最早的一个部门法。所以,我们 77 级学生是在没有教科书的背景下完成法律本科阶段学习的,这不说空前,至少是绝后的。这种状况恰恰反映了当时我国法治建设处于百废待兴的恢复阶段,立法活动刚刚启动,后来随着对 1979 年《刑法》的研究以及司法实践的发展,开始出现刑法教科书。我印象最深刻的是 1981 年北京大学刑法教研室杨春洗等四位老师编写的《刑法总论》[3],它是刑法总论教科书。在当时没有其他刑法教科书的情况下,这本教科书对我起到了重要的启蒙作用。在新时期刑法教科书中,1982 年司法部法学教材编辑部主持编写,中国人民大学高铭暄老师担任主编、武汉大学马克昌老师和吉林大学高格老师担任副主编的统编教材《刑法学》[4]一书具有特别的意义。这本教科书可以说是我国新时期刑法教科书的典范,它对当时的刑法学教育和刑法学研究都起到了促进作用。统编教材《刑法学》在我国刑法知识的演进历史中占据着独特地位,它的特点是提供了一个相对完整的刑法知识体系,在当时刑法学研究还相当薄弱的历史条件下,统编教材《刑法学》对刑法学教育和刑法学理论研究以及在刑法司法活动中正确理解刑法和适用刑法都起到了知识范本的作用。当然,在上述刑法教科书出版的时候,我已经结束了刑法本科课程的学习。

在我国 20 世纪 80 年代到 90 年代,主编制的刑法教科书成为刑法教科书编写的一种模式。主编制刑法教科书的特点在于:它由一位知名学者担任主编,再加上一个或者两个副主编,然后吸收其他作者共同撰写。因此,主编制的刑法教科书在著作权法中属于合作作品。主编制是特定时期在我国较为流行的一种教科书写法。应该说,这种主编制的刑法教科书在当时的历史背景下具有一定的合理性,因为当时我国法学教育人才匮乏,"文化大革命"后期,绝大多数法学院系都被撤销了,只保留下来三所法学院系[5],大量从事刑法教学的教师流失了。例如高铭暄老师在人民大学被撤销以后被分流到北京医学院从事医学史的研究工作。还有一些刑法老师甚至更早就脱离教学,被分配到中学和企业从事其他工作。例如储槐植老师 1958 年就离开了北京大学,先是到工厂工作,后来调到中学去教英语。当然有一些老师还留在高校,例如王作富老师,在人民大学被撤销以后被分到北京大学法律系刑法教研室工作了 5 年。在人民大学复校以后,1978 年下半年王作富老师才回到人民大学。当时像王作富老师这样仍然在高校从事刑法教学工作的老师可以说少之又少,大部分老师都改行了,所以当时流行的一个词叫作"归队",就是从社会上的其他单位回归到高校从事法学教学工作。这些归队的老师由于长期没有从事刑法教学工作,需要对专业知识进行补

---

[3] 参见杨春洗、甘雨沛、杨敦先、杨殿升:《刑法总论》,北京大学出版社 1981 年版。
[4] 参见高铭暄主编,马克昌、高格副主编:《刑法学》,法律出版社 1982 年版。
[5] 这三所法学院系是北京大学法律系、吉林大学法律系、湖北财经学院法律系。

课,因此,当时真正懂刑法而又能够承担编写刑法教科书任务的老师十分稀少,更不要说个人完成刑法教科书的编写。在这种情况下,采用主编制,合作编写刑法教科书就成为一个不得已而采用的方法,这在很大程度上弥补了编写刑法教科书人才不足的缺憾。主编制的刑法教科书可以说是集体智慧的结晶,在当时的情况下,刑法教科书是刑法研究成果的汇集,所以采用主编制的刑法教科书具有合理性。后来,随着刑法知识的不断积累,刑法后辈研究人才的崛起,出现了独著制的刑法教科书。独著应该是刑法教科书编写的常态,历史上的刑法教科书就没有采用主编制的,甚至二人合作编写的刑法教科书也极少。刑法教科书基本上是某个作者独自完成的,因而反映作者个人对刑法的感悟。例如德国费尔巴哈的刑法教科书[6]、李斯特的刑法教科书[7]、罗克辛的刑法教科书[8],以及日本西田典之的刑法教科书[9]、山口厚的刑法教科书,都是个人独著。我国随着刑法理论研究的不断深入,刑法知识的逐渐积累,开始出现独著制的刑法教科书,现在独著的刑法教科书已经成为刑法教科书的常态。其中张明楷的《刑法学》[10]成为张明楷的刑法知识的集大成作品,对我国刑法学教学、司法考试和司法实践都产生了较大的影响。除此以外,周光权的刑法教科书[11]、黎宏的刑法教科书[12],都具有较大影响。这些刑法教科书都有不同的学术立场,例如张明楷的结果无价值论、周光权的行为无价值论,都反映了作者对刑法的独特理解。

我的刑法教科书《规范刑法学》最早是在2003年由中国政法大学出版社出版的,2008年改由中国人民大学出版社出版,到现在出版的是第5版。随着不断再版,本书的内容也在不断更新,甚至刑法教科书的体系也作了某种调整。刑法教科书的特点是反映刑法的立法和司法的最新动向,及时跟进,适时修订。由此可见,刑法的修订和司法解释的颁布都会对刑法教科书带来重大影响。刑法教科书应当随着刑法的立法和司法的发展及时更新,只有这样才能维持刑法教科书的生命力。

刑法教科书自身的特点决定了它并不是前沿性的刑法知识的载体,只有论文、专著才是反映最深刻的刑法理论研究成果的载体。从某种意义上说,刑法教科书反映了作者对刑法知识体系性的把握程度。刑法教科书虽然大部分内容是对常规性的、既有

---

[6] 参见〔德〕安塞尔姆·里特尔·冯·费尔巴哈:《德国刑法教科书》(第14版),徐久生译,中国方正出版社2010年版。
[7] 参见〔德〕弗兰茨·冯·李斯特:《李斯特德国刑法教科书》,徐久生译,北京大学出版社2021年版。
[8] 参见〔德〕克劳斯·罗克辛:《德国刑法学总论》(第1卷),王世洲译,法律出版社2005年版。
[9] 参见〔日〕西田典之:《日本刑法总论》,刘明祥、王昭武译,中国人民大学出版社2007年版;〔日〕西田典之:《日本刑法各论》(第3版),刘明祥、王昭武译,中国人民大学出版社2007年版。
[10] 参见张明楷:《刑法学》(第6版),法律出版社2021年版。
[11] 参见周光权:《刑法总论》(第4版),中国人民大学出版社2021年版;周光权:《刑法各论》(第4版),中国人民大学出版社2021年版。
[12] 参见黎宏:《刑法学总论》(第2版),法律出版社2016年版;黎宏:《刑法学各论》(第2版),法律出版社2016年版。

的刑法知识的陈述,但刑法教科书对刑法知识的这种体系性叙述,以及对学术立场的厘定,还是能够反映作者对刑法重大理论问题的见解,而且还会把作者在论文、专著中的研究成果吸收到刑法教科书中来。因此,刑法教科书在某种意义上可以说是作者的学术立场的一个象征或者一种宣示。

车浩: 刚才陈老师提到一个观点,我觉得很有意思,我相信大家平常都会关注到,在我国教科书市场中,各个部门法都有主编制的教科书和独著制的教科书。这两种教科书的区别,陈老师提供了一个独特的观察视角,从学科发展来看,例如刑法学科刚开始恢复的时候,刑法学科知识体系还不够完善,学术人才后备队伍还不够强大,学者研究的范围较为狭窄,理论较为浅显,这是受整个时代的刑法学术发展水平的制约。这个时候让某个学者以一己之力完成一部反映刑法学科全部知识的刑法教科书是较为吃力的,因而主编制教科书应运而生。主编制教科书集中撰写者的智慧和专长,因而具有较高的理论水准。从某种意义上说,主编制刑法教科书的流行是时势使然。随着刑法学科知识的发展与积累,学者自身学术钻研的广度和深度都有了大幅提高。这个时候每个学者对刑法总论和各论的整个体系和各个专题都有了自己的认识,也产生了学术表达的欲望和能力,因此由某个学者独自完成的刑法教科书逐渐呈现出来,这时才具备了独著制刑法教科书出现的条件。因此,我国从1990年代中期开始一直到现在,出现了各个不同版本的由学者独自完成的独著制刑法教科书。

刚才陈老师还提到一个问题,就是德国、日本等国家的刑法教科书都是学者独自完成的,陈老师提到的这些学者的名字,我想每一位学习和研究刑法的人都不会感到陌生,而且会十分亲切。从早期的费尔巴哈、李斯特到晚近的耶赛克、罗克辛等德国学者的刑法教科书,还有西田典之、山口厚等日本学者的刑法教科书。这些德、日的刑法教科书,对我国学者来说,都是案头必备的参考书。这个现象也值得我们关注,不知其他国家是否像我国这样大规模翻译和引进外国刑法教科书。您认为这些外国刑法教科书对我国的刑法学术发展和刑法教科书出版具有什么作用和影响?

陈兴良: 外国刑法教科书对我国刑法教科书,乃至于整个刑法理论研究的发展都起到了重要的知识借鉴和参考作用。从某种意义上说,我国现在开始出现大量的独著制刑法教科书,在一定程度上也受到了外国刑法教科书的影响。我在前面讲到了主编制刑法教科书具有历史的合理性,但主编制刑法教科书存在一个难以克服的局限性。例如刑法教科书的主编和某一章的执笔者对某个问题的看法不同,甚至互相矛盾。在这种情况下,如果在编写刑法教科书的时候都遵照主编的观点,那就意味着某一章执笔者要放弃自己的观点,服从主编的观点。但是反过来说,如果尊重某一章的执笔者在某个问题上的观点,那么和主编的观点又不一致了,因此就经常出现主编制刑法教科书中的某一个观点被人们说成是主编的观点的现象,但主编说这一章不是我撰写的,我的观点和执笔者不同,由此产生抵牾。另外还有一个问题,如何协调不同执笔者之间的不同观点和写作风格?车浩刚才提到了风格,在主编制的情况下,这种风格是很难形成的。只有在独著制刑法教科书中才能形成某种独特的风格,因为一部好的刑法教科书,作者必须对刑法领域中的大部分问题都有自己独特的见解,有些刑法学的大家本身就是刑法理论思潮的引领者,是某个刑法理论体系的创造者,例如李斯特是德国古典派犯罪论体系的缔造者,古典派犯罪论体系的观点都反映在李斯特刑法教科书的内容之中。罗克辛是目的理性刑法体系的首倡者,罗克辛的目的理性刑法体系通过刑法教科书淋漓尽致地展示出来。这些刑法教科书不仅起到为刑法教学提供教材的功效,更是某个刑法学流派的象征性作品。这些刑法学大家的刑法教科书在他的整个刑法理论体系中,起到了核心作用。

当然,对于我们这些普通学者来说,编写刑法教科书的主要目的还是为学生提供教材,我们很难达到对刑法所有问题都有自己独特见解的程度。在这种情况下,刑法教科书在我们这些作者的学术成果中,它可能并不是特别重要。因为刑法教科书的特点是对刑法知识的体系性叙述。刑法教科书要为教学提供完整的刑法知识,因此刑法教科书为保证刑法知识的完整性就不得不牺牲刑法知识的深刻性。刑法教科书不能写得太深了,不能把教科书写成专著。如果刑法教科书中过多地反映了作者个人非常独特的观点,这样的刑法教科书具有强烈的学术个性,其教学功效可能就会受到一定的影响。

我国学者在借鉴外国刑法教科书的时候,还要考虑我国刑法理论研究现状及刑法教学的功效。我们吸收借鉴德国、日本的刑法知识的一个重要的途径,就是参考外国刑法教科书,尤其是刑法总论教科书,因为刑法教科书的演进和发展,是刑法知识演进和发展的某种象征。我们在参考外国刑法教科书的时候,要有选择地参考那些具有重大影响力的刑法教科书,这对我们掌握整个刑法教义学的知识体系能够起到很大作用。当然刑法教科书还是要结合具体的立法和司法展开,我国刑法教科书还是要立足我国的刑法立法与司法,对法律文本进行规范诠释,对司法解释以及指导案例进行理论阐述,这部分内容会对刑法的司法适用产生一定的影响,对此应当予以特别关注。

车浩： 刚才陈老师又补充了一点,那就是正确理解主编制和独著制这两种刑法教科书的差异。独著制刑法教科书应该成为我国刑法教科书的常态,它对内要保证内在逻辑的一致性,这是教科书体系性特征所要求的。因为如果是集体合作的话,那么主编及各执笔者相互之间的观点很难实现内在逻辑上的完全一致,总会出现一些相互抵牾的地方。而独著制的刑法教科书具有内在逻辑一致性的优势,同时也能够体现作者的学术风格,这种风格实际上也包括学术立场。例如提到日本的教科书,就会说这是结果无价值论的刑法教科书,那是行为无价值论的刑法教科书。韦尔策尔的刑法教科书是目的主义的刑法教科书,贝林的刑法教科书是开启了阶层犯罪论体系的教科书,雅各布斯的刑法教科书是规范论的教科书。这些刑法教科书都反映了学者鲜明的学术个性,这一点在主编制刑法教科书中很难体现出来。

陈兴良： 我补充一点,刑法教科书属于文科教科书,它和理工科的教科书是完全不同的。例如数学的教科书没有任何个性,它的内容是公式和公理。这些公式和公理是哪儿来的、是谁发明的,并不重要。但文科教科书的知识是具有个性的,不同作者编写的教科书具有不同的风格。可以说,文科教科书反映作者的个性,也反映作者对本学科的独特思考,这一点和理工科的教科书是有很大差别的。一个著名的数学家以一本数学教科书作为他的主要成果,这是难以想象的。但在文科中,某个学者完全有可能只编写了一部特别有名的教科书,这本教科书不仅是作者对本学科基本知识的叙述,而且也是作者个人对本学科的独特思考,所以教科书就可以成为这个学者的学术标志。

车浩:确实很难想象一个数学家撰写的数学教科书从头到尾各章公式和公理都是他自己创造的。刚才您提到外国教科书在我国的兴起,我认为这和刑法教义学的研究范式被普遍接受有很大关系。刑法教义学强调学术性和逻辑性的刑法知识,它本身具有无差别的、跨越国界的特点。外国刑法教科书承载的知识共性,使得它能够越洋而来,也能使我国学者和学生受到启发,这些刑法知识是人类共同智慧的结晶,所以它也能够洋为中用,为我国所吸收。

在陈老师整个刑法学作品体系中,有各种类型的刑法教科书,例如主编的刑法教科书《刑法学》[13],这是我国第一部采用三阶层犯罪论体系的刑法教科书;也有独著的刑法教科书,除了《规范刑法学》,还有《口授刑法学》《本体刑法学》《教义刑法学》等。那么,您如何看待刑法教科书在您的作品体系中的位置及如何评价各种类型的刑法教科书?

陈兴良:一般来说某个学者都会重点"经营"一部教科书,把所有的学科知识都放到这一部教科书中,以一部教科书来反映作者对刑法的整体认知。但我的情况稍微有些不同,我并没有把我所有关于刑法问题的研究成果都放到一部教科书中,而是出版了不同类型的刑法体系书。例如刚才提到的《本体刑法学》[14],它是对刑法总论知识的体系性叙述,而且《本体刑法学》特别强调叙述性,代序的标题就是"一种叙述性的刑法学",并以此作为本书的逻辑格调。也就是说这部刑法教科书并不是完全体现我对刑法的体系性认知,而是对刑法总论的既有知识进行梳理,把它叙述出来,它是本体刑法学的叙述。而且本体刑法学叙述的是刑法教义学知识,所以它和具体的法律法规是没有直接联系的,它是超脱于规范之上的刑法知识体系。另外,你还提到《教义刑法学》[15],《教义刑法学》基本上是适用于研究生的专题性刑法总论教科书。因为我国法学教育分本科教育和研究生教育,我国过去的刑法教科书一般来说都是写给本科生的,以本科生为受众对象。当然也有一些是研究生教材,研究生教材不完全是体系性

---

[13] 参见陈兴良主编:《刑法学》,复旦大学出版社2003年版。
[14] 参见陈兴良:《本体刑法学》(第3版),中国人民大学出版社2017年版。
[15] 参见陈兴良:《教义刑法学》(第3版),中国人民大学出版社2017年版。

的叙述,而是专题性的叙述。所以,《教义刑法学》选择了 18 个专题,对刑法教义学知识进行系统的叙述。除此以外,我还有一本《口述刑法学》[16],《口述刑法学》实际上是刑法课堂讲授内容的书面化。因为刑法教科书的篇幅较大,不可能在课堂上全部讲完,只能是选择某些重要章节进行讲授。《口述刑法学》反映了在课堂上讲授的刑法课程的内容,它是根据教学的进度来安排的,讲授的内容也只是刑法知识中较为重要的部分。尽管我对刑法知识从不同角度进行了叙述,但我认为最接近刑法教科书的还是《规范刑法学》一书。在最初写作《规范刑法学》的时候,我给它的定位是以我国刑法的立法和司法作为基本的体系框架,也就是围绕我国的立法和司法编写刑法教科书。《规范刑法学》的知识都是以立法和司法为依托的,而不是讨论纯理论问题,并且尽可能地反映我国立法和司法的演变以及指导性案例等司法素材。例如《规范刑法学》第 5 版中就充实了我国最高司法机关颁布的指导性案例和典型案例。这些案例对于反映某个刑法知识可以说起到了画龙点睛的作用,所以刑法教科书适当地收入权威案例,对于理解某个刑法知识点具有重要参考意义。我认为,刑法教科书不能超越于刑法立法和司法之上,而是要及时反映并尽可能贴近我国的刑法立法和司法。这样的刑法教科书可以使学生触摸到我国刑法立法和司法发展的脉动,我认为这是《规范刑法学》的特点。

车浩:如果作一个简短总结,您怎么评价我国现在刑法教科书市场的发展状况?

陈兴良:应该说,目前我国刑法教科书的图书市场呈现出百花齐放、欣欣向荣的状态。随着法学教育的发展,我国法科学生的招生规模也在不断扩大,因此对刑法教科书的需求也随之增加。在这种情况下,为学生提供适合教学的并且能够反映刑法学科重要研究成果的刑法教科书,作为刑法学者和刑法教师,我们具有不可推托的责任。

你刚才提到刑法教科书的市场,也就是我国现在的刑法教科书实际上具有市场化的特征。例如我们并不刻意为同学指定教科书,学生可以自己去选择适合自己的教材来学习。当然,刑法教科书不仅仅具有市场化特征,还有计划的因素,例如统编教材和教育行政部门的推荐教材等都还是存在的,并且具有一定的必要性。但仅有这种计划还不够,还要有市场,这样才能使刑法教科书的发展呈现出多元性和竞争性,为我国法学教育提供更多更好的刑法知识读本。

车浩:刚才陈老师提到计划和市场这两个方面,我理解,我国 1980 年代的主编制刑法教科书,尤其是统编教材,给人的感觉是,那时候似乎受到计划经济体制的影响,因而不存在市场。所有的学术问题是同一种观点,整个犯罪论体系是同一种模式,刑法教科书的编排也是同一个模式。这些年来刑法教科书出现了市场化的端倪,而且现在是计划和市场相结合的状态。我认为市场这一端非常重要,因为它是源头活水,如果没有市场,也就没有学术前行的激励,对学者的激励就很难实现,长久来看刑法教科书

---

[16] 参见陈兴良:《口授刑法学》(第 2 版),中国人民大学出版社 2017 年版。

市场就很难得到全面发展。

二、刑法教科书和刑法立法

车浩：我们谈的第一个主题主要就是教科书本身，包括刑法教科书的历史演进、它在整个学术作品和其他作品中的风格定位和类型差异，以及主编制和独著制教科书这两种刑法教科书类型。我们接着往下谈第二个主题——刑法教科书和刑法立法的关系。我们知道，法学教科书是以部门法为中心构建起来的知识体系。提到部门法就离不开法律的修改。陈老师，您觉得法律的变化过程，例如刑法立法对刑法教科书会有什么样的影响？

陈兴良：刑法教科书是以刑法文本作为叙述对象的知识体系，这也是部门法教科书的主要特点。刑法本身正如你刚才所说的，它存在一个废、改、立的过程。也就是说，一部刑法制定出来，它并不是一成不变的，而是随着社会发展和客观犯罪现实的变化而不断修订的。在这种情况下，刑法教科书也要随着刑法的修订而不断完善，刑法修订对刑法教科书带来的这种影响，到底是负面的还是正面的，这可能是一个值得思考的问题。德国学者曾经说过一句名言：立法者对法律修改的三句话，会使图书馆整柜的法律书籍都化为废纸。这句名言认为法律的修改对法律教科书带来的影响是负面的，也就是说法律总是不断发展的，法律修改后，之前的教科书就过时了。因此，这种观点是在贬低法律教科书的价值。但我们还要反过来看，正是法律的不断修改才为法律教科书的完善提供了契机。因此，刑法修改是刑法教科书知识更新的内在动力。从这个意义上来说，刑法的修订会促进刑法教科书的不断完善。所以，我认为还是要看到刑法修订对刑法教科书的发展所具有的这种正面影响，而不能只看到负面影响。

车浩：陈老师提到立法的变动性和学科知识体系的稳定性之间存在着一种张力。刚才陈老师说到的德国学者是基尔希曼，1847年他在柏林法学会的一次演讲中提到了这句话，原话是"立法者的三个更正词就可以使所有的文献成为废纸"。演讲的核心观点是：作为科学的法学的无价值性。[17] 后来这句话广为流传，这和部门法的研究对象有关。如果是研究历史就没有这个问题，已经逝去的历史不会发生改变，但法律教科书的研究对象是当代实定法，法律随着社会发展，它自身也在发生着更替。在这种情况下，法律教科书又代表着一个学科稳定的知识体系，让学生学习和掌握稳定的法律知识。在此，确实存在着两者之间的一种张力。

陈老师刚才提到的观点我也赞成，就是不能因为立法的变动和研究对象的变动而否定法学研究的价值。因为立法的变化其实是立法者在积极回应现实生活的发展，立

---

[17] 参见〔德〕J. H. 冯·基尔希曼：《作为科学的法学的无价值性——在柏林法学会的演讲》，赵阳译，载《比较法研究》2004年第1期。

法者对每一个词的修改和变动都是当代现实生活发展的晴雨表,这种变化必须要反映到作为实践学科的法学知识体系当中。如果社会生活已经发生变化,但法学知识体系不变,那么法学知识体系就会被现实生活所抛弃。所以我很赞成陈老师的观点,要用辩证的眼光看待立法对于刑法教科书写作的影响。我这里还要补充一句,不仅法律教科书,也不仅部门法教科书,而是任何教科书包括文科教科书,甚至理工科教科书,实际上都不可能一成不变,都存在过时的问题,例如数学教科书必然也要反映当代数学发展的前沿成果。

陈兴良:你刚才提到历史教科书,虽然历史作为一种已经逝去的社会存在,它总是不可能再发生变动的,但历史教科书也会过时。那么,这里的变和不变表现在什么地方呢?我认为,表现在人们看待历史的思想观念的变化。也就是说,50年前的历史教科书,是按照当时人们对历史的认知来写的,反映当时人们对历史的认知水平及研究方法。但50年以后,人们对历史的认知发生了变化,这个时候的历史教科书和50年前的历史教科书完全是不同的。例如我国50年前的历史教科书,采用的是阶级分析方法,采信的是农民起义是推动历史发展动力的历史观。同时,历史教科书还充斥着儒法斗争等内容,充分反映了当时在主流意识形态的影响下对历史的认知水平和分析方法。但现在的历史教科书更为注重社会经济、文化、观念等演化,较为真实地呈现出历史的本来面貌和演变规律。因此,不能说历史是不变的,所以历史教科书也就永远不变。在不同的历史时期,人们对客观事物的认知发生了变化,理念发生了变化,因而教科书的内容必然也会发生变化。只不过法律教科书,包括刑法教科书的变化是受到立法修改的影响的,表现出来的就是法律修改了,刑法教科书也要随着立法的变更进行修订。这种立法的变化是显性的、直观的,我们可以感知。但前面所讲的理念变化、研究方法的变化是隐性的,不太能看出来,但内在逻辑都是相同的。

车浩:刑法教科书写作过程中,包括《规范刑法学》的出版,我想肯定反映了最近的刑法修正而引发的法律文本的变化。您认为刑法教科书应该如何及时有效地反映立法上的这种变化?

陈兴良:我国立法机关采用刑法修正案的方式对刑法进行修订,某些重大的刑法修正案意味着对刑法的局部修订。修订的内容不仅涉及刑法分则中的个罪,而且还涉及刑法总则中的基本制度,所以刑法修订的范围是十分广泛的。刑法教科书必须反映刑法修订的内容,因为刑法教科书是对现行有效的刑法规范的叙述,如果刑法修改了,刑法教科书长期没有修订,刑法教科书所反映的是现在已经废止的刑法规范,那么,这样的刑法教科书就过时了,所以要随着刑法的修订而对刑法教科书的内容进行及时调整。当然,刑法教科书对刑法修订的这种反应,并不仅仅是对有关的修订内容的简单更改,还要在刑法教科书中揭示立法演变的内在根据和社会背景,以及修订内容的内在逻辑。所以,刑法教科书应当与时俱进,随着刑法立法的发展而不断调整刑法教科书的内容。同时,刑法教科书还应当显示出对刑法文本的理论诠释能力。

车浩：您刚才提到,不是简单地根据刑法修改所导致的法条变化直接在刑法教科书中进行对应的文字改动,刑法教科书还要揭示法律变化的来龙去脉,然后进行深度解读。我国刑法设定的总则、分则体例,以及编、章、节、条、款、项体例,对于刑法教科书的编写具有一定的制约。当然,我国学者在撰写刑法教科书的时候,也存在各种不同的体例安排,有些刑法教科书完全按照刑法文本的体例,有些刑法教科书则按照理论逻辑关系对内容进行安排。您认为刑法教科书的体例结构和刑法文本的体例之间应该是一种什么样的关系?

陈兴良：

这里存在三个体系:第一个是刑法文本体系,第二个是刑法理论体系,第三个是刑法教科书体系。

第一,刑法文本体系。

在安排刑法教科书体例结构的时候,首先面对的是刑法文本的体例结构。我国刑法虽然没有称为法典,但事实上已经具备了法典的形式与内容。例如我国刑法分为总则和分则,总则规定的是犯罪和刑罚的一般原则和制度;分则规定的是具体犯罪及其法定刑。总则和分则形成了内容完整、结构合理、刑法规范之间具有内在逻辑关系的刑法文本体系。由此可见,刑法文本体系是立法机关制定的现行有效的法律规范体系。

第二,刑法理论体系。

在刑法教义学中还有刑法的理论体系,刑法理论体系和刑法规范体系有所不同,它是基于学者对刑法内在逻辑的理解所提炼出来的刑法知识体系,例如阶层式的犯罪论和对合式的犯罪论等犯罪论体系。犯罪论体系是对刑法所规定的犯罪成立条件进行抽象概括所形成的理论体系。当然,犯罪论体系主要是就刑法关于犯罪成立的一般条件而言的,至于刑法各论则通常按照刑法的分则体例进行论述。例如,我国刑法分则把犯罪分为十大类,它本身就是一个罪名体系。当然,刑法分则的理论体系与刑法分则的罪名体系之间也可能存在差异,例如罪名分类,是按照刑法分则规定还是按照法益的类型来进行分类,由此而将犯罪区分为侵害个人法益的犯罪、侵害社会法益的犯罪和侵害国家法益的犯罪,这本身就存在分歧。

第三,刑法教科书体系。

在刑法理论体系之后才是刑法教科书体系,刑法教科书体系既不完全等同于刑法文本体系,也不完全等同于刑法理论体系,主要在于刑法教科书的重要功能是为刑法初学者提供较为完整的刑法知识,而且要符合刑法课程的教学安排。而刑法理论体系主要考虑的是各个理论内容之间的逻辑关系,但刑法教科书还要考虑刑法教学的安排,所以刑法教科书的内容并不完全是根据刑法理论的逻辑关系排列的,而是要考虑教学的时间顺序。刑法教科书体系在参照刑法理论体系的基础上,同时又具有它自身的特殊性。目前我国刑法教科书体系存在不同的安排,无论是总论体系还是分论体系都是如此。刑法总论部分基本上按照犯罪论和刑罚论排列,犯罪论除犯罪概念以外就是犯罪构成。至于犯罪构成体系是采用三阶层还是采用四要件则根据作者的学术立场而确定。当然,也还有其他犯罪论体系的独特构造。例如我在《规范刑法学》一书中采用罪体、罪责、罪量三分法,从这三方面来论述犯罪成立条件。刑罚论通常都是先论述刑罚概念,然后是量刑、量刑制度、行刑、行刑制度,也就是把有关刑罚的内容都纳入体系之中。至于刑法各论,在教科书式的安排上可能区分较大。大部分刑法教科书按照刑法分则的十章进行排列,其中第三章和第六章下分节,由此形成罪名体系。对于罪名的叙述,刑法教科书一般来说对每个罪名都要进行详简有别的理论论述,但也有个别刑法教科书按照侵害个人法益的犯罪、侵害社会法益的犯罪和侵害国家法益的犯罪这样一种逻辑进行排列。例如周光权的《刑法各论》教科书,就是按照这个体系对我国刑法分则的罪名进行了重新排列,可以说是十分独特的一种安排。刑法教科书的内容无论如何安排,都反映了作者个人的一种学术上的追求和偏好。只要体系性地叙述了刑法基本知识,就能够为刑法教学提供完整知识,因此应该尊重学者个人的选择。

车浩:刑法规范是教科书的诠释对象,但刑法教科书体系又受到理论体系的支配性影响。学者这套自洽的理论体系和立法者制定的文本体系未必完全相同。因此,学者在撰写刑法教科书,阐述犯罪论体系的时候,难免会受到刑法条文的影响。我想请教陈老师,具有个人特色的刑法教科书的建构会受到法条什么样的影响和制约?

陈兴良:这个问题不仅是刑法教科书写作中会遇到的问题,也是刑法理论研究中会遇到的问题。也就是说,应当如何处理刑法理论和刑法法条之间的关系?我认为,刑法理论不是对刑法法条的简单诠释。刑法理论,尤其是刑法教义学,在某种意义上说是高于刑法文本的知识形态。刑法教义学高屋建瓴地建立起一个逻辑自洽的理论体系,然后运用理论观念对刑法文本加以诠释。从这个意义上说,刑法教义学知识虽然来自法条,但它又不完全受法条制约,它是高于法条的。正是在这个意义上,刑法教义学是可以超越国界的。以共同犯罪为例,我国刑法总则第二章第三节规定了共同犯罪的概念、主犯、从犯、胁从犯、教唆犯。因此,我国刑法关于共同犯罪的规定基本上是以共同犯罪人的分类为中心线索的,这一规定和德国、日本刑法典的规定是不同的,德国、日本刑法典是以正犯与共犯为中心线索的。德国、日本刑法典关于共同犯罪规定了共同正犯,然后是共犯,共犯又分为教唆犯和帮助犯。德国、日本以正犯与共犯的区分为根据建立了共犯教义学,由此形成了宏大而复杂的共犯理论,它为解决司法实践中共同犯罪的定罪问题提供了分析框架。我国刑法关于共同犯罪的规定和德国、日本刑法关于共同犯罪的规定之间的差别是巨大的,这就留下了一定的解释空间。因此,对我国刑法中的共同犯罪规定,同样也可以按照区分制进行解释,由此塑造我国刑法中的共犯理论。当然,我国有些学者不赞同区分制的共犯理论,而是主张单一制,也就是否定正犯与共犯的区分,主张所谓扩张的正犯概念或者概括的正犯概念,由此解释我国刑法关于共同犯罪的规定。应该说,以上两种方法在逻辑上是相差较大的,但这两种方法都可以用来解释我国刑法关于共同犯罪的规定,这主要是因为我国刑法关于共同犯罪的规定并没有对区分制和单一制加以明确的限定。如果像德国、日本刑法典那样,对正犯与共犯规定得十分明确,采用单一制是不可能的,这也说明,我国刑法教义学能不能采用德国、日本的刑法知识不可一概而论,关键要看在我国刑法中是否存在法律障碍。如果没有法律障碍,我认为就可以采用外国的刑法理论来解释我国的刑法规定。

又比如说,我国《刑法》第239条关于绑架罪的规定,以勒索财物为目的绑架他人,这是绑架罪的一种较为常见的犯罪形态。从刑法文本来看,以勒索财物为目的绑架他人,这里的勒索财物到底是向谁勒索?是向被绑架人本人勒索,还是向被绑架人以外的第三人勒索?对此,我国刑法没有明确规定。在这种情况下,我们就可以采用德国、日本的刑法教义学理论。根据德国、日本刑法理论,绑架罪的勒索对象是第三人,而不是被绑架人本人,绑架者是利用第三人对被绑架人生命安危的担忧来勒索财物的。因此,本罪不仅侵犯了被绑架人的行动自由权,而且还侵害了对被绑架人的生命安危表示担忧的第三人的自决权,也就是迫使第三人交付赎金,如果不交付赎金就要杀害或者伤害被绑架人,以此为手段向第三人进行勒索,这是一种较为特殊的犯罪构造。这种构造在德国、日本刑法中作了明确规定,我国刑法没有明确规定,我认为采用德国、日本的刑法教义学理论解释我国刑法关于绑架勒索的规定并没有法律障碍,所以完全可以采用。

当然,如果法律语境不同或者存在法律障碍,就不能直接采用外国刑法教义学理论。例如盗窃罪是否以秘密性作为行为特征,这是一个在我国刑法学界存在争议的问题。我国传统理论都认为盗窃罪是以秘密性为特征的,但也有学者认为盗窃罪不需要秘密性,存在所谓公开盗窃,只要是以平和的、公开的方法取得他人财物,无论是秘密的还是公开的都可以认定为盗窃罪。这种否定盗窃罪秘密性的观点来自德国、日本。德国、日本刑法教义学之所以否定盗窃罪的秘密性,主要是因为德国、日本刑法典没有单独设立抢夺罪,而只设立了抢劫罪和盗窃罪。如果强调盗窃罪的秘密性,那么对于采用平和的、公开的方法取得财物的行为就无法定罪。但在我国刑法中,除了设立抢劫罪和盗窃罪,还设立了抢夺罪,而抢夺罪是采用平和的、公开的方法夺取他人财物的行为。在这种情况下,如果把盗窃罪限制在秘密取得他人财物的范围,那么采用平和的、公开的方法取得他人财物的行为就可以认定为抢夺罪。因此,我认为不能采用德国、日本刑法教义学中公开盗窃的观点解释我国刑法中的盗窃罪,我国刑法中的盗窃罪还是要有秘密性的特征。对于那些以平和的、公开的方法取得他人财物的行为,在我国刑法中完全可以认定为抢夺罪。从这里可以看出,刑法分则的有关理论和法律文本的联系是较为密切的,我们在参考、借鉴或者引入外国刑法教义学理论的时候,要对比不同国家法律文本上的差异。只有在法律文本没有障碍时,才可以参考适用。反之,如果法律文本上存在障碍,则不能直接采用外国的刑法教义学理论。

车浩:陈老师用刑法总则中关于共同犯罪规定的例子和分则中关于绑架罪和盗窃罪的例子为我们阐述了现行刑法规定对于刑法教科书在构建理论时的影响。我国刑法法条是我国刑法教义学研究的对象,它也构成约束性的条件,但这里还是留下了一个弹性的、可以创造发挥的空间。

三、刑法教科书和刑法司法

车浩:我们上一个主题讨论的是关于刑法教科书和刑事立法之间的关系。接下来我们进入下一个主题,讨论刑法教科书和刑法司法的关系。我首先想问陈老师,我国的刑法教科书应当如何反映司法实践中的疑难问题?

陈兴良:我认为刑法教科书反映刑法司法问题存在以下三个要点:

第一,刑法教科书应当反映司法疑难问题。

我认为刑法司法中的疑难问题在刑法教科书中应当有所反映,当然要适当把握反映的度。通常来说,刑法教科书所反映的是刑法学科中的通说知识,也就是说反映刑法学科中没有争议的知识内容,这是由刑法教科书的性质所决定的。从这个意义上说,刑法教科书是抹杀作者个性的,通常并不是作者个人刑法见解的学术载体,而是刑法学科中大家都没有争议的通说知识的学术表达平台。但刑法教科书还是要在一定程度上反映司法实践中的争议问题,学者对这些争议问题存在不同的见解,如果刑法教科书想要对刑法司法产生一定的影响,那么刑法教科书对刑法司法中的争议问题要有所涉及。刑法教科书如果完全回避这些争议问题,那么它对司法实践的影响就会较弱。当然,这些争议问题在刑法教科书中怎么反映及其反映到什么程度,这是一个不太好拿捏的问题。例如刑法教科书的写法一般是叙述性的,但在处理刑法争议问题的时候,不仅要介绍不同的观点,而且要对作者所主张的观点进行论证,这部分内容就接近于论述文的写法。如果刑法教科书中的论述内容过多,就会冲淡教科书的叙述性。尤其是如果过多地反映作者个人的观点,而这种观点又不是通说,那么刑法教科书的通用性可能就会受到一定的影响。刑法教科书需要反映刑事司法中的疑难问题以及围绕疑难问题所展开的争议,但刑法教科书如何叙述、如何把握、如何处理作者个人观点和通说观点之间的关系,这些可能是刑法教科书写作中的难点。

第二,刑法教科书应当反映司法解释规定。

司法解释是非常具有中国特色的规范存在,其他国家是没有的。其他国家所面对的是法律文本,但我国除了立法机关创制的法律规范,还有最高司法机关颁布的大量司法解释,而司法解释的篇幅是立法机关制定的法律文本的数十倍,甚至更多。例如,刑法一个条文规定一个罪名,但对一个罪名的司法解释可能就有数十个条文。而且我国刑法分则的具体罪名存在大量的罪量要素,例如情节严重、数额较大,情节特别严重、数额特别巨大等。刑法关于罪量的规定是概然性的,对此司法解释要作出具体规定,而且这些规定还经常调整。刑法教科书不仅是以刑法文本为根据编撰的,而且还要反映司法解释的内容,因为司法解释是一种准法律,属于刑法规范的特殊组成部分,离开司法解释就不能对刑法文本作出正确的阐述。例如,司法解释对刑法文本中的重要概念作了具体界定,例如《刑法》第293条规定的寻衅滋事罪,司法解释对寻衅滋事作了规定,同时为情节恶劣、情节严重等罪量要素提供了具体认定标准。这些司法解释规定对于司法实践中认定寻衅滋事罪具有直接参照意义,也是刑法教科书在论述寻衅滋事罪的时候应当引述的内容。

这里还有一个问题,就是对司法解释能不能进行批评？这个问题不仅是刑法教科书撰写中的问题,也是刑法理论研究中需要处理的一个问题。司法解释是有法律效力的,对具体案件的处理具有法律拘束力。但司法解释规定中又确实存在某些问题,甚至和法律文本之间存在一定的矛盾。在这种情况下,刑法教科书对司法解释如何评价,这个问题也是在刑法教科书中需要注意的。当然,我个人的观点是,对司法解释通常不予批评,因为司法解释毕竟具有法律效力,尤其是对罪量要素的具体规定是定罪量刑的标准,但我认为对司法解释还是可以加以评论的。对那些明显存在矛盾的司法解释,可以适当地进行批评,毕竟司法解释不是法律文本本身。

第三,刑法教科书应当反映司法案例。

在部门法的研究中,案例是一种独特的素材。案例和法律文本不同,案例是适用法律文本的结果,而法律文本则是司法的规范根据。案件作为法律适用结果既体现了法律规定的精神,又反映了司法机关对案件的司法观点。我国目前建立了案例指导制度,最高司法机关不定时地颁布指导性案例,在司法实践中处理同类案件的时候是必须参照适用指导性案例的。从指导性案例中提炼的指导规则,对于我们正确理解刑法规定,处理同类案件具有重要的指导意义,所以,指导性案例在刑法教科书中也应当适当加以反映。

目前在我国的司法实践中,除了指导性案例,还有典型案例。典型案例也是最高司法机关颁布的,但它和指导性案例的级别不同,典型案例只有参考价值,没有参照意义。典型案例也包含某些特殊的司法规则,所以在刑法教科书中也可以适当加以反映。在刑法教科书的理论论述中穿插讲述某些案例,案例与理论论述二者之间具有相得益彰的作用,这样可以增加刑法教科书的可读性。

车浩:我国刑法理论发展了这么多年,刑法教科书也取得了很大的成就。在这个过程中,您认为刑法教科书对刑法司法发挥了什么作用？

陈兴良:应该说,刑法教科书本来的功能是为刑法教学活动提供教材,但事实上我国刑法教科书的功能远远超越了刑法教学的功能。在我国刑法知识尚不发达的情况下,尤其是在我国的刑法论文、专著较少的情况下,刑法教科书事实上起到了刑法百科全书的作用。例如我在前面提到的高铭暄主编的统编教材《刑法学》,它不仅为刑法教学提供了教材,而且为司法人员适用刑法提供了理论知识,所以在为刑法司法提供刑法知识方面发挥了重要作用。即使现在也是如此,我国刑法理论虽然发展了,各种刑法论文、专著大量产出,为我国司法机关适用刑法提供了更为精细和丰富的刑法理论知识,但仍然不能否定刑法教科书对司法实践的重要影响。

刑法教科书之所以会对刑法司法有这种影响,我认为和刑法教科书的知识完整性有关。因为论文、专著只是就刑法中的某个专题进行阐述,只涉及刑法理论的某一个点,因此论文、专著虽然具有理论深度,但还不能完全满足司法实践的需求。刑法教科书涉及刑法理论的各个方面,司法办案人员在遇到刑法适用中的疑难问题的时候,都会到刑法教科书中找参考答案,参考刑法教科书对某个刑法问题的理解,所以司法人员需要刑法教科书。从这个意义上说,刑法教科书事实上起到了司法机关处理案件的参考书的作用,这超越了刑法教科书的教学功能。

车浩:您刚才提到的问题,我想发挥一下,谈一点对这个问题的看法。您刚才的讲述激发了我的想法,就是刑法教科书本来的主要功能是作教学之用,它为什么会对司法实践产生直接影响?这个问题让我想到了我国近年来兴起的一种风气,就是编写刑法评注书,这种风气是向德国学习的结果。用历史眼光看待这个问题,我们就会发现这里有一个有趣的现象。德国刑法教科书从一开始就严格秉持教科书的功能,学者个人撰写具有自己学术风格的刑法教科书,本身并不能够直接对司法实践产生影响,刑法教科书是向学术市场或者教学市场投放的。但司法实践又需要刑法理论的指导,仅个人的刑法教科书实现不了对司法实践的指导,于是德国市场上就出现了直接面向司法实务的刑法评注书,它实际上是多人合作的作品。

德国兴起的刑法评注书,与我国传统的刑法教科书在集体合作的主编制这一点上有些相似。它们一开始就是独著的教科书,后来发展出主编制的作品,融入了各个学者的观点,供司法实践参考、选择。从这个顺序来看,我国恰好相反,存在一个相逆的过程。我国早期主编制的教科书,其实就是粗糙版的、初阶版的德国评注书。两者的本质特征是一样的,一是集体作品,二是面向实践,由此区别于德国的评注书的对立面,即纯正的德国教科书。纯正的教科书的基本特征,一是个人独著,二是主要致力于构建学理体系和便利教学,而非指导实践。我国的统编制教科书的出现,有其历史原因。当时"文化大革命"刚结束,一片荒芜,根本没有一个真正能孕育学术发展、论辩的学术市场,也少有学者能在本学科各领域均有深入的个人观点,因此很难出现真正意义上的具有个人风格的学理型教科书。同时,当时的司法实践也一片荒芜,匆忙上马的司法人员没有基础就要办案。在这种情况下,当时我国的统编制教科书,同时兼具了面向在校生教学和面向实务界培训的双重功能。因而,就出现了类似于德国评注书雏形的中国式的统编制教科书。这里的比较点是指,早期统编制教科书的集体合作性,及其之于当时的司法实践的意义,犹如德国主编制评注书的合作制,及其之于德国的司法实践的意义。

但是,真正高质量的评注书,是以充分发展的学术传统和司法实践为前提的。而前者,又依赖于学术的论辩和积累,形成百花齐放的真正的教科书市场,由此才可以具备写评注书的基础材料。然而今日的中国,尚不具备这样的条件,虽然也能举众人之力攒出一本所谓刑法评注书,但还难以期待达到太高的水平。这并不是由于我们没学好怎么写评注书,而是由于我们的学术积累还不够充分,围绕本土法条构建的法教义学水平还不发达。随着刑法理论水平的提高,具有个人风格的教科书越来越多,未来的刑法评注书才有可能超越主编制和合著制的刑法教科书,更上一个台阶。

陈兴良:我认为,我国现在的刑法教科书之所以在司法实践中能够起到参考作用,主要原因就是我国没有刑法评注书,因此刑法教科书事实上起到了刑法评注书的作用。但我们还是要看到,刑法教科书与刑法评注书相比较,刑法教科书的涉及面更广,但对刑法某个问题的阐述深度远远不如刑法评注书。例如德国的大型刑法评注书可能多达 30 多卷,还有中小型刑法评注书,至少也有十多卷。德国的刑法评注书对刑法问题的阐述相当深入,例如刑法中的故意,就能写 30 多万字,基本上是一部专著的篇幅。由此可见,刑法评注书是非常深入地论述一个刑法专题。现在我国刑法教科书还很难完全满足司法实践对刑法文本解读的客观需求,因为我国的刑法教科书尽管篇幅较大,大型的刑法教科书的篇幅可能达到 200 多万字,但对刑法相关问题的阐述还是较为浅显的,尤其对司法实践中存在的重大争议问题,还缺乏较为深入的展开。正是在这种背景下,我国刑法教科书在某种程度上起到了刑法评注书的作用,但还不能代替刑法评注书。因此,编写刑法评注书在我国具有必要性和迫切性,只不过是条件是否具备的问题。

正如车浩刚才所讲的,我国法律出版界已经开始借鉴德国刑法评注书的体例,组织编写刑法评注书。我国刑法学将来的发展方向,我认为还是要出版刑法评注书,刑法教科书还不能满足司法机关对刑法知识的客观需求。当然,刑法评注书正如车浩所讲的,它不可能由一个人完成,它必然是合作作品,每个作者就自己最擅长的、最有研究的某个刑法问题撰写评注。应该说,我们现在编写这种大规模的刑法评注书还非常之难,因为每个作者对自己所承担的这一部分内容的写作,还是像编写词典一样,按照词条来写,有时候理论深度还不够。我认为,刑法评注书的编写可以先做起来,即使刚开始水平还不高,但随着刑法知识的逐渐积累,我国刑法评注书的质量也会不断提高。刑法评注书是建立在刑法理论研究达到相当成熟水平基础之上的,在刑法主要专题都有高质量的专著出版的情况下,编写刑法评注书就水到渠成了。

我国目前虽然还没有出版正式的刑法评注书,但现在也开始编撰类似刑法评注书的刑法作品,例如最高人民法院喻海松法官的《实务刑法评注》[18]、何帆法官的《刑法注释书》[19],都很有特点。当然,这两本评注书或者注释书并不是理论性的评注,而是

---

[18] 参见喻海松编著:《实务刑法评注》,北京大学出版社 2022 年版。
[19] 参见何帆编著:《刑法注释书》(第 2 版),中国民主法制出版社 2021 年版。

把有关司法解释、司法指导文件和指导性案例、典型案例进行编排,对司法实践具有较大的参考作用。另外我和刘树德、王芳凯编撰的《注释刑法全书》[20]对刑法法条进行了注释,但它基本上是资料汇编性质的工具书,和刑法评注书不同。《注释刑法全书》围绕刑法文本提供各种不同的资料,是一部大型的刑法工具书而不是刑法评注书。可以说,这些书籍的出版都为将来编写刑法评注书创造了条件,将来条件成熟了,刑法评注书就会应运而生。

车浩:我完全赞成陈老师刚才的说法。我国早期主编制的刑法教科书其实是很单薄的,只能说主编制的刑法教科书已经具备了刑法评注书的外形,例如主编制的刑法教科书是集众人之力合作编写的,但当时刑法学科的发展水平相对较低,所以还不能满足司法实践对刑法理论的客观需求。我国现阶段编写刑法评注书还是有点吃力,但刑法理论是逐渐发展的,如果更多的具有个性的刑法教科书出版,更多的较为成熟的专著出版,我国出版高质量的刑法评注书就指日可待,这是我国刑法评注书的发展方向。

陈兴良:确实如此。

四、刑法教科书和刑法理论

车浩:刚才陈老师对刑法教科书如何反映刑法司法中具有代表性的司法疑难问题、司法解释、指导性案例和典型案例作了论述。我们在这个环节讨论的是刑法教科书和刑法司法之间的关系。现在我们进入最后一个主题,就是刑法教科书和刑法理论之间的关系。

就刑法教科书和刑法理论这个主题来看,您认为应当怎么看待?尤其是我们既有学者的身份,又有教师的身份,既要进行学术研究,同时也要从事刑法教学活动。那么,刑法教科书和刑法理论研究之间是什么关系?

陈兴良:刑法教科书和刑法理论之间的关系是十分密切的。应该说,刑法教科书实际上是某个国家刑法理论研究成果的集中反映。只有当某个国家的刑法理论研究达到相当发达的程度,才能创作出优秀的刑法教科书。因为刑法教科书和刑法理论之间具有紧密联系。刑法教科书的理论深度和广度是由刑法理论研究状态所决定的,很难想象在刑法理论研究十分薄弱的情况下,会出现优秀的刑法教科书,这是不可能的。另外,刑法教科书是刑法理论研究成果的载体之一,也就是说,刑法教科书本身就是刑法理论研究成果的一部分,它是一种十分独特的成果类型。刑法教科书和其他刑法学术成果之间实际上是互相转化的,例如刑法教科书中的某些内容都是从作者的学术研究成果中提炼出来的,作者对某个问题有专门的研究,发表了论文或者出版了专著,那

---

[20] 参见陈兴良、刘树德、王芳凯编:《注释刑法全书》,北京大学出版社2022年版。

么他在撰写刑法教科书的时候就会把论文、专著中的内容反映到刑法教科书中,使刑法教科书的学术含量有所提升。以教科书的形式反映作者对某个刑法问题的观点,具有一定的独特性。

这里还涉及一个问题,刑法教科书反映刑法理论的研究成果,这是没有问题的。但反映到什么程度,反映的是刑法理论研究的前沿性成果还是刑法理论研究中较为稳定的、取得共识的成果,这个关系不好把握,可能会有不同看法。有一种观点认为,刑法教科书应该反映刑法理论研究的前沿性成果,这种观点强调了刑法教科书知识的前沿性。但另一种观点认为,刑法教科书应该反映刑法理论研究中较为稳定的知识,而不要过于前沿。前沿性的刑法理论研究成果应在论文、专著中反映,但刑法教科书还是要有一定的保守性。在刑法教学活动中,只能将刑法学科中较为稳定的知识传授给学生。应该说,上述两种观点是完全不同的,不同学者处理起来可能也会有不同的取向。我个人认为刑法教科书在反映刑法知识的时候,还是要有一定的保守性。我并不认为刑法教科书是刑法前沿性理论成果的载体,刑法前沿性理论研究的载体是论文,它最能够及时反映刑法学科的前沿知识。然后是专著,对某个前沿性问题展开深入研究就形成专著,专著中的刑法知识进入刑法教科书,又是要滞后一点的。只有等这些知识稳定了,被刑法学界所公认,才能考虑进入刑法教科书。如果刑法教科书成为反映前沿的、具有个人特色的刑法知识的载体,那么刑法教科书的教学功能就会受到一定的影响。

我认为,对一个作者来说,刑法研究成果可以采用不同的载体,既可以发表论文,也可以出版专著,还可以撰写教科书,但在处理这三者关系的时候还是要进行适当的分工。前沿的理论研究成果应该通过论文来反映,对某个专题的深入研究成果可以通过专著来反映,专著是较为厚重的。最后,在刑法教科书中还是要尽可能地反映刑法学科的公认知识。刑法教科书不应当过于追求个性,个性的内容可以放在论文、专著中,刑法教科书还是要平稳一些,保守一些。从这个意义上来说,我认为刑法教科书并不是最前沿的、最独特的学术成果的载体,刑法研究最尖端的学术内容不可能首先出现在刑法教科书中,不应当由刑法教科书来反映刑法前沿性成果,前沿性成果应当通过论文、专著来反映。这是我的态度,当然,不同学者可能会有不同的处理方法,这是可以讨论的问题。

车浩: 所以您认为,在一个学者的作品体系中,不同作品的功能各不相同。刑法教科书承担的功能和论文、专著承担的功能应该有所区分,它们之间有可能有部分重合,但不能完全竞合。刑法教科书和论文、专著面对的受众群体是不同的,刑法教科书主要还是面向学生,而学生对本学科知识往往处于空白状态,对受众的特征应当加以考虑。刑法论文、专著实际上是与同行就最前沿的刑法知识进行交流的载体,它的受众对象不同,决定了所反映的前沿理论深度与刑法教科书要有差异。

刑法教科书编写不可避免会碰到在叙述二级或三级标题下的某个争议问题的时

候,就有甲说、乙说、丙说,会出现各种不同的观点,这种情况您认为应当怎么处理?

陈兴良:我们看到日本刑法教科书,以及我国台湾地区刑法教科书,往往会列举甲说、乙说、丙说,就某个问题介绍不同的观点、不同的学说,然后再表明作者的看法。当然,作者的观点也可能并不是反映在具体问题上,而是反映在学派的选择上,例如在日本刑法学界存在行为无价值论与结果无价值论这两种刑法学派,因此刑法教科书也分为行为无价值论的刑法教科书和结果无价值论的刑法教科书。作者的学术立场已经通过选择行为无价值论或者结果无价值论反映出来,所以这是一种具有学术立场的刑法教科书。2007年我到日本东京大学访问的时候,看到日本司法考试的教材就分为行为无价值论版和结果无价值论版。刑法教科书在介绍不同学派之间的观点差异时,首先要对不同学派进行评价,然后基于作者的师承关系或者学术偏好进行学术立场的选择。这是日本刑法教科书写作的一个特点,由于它反映了不同的刑法学派,会使刑法教科书的内容不那么枯燥,而且能够启发学生对刑法立场形成不同的理解,因而具有独特性。

刑法教科书正如车浩所讲的,它的受众对象主要还是初学者,也就是本科生。这些受众对象没有任何刑法知识,在这种情况下,我们讲授的刑法知识应该是通说的观点,也就是大部分人都认同的知识。只有慢慢深入以后,才会接触到不同的学术观点。教学可能要一步步来,不要一下子把问题复杂化,使学生眼花缭乱。

另外一个重要问题是叙述方法上的差别。我在前面一直提到论文、专著的写作是论述性的、论辩性的、辩驳性的,需要处理不同观点。例如在存在两种观点的情况下,这种观点的根据是什么,那种观点的根据是什么,为什么要采用这种观点而不采用那种观点?而且要引用大量资料进行论证,因而要有很多注释,这是一种论述性的写法。但这种论述性的写法不能用来写教科书,教科书并不能把论述的过程完整地呈现出来。教科书通常直接给出结论,这里的结论是通说的观点。教科书叙述的刑法知识是现成的,大家公认的。如果把辩驳的过程、论证的过程在刑法教科书中展示出来,是不合适的,论证不是刑法教科书的写法而是论文、专著的写法。

我一再强调刑法教科书的写法和论文、专著写法上的差别,这种差别来自刑法教科书和论文、专著功能上的差别。刑法教科书是较为成熟的学科知识的集中展示,它直接给出结论,至于这个结论背后存在哪些争议,学生现在不需要了解,因为学生刚开始学习,当刑法知识积累到一定程度时才有必要进一步了解结论背后的争议观点。

车浩:陈老师以上的说法对区分刑法教科书和论文、专著的不同写法具有较大启发。我们在讨论刑法教科书怎么处理各种观点争议的时候,要正确处理通说、多数说和个别说之间的关系。刑法教科书的写法和风格,最终取决于教科书的功能。不同的学者对刑法教科书的功能定位在认识和安排上可能存在差异,如果刑法教科书的功能是用来为学生奠定刑法学科的知识基础的,那么首先需要的就不是存在争议的、互相冲突的、边界摇摆不定的一套知识体系,而是要给学生稳固的、可预期的、有规律可循的、符合学习规律的一套知识体系。如果从教学功能出发,我就能理解陈老师刚才讲的,包括在叙述风格上,要给学生一种易于接受的、平铺直叙的刑法知识,而不是来回辩驳的刑法知识,让学生看了半天之后仍然不知道到底是怎么回事。在内容上可能也要尽量给学生通说的观点,有稳固共识的知识和信息。这样我就能理解陈老师对刑法教科书的这种看法。

现在我国刑法教科书中往往引用国外的刑法理论,就是说虽然是面向我国学生的刑法教科书,但很多刑法教科书中都引用外国对相关问题的理论和判例,这样也使得内容变得更加丰富,您对这种处理方式怎么看待?

陈兴良: 如果外国的刑法理论是刑法教义学的一般原理,在我国刑法教科书中加以引用肯定是没有问题的。例如构成要件、违法阻却、正犯与共犯,这些概念本来就是从外国引入的,我国学者采用这些概念解释我国刑法规定,这是正常现象。当然,我国刑法教科书还是应当以我国法律文本为研究对象和叙述内容,因此采用外国学者的观点时还是要有所节制,不能在刑法教科书中太多引用外国学者的观点。这一点刑法教科书与论文、专著不同,在论文、专著中可能会较多引述外国学者的观点,但刑法教科书是叙述性的写法,涉及外国学者的观点会少一些。当然,有些外国学者的观点已经成为刑法教义学的原理,刑法教科书是难以回避的。例如关于因果关系和客观归责,客观归责就是德国学者罗克辛创立的,在介绍的时候就会涉及客观归责的派生原则,这个写法就是叙述性的。但论文不能采用叙述性的写法,如果论文采用叙述性的写法,那就成了综述。外国刑法理论在我国刑法教科书中所占的比重,和我国刑法知识体系的本土化发展程度之间具有一定的关系。根据我的观察,例如德国刑法教科书、日本刑法教科书,及其英美刑法教科书的注释中就很少引用外国刑法理论,除非专门研究外国刑法的论文、专著。这就说明,外国刑法知识的本土化程度较高。但我国刑法知识目前还处在一个引入外国刑法知识的阶段,因而在刑法教科书中较多地介绍外国刑法理论,也是可以理解的。我认为这个问题和我国刑法知识体系是在参考、借鉴外国刑法知识基础上形成的这个大背景有关。在这个学习过程中,我国刑法知识不断发展壮大,越来越本土化,到那时,我国刑法教科书引用的外国刑法理论才会减少,这就意味着我国刑法知识对外国刑法理论不再具有依赖性。

在刑法教科书知识体系保持稳定性的前提下,如何又能体现学者个人的学术观点和风格,这是值得关注的问题。不同作者的刑法教科书肯定不是千篇一律的,而是要反映作者的学术风格。刑法教科书是作者刑法理论研究成果的整体呈现。所以刑法教科书不是随便什么人都能写的,如果随便一个人就能写,而且对刑法问题并没有自己独特的见解,这种情况下肯定难以保证刑法教科书的质量。但正如我前面所讲的,刑法教科书不是作者本人最高学术成果的载体。所以在写刑法教科书时要拿捏好刑法知识的稳定性和作者个人观点的独特性之间的分寸,处理好两者之间的关系。刑法教科书如果完全没有作者的个性,肯定是不会受到欢迎的。但如果刑法教科书把作者个人的观点发挥得淋漓尽致,就会湮没刑法教科书所应当具备的展现通说知识的特点,所以需要正确处理两者的关系。

我认为刑法教科书的基本知识构造相差不大,都是以刑法总则和分则为叙述对象的,内容大同小异,主要的差异反映在作者对刑法知识的概括和叙述上。作者怎么概括刑法知识,怎么叙述理论观点,怎么以一种读者更容易接受的方法将刑法知识呈现出来,对此存在较大的区别。

刑法教科书涉及的知识范围也是较为宽泛的,在某些情况下,刑法教科书之间的差异性也很大。例如罗克辛的《德国刑法学总论》一书200多万字,与其说是刑法教科书,不如说是刑法百科全书。罗克辛关于刑法的所有研究成果都包含在其中,而且罗克辛的刑法教科书中也有某些论述性内容,在某种意义上也可以说《德国刑法学总论》一书是罗克辛刑法知识集大成的作品。当然,罗克辛的能力和成就是极难复制的。大部分学者编写的刑法教科书还只是作者研究成果的一部分,这一特点在日本刑法教科书中体现得较为明显。例如日本学者山口厚的《刑法总论》和《刑法各论》、西田典之的《日本刑法总论》和《日本刑法各论》,都是较为正式的刑法教科书。尤其是西田典之的刑法教科书,好像是在课堂讲授内容的基础上整理而成的,所以它更适合教学,较为通俗易懂,是典型的刑法教科书写法。山口厚的刑法教科书稍微理论化一些,而且在某些问题上都体现了其个人见解。例如因果关系中的危险的现实化理论,就是山口厚具有特色的一个观点。这些对于刑法具有深入研究的学者的刑法教科书确实具有很强的个人特色,但对于一般学者来说,要想写出学术含量较高的或者具有创新性的刑法教科书是很难的,我们只能把刑法知识通过刑法教科书叙述出来。

我国法律教科书的名声曾经不好,按照民法学者斯奇巴尼的说法,法律教科书是最陈腐材料的代名词。[21] 因此很多人看不起教科书,不屑于编写刑法教科书,认为教科书都是一些陈腐的知识,没有什么新意。但这是过去的情况,当时教科书之所以被人看不起,主要是教科书中缺乏作者个人的见解和风格,尤其是在主编制的情况下更是如此。现在随着整个法学知识的发展,法学教科书,包括各个部门法的教科书,越来越呈现出一种多元化的、欣欣向荣的发展态势,刑法教科书也是如此。现在已经出现了一些优秀的刑法教科书,例如前面我提到的张明楷的《刑法学》等,刑法教科书的发展也会越来越好。我国刑法教科书的发展是和我国的法治发展、法学理论发展、法学教育的发展一脉相承的,对于我国刑法教科书未来的发展前景,我认为还是值得期待的。

车浩:刚才您比较了不同学者刑法教科书的风格,我想还是与学者在自己的学术生涯中到底赋予教科书一个什么样的地位问题相关,其实这是由学者个人安排的。例

---

[21] 参见前注[1],第184页。

如您的刑法作品集[22]，如果把全部作品融合在一本书中，以体系书的形式呈现出来，也会成为一部集大成的作品。但您做了分工：教科书就是纯粹的教科书，学术内容体现在专著等其他学术载体中。也有的学者合二为一，即某部作品既是教科书又集合了其他的科研成果。

陈兴良：图书市场上的确也是百花齐放，各种风格都有，这取决于学者自身的定位。不同的学者对学术成果有不同的表达方式，这是完全可以自主选择的。但我就会编写各种不同类型的刑法体系书，它们之间存在联系但又属于不同类型。刑法教科书也只能说是刑法体系书的一种类型，它的主要功能就是为教学提供教材。当然，也会有其他附带的功能，例如对立法、司法也会产生一定的影响。

车浩：不知不觉间我们聊了两个小时，今天是借着陈老师《规范刑法学》第5版新书出版的机会，聊一聊刑法教科书这个话题。因为教科书在教学活动中，不管是学生还是教师，都是离不开的，属于一种日用而不知的对象。当然，专门讨论教科书的机会还是很少的。

今天陈老师和我从刑法教科书的历史演变、与其他学术成果的差异和分别、与刑事立法和刑法司法的关系，以及与刑法理论的关系等各个侧面，全面盘点了刑法教科书的功能。陈老师娓娓道来，给大家描述了他心目中对刑法教科书的独特理解，我听了之后都深受启发，无论是对于学习刑法知识的同学，还是将来有志自己写出一部刑法教科书的学者，今天陈老师关于刑法教科书的论述，都会使我们受益良多。

陈老师对刑法教科书的观点都体现在《规范刑法学》这部教科书中，梨子好吃不好吃，还是要自己尝一尝。有兴趣的读者，可以阅读陈老师的《规范刑法学》第5版。

我们今天晚上的讲座活动就到这里，谢谢陈老师，谢谢大家。

---

[22] 参见中国人民大学出版社出版的"陈兴良刑法学"系列，共计31卷。

《刑事法评论》征稿启事

《刑事法评论》是由北京大学法学院陈兴良教授创办、由北京大学实证法务研究所与北京冠衡刑事辩护研究院共同主办的大型连续刑事法学类出版物。

本刊的编辑宗旨是:竭力倡导与建构一种以现实社会关心与终极人文关怀为底蕴的、以促进学科建设与学术成长为目标的、一体化的刑事法学研究模式。

自1997年创刊以来,《刑事法评论》得到了无数作者和读者的大力支持。经本刊编辑部同仁讨论决定,从第45卷开始,在坚持原有办刊宗旨的前提下,对本刊各栏目进行适当调整,以便更好地反映国内外刑事法学研究动态,并适应刑事立法、刑事司法与刑事法学理论研究的需要。现就《刑事法评论》的主要栏目作出如下简要说明,供各位作者在投稿时参考:

1. 理论前沿:本栏目刊登国内外刑事法学领域,包括刑事实体法、刑事程序法、刑事执行法以及犯罪学方面的前沿理论文章。
2. 实证研究:本栏目刊登国内外犯罪学实证研究以及刑法实证研究的文章。
3. 刑法评注:本栏目刊登国内外学者所撰写的刑法评注文章。
4. 学术书评:本栏目刊登国内外学者撰写的与刑事法有关的著作、文章的评论。
5. 判例研究:本栏目刊登我国学者就我国指导性案例或者重要案例撰写的评述性文章,并选择国外学者就国外重要判例撰写的评述性文章。
6. 案例解析:本栏目刊登采取德国鉴定式案例分析法撰写的案例解析报告。
7. 实务热点:本栏目选取实务中的热点问题,邀请实务界人士共同就相关问题展开研讨。

《刑事法评论》已加入"中国期刊全文数据库",所有在《刑事法评论》发表的文章均同步收入,如作者不同意,请在来稿时声明保留。感谢您对《刑事法评论》一如既往的关心、爱护和支持,我们诚邀您加盟《刑事法评论》。

注:本刊投稿邮箱为 crlr@163.com。本刊的引注体例,请参考《法学引注手册》(北京大学出版社2020年版)。